Transport Packaging Design Engineering

수송포장설계공학

박종민 · 한종구 공저

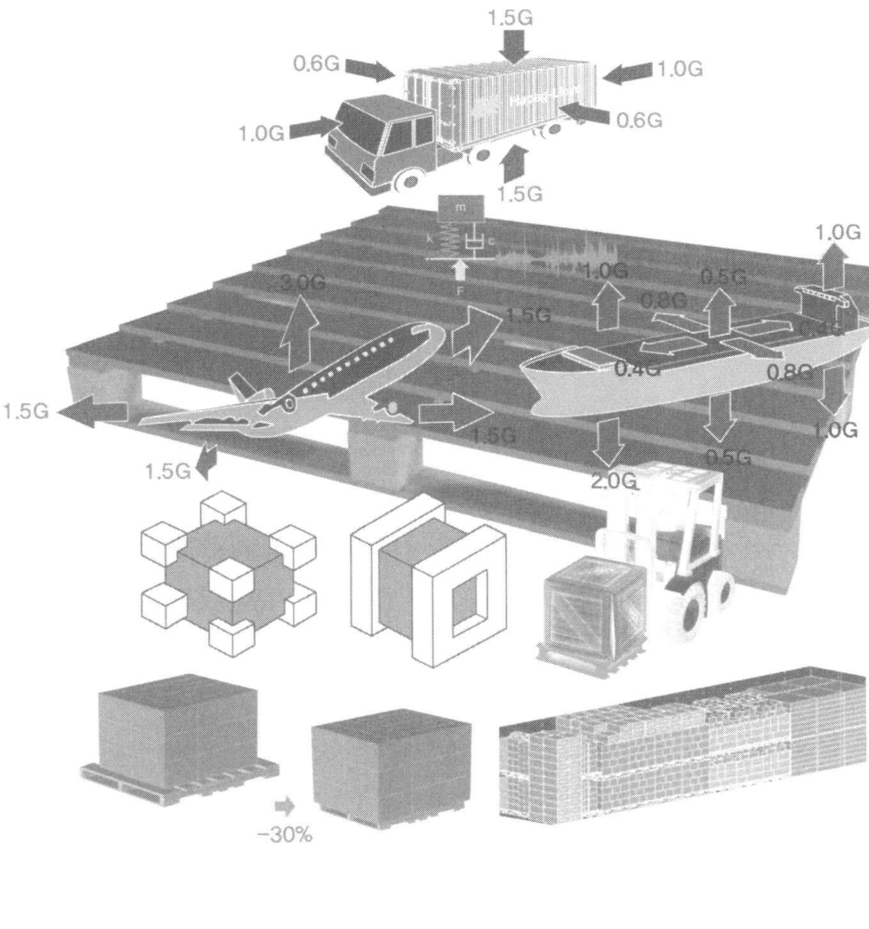

문 운 당

머리말

모든 제품은 그 제품의 사용 환경에 적합하게 설계되어 있기 때문에 생산지에서 소비지까지 이르는 물류과정 중에 물리적 스트레스에 충분한 강도를 갖지 못하는 경우가 보통이다.

수송포장은 물품의 수송과 보관을 주목적으로 물품에 대해 시행하는 포장을 총칭하는 것으로, 이를 시행하기 위한 모든 사전 조사, 분석, 설계 및 성능평가 등이 주요 내용이다.

잘못된 설계와 과대포장은 제품 손상은 물론 제품 원가를 상승시키고, 나아가 물류비도 상승시킨다. 제품과 포장을 하나의 상품 시스템으로 생각하여, 여기에 적정한 물류 조건이 고려된 설계를 실시한다면 기업 전체 차원의 토탈 코스트의 절감이 가능하다. 즉, 제품의 설계에서 생산, 판매, 물류에 이르기까지 시스템적으로 관리하는 시스템적 사고방식을 가져야 기업의 이윤을 극대화할 수 있다.

우리나라의 경우 국산제품, 특히 가전제품을 중심으로 수출량 증가 및 수출품의 다양화와 함께 물류의 첫 단계로서 포장이 물류와 불가결한 하나의 요소라고 인식하게 되어, 그 동안 포장표준이 체계적으로 작성되게 되었고, 포장재료와 기법면에서 많은 발전을 거듭하였다.

수송수단의 변화, 하역설비와 도로조건의 개선 등 물류환경의 발전과 포장재에 대한 각종 규제의 강화, 소비자의 요구 등 사회적 환경변화로, 현대 수송포장의 경향은 컨테이너화 등의 수송수단의 개선에 의한 포장의 합리화·간이화, 중량물 포장에 골판지상자 및 강재용기의 적용, 포장표준화를 통한 리터너블 용기의 사용 확대, 그리고 친환경 포장을 추진하고 있다.

이 책의 주요 내용은 충격과 진동에 대한 수송포장설계의 기초이론부터 실제까지의 전반적인 내용을 담고 있다. 내용의 상당부분이 완충포장설계에 대한 것으로, 완충포장설계 6단계의 내용을 모두 포함하고 있으므로, 그 순서에 따라 차근하게 읽어가면 쉽게 내용을 파악할 수 있도록 하였다. 또한 단원별로 난이도(목차에 *표시는 대학원 교육과정 수준)를 표시하여, 관련 산업 분야의 실무 종사자, 대학에서의 학부와 대학원 과정의 교재로 활용하는 데 효율성을 제고하였다.

이 분야에 대한 국내 자료는 거의 전무한 실정이어서 외국의 자료를 주로 활용하여 집필하였으며, 관련된 국내의 규정도 함께 설명하여 국내의 실정을 이해하는 데 도움을 주었다. 집필하는 데 있어 특히, 완충포장설계 분야에서 많은 업적과 발전을 이룬 MSU의 Dr. Burgess 교수의 논문과 저서가 많은 도움이 되었으므로, 이 자리를 빌어 감사의 말을 전합니다.

아무쪼록 이 한 권의 책이 국내 포장산업의 발전에 조금이라도 도움이 되길 바라며, 부족한 면에 대해서는 계속 보완하여 나아갈 예정이다. 국내의 수송포장의 현황을 이해하는 데 자료 제공과 함께 조언하여 주신 한국포장공업협회 김형빈 부회장님과 부족한 원고를 한 권의 훌륭한 책으로 제작하여준 문운당 관계자분께 감사드리고, 원고정리를 도와준 부산대학교 바이오산업기계공학과의 이현희, 서예실 제자와 딸 소연에게도 고마움을 전합니다.

2011년 5월

저자대표 박종민

목차

제 1 장 서론

제 2 장 적재와 압축

01 서 론
Introduction

- 물리적 환경과 보호포장
- 수송포장설계 절차와 설계시 고려사항
- 수송포장설계의 방향
- 규격과 시험
- 완충포장설계 6단계와 본 교재와의 연계성

1.1 물리적 환경과 보호포장

수송포장(transport, shipping or distribution packaging) 또는 공업포장(industrial packaging)은 물품의 수송과 보관을 주목적으로 물품에 시행하는 포장을 총칭하는 것으로, 주기능은 보호기능, 수송·취급의 편의기능이다. 반면, 취약한 제품(fragile product)과 잠재적 해로운 환경 사이에서 보호적인 인터페이스 제공을 주목적으로 물품에 시행하는것을 보호포장(protective packaging) 또는 완충포장(cushioning packaging)이라 정의할 수 있다.

유통환경(distribution environment)으로부터의 잠재적 위험(potential hazard) 입력은 일반적으로 충격(shock), 진동(vibration), 압축(compression) 등 물리적 힘의 관점에서 구분된다.

포장엔지니어(packaging engineer)는 제품의 생산 시점부터 최종 소비지까지의 출하(shipping, 협소한 뜻으로 수송을 의미할 때는 수송 전후의 작업도 포함)의 전과정에서 직면하는 잠재적 위험입력수준을 결정하여 이에 적정한 보호를 제공하는 것이 임무이며, 여기에는 기본적으로 제품의 내구성(ruggedness) 또는 취약성(fragility) 평가가 포함된다.

효과적인 보호포장설계(protective packaging design)를 위해서는 다음과 같은 세 가지 영역에 대한 명확한 정보가 요구된다.

- 제품에 대한 손상 발생 잠재성에 의한 물류환경강도의 정량화
- 위의 잠재적 해로운 입력효과에 대한 제품의 취약성 또는 내구성 정도
- 입력의 해로운 효과를 차단 또는 완화를 위한 설계와 포장재에 대한 성능평가

최적포장시스템(optimum package system)은 제품 자체의 내구성과 물류환경에서 겪을 수 있는 입력으로부터의 손상에 충분한 저항능력을 제공하는 포장으로 구성된다. 제품/포장시스템 설계(product/package system design)에 대한 일반적인 개념을 시각적으로 나타내면 그림 1.1과 같다.

사선 처리된 부분은 특정 물류 루트에 대한 환경강도(environment severity)를 나타낸다. 제품은 이러한 물리적 스트레스에 대해 본래부터 어느 정도의 저항능력, 즉 자립성을 가지고 있으나, 그 자체만으로 수송하기에 충분한 강도를 가지지 못하는 경우가 대부분이다. 그러므로 포장의 역할은 물류환경강도와 제품 자체의 저항능력 사이의 차이를 보충하는 것으로 이해된다.

그림 1.1에서 각 차트의 면적들 사이의 관계는 방정식 PDE = PR + P (PDE = 물류환경강도, PR = 제품의 내구성, P = 포장)로 표현된다. 그러므로 취약성 제품에 대한 포장설계(packaging design)는 결국 이 단순 방정식을 이루는 변수들에 대한 정량화와 한계를 명확히 하는 것이다.

첫 번째 상황은 포장이 보호요구조건에 미흡하여 수송과정에서 중대한 손상이 발생하는 경우로, 실제 이러한 과소포장(under-packaging) 형태는 유통과정에서 매우 분명하게 발견된다. 그러나 이러한 과소포장으로 인해 발생되는 문제점들은 수송방법과 포장설계, 제품 재설계(또는 개선) 또는 이들 조합의 변경을 통해 쉽게 해결할 수 있다.

두 번째 상황은 제품에 손상이 발생하지 않거나 또는 거의 없는 과대포장(over-packaging) 되는 경우로, 사실상 포장은 물류환경에서 요구하는 수준보다 그 이상의 보호를 제공하고 있다. 과소포장의 경우는 제품의 손상과 소비자에 대한 신뢰감 실추로부터 경제적 손실이 발생하는 반면, 과대포장은 포장비와 물류비 상승 외에 기업의 기본 생산라인에 대한 기본투자비용 등 직접적인 경제적 손실이 발생한다.

마지막 차트에서와 같이, 경우에 따라서는 포장에 소요되는 금액보다 제품 자체의 강도 개선을 이루는 것이 더 경제적일 수도 있다. 즉, 이와 같은 결과의 도출은 제품과 포장을 한 시스템(제품/포장시스템)으로 간주하고, 제품가격, 제품의 신뢰성, 포장과 물류 사이의 균형에 대한 비용효과분석을 통해 가능하다.

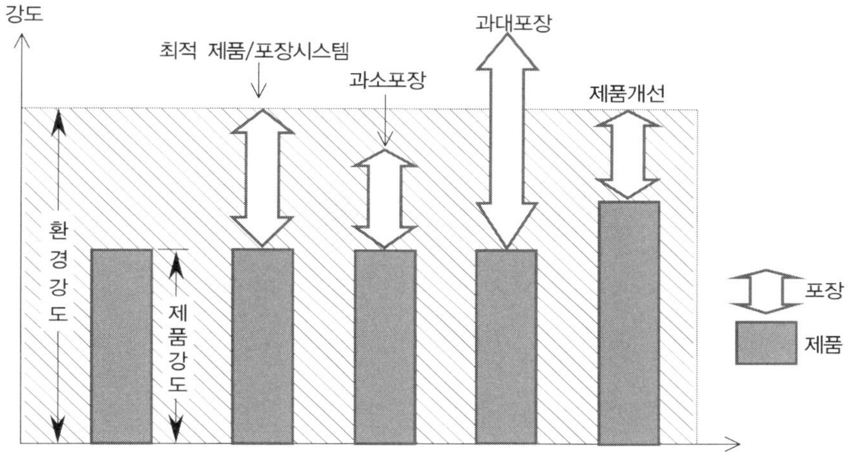

그림 1.1 보호포장의 개념

제품에 대한 간단한 개선이나 또는 설계변경을 통해 제품의 취약성(fragility)을 개선시킬 수 있는 경우가 많이 있다. 이 경우 각 제품에 약간의 비용상승을 초래할 수 있지만, 이를 통해 포장요구수준이 상당히 낮아진다면 총시스템 비용은 크게 절감될 수 있다.

제품/포장시스템의 총비용 절감문제는 기업의 입장에서는 매우 중대한 과제이므로, 다른 각도에서 이에 대해 좀더 구체적으로 살펴보기로 한다.

만족할만한 제품 수정을 달성하는 능력은 각 기업의 상황에 전적으로 의존하며, 제품의 설계단계부터 제품설계자와 포장엔지니어가 공동으로 참여하여 제품에 대한 충분한 취약성 테스트 결과와 포장요건을 제품설계에 반영하고, 제품에 대한 신뢰성과 질적 향상을 도모할 방법과, 나아가 총시스템 비용을 어떻게 절감할 것인가에 대해 노력하여야 한다.

그림 1.2는 제품/포장시스템에서 제품손상과 포장비용 사이의 관계를 나타낸 것이다. 지나친 과소포장은 소비자에게 손상비용을 증가시키는 반면, 지나친 과대포장은

소비자에게 부가적인 운송비용과 대량 포장폐기물을 처리해야 하는 과제를 안겨준다.

즉, 제품과 포장은 한 시스템으로서 함께 물류환경강도에 저항해야 하므로, 제품의 내구성 정도와 포장을 통한 보호 정도 사이에는 트레이드 오프(trade-off)가 이루어지는데, 바람직한 트레이드 오프는 제품설계자(product designer)와 포장엔지니어(package engineer) 사이의 경제적 분석을 통해 이루어져야 한다. 가장 이상적인 트레이드 오프는 제품의 총인도가격(total delivered cost)이 최소가 되는 경제적인 고려가 바탕이 된다[시스템적 사고방식(systematic approach)].

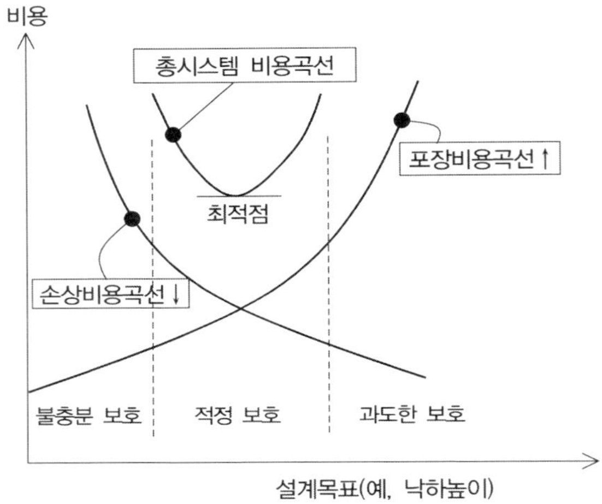

그림 1.2 포장설계의 경제성

물류환경을 충격(shock)과 진동(vibration)이라 할만큼, 수송포장설계에 있어 충격과 진동은 매우 중요하며, 과거로부터 많은 연구자와 기업의 종사자들은 물류과정 중에 이를 평가하고 정량화하는 데 많은 노력을 기울여 왔다.

충격은 낙하를 비롯해 제품에 순간적으로 작용하는 가혹한 충돌력(impact force)인 반면, 진동은 연속적이며 수송 중의 운동에 주로 관련되며, 충격에 비해 덜 가혹한 힘이다.

충격과 진동에 대한 물류환경강도를 결정하는 것은 포장화물이 겪을 가능성이 있는 설계낙하높이(design drop height)와 진동프로파일(vibration profile)을 각각 결정하는 것으로, 이에 대해서는 제3장과 8장에서 상세히 기술하기로 하고, 우선 여기서는 충격과 진동을 비롯해 여러 물류환경 위험요소에 대해 대략적으로 알아보기로 한다.

(1) 압축 (compression)

포장은 수송과 보관 중에 적재에 의해 발생하는 압축하중(compression force)으로부터 제품을 보호할 수 있도록 설계되어야 한다. 보관창고 또는 트럭에 적재된 저층부의 포장화물은 자신의 중량보다 몇 배 큰 압축하중을 받는다.

트럭에 적재된 상태로 수송 중에 작용하는 하중은 시간과 함께 변하는 동적하중이고, 도로 상태가 열악할 때 더 크게 발생한다. 반면, 창고에 적재된 상태에서는 일정한 사하중(dead load)이 작용하지만, 대기조건과 시간이 포장을 열화시키게 된다. 따라서 이러한 모든 요인들은 겉포장용기의 설계시 고려되어야 한다.

(2) 충격 (shock)

포장된 제품이 충격을 받는 경우는 다음과 같으며, 대부분의 충격은 하역(material handling) 중의 낙하로 인해 발생한다.

- 인력하역 중에 고의 또는 실수로 인한 화물 낙하
- 슈트(chute), 컨베이어(conveyor) 또는 다른 기계장치에 의한 화물 낙하
- 단위적재상태에서 상승부의 포장화물 낙하
- 컨베이어상에서의 갑작스러운 운동저지
- 수송차량과 도로의 돌출부 사이의 충돌
- 레일 스위칭(rail switching)시의 충격

제품에 발생되는 충격을 완충재(cushioning material)에 의해 그 제품의 충격취약성(shock fragility) 수준 이하로 완화시켜야 한다. 완충재를 사용한 충격으로부터의 보호를 위한 표준방법이 비교적 잘 확립되어 있다.

(3) 진동 (vibration)

포장 제품의 진동은 수송모드에서만 발생하며, 각각의 수송모드는 특징적인 진동수와 진폭을 가진다. 수송 중인 제품은 연속적으로 진동을 받게 되며, 진동으로 인해 야기될 수 있는 이상현상에 대한 예를 들면 다음과 같다.

- 제품 내부요소의 이완 및 피로파괴
- 트럭에 비구속 개별포장화물(loose-loaded individual package)의 이동과 흔들림

- 제품 표면과 내부 포장 사이의 마찰로 인한 마모
- 수송 중인 제품 내용물의 침하
- 동적하중으로 인한 포장의 (피로)압축파괴

진동관련 손상에 대한 보호방법에는 완충, 블로킹(blocking)과 브레이싱(bracing), 스트레치 랩핑(stretch-wrapping) 또는 밴딩(banding)을 통한 단위화, 트럭 트레일러의 현가장치 개선 또는 제품 재설계 등이 있다.

(4) 고도변화(altitude change)

온도와 대기압력은 고도 증가와 함께 감소한다. 보통 하강률은 약 3 km 상승마다 온도는 약 -16 ℃, 압력은 약 3.4 kPa이다. 고도의 급격한 상승은 포장 내부에 갇혀진 공기가 바깥의 낮은 압력과 평형을 이루려 하기 때문에 포장의 갑작스러운 개방을 야기시키고, 역으로 고도의 급격한 하강은 포장제품을 안쪽으로 파괴시키는 포장의 내파를 초래한다.

(5) 정전기(static electricity)

뒤엉켜 있는 전자부품들이 포장과의 마찰 또는 다른 방전 물체와의 직접 접촉으로 인해 발생하는 정전하(static charge) 형성은 집적회로의 도입이래 전자산업분야에서는 큰 문제로 대두되어 왔다. 매우 고가인 소형 전자부품을 통한 정전기 방전은 건조한 환경에서 더 크게 발생하므로, 더 쉽게 파괴된다. 따라서 이러한 문제를 해결하기 위해 특별한 정전기 방지 포장재와 취급방법이 개발되어 왔다.

(6) 전자기 방사(electromagnetic radiation, EMR)

민감한 전자부품을 통한 전기방전은 2개의 서로 다른 메카니즘에 의해 초래되는 데, 즉 정전하 형성에 의한 것과 전력선, 전기장비 근처, 기계류 및 개폐장치로부터의 원격 스파크와 같은 전자기 방사의 외부원인을 통한 유도가 있다.

전자기 방사는 거의 모든 포장재료를 관통하고, 포장 내부의 고립된 전하를 정전기 방전이 발생하는 점으로 결합하는 역할을 한다. 전자기 방사로부터 제품 보호가 주요 관심사항이므로, 이 문제의 해결을 위해 특별한 포장재가 개발되어 왔다.

(7) 열과 냉기 (heat & cold)

과도한 열은 여러 가지의 방법으로 제품에 영향을 준다. 일반적으로 화학적 및 미생물의 변화는 열에 의해 촉진되고, 냉기에 의해 지연된다. 에어로솔(aerosol)과 같은 압축가스는 고온에서 폭발하여 플라스틱 제품을 변형시키거나 또는 녹이기조차 한다.

저온도는 여러 형태로 제품에 영향을 준다. 식품과 수분함유 제품의 냉동은 수분의 냉동과 확장으로인해 내부구조의 파괴로 조직감(texture)에서 중대한 변화를 초래한다. 또한 저온은 대부분의 플라스틱을 취성상태로 만들어 제품뿐만 아니라 포장에도 영향을 줄 수 있다. 온도저하와 관련된 부가적인 문제로는 제품 상부와 포장 내부에서의 수분응축이 있다.

(8) 습도 (humidity)

공기 중의 자연수분은 흡습과 응축을 통해 다른 제품에 전달된다. 건조식품과 조제약에 의한 흡습은 심할 경우 세균(박테리아) 성장을 촉진할 수 있으나, 대개 맛(taste), 조직감(texture) 및 품질(quality) 저하를 가져온다. 따라서 건조재가 수분흡습을 위해 포장 내부에 자주 사용된다.

지류 포장재(paper-based packaging materials)의 흡습은 강도저하를 초래하고, 제품과 포장 표면에서의 응축은 다양한 문제, 즉 식품에서는 박테리아를 성장시키고, 철금속(iron-based metals)에서는 녹을 발생시킨다. 생목재(green wood)와 바깥에 적재된 재사용 파레트의 수분흡습은 간혹 민감성 제품의 운송시 적재하중 증가의 원인이 되기도 한다.

(9) 부식 (corrosion)

녹(rust)은 세 가지 요소, 즉 산소(공기), 수분 및 민감성 재료(철 또는 강)가 존재해야 발생하는 일종의 부식이다. 어떤 식품 속의 산(acid)은 보호막이 있는 포장재를 부식시키는 잠재성을 가지고 있다. 캔 내부의 코팅은 산으로부터의 부식을 막는 좋은 예이다.

해운수송(ocean shipment) 중 바다 염기에의 노출은 표면 무름과 구덩이를 낳을 수 있으며, 이에 대한 보호수단으로 휘발성 부식방지제를 제품과 함께 포장 내부에 넣는 방법과 윤활유 코팅방법이 있다.

1.2 수송포장설계 절차와 설계시 고려사항

【1】 수송포장설계 절차

수송포장설계(transport packaging design)에는 포장작업부터 제품보관, 수송, 배송보관, 고객수송 등 물류과정에 있어서 제품이 받는 각종 스트레스로부터의 물리화학적 보호, 사용한 포장재료의 재활용이나 폐기처리, 비용 등의 요소가 포함된다.

보다 더 구체적인 포함범위는 다음과 같다.

- 보관, 하역, 수송 등 물류과정의 제반비용
- 재활용, 폐기처리계획과 방법 그리고 그 비용
- 포장작업방법과 포장가공비
- 포장재료의 제조방법과 제조비용 또는 구입비용

한편, 수송포장설계 방법의 결정시에는 다음 사항을 고려해야 한다.

- **판매방법 검토** : 상품의 설치방법이나 진열방법, 판매단위 등에서부터 포장단위나 디자인, 제품 적입수량, 팰릿타이저 화물(palletized unit-load)의 개별포장화물 수, 다른 제품과의 혼적화물수송(LTL, less-than-truckload) 등을 결정한다.
- **물류루트 조사** : 수송수단, 화물 취급방법, 보관방법 등으로부터 포장과 팰릿의 치수와 형식, 물류환경강도로 충격, 진동, 적재하중 등을 결정한다.
- **생산준비** : 포장 작업성, 자동기계에의 대응, 포장재의 안정적 수급과 품질데이터 제공 여부 등을 판단한다.
- **제품외관** : 외형치수, 제품의 돌기부분, 분리되기 쉬운 곳, 풀어지기 쉬운 곳, 뚜껑과 같이 열기 쉬운 곳, 무게중심 위치 등을 결정한다.
- **동종 포장품에 대한 취약성 조사** : 손상영역(damage boundary), 공진(resonance) 특성 등을 파악

수송포장설계 절차를 각 단계별로 요약하면 다음과 같다.

(1) 제품보호(방수, 방습, 방청, 방진 등)에는 차단재의 특수성보다 실리카겔 투입량 산출, 가스투과성 체크, 차단재 재질과 용기 형태, 봉합방법 등을 검토한다.

(2) 완충설계는 제품 고정방법도 포함하고, 완충이 필요없는 경우는 고정만 시행한다. 완충성능, 중량 밸런스, 완충재에 고정하는 방법, 제품간의 간격 등이 완충포장의 주요 고려사항이다.

(3) 골판지상자(corrugated board box), 나무상자, 병, 파우치(pouch) 등의 단위포장(낱포장)(item packaging)용기의 설계는 최소사용단위를 고려하여 압축강도를 산출하고, 개봉의 용이성, 포장 작업성, 용기 생산성 등이 설계의 핵심사항이다. 고객과 직접 대면하는 소비자포장(consumer packaging) 또는 상업포장(commercial packaging)은 포장디자인과 마케팅이 우선적인 고려사항이다.

(4) 겉포장용기(outer packaging container)의 설계는 최소판매단위나 수송단위를 고려해야 한다. 여러 개의 제품을 함께 적입하여 포장하는 경우가 많은데, 낱포장 또는 단위포장(item packaging)의 실행 여부에 따라 압축강도 계산방법이 달라진다. 일반적으로 유통환경에 따라 겉포장 용기의 설계가 결정된다.

(5) 팰릿(pallet) 설계는 기계하역이 주목적이므로 수송수단, 보관창고의 랙(rack) 규격 등이 팰릿 규격을 결정짓는 주요인자이다. 그러나 팰릿 규격은 물류표준화의 핵심사항이므로 국가적인 통일이 필요하다. 우리나라의 경우 일관수송(through transit)용 표준팰릿으로 T-11형(1,100 × 1,100 mm)을 규정되어 있다. 겉포장 치수는 표준팰릿에 정합하는 규격을 채택하는 것이 바람직하며, 우리나라의 경우 KS T1002에 69종의 수송포장모듈을 명시하고 있다(표 1.1).

표 1.1 수송포장계열 치수일람표(1,100×1,100 mm, KS T1002)

호칭 번호	길이×너비 (mm)	1단적재수	적재효율 (%)	적재패턴	호칭 번호	길이×너비 (mm)	1단적재수	적재효율 (%)	적재패턴
11-1	1,100×1,100	1	100	B, -	11-36	458×213	3×4	96.7	B, P
11-2	1,100×550	2	100	B, K	11-37	450×325	2×4	96.7	B, P
11-3	1,100×366	3	99.8	B, K	11-38	450×216	3×4	96.4	B, P
11-4	1,100×275	4	100	B, K	11-39	440×330	2×4	96.0	B, P
11-5	1,100×220	5	100	B, K	11-40	440×220	3×4	96.0	B, P, S
11-6	733×366	4	88.7	B, P	11-41	412×343	2×4	93.4	B, P
11-7	711×388	4	91.2	B, P	11-42	412×275	2×4+2	93.6	B, S
11-8	687×412	4	93.6	B, P	11-43	412×229	3×4	93.6	B, P
11-9	687×206	2×4	93.6	B, P	11-44	388×355	2×4	91.1	B, P
11-10	660×440	4	96.7	B, P	11-45	388×237	3×4	91.2	B, P
11-11	660×220	2×4	96.7	B, P	11-46	366×366	3×3	99.6	B, -
11-12	650×450	4	97.1	B, P	11-47	366×275	3×4	99.8	B, K
11-13	650×225	2×4	97.1	B, P	11-48	366×244	3×4+4	95.9	B, S, P
11-14	641×458	4	97.8	B, P	11-49	366×220	3×5	99.8	B, K
11-15	641×229	2×4	97.6	B, P	11-50	343×206	2×2×4	93.8	B, P
11-16	628×471	4	98.6	B, P	11-51	330×220	2×2×4	96.0	B, P
11-17	628×235	2×4	98.6	B, P	11-52	325×225	2×2×4	96.7	B, P
11-18	611×488	4	99.2	B, P	11-53	320×229	2×2×4	96.9	B, P
11-19	611×244	2×4	99.2	B, P	11-54	314×235	2×2×4	97.6	B, P
11-20*	600×500	4	99.6	B, P	11-55	305×244	2×2×4	98.4	B, P
11-21*	600×250	2×4	99.4	B, P	11-56*	300×250	2×2×4	99.2	B, P
11-22	576×523	4	100	B, P	11-57*	300×200	(2+3)×4	99.2	B, P
11-23	576×261	2×4	99.8	B, P	11-58	293×220	3×5+3	95.9	B, S
11-24	550×550	2×2	100	B, -	11-59	288×261	2×2×4	99.4	B, P
11-25	550×366	2×3	100	B, K	11-60	275×275	4×4	100	B, -
11-26	550×275	2×4	99.6	B, K	11-61	275×220	4×5	100	B, P
11-27	550×220	2×5	99.2	B, K	11-62	275×206	4×4+5	98.3	B, S
11-28	523×288	2×4	99.2	B, P	11-63*	250×200	2×3×4	99.2	B, P
11-29*	500×300	2×4	98.4	B, P	11-64	244×203	2×3×4	98.2	B, P
11-30*	500×200	3×4	98.2	B, P	11-65	235×209	2×3×4	97.4	B, P
11-31	488×305	2×4	97.8	B, P	11-66	229×213	2×3×4	96.7	B, P
11-32	488×203	3×4	97.6	B, P	11-67	229×206	2×3×4+1	97.4	B, P
11-33	471×314	2×4	96.9	B, P	11-68	225×216	2×3×4	96.4	B, P
11-34	471×209	3×4	96.7	B, P	11-69	220×220	5×5	100	B, -
11-35	458×320	2×4	96.7	B, P					

주1) 부호의 B는 블록적재, K는 교대배열적재, P는 핀휠적재, S는 스프릿적재, 표 2.4

주2) *는 1,100 × 1,100 mm와 1,200 × 1,000 mm에 공통되는 치수

(6) 중량물 포장설계는 제품의 중량, 중심 및 구조를 잘 파악하여 나무상자, 스틸상자, 스키드(skid) 등에 제품을 효과적으로 고정시키는 방향으로 실시하고, 환경친화적인 포장재 적용을 검토한다.

보충설명 1.1

물류표준화(physical distribution standard)는 유닛로드시스템(unit-load system, ULS)의 적용으로부터 시작하여, ULS의 근간은 물류모듈(physical distribution module)이다.

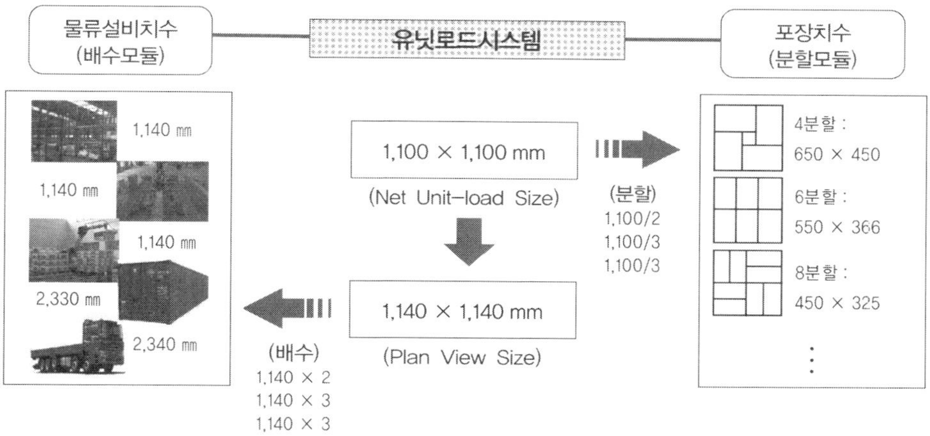

<물류모듈체계>

- **분할포장모듈시스템** : KS T1002의 수송포장계열치수에 제정되어 있는 표준치수 1,100 × 1,100 mm (일관수송용 표준팰릿 규격) (KS T0003의 유닛로드치수에서 유닛로드치수로 평면치수인 1,140 × 1,140 mm를 규정하고 있으며, 유닛로드의 길이 및 나비의 허용치수는 -40 mm이므로, 유닛로드치수의 최소평면치수는 1,140 × 1,140 mm임)를 정수(1, 2, 3 …)로 분할, 가로와 세로의 치수들을 합산하여 1,100 mm가 되는 숫자들이며, 포장모듈치수들은 이들의 조합이다.
- **배수물류모듈시스템** : 유닛로드 치수 1,140 × 1,140 mm를 기준으로 하고, 최대허용공차 -40 mm를 인정하며, 이를 배수로하여 물류시설이나 장비들의 표준치수를 설정하고 있다.

보충설명 1.2

유닛로드치수로는 다음과 같이 두 가지가 사용된다.

- NULS(net unit-load size) : 팰릿 위에 거칠게 작업하여 적재하거나, 자체의 무게 또는 장기간 보관으로 포장의 변형 등으로 발생된 허용치수를 PVS로부터 제외한 유닛로드의 순수치수를 의미한다. 즉, 유닛로드를 구성하는 물품 또는 포장화물을 적절히 바르게 나열된 상태에서의 계산상의 길이와 나비이다. 따라서 이 NULS 치수는 팰릿 치수와 포장단위의 치수들을 결정할 때 기본이 되며, 분할포장모듈시스템과 연결된다.

- PVS(plan view size) : 보관 중 또는 출하장에 대기하고 있을 때 유닛로드의 가장 돌출된 부분을 둘러싸고, 서로 직각을 이루는 4개의 수직면과 바닥면의 교차에 의해서 결정되는 평면의 길이와 나비의 실측값을 의미한다. 따라서 이 PVS 치수는 유닛로드치수의 최대허용치수이며, 배수물류 모듈시스템과 연결된다.

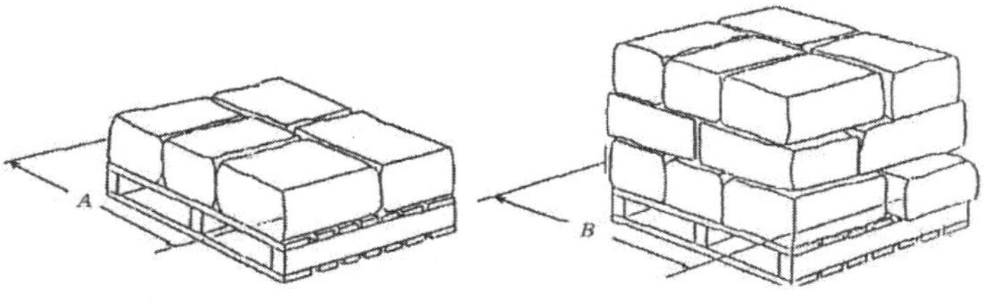

(a) 넷 유닛로드치수　　　　(b) 평면치수

<유닛로드치수>

【2】 수송포장설계시 고려사항

ASTM D6198의 수송포장설계(transport packaging design)를 위한 표준지침에서는 수송포장설계시 고려사항으로 다음과 같이 10단계를 권장하고 있다. 신제품 개발과 심지어 포장 재설계시에도 이 규격을 먼저 참조하는 것이 바람직하다.

(1) 제품의 물리적 특성(physical characteristics)

제품의 치수와 중량 같은 명백한 특성 외에 보관수명(shelf life)을 포함시켜 앞에서 나열된 여러 가지의 위험에 대해 제품의 민감성(susceptibility)을 파악한다. 만일 제품이 위험성 물질로 분류되면 특별한 포장이 요구된다.

(2) 마케팅과 유통 요구조건의 결정

용기 안에 적입되는 제품의 수, 고객의 취급방법과 보관시 요구조건, 연간/일/교대당 예상되는 수송량, 바람직한 라이프 사이클(life cycle), 포장폐기물 처분, 계획된 수송 형태, 국내 및 국제법규 등을 고려한다.

(3) 환경위험(environmental hazard)의 파악

출하(수송)환경에 대한 지식은 최적포장설계(optimum package design)의 열쇠이다. 수송환경을 관찰, 측정 및 유사 제품에 대한 손상보고와 연구결과를 참조함으로써 앞에서 나열된 항목에 대해 한계위험을 정량화하고 확인한다.

(4) 모든 유용한 대안을 고려

개별포장화물(individual package)과 단위적재화물(unit-load), 종이와 플라스틱, 목재와 금속, 그리고 제작과 구입 등과 같이 유용한 대안에 대해 평가한다. 비용의 고려사항에는 포장재뿐만 아니라 노동, 자본, 제경비(간접비), 하역, 화물요금 및 손상비용 등이 포함된다. 최종설계에 영향을 주는 3개의 주요인자는 성능, 총비용 및 환경충격(environmental impact)이며, 환경충격에 관한 일반적인 원리는 3R이라 일컫는 절감(reduce), 재사용(reuse) 및 재순환(recycle)이다.

(5) 포장설계 (packaging design)

적정한 포장재를 선택한 후, 그 포장재와 함께 제공된 자료(예, 완충곡선), 수송요구조건 및 유사 제품에 대한 경험 등 모든 유용한 기술적 데이터를 참조하여, 포장의 각 요소를 설계한다. 설계에 대한 미세 조정과 문제점을 파악하기 위하여 제품 진동 및 상자압축과 같은 개별성능시험을 실시한다. ASTM 시험규격 D642, D880, D999, D4003, D4728, D5276 및 D5487 등은 이러한 목적을 위해 적용된다.

(6) 적정한 봉합(closure)방법의 선택

봉합방법에는 테이프, 스테플, 접착제 또는 끈 등이 있으며, ASTM D1974는 봉합방법에 대한 규격을 제공하므로 이를 참조한다.

(7) 설계성능시험 (design performance test)

인정된 방법은 시험실 환경에서 수송 전 사전수송시험(pre-shipment test)을 먼저 수행하는 것이다. 이 시험은 대표적인 출하(수송)단위(shipping unit)[유통환경을 겪게되는 가장 작은 완전한 단위로, 예를 들면 수송용기(shipping container)]와 그 내용물이 가능한 한 실제의 환경에서 겪을 것으로 예상되는 일련의 위험들을 작용시켜 설계의 적합성을 평가하는 것이다. 이러한 목적으로 적용되는 규격은 다음과 같다.

- ASTM D4169 'Performance testing of shipping containers and systems'
- ISTA 'Pre-shipment test'
- ISO 4180 'Packaging-complete, filled transport packages-General rules for the compilation of performance test schedules'
- KS T ISO 4180 '수송포장화물의 평가 시험방법 통칙－일반원칙, 정량적 데이터'

(8) 포장의 재설계

만일 포장화물이 성능시험에서 어느 한 부분이 불합격되면, 포장을 재설계할 것인가 또는 제품의 취약부분을 보강할 것인지를 판단해야 한다. 제품설계에 대한 약간의 변경을 통해 포장설계요건을 완화함으로써 포장비용을 크게 저감할 수 있다.

(9) 제품 패킹(packing)방법의 개발

쉽고 경제적인 제품 적입, 포장개방 및 봉합방법을 항상 고려하여야 한다. 여러 단계로 실행되는 체계는 전체 비용과 작업효율에 중대한 영향을 준다. 수동 패킹은 부분 기계화 및 완전 자동화방법과 비교·검토 되어야 한다. 때때로 포장설계와 개선된 패킹방법 사이에 균형이 필요하다.

(10) 모든 작업을 문서화

구입, 제작 및 공학기술의 적용시, 추후 이것을 참조할 수 있도록 설계요구조건, 시험결과, 사양, 도면 및 패킹방법 등을 회사/단체에서 정한 형식에 따라 문서화해야 한다.

1.3 수송포장설계의 방향

가전제품을 중심으로 선진국의 최근 수송포장설계의 동향을 살펴보기로 한다. 가전제품에 있어서의 포장의 주사명은 생산지와 소비지 사이의 물류과정에서 최소의 비용으로 물품을 안전하게 보호하는 것이며, 여기에는 포장의 역할이 종료된 후에는 포장폐기물이 발생되므로, 환경보전 측면에서 자원절약, 리사이클 등의 환경적합성이 요구되고 있다.

따라서 최근 수송포장설계는 제품보호성과 비용절감 및 환경보전을 동시에 만족시켜야 하므로, 이를 위한 추진방법은 다음과 같다(前澤 英一, 2004).

(1) 가전제품 환경 적합 설계 가이드

포장폐기물의 처리에 따른 작업과 비용부담을 줄이기 위한 환경적합 설계상의 고려할 점과 실현방법을 요약하면 표 1.2와 같다.

표 1.2 환경 적합 설계상의 고려할 점과 추진방법

	포장설계시 고려사항		방 법
1	무포장	포장사용량 전무	직송(손상방지매트), 포크리프트 하역, 랙 보관(팰릿 보조), 제품 내압·충격강도 개선
2	필요최소포장	포장재 소요량의 최소화. 자원 절약, 에너지 절약 포장, 간이 포장	제품보호에 필요한 최소한의 완충포장, 이론설계, 제품 개선(강도, 돌기, 구조, 치수), 유통외력저감(물류 개선)에 의한 간이포장
3	재생/재자원/재상품화포장	리사이클 포장(리사이클 시스템이 정비된 포장재 적용), 재생재 이용 및 재생이 용이한 포장재 적용	지류포장재(적층 골판지, 펄프몰드, 하니콤 보드, 지관)의 활용, 재생자재 이용 포장(재생 발포스티로폼, 우드칩 등)
4	회수/처리가 용이한 포장	분리, 회수에 인력, 비용이 들지 않는 재료와 구조	소분할, 분리 또는 분해 가능 구조, 단일 포장재(모두 골판지화), 무접착 포장, 포장 부품수 삭감, 복합재료 삭감
5	재이용·재사용 포장[1)]	류스포장, 반복사용, 폐기물(1회용)이 되지 않는 포장	운반포장(제품, 부품포장), 특정 고객간/공장간 수송포장, 고객으로부터 폐재 인수
6	폐기처분이 용이한 포장	매립/소각처분이 용이한 재료와 구조	저연료 칼로리재, 자연환원포장(생분해성 포대, 대두유 잉크), 유해재 사용 억제
7	유니버셜 디자인, 인간을 배려한 포장	조립, 영업 및 유통 작업자를 배려한 친절 포장, 일반 소비자를 배려한 유저빌리티 포장	조립작업(라인)의 적합성, 재개봉성, 하역성, 수송 및 보관성, 표시기능 향상(크기, 색, 위치 등), 제품 꺼냄의 편리성, 이동 편리성, 재수납성 개선

주1) 보충설명 1.3

(2) 포장설계상의 대응법

최근의 가전제품 포장은 제품보호기능을 유지하면서 유통(수송, 보관법)과 제품 자체의 강도를 개선함으로써 환경보전을 고려한 포장을 실현하고 있다. 또한 포장과 트레이드 오프(trade-off) 관계에 있는 제품설계 및 유통사업 부분과 연계하여, 상호 영향력을 미치고 있는 팩터를 조정하므로써 기업 전체 차원에서의 최적화(총비용의 최소화)를 실현하고 있다.

- **최소포장설계를 위한 완충포장설계 6단계의 적용** : 플라스틱폼 완충재에 비하여 지류 완충재는 재생, 재자원화가 용이하며 생분해성이 있는 등 환경 측면에서 유리하지만, 조립 가공공정이 늘어나 비용이 증가하는 경우가 많다. 이를 해결하기 위한 대책으로서 기존 유사 제품에 대한 모방과 경험, 감각에 의한 설계를 지양하고 완충

포장설계 6단계(표 1.3) 적용으로 최적화 설계가 이루어지고 있다.

- **제품/포장강도시스템 설계** : 가전제품 포장은 제품을 보호하는 것이 첫 번째 역할이며, 이를 최소비용으로 해결하는 설계가 요구되고 있다. 제품의 일부가 약하거나 돌기가 있는 경우에는 수송·보관 효율의 저하로 등 전체 비용이 증가하게 된다. 즉, 제품강도(형상, 치수, 중량 등)와 포장비(포장 사용량)는 비용 트레이드 오프 관계에 있으므로 제품개발 시점부터 제품/포장강도 트레이드 오프로 총비용을 최소화하는 설계가 필요하다.
- **유한요소법을 활용한 포장설계** : 가전제품의 포장에 요구되는 특성은 에너지 흡수성, 복원성, 가공성, 인력성, 경제성 등이며, 기존의 플라스틱폼 완충재는 특성면에서 안정성이 있고, 완충포장설계 기술이 확립되어 있다. 그러나 최근 적용이 확대되고 있는 지류완충재의 경우는 수분의 영향을 크게 받는 특성이 있어 안정성이 떨어진다. 또한 복원성이 없어 재료 자체를 좌굴 또는 변형시킴으로써 낙하 충격을 흡수하기 때문에 정량적 설계에 한계를 가지고 있다. 따라서 완충포장설계 기술의 확립이 어려워, 시행착오법에 의한 설계가 이루어지고 있는 실정이다. 이러한 경우에 CAE 기술의 적용은 정량 해석(예를 들면, 유한요소해석을 활용한 비선형 낙하충격해석)에 의한 포장설계에 큰 기여를 한다.

보충설명 1.3

고형 포장폐기물 발생량을 줄임으로써 환경 보호를 위한 4R(reduce, return, reuse, recycle)의 첫 단계가 감량화이며, 이는 적정포장설계와 리터너블 포장시스템(returnable packaging system)의 적용을 통해 해결될 수 있다.

이 시스템은 보통 벌크성 재료(flowable bulk materials), 부품 또는 가공과정에 있는 미완성 제품(가공공정 간의 순환 등), 액체 제품 등에 적용된다. 리터너블 컨테이너(returnable container)의 재료는 고밀도 폴리에틸렌, 스틸, 목재, 플라스틱 직물(woven plastic) 등이며, 그 용기의 형태도 매우 다양하다.

리터너블 포장시스템의 잇점은 고형 포장폐기물 처리량 및 처리비용 감소와 자원절약(에너지와 원료) 외에도 비회수성 포장(expendable one-way packaging)에 비해 포장재 비용절감, 제품의 손상감소, 인간공학적 측면(ergonomics)을 고려한 하역 적합성 등을 들수 있다. 한편, 단점으로는 과다한 초기투자비용, 회수시 수송비용 소요, 추적과 어카운트 비용 및 빈컨테이너의 적재공간 소요 등이 있다.

(1) 시스템 특징과 설계기준

리터너블 포장시스템의 적용에 있어 가장 중요한 것은 신뢰성 있는 범조직적 추적방법을 갖춘 회수프로그램의 운용이며, 다음과 같은 시스템적 특징을 갖추고 있어야 효과를 기대할 수 있다.

- 하역과 선적장소(shipping and receiving locations)의 수가 적어야 함
- 빠른 재고회전율(fast inventory turns)
- 짧은 수송루트(short transportation route)
- 전용수송시스템(dedicated transport system) 구축
- 포장폐기물 감량과 리터너블 포장에 대한 관심

리터너블 포장의 설계기준은 다음과 같이 요약할 수 있다.

- 내구성(durability) : 고장없이 최소 50회 이상 순환할 수 있어야 함
- 적재시 견고한 인터록
- 포장 제품에 대한 접근과 확인의 용이성
- 저렴한 수리비용
- 다양한 제품에 대한 적용성
- 컨테이너와 일체된 더니지(dunnage)의 적용 : 그림 6.12

(2) 비용분석

비회수성 포장에 대한 비용은 간단히 계산되나, 리터너블 포장의 경우는 여기에 두 가지 인자가 더 보태어 진다.

$$C_{nr} = \frac{C_{mc} \times V_p}{V_{pc}}, \quad C_r = \frac{C_{mc} \times V_p}{N_r \times N_u \times V_{pc}}$$

여기서, C_{nr}과 C_r은 각각 비회수성 및 리터너블 포장비용, C_{mc}는 컨테이너당 포장재 비용, V_p는 제품의 총수량, V_{pc}는 컨테이너당 포장제품 수량, N_r은 공급루트에서의 리터너블 포장의 총수, N_u은 리터너블 포장의 기대되는 총사용횟수를 각각 나타낸다.

비회수성과 리터너블 포장시스템에 대한 총소요비용은 다음과 같이 계산된다.

$$TC_{nr} = C_{nr} + L_{nr} + E_{nr} + T_{nr} + D_{nr}, \quad TC_r = C_r + L_r + E_r + T_r + D_r + R_r$$

여기서, TC_{nr}과 TC_r은 각각 비회수성과 리터너블 포장시스템의 총소요비용, L_{nr}과 L_r은 노동비용, E_{nr}과 E_r은 장비/공구 사용비용, T_{nr}과 T_r은 수송비용, D_{nr}과 D_r은 포장폐기물 처리비용, R_r은 리터너블 포장의 회수비용을 각각 나타낸다.

1.4 규격과 시험 (Standards and Test)

세계 여러 나라에는 포장실무관련 발행, 용기(container)와 포장재에 대한 성능시험 개발, 포장규격 제정 등을 담당하는 여러 단체가 있다. 이 중 수송포장의 충격과 진동에 관련된 중요한 몇 개 단체에 대해 살펴보면 다음과 같다.

(1) 미국재료시험협회 (ASTM, American Society for Testing and Materials)

ASTM은 미국 내에서 규모가 가장 큰 기술관련 규격을 제정하는 단체로 임의 합의 규격(voluntary consensus standard)으로 강제성은 없지만 역사를 배경으로 미국 내에서 뿐만 아니라 전세계적으로 큰 영향력을 가지고 있다. ASTM은 엔지니어, 교육자, 정부 및 산업 대표자, 소비자 등으로 구성된 약 130여 개의 기술위원회로 조직되어 있다. 이들 위원회들은 규격 개발, 발행 및 다양한 영역의 규격들에 대한 정규 업그레이드를 담당하고 있다.

포장에 관한 규격을 작성하고 관리하는 위원회는 D－10이며, 이 위원회는 또한 포장의 각 방면을 담당하는 16개의 소위원회로 나누어진다.

(2) 국제표준화기구 (ISO, International Standards Organization)

ISO는 44개국으로부터 150개의 기술위원회로 조직되어 있으며, ASTM에 상응하는 국제적 조직체이다. 이 ISO는 국제적 나라 상호간의 무역을 표준화하기 위해 설립되었으며, 우리나라도 정회원으로 가입되어 있고, 유럽표준화규격인 EN과 우리나라의 KS도 ISO와 공통화 작업이 진행되고 있다(표 12.2).

(3) 국제안전수송협회 (ISTA, International Safe Transit Association)

ISTA의 설립목적은 사전수송시험(pre-shipment test), 면허 및 증명으로 구성되는 규격화된 프로그램을 통해 수송 중 포장제품의 손상방지를 위한 것이다. 즉, ISTA는 수송포장시험을 특화하여, 그 규격의 개발과 기술보급에 주력하고 있다.

ISTA는 인정방식으로 시험방법과 수순에 강제력을 가지고 있다. 시험 결과가 ISTA로부터 인정을 받으면, 겉포장에 로고 마크가 있는 라벨을 부착하거나 인쇄할 수 있고, 만일 그 화물이 손상 클래임 발생과 보험료율의 교섭시 법적효력은 없지만 다소 영향력을 가지게 된다.

ISTA 규격은 시험 대상물과 방법, 그리고 순서 역시 상세하게 기술하고 있다. 다른 시험 규격에서는 「자사의 수송 환경에 따라서…」 또는 「당사자간의 합의에 의해…」 등으로 명시하고 있어, 시험방법이나 조건을 조정할 수 있지만, ISTA는 시험방법과 조건을 조정할 수 없다. ISTA의 주요 규격의 대부분은 낙하와 진동 등의 시험을 순차적으로 조합한 것이다(표 12.3). 미국 내에서는 ASTM 규격과 함께 이용하는 기업이 많다.

(4) 교통부 (DOT, Department of Transportation)

미 정부의 행정조직체로 제품의 손상보다 위험물질의 안전수송에 더 관심을 두고 있다. DOT는 폭발성, 부식성, 가연성, 유독성, 자극성 및 방사성 물질과 감염성 병원체의 수송에 사용되는 용기에 대한 규격을 제정한다. 용매를 함유한 페인트와 깨끗한 병원체 같은 제품도 대량 운송시에는 위험물질(hazmats)로 분류된다.

(5) MIL 규격 (Militany Specifications and Standards)

미국방성(Department of Defense)이 발행하는 군용 규격이며, MIL 스펙(Militany Specification), MIL 규격(Militany Standards, MIL STD) 및 MS, MIL 핸드북(Militany Handbook)으로 발간된다. 이 규격은 육·해·공군의 모든 무기 및 장비에 대한 기준을 제시하고 있으나, 모든 스펙과 규격을 이 MIL이 커버하는 것은 아니고 미국 내의 다른 여러 규격들이 부분적으로 그 역할을 대신하고 있다.

수포장관련 주요 규격(핸드북)에는 다음과 같은 것이 있다.

- MIL-HDBK-304C. Military standardization handbook, package cushioning design
- MIL-STD-810F. Environmental engineering considerations and laboratory tests
- MIL-STD-2073-1. DOD Standard practice for military packaging

(6) 한국산업규격 (KS, Korean Industrial Standards)

KS는 한국에서 사용되는 국가기술표준으로 1963년에 한국공업규격으로 처음 실시되어, 1992년에 현재의 이름으로 바뀌었다. 산업표준화를 위해 제정된 산업규격을 보급, 활용하여 제품의 품질개선과 생산능률 향상, 거래의 단순공정화와 소비자 보호를 위하여 만들어졌다.

KS는 내용적으로 크게 세 가지 부류로 나뉘어 지는데 즉 제품규격으로 제품 형상·치수·품질 등에 관한 규격, 방법규격으로 시험, 분석, 검사 및 측정방법, 작업표준 등에 관한 규격, 전달규격으로 용어·기호·약어·부호 등에 관한 규격 등이다. 또한 21개 부문으로 구성되는 데, 포장과 물류는 일반물류, 포장, 보관·하역, 운송, 정보 등으로 세분화되어 'T-물류' 부문에 분류되어 있다.

KS의 국제화를 위해 관련 규격의 ISO 관련 표준과 부합되도록 하고 있다. 예를 들면 ISO 2247의 개별포장화물과 단위적재화물의 고정 저진동수에서의 진동시험(packaging-complete, filled transport packages and unit loads-vibration tests at fixed low frequency)과 부합되도록 이를 기초로 작성된 것이 한국산업규격 KS T ISO 2247의 고정 진동수에서 수송포장화물(transport package) 및 단위적재화물의 진동시험방법이다.

제12장에서 상세히 기술하겠지만, 포장에 대한 성능규격을 제정하는 목적은 포장이 물류환경에서의 요구사항을 확보하기 위함이다. 이에 대한 좋은 예가 ASTM D4169-09로 명칭된 수송포장용기와 시스템의 성능시험(standard practice for performance testing of shipping containers and systems) 규정이다. 규격의 명칭은 규격을 개발한 ASTM의 포장소위원회 'D-10'을 의미하며, 4169는 참조번호, 09는 처음 채택되었거나 또는 개정된 연도를 의미한다.

이 규격에서는 일련의 시험실테스트가 수행된다. 즉, 시험용 포장시작기(prototype package)가 예상되는 물류 루트(distribution route)에 대한 기후 위험특성, 트럭 적재 과정에서의 실수를 모의하는 낙하시험, 차량적재 상태를 모의하는 압축시험, 수송을 모의하는 진동시험, 노외(off-loading)를 모의하는 낙하시험, 보관창고에서의 적재상태를 모의하는 압축시험 등 가능한 한 실제 물류조건을 재연하고, 그것들이 발생하는 순서대로 계획된 일련의 테스트를 받는다.

만일, 개별포장화물이 포장 또는 제품에 어떠한 손상도 없이 일련의 테스트를 모두 받는다면, 그 때는 제품에 대한 포장설계가 물류에 대해 적당한 것으로 판단한다. 물류사이클(distribution cycle)로 알려진 일련의 다양한 시험들이 포장화물의 다양한 치수와 중량 그리고 수송의 다양한 형태에 대해 연구되어 정립되어 왔다.

ASTM D4169는 대표적인 가속시험(accelerated test) 중 하나이다. 가속시험은 개별포장화물이 매우 짧은 시간동안 물류과정 중의 예견되는 위험을 받게 되며, 여기에서는 자주 증가된 수준, 즉 가혹한 시험조건이 적용된다.

가속시험은 실제의 조건 하에서 포장화물에 대해 수행되는 현장시험(field test) 연구에 비해 시간과 비용이 절감되지만, 현장시험 결과보다는 신뢰성이 다소 떨어지며, 시험 그 자체의 실행과 컨트롤하기에 어려운 점이 있다.

ASTM, ISTA, ISO 또는 KS 등 대부분의 규격들은 다음과 같은 기본형식을 바탕으로 구성되어 있다.

- 명칭(designation) : (예, ASTM D-XXXX-XX, KS T-XXXX-XX)
- 제목(title) : (예, Compression test for …)
- 적용범위(scope) : (적용의 한계에 대하여 설명)
- 인용규격(referenced documents) : (인용된 타 규격 또는 문건)
- 용어정리(description of terms) : (규격에 사용된 용어의 개념)
- 의의와 사용(significance & use) : (시험이 이루고져하는 취지)
- 시험재료(test specimen) : (시험재료의 준비 방법)
- 전처리(conditioning) : (시험전 시험재료의 전처리 방법)
- 장치(apparatus) : (요구되는 시험기의 목록)
- 절차(procedure) : (시험 수행방법)
- 시험보고(report) : (시험보고서에 포함되어야할 사항)
- 정밀도와 정확도(precision & accuracy) : (포함되는 오차에 대한 일반적인 설명)

1.5 완충포장설계 6단계와 본 교재와의 연계성

제품, 완충재 및 포장화물에 대한 충격취약성(shock fragility)과 성능평가를 위한 다양한 시험기의 개발과 발전, 손상경계이론(damage boundary theory)의 정립, 현대사회의 고도화 및 정밀 제품에 대한 완충포장설계(cushioning packaging design)의 요구 등으로, 최적의 포장솔루션을 제공하기 위한 완충포장설계 6단계가 정립되어, ASTM을 비롯한 세계의 권위 있는 규격에서는 이를 채택하고 있다. 우리나라의 경우도 한국산업규격 KS T1009에서 이를 명시하고 있다.

본 교재의 내용도 기본적으로 완충포장설계 6단계의 내용을 모두 포함하고 있으며, 완충포장설계 6단계의 주요내용과 본 교재와의 관련성을 요약하면 다음과 같다.

(1) 물류환경(distribution environment)의 평가

수송, 하역(material handling) 및 보관환경이 결정되어야 하며, 이러한 정보를 바탕으로 보존과 포장수준이 결정된다. → 본 교재의 3, 8, 12장

(2) 제품에 대한 취약성(fragility) 평가

피포장물인 제품에 대한 충격과 진동취약성을 비롯해 기타 특별 고려사항들(무게중심, 돌기부, 제품 치수 및 형상 등)에 대한 분석과 정량화가 이루어진다. → 본 교재의 4, 9~11장

(3) 제품의 재설계 (redesign)

제품 내 민감요소(critical element)에 대한 개선 또는 설계변경을 통해 제품의 내구성 향상으로 제품/포장시스템에 대한 총소요비용의 절감. 제품 개선 후 단계 (1)의 재시도 → 본 교재의 4, 7장

(4) 사용 완충재 평가/완충설계

완충재에 대한 충격 및 진동 성능평가 실시. 단계 (2)로부터의 제품 중량, 단계 (1)로부터의 포장요구수준에 대한 설계낙하높이(design drop height), 단계 (2)로부터의 제품 취약성 등을 모두 설계인자로하여 적합한 완충재 선정과 완충방법 설계 → 본 교재의 6, 7, 9 및 10장

(5) 포장시스템(package system) 설계

제품과 완충재의 특성을 고려해 포장의 내부 치수설계, 겉포장용기의 설계(강도, 재료, 치수 등), 고정 및 지지방법의 설계. 단계 (1)에서 결정된 요구 수준에 가장 적합한 포장설계 → 본 교재의 7장

(6) 제품/포장시스템 평가

포장시작기(prototype package) 제작. 설계된 포장의 충격과 진동에 대한 성능평가. 시험 수준은 단계 (1)로부터의 포장요구수준에 따라 결정. 포장시스템에 대한 재설계의 필요성 판단 → 본 교재 12장

이상 기술한 완충포장설계의 각 단계별로 제품과 완충재에 대해 설계변수별 요구되는 대표적인 데이터와 관련된 시험규격을 요약하면 표 1.3과 같다. 본 교재를 통해 제품에 대한 완충포장설계방법을 보다 효율적으로 이해하기 위해서는 이들 규격을 미리 확보하여 본 교재와 함께 읽어가길 권장한다.

표 1.3 완충포장설계의 각 단계별 요구되는 대표적인 데이터와 관련 규격

단 계	충격(shock)	진동(vibration)	압축(compression)
물류환경 평가	설계낙하높이 (하역낙하높이, 방향, 회수) → ASTM D3332, D4169	수송루트 및 차량의 가속도-진동 프로파일(PSD) (수송 진동수와 정도, 시간) → ASTM D4728, ASTM D4169	수송과 보관 중 적재높이 → D4169
제품의 취약성 평가	손상경계곡선 (한계속도변화, 한계가속도) → ASTM D3332	공진진동수 및 드웰, 수송 진동수와 정도, 시간 → ASTM D3580	제품의 압축저항성(자립성)
제품의 재설계(개선)	취약성 요소의 성질 개선(재설계 또는 개선) - 총비용의 최소화, 강도 트레이드 오프		
완충재 성능평가	완충곡선 (감가속도-정적응력 선도) → ASTM D1596, D4169	전달률 곡선 (증폭/감쇠 선도) → ASTM D3580	압축 특성(응력-변형률 선도), 크리이프 특성 → ASTM D642, D2221
완충설계	지지면적, 두께, 크리이프, 좌굴	공진점, 동적배율	
	트레이드 오프(온도, 습도, 마멸 등 고려)		
(포장화물) 최종평가	충격 또는 낙하 → ASTM D880, D4003, D4169, D5276, D5277, D5487	공진과 드웰 (랜덤, 정현파 진동) → ASTM D999, D4728	포장화물 압축저항성 (적재시험) → ASTM D642, D4169, D4577

연 습 문 제

(1) 수송포장설계에 관련된 다음의 기본적인 용어에 대해 한국산업규격과 ASTM 규격(ASTM D996)을 참조하여 설명하여라.

- 공업포장(industrial packaging)과 상업포장(commercial packaging)
- 적정포장설계(appropriate packaging design)
- 용기(container)
- 포장(packaging), 포장화물(package), 포장표준화
- 하역(material handling), 수송(transportation)과 운반(carrying), 일관수송(through transit)
- 물류모듈(physical distribution module), 물류표준화
- 유닛로드시스템(unit-load syatem, ULS)
- 팰릿타이저 화물(palletized unit-load), 단위적재화물(unit-load), 개별포장화물(individual package)
- 적재강도(stacking strength)와 압축강도(compression strength)
- 정현파와 랜덤진동(sinusoidal & random vibration)
- 공진(resonance), 고유진동수(natural frequency), 진동취약성(vibration fragility)
- 파워 스펙드럼 밀도(power spectral density, PSD), 평균제곱근 가속도(root mean square acceleration)
- 충격(shock), 충격취약성(shock fragility), 완충(cushion)
- 제품 완충고정시 블로킹(blocking)과 브레이싱(bracing)
- 편면(single-faced corrugated fiberboard), 양면(SW), 2중양면(DW), 3중골판지(TW)
- 재료의 탄성(elastic), 소성(plastic), 점성(viscous), 감쇠(damping), 특성
- 봉합(closing)과 밀봉(sealing)
- 혼적화물운송(less-than-truckload, LTL)과 독차화물운송(truckload, TL)
- LCL(less than container loads) 화물과 CL(container load) 화물

(2) 유닛로드시스템(unit-load system, ULS)의 목적과 예상되는 효과에 대하여 설명하시오.

(3) ISO의 표준유닛로드 치수에는 어떤 것이 있으며, 그 목적은 무엇인가?

(4) 우리나라에서 실시하고 있는 물류표준설비 인증제도(LS)의 목적과 예상되는 효과, 인증품목과 물류효율과는 어떠한 관계가 있는지를 설명하여라.

02 적재와 압축
Stacking & Compression

- 압축시험
- 포장화물과 압축강도
- 적재강도설계
- 골판지상자의 압축강도설계와 추정모형

물류과정 중 포장이 겪을 수 있는 물리적 스트레스 중에서 가장 기본적인 것은 보관창고와 차량수송 중의 적재(stacking)와 압축(compression)이다. 여기에서는 물류과정 중의 여러 열화요인에 대한 적정포장강도 설계법에 대해 기술하고, 포장에 대한 압축강도와 적재강도 사이의 관계, 겉포장용기의 대부분을 차지하고 있는 골판지상자(corrugated board box)의 압축강도설계와 추정방법에 대해 알아보기로 한다.

2.1 압축시험(Compression Test)

포장화물(package)에 대한 압축은 보통 수송과 보관창고에서의 적재시 발생하며, 더구나 불리한 기후조건(예, 저온다습) 하에서의 장시간 적재에 대해 하층부 포장은 그것이 받는 혹사에 대해 저항할 수 있어야 한다. 따라서 압축시험은 포장화물 또는 용기의 압축강도(compression strength), 특히 창고와 컨테이너 등에서 하층부에 적재되었을 때의 압축강도를 파악하기 위한 시험이다.

포장합리화에 따라 겉포장용기만으로 적재하중을 감당했던 방식에서 벗어나 내용물을 포함하는 총체적인 압축강도 측면에서 겉포장용기에 대한 강도설계가 이루어지고 있으므로, 완충포장(cushioning packaging)을 변경했을 때는 반드시 압축강도와 변형량을 확인해 둘 필요가 있다.

제품, 용기 또는 한 포장화물로서 이 두 가지의 압축강도는 압축시험기(compression tester)를 사용하면 쉽게 측정할 수 있다. 샘플을 압축시험기의 두 평행한 테이블(platen) 사이에 놓고, 보통 아래쪽 테이블이 상방향으로 이동하는 동안 샘플의 압축 정도가 하중변환기(load cell)에 의해 측정된다.

대부분의 압축시험기는 하중과 변위를 동시에 측정하여 하중–변위 선도가 자동적으로 그려지며, 분석과 함께 출력이 가능하다.

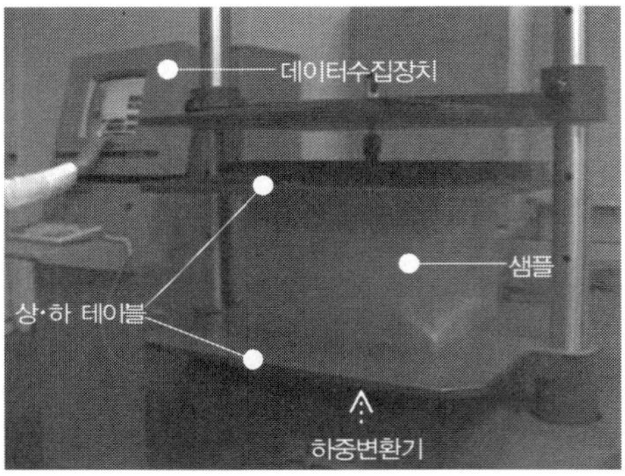

(a) 시험광경

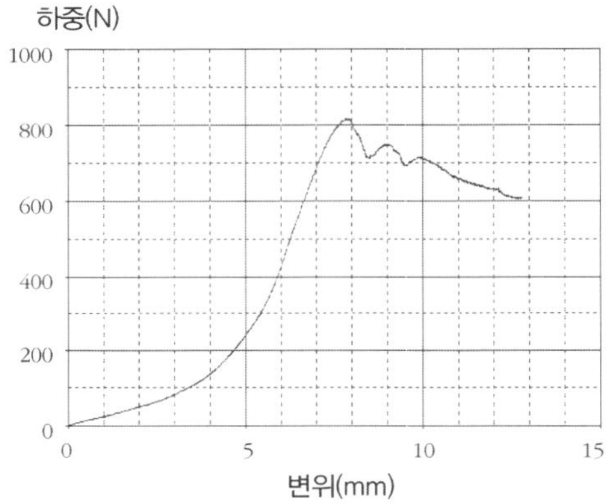

(b) 출력형태 (하중 – 변위 곡선)

그림 2.1 압축시험 장치의 구성

【1】 고정과 유동 테이블 (Fixed vs Floating Platen)

압축시험기는 적재 성능을 평가하는데 유용한 정보를 제공해 주지만, 실제의 환경을 모의(simulation)하는 데는 미흡하다. 한 가지 이유는 대부분의 압축시험기는 샘플을 압축하는 동안 상·하 테이블이 수평상태로 평행을 유지하는 고정테이블(fixed platen) 형태이다.

한 예로, 테스트되는 용기의 코너가 약간의 다른 높이를 가지고 있다면, 그때 용기와의 접촉은 가장 높은 코너부분에서 최초로 일어날 것이며, 이 코너는 테이블이 다음의 높은 코너와 접촉할 때까지 하중 전체를 작용받게 된다. 그러나 실제 적재에 있어서는 최소한 3개의 용기 코너가 동시에 테이블과 접촉하게 된다. 고정 테이블 압축시험

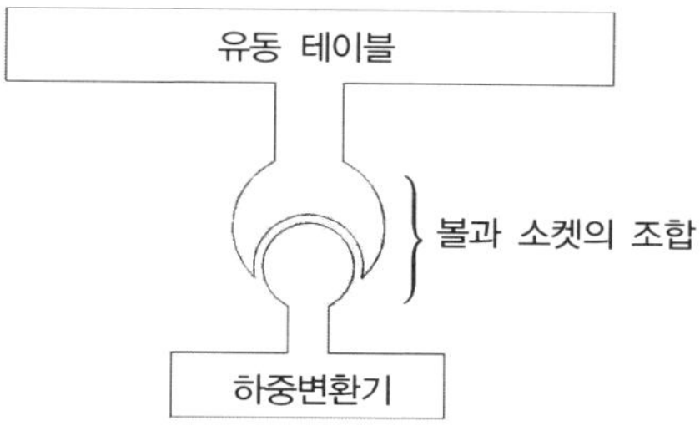

그림 2.2 유동 테이블(floating platen)

기가 가지는 이러한 문제점을 해결할 수 있는 방법이 그림 2.2에 나타낸 유동테이블(floating platen)을 사용하는 것이다.

그림 2.3에서 보듯이 테이블이 볼과 소켓의 회전고리로 장착되어 있어, 용기에 어느 정도의 하중이 작용하기전 까지는 용기의 최소한 3점과 접촉하려고 테이블의 위치가 자동적으로 조정된다. 이를 통해 적재 상태의 실제의 용기가 받는 하중 상황을 잘 모의할 수 있다.

고정과 유동테이블 시험에 의한 압축강도의 차이는 일반적으로 그리 크지 않으며, 특히 골판지상자에서의 그 차이는 상자샘플 사이의 실험오차에 의해 상쇄되기 때문에 많은 경우에 있어, 두 시험 방법간의 차이에 염두를 두지 않는다.

【2】 적재강도(Stacking Strength)

장시간 적재된 상태의 하층부 용기가 받는 정하중조건을 모의하고자 할 경우는 용기를 두 테이블 사이에 놓고, 압축을 시작하여 원하는 수준에 도달하였을 때, 테이블의 이동을 멈추면 된다. 그렇지만 이 과정에서 발생하는 것은 그림 2.3에서 보는 바와 같이, 작용된 초기하중(F_o)이 시간에 따라 점차 감소하는 이완(relaxation) 현상이다. 일단 테이블이 멈추면 초기에는 지시하는 하중이 빠른게 감소하고, 점차적으로 그 감소율이 저하되어 결국 어떤 수준(F_a)에서 안정화된다.

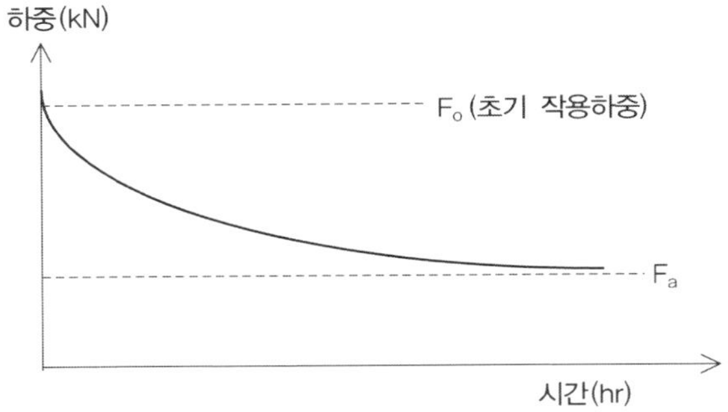

그림 2.3 이완(relaxation) 현상

이 문제는 시험기에 하중 추적장치(load tracker)를 설치하므로써 해결될 수 있는데, 이 장치는 하중변환기(load cell)로부터의 출력을 연속적으로 감지하다가 설정된 일정 기준량 이상으로 낙하가 감지되면 다시 테이블이 자동적으로 움직여 미리 설정된 하중 값으로 회복하고 테이블이 멈추게 된다. 이러한 정지와 이동동작이 테스트 샘플이 이완되는 동안 계속 반복된다.

적재상태를 모의하는 최선의 방법은 그 상황을 가장 근사적으로 재연하는 것이며, 이것은 실제 사하중을 작용시키는 것이다. 대개 용기 위에 동일한 용기를 적재하거나 또는 용기 내부에 모의 상품을 넣은 더미웨이트(dummy weight)가 사용되기도 한다.

【3】 시험규격과 시험방법

용기에 대한 압축시험 관련 규격은 ASTM D642의 수송용기 및 단위적재화물의 압축 저항성시험(compressive resistance of shipping containers, components, and unit loads)이며, 이 규격에서는 고정 또는 유동테이블 압축시험기의 사용을 모두 채택하고 있다.

샘플과 테이블 사이의 명확한 접촉을 확보하기 위해, 변형이 기록되기 전에 선하중(preload)으로 양면골판지상자(SW, single-wall corrugated board box)는 222 N, 2중양면(DW, double-wall)과 3중골판지상자(TW, triple-wall)에는 각각 445 N과 2,220 N을 적용한다.

시험은 하중재하속도(loading rate) 12.7 ± 2.5 mm/min로 파괴에 이를 때까지 압축하며, 이때 용기가 받는 하중과 선하중이 작용된 시점부터의 변위가 동시에 기록된다.

골판지상자에 있어서 이 두 값에 상당한 오차가 발생하는 것은 보통이며, 심지어 동일한 생산라인에서 동시에 생산된 상자에서 조차도 오차가 발생하고 있어, 정확한 평균을 위해 최소한 10개 이상의 샘플에 대한 테스트가 권장된다.

우리나라의 경우도 KS T ISO 12048의 압축시험기를 이용한 수송포장화물의 압축 및 적재시험방법에서 이를 규정하고 있으며, 샘플의 예상 압축하중의 약 10 %에 해당하는 값을 선하중으로 하고, 하중재하속도는 10 ± 3 mm/min(상하 테이블의 한쪽 또는 둘다의 이동으로 인한 상대속도)로 규정하고 있다.

2.2 포장화물과 압축강도 (Compression Strength)

포장화물의 압축강도는 포장화물이 파괴될 때까지 압축하는데 요구되는 최대하중으로 정의되며, 이 값은 보통 상응하는 변위와 함께 나타낸다. 예를 들어, 2.5 kN @ 1.2 cm의 압축강도는 2.5 kN 하중 (상자의 윗면 전체에 균등하게 작용되는 것으로 가정)이 용기를 1.2 cm 압축하고 파괴되는 것을 의미한다.

이 경우, 용기와 포장된 제품 모두가 완전히 파괴되는 것을 필수적으로 의미하지는 않고, 수용하기 어렵다고 판단되는 손상 정도를 의미한다. 이것은 포장 손상, 제품 손상 또는 둘 다의 손상을 의미할 수 있다. 어떤 경우든 기준에 따라 포장화물의 손상여부를 결정해야 한다.

【1】 포장화물의 요소강도와 포장화물 강도

포장과 제품을 분리하여 압축시험하는 것이 때때로 유리하다. 분리한 하중-변위선도(force-deformation curve)들은 포장화물의 압축강도(package strength)의 예측뿐만 아니라, 압축강도를 향상시키기 위한 포장의 설계변경을 이루는 데도 적용된다.

한 예로, 빈상자와 액상제품 포장 플라스틱병에 대한 하중-변위선도가 그림 2.4와 같다고 가정하자.

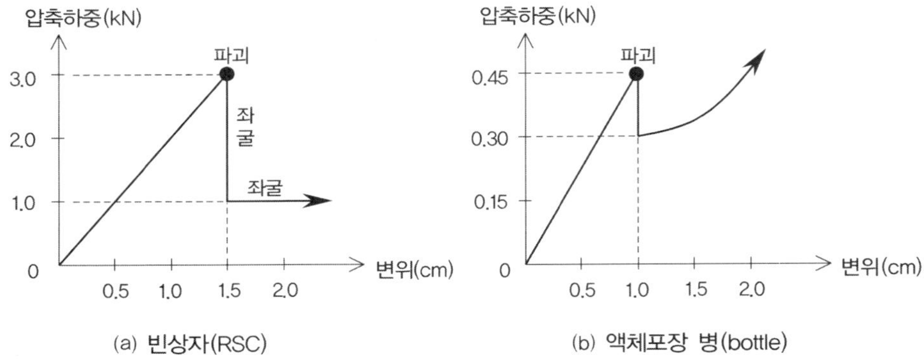

그림 2.4 포장화물 구성요소들의 하중-변위선도의 예

상자의 압축강도는 3.0 kN @ 1.5 cm로 파괴 형태는 일종의 좌굴(buckling)이며, 상자의 4수직모서리 중 하나 또는 그 이상이 접혀 주름이 발생한다. 상자는 그 형태가 1.5 cm 압축될 때까지 유지되다가 3.0 kN의 하중에 도달되면서 좌굴의 발생과 함께 강성이 저하되었으므로 그로부터 상자를 계속 압축하는데 단지 1.0 kN이 소요된다.

액체포장병의 압축강도(빈병의 압축강도와 구분)는 0.45 kN @ 1.0 cm이고, 파괴 형태는 좌굴 또는 목이 겹처지는 양상이다. 1.0 cm 압축에서 좌굴 후, 저항력이 감소하다, 병이 파열될 때까지 점진적으로 증가한다. 역시 이 경우에도 파괴는 구조적인 본래 모습 또는 본래 형태를 잃기 시작하는 처음 순간으로 정의된다.

이와 같은 특성을 갖는 병을 가득 포장한 포장화물의 압축강도에 대해 한 번 고찰해 보자. 이 경우의 압축강도는 상자나 또는 내부의 병 중 하나가 파괴에(어느 것이 먼저 발생하든) 이르는데 요구되는 하중으로 정의된다. 이러한 개념에서 상자의 파괴를 포함하는 이유는, 붕괴된 겉포장상자가 비록 내용물의 1차 포장용기는 아니더라도 내용물이 손상을 입는 데 영향을 주기 때문이다. 바이어는 이러한 관찰 하나만을 기초로 해서 수송을 거절할 수도 있다.

포장화물의 압축강도 추정을 위해서는 전체 포장화물에 대해 단순히 재시험할 수 있으나, 병과 상자에 대한 각각의 시험결과를 통해 우리가 파악할 수 있기 때문에 반드시 필요하지는 않다.

예를 들어, 6개의 병을 포장하도록 설계된 겉포장상자를 생각해 보자. 병들은 모두 함께 즉, $6 \times 0.45 = 2.7$ kN @ 1.0 cm 지탱하고, 상자 그 자체에 의해 3.0 kN @ 1.5 cm를 지탱할 수 있다. 상식적으로 이들 각각보다는 함께 하는 것이 저항력이 더 크다는 것을 안다. 그렇지만 이것들은 서로 다른 변위에서 파괴되기 때문에 이들 각각의 강도를 합한 것만큼 증가된 강도를 가지는 것은 아니다. 따라서 우리가 최대한 판단할 수 있는 것은 포장화물의 압축강도는 3.0~5.7 kN 사이에 존재한다는 사실이다.

【2】 겉포장용기의 재설계 (Box Redesign)

포장한 병들 위에 상부공간(headspace)을 일정량 둠으로써 포장화물의 압축강도 향상을 도모할 수 있다.

최적상부공간은 상자와 병들이 동시에 파괴되도록 유도하는 역할을 한다. 위의 경우에 있어, 이 목적에 부합되는 상부공간은 1.5 − 1.0 = 0.5 cm이다. 먼저 포장화물을 0.5 cm 압축하는 동안에 단지 상자만 압축되고, 그 다음 1.0 cm 압축에 대해서는 상자가 자신의 파괴 한계 1.5 cm에 도달하며, 병들이 단지 1.0 cm 압축되기 때문에 상자와 병들이 동시에 파괴점에 도달할 수 있다. 이론상으로 최대저항 5.7 kN의 포장화물 압축강도를 상자와 병들 모두의 협력작용을 통해 얻을 수 있다.

제품인 병의 높이는 변할 수 없고, 병 위의 0.5 cm의 공간을 남겨두기로 결정했기 때문에, 새로운 상자는 상부공간을 가지며 본래의 상자보다 0.5 cm 커야 한다. 이론상으로 식(2.5)의 McKee 식에서 보듯이 상자 높이의 작은 변화는 상자압축강도(box compression strength)에 중대한 영향을 주지 않는다.

포장화물의 압축강도 증가는 최적상부공간을 허락하는 데서 오는 직접적인 결과이다. 이러한 설계가 가지는 어려움은 파괴까지의 변위 측정에 기준을 둔 것이고, 거기에는 많은 오차가 있기 때문에 신뢰하기가 어렵다는 것이다. 만일 부가적인 압축강도가 요구되지 않을 경우는 상부공간이 없는 상자를 사용하는 것이 더 바람직하다. 이는 골판지(corrugated board)의 사용량을 줄임으로써의 경제적 이점이 있고, 상자 내부에 포장된 병들이 상하로 바운드하는 것을 방지할 수 있기 때문이다.

제품이 포장화물에 작용하는 어느 정도의 압축하중을 지탱할 수 있도록 항상 허용할 수 있는 것은 아니다. 제품이 어느 정도의 하중 지탱을 허락하느냐의 결정은 전적으로 제품의 특성에 의존한다. 예를 들어, 금속캔은 내구력(자립성)이 있어, 상당한 정도의 자체 강도가 전체 포장화물의 강도에 기여할 수 있다.

한편, 유리제품은 일반적으로 강도적 자립성이 없기 때문에 제품에 지지를 의존할 수 없다. 그러나 위의 예에서처럼 플라스틱병은 전체 포장화물의 압축강도에 그들의 기여를 고려하여 부가적인 지지로써 설계가 가능하다.

이 예에서 제품인 플라스틱병이 어떤 하중도 지지하지 않토록 하려면, 병과 접촉하는 순간에 상자 파괴가 이루어져야 하므로, 상부공간이 1.5 cm가 되도록 설계한다. 이 보다 약간만 더 작더라도 상자가 정점값에 도달하기전에 병이 하중을 지지하게 되고 반면, 약간 더 큰 경우는 병과 접촉했을 때는 상자가 이미 파괴되어 강도는 감소상태에 놓이기 때문에 골판지와 공간의 낭비를 초래한다. 그렇지만 1.5 cm에 대한 신뢰성은 상자압축시험 결과의 넓은 오차 때문에 실제적으로는 의문의 여지가 있다.

이상에서 보는 바와 같이 포장시스템의 여러 구성요소들이 총압축강도 형성에 기여하도록 설계할 경우, 그림 2.5의 예에서와 같이 플라스틱병, 칸막이(partition) 및 겉포장용기 모두가 한 단위가 되어 동시에 파괴점에 이르도록 치수를 설계해야만 구성하는 모든 요소들의 공동작용으로 최대의 압축강도를 이를 수 있다.

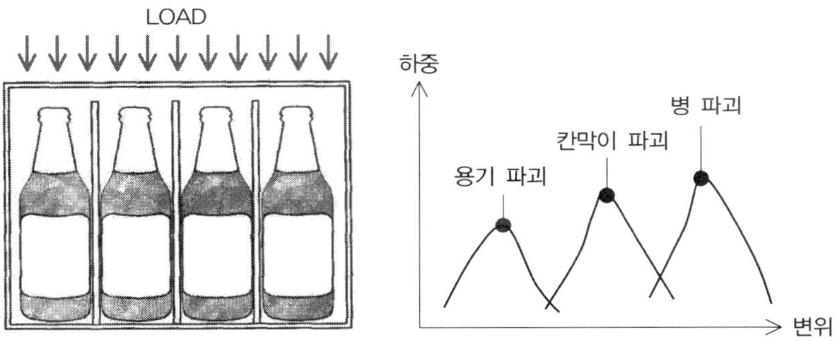

(a) 압축 전

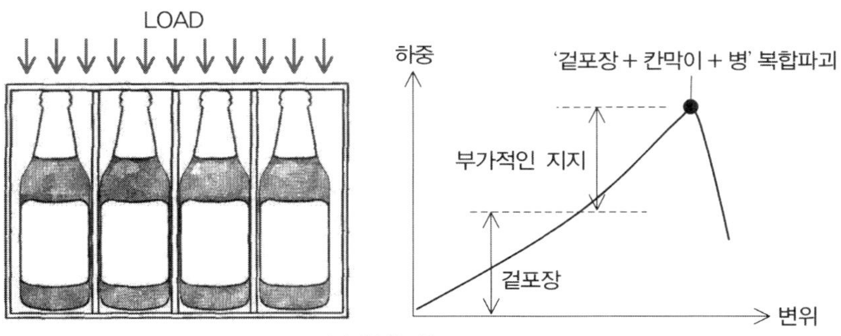

(b) 압축 후

그림 2.5 포장화물의 최대압축강도 형성 개념

【3】 기타 설계 변경

포장된 제품이 하중의 일부를 지탱하지 않더라도 제품 자체가 상자 측면벽의 안쪽 방향으로의 휨을 억제하여 상자가 파괴에 도달하는 시간을 지연시킴으로써 압축강도를 증가시킬 수 있다. 또한 이와는 반대현상으로 그림 2.6과 같이 액체 또는 반고체제품을 포장한 유연 1차포장(flexible primary package)과 백-인-박스(bag-in-box, BIB) 포장에서는 용기의 벽면에 직각 방향으로 정수압(hydrostatic pressure)의 작용으로, 이로인한 상자의 중간 약간 아래부분이 바깥방향으로 중배 부름 현상이 발생하여 상자압축강도를 저하시킨다.

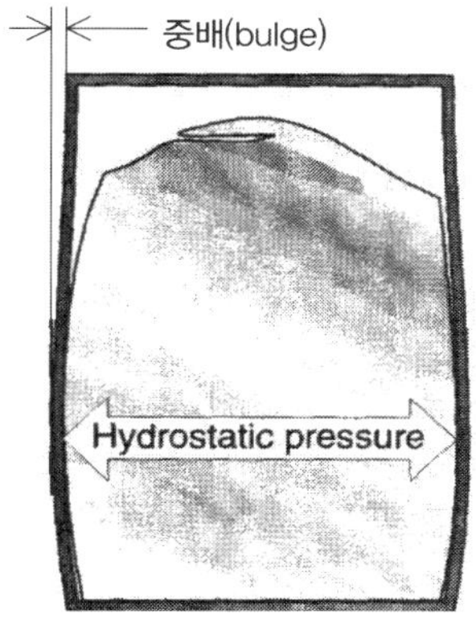

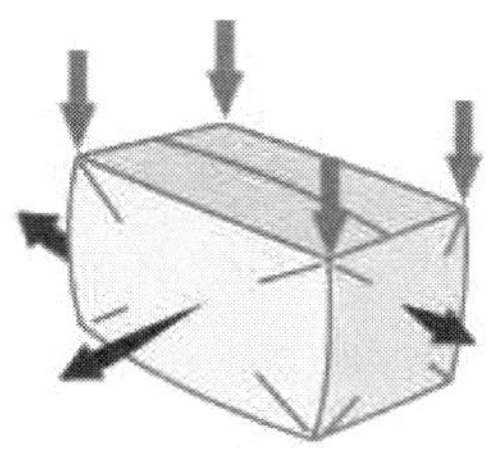

그림 2.6 백-인-박스 포장에서 포장의 중배부름 현상

상자에 가공되는 손잡이(handhold)와 통기공(ventilating hole)도 상자압축강도를 저하시키는 한 요인이 되며, 특히 농식품 포장상자에 가공되는 통기공의 형태, 위치 및 크기에 따라 압축강도 저하율이 크게 변할 뿐 아니라 공기소통에도 영향을 주기 때문에 대체로 다음과 같은 기준으로 설계한다(그림 2.7)(박, 2002; KS T1020).

- 통기공의 크기와 형태는 포장물에 의해 막힘이 없어야 함
- 원형보다는 장방형이 강도적으로 양호함
- 다수의 작은 통기공보다는 몇 개의 큰 통기공으로 설계하는 것이 공기소통에 유리
- 통기공은 1 cm 이상
- 통기공은 상자의 수직모서리로부터 4~7 cm 떨어져야 강도손실을 줄일 수 있음
- 통기공은 측면적 대비 5 % 이상으로 할 것(일본의 경우는 2~3 % 이상)
- 돌려쌓기시에도 용기간의 냉기 교환이 가능하도록 통기공을 배치

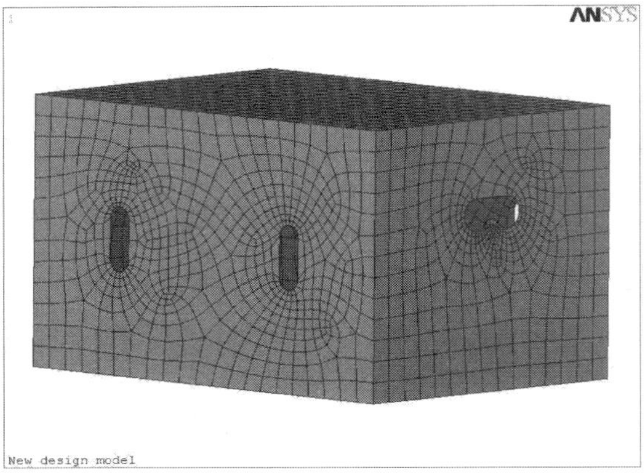

그림 2.7 통기공과 손잡이의 적정위치와 형태

골판지 몸통틀(sleeve, 일명 윤곽)이나 칸막이(partition)에 의한 부가적인 하중지지 없이 단지 상자에 의해서만 하중을 지지할 경우, 상자압축강도는 주지지면인 4개의 코너를 가진 상자의 주변길이(perimeter)에 비례한다.

이론에 따르면[식(2.5)의 McKee 식], 전체 주변장 중 상자에 작용되는 하중의 약 2/3가 4개의 수직모서리(vertical edge)가 나머지 1/3은 4개의 측면모서리에서 지지하게 된다. 4측면이 압축강도의 1/3을 떠맡기 때문에 2개의 서로 반대측면에 있는 손잡이는 이러한 측면에서 지지하는 하중을 감소시킬 수 있으며, 이로 인한 압축강도 감소율은 약 17 %로 추정하고 있다.

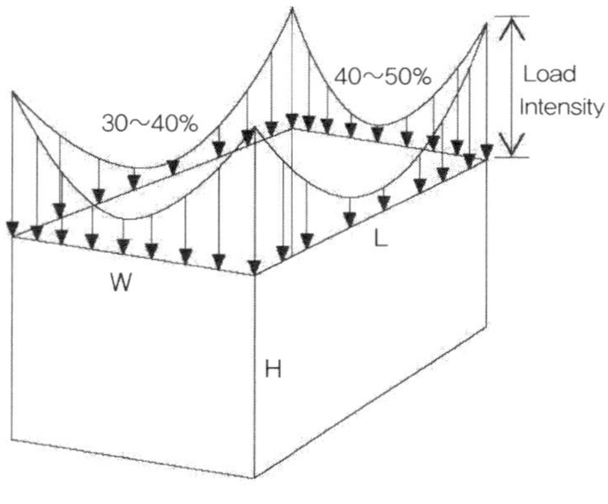

그림 2.8 상자의 압축강도 분포(distribution of load-bearing ability)

또한 뒤의 식(2.6)의 Wolf 식에서도 보듯이 상자의 구조역학적 특징으로 동일한 주변장이더라도 길이/폭비가 상자압축강도에 영향을 주는데, 보통 그 비가 1.4 부근에서 최대강도를 나타낸다.

상자압축강도를 최대로 하기 위한 또 하나의 중요한 설계기준이 상자 측면의 평행도이며, 제작상의 여유(허용오차)가 상자 성능에 지대한 영향을 주는 팩터으로 작용할 수 있다.

2.3 적재강도설계(Stacking Strength Design)

【1】 안전적재높이(Safe Stacking Height)

포장화물의 압축강도는 트럭 수송이나 보관창고에서 적재성능(stacking performance)을 평가하는 데 사용된다. 또한 적재에 허용되는 포장화물의 수(적재단수)는 최하층 포장화물의 상단에 있는 포장화물의 총중량이 개별포장화물의 압축강도를 초과해서는 안 된다는 조건에 의해 결정된다.

앞의 예에서, 최적의 상부공간을 가지는 상자로 구성되는 포장화물이 5.7 kN의 압축강도를 가지고 있다. 만일 이 개별포장화물의 중량이 0.4 kN이면, 이때 최대안전높이는 (5.7 / 0.4) + 1로 15 포장화물의 높이가 된다. 최하층 포장화물 위에 14 포장화물을 가지면, 압축하중은 $14 \times 0.4 = 5.6$ kN이 되므로 파괴까지는 0.1 kN이 여유 있다. 이 적재높이는 포장을 열화시키는 많은 인자들 때문에 실제에 있어서는 결코 실현되기 어렵다. 위의 계산에서의 결점은 실제 사용에 있어 압축강도는 5.7 kN을 유지한다라는 가정인 데, 실제 이것은 불가능하다.

【2】 적재강도(Stacking Strength) 추정

압축강도(compression strength)와 적재강도는 용어는 다르지만, 자주 혼동되어 사용된다. 압축강도는 표준상태(23 ± 1 ℃, RH 50 ± 2 %)에서 전처리 후 압축시험기에 의해 시험실에서 측정한 시험값이며, 적재강도는 실제 사용조건 하에서 허용되는 상단부의 축하중이다.

대부분 적재강도는 포장을 약하게 만드는 다음의 열화요인들로 인해 압축강도보다 대부분 크게 작다.

- 높은 습도
- 적재기간
- 적재 불일치(stacking misalignment)
- 팰릿 오버행(pallet overhang)
- 수송 중의 진동 피로
- 기타

중요한 것은 단시간의 시험실에서 측정(short-term test)한 준정적 상태(quasi-static)의 압축강도로부터 정적상태의 장기간 적재 성능(long-term warehouse stacking performance)인 적재강도를 어떻게 추정하느냐 이다.

실제에 있어서, 압축강도로부터 적재강도를 추정하는 데는 두가지의 방법, 즉 안전계수법(safety factor method)과 유지분석법(retention analysis)이 적용되고 있다.

1) 안전계수법

시험실에서 측정한 압축강도를 실제적인 적재강도로 변화시키는 가장 간단한 방법이 경험을 바탕으로한 표 2.1의 고정된 안전계수값의 적용이다. 가장 자주 적용되는 안전계수는 5 : 1이며, 이는 측정한 압축강도의 1/5만이 적재강도가 된다는 의미이다. 마지막 예에서, 적재강도는 5.7/5 = 1.14 kN이 되고, 안전적재높이는 (1.14/0.4) + 1로 3 포장화물의 높이가 된다.

고정된 안전계수값을 적용하는 것은 환경/수송/보관조건 등의 모든 조합을 맞추는 것이 가능하지 않다. 어떤 경우에는 너무 높아 과대포장(over-packaging)을 야기하고, 또한 어떤 경우에는 과소포장(under-packaging)을 야기시켜 제품을 손상시키기도 한다. 이로 인해 총비용은 상승되고, 기업의 이미지 실추로 귀착되기도 한다.

실무적용에 있어서는 안전계수에 대한 범위를 가지는 것이 고정된 값의 사용보다 더 바람직하다. 이것은 대부분의 시험규정, 특히 ASTM D4169와 ISTA 사전수송시험(pre-shipment tests)에서 취하는 접근방법이다.

안전계수 F는 표 2.1로부터 선택되며, 포장화물의 구조, 포장 제품의 자립성 정도(제품에 하중부과 정도) 및 보증수준(assurance level)에 기준을 두고 결정된다. 보증수준을 시험강도수준(test intensity level)이라고도 하는데, 전자는 포장설계시, 후자는 포장화물에 대한 성능시험을 실시할 때 주로 적용되는 용어이다.

표 2.1 안전계수(safety factor) F

수송단위의 구조(shipping unit construction)	보증수순(assurance level)		
	I	II	III
제품의 자립성이 전혀 없으며, 응력지지 내부포장(intermediate packaging)을 가지거나 또는 가지지 않은 골판지, 판지 또는 플라스틱 용기	8.0	4.5	3.0
나무와 같은 강성 삽입물로 응력지지 내부포장을 가진 골판지, 판지 또는 플라스틱 용기	4.5	3.0	2.0
제품이 압축포장(compression package)과 같이 자립성이 있거나, 내열, 내습성 있는 골판지, 판지 또는 플라스틱 외의 재료로 만들어진 용기	3.0	2.0	1.5

표 2.1에서 세 가지의 보증수준은 환경조건의 불확실성과 관련이 있다. 수준 I은 표에서 묘사된 것과 같은 구조를 가지는 포장화물이라면, 적재강도가 시험실 압축강도보다 8배 더 작은 최악의 가능한 경우를 나타내며, 이것의 발생확률은 낮다. 수준 III은 발생확률이 가장 높은 경우를 나타내며, 수준 II는 수준 I과 III의 평균이다. 수준 I은 일반적으로 고가의 제품에, 수준 II는 큰 체적에 중간정도의 가격대를 가지는 제품에 적용된다.

압축포장(compression package)은 상자와 제품이 함께 하중을 지지하며, 정상적인 환경과 수송조건 하에서 F = 2를 가진다. 이는 안전적재강도(safe stacking strength)가 시험실 조건하에서 압축강도의 50 %를 취한다는 의미한다.

표에서의 안전계수는 두 가지의 방법으로 사용된다. 즉, 하나는 시험실에서 포장화물에 대해 파괴될 때까지 1차 압축시험을 실시하여, 이 값을 안전계수 F로 나누어 안전적재강도를 구한 후, 이 적재강도와 적재된 최하층 포장화물의 상자에 작용할 것으로 예상되는 총사하중(dead load)과 비교하여, 만일 적재강도가 사하중보다 크다면, 그 때는 포장화물이 적재하중에 저항할 수 있고, 그렇지 않으면 저항할 수 없게 된다.

다른 또 하나의 사용방법은 시험실에서 포장화물에 대한 압축시험을 포장화물이 파괴될 때까지가 아닌 예견되는 사하중의 F배에 해당하는 수준까지 실시하는 방법이다. 이것은 포장화물에 대한 성능시험시 가장 자주 사용되는 접근방법이다. 구체적으로 표현하면, 관련규격인 ASTM D4169에서는 식(2.1)과 같이 계산된 적재강도를 적용하기를 권장하고 있다.

$$L = W\left(\frac{H-h}{h}\right) \times F \tag{2.1}$$

여기서, L은 계산된 적재강도(N), W와 h는 각각 개별포장화물의 중량(N)과 높이(m), H는 보관 또는 수송 중의 예상적재높이(m), 그리고 F는 안전계수(safety factor)를 각각 나타낸다.

식(2.1)에서 괄호 안의 값은 적재된 최하층 포장화물 위의 포장화물의 수이며, 여기에 포장화물 중량이 곱해졌을 때 최하층 포장화물 위의 총사하중이 된다.

포장화물이 예견되는 총사하중에 안전계수를 곱한 값 만큼의 극단적인 하중을 받는 경우는 아니고, 시간, 습도, 적재패턴 및 진동으로 인한 동적효과 등 여러 열화요인이 포장강도를 감소시키게 되므로, 새로운 포장화물에 작용하는 하중이 예상되는 사하중인, W(H-h)/h에 F배에 저항하는 힘으로 이해되며, F배 약하게 하는(시간, 습도 등에 의하여) 실제 사하중을 한 포장화물에 부과함으로써 모의된다.

즉, 포장화물이 이 L값까지 압축된 후, 손상 여부를 확인하고 하중을 즉시 제거한다. 만일 손상이 없다면, 포장화물은 압축시험을 통과한 것으로, 이 높이(H)로 안전하게 적재할 수 있게 된다.

2) 유지분석법 (retention analysis)

고정된 값을 적용하는 안전계수법은 대단히 간단하기 때문에 많이 적용된다. 그렇지만 매우 다른 수송조건 사이에 구별이 되지 않기 때문에 또한 신뢰를 가지지 못할 수 있다. 안전계수 범위가 보다 더 적합하지만, 그렇지만 대부분의 경우 수송조건의 불확실성이 보증수준으로 교체된다.

가장 정확하다고 고려되는 방법이 유지분석법으로, 이 방법은 제품보다 포장에 더 영향을 주는 열화요소에 대해 포장화물에 의해 유지되는 압축강도의 평가에 더 큰 목적이 있다.

각각의 영향에 대해 유지팩터를 지정함으로써 독립적으로 취급되며, 독립된 유지팩터들의 복합적인 작용에 대한 효과를 위해 이들 팩터들이 서로 곱하여 진다. 즉, 적재강도 L을 구체적으로 표현하면 다음과 같다.

$$L = (CS) \times H \times T \times PP \times PO \times V \tag{2.2}$$

여기서, L은 적재강도 (N), CS는 표준상태에서의 시험실 압축강도 (N), H, T, PP, PO 및 V는 각각 습도, 보관기간, 팰릿 적재패턴, 팰릿 오버행 및 진동(수송) 요인에 대한 유지팩터를 각각 의미한다.

식(2.2)에서 이들 유지팩터들을 직접 곱하는 것은 환경에 따른 특정 안전계수 F를 다음 식으로 표현하는 것과 같다.

$$F = \frac{1}{H \times T \times PP \times PO \times V} \tag{2.3}$$

각 유지팩터에 대한 설명과 그 값은 다음과 같다.

(1) 습도팩터 (humidity factor)

보관습도가 높아지면 골판지의 수분흡습 특성 때문에 강성을 잃게 되어 상자의 강도저하를 초래한다. 강도에 영향을 주는것은 실제 골판지의 함수율(moisture content)이지만, 그러나 함수율은 등온흡습(absorption isotherm)을 통해 습도에 관련되므로 여러 경우에 있어 함수율 대신 상대습도로 많이 표현한다.

표 2.2 상대습도에 따른 습도팩터

상대습도	0%	25%	50%	55%	60%	65%	70%	75%	80%	85%	90%	95%
H	125%	110%	100%	96%	91%	86%	81%	75%	68%	60%	48%	29%

습도팩터 H = 100 %는 상대습도 50 %에 할당되는데, 이는 시험실의 상대습도가 50 %(표준상태)로 잘 조성된 상태에서 샘플을 충분히 평형시킨 후 측정한 압축강도로 다른 상대습도에 대한 기준이 된다. 상대습도 85 %에서의 상자압축강도는 기준 시험조건에서의 압축강도값에 60 %에 해당된다.

(2) 보관기간 팩터 (storage time factor)

적재된 상자는 기간에 따라 강성이 저하되는데, 이는 피로현상이다. 피로가 원인이 되는 메커니즘은 압축시험시 이완(relaxation)이 원인이 되는 현상과 같다.

표 2.3을 보면, 적재상태로 약 6개월 후의 상자압축강도 잔존율은 약 52 %이고, 표준상태에서의 강도에 비해 약 48 % 손실되었음을 알 수 있다.

표 2.3 기간에 따른 보관기간 팩터

기간	0	시간(hr)			일(day)									년(year)	
		1	6	12	1	2	3	4	5	10	30	60	90	180	1	2
T	100%	87	79	76	73	70	68	67	66	64	60	57	55	52	50	46

표 2.3의 자료는 또한 압축강도 대비 부가하중비율에 대한 상자붕괴까지의 적재기간을 나타내기도 한다. 즉, 상자압축강도의 약 52 %에 해당하는 하중을 정하중으로 부과하였을 때, 상자압축강도 측정시와 동일한 대기조건에서의 적재기간은 약 3개월이 된다.

(3) 팰릿 적재패턴 팩터 (pallet pattern factor)

동일한 상자를 수직기둥으로 완전히 일치시키는 기둥적재(column stacking)가 상하의 포장이 서로 엇물리는 인터록 적재(interlock stacking)에 비해 더 높게 적재할 수 있다. 한 상자 위에 작용하는 압축하중은 가장 강한 부분, 즉 상하의 상자가 4 수직코너와 측면 벽끼리 서로 지지되지 않을 때는 항상 강도손실이 발생한다.

좀더 구체적으로 살펴보면, 그림 2.9 (b)의 인터록 적재의 빗금친 부분에서 상자의 가장 강한 부분인 수직모서리 C_1과 D_1이 상단 상자의 가장 약한 부분인 주변부 A_1과 접촉하므로, 강한 C_1과 D_1, A_2와 B_2 부분이 약한 A_1과 D_2 부분을 밀고 들어와 그 곳을 변형시켜 강성을 잃게 하므로, 상자 전체의 강성저하를 초래하게 된다.

따라서, 기둥적재 팰릿 패턴(column pallet pattern)은 인터록 팰릿 패턴(interlock pallet pattern)에 비해 압축조건 하에서는 강도적으로 상당히 양호하다. 반면, 인터록 팰릿 패턴은 대개 팰릿타이저 화물의 안정성을 증진시키고자 할 때 사용되나 간혹 높아진 압축요구조건 때문에 포장비용의 상승을 초래하기도 한다.

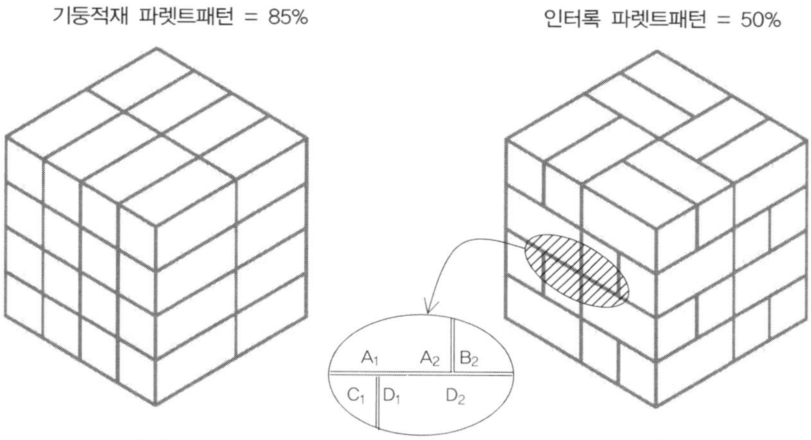

(a) 기둥적재 (b) 인터록적재

그림 2.9 팰릿 적재패턴의 종류

표 2.4 팰릿 적재 방식 (palletizing patterns)

종 류	형 태		특 징
블록적재 (block pattern, row pattern)	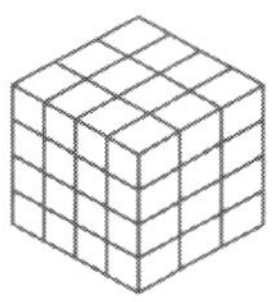	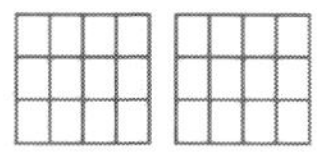	포장방향과 모양이 모든 단에서 동일하며, 포장이 서로 맞물고 있지 않으므로 팰릿 상에서 화물이 갈라지기가 쉽고 안정감이 없다. 장방형과 정방형 팰릿 모두에 적용 가능(막대적재 또는 기둥적재)
교대배열적재 (alternate tire row pattern)		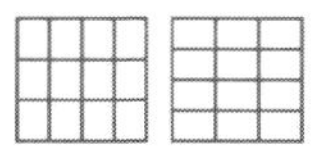	한 단의 포장화물을 모두 같은 방향으로 배열할 수도 있지만, 다음 단은 90° 회전시켜가며 쌓는 방식으로 화물이 갈라질 염려는 없으나 정방형 팰릿에만 적용가능
벽돌적재 (brick pattern)		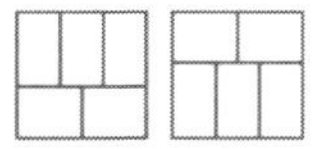	한 단은 포장화물을 가로, 세로 조합해서 쌓고 다음 단에서는 방향을 180° 바꾸면서 교대로 겹쳐 쌓는 방식으로 장방형 팰릿에 적합
풍차형 적재(핀휠적재) (pinwheel pattern)	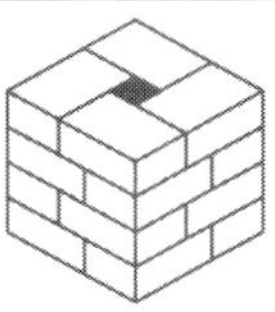	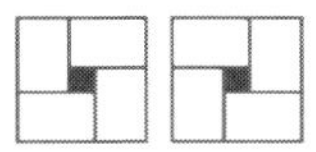	중앙에 공간을 두고 그 곳을 둘러싸며 풍차형으로 쌓아올리는 방식이다, 보통 각 단을 교대로 방향을 바꾸면서 겹쳐 쌓는 방식이며, 정방형 팰릿에 적합
분할적재 (split pattern)		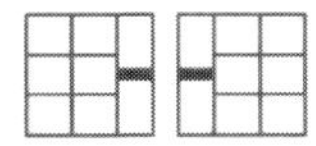	물품 상호간에 공간이 생기는 방식으로, 장방형과 정방형 팰릿 모두에 적합

(4) 팰릿 오버행 팩터(pallet overhang factor)

팰릿 모서리부분에서의 상자의 오버행은 최소한 상자의 한 모서리와 두 코너로부터의 지지를 잃는다. McKee의 연구 결과에 따르면, 이로부터 상자압축강도 손실은 약 40 %에 이른다. 오버행은 과도한 중배부름(bulge), 취급상 손상의 증가 및 창고 보관 중 파괴, 그리고 재작업과 손상 크레임의 발생 등 궁극적으로 포장비용의 상승을 초래한다.

오버행 팩터는 다음과 같이 오버행 정도에 관련되며, 약 7.6 cm의 오버행은 상자 압축강도의 약 절반이 잔존하고, 손실도 약 50 %에 이른다.

표 2.5 오버행 정도에 따른 팰릿 오버행 팩터

오버행(cm)	0	1.27	2.54	3.81	5.08	6.34	7.62
PO	100%	75%	65%	60%	55%	53%	51%

주1)

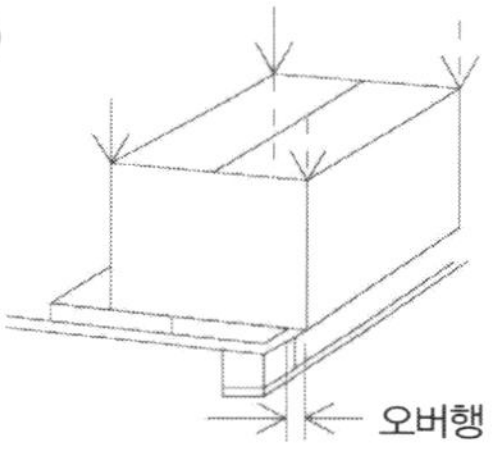

좀 더 구체적으로 오버행 정도에 따른 압축강도 손실을 살펴보면 표 2.6과 같다.

표 2.6 오버행 정도에 따른 압축강도 손실률

구 분	한 측면 오버행[1]		한 끝면 오버행[1]		한 측면과 끝면 오버행	
	2.54 cm	5.08 cm	2.54 cm	5.08 cm	2.54 cm	5.08 cm
손실률(%)	14~34	22~43	4~28	9~46	27~43	34~46

주1) 표 12.7의 주1) 참조
2)

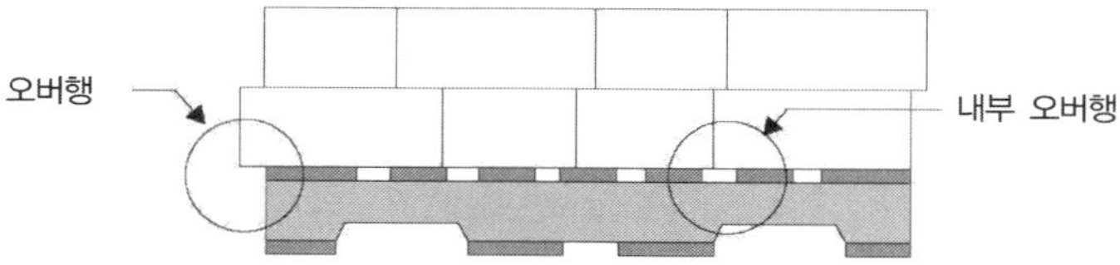

앞에서도 기술하였듯이 상자압축강도 형성에 가장 큰 역할을 하는 것은 4코너를 갖는 벽의 주변길이(perimeter)이다. 따라서 하중이 상자의 한쪽부분에 집중되거나 또는 코너와 불일치되게 작용하면 압축강도가 크게 손실되므로, 상자의 단위 주변 길이당 부과하중(load per unit perimeter length)과 하중분포(load distribution) 형태 등이 적재하중에 미치는 영향에 대한 보다 더 상세한 분석이 필요하다.

(5) 수송팩터 (transportation factor)

적재된 포장화물의 수송은 적재된 일정 사하중(dead load)을 활화중(live load) 상태로 만들어 적재된 저층 화물에 주기적으로 어느 한도 이상의 압축력을 작용시킨다. 대부분의 상황에 대해 진동팩터(vibration factor)는 V = 67 %인데, 이는 적재된 최하층 상자는 그 압축강도의 약 1/3이 손실됨을 의미한다.

(6) 기타 팩터

그밖에 적재성능에 영향을 줄 수 있는 팩터로는 클램프 트럭하역(clamp-truck handling)시 상자 측면벽의 붕괴와 단위적재화물의 구속에 사용되는 로프에 의한 주변 상자들의 모서리 붕괴가 있다.

또한 팰릿타이저 화물(palletized unit-load)의 다단적재시 팰릿과 상자와의 접촉으로 인해 상자압축강도가 일부 손실될 수 있다. 상자압축강도는 상자의 상하 전체 지지면적을 통해 측정된 것이지만 대부분의 팰릿은 그 구조상 상자의 전체면과 접촉하지 못하기 때문에 팰릿과 접하는 포장들은 편중된 하중이나 집중하중을 받게된다.

특히, 그림 2.10에서 보듯이 단면형 2방향(또는 4방향) 차입식(single-deck two-way pallet)과 양면형 팰릿(double-deck pallet) 중 한면 사용형 2방향(또는 4방향) 차입식 팰릿(non-reversible two-way pallet)에 의한 팰릿타이저 화물의 다단 적재시 이들 팰릿 받침대(pallet skid) 또는 받침목(stringer)과 접촉하는 포장들은 매우 큰 단위면적당 하중을 지지하게 된다. 그 크기는 바닥과 접한 상자에 비해 3~4배 이상되어 예상치 못한 파괴에 이르게 된다.

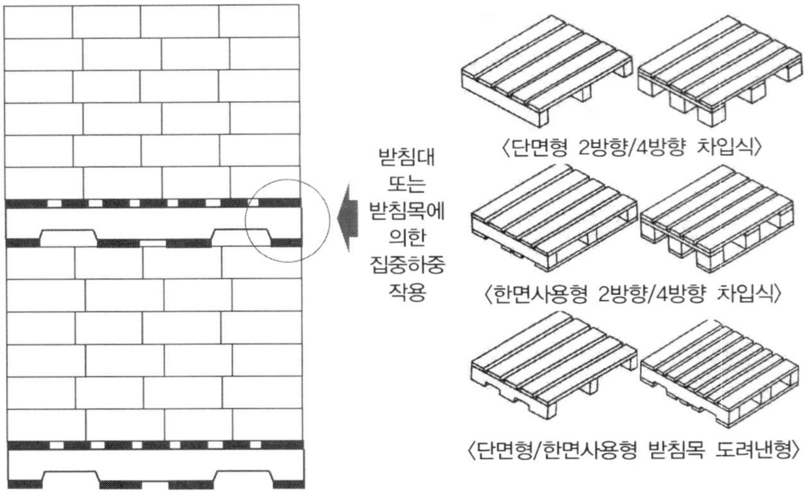

그림 2.10 팰릿타이저 화물의 다단적재시 상자압축강도의 손실

예제 2-1

표준상태에서 잘 평형된 포장화물의 압축강도가 3.6 kN이다. 동일한 포장화물들이 팰릿의 한 모서리를 따라 2.54 cm 오버행되어 팰릿에 기둥적재된 상태로 트럭에 의해 창고로 운송되고 있다. 팰릿타이저 화물 상태로 상대습도 70 %에서 60일 동안 보관될 경우, 각각의 상황에 대한 유지팩터로부터 안전계수와 안전적재높이를 계산해 보자.

[풀이] 식(2.3)으로부터, 환경-특정 안전계수 F는 다음과 같이 계산된다. 즉,

$$F = \frac{1}{H \times T \times PP \times PO \times V} = \frac{1}{0.81 \times 0.57 \times 0.85 \times 0.65 \times 0.67} = 5.85$$

팰릿에 오버행된체 적재하중을 받는 상자들은 3600/5.85 = 615 N으로 감소된 적재강도를 가진다.

만일 개별포장화물의 중량이 130 N이라면, 그 때 팰릿은 (615/130) + 1 즉, 5상자 높이 이상 적재해서는 안 된다.

앞에서도 언급한 바와 같이 안전계수는 고정된 값으로 5가 폭넓게 적용됨을 알 필요가 있다.

2.4 골판지상자의 압축강도설계와 추정모형

【1】 상자압축강도 추정모형

골판지(corrugated board)는 라이너(liner)와 골심지(corrugating medium)의 결합 방식에 따라 편면골판지(single-faced corrugated board), 양면골판지(single-wall, SW), 2중양면골판지(double-wall, DW), 중량물 포장재인 3중골판지(triple-wall, TW) 등으로 구분된다.

골판지가 포장재로서 요구되는 특성에는 수직압축강도(edgewise crush resistance, ECT), 평면압축강도(flat crush resistance, FCT) 및 완충성 등이 있는데, 일반적으로 평면압축강도는 A골을 100 %로 하였을 때 B골은 150 %, C골은 125 %, E골은 350 %이며, 수직압축강도는 A골을 100 %로 하였을 때, B골은 75 %, C골은 85 %, E골은 60 %이다. 한편 완충성은 A골이 가장 우수하고, 그 다음이 C골, B골 순이다.

표 2.7 골판지의 골(flute)의 종류별 제원과 강도적 특성[1]

골 종류	A골	B골	C골	AB골	E골
골높이 (mm)	4.5~4.8	2.5~2.8	3.5~3.8	7.0~8.0	1.4~1.6
30 cm 당 골의 수	34±2	50±2	40±2	—	92±2
골조율[2]	1.6	1.4	1.5	—	1.3
평면압축강도	100 %	150 %	125 %	—	350 %
수직압축강도[3]	100 %	75 %	85 %	—	60 %

주1) 한국산업규격 KS T1034
2) 골조율(take-up-factor)은 골심지의 단위 길이당(30 cm) 늘어나는 비율

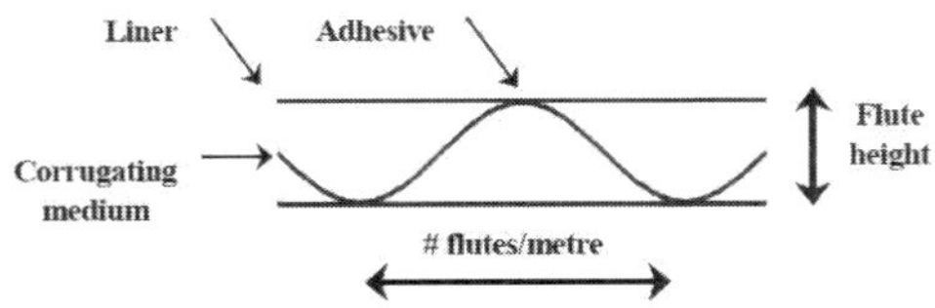

3) CD 방향

여기서 골판지의 수직압축강도는 그림 2.10 (a)에서와 같은 골판지 시험편 (규정에 따라 형태를 달리함)을 압축시험기의 압축평판 사이에 놓고 하중재하속도 12.5±2.5

mm/min로 시험편이 완전히 꺾일 때까지 하중을 증가시킬때의 최대값으로 표시한다. 한편, 평면압축강도는 그림 2.11 (b)와 같은 골판지 시험편을 평면으로 하중재하속도 12.5±2.5 mm/min로 압축하였을 때의 최대값으로 표시한다.

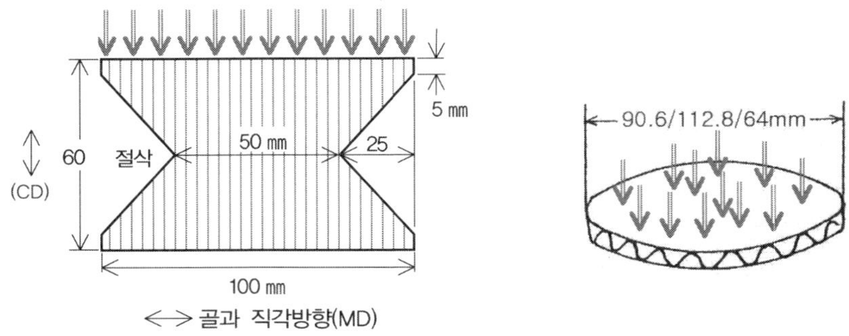

(a) 수직압축강도 (b) 평면압축강도

그림 2.11 골판지의 압축강도 시험편 규격

우리나라의 경우 골판지의 품질기준을 표 2.8과 같이 골판지의 수직압축강도와 파열강도(bursting strength)를 기준으로 규정하고 있다. 이 두 물리량 사이에는 어느 정도의 상관관계는 있지만, 팰릿을 이용한 단위적재화물 상태로의 하역과 수송이 확대되면서 수직압축강도의 중요성이 더욱 높아지고 있으며, 향후에는 수직압축강도 위주의 품질 기준이 보편화될 전망이다.

표 2.8 우리나라의 골판지 품질 기준[1)]

<table>
<tr><th colspan="2" rowspan="2">종 류</th><th rowspan="2">기호</th><th rowspan="2">파열강도[2)]
(kPa)</th><th colspan="4">(이론)수직압축강도[3)] (kN/m)</th><th rowspan="2">함수율 (%)</th></tr>
<tr><th colspan="2">A골</th><th>B골</th><th>C골</th></tr>
<tr><td rowspan="4">양면
골판지</td><td>1종</td><td>S-1</td><td>638 이상</td><td colspan="2">3.41 이상</td><td>3.30 이상</td><td>3.35 이상</td><td rowspan="11">10±2</td></tr>
<tr><td>2종</td><td>S-2</td><td>785 이상</td><td colspan="2">3.53 이상</td><td>3.43 이상</td><td>3.47 이상</td></tr>
<tr><td>3종</td><td>S-3</td><td>1,177 이상</td><td colspan="2">5.12 이상</td><td>4.98 이상</td><td>5.04 이상</td></tr>
<tr><td>4종</td><td>S-4</td><td>1,570 이상</td><td colspan="2">7.14 이상</td><td>6.98 이상</td><td>7.06 이상</td></tr>
<tr><td rowspan="6">2중양면골
판지</td><td></td><td></td><td></td><td>AB골</td><td colspan="3">BC골</td></tr>
<tr><td>1종</td><td>D-1</td><td>785 이상</td><td>4.96 이상</td><td colspan="3">4.90 이상</td></tr>
<tr><td>2종</td><td>D-2</td><td>981 이상</td><td>5.29 이상</td><td colspan="3">5.20 이상</td></tr>
<tr><td>3종</td><td>D-3</td><td>1,373 이상</td><td>6.39 이상</td><td colspan="3">6.35 이상</td></tr>
<tr><td>4종</td><td>D-4</td><td>1,766 이상</td><td>8.53 이상</td><td colspan="3">8.47 이상</td></tr>
<tr><td>5종</td><td>D-5</td><td>2,159 이상</td><td>10.02 이상</td><td colspan="3">9.94 이상</td></tr>
</table>

주1) KA T1034

2) 골판지의 파열강도 (Pa) = 0.95 × Σ(라이너 각각의 파열강도)

3) (이론) 수직압축강도 (kN/m) = $[\Sigma RC_\ell + \Sigma(RC_f \cdot t_x)]$ / 152.4 mm, 여기서, RC_ℓ = 라이너의 링크러시(N), RC_f = 골심지의 링크러시(N), t_x = 골조율(take-up factor)

4) 골판지의 AA골과 AC골의 (이론)수직압축강도는 AB골, EB골과 BB골 등 기타 골은 BC골을 각각 기준으로 함

골판지 원지의 링크러시(ring crush)는 원지의 CD(cross-machine direction) 또는 MD(machine direction) 방향으로부터 폭 12.7 mm, 길이 152.4 mm를 잘라 링 모양으로 만들어 압축하였을 때의 최대하중값으로 나타낸다(KS M ISO 12192).

예제 2-2

한 가전제품의 RSC(regular slotted container)형 겉포장상자의 외치수가 L × W × D = 500 × 300 × 240 mm (AB골)이다. 상자의 원지구성을 SK180/K200/B150/K200/K180로 할 때, 다음의 자료를 활용하여 표준상태(23℃, RH 50 %)에서의 이 상자의 파열강도, (이론)수직압축강도 및 상자의 실중량을 각각 계산하여 보자. 또한 표 2.8을 기준으로 할 때 이 상자의 품질 등급은 어느 수준인지 판정해 보자.

구분	원지	두께 (mm)	링크라시 (N)	파열강도 (kPa)	구분	원지	두께 (mm)	링크라시 (N)	파열강도 (kPa)
라이너	SK180	0.22	212.88	382.59	골심지	K200	0.26	222.69	323.73
	B150	0.21	146.17	186.39					
	K180	0.24	198.16	274.68					

[풀이] AB골-DW이므로, 표 2.7에서 골조율은 A골이 1.6, B골이 1.4이고, 원지에 표기된 수치는 평량(g/m^2)을 의미하므로 다음과 같이 계산된다.

골판지의 파열강도 = 0.95 × Σ(라이너 각각의 파열강도)

= 0.95 × (382.59 + 186.39 + 274.68) = 801.48 kPa

(이론)수직압축강도 = $[\Sigma RC_l + \Sigma(RC_l \cdot t_x)]/152.4$

= (212.88 + 146.17 + 198.16 + 222.69 × 1.4 + 222.69 × 1.6)/152.4

= 8.04 N/mm(8.04 kN/m)

상자는 1개소 접합의 RSC형 (KS T1006에서는 0201형)이고, 상자 이음부분의 폭은 F = 50 mm를 적용하였을 때, 상자의 실면적, 즉 골판지 실단면적은 다음과 같다.

상자의 실면적 = [2(L + W) × (W + D)] + (D × F)

= [2(0.50 + 0.30) × (0.30 + 0.24)] + (0.24 × 0.05) = 0.88 m^2

골판지의 단위면적당 실중량 = Σ(라이너 평량) + Σ(골심지 평량 × 골조율)

= 1.77 + 1.47 + 1.77 + 1.96 × 1.4 + 1.96 × 1.6 = 10.89 N/m^2

골판지상자의 실중량 = (골판지의 단위면적당 실중량) × (상자의 실면적)

= 10.89 × 0.88 = 9.58 N

따라서, 이 상자의 원단인 골판지는 파열강도 기준으로는 표 2.7로부터 DW 1종에 해당되고, 수직압축강도 기준으로는 DW 3종에 해당되어, 압축강도 위주의 원지구성을 하고 있음을 알 수 있다.

여기서 계산된 골판지 원단의 실면적과 보충설명 2.1에서의 골판지 포장 원가계산시의 골판지 소요량과는 서로 다르므로 주의하여야 한다.

보충설명 2.1

한국산업규격에는 상자치수를 안치수로 표시하게 되어있으므로(KS T1061), 상자제조시 골판지 소요량을 계산하려면 안치수를 바깥치수로 다음과 같이 환산해야 한다.

- SW : (A골) $L \times W \times D = (L' + 6) \times (W' + 6) \times (D' + 9)$,
  (B골) $L \times W \times D = (L' + 4) \times (W' + 4) \times (D' + 6)$
- DW : (AB골) $L \times W \times D = (L' + 9) \times (W' + 9) \times (D' + 18)$

RSC형 상자(KS A1003의 0201형)의 골판지 소요량 산출 표준공식(한국골판지포장공업협동조합)은 다음과 같다.

- 1개소 접합 : (SW) $\{2(L + W) + 40\} \times (W + D + 8 + 25)$, (DW) $\{2(L + W) + 45\} \times (W + D + 10 + 25)$
- 2개소 접합 : (SW) $\{2(L + W + 40)\} \times (W + D + 8 + 25)$, (DW) $\{2(L + W + 45)\} \times (W + D + 10 + 25)$

여기서, (SW) 40 mm, (DW) 45 mm는 상자 접합부 소요원지 가산치, (SW) 8 mm, (DW) 10 mm는 상자 날개(flap) 신장 가산치, 25 mm는 원지거래 지폭 50 mm 단위 지합손실 가산값을 각각 나타낸다.

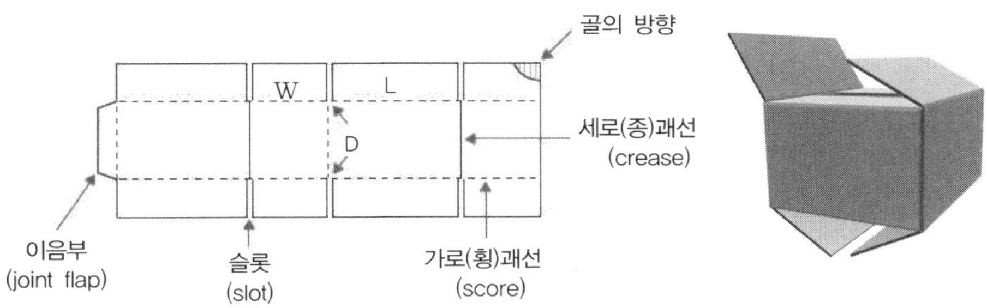

〈RSC형 상자의 전개도와 입체도〉

골판지상자의 압축강도는 사용원지의 물성, 상자원단인 골판지의 구조적 인자 및 상자의 제원에 따라 결정되는 공학적 구조물(engineering structure)이다. 이러한 골판지 상자의 압축강도를 추정하기 위한 모형들이 일찍부터 여러 연구자들에 의해 개발되어 왔다.

이들 모형 중 지금까지 포장실무에서 많이 적용되는 것들을 중심으로 살펴보는데 있어, 모형 개발 당시의 사용된 단위체계에 충실하는 것이 이 모형들을 더 잘 이해할 수 있고, 또한 지금의 SI 단위체계로 모형을 전환하는 데는 한계가 있으므로, 여기서는 모형 개발당시의 단위체계에 따라 기술하겠다.

골판지상자의 압축강도 모형으로써 가장 오래된 것은 식(2.4)의 Kellicutt 등(1951)이 개발한 모형으로, 이 모형에서는 골판지 구성원지들의 링크러시(ring crush)가 가장 중요한 팩터가 된다.

$$P\,[\mathrm{lb}] = P_x \left\{ \frac{A_x^2}{\left(\frac{Z}{4}\right)^2} \right\}^{1/3} \times J \times Z \tag{2.4}$$

여기서, P_x는 골판지 구성원지들의 링크러시 총합$(= [\Sigma RC_\ell + \Sigma (RC_f \cdot t_x)]/6)$ (lb/in), Z는 상자의 주변길이$[= (L + W) \times 2]$ (in), A_x는 골상수(A골 = 8.36, B골 = 5, C골 = 6.10, AB골 = 13.36), J는 상자의 상수(A골 = 0.59, B골 = 0.68, C골 = 0.68, AB골 = 0.55), t_x는 골조율(A/F = 1.6, B/F = 1.4, C/F = 1.5)을 각각 나타낸다.

McKee 등은 골판지의 수직압축강도(edgewise crush resistance, ECT)와 휨강성(flexural stiffness)을 중심으로 상자압축강도 추정모형을 개발하였으며, 골판지의 휨강성은 측정하기가 어려운 물리량이므로, 그 후 이들(McKee 등, 1963)은 다음과 같은 수정모형을 제시하였다.

$$P\,[\mathrm{lb}] = 5.87\,P_m \sqrt{T}\,\sqrt{Z} \tag{2.5}$$

여기서, P_m은 골판지의 수직압축강도(ECT) (lb/in), T는 골판지의 총두께 $(= \Sigma t_\ell + \Sigma h_f)$ (in), t_ℓ은 라이너의 두께 (in), h_f는 골 높이 (in)를 각각 나타낸다.

Wolf(1974)는 골판지 CD 방향(cross-machine direction)의 수직압축강도와 골판지 두께를 기본 팩터로 하고, 여기에 상자의 구조적인 요인으로 주변길이, 길이/폭 비 및 높이를 인자로하는 상자압축강도 추정모형을 다음과 같이 제시하였다.

$$P\,[\mathrm{lb}] = \frac{5.2426\,F\sqrt{Z}\,(0.3228A - 0.1217A^2 + 1)}{D^{0.041}} \tag{2.6}$$

여기서, $F = \sqrt{T} \cdot \mathrm{ECT}$, A는 상자의 길이/폭비 [= (L/W)], D는 상자의 높이(in)를 각각 나타낸다.

Wolf 모형에서 골판지의 ECT, 두께 및 상자의 주변 길이를 팩터로 하는 것은 McKee 식과 동일하지만, 상자의 구조적인 팩터로 길이/폭비와 높이가 팩터로 포함된 것이 특징이며, 다른 식에 비하여 복잡하고 계산이 까다롭지만 상자의 여러 구조적인 요인을 포함하고 있다는 것이 중요하다.

보통 ECT는 직접 측정한 값이지만, 골판지 구성원지들의 링크러시로부터 다음과 같이 계산하여 사용하기도 한다.

$$ECT\ [lb/in] = 1.2 \times [\{\Sigma RC_\ell + \Sigma(RC_f \cdot t_x)\}/6] = 1.2 \times P_x \tag{2.7}$$

McKee 식은 Kellicutt 식에 비해 포장실무에 있어 분명한 장점을 가지고 있는데, 이것은 골판지 원지로부터 골판지상자 생산과정에서의 품질차이를 반영한 점이다. 그러나 현재는 골판지 생산기술이 많이 발전하여 품질면에서 큰 차이가 없고, 골판지 원지도 품질규격화가 많이 이루어져, 원지 공급과 함께 물리적 특성값들도 함께 제공되고 있다. 따라서 골판지 원지의 품질로부터 골판지상자의 압축강도를 관리하는 것이 포장실무에 있어 많이 편리하므로 Kellicutt 식이 많이 사용되고 있다.

이상에서 논의된 모형들은 양면과 2중양면골판지상자에 한정하여 적용될 수 있고, 최근 중량물 포장재로 사용이 확대되고 있는 3중골판지상자에 대해서는 적용할 수 없다. 3중골판지상자의 압축강도 추정모형에 대해서는 제7장에서 기술하기로 한다.

예제 2-3

예제 2.2의 겉포장상자에 대한 압축강도를 Kellicutt 식, McKee 식 및 Wolf 식으로 각각 추정하여, 이들 값들을 서로 비교하여 보자. 단, McKee 식과 Wolf 식에서의 ECT는 골판지 원지의 총링크러시로부터 계산된 값을 적용한다.

[풀이] AB골 - DW이므로, 표 2.7로부터 골조율은 A골이 1.6, B골이 1.4이다. 따라서 총링크러시는 다음과 같이 계산된다.

$$\begin{aligned} \text{총링크러시} &= [\Sigma RC_\ell + \Sigma(RC_f \cdot t_x)]/152.4 \\ &= (212.88 + 146.17 + 198.16 + 222.69 \times 1.4 + 222.69 \times 1.6)/152.4 \\ &= 8.04\ N/mm\ (8.04\ kN/m) \end{aligned}$$

Kellicutt 식에서, $P_x = 8.04$ N/mm (45.89 lb/in), $Z = (L + W) \times 2 = (500 + 300) \times 2 = 1{,}600$ mm (62.99 in)이므로, 압축강도는 다음과 같다.

$$P = P_x \left\{ \frac{A_x^2}{\left(\frac{Z}{4}\right)^2} \right\}^{1/3} \cdot J \cdot Z = 45.89 \left\{ \frac{13.36^2}{\left(\frac{62.99}{4}\right)^2} \right\}^{1/3} \times 0.55 \times 62.99$$

$$= 1{,}425 \text{ lb } (6.34 \text{ kN})$$

McKee 식에서, $P_m = 1.2 \times [\{\Sigma RC_\ell + \Sigma (RC_f \cdot t_x)\}/6] = 1.2 \times 45.89 = 55.07$ lb/in, 골판지의 총두께 $T = \Sigma t_\ell + \Sigma h_f = (0.22 + 0.21 + 0.24) + (2.6 + 4.6) = 7.87$ mm (0.31 in)이므로, 상자압축강도는 다음과 같이 계산된다.

$$P = 5.87 P_m \sqrt{T}\sqrt{Z} = 5.87 \times 55.07 \times \sqrt{0.31} \times \sqrt{62.99} = 1{,}427 \text{ lb} (6.35 \text{ kN})$$

Wolf 식에서, $ECT = 1.2 \times [\{\Sigma RC_\ell + \Sigma (RC_f \cdot t_x)\}/6] = 1.2 \times 45.89 = 55.07$ lb/in, 골판지의 총두께 $T = 0.31$ in, $A = L/W = 500/300 = 1.67$, $Z = 62.99$ in, $F = \sqrt{T} \cdot ECT = \sqrt{0.31} \times 55.07 = 30.66$이므로, 압축강도는 다음과 같이 계산된다.

$$P = \frac{5.2426 F \sqrt{Z} (0.3228A - 0.1217A^2 + 1)}{D^{0.041}}$$

$$= \frac{5.2426 \times 30.66 \sqrt{62.99} (0.3228 \times 1.67 - 0.1217 \times 1.67^2 + 1)}{9.45^{0.041}}$$

$$= 1{,}396 \text{ lb } (6.21 \text{ kN})$$

따라서, 상자압축강도는 Kellicutt 식 6.34 kN, McKee 식 6.35 kN, Wolf 식 6.21 kN으로 각각 추정되어, Kellicttt 식과 McKee 식에서의 차이는 거의 없으나, Wolf 식에서는 이들과 약 2%의 차이를 나타낸다.

상자압축강도의 적정화 문제는 제품의 포장설계에 있어 가장 중요하고, 포장원가에 미치는 영향이 크다. 따라서 상자압축강도를 최적화하는 조건을 잘 이해하는 것이 무엇보다도 중요하다.

【2】 상자압축강도 보강

골판지상자의 압축강도를 보강하는 방법으로 골판지 구조체인 슬리브(몸통틀)(sleeve)와 칸막이(partition)이가 종종 사용된다. 슬리브는 상자의 안쪽에서 강도보강을 위한 것이지만, 칸막이는 강도보강과 함께 상자 내부의 상품을 개별로 분할해서 지지하기 위한 패드의 역할이 주목적이다.

1) 내부 보강재의 구조와 경제성

상자압축강도를 보강하기 위한 골판지 구조체에는 여러 가지 형태가 있다. 가장 흔히 적용되는 방법으로 L자형의 골판지 앵글(angle)을 상자 내부의 코너 포스트(corner post)로 작용케 하여 강도보강과 함께 포장제품을 상자의 내부벽으로부터 일정간격을 유지시켜 주며, 외부 충격에 대해 완충을 제공하기도 한다.

쉽게 적용할 수 있는 또 다른 방법으로는 그림 2.12에 나타낸 슬리브와 H자형 구조체의 적용이다.

Catlin의 시험결과에 따르면 상자와 슬리브를 같은 골판지 원단으로 하였을 때, 슬리브의 심(seam)이 상자의 4수직 모서리 중 한 곳 또는 4수직 측면벽 중간부분의 한 곳과 일치시켰을 때 강도 보강률은 각각 약 58 %와 82 %이었다.

한편, 병과 같은 다중제품의 포장에 적용되는 H자형 구조체의 강도보강률은 96 %이고, 이 단순 H자형에서 짧은 수직변을 더해준 변형된 H자형 구조체의 강도보강률은 127 %로, 추가되는 골판지 소요면적에 비해 강도보강률이 크게 향상되는 구조이다. 이는 단순 H자형에서는 수직모서리가 4개인데 반해, 변형 H자형의 경우는 수직모서리가 8개로 크게 늘어난데서 오는 결과이다.

이상의 결과들은 모두 골판지 구조체와 상자의 원단을 동일하게 하였을때의 시험결과이지만, 다른 치수와 등급의 상자에도 외삽법(extrapolation)을 통해 확대 적용될 수 있다.

구조체의 선택조건으로는 내용물 및 낱포장(item packaging)의 특성에 대한 적합성, 포장작업조건, 구조체의 적용에 따른 강도보강과 포장원가 사이의 균형 등을 들수 있다.

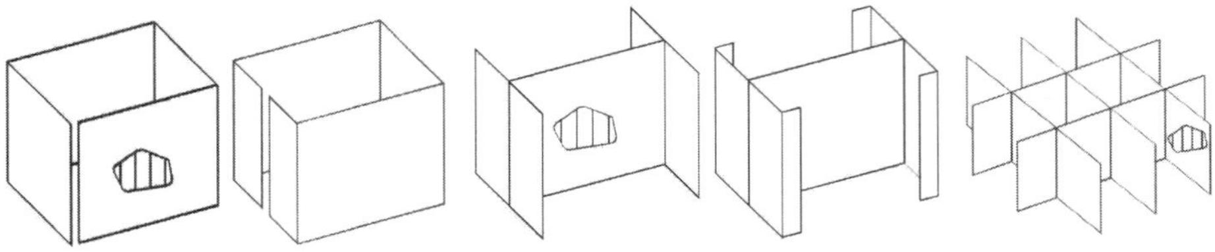

(a) 슬리브 (b) H자형 구조체 (c) 칸막이

그림 2.12 골판지 내부 보강재의 구조와 종류

2) 골판지 칸막이의 보강 성능과 내압강도 계산법

칸막이(partition)의 주목적은 포장물품의 분리(계수기능 포함)와 보호기능이다. 그러나 유리병의 경우는 병끼리의 접촉에 의한 파병 방지가 중요하지만 내압강도의 필요성은 없다. 반면, 플라스틱 병이나 파우치(pouch) 등을 넣는 포장에는 내압강도가 대단히 중요하다.

칸막이는 윤곽과 비교하면 구조적으로 약하고, 골판지 원단 사용량에 비해 압축강도 증가효과가 적지만, 그 보강효과는 다음 식에 의해 표현된다.

$$P = L \times \frac{P_x}{0.1524} \times 0.4 \tag{2.8}$$

여기서, P는 칸막이의 압축강도 (N), L은 압력받고 있는 칸막이의 총길이 (m), P_x는 골판지원단의 링크러시 총합 (N)을 각각 나타낸다.

예제 2-4

5.6 kN/m - ECT의 골판지상자의 압축강도는 2.5 kN이다. 상자의 총압축강도를 5.8 kN으로 하기위한 단순 H자형 구조체를 설계하여 보자.

[풀이] 상자와 동일한 골판지 원단의 단순 H자형 구조체는 상자압축강도의 96 %인 2.4 kN을 보강할 수 있으므로, 요구되는 구조체 강도는 2.4 + 0.9 = 3.3 kN이다.

3.3/2.4 = 137.5 %

5.6 kN/m - ECT × 137.5 % = 7.7 kN/m - ECT

그러므로, 5.6 kN/m - ECT 상자는 7.7 kN/m - ECT의 단순 H자형 구조체를 가져야 5.8 kN의 압축강도를 형성할 수 있다.

연 습 문 제

(1) 액체 클리너 포장용 플라스틱 병을 24개 포장하도록 설계된 RSC형 상자의 압축강도는 2.2 kN @ 1.2 cm이다. 단일 플라스틱 병의 압축강도가 0.2 kN @ 0.5 cm일 때, 각각의 파괴점에서의 변형을 고려해 포장화물의 압축강도에 대한 합리적인 범위를 추정해 보자.

(2) 강도적 자립성이 전혀 없는 제품을 포장한 38 × 25 × 20 cm의 겉포장상자가 있다. 제품은 대량 수송되고, 보통 가격대의 제품이다. 개별포장화물의 중량이 120 N이며, 트럭에 최대적재높이는 234 cm이다. ASTM D4169에 따라 상자의 압축강도를 얼마로 결정하면 되겠는가?

(3) 중량 15 N의 캔 20개를 포장할 수 있도록 설계된 상자의 외치수는 56 × 38 × 30 cm이다. 비교적 저렴한 이 제품은 압축상태에서 하중의 일부를 지탱할 수 있다. 이 포장화물은 보관창고에서 6단 높이로 적재되어 있는 상황을 개별포장화물을 이용해 모의시험하고자 한다. 보관기간이나 대기조건에 대한 어떠한 유용한 정보가 없을 경우, 권장하는 시험강도수준은 얼마로 하면 되겠는가?

(4) 포장상자의 바깥치수는 L × W × D = 530 × 240 × 250 mm이고, 개별포장화물의 중량은 150 N이다. 창고에서는 팰릿타이저 화물(개별포장화물이 팰릿에 2 × 3 × 6단 적재)이 2단 정상적재되며, 적재기간은 10일, 보관시 최고습도가 75 %라 할 때 상자의 필요압축강도를 계산하여 보자. 단, 팰릿은 양면사용형으로 1개의 중량은 360 N이다.

(5) 골판지에 대한 수직압축강도(ECT) 시험시 ASTM, TAPPI, ISO 및 KS 규정에서 정하는 시험편의 형상과 크기를 비교하고, 이들에 대한 장·단점을 논하라.

(6) 상자의 주변길이가 700 mm일 때, 상자의 길이/폭비를 1.0~2.0 사이에서 0.1씩 증가시키고, 상자높이는 200~500 mm 사이를 50 mm씩 증가시킬 때, 각 조합에 대하여 Kellicutt 식, McKee 식 및 Wolf 식으로 상자압축강도를 추정하기 위한 컴퓨터 프로그램을 작성해 보자. 그리고 추정된 값을 기준으로 그래프를 그려 상자의 길이/폭비와 상자의 높이에 대한 이들 모형들의 민감성을 분석해보자. 단, McKee 식과 Wolf 식에서의 ECT는 골판지 원지의 총링크러시로부터 계산된 값을 활용한다.

- 상자형식 : AB골 – DW
- 원지구성 : SK180/S120/S120/S120/K200
- 원지의 물성 :

구분	원지	링크라시(N)	두께(mm)	구분	원지	링크라시(N)	두께(mm)
라이너	SK180	215.82	0.22	골심지	S120	88.29	0.19
	S120	88.29	0.19				
	K200	225.63	0.26				

(7) 앞의 예제 2.4에 적합한 강도보강재로 슬리브(sleeve)를 설계하고, 설계한 골판지원단의 품질등급은 한국산업규격 KA T1034를 기준으로 할 때 어느 정도인가?

(8) 포장설계 결과 겉포장상자의 안치수가 530 × 240 × 250 mm이고, AB골의 DW 골판지상자를 적용하려고 한다. 이 상자의 골판지 원단 실면적과 골판지 포장원가 계산을 위한 골판지 소요량을 한국골판지포장공업협동조합의 표준공식에 의해 각각 계산해 보고, 그 차이가 의미하는 바가 무엇인지를 설명하여라.

(9) 우리 주위에서 발생하는 포장화물의 배부름 현상, 손잡이와 통기공, 로프 밴딩으로 인한 포장압축강도 손실현상을 조사하고, 그 대책에 대해 서로 토론하여 보자.

03 하역과 낙하높이 측정/분석

Handling and Drop Height Measurement/Analysis

- 하역낙하높이
- 낙하와 충격취약성
- 충격 인디게이터/가속도센서
- 충격펄스 정보
- 낙하높이 센서와 낙아높이 추정방법

하역(material handling)은 물품의 상·하차(loading & unloading), 운반(carrying), 적재(stacking), 피킹(picking), 분류(sorting), 정리 등의 작업과 여기에 수반되는 작업을 말한다. 즉, 수송 및 보관과 관련된 부수적인 작업으로서 수송과 보관을 연결하는 기능을 갖고 있기 때문에, 하역 자체의 가치보다는 수송과 보관 능력의 향상을 지원하는 역할을 한다.

포장화물에 대한 충격 입력은 하역과정, 특히 수송매체에 제품의 상·하차 작업과정에서 발생한다. 이런 환경평가는 포장화물에 의해 겪는 낙하높이에 의해 정량화된다. 즉, 하역과정에서 발생되는 충격 정도는 그 속도를 자유낙하시의 충돌속도(impact velocity)에 적용시켜 추정한 등가자유낙하높이(equivalent free-fall drop height)로 기술된다.

마치 진동에 대한 물류환경강도를 진동프로파일(vibration profile)로 나타내듯이 충격에 대한 물류환경을 결정짓는 것은 포장화물이 겪을 가능성이 있는 설계낙하높이(design drop height)이다. 따라서 여기서는 낙하높이-포장화물 중량 관계, 낙하와 충격취약성, 충격펄스 정보해석, 낙하높이 측정센서 및 낙하높이 측정방법에 대하여 기술하기로 한다.

3.1 하역낙하높이 (Handling Drop Height)

포장화물(package)은 그 치수와 중량에 따라 하역방법을 달리한다. 무거운 개별포장화물(individual package)과 팰릿타이저 화물(palletized unit-load)의 하역 과정에서는 경량의 개별포장화물에 비해 상당히 낮은 높이로부터 낙하할 가능성이 크다고 예측할 수 있다.

부피가 큰 포장화물일수록 보통 중량이 더 크기 때문에 포장화물의 치수와 중량 간에는 어느 정도의 확률적인 관계가 성립되므로, 포장화물 중량(package weight)이 낙하높이에 대한 유일한 변수로 취급되어 왔다.

지금까지 여러 물류포장관련 조직과 연구단체에서는 포장화물 중량과 낙하높이의 관련성을 독자적으로 연구하여, 그 결과를 발표하여 왔다.

그림 3.1은 포장화물 중량에 따른 낙하높이별 발생확률을 나타내고 있다. 그러나 유통시스템마다 조건이 다르므로, 이 데이터는 효용성이 제한된다. 이 차트를 근거로 보면, 낮은 수준의 낙하빈도는 비교적 높은 반면, 높은 수준의 낙하빈도는 매우 낮다. 또한 중량물의 포장화물일수록 낮은 높이에서 발생하나, 비교적 높은 높이로부터도 낙하할 수 있다는 것을 나타내 주고 있다.

작은 수준의 낙하는 포장화물을 일으켜 세울 때, 내려 놓을 때와 평지에서 포장화물을 주위로 밀거나 잡아 당길 때 자주 발생한다. 그렇지만 큰 수준의 낙하는 적재된 경우이거나 또는 적재 플랫폼에서 정상에 있는 포장화물의 낙하시 발생한다.

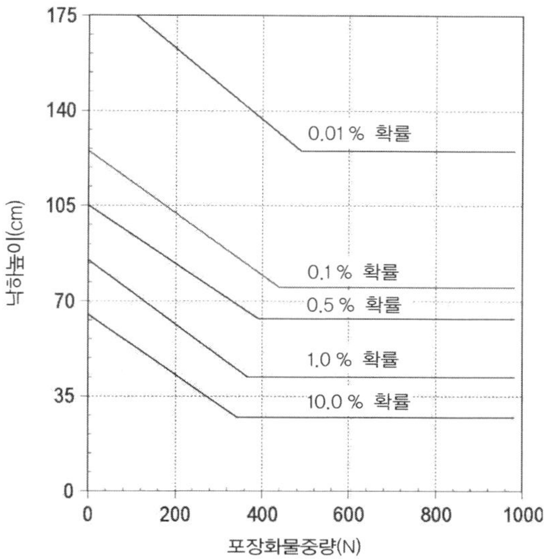

그림 3.1 낙하충격 확률곡선(drop height-package weight probability curve)

그림 3.1과 같이 발생확률로 분석된 낙하높이에 대한 정보는 분명한 손상발생률에 맞추어 포장설계할 수 있으므로, 포장의 이론적 설계에 가장 정확한 방법이라할 수 있다. 예를 들면, 제품이 손상발생확률을 1 % 이하로 포장설계하고자 할 경우, 이 자료에 기초하여 설계낙하높이를 약 80 cm로 결정하면 된다. 여기서, 우리가 1 %보다 큰 4 %의 손상발생률을 수용할 경우, 설계낙하높이는 그 확률에 상응하여 낮아지고, 반대로 손상발생률을 1 %보다 작게 하고자 할 경우는 이에 상응하여 설계낙하높이도 높아진다.

이상과 같은 방법으로 포장비용(packaging cost)과 손상비용(damage cost) 사이의 균형을 맞출 수 있다(그림 1.2). 대부분의 경우, 최고수준의 위험으로부터 전체 제품을 보호하는 데 수반되는 비용 때문에 어느 정도의 손상 발생은 허용하게 된다. 비록 이런 형태의 정보를 바탕으로한 포장설계는 가장 정보화된 접근방법임에 틀림없지만, 해당제품에 대한 포장과 물류 루트에 대한 유용한 정보를 얻는데 한계가 있다는게 문제이다.

다음으로 많이 적용하는 방법은 과거 수년 동안 포장산업계에서 개발되어온 몇 가지의 실제 경험에서 얻은 법칙에 의존하는 것이다. 그 대표적인 예가 미국의 산업조사를 통해 도출된 표 3.1의 자료를 활용하는 것이다.

이 테이블의 자료는 낙하높이를 포장화물 중량에 대한 함수로 나타내고 있다. 즉, 경량의 포장화물일수록 쉽게 다룰 수 있기 때문에 낙하높이도 높고, 중량물일수록 기계하역이 요구되기 때문에 낙하높이가 낮아진다. 이러한 사실은 그림 3.1에서도 잘 알 수 있는데, 포장화물 중량이 어느 이상 커지면 기계하역이 이루어지므로 중량에 관계없이 낙하높이가 일정하게 되므로 확률곡선은 수평을 유지하게 된다.

표 3.1 포장화물 중량에 따른 낙하높이 (mm)

포장화물중량 (N)	보증 수준			하역방법
	I	II	III	
~ 89	1219	762	457	수동
90 ~ 178	1067	610	381	〃
179 ~ 267	914	457	305	〃
268 ~ 356	762		229	〃
357 ~ 445	610		152	〃
446 ~ 890	457		76	〃
891 ~ 2670	305	229	152	기계
2671 ~	229	152	76	〃

표 3.1에서 보증수준(assurance level) I과 III은 각각 최고와 최저 예상낙하높이(expected drop height)를, 그리고 보증수준 II는 이들의 평균(대부분 이를 적용)을 의미한다. 좀더 구체적으로 표현하면, 낙하시험(drop test)시 낙하높이의 선택이나 또는 제품의 완충설계(cushioning design)시 보증수준 I은 제품이 고가이고 어떠한 형태의 손상도 허용하지 못할 때 보통 적용한다. 그렇지만 보증수준 II가 포장설계와 시험시 보통 적용되며, 일부 기업에서는 자체적으로 설계기준과 낙하시험 수준에 대한 사내 규정을 가지고 있다.

이상에서 살펴본 바와 같이 제품에 따라 유통과정이 다르고, 각각 독특한 특성을 가지고 있어, 정확한 낙하높이와 충격정도 등의 정보수집이 쉽지 않으나, 대체적으로 포장화물 중량과 낙하높이 사이에는 다음과 같은 일반적인 결론이 도출되어 있다(Ostrem과 Godshall, 1979).

- 포장화물이 1 m 이상 높은 곳으로부터 낙하할 확률은 매우 낮다.
- 높은 곳으로부터 빈번히 낙하하는 경우는 거의 없지만, 대부분의 포장화물이 작은 낙하높이로부터는 자주 낙하한다.
- 스키드(skid), 팰릿, 랩(wrap) 등에 의한 단위적재화물은 개별포장화물에 비해 낙하높이와 낙하횟수 모두 작다.
- 대부분의 중량물 포장화물은 제품의 밑면으로 낙하하는 반면(총낙하의 약 50 %), 경량의 포장화물의 낙하방향(면)은 예측할 수 없다.
- 포장화물 중량과 부피가 클수록 낙하높이는 낮아진다.
- 겉포장용기에 손잡이(handhold) 설치는 포장화물의 위치를 바닥에 접근시키므로 낙하높이를 감소시킨다.
- 포장에 'Fragile and handle with care', 'The side up'과 같은 화물 취급상의 주의 경고문은 아주 미약한 효과를 나타낸다.

포장화물의 하역횟수는 화물의 낙하로 인해 충격을 받을 가능성이 그 만큼 증가한다는 의미에서 매우 중요하다. 하역작업의 횟수는 포장화물 치수와 하역방법에 따라 다르지만, 최소 3회 정도 즉, 포장 후 수송차량으로, 수송차량에서 판매점으로, 그리고 소비자에 의해 판매점 내에서 하역이 이루어진다. 그렇지만 많은 경우 포장화물이 물류센터 또는 창고를 경유하기 때문에, 그 횟수는 증가하게 된다. 따라서 ASTM D4169 규정에서는 제품의 면(face), 모서리(edge) 및 코너(corner drop)상에 6회 낙하(일련의 시험 중 처음과 끝단계에서 각각 실시), ISTA는 10회 낙하를 권장하고 있다.

화물 낙하시 충돌방향을 파악하기 위해 다양한 치수와 중량의 포장화물 내부에 면, 모서리 및 코너 낙하를 구분할 수 있는 충격레코더(impact recorder)를 장착하여 연구해 왔다. 그 결과, 제품이 모서리로 낙하할 확률이 가장 높고, 그 다음이 코너, 면 낙하 순으로 보고하고 있다.

최근 포장화물의 인력하역에 대한 연구에서 모서리, 코너 및 면 낙하에 대한 횟수는 기초적인 확률함수에 기준하여 기대되는 것과 거의 일치하는데, 즉 육면체 포장화물의 경우, 모서리 12개, 코너 8개 그리고 면 6개를 가지고 있어, 총낙하 경우의 수는 12 + 8 + 6 = 26이므로, 모서리 낙하의 확률은 12/26(46 %), 코너 낙하의 확률은 8/26(31 %) 그리고 면 낙하 확률은 6/26(23 %)이다.

3.2 낙하와 충격취약성 (Shock Fragility)

포장설계는 먼저 제품을 낙하시켜 충격취약성(shock fragility)을 평가하는 것부터 시작한다. 제품에 어떤 종류의 손상이 발생할 때까지 점점 더 높이를 올려 낙하시키며, 손상이 가장 먼저 발생하는 높이가 제품의 취약성을 나타내는 한 척도가 될 수도 있지만 상세히 보면, 모순점을 발견할 수 있다.

예를 들면, '한 램프의 취약성이 45 cm이다'라고 말할 때, 한 취약성의 척도로써 낙하높이가 적용되었지만, 여기서 표면경도(hardness)가 전혀 고려되지 않았기 때문에 완전히 부적절한 표현이 된다. 한 예로, 램프가 카펫 바닥에 낙하하였을 때는 45 cm 이지만, 콘크리트 바닥에 낙하할 때는 단지 15 cm의 취약성을 가질 수 있다. 그러므로 취약성에 대한 다른 척도가 필요하다.

【1】 G-하중 (G-force)

충격(shock)은 매우 짧은 시간 동안 작용되는 큰 힘이다. 낙하 물체와 바닥 사이의 충돌이 그 대표적인 예이다. 보통의 낙하높이에서 45 N의 포장화물(package)은 수천 또는 심지어 수만 뉴턴(N)에 이르는 충격력(shock force)을 겪게 된다. 그렇지만 이 힘은 순간적으로 작용하며, 포장상태에서 낙하로 인한 충격지속시간(shock duration)은 1 (매우 경질 바닥) ~ 100 ms (매우 연질 바닥) 정도가 보통이다.

포장제품의 낙하시 손상발생 여부는 충격력의 크기와 충격지속시간에 의존한다. 이러한 의미로부터 한 제품이 파괴없이 저항할 수 있는 최대충격력에 의해 제품의 충격취약성(shock fragility)을 나타낼 수 있다. 그렇지만 낙하시 충돌력(impact force)은 너무 순간적으로 발생하기 때문에 직접적으로 측정하기란 매우 어렵다. 따라서 취약성을 나타낼 수 있는 다른 방법을 생각하게 되었다.

다행히도, 충돌력에 정성적으로 관련지을 수 있고, 직접 측정이 가능한 감가속도인 G값(중력가속도 g의 배수)이 있으며, 이것과 충격력과의 관련성은 식(3.1)의 Newton's 법칙에 근거한다. Newton's 법칙으로부터 충돌력은 제품의 중량에 감가속도인 G값을 곱한것과 수치적으로 동일하다.

$$F = ma = WG \tag{3.1}$$

$$a_{av} = \frac{\Delta V}{\Delta t} \tag{3.2}$$

여기서, F는 충돌력 (N), m과 W는 각각 제품의 질량 (kg)과 중량 (N), G는 중력가속도의 배수로써의 감가속도 (G's), aav는 평균가속도 (m/s^2), ΔV와 Δt는 각각 속도변화 (m/s)와 소요시간 (s)을 각각 나타낸다.

충돌력과 감가속도 사이의 직접적인 관련성 때문에 제품의 충격취약성(shock fragility)을 제품이 파괴없이 저항할 수 있는 최대감가속도(maximum deceleration)로써 다시 정의 내릴 수 있으며, 이와 같이 기술하는 방법이 현재 제품의 충격취약성을 평가하는 방법으로 인정되었다.

한계낙하높이 ⇨ 최대감가속도 (G-factor) ⇨ 손상경계(DBC) { • 한계속도변화 • 한계가속도 }

<제품의 충격취약성 의미 변천과정>

한 물체의 가속도 또는 감가속도는 그것의 속도가 단위시간 내에 얼마나 빠르게 변하는가를 나타내는 정도로, 포장화물의 낙하 충돌시, 제품이 완충재에 대해 상승과 하강시 각각 발생한다. 즉, 1.2 m 높이에서 낙하된 포장화물은 정지상태로부터 바닥에 닿는 순간의 속도인 4.85 m/s 까지는 등가속되며, 순식간에 정지상태로 감가속된다. 만일 바닥과 닿은 상태에서 정지상태로 감가속되는 데 10 ms가 소요되었다면, 그 때 (평균) 감가속도는 식(3.2)로부터 aav = $\Delta V/\Delta t = (4.85-0)/0.01 = 485\ m/s^2$이 된다.

이 감가속도의 크기를 낙하물체의 치수와 중량에 독립인 중력가속도($g = 9.81\ m/s^2$)의 배수로 나타내면 보다 더 정성적으로 이해할 수 있다. 이 예에서, 충돌로 인한 감가속도는 중력가속도의 485/9.81 ≒ 50배가 된다. 이를 포장용어로 50 G 충격 또는 G = 50 이라 부른다.

보통 소문자 'g'는 중력가속도, 대문자 'G'는 중력가속도의 배수로써 감가속도의 크기를 나타내며, 그림 3.2에서 F와 W의 단위는 모두 N이되므로 G의 단위는 무차원이다.

$$G = \frac{\text{감가속도}}{g} \tag{3.3}$$

용어 'G-하중(force)'도 여기로부터 나온 것으로 즉, 낙하 상황에서 G-하중은 물체의 감가속도에 의해 발생되는 분명한 충돌력(impact force)이다. 이 예에서, G-하중은 물체 중량의 50배가 된다(Newton's 법칙). 이 의미는 물체가 50 G를 겪게 되면 충돌순간의 충돌력은 중량의 50배가 된다는 의미이다.

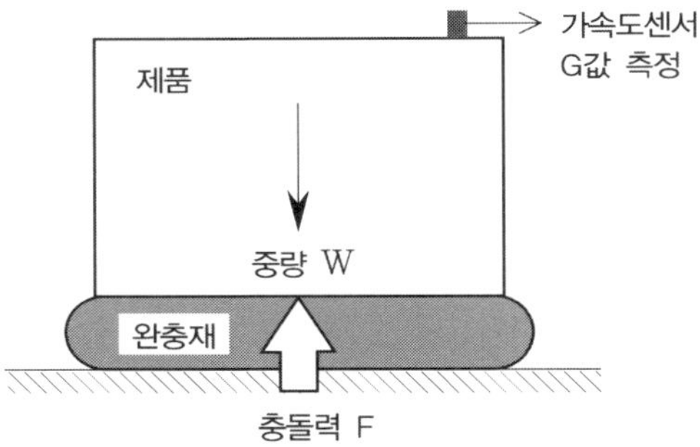

그림 3.2 제품/완충재 시스템의 낙하시 충돌력 관계

【2】 압축력과의 관계

제품의 충격취약성이 그것의 압축강도와 어떠한 관련성이 있고, 압축강도로부터 추론할 수 있을까? 하는 문제에 대해 생각해 보자.

예를 들어, 만일 중량 90 N의 마이크로웨이브 오븐에 대한 압축시험 결과, 압축강도가 2.2 kN이었다면, 충격 상황에서 그것의 취약성을 힘/중량 = 2200/90 = 24 G라 할 수 있을까? 24 G 충격은 이 제품에 2.2 kN의 힘을 작용시킬 것은 분명한 사실이다. 그렇지만 압축시험에서 처럼 이 힘(24 G의 충격력)으로 제품을 손상시킬 수 있을까?의 여부는 반드시 그렇지만은 않지만 부정적이다. 왜냐하면, 충격과 압축을 통한 힘들 사이에는 역학적으로 큰 차이가 존재하기 때문이다.

즉, 압축시험기는 제품의 두 면을 동시에 압축하는 것임에 반하여, 낙하를 통한 충격력은 제품 바닥의 충돌지점에만 작용하게 된다. 그리고 충격력은 낙하시 순간적으로 작용하게 되고, 충격에서는 대체로 제품과 제품 내부의 모든 요소들이 동시에 감가속도가 작용하므로 충격력을 받게 된다.

결론적으로, 한 예로 마이크로웨이브 내부의 백열전구는 충격으로 파열될 수 있지만, 이런 종류의 손상은 압축시험에서는 재연할 수 없다. 그러므로 제품의 충격취약성을 결정하는 유일한 방법은 제품에 대한 낙하시험(drop test)이다.

【3】 보통의 충격취약성

제품의 여러 등급에 대한 대략적인 충격취약성(shock fragility)을 보면 표 3.2와 같다. 이 값들은 낙하시험(drop test)을 통해 얻은 것이며, 단지 참고할 뿐이지 실제 상황에서 사용하기란 어렵다. 특정 제품에 대한 정확한 취약성은 오직 그 제품에 대한 낙하시험을 통해서만 얻을 수 있다.

표 3.2 여러제품의 충격취약성

등 급	제품 종류	취약성(G)
극도의 취약성	항공전자 기기-미사일 유도시스템, 자이로스코프(gyros), 관성유도 플랫폼(inertial guidance platform); 정밀시험장비	15~25
매우 섬세	의료 진단장치; 항공장비-기계식 충격마운트 장비, 디지털 전자장비, 고도계, 비행기탑재 레이더 안테나	25~40
섬세	컴퓨터 장치; 항공기 부속품; 대부분 반도체 전자장비	40~60
보통	가전제품-스테레오, TV 셋; 항공기 부속품	60~85
비교적 튼튼함	주요기구; 가구; 가전제품-냉장고; 전자식 기계장비	85~115
매우 튼튼함	기계(공구)류; 항공장비-착륙장치와 같은 항공기 구조부분, 조종면(control surfaces), 유압장비	115~

제품의 충격취약성을 평가하기 위한 낙하시험의 표준절차는 제4장에서 다루기로 한다. 기본적으로, 그 절차는 제품이 파괴될 때까지 점점 더 큰 충격을 부과하여, 제품 파괴 시의 감가속도 G를 그 제품의 충격취약성으로 평가하는 것이다. 보통 제품의 충격취약성은 제품의 각 방향에 대해 측정이 이루어지며, 이때 가장 작은 값을 그 제품을 대표하는 충격취약성으로 결정된다.

3.3 충격 인디케이터/가속도센서

【1】 가속도센서 (Accelerometer)

현재 포장산업계 내에서도 가속도센서의 사용이 보편화되어 있다. 가속도센서는 제품에 장착되어 가속도 또는 감가속도를 측정할 수 있는 장치이다. 초장기의 가속도센서의 형태는 완전히 기계식이었으며, 그 대표적인 것 중 몇 가지를 그림 3.3에 나타내었다.

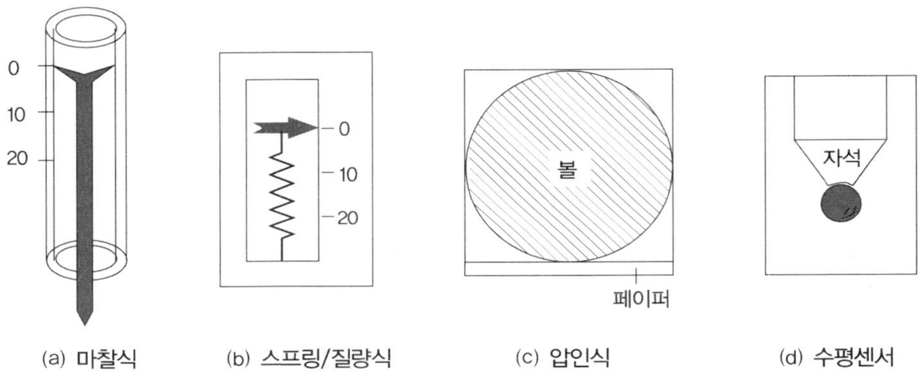

그림 3.3 기계식 가속도센서의 예

이들 센서는 제품에 직접 부착되거나 또는 제품과 함께 포장에 넣을 수 있을 만큼 충분히 작고, 대부분 같은 원리로 작동하는데, 즉 낙하로부터 포장화물이 받는 충격에 비례하여 센서의 일부분이 움직이게 된다.

마찰식 가속도센서(friction type accelerometer)에서는 속이 빈 플라스틱 원통에 끼워진 작은 플라스틱 화살촉이 실린더상에 0점에 일직선으로 맞추어져 있다. 포장화물의 충격이 화살을 아래로 미끄러지게 하여 충격강도를 지시하게 된다. 스프링/질량식 가속도센서(spring/mass type accelerometer)도 마찰식 가속도센서와 비슷하지만 여기서는 충격에 비례하여 스프링이 반동하는데, 그 반응정도가 포인터에 의해 지시된다.

압인식 가속도센서(impression type accelerometer)는 정육면체의 플라스틱 용기 내부에 카본코팅 고무공으로 구성된다. 충격은 공을 평편하게 만들어, 정육면체 바닥 위의 원형압인을 벗어나게 하며, 그것의 직경이 충격강도와 서로 관련된다.

마지막 형태는 수준센서(level sensor)로 대개 한 자석에 강철 볼로 구성된다. 만일 충격이 충분한 힘을 가지면 볼은 자석의 당김으로부터 이탈하여 분리된다. 이 센서는 충격강도를 직접 측정할 수는 없으며, 충격이 일정 수준을 초과하는지의 여부만을 나타낼 수 있다.

현재 많이 사용되고 있는 수준 센서로는 그림 3.4에 나타낸 것과 같이 충격감시 수준계(shock watch)가 있는데, 이는 우주항공, 의료기 등 정밀한 고가제품의 물적유통 과정에서 제품을 보호하기 위해 사용되는데, 대부분 충격에 반응하여 부착된 튜브의 색이 활성화되는 현상을 이용한다. 충격감시 수준계를 포장화물의 외부에 부착하여 취급 부주의를 사전에 예방하고 관리하는 역할을 하고, 또한 제품의 파손 시점에 대한 원인규명을 통해 크레임에 대처하는 수단으로 이용되기도 한다.

그림 3.4 충격감시 수준계의 적용 예

비록 기계식 가속도센서는 값이 저렴하고 사용하기가 쉽다는 장점이 있는 반면, 정확도가 떨어지고 낙하높이를 결정하는 데 중요한 정보인 충격(지속)시간을 측정할 수 없다는 단점을 가지고 있다. 따라서 현재 사용이 거의 표준이 되고 있는 한층 더 업그레이드된 센서가 그림 3.5(a)에 나타낸 압전형 가속도센서(piezoelectric accelerometer)이다.

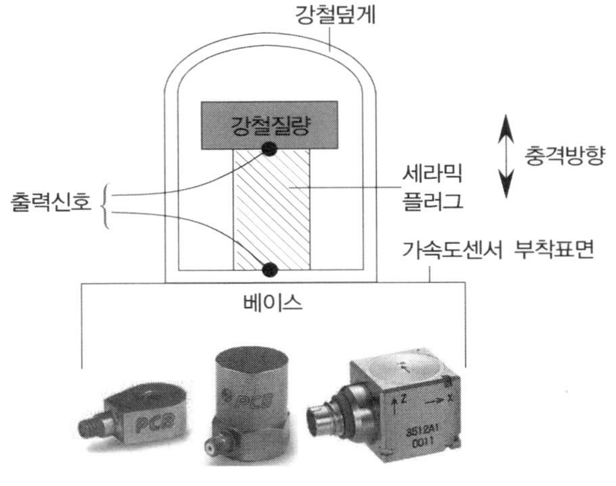

(a) 압전형

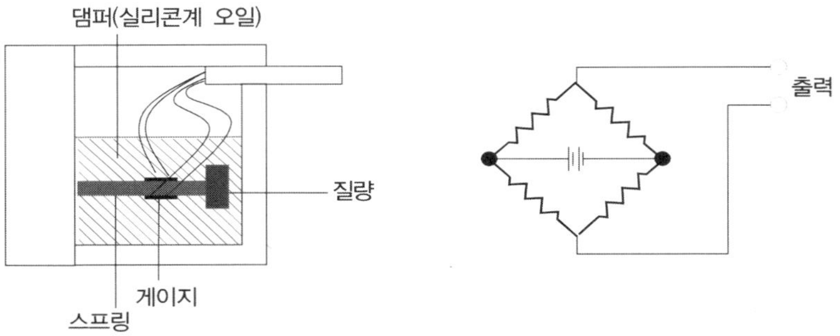

(b) 스트레인 게이지형

그림 3.5 가속도센서의 종류

이 타입의 가속도센서는 대개 직경과 높이가 1.2 cm 이하이며, 여러 종류의 충격과 진동시험장비에서 보편적으로 사용되고 있다. 이 센서는 사용의 용이성, 정확성, 가격이 저렴하면서 튼튼하다는 장점을 가지고 있다.

기계식 가속도센서의 대부분은 그림 3.5 (b)와 같이 스프링과 질량체로 이루어진 진동계의 스프링부에 금속 박막이나 피에조 저항체로 제작된 스트레인 게이지를 부착하여 브리지를 형성하여 결선한 스트레인 게이지(strain gauge)식인 데 반해, 압전형 가속도센서는 압축정도에 비례하여 전하를 발생하는 세라믹 또는 석영 같은 특정 물질의 특성을 기초로 한다('piezo'는 압력을 의미함).

즉, 그림 3.5(a)에서 보면, 압력은 세라믹에 부착된 강철 질량의 운동에 의해 발생하며, 질량이 충격의 결과로써 덮개에 관하여 상대운동하여, 재료가 인장 또는 압축상태가 되며, 이 때 미세한 전류를 끝단에 연결된 와이어를 통해 흐르게 한다. 이러한 장치를 통해 발생되는 전압은 매 순간 가속도의 크기를 직접 지시하게 된다.

따라서 스트레인 게이지식은 정적 가속도의 계측에 유효한 반면, 압전형 가속도센서는 저진동수 영역의 성분을 포함하는 가속도 계측에서는 실제값보다 낮은 값이 계측되기 때문에 정적가속도 계측에는 한계를 가지고 있다.

가속도센서는 측정하고자 하는 물체에 왁스, 테이프 또는 다른 순간 접착제를 사용해 부착하며, 열은 내부의 미세한 선을 파괴시키기 때문에 뜨거운 금속성 아교는 사용하지 않는다. 또한 예상되는 충격방향에 평행하게 부착되어야만, 그 방향에 따른 충격만을 기록할 수 있다.

가속도 계측시스템은 압전형 가속도센서 외에도 신호를 모니터링하여 출력하는 오실로스코프(oscilloscope), 케이블 및 차지앰프(charge amplifier) 등과 신호를 분석하기 위한 지원장비 및 여러 소프트웨어 등으로 구성된다.

가속도센서로부터 발생되는 신호는 오실로스코프에 출력되거나 데이터수집장치(data acquisition system)에 저장되었다가, 사후 분석된다. 이때 가속도센서로부터 발생되는 전기적 신호를 가속도 정보로 변환하고 분석하기 위해서는 가속도센서와 함께 제작사로부터 공급되는 사양시트(spec sheet)를 이용한다.

사양시트는 보통 센서의 사용범위와 민감성(sensitivity)에 대한 정보를 담고 있으며, 포장 목적으로 사용되는 가속도센서의 대표적인 사양은 다음과 같다.

• 민감도 (sensitivity)	10 mV/G
• 정확도 (accuracy)	±2 %
• 범위 (range)	500 G
• 횡민감도 (transverse sensitivity)	±5 %
• 온도범위 (temperature range)	−204℃ ~ 760℃
• 고유진동수 (natural frequency)	20,000 Hz
• 중량 (weight)	12 gf
• 치수 (size)	1.2 cm (최대)

가속도센서에 의해 발생되는 전압과 이에 상당하는 가속도 사이의 변환을 허용하는 특성이 민감도(sensitivity)이다. 위의 가속도센서는 가속도 1 G당 10 mV를 발생하므로, 만일 가속도센서가 450 mV 신호를 발생하였다면, 가속도는 45 G 또는 $45 \times 9.81 = 441$ m/s^{2}이다. 사양에 따르면 45 G의 ±2 % 또는 ±0.9 G 이내의 정확도(accuracy)를 가지게 된다.

가속도센서는 적용에 따라 다른 민감도를 나타낸다. 포장의 충격과 진동연구에 사용되는 센서들은 보통 1~100 mV/G 사이의 민감도를 가진다. 100 mV/G의 가속도센서는 1 mV/G의 가속도센서보다 같은 충격에 대해 더 큰 전압을 발생시키기 때문에 훨씬 더 민감하다. 그러므로 100 mV/G 가속도센서는 낙하상황보다 가속도가 더 작은 진동상황에 대해서도 잘 적용할 수 있다.

가속도센서의 적용범위는 손상을 받지 않고 기록할 수 있는 최고 G값으로 나타내며, 이 경우에는 500 G 이상의 충격은 가속도센서를 손상시키게 된다.

횡민감도(transverse sensitivity)는 가속도센서가 측방향의 충격에 대해 어떻게 반응하는가를 나타내는 특성으로, 이상적인 것은 축방향[그림 3.5 (a)에서는 상·하방향]의 충격에 대해서만 반응신호를 발생하는 것이다. 그러나 실제에 있어서는, 만일 가속도센서가 수평으로 움직이면 (좌우로), 가속도센서 내부의 작은 강철 질량이 세라믹 요소를 앞·뒤 방향으로 압축하여 진동하므로서 신호를 발생시킨다. 위에 나타낸 사양을 토대로 보면, 만일 가속도센서에 30 G의 횡방향 충격이 주어지면, 축방향의 충격이 없더라도 ±5 % 즉, $30 \times (\pm 5\ \%) = \pm 1.5$ G까지 수직충격을 지시하게 된다.

온도범위 사양은 가속도센서가 사용되는 온도의 유용한 범위를 나타낸다. 고유진동수(natural frequency) 사양은 세라믹 요소(스프링 처럼 작용) - 강철 질량이 상하 진동을 허용하는 속도를 의미하며, 이 경우는 20,000 Hz로, 즉 가속도센서의 반응시간(response time) (진동 1사이클에 대한 소요시간)이 1/20,000로 0.05 ms임을 의미한다. 다시 말해, 이 가속도센서는 0.05 ms (지속시간) 보다 더 작은 충격에는 반응할 수 없다는 것을 의미한다. 포장의 경우, 가장 짧은 충격지속시간이 약 2 ms 정도되기 때문에, 이 센서를 포장목적으로 적용하는 데는 문제가 없다.

마지막으로 가속도센서의 치수와 중량에 대한 사양은 측정을 방해하지 않는 수준에서 대상물체에 부착할 수 있는 가속도센서가 무엇이고, 장착위치를 결정하는 데 기준이 된다. 즉, 가속도센서의 부착으로 인해 물체의 자연운동(고유진동수)을 변화시키는 결과를 초래하면 안되므로, 일반적으로 가속도센서의 질량은 장착되는 물체 질량의 10 % 이하로 제한된다.

3축 가속도센서(triaxial accelerometer)[그림 3.5(a)]는 3개의 직각방향의 충격(상하, 좌우, 전후)을 획득하며, 벡터대수(vector algebra)를 통해 낙하높이를 결정할 수 있다. 3축 가속도센서를 이용하는 낙하높이 레코더는 포장산업분야에서 다음과 같은 목적으로 사용된다.

- 낙하높이-포장화물 중량 관계 연구
- 철도차량의 커플링/전환충격(railcar coupling/switching impacts) 측정
- 철도차량, 배 또는 트럭 트레일러의 진동환경 연구
- 제품의 손상을 야기시키는 G값의 측정

3축 가속도센서는 포장산업분야 외에도 자동차, 항공 등 여러 산업분야에서 다양하게 적용되며, 그 활용방법에 대해서는 이번 장의 뒷부분에서 기술하기로 한다.

【2】 가속도센서의 접속(Accelerometer Hookup)

가속도센서에 의해 발생되는 충격펄스(shock pulse)를 분석, 기록 및 출력하기 위한 전형적인 시스템 구성은 그림 3.6과 같다. 가속도센서로부터의 신호는 커플러(coupler)로 알려진 차지앰프(charge amplifier)를 지나, 오실로스코프 또는 디지털 파형분석기(digital waveform analyzer)와 같은 전압측정장치로 전송되는데, 오늘날에는 컴퓨터와 계측보드의 발달로 데이터 수집에서 분석까지 손쉽게 일관처리할 수 있다.

차지앰프는 가속도센서로부터 발생되는 작은 신호를 정확하게 측정될 수 있도록 증폭시키는 역할을 한다. 이때 동축케이블(coaxial cables)이 외부원인으로부터의 간섭을 줄여 신호를 나르는 데 사용된다. 이러한 외부원인에는 전기장과 전자기장을 발생하는 동력장비 근처와 천정등이 포함되며, 전기장이나 전자기장 영역은 전선 안에 전류를 유도하고, 변압기작용에 의해 다른 도체를 유도하는 경향이 있다.

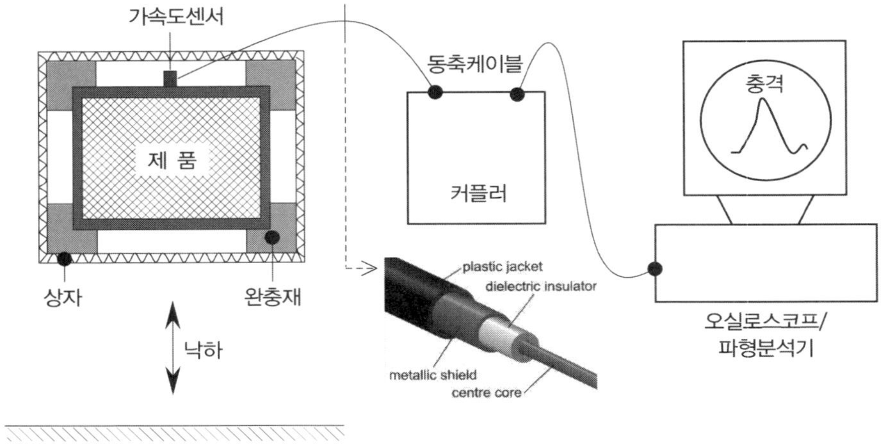

그림 3.6 가속도센서에 의한 충격펄스(shock pulse) 획득/분석 시스템

2개의 도체가 동심원을 그리며 배치된 동축 케이블(VCR's에 사용)은 그들의 구조 때문에 가속도센서로부터의 신호에 중첩되는 노이즈를 실질적으로 제거할 수 있다 (그림 3.6). 그러나 도체가 나란히 놓여 있는 표준 케이블(램프 코드로 사용)은 외부 노이즈로부터 신호를 효과적으로 쉴드하지 못하므로, 특히 노이즈가 신호 그 자체와 같은 크기인 커플러와 가속도센서 사이에는 사용하지 말아야 한다.

일단 신호가 발생되어 증폭되고 기록되면 쉽게 분석할 수 있는데, 그 방법에 대해서는 다음 절에서 설명한다. 이러한 목적으로 사용되는 가속도센서의 가장 중요한 두 가지 특성은 민감도(sensitivity)(mV/G)와 정확도(accuracy)(%)이다.

민감도는 가속도센서에 의해 발생되는 전압을 G값으로의 변환에 관련되고, 이때 오차범위를 알려주는 것이 정확도이다. 센서의 사양에서 민감도, 정확도 및 횡민감도 모두 커플러에 의해 증폭된 후의 신호에 영향을 준다.

장치구성 및 설치와 관련하여 오차를 발생시키는 몇 가지의 부가적인 원인을 요약하면 다음과 같다.

(1) 피로 (fatigue)

가속도센서의 민감도는 내부 압전요소의 반복적인 압축으로 사용횟수와 연수에 따라 변한다. 가속도센서를 사용하기 전에 캘리브레이션(calibration)을 실시하는 것이 바람직한데, 이는 알려진 가속도를 작용시켜 이에 대한 출력을 측정함으로써 실시된다.

(2) 연결 임피던스 (connection impedance)

충격펄스가 디스플레이 되기 위해서는 다양한 전기적인 연결이 필요하다. 하나의 동축케이블을 통해 가속도센서를 차지엠프(charge amplifier)에 연결하고, 다른 또 하나의 케이블이 차지 엠프의 출력을 오실로스코프 또는 다른 파형캡처장치에 연결한다. 이때 느슨한 연결은 날카롭고 고르지 못한 스파이크(spike) 형태의 노이즈를 평활한 충격펄스에 포함시켜 발생시킨다.

(3) 증폭 (amplifier)

차지앰프는 가속도센서로부터 발생되는 전기적 신호를 오실로스코프와 같은 전압지시장치에 의해 측정할 수 있도록 증폭시키는 역할을 하는데, 그 증폭 정도는 연수, 사용횟수 및 극단의 온도에 따라 변하게 된다.

(4) 파형 캡처장치 (waveform capturing device)

오실로스코프 또는 다른 형태의 전압지시계(voltage indicator)는 입력신호를 시각적인 출력형태로 변환함으로써 오차가 발생할 여지가 있는데, 그 크기는 장치에 따라 다르다.

(5) 마찰전기 노이스 (triboelectric noise)

가속도센서에 부착된 케이블의 이동은 케이블이 구부러졌을 때 내부의 금속 와이어가 절연체에 대해 마찰하는 원인이 된다. 2개의 서로 다른 물체를 문지르면 미소전하가 발생한다. 이러한 마찰전기전하(triboelectric charge)는 가속도센서에 의해 이미 발생된 작은 전하에 추가되어 결과적으로 일련의 날카로운 스파이크가 된다. 이러한 문제점은 구부러지는 것을 최소한도로 하고, 케이블을 확고히 고정시킴으로써 대개 제거될 수 있다.

(6) 전자기간섭 (electromagnetic interference)

가속도센서, 커플러 및 오실로스코프에 함께 연결된 같은 케이블은 한 변압기에 감겨진 것과 같이 동작한다. 천정등과 동력장비 근처는 이러한 케이블에 전류를 유도할 수 있는 전자기장을 형성하므로 충격파형을 왜곡시킬 수 있다.

(7) 울림 (ringing)

가속도센서는 대개 유연한 표면에 장착되기 때문에 충격에 의한 그 표면의 진동은 그렇지 않은 평활한 충격펄스에 중첩된다.

이상의 팩터들을 모두 취합하면, 측정된 가속도값에 ±15 %까지 오차를 발생시킬 수 있다. 그럼에도 불구하고 전형적인 오차는 ±5 % 부근이다. 연결 임피던스, 전자석 간섭 및 울림현상의 효과는 근본적으로 필터링(filtering) 또는 충격펄스의 평활화(smoothing)를 통해 제거될 수 있다.

3.4 충격펄스 정보 (Shock Pulse Information)

충격펄스는 매우 짧은 시간동안 크게 감가속되는 충돌력을 겪는 물체의 가속도-시간 이력에 대한 기록이다. 한 예가 바닥과 충돌하는 것으로 자유낙하하는 포장화물에 부착된 가속도센서에 의해 기록되는 펄스이다.

충격펄스는 제품 취약성(fragility)의 정량화, 완충설계의 질적 평가 및 낙하높이의 확인 등에 사용되는 충격에 관한 많은 정보들을 내포하고 있다. 포장상황에 있어 정상적인 펄스는 그림 3.7과 같이 반정현파(half-sine waveform) 형태를 나타낸다.

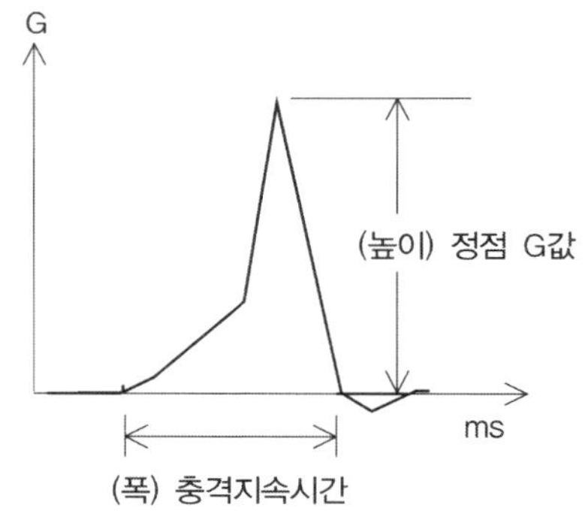

그림 3.7 정상적인 충격펄스 (shock pulse)

충격펄스의 높이는 정점 G값으로 Newton의 운동 제2법칙 즉, F = WG를 통해 최대충격력에 관련되므로 제품의 손상 잠재성을 가장 잘 나타내어 주는 속성이다. 또한 펄스의 밑변 폭은 충격력 작용시간을 나타내기 때문에 중요한 의미를 갖는다. 다시 말해 정점 G값과 충격지속시간(shock duration)은 제품의 손상 잠재성과 직접적으로 관련된다.

만일 가속도센서가 한 포장 내부의 완충재상에 놓여 있는 제품의 상부에 부착된 상태로 바닥에 낙하하여 포장화물의 밑면과 충돌한다면, 매우 짧은 시간동안에 다음의 사건들이 발생한다. 즉, 포장이 먼저 지면과 접촉하는 순간 감가속도는 0이다.

제품이 아래 방향으로 연속적으로 움직임에 따라, 완충재는 점점 더 압축되면서 그 반력으로 제품을 점점 더 강하게 밀게 되어 결국 최대압축에 도달하므로써 정점을 형성하고, 순간적으로 멈추게 된다. 이러한 충돌 동안에 감가속도는 제품이 멈추는 순간의 정점값에 도달할 때까지 연속적으로 증가하게 된다(실제 재료에서는 감쇠 때문에 정점감가속도가 최대압축 순간보다 약간 앞선다).

또한 이 순간에 완충재가 최대로 압축되었기 때문에 완충재가 제품을 위로 연속적으로 밀게 되어, 제품에 속도를 더하게 되며, 결국 제품은 완충재로부터 리바운드하게 된다. 리바운드 단계에서는 가속도가 정점값에서 출발하여 제품이 완충재를 리바운드하는 시점에 다시 0으로 될 때까지 연속적으로 감소하게 된다.

대부분의 경우, 충격지속시간은 제품이 낙하하는 표면의 강성(stiffness)에 따라 다르지만, 대략 2~100 ms 범위이고, 이에 상응하는 정점감가속도는 대략 500~10 G 범위이다. 이와 같이 제품이 낙하하여 충돌하고, 다시 리바운드되는 과정에서의 가속도 변화와 충격력의 변화 형태는 반드시 동일하다(Newton's 법칙).

한정된 시간 동안의 속도변화가 이 시간 동안의 평균가속도(average acceleration)가 되며, 점점 더 짧은 시간을 사용하면 특정 시간에 대한 순간가속도(instantaneous acceleration)에 접근한다. 이 값을 가속도센서가 측정하는 것이며, 충격펄스는 단순히 충돌 동안의 순간가속도-시간의 도표이다. 미분의 개념으로 순간가속도는 속도의 1차 도함수가 된다.

$$\text{평균가속도,}\ a_{av} = \frac{\Delta V}{\Delta t} \tag{3.2}$$

$$\text{순간가속도,}\ a = \lim_{\Delta t \to o} \frac{\Delta V}{\Delta t} = \frac{dV}{dt} = \dot{V} \tag{3.4}$$

이러한 수학적인 조작(가속도의 적분)을 역으로 수행하면, 다시 속도에 대한 정보를 알 수 있다. 즉, 그림 3.8에서와 같이 시간에 대한 가속도의 적분이 충격펄스 아래의 면적을 구하는 것과 동일하기 때문에 출발부터 정점까지의 펄스 아래의 면적인 충돌속도(impact velocity) V_i와 정점부터 종료되는 점까지의 면적인 리바운드 속도(rebound velocity) V_r을 얻을 수 있다. 여기서 V_i는 아래 방향, V_r은 위방향을 각각 향하는 모두 벡터이다(모두 양의 값을 취함).

그림 3.8의 충격펄스 속에 내포하고 있는 기타 중요한 정보들을 정리하면 다음과 같다.

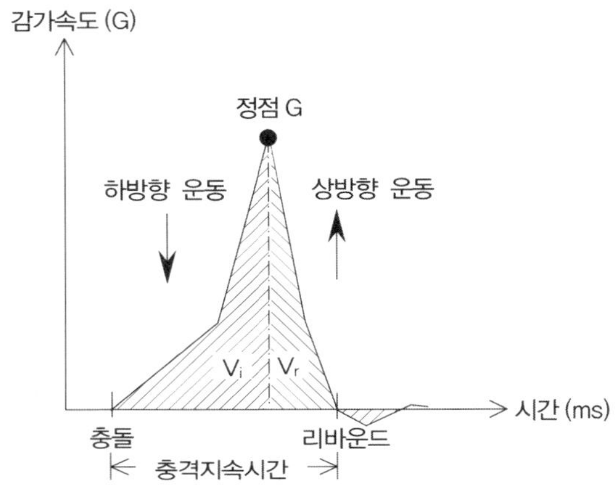

그림 3.8 충돌속도와 리바운드 속도

(1) 정점감가속도(peak deceleration)는 충격펄스상의 가장 큰 G값이다. 이것은 최대 충돌력에 직접 비례하므로, 충격에 대한 파괴 잠재성의 지표가 된다. 제품에 대해 인용되는 취약성 수준을 정점 G값으로 정의하는 데 있어, 가장 큰 논의는 정점 G값이 충격지속시간(shock duration)을 고려하지 못한다는 점이다. 대부분의 제품은 충격지속시간이 충분히 작다면 큰 G값에도 저항할 수 있다. 이는 이어지는 제4장의 손상경계곡선(DBC, damage boundary curve)에서 잘 설명된다.

(2) 충격지속시간은 펄스의 밑변 폭으로, 보통 단위는 ms를 사용한다.

(3) 충돌부터 리바운드까지 총속도변화(total velocity change)는 전체 충격펄스 아래의 총면적으로 다음과 같이 표현된다.

$$\Delta V = V_i + V_r \tag{3.5}$$

두 속도가 반대방향이므로, 총속도변화는 그들의 절대값을 더하는 결과가 된다.

(4) 낙하높이 h는 다음 식에 의해 충돌속도(impact velocity)에 관련된다.

$$V_i = \sqrt{2gh} \tag{3.6}$$

이 식은 자유낙하시 모든 물체는 동일한 중력가속도 g를 가지고 아래방향으로 가속된다는 사실에 근거한다. 따라서 낙하높이를 알 수 있다면, 충돌속도는 결정될 수 있고, 역으로 충돌속도가 알려지면, 낙하높이가 결정될 수 있다. 같은 식이 리바운드 속도(rebound velocity)와 리바운드 높이(rebound height)의 계산에도 적용된다.

(5) 정점 G값은 충격펄스의 직접적인 관찰로부터 얻어지며, 평균 G값은 식(3.2)로부터 다음과 같이 표현되며, 정점 G값 보다 항상 작다.

$$\text{평균 G값} = \frac{\text{속도변화}}{\text{충격지속시간}} \times \frac{1}{g} \tag{3.7}$$

(6) 반발계수(coefficient of restitution)는 충돌속도에 대한 리바운드 속도의 비로 정의되는 무차원수로 다음과 같이 표현된다.

$$e = \frac{V_r}{V_i} = \sqrt{\frac{\text{리바운드 높이}(h_r)}{\text{낙하높이}(h_i)}} \tag{3.8}$$

충돌속도와 리바운드 속도는 충격펄스의 정점가속도를 기준으로 좌·우측의 면적과 각각 같기 때문에 반발계수는 또한 이 두 면적의 비율이 되고, 이는 또한 낙하와 리바운드 높이에 관련 시켜 식(3.8)과 같이 표현된다.

리바운드 속도가 충돌속도보다 클 수는 없다. 만일 리바운드 속도가 충돌속도보다 크다면, 낙하된 높이보다 더 높게 리바운드될 것이다. 그러므로 반발계수 e는 0~1 사이에 존재하며, e = 0인 한계 상황을 완전소성충돌(perfectly plastic impact), e = 1인 한계 상황을 완전탄성충돌(perfectly elastic impact)이라 한다.

실제에 있어서 e의 값의 범위는 0.25~0.75이며, 대부분의 포장상황에서는 0.3~0.5 사이로 한층 좁혀진다.

반발계수는 한 물체 (또는 완충재)의 레질리언스(resilience)의 정도를 나타내는데 사용되며, 반발계수가 큰 완충재를 레질리언트(resilient)하다고 한다. 레질리언스는 탄성영역 내에서 변형에너지(strain energy)의 저장 능력, 즉 탄성적으로 저장될 수 있는 단위체적당 최대에너지(J/m^3)를 나타낸다.

(7) 속도변화(velocity change), 충격지속시간(shock duration), 정점 G값 및 충격펄스(shock pulse)의 형상은 모두 상호 관련된다. 속도변화는 전체 충격펄스 아래의 면적이고, 충격지속시간과 정점 G값은 각각 펄스의 밑변과 높이이므로, 특정 형태의 펄스면적은 높이와 밑변의 곱에 형상계수(shape factor)를 곱함으로써 구할 수 있다.

삼각형, 사각형 및 반정현파(half-sine wave)에 대한 형상계수는 각각 0.5, 1, 0.636이다. 따라서 충격펄스에 대해 다음과 같이 정리할 수 있다.

$$\text{펄스면적} = \text{형상계수} \times \text{밑변} \times \text{높이} \rightarrow$$
$$\text{속도변화} = \text{형상계수} \times \text{충격지속시간} \times \text{정점가속도} \quad (3.9)$$

한 예로, 가속도센서가 정점 G값으로 50 G와 충격지속시간 20 ms의 완전한 반정현파 충격펄스(half-sine shock pulse)를 발생하였다면, 이때 속도변화는 $0.636 \times (20/1000) \times (50 \times 9.81) = 6.24$ m/s가 된다.

이론상으로 속도변화는 반발계수 e에 따라 변하며, 식(3.8)에 의해 다음과 같이 표현된다.

$$\Delta V = V_i + V_r = V_i + eV_i = (1+e)\,V_i = (1+e)\sqrt{2gh} \quad (3.10)$$

예제 3-1

중량 90 N의 포장화물이 지면과 낙하충돌하는 과정에서 제품에 부착된 한 가속도센서가 다음과 같은 충격펄스를 기록하였다. 충돌과 리바운드 속도, 낙하높이, 리바운드 높이, 총속도 변화, 반발계수 및 충돌 중 제품의 밑면에 작용하는 최대충돌력을 각각 추정해 보자. 만일, 이 제품이 탁상용 컴퓨터였다면, 이 과정에서 손상발생 여부를 판정해 보자.

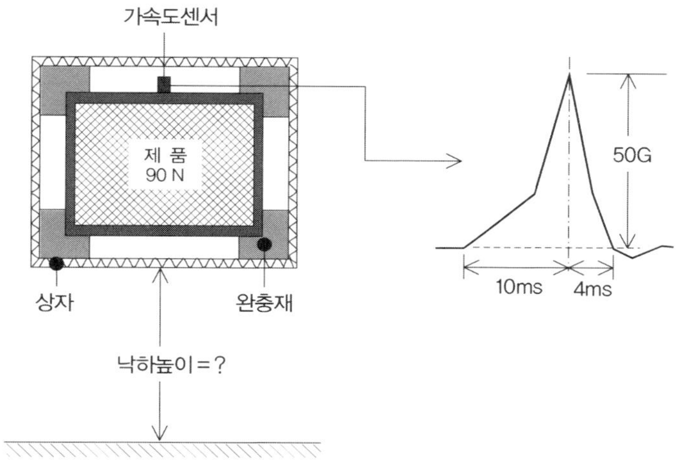

[풀이] 충격펄스는 그림에서 보는 바와 같이 삼각형과 흡사하므로, 면적 계산시 형상계수는 0.5를 적용한다.

충돌속도(impact velocity), $V_i = 0.5 \times 0.010 \times (50 \times 9.81) = 2.45$ m/s

리바운드 속도(rebound velocity), $V_r = 0.5 \times 0.004 \times (50 \times 9.81) = 0.98$ m/s

속도변화(velocity change), $V = 2.45 + 0.98 = 3.43$ m/s

낙하높이, $V_i = \sqrt{2gh_i} \rightarrow h_i = V_i^2/2g = 2.45^2/(2 \times 9.81) = 0.31$ m (31 cm)

리바운드 높이(rebound height), $V_r = \sqrt{2gh_r}$

$\rightarrow h_r = V_r^2/2g = 0.98^2/(2 \times 9.81) = 0.05$ m(5 cm)

반발계수(coefficient of restitution), $e = V_r/V_i = 0.98/2.45 = 0.4$

최대충돌력(maximum impact force), $F = WG = 90 \times 50 = 4500$ N(4.5 kN)

앞의 표 3.2로부터 탁상용 컴퓨터의 취약성은 40~60 G이고, 여기서는 50 G의 충격을 받았으므로 아마 손상을 입었을 것으로 판단된다.

예제 3-2

중량 150 N의 제품이 아래 그림과 같은 충격펄스의 충격을 받았다고 하자. 총속도변화가 4 m/s 이고, 반발계수를 0.5로 가정할 때, 등가자유낙하높이(equivalent free-fall drop height)와 최대 충돌력(maximum impact force)을 계산하여 보자.

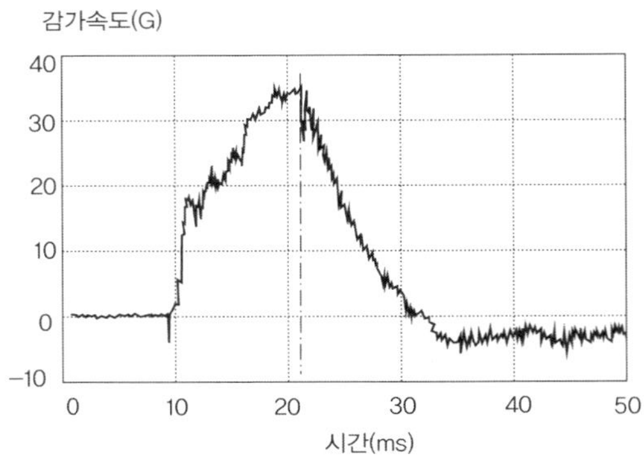

[풀이] 식(3.10)을 활용하여 등가자유낙하높이와 최대충돌력을 각각 계산하면 다음과 같다.

$$h_{eq} = \frac{1}{2g}\left(\frac{\Delta V}{1+e}\right)^2 = \frac{1}{2 \times 9.81}\left(\frac{4}{1+0.5}\right)^2 = 0.36\,\mathrm{m}\ (36\,\mathrm{cm})$$

$$F_{max} = m \times a_{max} = (150/9.81) \times (35 \times 9.81) = 5250\,\mathrm{N}\ (5.25\,\mathrm{kN})$$

3.5 낙하높이센서와 낙하높이 추정방법

포장 엔지니어는 제품이 저항해야하는 물적유통환경에 대해 많은 연구를 하였으며, 특히 주수송루트에 대한 낙하높이 특성에 관심이 집중되었다. 이러한 견지에서 여러 기업들은 낙하높이, 충격수준, 진동 및 다른 환경요인으로 온·습도를 측정하기 위한 독자적인 센서와 함께 다양한 측정기들을 개발하여 왔다.

이러한 목적으로 개발된 센서와 측정기들은 포장화물 내부에 설치할 수 있을 만큼 충분히 작고, 충격수준과 낙하높이에 대한 통계분석이 가능하도록 한 번에 몇 일동안 수 백개의 사건을 획득할 수 있을 만큼 용량과 기능면에서 강력하고, 최신기술이 집약된 제품들이었다.

여기에서는 3축 가속도센서(triaxial accelerometer)를 사용하여 충격펄스(shock pulse)를 기록하는데, 대부분의 경우 그림 3.9에서 보는 바와 같이, 유닛(unit)(유닛을 장착한 포장)가 한 코너상에 낙하할 가능성이 가장 높기 때문에 3개의 가속도센서 모두 충격펄스를 기록한다.

가속도센서에서 발생되는 충격펄스로부터 포장화물의 충돌방향을 결정하기 위해서는 xyz 좌표축이 유닛의 덮개에 각인되고, 충격펄스는 그것을 발생시키는 가속도센서에 따라 라벨이 붙고, 바닥과 유닛의 각 모서리 사이의 충돌각은 특정한 모서리에 평행한 가속도센서의 축에 따라 라벨이 붙는다.

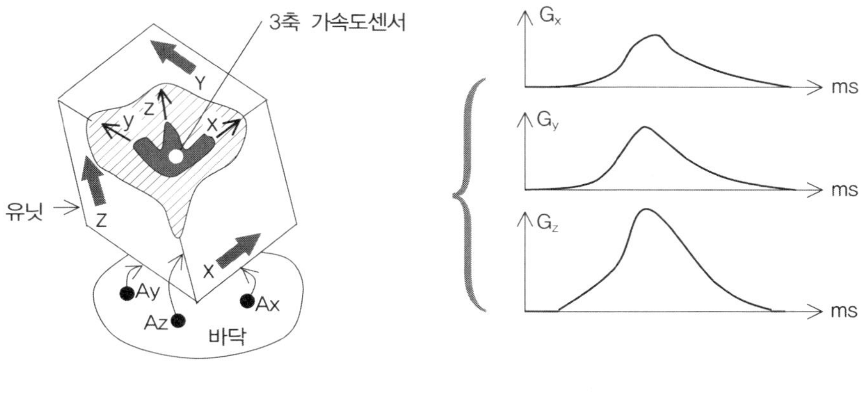

그림 3.9 포장과 유닛트(unit)의 낙하와 기록된 충격펄스

유닛은 매번 낙하에 대해 크고 작은 3개의 충격펄스를 기록하고, 시험 후 소프트웨어에 의해 이들 정보를 합쳐 낙하높이와 충돌방향에 대한 정보를 얻는다.

분석이 매우 간단한 세 가지의 특별한 경우에 대하여 살펴보면 다음과 같다.

- **하나의 충격펄스가 존재하는 경우** 이것은 유닛이 충격펄스를 기록하는 가속도센서의 축에 수직인 면에 완전평면낙하(perfect flat drop)를 실행하는 경우이다.
- **단지 2개의 충격펄스가 존재하는 경우** 유닛이 모서리로 바닥에 선충돌(line impact)하는 경우로, 그 모서리에 평행한 축을 가지는 가속도센서는 펄스를 기록하지 않는다. 만일 기록된 2개의 충격펄스가 형상면에서 동일하다면, 충돌하는 모서리를 포함하는 두 면은 지면과 45°를 이룬다.
- **3개의 충격펄스가 존재하는 경우** 유닛이 완전한 코너낙하(corner drop)를 실행하는 경우로, 만일 기록된 3개의 충격펄스가 형태면에서 동일하다면, 관련된 3개의 모서리는 지면과 45°를 이룬다.

대부분의 경우 3개의 펄스가 서로 특별한 관련성 없이 존재하며, 유닛트의 어느 면, 모서리 또는 코너가 바닥과 충돌하느냐에 따라 포지티브 또는 네거티브를 나타낸다. 공통적으로 이들 펄스가 동일한 값을 가지는 것은 충격지속시간(shock duration)이다.

유닛의 충돌형태가 면, 모서리 또는 코너충돌 중 어느것인지를 결정하기 위해서는 다음과 같은 간단한 법칙이 적용된다.

- 1개의 충격펄스 존재 = 면낙하(face drop) (6개 가능)
- 2개의 충격펄스 존재 = 모서리낙하(edge drop) (12개 가능)
- 3개의 충격펄스 존재 = 코너낙하(corner drop) (8개 가능)

또한, 한 축방향의 특정 가속도센서를 중심으로 면, 모서리 또는 코너의 어느 부분과 충돌하는지를 결정하기 위해서는 다음과 같이 간단한 법칙이 적용된다.

- 포지티브 펄스 = 특정 가속도센서의 밑면에 충돌
- 네가티브 펄스 = 특정 가속도센서의 윗면에 충돌
- 펄스 없음 = 특정 가속도센서의 정측면(가속도센서의 축과 수직방향)에 충돌

예제 3-3

한 포장화물에 제품과 함께 포장된 유닛이 다음과 같은 출력신호를 발생하였다. 이 자료에 의해 제품의 충돌 위치를 추정해 보자.

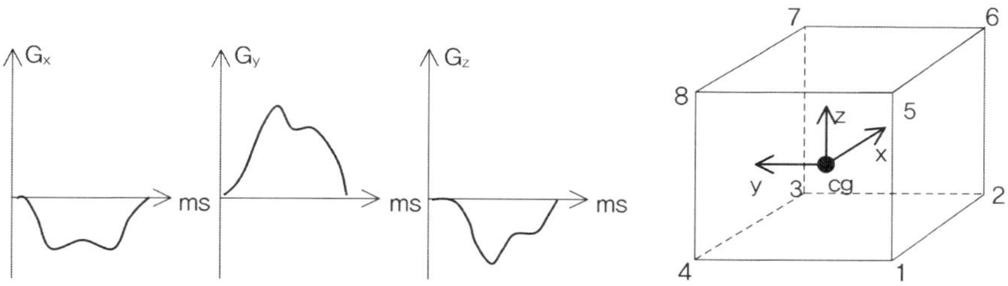

[풀이] 3개의 펄스가 존재하므로, 이것은 코너낙하(corner drop)이다. x방향으로 가속도센서가 네가티브 펄스를 발생하였으므로, 충돌하는 코너는 그것의 상부, 즉 4개의 가능성 있는 코너는 #2, #3, #6 또는 #7이다.

y방향으로 펄스가 포지티브이므로 충돌하는 코너는 그 방향 가속도센서의 아래인 #1, #2, #5 또는 #6이 가능성이 있다. 그리고, z방향의 가속도센서는 다른 또 하나의 네거티브 펄스를 발생하였으므로, 충돌하는 코너는 그 방향 가속도센서의 상부인 코너 #5, #6, #7 또는 #8이 가능성이 있다.

이 세 가지 경우에 대해 공통적으로 관련되는 유일한 곳은 코너 #6이다. 즉, 이 코너가 실제적으로 충돌하여 이들 충격펄스를 발생하게 된다. 충돌방향은 펄스의 존재 번호와 그들의 부호를 기초로 하여 상당히 쉽게 결정할 수 있다. 3개 펄스의 상대적 크기는 또 다른 의미가 있다.

만일 예제 3.3의 그림에서 x방향 펄스가 다른 두 방향에 비교해 작다면, 이 유닛은 아직 코너 #6으로 충돌하지만, 그러나 충격이 x방향 가속도센서와 거의 직각을 이루게 된다. 이것은 모서리 #56 위로 거의 모서리 낙하에 가깝다는 것을 의미한다.

이 3개 펄스의 크기를 통해 또한 낙하높이를 추정할 수 있는데, 이에 대한 알고리즘을 살펴보면 다음과 같다.

1) 합성가속도 알고리즘(resultant acceleration algorithm)

3개의 가속도센서로부터 발생된 3개의 독립된 충격펄스가 먼저 단일펄스 형태로 합성된다. 이것은 유닛과 함께 공급되는 소프트웨어에 의해 처리되는데, 그 합성가속도(resultant acceleration)는 각 성분 충격의 벡터합으로, 모든 순간에 있어 다음과 같이 합성된다.

$$G_R = \sqrt{G_x^2 + G_y^2 + G_z^2} \tag{3.11}$$

개념적으로 합성가속도 GR은 항상 포지티브이며, 성분 중 어느 하나보다도 항상 크다. GR이 순간순간 계산될 때, 그 결과는 다른 펄스와 함께 시작과 종료시점이 같은 하나의 충격펄스(shock pulse)가 된다.

이 합성충격펄스는 그 다음 통상적인 방법으로 낙하높이를 구하는 데 사용된다. 먼저 시작부터 정점까지의 펄스 아래의 면적으로부터 충돌속도(impact velocity)를 얻고, 이것으로부터 낙하높이를 계산한다.

이 알고리즘을 통해 충돌방향의 추정까지도 가능하다. 즉, 바닥과 충돌하는 코너와 관련되는 3모서리 사이의 각도 Ax, Ay 및 Az는 식(3.12)에 의해 모든 순간의 성분충격에 관련된다.

$$\sin(A_x) = \left|\frac{G_x}{G_R}\right|, \quad \sin(A_y) = \left|\frac{G_y}{G_R}\right|, \quad \sin(A_z) = \left|\frac{G_z}{G_R}\right| \tag{3.12}$$

예제 3-4

제품과 함께 포장된 유닛이 한 낙하를 통해 다음과 같은 성분충격을 기록하였다. 이 자료를 활용하여 제품의 낙하높이와 충돌방향을 결정하여 보자.

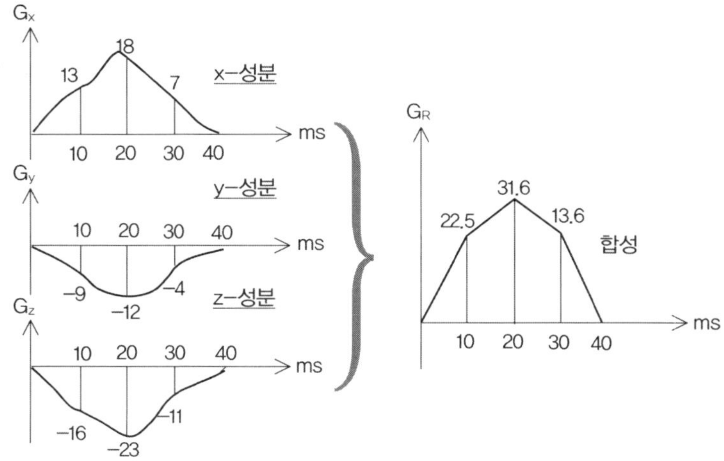

[풀이] 유닛이 각 성분 충격의 전체 시간이력을 기록하려면 메모리 용량이 매우 커야하므로, 실제적으로 기록하지는 못한다. 대신에 유저가 설정한 샘플링주파수(sampling frequency)를 사용해 정규적인 간격으로 각 충격펄스에서 샘플링한다.

이 예에서, 사용된 샘플링주파수는 100 Hz로 이는 유닛이 초당 100회 또는 10 ms 간격으로 파형을 샘플링한다는 것을 의미한다. 샘플링 주파수가 클수록 계산의 정확성은 높아지지만 더 큰 메모리를 사용하여야 하는 불리한 점이 있다.

이들 샘플링된 값을 사용하여 합성가속도가 계산되며, 한 예로, 이 문제에서 20 ms에서의 합성가속도는 식(3.11)로부터 다음과 같이 계산된다.

$$G_R = \sqrt{G_x^2 + G_y^2 + G_z^2} = \sqrt{18^2 + (-12)^2 + (-23)^2} = 31.6$$

이 계산을 성분 충격에 있는 샘플 수 만큼(여기서는 총 5회) 반복한다. 일단 이것이 실행되면, 유닛은 관심 있는 양을 계산하기 위해 직선선분으로 합성가속도 파형을 나타내기 위해 각 포인트를 연결한다.

합성가속도의 정점 G_R은 얻어진 값 가운데 최대값이 되고, 충돌속도(impact velocity)는 파형의 시작부터 정점까지의 면적으로써 계산된다. 이 경우에 있어서의 면적은 삼각형과 사다리꼴의 합으로 표현할 수 있으므로, 전체면적은 다음과 같다.

$$\text{면적} = \frac{0+22.5}{2}(9.81)(0.010) + \frac{22.5+31.6}{2}(9.81)(0.010) = 3.76\,\mathrm{m/s}$$

이 면적은 충돌속도를 나타내므로, 식(3.6)으로부터 낙하높이는 다음과 같이 계산된다.

$$V_i = \sqrt{2gh} = 3.76\ \mathrm{m/s} \ \rightarrow h = 0.72\,\mathrm{m}\ (72\,\mathrm{cm})$$

유닛의 방향은 충돌과정 중에 변할 수 있다. 접촉순간(0 ms)에 모서리 각도는 불확실하지만, 10 ms와 20 ms 등 그밖의 시간에서의 위치는 다음과 같이 분명하게 계산된다.

10 ms에서,

$$\sin(A_x) = \left|\frac{13}{22.5}\right| \rightarrow A_x = 35^\circ, \quad \sin(A_y) = \left|\frac{-9}{22.5}\right| \rightarrow A_y = 24^\circ$$
$$\sin(A_z) = \left|\frac{-16}{22.5}\right| \rightarrow A_z = 45^\circ$$

20 ms에서,

$$\sin(A_x) = \left|\frac{18}{31.6}\right| \rightarrow A_x = 35^\circ, \quad \sin(A_y) = \left|\frac{-12}{31.6}\right| \rightarrow A_y = 22^\circ$$
$$\sin(A_z) = \left|\frac{-23}{31.6}\right| \rightarrow A_z = 47^\circ$$

이들 각도가 충돌 시작에서 최대압축까지 그렇게 많이 변하지 않으므로, 유닛은 덤블링하지 않은 것으로 판단된다. 0 ms에서의 모서리 각도는 후진 외삽법(backwards extrapolation)으로부터 다음과 같이 유추할 수 있다.

0 ms에서, $A_x = 35°$, $A_y = 26°$, $A_z = 43°$

유닛 그 자체가 3개의 분리된 충격펄스를 기록하고, 유닛과의 통신하는 소프트웨어가 위에서 언급된 모든 계산을 수행한다.

2) 합성속도변화 알고리즘(resultant velocity change algorithm)

이 알고리즘은 몇 가지의 중요한 차이점을 제외하고는 합성가속도 알고리즘과 매우 유사하다. 충돌속도가 정점까지의 합성충격펄스 아래의 면적이라는 가정 대신에, 속도변화(velocity change)를 얻기 위해 동일한 3개의 성분 충격펄스를 사용한다(각 펄스 아래의 총면적).

그 다음 식(3.10)을 사용해 가속도센서의 각 방향에 대한 충돌속도를 계산하기 위해 측도설정절차를 통해 얻어진 반발계수(coefficient of restitution)를 적용한다. 이로부터 다음의 관계식을 도출할 수 있다.

$$V_{ix} = \frac{\Delta V_x}{1+e}, \quad V_{iy} = \frac{\Delta V_y}{1+e}, \quad V_{iz} = \frac{\Delta V_z}{1+e} \tag{3.13}$$

여기서, V_{ix}, V_{iy} 및 V_{iz}는 각각 x, y 및 z방향의 성분충돌속도, ΔV_x, ΔV_y 및 ΔV_z는 각각 x, y 및 z 방향의 성분속도변화, 그리고 e는 반발계수를 각각 나타낸다.

충돌속도는 성분이 V_{ix}, V_{iy} 및 V_{iz}인 벡터이므로, 합성 자유낙하 충돌속도(free-fall impact velocity)와 낙하높이는 다음과 같다.

$$V_{iR} = \sqrt{V_{ix}^2 + V_{iy}^2 + V_{iz}^2} = \frac{1}{1+e}\sqrt{\Delta V_x^2 + \Delta V_y^2 + \Delta V_z^2} = \sqrt{2gh} \tag{3.14}$$

$$h = \frac{\Delta V_x^2 + \Delta V_y^2 + \Delta V_z^2}{2g(1+e)^2} \tag{3.15}$$

위 식에서 속도변화는 기록된 3개의 충격펄스 각각의 총면적으로써 계산되며, 이들 면적을 얻기 위해 정점을 찾을 필요가 없고, 다만, 각 충격펄스의 시작과 끝점은 찾아야 한다. 낙하높이 추정에 필요한 유일한 매개변수는 반발계수이다. 반발계수는 측도 설정절차에서 유저에 의해 간접적으로 제공된다.

반발계수의 추정방법은 유닛을 먼저 포장하고(대개는 한 상자 안에서 완충재로 에워싸고), 그 다음 알려진 높이에서 낙하시킨다. 이때 유닛은 3개의 충격펄스를 기록하고, 그 다음 각각의 면적(속도변화)을 얻는다. 낙하높이와 속도변화를 식(3.14)에 대입하여 반발계수를 계산한다. 이렇게 유닛이 측도설정되면 이어지는 모든 계산에서 이 반발계수값을 적용한다. 여기서의 가정은 일단 한 특정한 상자 안에 포장되면 반발계수는 상당히 일정하다는 것이다.

예제 3-5

유닛이 높이 40 cm로부터 측도설정 과정에서 3개의 충격펄스를 기록하였다. 각 성분의 속도변화를 얻기 위해 면적을 계산한 결과 각각 100, 120 및 400 cm/s이었다. 이 경우 반발계수는 얼마가 되는지 계산해 보자.

[풀이] 식(3.15)로부터 반발계수는 다음과 같이 계산된다.

$$h = \frac{\Delta V_x^2 + \Delta V_y^2 + \Delta V_z^2}{2g(1+e)^2} \quad \rightarrow \quad 0.4 = \frac{1.2^2 + 2.5^2 + 4^2}{2(9.81)(1+e)^2} \quad \rightarrow \quad e = 0.72$$

유닛을 에워싸는 완충재와 상자가 너무 많이 타격되지 않는 한 반발계수가 일정하게 유지되어, 유닛은 이 포장화물로 이루어지는 모든 낙하분석에 e = 0.72가 적용된다. 그러나 반복충돌은 두 재료의 탄성을 약화시켜 반발계수가 작아지게 하는 경향이 있다.

예제 3-6

유닛을 포함하는 포장화물이 시험실에서 측도설정되어, 위의 예에서처럼 반발계수가 e = 0.72로 추정되었다. 다음에 이것을 낙하시켜, 예제 3.4에서와 같은 3개의 충격펄스를 기록하였다면, 합성속도변화 알고리즘에 의한 낙하높이를 계산하여, 이것과 합성가속도 알고리즘에 의한 계산결과와 비교하여 보자.

[풀이] 각 성분의 속도변화는 다음과 같다.

$$\Delta V_x = +\left(\frac{0+13}{2}+\frac{13+18}{2}+\frac{18+7}{2}+\frac{7+0}{2}\right)(9.81)(0.010) = 3.73 \text{ m/s}$$

$$\Delta V_y = -\left(\frac{0+9}{2}+\frac{9+12}{2}+\frac{12+4}{2}+\frac{4+0}{2}\right)(9.81)(0.010) = -2.45 \text{ m/s}$$

$$\Delta V_z = -\left(\frac{0+16}{2}+\frac{16+23}{2}+\frac{23+11}{2}+\frac{11+0}{2}\right)(9.81)(0.010) = -4.91 \text{ m/s}$$

식(3.15)를 활용해 낙하높이를 다음과 같이 계산해 보면 h = 0.76 m가 되어, 합성가속도 알고리즘에 의한 추정값 h = 0.72 m와 거의 일치한다.

$$h = \frac{\Delta V_x^2 + \Delta V_y^2 + \Delta V_z^2}{2g(1+e)^2} = \frac{3.73^2 + (-2.45)^2 + (-4.91)^2}{2(9.81)(1+0.72)^2} = 0.76 \text{ m}$$

3) 자유낙하시간 알고리즘(free-fall time algorithm)

이 알고리즘은 위의 두 알고리즘과는 전혀 다른 것으로 유닛이 비상하는 시간을 기준으로 낙하높이를 추정하는 방법이다.

만일 유닛이 부동의 자세를 유지하다가 투하되면, 동일한 3축 가속도센서는 부동의 상태(0 G)로부터 자유낙하상태(합성가속도 1 G)로의 변화를 감지하게 된다. 내부의 시계는 놓아지는 순간부터 이 사건을 측정하기 시작하여 3축 가속도센서가 1 G 이상의 감가속도를 기록하기 시작할 때, 즉 바닥과 충돌하는 순간에 정지한다.

경과한 시간이 이른 바 자유낙하시간이다. 이 알고리즘은 앞에서의 두 알고리즘이 충돌에 의한 충격펄스에 의존했던 것과는 달리 이에 의존하지 않으며, 충격펄스는 단지 유닛이 자유낙하시간 측정을 정지하는 순간을 알려줄 때만 사용된다.

유닛이 정지상태에서 놓아져 수직하방으로 낙하한다고 가정 하에, 낙하높이는 다음 식에 의해 계산된다.

$$h = \frac{1}{2}g(\Delta t)^2 \tag{3.16}$$

여기서, h는 낙하높이(drop height) (m), Δt는 측정된 자유낙하시간(free-fall time) (s)을 각각 나타낸다.

예제 3-7

3축 가속도센서가 1 G의 합성가속도를 감지하며, 사건의 시간 측정을 시작한다. 0.5초 후에 1 G를 초과하는 합성가속도를 감지하였다면, 이때 자유낙하높이를 계산하여 보자.

[풀이] 낙하높이는 식(3.16)으로부터 다음과 같이 계산된다.

$$h = \frac{1}{2}g(\Delta t)^2 = \frac{1}{2}(9.81)(0.5)^2 = 1.23\,m$$

【1】 비교와 정확성

낙하높이 측정을 위한 위의 3개 알고리즘 모두는 조건이 적정할 때, 즉 완전평면, 코너 또는 모서리 낙하(회전이 없는)와 유닛이 정지상태에서 수직하방으로 낙하될 때, 유사한 결과를 낳는다.

정확성 문제는 대개 유닛이 측방향 또는 위쪽으로 던져질 때와 충돌시 덤블링되는 경우에 발생한다. 합성가속도와 합성속도변화 알고리즘은 충격펄스로부터 속도 계산에 기초를 두지만, 자유낙하시간 알고리즘은 그렇지 않다.

이 3개의 알고리즘이 본래 가지고 있는 몇 가지의 문제점들에 대해 각각 살펴보면 다음과 같다.

1) 합성가속도 알고리즘(resultant acceleration algorithm)

(1) 충돌속도의 가정문제

충돌속도가 합성가속도의 시작부터 정점까지의 면적이다는 정의는 반드시 사실인 것은 아니다. 이 정의는 유닛이 충돌과정 중 정지상태에 도달했을 때 그것의 압축과 감가속도 모두 최대값에 도달한다는 가정에 기초하고, 준정적 압축(quasi-static)의 경우에는 분명한 사실이지만, 감가속도에 대해서는 반드시 맞는 것은 아니다.

왜냐 하면, 정점감가속도(peak deceleration)는 대개 최대압축시점보다 약간 앞서 발생하는데, 유닛 주위 완충재의 감쇠(damping)가 클수록 더 이전에 발생한다.

그림 3.10에서 보는 바와 같이, 완충재와 그 위에 놓여 있는 유닛은 기본적으로 하나의 스프링/질량시스템(spring/mass system)이다. 즉, 스프링과 대시포트(dashpot)가 함께 완충을 표현하는데, 대시포트는 시스템에 감쇠를 부가한다. 자동차의 충격흡수장치

(shock absorber)가 대시포트의 한 좋은 예이며, 그것을 압축하는 저항력은 압축속도에만 의존하고, 스프링의 강성과는 무관한 특성을 가진다.

스프링/질량/대시포트 시스템(spring/mass/dashpot system)은 충돌할 때 스프링/질량 시스템처럼 무한정 진동하지 않는다. 이것은 진동이 시간과 함께 소멸시키는 실제 현상에 더 근접하는 모형으로 만든다. 그들은 낙하상황에서 속도가 0인 점은 충격펄스의 시작과 끝 사이의 정확히 중간에서 존재하고, 정점 G값은 이 보다 조금 전에서 발생한다. 따라서 충돌속도는 시작부터 정점까지가 아닌 시작부터 중간지점까지의 충격펄스 아래의 면적이 된다.

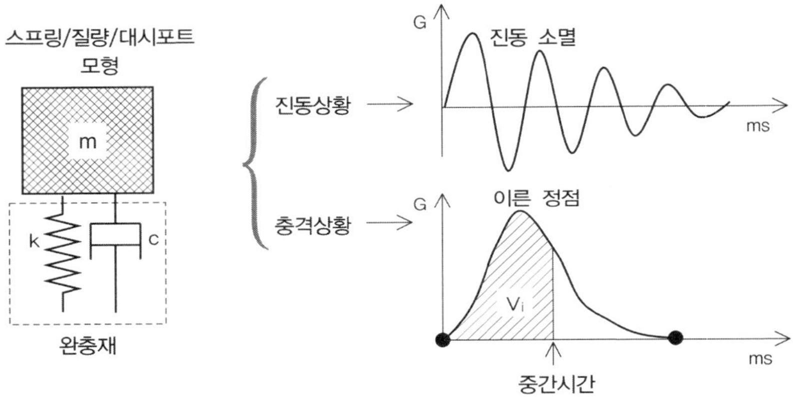

그림 3.10 스프링/질량/대시포트(dashpot) 시스템의 반응

극단적인 경우, 감가속도는 충돌의 시작과 함께 정점을 나타낼 수 있고, 유닛이 정지 상태로 될 때 낙하가 '0'이 될 수 있다. 이러한 상황은 우리가 물 속으로 점프할 때 발생하는 현상과 매우 흡사한 것으로, 우리가 느끼는 감가속도는 물 속에 들어가는 순간 최대이고, 최종 정지할 때인 0까지 점차적으로 감소하게 되는데, 이는 앞에서 가정하였던 사실과는 반대이다.

e = 1인 순수(완전)탄성충돌(purely elastic impact)의 경우는 앞에서의 가정이 사실이고, 네오프렌 고무(neoprene rubber) 같이 매우 레질리언트한 완충재(resilient cushion)도 거의 이러한 성질을 보여준다.

(2) 합성가속도의 변화문제

합성가속도는 충돌 동안에 지속시간과 크기 모두 변한다. 합성가속도의 시작부터 정점까지의 면적계산을 통해 얻은 충돌속도(impact velocity)는 어느 특정한 방향에 있지 않고, 충돌 동안에 유닛이 겪는 모든 방향에 대해 취해진 몇 종류의 평균값을 나타낸다. 유닛이 전혀 회전하지 않는 경우를 제외하고는, 이것의 의미가 명확하지 않다.

2) 합성속도변화 알고리즘(resultant velocity change algorithm)

(1) 속도변화문제

가속도와 같이 순간속도(instantaneous velocity)는 벡터지만, 계산된 속도변화는 벡터가 아니다. 성분 속도변화는 충돌 동안에 속도의 방향이 변하기 때문에 벡터로써 합성되지 못한다.

(2) 반발계수의 문제

측도설정 절차에서 얻어진 반발계수 e가 항상 같은 값으로 유지된다는 가정은 옳지 않다. 일반적으로 반발계수는 반복충돌과 함께 감소하는 경향이 있으므로, 식(3.15)를 기준으로 할 때, 낙하높이를 상승시키는 역할을 한다.

(3) 유닛의 설치 문제

특정 제품에 대한 특별한 환경을 획득하기 위하여 유닛은 실제 그 제품과 함께 긴 포장화물이나 또는 큰 포장 안에 자주 설치되는 등, 보통 설치할 여유가 있는 곳에 설치되는 것이 보통이다.

유닛이 긴 포장화물의 중심에 설치되어, 그 포장화물이 한 끝단으로부터 낙하하는 상황은 그림 3.11에서 연필이 거의 평면 낙하시 발생하는 현상과 비슷하다. 만일 그림에서와 같이 연필의 중심에 가속도센서를 부착하면, 합성가속도 알고리즘은 낙하높이를 어떻게 예측하겠는가?

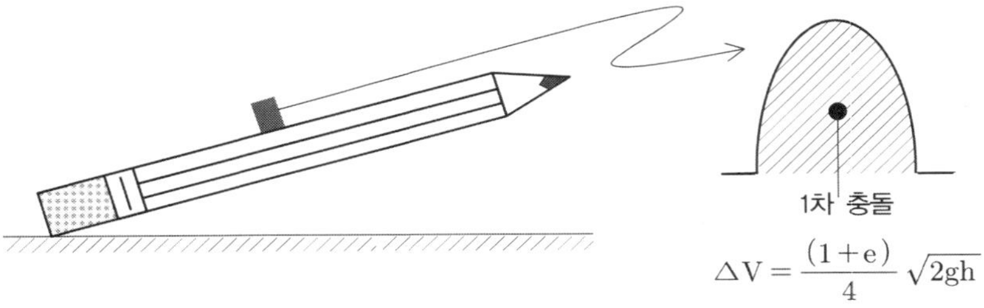

그림 3.11 연필 중간에 가속도센서 부착시의 속도변화

제11장의 포장화물의 비평면낙하에서 기술하겠지만, 1차 충돌시 연필 중심에서의 속도변화는 그림 11.2로부터 다음과 같다.

$$\Delta V = \frac{-(3-e)}{4} V - (-V) = \frac{(1+e)}{4} V = \frac{(1+e)}{4}\sqrt{2gh}$$

낙하높이를 바르게 예측하기 위해서는 가속도센서가 $(1+e)\sqrt{2gh}\ (=\Delta V_{flat})$의 속도변화를 겪도록 설치해야 한다. 그렇지만 이 경우는 그 위치 때문에 평면낙하의 1/4 정도 밖에 안되므로 식(3.15)를 참고하면, 이로부터 실제 낙하높이의 1/16에 해당하는 낙하높이를 예측하게 된다.

이와 같은 결과를 유닛이 길고 얇은 포장의 중간에 설치했을 때도 낙하높이로 실제 기록되어 왔으며, 충돌지점으로의 가속도센서의 이동을 통해 그 문제를 해결할 수 있으나, 그러나 동시에 충돌 가능한 모든 지점을 대상으로 할 수 있는것은 아니다. 합성가속도 알고리즘도 이와 같은 동일한 문제점을 가지고 있다.

3) 자유낙하시간 알고리즘(free-fall time algorithm)

(1) 자유낙하시간의 판단 문제

자유낙하시간에 기초로 한 알고리즘은 가장 간단한만큼 에러의 확률도 높다. 자유낙하시간은 유닛이 합성가속도(resultant acceleration)를 1 G로 감지하는 동안의 연속시간으로 고려된다. 따라서 유닛을 포함한 포장화물을 위·아래 또는 측방향 등으로 던질 수 있으며, 우리의 손을 떠나는 순간부터 시간 측정이 시작된다. 어떤 상황이든지 중력이 그 유닛에 작용하는 유일한 힘일 때 1 G이다. 이것은 운동방향에는 관계없기 때문에 자유낙하시간이기 보다는 오히려 비상시간(air time)이 더 적절한 표현이다.

포장화물이 우리의 손을 떠나 공중에서 어떠한 상태의 운동을 하던 합성가속도가 1 G가 되어 낙하시간으로 측정되고, 유닛이 바닥과 충돌할 때 시간측정이 멈추게 된다. 따라서 단순히 낙하하는 경우보다 더 많은 시간의 측정이 이루어지므로, 상대적으로 같은 높이로부터 그것을 단순히 낙하하는 것보다 그 유닛은 더 큰 낙하높이를 기록하게 된다.

(2) 긴 포장화물의 전도문제

만일 긴 포장화물[예를 들면, 엘론게이티드 포장화물(elongated package)]의 중간부분 어디엔가 유닛을 설치하면, 그 포장화물이 선 상태에서 한 끝단을 축으로 전도되면 유닛은 아마 낙하높이를 0으로 보고할 것이다. 이것은 전도되는 상황에서 가속도는 결코 1 G가 아니므로, 시간측정을 하지 못해 발생하는 에러이다. 이것은 진정한 자유낙하가 아니고, 명백한 하나의 충돌이다.

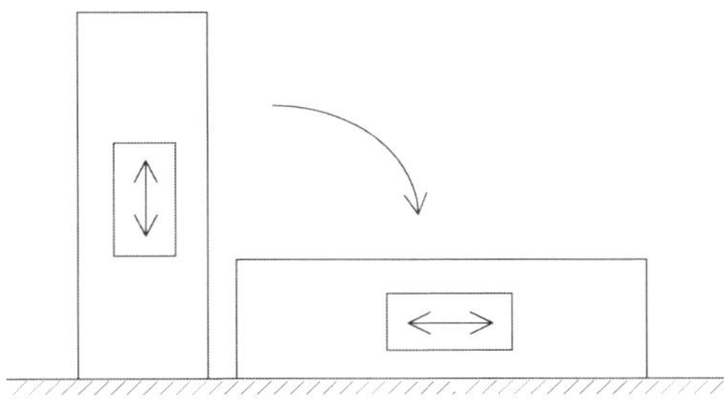

그림 3.12 포장화물의 전도

낙하높이센서를 포함하고 'THIS END UP', 'FRAGILE', 'DO NOT DROP' 등과 같은 라벨을 부착한 포장화물을 우편 발송시 기록된 3개의 충격펄스에 기초로 하여, 화물의 충격방향과 낙하높이에 관한 정보 분석결과를 보면, 라벨이 낙하높이 또는 낙하방향에 인식할 정도의 효과를 가지지 못하며, 낙하높이-중량 관계와 충돌방향에 대한 통계적 분석결과로 충돌방향과 횟수는 화물의 면, 모서리 및 코너의 수인 6, 12, 8에 대략 비례한다는 결과이다.

연 습 문 제

(1) 포장화물에 대한 충격은 낙하 외의 다른 방법 예를 들면, 하역장비에 의한 충돌이나 부딪침에 의해 발생할 수 있다. 포크리프트 트럭(fork lift truck)이 정적상태의 단위 적재화물에 부딪히는 상황에 대한 등가낙하높이(equivalent drop height)를 어떻게 구현하겠는가? 또한 냉장고와 같이 키가 큰 제품은 낙하보다는 전도가 발생하기 쉬운데, 이 경우 전도에 대한 등가낙하높이를 어떻게 구현하겠는가?

(2) 본문 속의 표 3.1은 미국에서 산업조사를 통해 분석된 낙하높이-포장화물 중량의 데이터이다. 이것은 ASTM D4169와 ISO 4180에서 권장하는 기준과 비교할 때 다소 가혹하다. 그 차이를 분석해 보자.

(3) 경량의 한 포장화물이 국제간 수송루트에서 12번 낙하된다고 할 때, 기대되는 면, 모서리 및 코너 낙하횟수는 어떻게 되겠는가?

(4) 한 가속도센서로부터 획득한 제품에 대한 충격펄스가 아래의 그림과 같다. 이 정보를 기초로하여 정점 G 값, 충격지속시간, 평균 G 값, 충돌 및 리바운드 속도, 낙하높이, 리바운드 높이, 총속도변화 및 반발계수를 각각 구하여라.

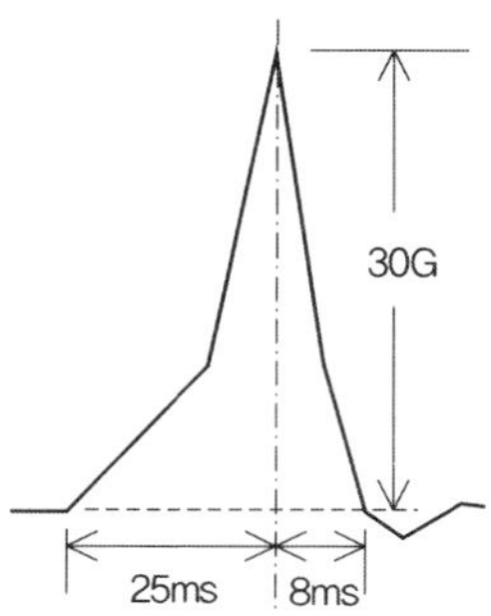

(5) 한 제품을 구성하는 내부의 많은 요소들이 낙하시 동일한 G 값을 겪게 되겠는가? 만일 그렇지 않다면 제품에 대해 단일의 G 값으로 표현되는 취약성이 의미하는 바는 무엇이겠는가? 제4장 이후를 학습한 후 이 문제를 다시 풀어 비교하여 보자.

(6) 속도변화(velocity change)가 350 m/s, 반발계수가 0.4일 경우 기대되는 낙하높이는 얼마가 되겠는가? 또한 포장화물이 25 cm로부터 낙하시 속도변화가 320 cm/s일 경우, 같은 표면에 100 cm로부터의 낙하시 속도변화는 어떻게 되겠는가?

(7) 1회 낙하로부터 발생되는 3축 가속도 파형은 다음과 같다. 이 자료를 활용하여 다음을 각각 구하여라. 단, 반발계수는 0.7로 가정한다.

- 합성가속도 파형
- 합성가속도 알고리즘(resultant acceleration algorithm)에 의한 낙하높이
- 지면과의 충돌과정에서 화물의 자세변화
- 합성속도변화 알고리즘(resultant velocity change algorithm)에 의한 낙하높이

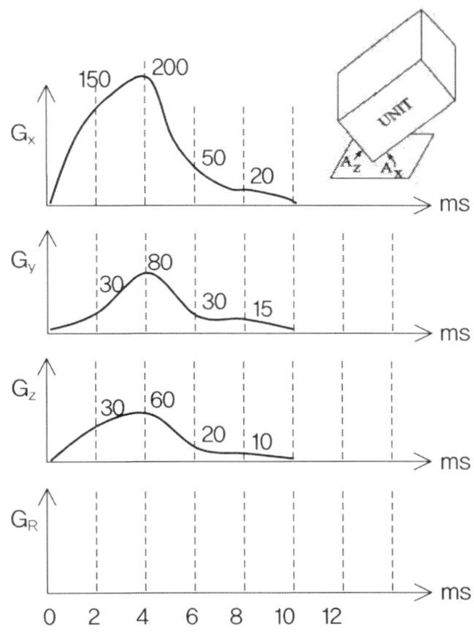

(8) 낙하높이 레코더가 높이 90 cm로부터 초속도 V_o로 낙하되었다. 자유낙하시간 알고리즘에 의한 낙하높이가 40 cm이었다면, 합성속도변화 알고리즘에 의한 낙하높이는 얼마이겠는가?

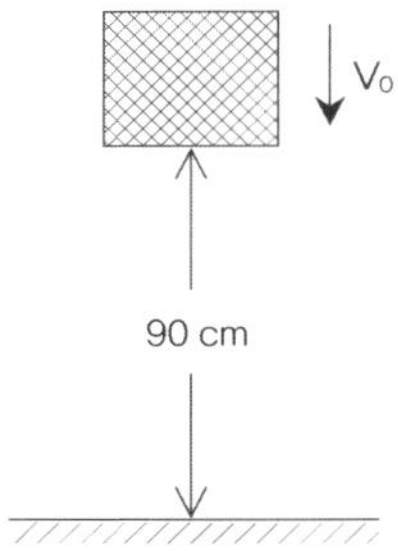

(9) 한 압전형 가속도센서 사양시트의 일부분을 다음과 같이 나타내었다. 이 시트를 참고하여 다음 사항들을 분석하여라.

- 가속도센서가 400 mV 신호를 보일 경우 가속도
- 이 가속도값에 대한 정확도의 범위
- 수직 충격없이 횡방향으로만 50 G의 충격이 가속도센서에 가해질 경우 축방향 충격은 얼마로 나타나겠는가?
- 이 가속도센서가 반응할 수 있는 최소 충격시간을 체크해보고, 포장목적으로 적당하겠는가?

Number 355B12	ACCELEROMETER, ICP®	Revision G ECN #: 30236

Performance	SI unit	
Sensitivity (±10 %)	1.02 mV/(m/s²)	
Measurement Range	±4905 m/s² pk	
Frequency Range (±5 %)	1Hz to 10kHz	
Frequency Range (±10 %)	0.6Hz to 25kHz	[3]
Frequency Ragne (±3dB)	0.3Hz to 25 kHz	[3]
Resonant Frequency	≥ 50 kHz	
Broadband Resolution (1Hz to 10 kHz)	0.005 m/s² rms	[1]
Non-Linearity	≤1 %	[4]
Transverse Sensitivity	≤5 %	[5]
Environmental		
…		
Electrical		
…		
Physical		
Housing Material	Titanium	
Sealing	Welded Hermetic	
Size (Height × Length × Width)	5.84×16.4×9.6 mm	
Weight	2.3 gm	
…		

Optional Versions …
M - Metric Mount
Notes
[1]Typical.
[2]Only when using off ground washer.
….
Supplied Accessories
…

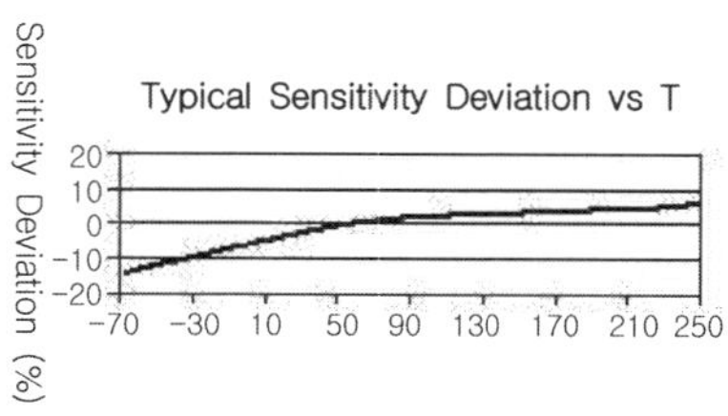

…

04 제품의 취약성 평가와 손상경계곡선

Product's Fragility Evaluation & Damage Boundary Curve

- 제품의 충격취약성
- 제품의 진동취약성
- 제품의 재설계

충격과 진동으로부터 제품보호를 위한 완충포장설계시 가장 기본적인것은 포장할 제품 자체의 내구성(ruggedness) 또는 취약성(fragility)이 어느 정도 인지를 파악하는 것이다. 적정비용의 완충시스템(suitable cost-effective cushioning system)이란 외력에 대한 이러한 특성의 정량적 분석결과를 바탕으로 하는 설계구조(engineering structure)라고할 수 있다.

일반적으로 제품의 취약성은 동적외력에 대한 내구성을 의미하는 것으로, 그림 4.1에서 보듯이 충격에 대한 강도인 충격취약성(shock fragility)과 진동에 대한 강도인 진동취약성(vibration fragility)을 의미한다. 충격취약성 평가는 손상경계곡선, 진동취약성은 공진진동수 곡선(resonance frequency curve)을 통해 보통 이루어진다.

제품의 중량을 저울로써 측정할 수 있듯이, 제품의 취약성 또는 내구성도 동적 입력을 통해 측정할 수 있는데, 충격시험기(shock machine)는 손상경계곡선을 만드는데 사용되고, 진동테이블(vibration table)은 한 제품의 고유진동수(natural frequency) 또는 공진진동수를 정밀하게 분석하는 데 사용된다.

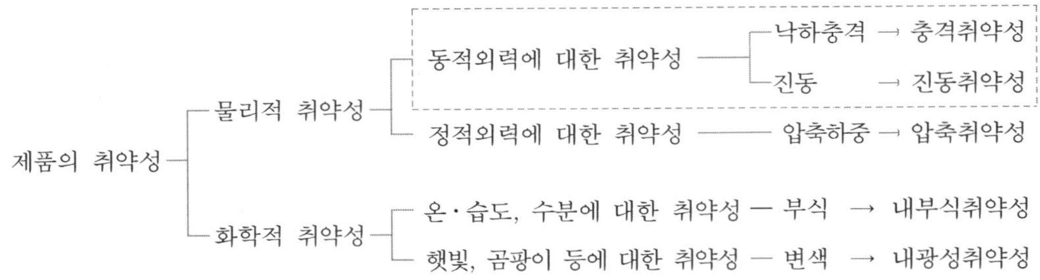

그림 4.1 제품의 취약성 분류

이번 장에서는 수송포장설계시 제품의 보호기준이 되는 충격과 진동취약성에 대한 평가방법과 적용에 대하여 알아보기로 한다.

4.1 제품의 충격취약성

【1】 수직 충격시험기 (Vertical Shock Machine)

충격시험기(shock machine)는 낙하시험기(drop tester)에서 미리 계획된 충격펄스의 충격을 제품에 가할 수 있는 기능을 갖춘 것으로, 기본적인 특징과 형태를 그림 4.2에 나타내었다.

테스트 샘플을 2개의 수직기둥에 의해 안내되는 충격테이블에 위에 단단히 고정하고, 테이블을 원하는 높이로 상승시켜 자유낙하 시킨 후, 충격 후 리바운드된 테이블의 2차낙하를 에어브레이크에 의해 제지되는 메커니즘으로 되어 있다.

충격시험기에서 가장 중요하면서, 핵심적인 특징은 테이블 아래에 충격펄스 프로그래머(shock pulse programmer)를 가지는 것으로, 이것은 충격시험기에 의해 발생하는 가속도-시간의 충격펄스의 파라미터를 조정하는 장치이다.

대부분의 충격시험기에서는 테이블을 강성이 큰 플라스틱 말뚝을 원형으로 배치한 플라스틱 프로그래머(plastic programmer)와 압축된 공기(또는 가스)를 갖는 피스톤/실린더 배치의 가스 프로그래머(gas programmer) 상에 낙하되도록 구성되어 있다. 이들 두 충격표면은 각각 콘크리트나 강철 같은 경질표면(hard surface)과 완충재나 팰릿과 같이 연질 표면(soft surface)상의 낙하를 모의하기 위한 것이다. 이와같이 충격테이블에 부착된 가속도센서는 충격펄스를 기록하고, 그것을 오실로스코프(oscilloscope)나 파형분석기(waveform analyzer)로 전송된다.

충격은 시험기의 기초를 형성하는 거대한 질량의 콘크리트 블록과 기계가 직접 접해 있는 부근으로 한정된다.

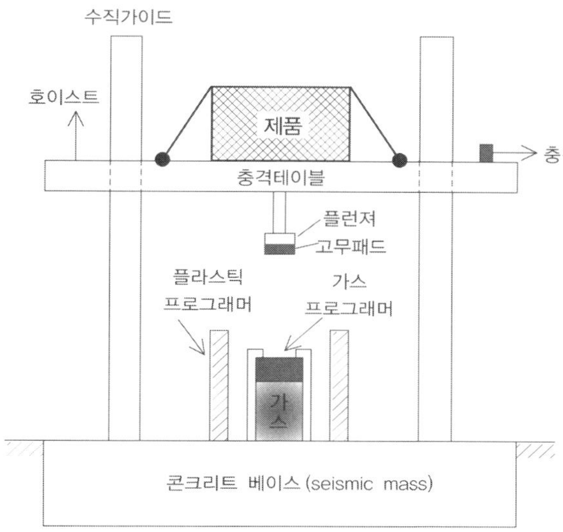

(a) 수직충격시험기 개략도

(b) 시험광경

그림 4.2 충격시험장치의 구성

충격시험기는 낙하시험기(drop tester)에 비해 다음과 같은 특징을 가진다.

- 비교적 큰 제품과 포장화물을 시험할 수 있다.
- 충돌시 테스트 샘플의 충돌방향을 쉽게 조정할 수 있다.
- 넓은 범위의 충돌표면에 대한 강도 모의시험 가능
- 낙하시험기에 비해 고가, 전용의 시험실 공간과 정규적인 유지·보수가 요구됨.

낙하시험기와 수직충격시험기 모두 자유낙하를 모의하는 데 사용되지만, 낙하시험기에서의 자유낙하 모의는 간단하다. 여기서는 단순히 원하는 자유낙하높이에 상당하도록 플랫폼 높이를 조정하면 되지만, 충격시험기에서의 자유낙하 모의는 보다 더 복잡하다. 즉, 원하는 자유낙하높이에 상당하도록 테이블 낙하높이를 선택하는 것 같이 단순하지 않다.

충격시험기에서의 낙하는 같은 높이로부터의 자유낙하보다 한층 더 가혹하다. 예를 들면, 낙하시험기를 통해 30 cm의 자유낙하에서 손상을 입지 않는 제품이 충격시험기를 통해, 특히 플라스틱 프로그래머가 사용될 경우 30 cm의 낙하는 제품을 완전히 파괴시키기에 충분한 높이가 될 수 있다.

낙하시험기에서의 자유낙하는 제품이 정적상태의 바닥을 치는 반면, 충격시험기에서의 낙하충돌은 제품과 움직이는 충격테이블 사이에서 일어난다. 즉, 충격테이블이 테스트 제품과 한 단위가 되어 아래방향으로 운동하다가(충돌순간 같은 속도), 순간적으로 두 물체 사이에 상대운동이 발생하여 제품과 역방향으로 움직인다.

다시 말해, 제품과 테이블이 충돌순간 같은 속도를 가지다가, 그 후 아주 짧은 시간(수 ms) 동안에 테이블은 충격을 종료하고 위로 움직이기 시작하는 반면, 테스트 제품은 아직 아래로 움직이면서 이들 사이에 극적인 정면충돌(head-on collision)이 발생한다.

이 정면충돌시 제품의 효과적인 충돌속도는 이 2개의 속도를 합한 것이 되며, 이는 테이블의 속도변화와 같다. 따라서 제품의 충격시험기의 플라스틱 프로그래머 낙하와 시험기의 자유낙하 사이의 관계는 식(4.1)로 요약된다(보충설명 12.2).

$$\text{제품의 등가자유낙하충돌속도} = \text{충격테이블의 속도변화} \tag{4.1}$$

한편, 가스 프로그래머상의 낙하에 대한, 이러한 등가성은 테스트 제품이 얼마나 강성(stiff)이 있느냐에 따라 성립 여부가 결정된다.

제품의 충격취약성(shock fragility)을 결정하기 위한 표준낙하시험 규격은 ASTM D3332의 충격시험기를 사용한 제품의 기계적 충격취약성(mechanical-shock fragility of products using shock machine)이다.

플라스틱 프로그래머는 대개 충격지속시간(shock duration)을 약 2 ms 또는 이 보다 작게 제한하기 위한 원형으로 배치된 6개 정도의 단단한 플라스틱 원통으로(ASTM D3332에서 권장하는 충격지속시간, $T_p \leq 167/f_n$, f_n은 요소의 고유진동수), 이에 상응하는 G값도 매우 크고, 테이블에의 충격은 기본적으로 반정현파(half-sine wave)이다 [그림 4.3 (a)].

플라스틱 프로그래머(plastic programmer)를 사용할 때, 충격시험기를 조정하는 유일한 변수가 테이블의 낙하높이이다. 낙하높이가 테이블의 속도변화(velocity change)와 정점 G값을 결정하는데, 낙하높이의 증가와 함께 속도변화와 정점 G값은 모두 증가하지만 충격지속시간에는 크게 영향을 주지 않는다.

가스 프로그래머(gas programmer)는 자동차의 충격흡수기처럼 작동하며, 이것은 피스톤 밑에 압축된 가스를 넣는 실린더를 사용한다. 테이블에 부착된 플런저(plunger)가 충돌로 피스톤을 타격하면 압축된 가스는 충돌을 완충한다. 질소가스가 기계요소와 반응하지 않기 때문에 일반적으로 사용된다. 상응하는 G값은 플라스틱 프로그래머에 비해 한층 작으며, 충격지속시간은 많이 길다. 가스 프로그래머는 사각파 충격펄스(square-wave shock pulse)를 발생하도록 설계된다 [그림 4.3(b)].

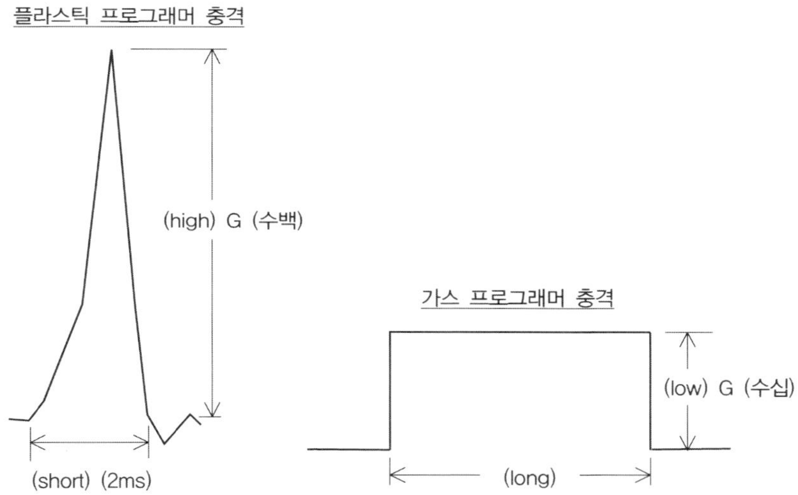

(a) 반정현파 (b) 사각파

그림 4.3 충격시험기의 충격펄스 형태

대부분의 충격시험기는 그 사용시, 2개의 충격 프로그래머가 상호 작용하기 때문에 어느 하나를 물리적으로 반드시 제거할 필요는 없다. 즉, 가스 프로그래머의 실린더에 가스가 없는 한, 피스톤이 아래로 낙하하기 때문에 플런저는 그것에 도달할 수 없어 테이블의 하면이 플라스틱 프로그래머를 충돌하게 되고, 그 반대로 실린더가 가스로 충전되면 피스톤은 위로 밀려올려져 테이블이 플라스틱 프로그래머를 충돌하기 전에 플런저가 먼저 가스 프로그래머의 피스톤과 충돌하게 된다. 따라서 실린더 안에 가스 유무에 따라 두 프로그래머가 번갈아 작동하게 된다.

플라스틱 프로그래머 사용시, 충격시험기를 조정하는 유일한 변수가 낙하높이임에 반해, 가스 프로그래머를 사용할 때는 두 가지 독립적인 조정, 즉 충격시험기의 테이블 낙하높이와 가스압력 조정이 이루어진다. 테이블 낙하높이에 의해 우선적으로 테이블의 속도변화가 조정된 상태에서 가스압력에 의해 정점 G값을 조정한다. 즉, 낙하높이를 고정하면 테이블의 속도변화가 일정한 상태에서 가스압력의 조정으로 정점 G값을 변화시킬 수 있으며, 그 역도 가능하다.

표 4.1에 나타낸 바와 같이, 모든 충격시험기는 각기 특징적인 성능차트(performance chart)를 가지고 있으며, 그 차트에는 2개의 독립적인 테이블 즉, 테이블 낙하높이-속도변화, 가스압력 - G값 관계의 표를 가지고 있다.

표 4.1 충격시험기의 성능차트(performance chart)의 예

(2 ms 반정현파) 플라스틱 프로그래머			가스 프로그래머			
낙하높이(cm)	ΔV (cm/s)	정점 G값	낙하높이(cm)	ΔV (cm/s)	가스압력(kPa)	정점 G값
5.0	142	163	7	244	350	9
7.5	177	213	14	279	700	18
10.0	205	257	21	314	1,050	27
12.5	230	296	28	348	1,400	37
15.0	251	332	42	417	1,750	46
17.5	270	366	56	486	2,100	55
20.0	287	398	70	555	2,450	64
22.5	304	427	84	624	2,800	73
25.0	320	455	98	692	3,150	82
27.5	336	482	112	761	3,500	91
30.0	352	507			3,850	100
32.5	368	531			4,200	110
35.0	383	554			4,550	119
37.5	396	575			4,900	128
40.0	408	596			5,250	137
42.5	417	616			5,600	146
45.0	423	635			5,950	155

일단 충격시험기가 낙하되도록 세팅되면, 이 성능차트가 낙하로 인해 제품에 가해지는 충격정보를 대신 알려주며, 충격테이블(shock table)에 부착된 가속도센서는 표와 동일한 정보를 주게 된다. 이 차트는 제품에 미리 계획된 충격을 주기 위해 시험기를 어떻게 세팅하느냐를 결정하는 데 가장 유용하다.

예제 4-1

충격시험기의 테이블 위에 한 제품이 고정되어, 낙하높이 30 cm로부터 플라스틱 프로그래머(plastic programmer) 위에 낙하한다. 성능차트에 따라 충격테이블 위에 부착된 가속도센서는 속도변화 3.52 m/s, 정점 G값으로 507 G를 기록하여야 한다. 이 경우 어떤 형태의 충격펄스인지를 파악해 보자.

[풀이] 이 예에서 충격펄스의 형상계수는 식(3.9)로부터 다음과 같이 계산된다. 즉,

(속도변화) = (형상계수) × (충격지속시간) × (정점가속도)

→ 형상계수 = 3.52/(0.002 × 507 × 9.81) = 0.354

식(3.9)에서 삼각파, 사각파 및 반정현파의 형상계수는 각각 0.5, 1 및 0.637이므로, 이들과 비교하면 부족한 삼각파로 추정된다.

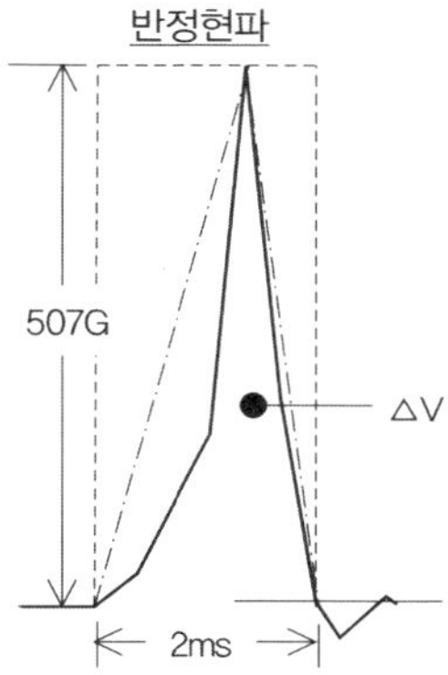

예제 4-2

충격시험기의 테이블 위에 한 제품이 고정되어, 낙하높이 28 cm로부터 가스 프로그래머(gas programmer) 위에 낙하한다. 실린더 내부의 가스압력은 1050 kPa이다. 성능차트에 따라 충격테이블에 부착된 가속도센서가 다음에 나타낸 것과 유사한 충격을 기록하여야 한다. 충격지속시간을 체크해 보자.

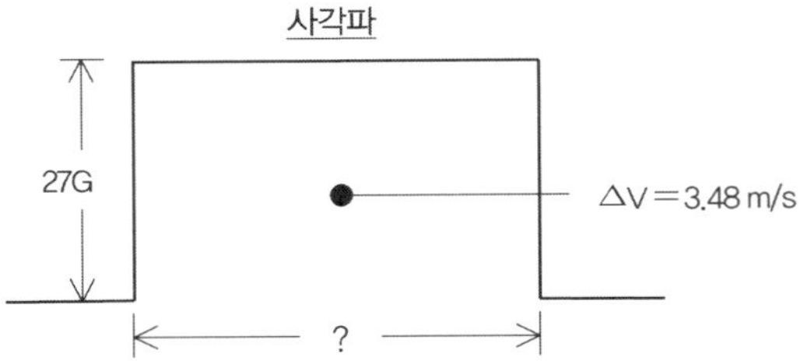

[풀이] 이 예에서 충격지속시간은 식(3.9)로부터 다음과 같이 계산된다.

(속도변화) = (형상계수) × (충격지속시간) × (정점가속도)

→ 충격지속시간 = 3.48/(1 × 27 × 9.81) = 0.0131 s (13.1 ms)

예제 4-3

제품 내 한 민감요소의 고유진동수가 56 Hz 이하일 때, 충격지속시간 3 ms인 충격시험기에 의해 효과적으로 테스트된다. 만일, 이 요소의 고유진동수를 이 보다 많이 높혔다면 시험기의 충격지속시간은 더 짧아야 하는지 판정해 보자.

[풀이] 다음 절에서 기술하겠지만, 충격시험기에 의해 한계속도변화를 테스트할 때는 제품 내 요소가 속도변화에만 반응하여야 하므로, 충격지속시간은 짧게 하여 감가속도에 의한 손상이 발생되지 않아야 한다.

ASTM D3332에서 권장하는 충격지속시간은 $T_p \le 167/f_n$으로 고유진동수가 56 Hz일 때, 충격지속시간은 $T_p = 167/f_n = 167/56 = 3$ ms이다. 따라서 요소의 고유진동수가 커지면(강성제품) 충격지속시간은 짧아져야 한다(보충설명 12.2).

만일, 요소의 고유진동수가 83 Hz가 되었다면, 충격지속시간은 $167/f_n = 167/83 = 2$ ms로 줄어든다.

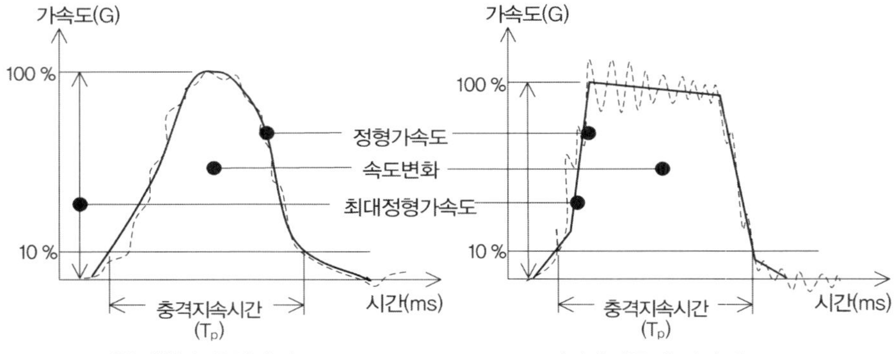

〈반정현파 충격펄스〉 〈사다리꼴 충격펄스〉

보통 충격지속시간은 그림에서 보는 바와 같이 최대정형가속도(maximum faired acceleration)의 10 %는 상승과 하강 소요시간으로 보고, 90 %에 해당하는 영역의 시간을 충격지속시간으로 간주한다. 그렇지만 속도변화 적분범위는 0부터 정형화된 곡선의 끝점까지로 한다.

예제 4-4

충격테이블에 한 제품이 구속되어 낙하높이 15 cm로부터 플라스틱 프로그래머상에 낙하하는 경우의 등가자유낙하높이(equivalent free-fall drop height)는 어떻게 되는지 판단하여 보자.

[풀이] 표 4.1의 충격시험기 성능차트로부터 이에 상응하는 충격테이블의 속도변화는 251 cm/s이다. 이것이 등가자유낙하충돌속도(equivalent free-fall impact velocity)가 되고, 식(3.6)에 의해 등가자유낙하높이(equivalent free-fall drop height)는 다음과 같이 계산된다.

$$V_i = \sqrt{2gh}$$

$$\rightarrow h = V_i^2/2g = 2.51^2/(2 \times 9.81) = 0.32\ \text{m}\ (32\ \text{cm})$$

예제 4-5

낙하높이 40 cm로부터의 자유낙하에 대해 제품을 보호하기 위한 완충포장설계를 생각하여 보자. 포장시작기(prototype package) 제작 후, 이것을 충격테이블 위에 놓고, 플라스틱 프로그래머 상에 낙하하는 성능시험을 실시한다. 시험기의 낙하높이를 얼마로 결정하면 되는지 판단해 보자.

[풀이] 예상되는 충돌속도는 식(3.6)으로부터 다음과 같이 계산된다.

$$V_i = \sqrt{2gh} = \sqrt{2 \times 9.81 \times 0.4} = 2.8\ \text{m/s}$$

이것은 테이블의 속도변화(velocity change)와 같아야 하므로, 표 4.1의 시험기 성능차트로부터 시험기의 낙하높이는 약 20 cm (자유낙하높이의 약 1/2 수준)가 된다.

자유낙하와 충격시험기 낙하 사이의 차이를 이해하지 못한다면 어떤 일이 발생할 것인가를 생각하여 보자. 예제 4.5에서 아마 40 cm의 자유낙하높이와 동일하게 충격시험기의 낙하높이를 조정하는 실수를 범할 수도 있다는 것이며, 이것은 80 cm의 등가낙하높이(equivalent free-fall drop height)에 해당되어, 포장이 처음 설계되었던 높이가 40 cm이므로, 제품은 손상을 입었을 가능성이 매우 높다. 이럴 경우, 제품이 충격시험기 낙하높이 40 cm에서 손상을 입지 않을 때까지 완충재를 더 많이 사용하려고 할 것이며, 결국 제품의 과대포장(over-packaging)으로 귀착될 것이다.

【2】 제품의 충격취약성 (Shock Fragility)

제품의 충격취약성을 과거에는 가속도 수준(G-factor)으로만 평가하였지만(2.2절 참조), 앞에서 소개한 충격시험기의 개발에 힘입어 정점가속도(peak acceleration), 속도변화(velocity change), 파형의 3요소를 파악하여 손상경계곡선(damage boundary curve, DBC)으로 나타내게 되었다. 따라서 충격에 대한 완충시스템설계시 제품에 대한 DBC 테스트 결과인 한계가속도(critical acceleration)와 한계속도변화(critical velocity change) 모두가 기준이 된다.

관행의 방법에 의존하면 동일한 G값을 갖는 충격은 형태나 충격지속시간 등의 다른 특징에 관계없이 제품에 동일한 손상을 주게 된다. 이러한 판단에 대한 진위 여부를 잘 이해하는 것이 제품의 취약성과 DBC를 잘 파악하는 길이다.

그림 4.4에서 가스 프로그래머(gas programmer) 위에 낙하에 의해 발생되는 (a)와 (b)의 사각파 충격펄스(shock pulse)는 자명종시계를 손상시키는 반면, 플라스틱 프로그래머 위에 낙하에 의해 발생되는 (c)의 반정현파 충격펄스는 손상을 주지 못한다. 자명종시계는 손상이 발견되는 가장 작은 G값이 25 G라면, 이 값이 제품의 취약성(product's fragility)으로 지정된다. 그러나 300 G의 충격이 손상을 주지 않는 것은 전적으로 2 ms의 극도로 짧은 충격시간에 기인하는 것으로 충격지속시간이 너무 짧아 제품이 반응하기 전에 이미 충돌이 종료되므로 손상을 주지 못한다. 그 지속시간의 한계는 예제 4.3에서와 같이 제품요소의 고유진동수와 깊은 관련성이 있다.

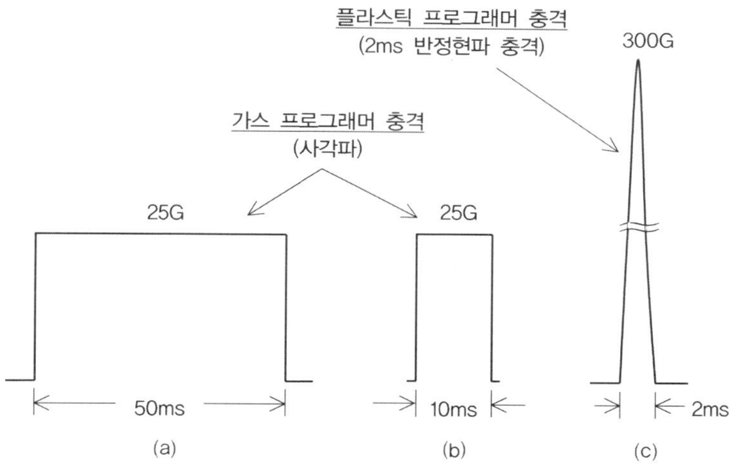

그림 4.4 제품의 취약성과 충격펄스

충격지속시간이 취약성에 관련되는 사실은 속도변화(velocity change)를 통해 잘 알 수 있다. 즉, 충격지속시간과 정점 G값 모두에 의해 속도변화가 결정된다. 속도변화가 취약성 개념인 G값에 추가되어야 하는 이유는 속도변화가 충돌시 제품에 의해 흡수되어야 하는 운동에너지(kinetic energy)의 크기에 직접 관련되기 때문이다.

즉, 충돌속도는 제품이 흡수해야 하는 충돌에너지(impact energy)의 크기를 결정하고, 이 충돌에너지의 회복정도는 반발속도(rebound velocity)가 결정한다. 이 두 에너지의 차이가 제품에 의해 흡수된 에너지로, 즉 제품의 손상발생에 기여한 에너지가 된다. 만일, 속도변화가 너무 작으면 감가속도의 수준에 관계없이 제품을 손상시키지 못한다.

제품에 대한 완전한 취약성 상황은 그림 4.5의 손상경계곡선(damage boundary curve, DBC)에 잘 나타난다. 충격이 제품에 손상을 주기 위해서는 충격펄스의 정점 G값과 속도변화 모두 충분히 커야 한다. 즉, 높이는 한계가속도(critical acceleration) G_{cr}보다 커야 하고, 면적은 한계속도변화(critical velocity change) ΔV_{cr}보다 커야한다. 만일 이러한 한계값 중 어느 하나만 작더라도 제품은 손상되지 않는다.

한 예로, 1000 G의 충격도 그것의 펄스면적(에너지)이 충분히 작는 한, 취약성(한계가속도) 20 G인 제품에 손상을 주지 못한다.

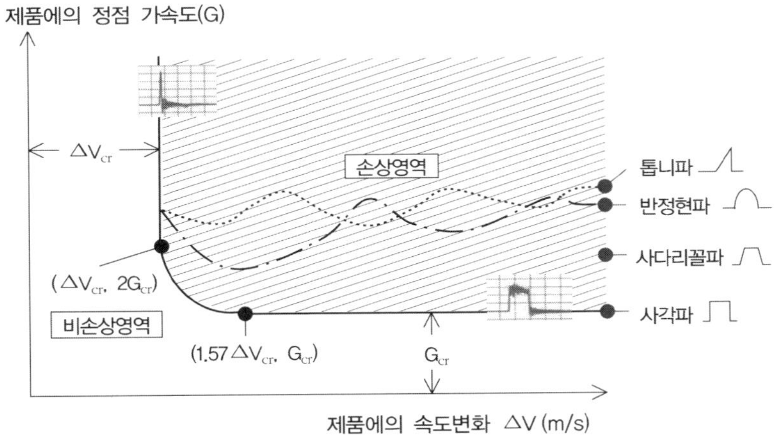

(a) 구성

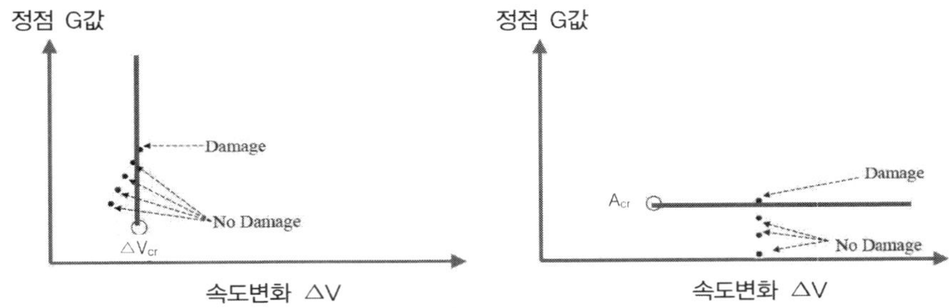

(b) 작도방법

그림 4.5 손상경계곡선의 구성과 작성방법

그림 4.5에서 보듯이 사다리꼴 펄스(trapezoidal pulse)에 의해 결정된 한계가속도가 다른 펄스에 비교하여 보수적이다. 즉, 사각파 펄스는 동일한 정점가속도 G값과 충격 지속시간의 다른 파형보다 손상영역이 더 넓다.

충격 중에 포장완충재(packaging cushioning materials)를 통해 전달되는 충격펄스는 보통 반정현파로 알려져 있으나 재료에 따라 많은 차이가 있고, 분명하지 않으므로, 더 가혹한 조건의 사각파 충격펄스를 손상경계결정에 사용하는 것은 최종 포장시스템 설계에 있어서 높은 신뢰성을 준다. 이런 이유 때문에 사각파 펄스의 사용이 권장되고 있다.

사각파 펄스의 또다른 특징은 손상경계상에 거의 선형적인 횡축 좌표에 귀착되므로, 제품의 그 방향에 대해 한계가속도를 결정하는 데 단지 한 점(한 수준의 속도변화)만이 필요하다는 것이다. 그러나 다른 파형들은 한계가속도가 제품 내 부품들의 고유진동수(natural frequency)의 복잡한 함수로 귀착된다. 또한 사각파 펄스에 의한 제품의 한계가속도는 실제 발생되는 펄스에 의한 것보다 낮은 값이 되므로, 품질관리상의 안전율은 높지만 포장원가 상승을 초래한다는 점에 유의할 필요가 있다.

【3】 DBC 작성 방법과 연습

충격시험기를 사용해 DBC를 얻기 위한 제품의 표준낙하시험 절차는 ASTM D3332에 잘 기술되어 있다.

기본적으로 제품이 수송시와 동일한 정상적인 방향으로 시험기의 충격테이블 위에 고정되고, 한계속도변화와 한계가속도시험을 위해 두 가지 형태의 극단적인 충격펄스를 받게 된다. 즉, 매우 높은 G값의 짧은 충격지속시간의 반정현파 충격펄스(플라스틱 프로그래머)와 작은 G값의 긴 시간 사각파 충격펄스(가스 프로그래머)가 작용된다.

보다 더 상세하게 각 테스트 단계를 요약하면 다음과 같다.

(1) 충격테이블(shock table) 위에 새로운 테스트 샘플을 장착하고, 먼저 플라스틱 프로그래머(plastic programmer) 상에 낙하를 위해 시험기를 위치시킨다.

(2) 보통 약 2.5 cm 정도의 낮은 높이에서 출발하여 테이블을 낙하시키고, 제품의 손상 여부를 확인한다. 만일 손상이 없으면, 1회에 약 2.5 cm 정도 낙하높이를 높혀가며 시험하고, 제품에 손상이 발생할 때까지 이 과정을 반복한다.

(3) 손상이 발생하는 높이에서의 테이블 속도변화가 제품의 한계속도변화(critical velocity change) ΔV_{cr}가 되고(표 4.1, 그림 4.5), 이것은 테이블에 의한 충격펄스의 총 면적이 되면서, 제품의 설계낙하높이(design drop height)에 의한 속도변화와 비교하여 완충필요성 여부를 판단하는 기준이 된다.

(4) 손상을 입은 제품을 제거하고, 가스 프로그래머(gas programmer) 위로 낙하를 위해 시험기를 위치시킨다.

(5) 시험기의 성능차트(표 4.1)를 참고하여, 속도변화(velocity change)를 제품에 대한 한계속도변화보다 최소한 1.57배가 되도록 테이블의 낙하높이를 조정한다. 나머지 시험도 이 세팅의 낙하높이에서 진행되는데, 즉 속도변화를 고정한 상태로 가스 피스톤의 압력을 점차 높여 가속도를 높임으로써 충격시간은 점차 짧아지는 충격펄스를 가한다(가스압력이 높을수록 높은 가속도를 갖는 짧은 충격지속시간의 충격 생성).

(6) 충격테이블 위에 새로운 제품을 장착하고, 낮은 가스압력, 대개 약 350 kPa에서 출발하여 가스 프로그래머를 충진한다.

(7) 테이블을 낙하시키고, 제품에 대한 손상 여부를 조사한다. 만일 손상이 없다면, 가스압력을 한번에 약 350 kPa 정도 증가시켜, 제품에 손상이 발생할 때까지 이 과정을 되풀이 한다.

(8) 손상이 발생하는 가스 압력에 대한 테이블의 G값이 이 제품의 한계가속도(critical acceleration) G_{cr}이다. 이 G_{cr}은 완충재를 통한 완충설계의 기준이 되며, 2개의 DBC 파라미터 중 더 중요한 값이된다.

(9) 제품이 손상되었다고 판단되기 전에 여러번 낙하되어 누적된 피로(fatigue)가 큰 역할을 하였을 것이다. ASTM D3332는 이러한 관점에서 계단법(staircase method)의 사용을 권장하는데, 이 방법은 처음 단계 (8)이 출발점으로서 단계 (3)과 (8)의 결과를 사용하여 2개의 새로운 제품에 대해 반복된다. 가스와 플라스틱 프로그래머에서 새로운 제품이 단 1회의 낙하에서 파괴되면 낙하시험은 종료된다.

(10) 낙하시험으로부터 얻어진 한계속도변화와 한계가속도를 사용해 그림 4.5 (a)처럼 손상경계곡선을 작성한다.

(11) 필요할 경우, 제품의 방향에 따른 취약성 평가를 위해 제품의 충격방향을 바꿔가며, 전과정을 반복한다. 한 제품이 그 제품의 밑면보다는 측면이나 윗면에서 보다 더 취약할 수도 있다.

예제 4-6

TV 세트에 대한 손상경계곡선의 도출 과정을 각 단계별로 기술하여 보자. 단, ASTM D3332의 단계에 준하고, 표 4.1의 성능차트를 사용한다.

[풀이] (1)~(3) 플라스틱 프로그래머 낙하(plastic programmer drop)

낙하횟수	충격테이블 낙하높이 (cm)	테이블 속도변화 ΔV (cm/s)	결과
1	5	142	비손상
2	10	205	〃
3	15	251	〃
4	17.5	270	손상

낙하높이 15 cm는 제품을 손상시키기에 충분히 가혹하지는 않지만, 17.5 cm 낙하에서는 손상이 발생하였다. 테이블의 속도변화 251 cm/s는 한계속도변화 ΔV_{cr}의 보수적 추정값이 되지만, 앞선 3번의 낙하에서 다소 손상을 입을 수 있었을 것으로 판단된다. 따라서 만일, 새로운 제품이라면 17.5 cm 낙하에 대해서도 저항할 수도 있기 때문에, 대부분 270 cm/s를 한계가속도로 결정한다.

계단법 [앞에서의 단계 (9)]의 적용에 의해서만 단일값의 ΔV_{cr}을 얻을 수 있다. 여기서는 논의의 목적으로 ΔV_{cr}을 270 cm/s로 취한다.

(4)~(5) 가스 프로그래머상에 낙하를 위해 기계를 세팅하고, 테이블의 속도변화를 최소한 $1.57 \times 270 = 424$ cm/s로 하기 위해 시험기의 낙하높이를 조정한다. 이 경우는 표 4.1의 성능차트에 따라 낙하높이를 56 cm로 결정한다. 새로운 제품을 테이블 위에 고정하고, 이 일정한 낙하높이로부터 가스압을 점차 높여가며 낙하를 반복한다.

(6)~(8) 가스 프로그래머 낙하(gas programmer drop)

낙하횟수	가스압력 (kPa)	테이블 G값	결 과
1	1050	27	비손상
2	1750	46	〃
3	2100	55	손상

한계속도변화를 추론할 때와 같은 이유로부터, 한계가속도를 55 G로 결정한다. 이상의 결과로부터 TV 세트에 대한 DBC를 그리면 다음과 같다. 곡선의 무릎 부분은 단순화를 위해 직각으로 처리하였으나, 보통은 두 점(ΔV_{cr}, $2G_{cr}$) = (270 cm/s, 110G)과 ($1.57\Delta V_{cr}$, G_{cr}) = (424 cm/s, 55G)를 곡선으로 연결한다.

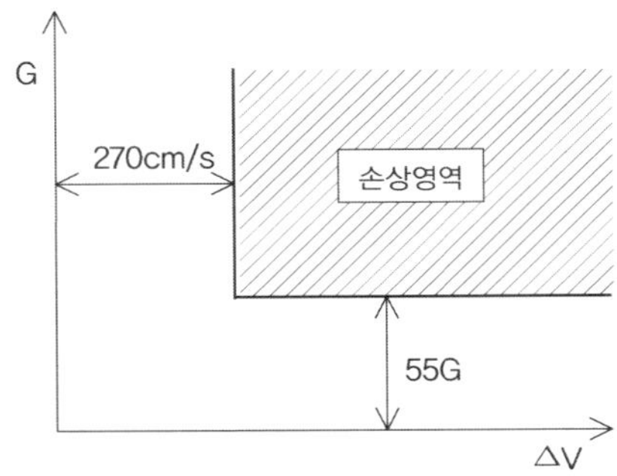

상자 내부의 완충재상에 예제 4.6의 TV 세트가 놓여져, 이 포장화물이 60 cm의 높이에서 낙하하는 경우를 생각해 보자. 이 경우 TV 세트가 바닥과의 충돌로 인해 손상을 입겠는가? 손상에 이르기 위해서는 두 가지의 필수적인 한계값이 있는데, 즉 TV의 속도변화와 정점가속도가 각각 270 cm/s, 55 G 이상되어야 한다. 여기서, TV 세트의 충돌속도는 $V_i = \sqrt{2gh} = \sqrt{2 \times 9.81 \times 0.6} = 3.4\ \ m/s$ 이므로, 한계속도변화 270 cm/s와 분명히 마주친다.

대부분의 포장상황에서 반발계수(coefficient of restitution)는 0.3~0.5 범위이므로 반발속도(rebound velocity) $V_r(= eV_i)$는 충돌속도의 30~50 % 범위이므로, 여기서는 약 1.02~1.7 m/s가 되어, 속도변화는 4.42~5.1 m/s 범위가 된다. 심지어 반발계수가 0인 경우도 속도변화는 한계속도변화 270 cm/s를 초과한다.

한편, 한계가속도와의 만남 여부는 완충재의 양과 형태에 의존한다. 완충하기에 충분한 두께는 TV를 보다 긴 거리를 이동시킨 후 정지상태에 이르게 하기 때문에, 그것의 감가속도를 한계가속도 54 G 이하로 할 것이다. 이것이 완충설계(cushioning design)의 이론적 배경이다.

【4】 손상경계곡선의 한계

제품의 취약성을 평가하는 데 손상경계곡선이 널리 사용되고 있으나, 다음과 같은 관점에서 몇 가지의 한계점을 가지고 있다.

(1) 충돌시 제품방향

시험하는 동안 포장화물의 방향에 관하여 어떠한 의문도 없는 압축시험(compression test)과는 달리 충격시험(shock test)은 제품의 취약성에 대한 방향의 효과를 구명하는데 다양한 면, 모서리 및 코너를 포함하여 검토되어야 한다.

충격은 완전평면낙하(perfect flat drop)에서 더 큰 충격표면의 작용으로 최대가 되므로, 손상에 대한 잠재성도 최대가 된다. 이런 이유에서 취약성 평가와 완충설계(cushioning design)시 평면낙하 방향이 기준이 된다.

모서리(edge)와 코너낙하(corner drop)에서는 평면낙하에 비해 보편적으로 낮은 G 값이 발생한다. 이는 제품의 손상에 대한 잠재성이 사람이 물 속으로 다이빙할 때, 배(평면낙하)와 다리(모서리/코너 낙하) 중 어느 것이 먼저 물에 닿을 때 충격을 완화할 수 있을 것인가에 대한 문제와도 같은 현상이므로, 전자의 경우가 후자의 경우에 비해 접촉면적이 크므로 더 짧은 거리이동을 통해 감가속되어야 하기 때문에 상대적으로 G 값도 크다.

(2) 손상의 증명

ASTM D3332에서는 손상을 제품의 외관이 허용할 수 없을 정도로 변화가 있을 때, 작동이 안되거나 또는 성능 사양에 미치지 못해 수용할 수 없는 상태로 정의하고 있다. 따라서 손상은 보통 쉽게 확인되지만, 많은 제품에 있어 손상증명이 어려운 경우도 많다.

보통의 백열전구가 좋은 예인데, 만일 백열전구가 충분히 높은 곳에서 낙하한다면, 그 백열전구는 산산조각이 날 것이다. 우리가 손상이라 부르는 것이 이러한 경우를 의미하는 것일까? 아니면 유리가 산산조각이 나기 훨씬 이전 수준인 내부의 필라멘트가 신축하여 파괴에 이르는 것을 의미하는 것일까? 우선 유리나 필라멘트 중 어느하나가 파괴되면 중요한 손상임에는 틀림없지만, 필라멘트의 신축과 같이 외관상 손상은 아니지만 전등의 수명에 지대한 영향을 미치므로 어떠한 의미에서는 중요한 손상이다(수명이 1000시간인 백열전구가 1회 충격으로 500시간 수명단축). 그러므로 제품이 손상에 이를 수 있는 모든 가능한 방향을 고려하는 것이 중요하다.

손상은 외부 또는 내부 그리고 시각적 또는 기능상 발생할 수 있으므로, 이러한 점을 고려하여 제품의 취약성이 정의되어야 한다.

(3) 다중낙하(multiple drop)의 효과

위의 백열전구에 대한 예에서, 취약성 상황의 또다른 중요한 부분으로 점진적 손상, 즉 피로(fatigue)를 들 수 있다. 피로는 제품의 반복적인 낙하로 인해 발생되는 손상의 누적된 형태이다.

제품의 피로파괴(fatigue failure) 문제를 완충설계에 어떻게 고려할 것인가에 대해서는 제10장에서 상세히 기술하기로 한다. 반복낙하에 대해 피로의 표시를 나타내지 않는 제품이 있다는 것이 강조되어야 한다. 즉, 그들 제품들은 일정 수준의 G값 이하에서 몇 번의 충돌에는 저항할 수 있지만, 그 수준 이상에서는 첫 번째 충돌에서 파괴될 수도 있다. 취성재료(brittle material)들이 대개 이러한 종류의 거동을 보이는데, 유리가 그 좋은 예이다. 취성파괴(brittle failure)를 확인하기 위하여 단순히 파편을 보면, 그 조각들은 함께 짜 맞추어질 수 있어, 외관상 영구 변형의 표시없이 본래의 부분으로 재연된다.

연성파괴(ductile failure)에서는 파괴되기 전에 상당한 변형이 진행되었으므로 연성파괴된 조각들이 함께 짜 맞추어지지 않아, 손상 받기 전 그 부분의 본래 형상으로 재연하기 어렵다. 예를 들면, 금속 박판에서의 주름이나 휨, 플라스틱 부품에서의 영구적인 형상 변화가 그 좋은 예이다.

유리, 세라믹, 종이 및 경질 금속과 같은 취성재료들은 취성모드로 파괴되고, 연금속 및 플라스틱과 같은 연성재료(ductile material)들은 연성모드로 파괴된다. 그러나 TV 세트와 같은 복잡한 제품에서는 쉽게 발견할 수 없고, 많은 다양한 재료들(취성과 연성재료)로부터 만들어진 부품들을 포함하고 있기 때문에 한 번의 낙하로 어느 방향이든 파괴가 일어나 결정될 것이다. 첫 번째 파괴가 일어난 부품은 대개 미리 알려지지 않은 것이다.

4.2 제품의 진동취약성

【1】 진동테이블 (Vibration Table)

제품 또는 포장화물에 대한 계획된 진동을 부과할 수 있는 진동테이블 또는 셰이커(shaker)의 구성도는 그림 4.6 (a)에서 보는 바와 같다. 대부분의 진동테이블은 본래 트럭의 진동을 모의하는 것이 주목적이었기 때문에 상하운동만 가능하였다.

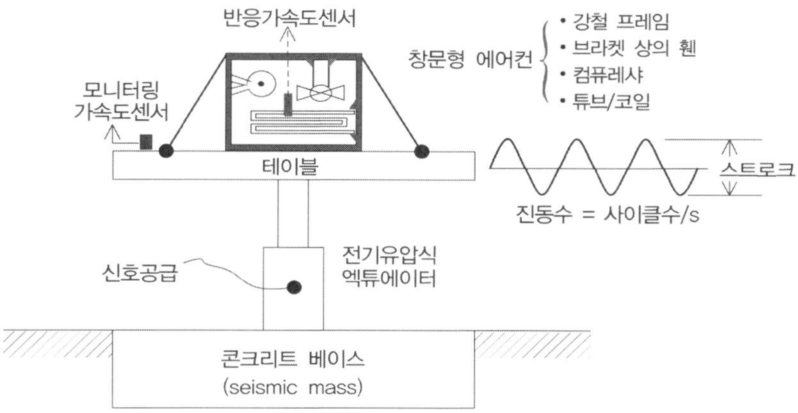

(a) 진동테이블의 개략도

(b) 시험광경

그림 4.6 진동시험장치의 구성

상하진동의 진동수와 진폭은 독립적으로 제어될 수 있으며, 진동테이블은 두 가지의 목적으로, 즉 제품의 고유진동수(natural frequency) 탐색시험과 트럭/철도차량의 수송 모의시험에 적용된다.

과거에는 캠(cam)운동방식의 기계식 테이블이 사용되었으나, 기계적인 문제점 외에 가장 중요한 진동시험의 매개변수인 진동수와 진폭구현에 한계를 가지고 있었다. 최근에는 정현파진동이나 랜덤진동(random vibration)을 재연하는 데 전기유압식 엑튜에이터(electrohydraulic actuator)를 이용한 유압식과 전자기식 진동테이블(electromagnetic vibration table)이 사용된다. 랜덤진동을 위한 장비는 단순진동에 비해 상당히 고가이고 복잡하다.

진동시험기의 종류별 장·단점을 요약하면 표 4.2에서 보는 바와 같다.

표 4.2 진동시험기의 종류와 장·단점 비교

구 분	장 점	단 점
기계식 진동시험기 (mechanical vibration system)	- 간단한 구조 - 비교적 저가 - 설치 및 운반용이	- 파형의 왜곡이 큼 - 다양하고 복잡한 시험과 랜덤 및 충격 테스트 불가능 - 대략 60 Hz까지 낮은 진동수 제어 - 진폭조정범위가 한정됨 (약 0.5~3.2 mm) - 약 600 N 이상의 샘플 장착 불가능 - 가동부에서 고장발생이 쉬움 - 빈번한 소모성 부품 교환 - 내구성이 떨어짐(2~3년) - 방진시설 필요
유압식 진동시험기 (hydraulic vibration system)	- 중량물 제품의 저진동수(1~300 Hz) 시험에 적합 - 파워용량이 큼 - 작동변위가 넓음	- 유압펌프에 의한 소음발생 - 설치 및 이동이 어려움 - 사용 진동수 영역이 낮음 - 오일 누유 등 작업환경이 나쁨 - 유지보수가 어려움 - 고진동수에서 파형왜곡이 큼 - 추가적인 방진시설이 필요함
전자식 진동시험기 (electromagnetic vibration system)	- 고진동수 시험 가능(~3000 Hz) - 설치 및 이동이 용이함 - 넓은 동작범위와 제어의 용이성 - 랜덤 및 각종 복합진동에 적합 - 파형왜곡이 없어 정밀한 시험가능 - 큰 가속도 구현가능(100 G 이상) - 작업환경이 깨끗하고 유지보수 용이 - 추가적인 방진시설이 불필요 - 추가적인 업그레이드 용이 - 장비의 내구성 양호	- 비교적 고가 - 저진동수 구현이 어려움 (약 30 Hz 미만) - 대용량의 가진력 발생에 한계

【2】 진동취약성 (Vibration Fragility)

제품의 진동취약성은 앞에서의 진동시험기를 이용하여 제품의 공진진동수, 진동증폭 및 감쇠대역을 파악하는 것으로부터 시작하여, 보통 다음과 같이 3단계로 진행된다.

- 제품의 고유진동수를 파악한다.
- 유통환경에서 발생되는 진동수를 파악하고, 제품의 고유진동수와 비교한다.
- 제품을 유통환경에서 발생하는 진폭과 진동수로 가진할 때(공진점에서의 드웰시험 포함) 제품의 피로파괴 여부를 파악

진동으로 인한 제품의 손상은 제품 전체 또는 일부 부품이 공진점(resonance)에 이를 때 발생하는 것이 대부분이므로, 제품의 진동에 대한 진동취약성 평가(강도)는 제품의 공진을 파악하고, 드웰 테스트(resonance research & dwell)를 통해 제품의 피로파괴 여부를 평가하는 것이다.

다시 말해, 수송 중 제품이 받는 진동수준은 제품의 한계가속도보다는 훨씬 작기 때문에 진동으로 인한 제품의 손상은 제품이 가장 민감해 하는 진동수를 제외하고는 발생할 가능성이 작다는 것이 일반적인 판단이므로, 제품 내 민감요소(critical component)에 대한 고유진동수를 파악하는 것은 진동에 대한 포장시스템 설계시 가장 중요하다.

한 제품의 고유진동수는 진동테이블상에 제품을 단단히 고정하고, 제품 내 민감요소에 가속도센서를 부착한 후, 테이블의 진동입력과 요소의 반응비가 진동수의 함수로 표현되는 전달률(transmissibility) 곡선을 통해 분석된다(그림 4.7). 이 전달률이 요소의 고유 또는 공진진동수에서 최고값에 도달하게 된다.

민감요소가 감쇠(damping)가 없다면 이론상으로 공진진동수에서 무한대의 전달률을 가지나 실제 상황에서 감쇠는 항상 존재하므로, 민감요소의 감쇠비에 따라 유한한 증폭된 전달률을 가지게 된다.

제품의 진동전달 현상은 스프링/질량 모형(spring/mass model)을 통해 정성적으로 잘 설명되며, 이에 대해서는 제5장에서 기술하기로 한다.

제품의 수송시 제품방향은 물론이고, 한 축방향 이상으로 진동이 예상된다면, 그 방향에 대한 공진탐색시험과 공진점에서의 피로손상 여부를 파악하기 위한 드웰시험이 실시되어야 한다.

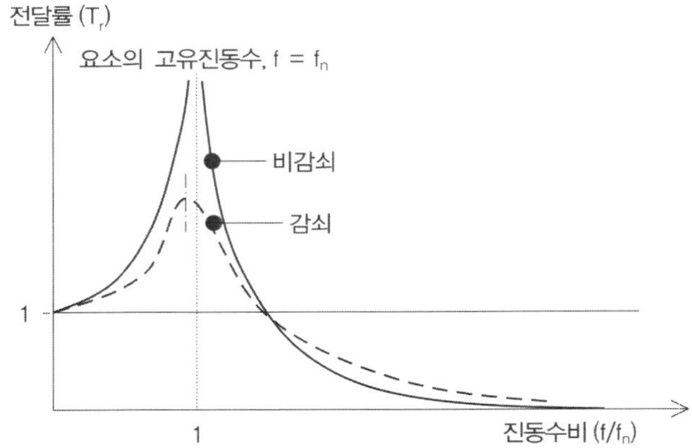

그림 4.7 진동전달률 선도 (transmissibility plot)

요소의 반응수준이 기초 또는 1차 공진진동수에서보다 크지 않다면, 보통 무시하는 것이 일반적이다. 실제, 제품의 각 축에서의 가장 낮은 1차 공진진동수가 일반적으로 가장 중요한 제품에 대한 정보가 된다. 제품의 각 축에서의 공진진동수가 분석되면, 가장 낮은 공진점이 운송 중 제품의 진동절연을 위한 완충설계의 정적응력(static stress) 결정에 사용된다.

【3】 관련 시험규격(Test Standards)과 시험방법

포장하지 않은 제품 자체와 제품 요소에 대한 진동시험은 ASTM D3580의 제품에 대한 (수직)진동시험[vibration(vertical liner motion) test of products]에서 규정하고 있다. 이 규정은 정현파진동(sinusoidal vibration)과 랜덤진동(random vibration)에 의한 공진탐색시험(resonance search test)을 규정한다.

또한 구명된 공진진동수가 수송환경에 포함된다면 정현파 또는 랜덤진동에 의한 드웰시험(dwell test)을 실시하여 공진요소에 대한 피로특성과 부품간의 상호작용을 분석하는 규정이다.

이 두 시험방법간에는 반드시 등가성이 성립되거나 또는 테스트 결과가 같지는 않다. 보다 더 구체적으로 그 차이점을 살펴보면 다음과 같다.

• 랜덤진동 시험방법이 실제의 수송환경(transport environment)을 더 잘 모의할 수 있어 보다 실제적인 시험결과를 얻을 수 있다.

- 보통 랜덤진동 공진탐색시험이 정현파 진동시험에 비교하여 더 작은 전달률과 공진진동수를 낳는다. 이는 랜덤진동에서 제품 내 요소들(스프링/질량시스템)간의 서로 파괴적인 간섭이 원인이다.
- 랜덤진동 입력은 동시에 모든 공진점을 여기시키기 때문에 정현파 진동시험에 비해 시험시간을 단축할 수 있다.
- 정현파에 의한 드웰시험은 랜덤진동에 의한 드웰시험에 비해 가혹하다. 제품이 그렇게 광범위한 시간동안 특정 진동수에서 연속적인 진동을 겪게 될 가능성은 긴 도로 이동으로부터 야기되는 피로문제 외에는 별로 발생하지 않는다.
- 그림 4.8에서 보듯이 단일 진동수시험에서는 단지 한 요소가 반응을 나타내고, 어떤 문제를 야기하지 않는다. 그러나 랜덤진동에서는 여러 진동수가 동시에 존재하므로, 두 요소가 동시에 반응하고 서로 충돌하기도 한다. 즉, 분리된 4 Hz와 15 Hz 요소는 정현파 스위프 테스트에서는 다른 시간에 각각 공진을 하는 데 반해, 이들 요소가 각각 고유진동수가 트럭의 타이어와 현가장치의 전형적인 진동수 범위 안에 속하기 때문에 트럭 수송 동안에는 동시공진(simultaneous resonance)이 발생한다.

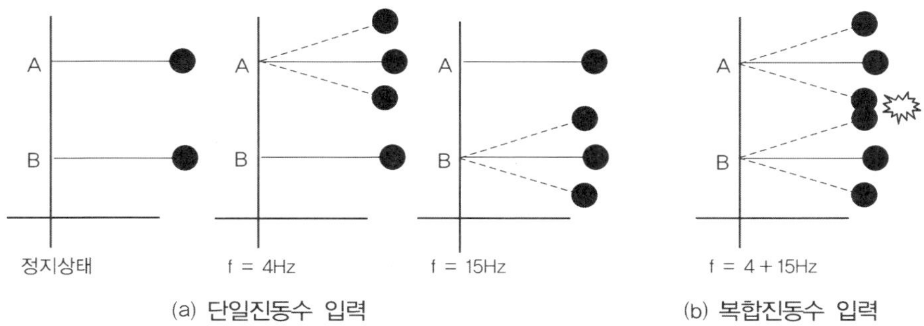

그림 4.8 동시공진(simultaneous resonance) 현상

정현파진동 공진탐색시험은 입력가속도 수준 0.1~0.5 G (zero-to-peak amplitude), 0.5 또는 1 oct/min의 대수함수적 스윕률(logarithmic sweep rate)로 진동수 3~100 Hz 범위에서 진동수를 점차 높혔다가 낮추는 방식(up & down sweep test)으로 가진시킨다.

랜덤진동 공진탐색시험은 보통 ASTM D4728의 PSD(power spectral density) 프로파일을 적용한다. 랜덤진동 시험시 초기입력값은 전체 수준보다 최소 6 dB 낮은 값으로 시작하여 입력값의 한 단계씩 증가될 수 있도록 설정하며, 테스트 진동수 범위는 3~100 Hz, 스펙드럼의 전체 진폭값은 최소 0.25 G_{rms}가 되도록 하며, 테스트 진동수 범위에 대한 PSD값의 변화폭은 30 dB 이하를 유지한다.

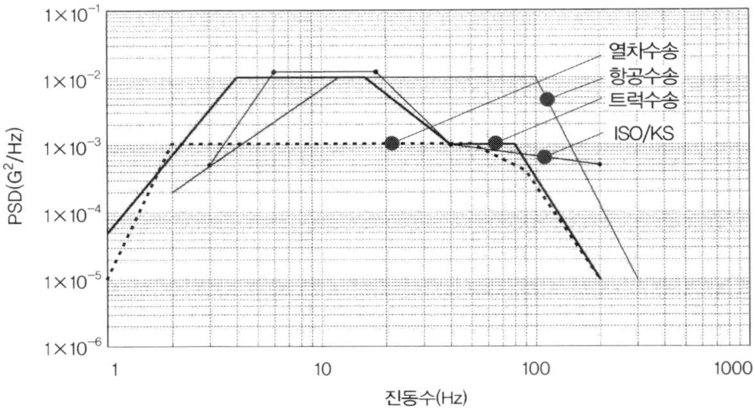

그림 4.9 랜덤진동시험시 표준진동 프로파일(ASTM의 시험강도수준 II)

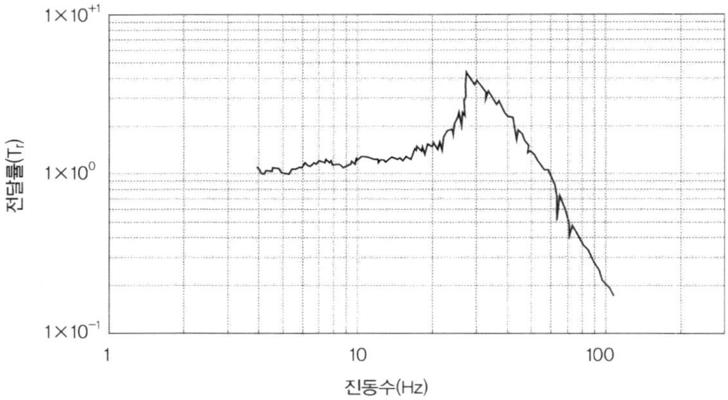

그림 4.10 정현파 스위프진동에 대한 제품의 반응형태

그림 4.10은 정현파 스위프진동시험에 대한 제품의 반응형태의 한 예를 나타낸 것으로, 가진 진동수 범위 내에서 하나의 공진점이 존재한다. 그러나 랜덤진동에 대한 제품의 반응형태를 나타낸 그림 4.11의 예를 보면 가진 진동수범위 내에서 3개의 공진점이 나타난다.

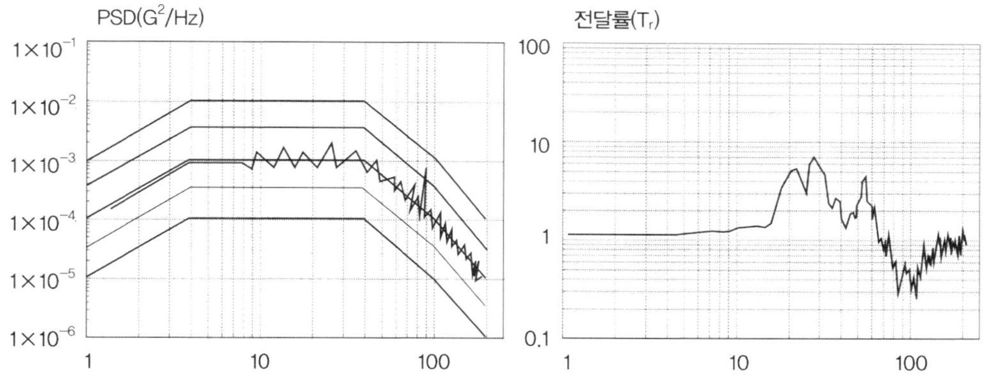

(a) PSD–진동수 (b) 전달률–진동수

그림 4.11 랜덤진동에 대한 제품의 반응형태

앞에서도 기술한 바와 같이 진동시험은 제품의 수송방향을 비롯해 잠재성 있는 각 방향에 대해 모두 시험하여야 하며, 각 방향에서 일단 가장 낮은 공진점이 가장 중요하다.

이상에서 측정한 공진점이 예상되는 수송환경 범위에 있을 경우, 각 공진진동수에서 정현파 드웰시험(sinusoidal dwell test)을 실시하여, 그 공진요소에 대한 피로 특성(fatigue characteristics)을 시험해야 한다. 이때 드웰시간(dwell time), 가속도 수준 및 손상 수용한계 등은 사용자가 정의하나, 드웰시간이 명확하지 않을 때는 각 공진진동수에서 15분이 권장된다.

정현파 드웰시험 대신에 랜덤진동시험을 실시할 수 있는데, 이때는 일정시간 동안 랜덤진동을 주어 공진요소의 피로특성과 부품들 사이의 상호작용을 평가한다. 이때도 진동시간, 랜덤 스펙트럼 및 손상 수용한계 등은 사용자가 정하지만, 시험시간으로 보통 30분이 권장된다.

예제 4-7

가속도 수준 1 G로 진동수 범위 2~200 Hz를 스윕률(sweep rate) 0.5 oct/min로 상·하 스위프 시험을 실시할 경우, 소요되는 시험시간을 계산하여 보자.

[풀이] 진동수 2~200 Hz 사이에 존재하는 옥타브(octave) 수는 다음과 같이 6.6 octave가 되어, 총가진시간은 $6.6 \times 2 \times 2 = 26.4$분이다.

$$f_{max}/f_{min} = 2^n \rightarrow 200/2 = 2^n \rightarrow n = 6.6 \text{ oct}$$

예제 4-8

50 kN 용량을 가지는 진동시험기에서 중량 500 N의 제품(지그 포함)을 가진할 수 있는 최대 가속도는 몇 G인가를 계산하여 보자. 단, 아마추어(armature) 무게는 대략 용량의 1 %로 간주한다.

[풀이] Newton's 법칙을 이용하여 다음과 같이 계산한다.

$$F = WG$$

$$\rightarrow G = 50{,}000/(500 + 50{,}000 \times 0.01) = 50$$

4.3 제품의 재설계

제품에 대한 완충포장설계를 진행하기 전에 제품에 대한 충격 및 진동취약성에 대한 평가 결과를 피드백시켜 재설계(개선 포함) 여부를 판단해야 한다. 즉, 시험결과로부터 얻은 제품강도(취약성)가 충분한 것으로 판단되면, 다음 단계인 완충포장설계로 진행하면 되지만, 그렇지 못할 경우는 제품의 재설계를 통하여 제품의 강도를 높여야 한다.

지금까지의 테스트는 제품의 설계단계에서 실시되는 것이므로 제품의 재설계가 가능한 것이다. 보다 고도의 기술능력을 갖춘 기업에서는 제품에 대한 최저강도를 설정하고 있고, 재설계가 시제품단계에서 이루어지면 제품의 생산원가에는 영향을 주지 않으므로, 시험단계에서 시제품이 적정수준에 이르지 못하면 재설계는 필연적이다. 설계

단계에서의 제품에 대한 테스트는 설계에 관련된 실제 파손의 유형과 강도 등을 직접 확인할 수 있어 많은 도움이 된다.

제품에 대한 테스트 결과를 피드백시켜 재설계하는 목적을 요약하면 다음과 같다.

- 충격의 관점에서 한계가속도와 한계속도변화 수준을 향상시킨다.
- 진동의 관점에서 제품의 구성요소가 공진진동수에서 격렬하게 진동할 경우 제품 손상을 초래할 수 있으므로, 유통과정에서 야기되는 진동에 관한 정보를 관련시켜 이에 대비하여 공진진동수를 변경하기 위한 것이다.
- 수송포장(공업포장)의 제작원가를 절감하는 데 도움이 된다.
- 제품에 대한 완충설계는 충격에 대한 완화가 주목적이므로, 충격완화와 동시에 진동절연을 이루는 데는 한계가 있으므로, 제품 내 한계공진점을 제거하는 제품의 재설계가 진동으로부터 제품을 보호하는 가장 경제적인 방법으로 고려되며, 그러한 노력 후에 진동절연을 위한 완충시스템의 설계이다.

제품의 재설계는 시험을 통하여 발견되는 부적절한 부분을 강화 또는 대체함으로써 제품의 강도를 적정수준 이상으로 향상시킬 수 있어, 제품의 품질관리에 이용하면 많은 도움이 된다. 이때 제품설계자는 포장설계자와 충분한 협의를 통하여 전체 경비를 절감하고 장기적 안목에서 검토한 후 재설계에 적용한다.

재설계는 재품의 강도가 일정수준에 이르면 완료되며, 유통과정을 고려하여 완충재료의 적용 여부를 결정한다.

연 습 문 제

(1) 자유낙하식 포장완충시험기(cushion tester)와 충격시험기(shock machine)는 모두 자유낙하에 의존한다. 가장 중요한 차이점은 무엇인지 설명하여라.

(2) 일반적으로 동일한 높이에서 플라스틱 프로그래머와 가스프로그래머 낙하시, 어느 경우가 더 큰 정점 G값, 충격지속시간 및 속도변화를 제품에 줄 수 있겠는가?

(3) 충격시험기에 대해 다음을 설명하여라.

- 충격시험기에서 사각파 충격펄스 적용시 장·단점
- 30 cm에서의 자유낙하와 충격시험기 낙하의 차이점
- 플라스틱 프로그래머와 가스 프로그래머에 있어서의 제어변수

(4) 제품의 취약성을 G-factor로만 나타내었을 때와 DBC에 의한 한계가속도와 한계속도변화로 나타내었을 때의 차이점을 기술하라.

(5) 완충된 제품이 충격시험기의 테이블 위에 단단히 고정되어, 플라스틱 프로그래머 위에 높이 30 cm에서 낙하한다. 충격테이블과 프로그래머 사이의 반발계수는 0.4이다. 등가자유낙하높이는 얼마인가?

(6) 76 cm로부터의 낙하를 모의하는데, 충격시험기의 플라스틱 프로그래머가 사용된다. 테스트 제품은 포장된 TV 모니터이다. 시험기의 충격 테이블을 얼마의 높이에서 낙하시켜야 하겠는가? 만일 테스트 샘플이 볼링공이라면 테이블 낙하높이는 어떻게 되겠는가? (e = 0.4)

(7) 한 제품에 대한 한계속도변화와 한계가속도가 각각 270 cm/s와 55 G이다. 완충 없이 제품을 낙하할 수 있는 최대낙하높이는 얼마인가?

(8) 중량 100 N의 제품에 대한 DBC는 다음과 같다. 완충재 없이 제품을 15 cm로부터 콘크리트 바닥 위에 낙하시 이 제품은 손상을 입겠는가? 500 G, 1 ms의 반정현파충격이 이 제품에 손상을 주겠는가?

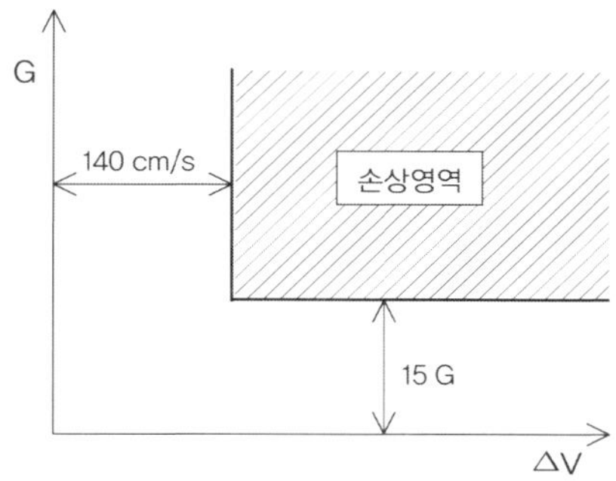

(9) 충격시험기를 이용하여 가스오븐에 대한 테스트 결과를 다음과 같이 얻었다. 충격시험기에 대한 성능차트가 표 4.1과 같을 때, 이 제품에 대한 손상경계곡선(DBC)를 그려라.

한계속도변화 시험		
순서	낙하높이 (cm)	결과
1	5.0	비손상
2	7.5	〃
3	10.0	〃
4	12.5	〃
5	15.0	〃
6	17.5	〃
7	20.0	〃
8	22.5	손상

한계가속도 시험		
순서	가스압력 (kPa)	결과
9	350	비손상
10	700	〃
11	1,050	〃
12	1,400	〃
13	1,750	〃
14	2,100	〃
15	2,450	〃
16	2,800	〃
17	3,150	손상

(10) 모든 면에 대해 35 G의 충격에 저항할 수 있는 한 제품이 있다. 이 제품의 중량은 150 N, 치수는 10 × 15 × 30 cm이다. 높이 90 cm에서 낙하시 제품 보호를 위한 선형스프링상수와 최대변형량을 구하여라. 또한 완충재의 작동거리를 총두께의 78 %라 할 때, 겉포장상자의 내부치수를 결정하여라.

05 충격과 진동에 대한 스프링/질량 모형의 반응

Response of Spring/Mass Model for Shock and Vibration

- 충격에 대한 모형의 반응
- 진동에 대한 모형의 반응

충격과 진동에 대한 제품 자체 또는 제품/완충재 시스템(product/cushion system)의 반응을 분석하는데 스프링/질량 모형이 유용하게 적용되어 왔으며, 앞 장에서 다룬 제품의 충격 및 진동취약성의 평가도 기본적으로 이 모형에 바탕에 둔 것이다.

여기서는 제품과 제품/완충재시스템을 스프링/질량모형의 선형 1자유도 시스템(linear single-degree of freedom system)으로 나타내고, 충격과진동에 대해 이들 모형의 반응에 대한 수학적 모델링을 통해 실제 시스템을 이해하고 현상을 정량적으로 분석하는 방법, 즉 모형화를 통해 실제 시스템을 단순화시켜 직접적인 해를 구하는 방법에 대하여 기술한다.

5.1 충격에 대한 모형의 반응

완충재(cushioning material)에 포장된 제품의 충격과 진동에 대한 거동과 영향인자를 분석하기 위하여 제품 중량을 W, 완충재의 강성계수(stiffness)를 k로 나타내는 그림 5.1의 스프링/질량 모형을 생각해 보자. 이러한 스프링/질량 모형은 또한 그 자체의 중량을 지지하는 유연한 회로기판과 같은 제품 내 민감요소를 표현하는 데도 사용된다.

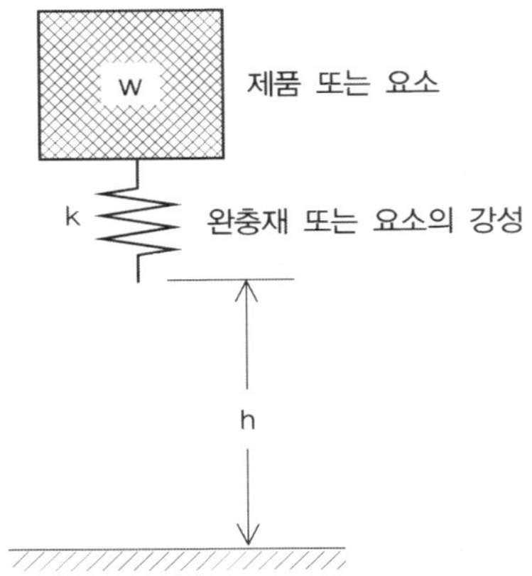

그림 5.1 스프링/질량모형 (spring/mass model)

압축량 D가 그것에 작용된 하중 F에 정비례하는 스프링을 선형스프링(linear spring)이라 하고, 그 선형 관계는 F = kD로 표현된다. 선형스프링을 이상적 스프링(스프링 자체의 질량을 무시할 수 있고, 하중-변위 관계가 선형)이라고도 부르는데, 이는 비선형성(nonlinearity)을 나타내는 스프링보다 수학적으로 다루기가 쉽기 때문에 많은 경우에 있어 가정된다.

스프링상수(spring constant) k는 특정 스프링의 특성을 나타내며, 스프링률(spring rate) 또는 강성계수(stiffness)라고도 부르며, 그 단위는 N/m이다. 다음 그림 5.2는 이상적인 선형스프링과 실제 완충재들의 거동을 비교한 것이다.

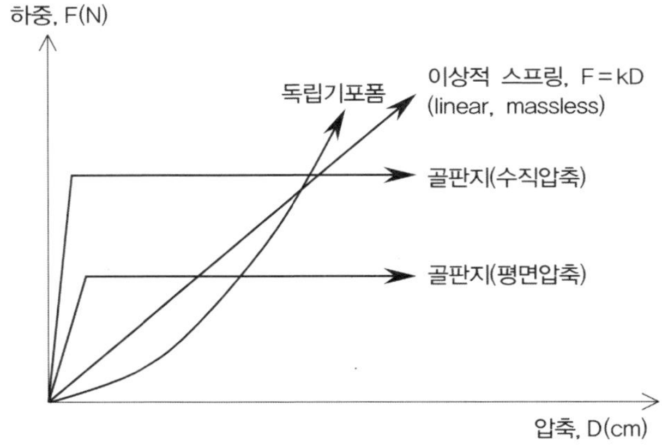

그림 5.2 이상적 선형스프링과 실제의 완충재 거동

【1】 실제 완충재(Real Cushioning Material)의 거동

실제 완충재에 대한 하중-변위 관계는 거의 선형이 아닌 비선형성(nonlinearity)을 나타내기 때문에, 완충재를 이상적 스프링으로 모델링할 경우, 모형에 기초한 어떤 예측의 정확성에 항상 제한을 받는다.

그림 5.3에서 보는 바와 같이, 완충재의 비선형성은 경화[고무 등 바텀아웃(bottom-out)되는 많은 완충재]와 연화현상을 나타내는데, 이러한 특성을 나타내는 이유로는 비균일한 기하학적 형상(특히 단면구조), 분산형 완충재(loose-fill cushioning material)의 비선형성, 급격한 강성변화 등을 들 수 있다.

그림 5.2에서 보는 바와 같이, 독립기포폼(closed-cell foam) 완충재는 압축 증가에 따라 더 강성(stiffer)을 나타내는 반면, 골판지 적층패드(corrugated pad)는 이와 반대의 경향을 가진다. 사실상, 하중은 골판지(corrugated board)가 수직인지 또는 평면압축인지에 따라 ECT(edge-crush test value) 또는 FCT(flat-crush test value)에 의해 지시하는 일정한 값에 수렴하게 된다.

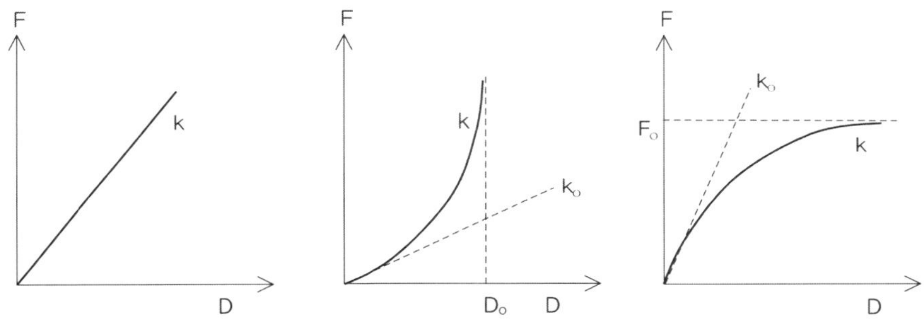

(a) 선형탄성 (b) 경화탄성 (c) 연화탄성

그림 5.3 여러 완충재의 하중-변위 특성

선형탄성(linear elasticity), $F = kD$ (5.1)

경화탄성(hardening elasticity, vertical tangent elasticity),

$$F = \frac{2k_oD_o}{\pi}\tan\left(\frac{\pi D}{2D_o}\right) \tag{5.2}$$

연화탄성(softening elasticity, hyperbolic tangent elasticity),

$$F = F_o\tanh\left(\frac{k_oD}{F_o}\right) \tag{5.3}$$

여기서, k_o는 초기 스프링상수(initial spring constant), D_o는 최대유효변위(maximum available displacement), F_o는 점근하중을 각각 나타낸다.

【2】 모형 예측 (Model Prediction)

1) 수직충돌 (vertical impact)

완충재를 선형스프링으로 간주하여, 제품/완충재시스템을 선형스프링/질량시스템으로 모델링할 경우, 이 모형을 통해 낙하충돌시 발생하는 현상의 예측이 가능하다. 즉, 그림 5.1과 같이 낙하높이 h로부터 낙하시, 충돌 중 스프링에 의해 흡수해야 하는 에너지는 제품의 포텐셜 에너지(potential energy)인 Wh가 된다.

압축량 D에 대한 스프링에 저장된 탄성변형에너지(elastic strain energy)는 $kD^2/2$이다. 제품이 가지는 포텐셜 에너지를 완충재가 모두 다 흡수하는 것으로 간주할 경우, 이 두 방정식은 같게 되므로 D에 대해 정리하면 완충재의 최대동적변위(dynamic deflection) d_m을 구할 수 있다.

$$d_m = \sqrt{\frac{2Wh}{k}} = \sqrt{2h\delta_{st}} = \frac{2h}{G_m} \tag{5.4}$$

여기서, d_m은 완충재(스프링)의 최대동적변위 (m), k는 스프링상수 (N/m), h는 낙하높이 (m), W는 제품 중량 (N), G_m은 완충재를 통해 발생되는 최대감가속도 (정점 G값), δ_{st}는 W/k로 정적변위 (m)를 각각 나타낸다.

식(5.4)는 완충재를 비감쇠 선형스프링이라 간주하고, 제품이 일정 높이에서 낙하시 완충하기 위한 재료의 두께를 신속히 측정할 수 있는 방법인데, 보통 이 식보다는 보다 안전한 $d = 2h/(G-2)$가 많이 적용되고 있다. 그러나 완충재는 항상 감쇠(damping)가 존재하며, 이러한 특성이 고려되어 실제 측정값을 기준으로 작성되는 완충곡선(cushion curve)을 통한 완충재 두께의 결정이 가장 바람직하다. 이에 대해서는 제7장에서 상세히 기술하기로 한다.

최대동적변위는 충돌 동안에 완충재가 최대압축되는 순간, 즉 제품이 순간적으로 정지할 때 발생한다. 이것은 제품을 단순히 완충재 위에 올려놓았을 때의 정적변위(static deflection) 보다는 항상 크다.

한 예로, 스프링상수 20 kN/m, 제품 중량 45 N의 스프링/질량시스템이 높이 60 cm로부터 낙하한다면, 정적변위가 $\delta_{st} = 45/(20 \times 10^3) = 2.25 \times 10^{-3}$ m (2.3 mm)이므로, 최대동적변위는 식(5.4)로부터 다음과 같다.

$$d_m = \sqrt{2h\delta_{st}} = \sqrt{2 \times 0.6 \times 2.25 \times 10^{-3}} = 0.0520\,\mathrm{m}\ (52\,\mathrm{mm})$$

위의 식으로부터 정적 및 동적변위는 중량이 증가할수록, 그리고 연질의 스프링일수록 증가하게 되며, 동적변위는 낙하높이의 증가에 따라 증가한다.

충돌과정에서 G값의 예측이 가능하다. 즉, 충돌하는 동안 질량에 작용되는 최대힘은 질량이 순간적으로 정지하게 될 때 발생하고, 동적변위에 스프링상수를 곱한것과 같다. 따라서 Newton's 법칙에 따라, 정점 G값은 최대힘을 중량으로 나눈 것과 같고, 이는 최대동적변위를 정적변위로 나눈 값과 같아진다.

$$G_m = \sqrt{\frac{2hk}{W}} = \sqrt{\frac{2h}{\delta_{st}}} = \frac{d_m}{\delta_{st}} \tag{5.5}$$

앞의 예에서, G_m은 52/2.3 = 22.6 G가 된다. 식(5.5)에서 최대감가속도(정점 G값)는 낙하높이와 강성계수(stiffness)의 증가에 따라 증가하지만, 중량의 증가에 따라서는 감소한다. 즉, 동일한 완충재 위에 같은 높이로부터 낙하하는 제품의 중량이 클수록, 더 작은 정점 G값을 나타내는 데, 이것은 같은 충돌속도로부터 정지까지 아래로 움직이는 거리가 길어지기 때문에 발생한다. 이것이 변형성 재료(deformable material)의 충격완화의 원리이다.

예측할 수 있는 나머지 양은 충격지속시간(shock duration)인데, 이것은 스프링이 충돌하는 사이에 지면과 접촉하는 시간 즉, 제품/완충재 시스템에서 낙하충돌로 인해 제품과 완충재가 접촉하는 시간이다.

그림 5.4에서 보듯이 충격펄스를 반정현파(half-sine wave)로 간주할 때, 완충재 변위는 $D \fallingdotseq d_m \sin(\omega_n t)$로 표현되고, 제품/완충제 시스템의 고유진동수(natural frequency)는 식(5.11)로부터 $f_n = \omega_n/2\pi = (1/2\pi)\sqrt{gk/W}$ 이므로, 충격지속시간 τ는 다음과 같이 표현된다.

$$\tau = \frac{1}{2f_n} = \pi\sqrt{\frac{W}{gk}} \tag{5.6}$$

앞의 예에서 W = 45 N, k = 20 kN/m이므로, 충격지속시간은 다음과 같이 계산된다.

$$\tau = \pi\sqrt{\frac{W}{gk}} = \pi\sqrt{\frac{45}{9.81 \times 20 \times 10^3}} = 0.0476\,\mathrm{s}\ (48\,\mathrm{ms})$$

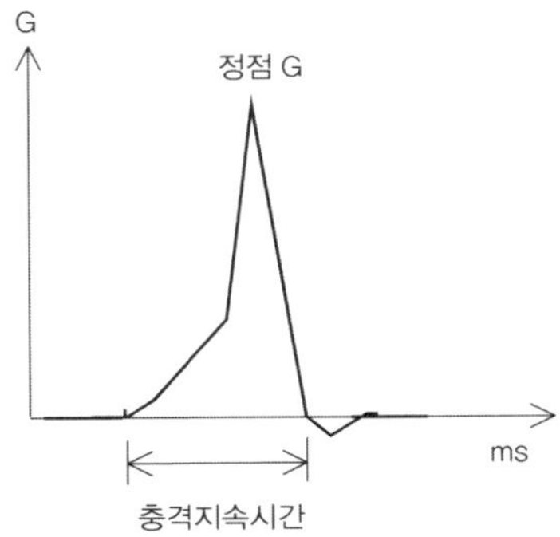

그림 5.4 반정현파(half-sine wave) 충격펄스

여기서, 충격지속시간은 낙하높이에 독립이라는 사실에 주목해야 하는데, 이는 낙하높이의 증가가 충돌속도(impact velocity)와 동적변위(dynamic deflection) 모두를 증가시키기 때문에 결국 더 먼 거리를 더 빠른 속도로 움직이므로 소요되는 시간이 동일한데서 오는 결과이다.

실제 제품/완충재시스템(product/cushion system)에서도 충격지속시간은 낙하높이에 따라 단지 약간만 증가하는 현상을 나타낸다. 이것은 또한 충격시험기(shock machine)에서 플라스틱 프로그래머(plastic programmers)가 왜 1 또는 2 ms가 되는지를 말해주고, 프로그래머는 스프링으로 충격테이블(shock table)은 질량처럼 작동하므로, 테이블로의 충격시간은 테이블의 중량(그리고 테스트 제품은 테이블에 비해 보통 작음)과 플라스틱 프로그래머의 강성에 의해 고정된다.

보충설명 5.1

비감쇠 선형완충재(undamped linear cushion)에 포장되어 자유낙하하여 지면과 충돌하는 과정에서의 제품/완충재시스템(선형스프링/질량시스템)에 대한 역학적 에너지보존의 법칙을 적용하면 다음과 같다. 즉, 다음의 식에서 보는 바와 같이 순간 위치 x를 기준으로 초기위치에서 제품이 가지는 포텐셜 에너지(potential energy)는 질량 m의 순간운동에너지(instantaneous kinetic energy)와 한 순간에 완충재에 저장된 에너지의 합과 같아야 한다.

$$\frac{1}{2}m\dot{x}^2 + \int_0^x P\ dx = mg(h+x)$$

여기서, m은 완충된 제품의 질량(kg), x는 바닥과 접촉한 이후의 변형(m)을 각각 나타낸다.

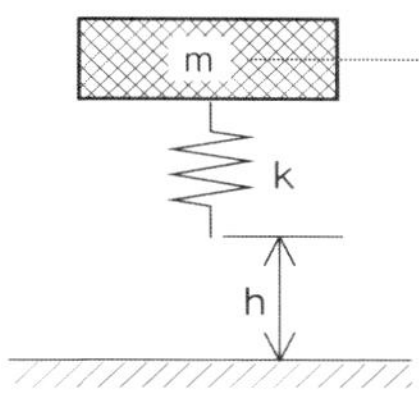

$h \gg x$이고, 완충재가 최대로 변형된 순간 $x = 0$, $x = d_m$에 대하여 적분하여, 이로부터 완충재의 최대동적변위, 최대작용력 및 최대전달가속도 식을 다음과 같이 각각 유도할 수 있다.

$$\begin{cases} \int_0^{d_m} P\ dx = mgh \rightarrow \int_0^{d_m} kx\,dx = \frac{1}{2}kd_m^2 = Wh \rightarrow d_m = \sqrt{\frac{2hW}{k}} = \frac{2h}{G_m} \\ P_m = kd_m = \sqrt{2hWk} \\ G_m = \frac{P_m}{W} = \sqrt{\frac{2hk}{W}} \end{cases}$$

예제 5-1

40 G의 취약성을 갖는 제품이 1 m에서 낙하시 요구되는 완충재 두께를 비감쇠 선형시스템으로 간주하고 결정해 보자.

[풀이] 앞의 식으로부터 $D = 2h/(G-2) = (2 \times 1)/(40-2) = 0.053$ m (53 mm)이다. 여기서의 D는 완충재의 이론적 변위량이므로, 완충재의 실제 두께는 완충재의 바텀아웃(bottom-out)이 고려되어야 한다.

따라서 표 6.2에서의 재료별 최적변형률을 이용하면, 요구되는 두께는 각각 EPE가 106 mm(= 53 × 100/50), EPS는 132 mm(= 53 × 100/40), PE는 76 mm(= 53 × 100/70)가 된다.

예제 5-2

중량 500 N의 제품이 높이 3 m에서 낙하시 최대가속도를 60 G로 한정하기 위한 완충재의 변위 d_m, 강성계수 k 및 충격지속시간을 각각 구하여 보자.

[풀이] 이 문제에서 W = 500 N, h = 3 m, G_m = 60 G이므로, 앞의 식(5.4)~(5.6)으로부터 d_m, k 및 τ를 각각 구하면 다음과 같다.

$$\begin{cases} d_m = \dfrac{2h}{G_m} = \dfrac{2 \times 3}{60} = 0.1\ \mathrm{m} \\ k = \dfrac{WG_m^2}{2h} = \dfrac{500(60)^2}{2 \times 3} = 300{,}000\ \mathrm{N/m}\ (300\ \mathrm{kN/m}) \\ \tau = \pi\sqrt{\dfrac{W}{gk}} = \pi\sqrt{\dfrac{500}{9.81 \times 300 \times 10^3}} = 0.0409\ \mathrm{s}\ (40.9\ \mathrm{ms}) \end{cases}$$

예제 5-3

좀 더 실제적인 문제로 치수가 30 × 30 × 30 cm, 중량 500 N인 제품이 손상없이 50 G의 충격에 견딜 수 있으며, 유통 중 최대 1.5 m의 높이에서 낙하가 예상된다. 요구되는 완충재의 탄성계수는 얼마가 되어야 하는지 계산하여 보자. 단, 완충재의 작동거리(working length, WL)는 완충재 총두께의 50 %이다.

[풀이] 이 문제에서 W = 500 N, h = 1.5 m, G_m = 50 G이므로, 우선 완충재의 최대동적변위를 식(5.4)로부터 계산하면 다음과 같다.

$$d_m = \frac{2h}{G_m} = \frac{2 \times 1.5}{50} = 0.06\,\mathrm{m}\,(6\,\mathrm{cm})$$

버텀아웃을 방지하기 위해서는 WL ≥ d_m이어야 하고, 주어진 조건을 정리하면 d_m = WL = $0.5T_t$ (T_t는 완충재의 총두께)이 되므로, 식(5.5)와 (5.10)을 활용해 스프링상수와 탄성계수를 각각 구하면 다음과 같다.

$$T_t = \frac{d_m}{0.5} = \frac{0.06}{0.5} = 0.12\,\mathrm{m}$$

$$G_m = \sqrt{\frac{2hk}{W}} \rightarrow k = \frac{500(50)^2}{2 \times 1.5} = 416{,}666\,\mathrm{N/m}\,(417\,\mathrm{kN/m})$$

$$k = E \times \left(\frac{\text{면적}}{\text{두께}}\right) \rightarrow E = 416{,}666 \times \left(\frac{0.12}{0.3 \times 0.3}\right) = 555{,}555\ \mathrm{Pa}\,(556\,\mathrm{kPa})$$

2) 수평충돌 (horizontal impact)

앞에서 유도된 수직충돌(vertical impact)에 대한 여러 모형들이 수평충돌상황에서는 어떻게 적용되는지를 예를 들어 설명하기로 한다.

중량 200 N의 제품이 스프링상수 k = 40 kN/m인 재료에 의해 전면완충(complete encapsulation)되어 있다. 이 포장화물은 화차의 바닥면에 고정되어 있고, 만약 화차가 다른 화차와 20 km/hr의 속도로 연결될 때, 이 제품의 손상방지를 위해서는 완충재의 최소두께가 얼마가 되어야 하는지 판단해 보자. 또한 G_m과 τ는 어떻게 되겠는가? 단, 완충재의 작동거리는 전체 두께의 40 %이다.

수평충돌에 대한 문제를 풀기 위해서는 먼저 수평충돌속도와 동일한 충돌속도를 나타내는 등가수직낙하높이를 산출하여, 앞에서 유도한 수직충돌에 관련된 모형들을 적용한다.

$$\begin{cases} V_i = 20\,\mathrm{km/hr} = 5.56\,\mathrm{m/s} \\ V_i = \sqrt{2gh} \rightarrow h = \dfrac{V_i^2}{2g} = \dfrac{(5.56)^2}{2 \times 9.81} = 1.58\,\mathrm{m} \end{cases}$$

즉, 1.58 m의 수직낙하높이에서 완충재의 최대동적변위 d_m, 최대가속도 G_m 및 충격지속시간 τ를 각각 산출하면 다음과 같다.

$$\begin{cases} d_m = \sqrt{\dfrac{2Wh}{k}} = \sqrt{\dfrac{2\times 200\times 1.58}{40,000}} = 0.13\text{ m} \\ G_m = \sqrt{\dfrac{2kh}{W}} = \sqrt{\dfrac{2\times 40,000\times 1.58}{200}} = 25.14\text{ G} \\ \tau = \pi\sqrt{\dfrac{W}{gk}} = \pi\sqrt{\dfrac{200}{9.81\times 40,000}} = 0.07\text{ s (70 ms)} \end{cases}$$

이것은 완충재가 제품의 한쪽 벽면에만 작용한다고 가정한 결과이며, 만약 충돌시 완충재가 제품의 양쪽 벽면에 모두 작용한다고 하면, 이 완충재들은 병렬연결이므로 충격지속시간은 $\tau = \pi\sqrt{W/2gk}$로 계산하여야 한다.

$d_m = WL = 0.40T_t \rightarrow T_t = dm/0.4 = 0.13/0.4 = 0.32\text{ m}$, $h = Vi_2/2g$, $\delta_{st} = W/k$이므로, 최대가속도는 다음과 같다.

$$G_m = \sqrt{\frac{2kh}{W}} = V_i\sqrt{\frac{k}{Wg}} = \frac{V_i}{\sqrt{\delta_{st}\cdot g}} \tag{5.7}$$

고유진동수는 $f_n = 0.50\sqrt{1/\delta_{st}}$이므로, 이는 다시 다음과 같이 표현된다.

$$G_m = \frac{V_i f_n}{0.50\sqrt{g}} = \frac{V_i f_n}{1.5660} \tag{5.8}$$

$$\begin{aligned} d_m &= \sqrt{\frac{2Wh}{k}} = \sqrt{\frac{2W}{k}\left(\frac{V_i^2}{2g}\right)} = V_i\sqrt{\frac{W}{gk}} = V_i\sqrt{\frac{\delta_{st}}{g}} \\ &= \frac{V_i}{\sqrt{g}}\cdot\frac{0.50}{f_n} = 0.1596\frac{V_i}{f_n} \end{aligned} \tag{5.9}$$

이 예에서와 같이 수평충돌시의 충돌속도를 알게 되면 변형량을 계산할 수 있으므로, 필요 완충재 두께를 결정할 수 있다. 또한 시스템의 고유진동수를 알면 G_m, d_m 및 τ 등을 모두 산출할 수 있다.

【3】 예측의 정확성 (Accuracy of Prediction)

완충재의 압축시 이상적인 선형스프링처럼 거동하지 않는다면, 예측되는 정적변위(static deflection), 동적변위(dynamic deflection), 정점 G값 및 충격지속시간 모두에 오차가 발생한다.

분명하게 부정확한 예측이라고 할 수 있는 근거는 충격펄스(shock pulse)가 완전한 반정현파라고 가정한 것으로, 완전한 반정현파는 그것의 정점을 통과하는 수직선에 관하여 좌우 대칭이고, 좌우 면적이 동일하다는 것을 의미하는데 실제는 그렇지 않다. 다시 말해, 이것은 반발계수(coefficient of restitution)가 정확히 1이라는 것을 의미하므로, 이러한 사실은 경험으로 보아 맞지 않다. 그렇다고 해서 이를 통한 다른 예측들이 틀렸다라는 것을 의미하지는 않는다. 판단할 수 있는 유일한 방법은 충격시험기와 실제 완충낙하를 통한 데이터들과 서로 비교하여 보는 것이다.

(1) 충격시험기 (shock machine)

충격시험기의 2 ms 반정현파 플라스틱 프로그래머(2 ms half-sine plastic programmer) 상에 낙하시 테이블로의 충격은 낙하높이에 관계없이 2 ms의 충격지속시간을 갖는 반정현파 충격펄스를 발생한다.

충격지속시간에 대한 식(5.6)에서 충격지속시간 2 ms 사용은 스프링상수/중량의 비가 k/W = 251,264 (W는 테이블의 중량, k는 플라스틱 프로그래머의 강성)이므로, 이 값은 정점 G값에 대한 식(5.5)에서 $G_m = 709\sqrt{h}$가 된다. 만일 플라스틱 프로그래머가 이상적인 스프링으로 모델링 될 수 있다면, 그때는 G에 대한 예측은 충격테이블 측도설정 차트(shock table calibration chart)에서의 값에 대등할 것이다.

표 4.1의 충격시험기 성능차트에서 충격테이블의 낙하높이 h = 5 cm에 대해서는 G = 163, 그리고 h = 45 cm에 대해서는 G = 635이다. 식(5.5)의 스프링/질량 모형에서는 같은 낙하높이에 대하여 다음과 같이 각각 예측된다.

h = 5 cm에 대하여, $G = \sqrt{\dfrac{2hk}{W}} = \sqrt{2 \times 0.05 \times 251{,}264} = 159$

h = 45 cm에 대하여, $G = \sqrt{\dfrac{2hk}{W}} = \sqrt{2 \times 0.45 \times 251{,}264} = 476$

분명히 플라스틱 프로그래머는 낮은 낙하높이에 대해서는 이상적인 스프링과 같이 거동하지만 높은 낙하높이에 대해서는 그렇지 못하다. 635의 실제 G값은 예측된 값 476 G보다 약 33 % 높다는 사실은 프로그래머의 강성은 압축량에 따라, 그림 5.2에서 독립기포폼(closed-cell foam)과 같이 크게 얻어지는 경화탄성(hardening elasticity) 거동을 한다는 것을 알 수 있다.

(2) 실제의 완충재(real cushion)

한 예로, 지지면적 25 × 25 cm, 두께 2.5 cm의 완충재 상에 200 N의 제품이 높이 30 cm로부터 낙하한다고 하자. 정적응력이 200/(0.25 × 0.25)이므로, 이때 발생하는 정점 G값은 그림 5.5(a)의 완충곡선으로부터 약 60 G가 된다. 이 값을 이용하여 식(5.5)로부터 강성계수를 계산해보면 다음과 같다.

$$G_m = \sqrt{\frac{2hk}{W}} \rightarrow k = \frac{60^2 \times 200}{2 \times 0.3} = 1,200 \text{ kN/m}$$

즉, 스프링/질량모형(spring/mass model)에 따라 크기 25 × 25 × 2.5 cm 완충재의 강성이 1,2000 kN/m가 되는 것이다.

이와는 완전히 다른 낙화 상황으로, 지지면적 12.5 × 12.5 cm, 두께 12.5 cm의 완충재 위로 100 N의 제품이 높이 120 cm로부터 낙하한다고 하자. 치수와 형상이 전과 완전히 다르기 때문에 새로운 상황에 대한 강성이 전과 같다고 말할 수 없다. 그렇지만, 우리는 Hook's 법칙으로부터 강성계수와 탄성계수(modulus of elasticity)의 관계인 식(5.10)을 유도할 수 있으며, 블록형태의 균일한 재료에 대해, 형태 1에서 2로 그것의 면적 A와 두께 t가 바뀌면, 스프링상수도 다음 식에 의해 바뀌게 되나 탄성계수는 변함이 없어야 한다.

$$E = \frac{\sigma}{\epsilon} = \frac{kt}{A} \quad \rightarrow \quad \frac{k_1 t_1}{A_1} = \frac{k_2 t_2}{A_2} \tag{5.10}$$

이 예에서, 형태 1은 k_1 = 1,200 kN/m, t_1 = 2.5 cm, A_1 = 625 cm^2이고, 형태 2는 k_2 = ?, t_2 = 12.5 cm, A_2 = 156 cm^2이므로, 식(5.10)으로부터 k_2에 대하여 풀면 k_2 = 60 kN/m이며, 이것은 새로운 스프링상수가 적용된 것에 대한 모형의 예측값이다.

이 값을 W = 100 N, h = 120 cm와 함께 정점 G값을 식(5.5)를 사용하여 다음과 같이 계산하면 38 G를 얻는다.

$$G_m = \sqrt{\frac{2hk}{W}} = \sqrt{\frac{2 \times 1.2 \times 60 \times 10^3}{100}} = 38\ G$$

만일 완충재가 사실상 이상적인 스프링으로써 모델링된다면, 그때는 이 새로운 낙하 상황에 대한 완충곡선상의 실제의 G값은 38에 근접해야 한다. 실제의 값은 40 G이므로 모형이 정확하다고 말할 수도 있지만, 이 경우는 우연히 일치하고 있는 것 뿐이다.

실제 측정한 완충곡선과 그 이상화된 모형과는 항상 잘 일치하지는 않는다. 특히, 모형은 완충곡선의 상승부분에 대한 G값과 매우 큰 오차를 나타내는데, 이것은 압축이 커짐에 따라 강성이 크게 증가하기 때문에 발생한다.

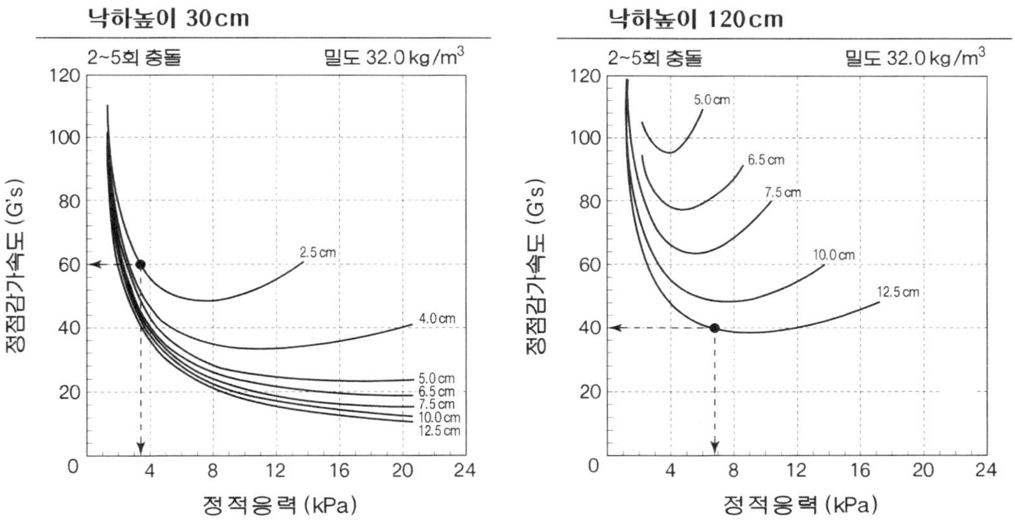

(a) 낙하높이 30cm (b) 낙하높이 120cm,

그림 5.5 독립기포 폴리에틸렌폼(closed-cell foam)의 완충곡선 (밀도 32 kg/m³)

5.2 진동에 대한 모형의 반응

G-하중(force), 충격취약성(shock fragility), 충격펄스(shock pulse), 손상경계곡선(damage boundary curve) 및 완충곡선(cushion curve) 등은 모두 충격에 관한 것들로 취약한 제품에 대한 경제적인 완충설계(cushioning design)를 이루기 위해 도입된 이론들이다. 그러나 이것들 중 어느 것도 진동과 관련되어 있지 않다.

충격손상(shock damage)은 대개 굽거나, 분쇄 또는 부분파괴형태로 나타나는 반면, 진동손상(vibration damage)은 이 모든 것을 포함하는 그 이상의 형태로 나타난다. 즉, 진동이 고가의 회로기판에 크랙을 발생시키거나, 또는 민감한 전자부품에 정전하로 손상을 주는 현상은 보기드문 일이 아니다.

손상이 제품의 과도한 운동의 결과라는 의미에서 충격과 진동은 동일하지만, 그 주요한 차이는 충격은 한번 크게 타격하는 반면, 진동은 반복적으로 많이 작게 타격한다는 것이다.

스프링/질량모형은 포장된 제품(포장화물) 수송시 진동효과를 설명하는 데 자주 사용된다. 진동상황(수송)에 대한 제품의 반응을 결정하는 중요한 특성이 제품의 고유진동수(natural frequency)이며, 이는 순간적인 교란에 의해, 즉 고유진동 상태에 놓인 물체가 진동하려고 하는 속도를 의미한다.

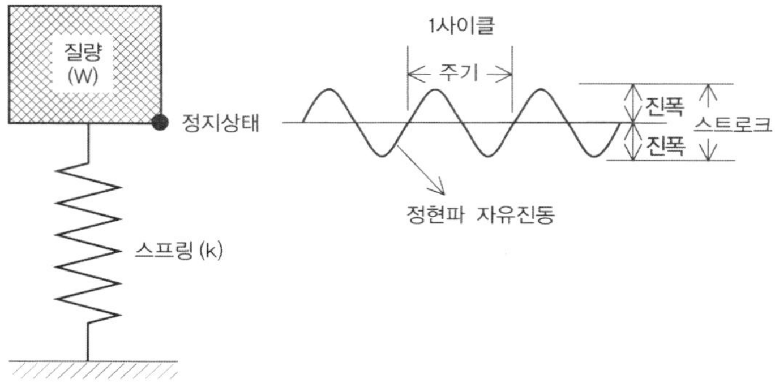

그림 5.6 정현파 자유진동(free vibration)의 개념

이상적인 스프링/질량모형에 대한 고유진동수는 다음과 같이 표현된다.

$$f_n = \frac{1}{2\pi}\sqrt{\frac{k}{m}} = \frac{0.5}{\sqrt{\delta_{st}}} \tag{5.11}$$

여기서, k는 스프링상수(N/m), δ_{st}는 W/k로 정적변위(static deflection) (m)를 각각 나타낸다.

이 식으로부터 스프링상수의 증가는 고유진동수를 증가시키며, 중량이 클수록 고유진동수가 감소하는 특성에 주목해야 한다. 그러므로 현가장치 위에서 상하 진동하는 트럭 트레일러와 연계된 고유진동수의 범위를 알 수 있다. 즉, 빈 트럭의 경우는 W가 트레일러의 중량이므로, 고유진동수는 8 Hz 부근이고, 짐을 가득 실은 트럭의 경우는 W가 트레일러와 화물의 복합하중이므로 고유진동수는 이보다 작은 2 Hz 부근이다.

또한 고유진동수는 정지상태의 스프링을 중량이 압축하는 양을 나타내는 정적변위(static deflection)항으로 나타낼 수 있다. 이러한 식의 변형을 통해, 스프링/질량시스템의 치수는 문제가 안된다는 것을 보여준다. 즉, 정적변위가 같으면 시스템의 크기에는 관계 없이 동일한 고유진동수를 가지게 된다.

개념적으로 고유진동수는 1초에 완전한 운동의 사이클수이며, 단위로는 Hz가 사용되고, 고유진동수의 역수는 사이클당 시간으로 주기(period) τ가 된다.

$$\tau = \frac{1}{f_n} \tag{5.12}$$

정현파 진동(sinusoidal vibration)은 진폭과 진동수를 지정함으로써 완전히 묘사될 수 있기 때문에, 속도와 가속도 같은 관련된 양을 계산할 수 있다. 진동진폭 A(zero-to-peak)가 고유진동수에 따라 알려졌다면, 질량의 최대감가속도는 운동의 각 끝점에서 발생하며, 다음과 같이 표현된다.

$$\begin{cases} x = A\sin(\omega_n t) \rightarrow x_{max} = A = \dfrac{a_{max}}{(2\pi f_n)^2} \\ v = \dot{x} = \omega_n A\sin(\omega_n t + \omega/2) \rightarrow v_{max} = A(2\pi f_n) = \dfrac{a_{max}}{2\pi f_n} \\ a = \ddot{x} = \omega_n^2 A\sin(\omega_n t + \omega) \rightarrow a_{max} = A(2\pi f_n)^2 \end{cases} \tag{5.13}$$

$$\text{정점감가속도, } G_m = \frac{A(2\pi f_n)^2}{g} \tag{5.14}$$

식(5.14)로부터 동일한 진폭을 갖더라도 고유진동수가 서로 다른 2개의 스프링/질량 시스템은 다른 가속도를 나타낸다. 고유진동수가 작을수록 진동이 느리며, 정점가속도도 작아진다.

수송 중 트레일러에 의해 겪는 G값의 크기를 생각해 보자. 이동 중에 트레일러는 도로의 돌출부에 대한 응답으로 그것의 고유진동수에서 일차적으로 상하 진동한다(대개 2~8 Hz 사이). 트럭의 타이어가 돌출부에 의해 타격될 때, 그것은 거의 동시에 스프링을 돌출부 높이만큼 압축하는데, 이것은 대략 야기되는 진동의 진폭에 상당한다. 2.5 cm 높이의 돌출부에 대하여, 트레일러의 정점 G값은 트레일러의 적재량에 의존해 다음 범위의 값을 가진다.

$$\frac{0.025(2\pi\times 2)^2}{9.81}=0.4\ \mathrm{G}\ \sim\ \frac{0.025(2\pi\times 8)^2}{9.81}=6.4\ \mathrm{G}$$

작은 돌출부에 대하여 G값도 비례적으로 작다. 돌출부 높이는 정규분포를 하기 때문에 G값도 또한 정규분포를 하게 된다. 트럭 수송 중의 평균 G값은 0.5 G 부근으로 알려져 있다.

5 Hz의 평균 고유진동수를 사용하여, 평균돌출부높이를 식(5.13)에 의해 계산하면 5 mm가 되므로, 이것은 합리적이다. 그렇지만 조건에 관계없이 진동 G값은 충격보다는 대부분 더 작은 수준이다.

$$\mathrm{A}=\frac{a_{max}}{(2\pi f_n)^2}=\frac{0.5\times 9.81}{(2\pi\times 5)^2}=4.97\times 10^{-3}\,\mathrm{m}\ (5\ \mathrm{mm})$$

예제 5-4

최대가속도 2 G로 시험하기 위해서는 4 cm의 고정된 진폭(peak-to-peak)을 갖는 진동테이블이 요구된다. 테이블이 얼마의 진동수에서 작동되어야 하는지 계산하여 보자.

[풀이] 식(5.13)에 의해 다음과 같이 계산된다.

$$a_{max}=\mathrm{A}(2\pi f_n)^2\ \rightarrow\ f=\frac{1}{2\pi}\sqrt{\frac{2\times 9.81}{2\times 10^{-2}}}=5\ \mathrm{Hz}$$

【1】 스프링/질량시스템의 공진 (Resonance)

스프링/질량시스템의 고유진동수는 입진동에 대한 반응 정도를 결정하기 때문에 매우 중요하다. 예를 들어, 트럭에 적재된 포장화물의 고유진동수는 적재가 이동 수단에 얼마나 반응하는가를 나타낸다.

그림 5.7은 스프링/질량시스템의 강제진동(forced vibration)에 대한 반응을 보여주는 단순한 시험이다.

일정한 고유진동수를 갖는 스프링/질량시스템이 진동테이블(vibration table) 위에 놓여 있고, 테이블은 고정된 진폭으로 점차 진동수를 증가시키면서 상·하 진동한다. 처음에 테이블이 상하로 천천히 움직일 때 질량은 테이블에 보조를 맞추어 움직이다가, 테이블의 진동수가 점차 증가함에 따라 질량의 진동진폭도 연속적으로 증가하게 된다.

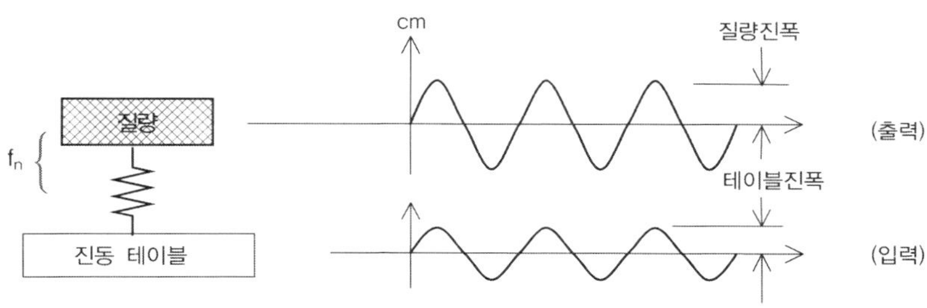

그림 5.7 공진 (resonance)

결국에는 질량의 진폭이 최대값에 도달하게 되고, 그 후부터는 계속 감소하게 된다. 이처럼 최대가 되는 순간은 입진동인 테이블의 진동수가 출진동인 스프링/질량시스템의 고유진동수에 도달될 때 발생한다. 이런 상태를 공진(resonance)이라 한다.

공진상태에서 테이블은 항상 질량을 그것의 운동방향으로 밀게 되므로 반동없이 에너지는 증가하게 된다. 그러나 실제에 있어서는 완충시스템에 항상 감쇠(damping)가 작용하기 때문에 에너지의 흡수가 이루어져 진동 증가가 많이 억제된다. 시스템에서 감쇠효과에 대해서는 다음 절에서 기술하기로 한다.

공진을 피할 수 있는 분명한 방법은 완충재 위의 제품과 내부 부품 모두의 고유진동수를 트럭 수송과 관련된 진동수, 특히 2~8 Hz, 15~20 Hz 및 50~100 Hz를 가지지 않게 하는 것이다. 그렇지만 이것은 실행하기가 어렵다.

현가장치의 진동진폭이 가장 크기 때문에, 만일 고유진동수를 현가장치의 진동수 범위인 2~8 Hz를 피할 수 있다면, 제품은 진동으로 인해 손상을 거의 받지 않을 수 있다. 만일 제품의 한 요소가 이 범위에서 고유진동수를 가진다면, 그 부품을 장착하는 방법의 변경을 통한 제품의 재설계 또는 수송 중 그 요소를 블로킹(blocking)과 브레이싱(bracing)하는 것이 현명하다. 물론 이것은 첫째로 고유진동수를 결정할 수 있을 때 가능하다.

고유진동수를 결정하는 데는 여러 가지 방법이 있으며, 그 대표적인 방법들에 대해 다음 절에서 기술하기로 한다.

【2】 스프링/질량시스템의 고유진동수 (Natural Frequency)

진동하는 모든 물체는 필히 그 고유(자연)진동수를 가지고 있으며, 이 고유진동수는 포장된 제품 또는 제품 내 요소들이 수송환경에 어떻게 반응하는가를 결정하기 때문에 시스템의 중요한 고유 특성값이다.

제품/완충재시스템에서 제품은 질량으로 완충재는 스프링으로 나타내는 것은 명백하다. 그러나 유리그릇과 같은 고체물체도 타격하면 일정한 울림이 발생하는 것처럼, 고유진동수를 가지고 있으나 거기에는 어떠한 스프링도 존재하지 않는다.

실제, 고체물체는 무수히 많은 작은 질량과 함께 연결된 스프링의 집합체라 할 수 있다. 즉, 그 질량들은 각각의 분자량이고, 스프링은 분자간의 힘이다. 물체의 구성에 포함된 재료, 고체물체의 형상과 치수는 모두 고유진동수를 결정하는 데 역할을 한다.

진동은 반드시 고체물체에서만 발생하는 것은 아니다. 병과 드럼 속의 액체도 또한 특정한 고유진동수에서 앞·뒤로 출렁거린다. 대부분 고체물체들의 고유진동수는 제품/완충재시스템에 대한 것보다는 높은 경우가 보통이다.

고체물체를 지지하는 방법 변경은 스프링/질량모형에서 스프링 강성의 변화에 의해 고유진동수를 변화시킨다. 예를 들면, 한 평판 전체가 단단히 지지될 때가 단지 4개의 코너에서 지지될 때에 비하여 한층 더 높은 고유진동수를 가진다. 일반적으로 물체를 더 단단히 지지할 때가 더 높은 고유진동수를 가진다. 또한 고체 물체의 형상변화는 고유진동수를 변경시키는데, 예를 들면 곧은 평판을 둥글게 휠 때 그것의 고유진동수는 증가한다.

일반적으로 강판은 같은 크기와 형상의 플라스틱보다 더 큰 고유진동수를 가진다. 왜냐하면 두 재료 중 강이 더 탄성계수(modulus of elasticity)가 높아 동일한 조건에서 더 큰 강성을 가지게 되기 때문이다.

TV와 같이 포장된 제품 속에는 많은 수의 스프링/질량시스템이 존재한다. 회로기판과 같은 내부요소와 심지어 이들 기판의 작은 전자부품들도 그 예이다. 완충재 (스프링) 위의 TV가 하나의 전체로써 놓여 있는 것도 또 하나의 예가 된다,

이상에서 살펴본 바와 같이 질량과 유연성(flexibility)을 가지는 어떤 것도 스프링/질량시스템이며, 결과적으로 고유진동수(natural frequency)를 가지게 된다. 이러한 개념은 물리적으로 스프링과 질량으로 분리될 수 있는 경우(완충재상의 제품)와 그렇지 못한 경우(유리병, 제품내 부품) 모두에 적용된다.

단순히 하나의 스프링/질량시스템에 대한 고유진동수를 구하는 가장 대표적인 방법은 제4장에서도 소개된 바와 같이, 진동테이블(vibration table)상에서 전달률(transmissibility)에 의한 공진탐색시험을 실시하는 것이다. 즉, 진동수를 스위프(sweep)하는 동안 요소의 공진(resonance)이 관찰되도록 전체 제품이 커버를 벗긴체 테이블에 단단히 고정되어야 한다. 공진이 발견될 때, 테이블의 진동수가 요소의 고유진동수와 일치하므로, 이 값이 된다. 그러나 이 방법을 적용하기 위해서는 요소에 쉽게 접근할 수 있어야 하고, 어느 정도 커야 가속도센서를 부착할 수 있다.

이 방법 외에도 요소의 고유진동수를 추정하는 방법에는 다음과 같이 여러 가지 방법이 있으며, 이 방법들은 모든 경우에 적합한 것은 아니며, 방법의 선택은 특별한 상황의 적합성과 테스트하는 데 요구되는 측정비용 등에 기준을 둔다.

(1) 정적변위의 측정에 의한 방법

완충재 상에 놓여 있는 제품 같이 스프링과 질량으로 서로 물리적으로 분리될 수 있는 경우라면, 그 때는 정적변위(static deflection)의 측정이 쉽다. 즉, 질량의 제거 후 스프링의 본래 길이(완충재의 본래 두께)를 측정하고, 그 다음 질량을 부과한 상태에서의 길이를 측정한다. 이 길이의 차이가 정적변위(static deflection)이다.

컴퓨터의 회로기판과 같이 스프링과 질량이 일체가 된 것이라면, 스프링과 질량을 물리적으로 분리할 수 없어, 정적변위의 측정이 불가능하므로 이 방법을 적용할 수 없다.

이 방법에 대한 한 가지의 예를 들면, 그림 5.8과 같다. 먼저, 중력에 의해 부품(스프링/질량시스템)이 가능한 한 아래방향으로 많은 처짐이 발생하도록 제품을 위치시키고, 제품 내 한 강성부분을 기준으로 정하고, 이 기준점과 부품의 추정된 질량중심 사이의 수직거리를 측정한다. 그 다음 제품을 뒤집어, 같은 기준점을 중심으로 그 거리를 다시 측정한다. 두 측정 사이의 차이가 정적변위의 두 배가 되는 것이다. 따라서 그림 5.8에서 $\delta_{st} = (10-8)/2 = 1$ cm이므로, 고유진동수는 식(5.11)로부터 다음과 같이 계산된다.

$$f_n = 0.5/\sqrt{\delta_{st}} = 0.5/\sqrt{0.01} = 5 \text{ Hz}$$

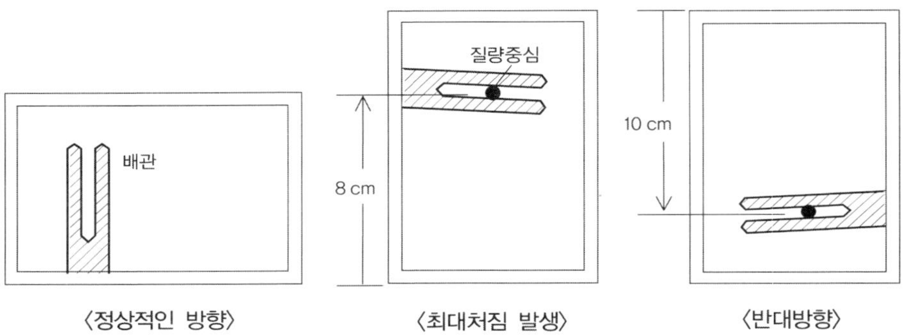

그림 5.8 정적변위 측정과 고유진동수 추정

(2) 편리한 시간 주기에 대한 사이클수의 측정에 의한 방법

합리적인 시간 동안 측정하고자 하는 부품이 진동하도록 교란시킬 수 있다면, 완전한 사이클수를 측정하여 고유진동수를 f_n = (사이클의 수)/(시간 주기)와 같이 계산한다.

이 방법은 보통 저진동수시스템에 대해서만 적용 가능하며, 슬로우 모션 화면재생기능(slow motion capability)을 갖춘 비디오카메라가 때때로 빠른 진동시스템 분석에 적용되기도 한다.

(3) 요소에 가속도센서의 직접 부착에 의한 방법

가장 쉽고 효과적인 방법은 질량에 가속도센서를 직접 부착하여 가속도센서의 출력을 디스플레이하는 것이다. 요소에 접근하기 위하여 필요하다면 제품의 커버를 벗기고,

그 요소에 가속도센서를 부착한다. 그 요소를 타격 후, 가속도센서의 출력을 오실로스코프와 같은 파형획득장비로 디스플레이 하여, 그 자취로부터 f_n을 추론한다.

전구 안의 필라멘트와 같이 접근할 수가 없는 경우와 또는 너무 작거나, 가벼운 취약성 요소에는 부적합하다.

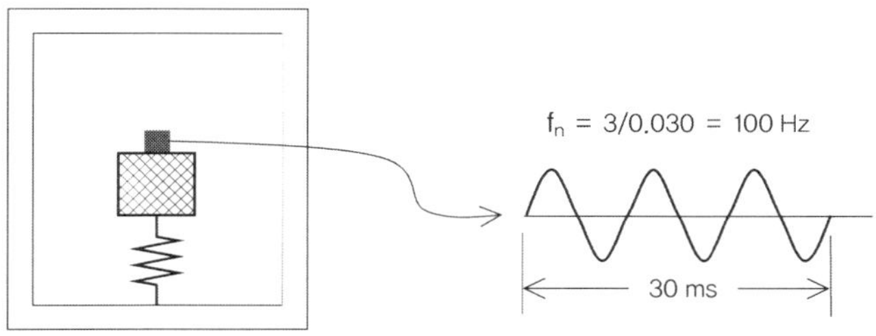

그림 5.9 제품 내 요소에 대한 고유진동수 측정방법 (가속도센서의 직접 부착)

가속도센서를 요소에 직접 부착하여 측정된 고유진동수는 가속도센서의 질량 효과를 제거함으로써 수정되어야 한다. 따라서 측정된 고유진동수를 f_n으로부터 수정된 실제의 고유진동수 f_n'이라 하면, 다음과 같이 보정된다.

$$f_n' = f_n \sqrt{\frac{\text{부품의 중량} + \text{가속도센서의 중량}}{\text{부품의 중량}}} \tag{5.15}$$

예제 5-5

질량 10 g의 가속도센서가 50 g의 요소에 부착한 시스템의 진동 주기가 25 ms로 밝혀졌다면, 실제 요소의 고유진동수는 어떻게 되는지 추정하여 보자.

[풀이] 가속도센서에 의해 측정된 요소의 고유진동수는 1/0.025 = 40 Hz이다. 실제 요소의 고유진동수는 식(5.15)에 의해 $40\sqrt{(50+10)/50} = 44$ Hz가 된다. 즉, 식(5.11)에서도 보듯이, 질량이 감소할수록 고유진동수는 증가하게 된다.

(4) 요소에 가속도센서의 간접부착에 의한 방법

가속도센서를 요소에 직접 부착하는 대신, 요소 가까운 프레임에 부착하고 요소를 타격한 후 가속도센서의 출력을 분석하는 방법이다. 즉, 요소가 진동함으로써, 그것의 운동이 프레임에 전달되고, 가속도센서는 그것을 픽업하게 된다.

이 방법은 보통 가속도센서의 질량 등으로 인해 요소에 직접 부착할 경우, 요소의 운동에 영향을 줄 때 적용된다.

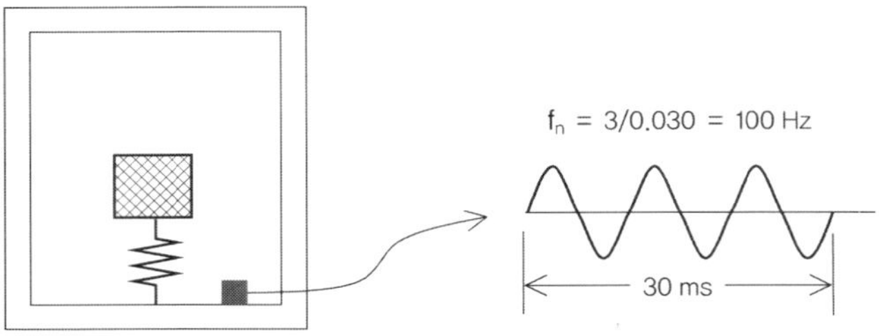

그림 5.10 제품 내 요소에 대한 고유진동수 측정방법 (가속도센서의 간접 부착)

한꺼번에 단지 1개를 여기시키기에 불가능한 경우, 예를 들면 회로기판과 같이 여러 개의 작은 스프링/질량시스템이 가까이에 존재하면, 이 방법은 적용하기 어렵다.

(5) 충격 결과로부터 추론에 의한 방법

스프링/질량시스템의 고유진동수는 때때로 충격시험 결과로부터 추론할 수 있다. 즉, 가속도센서를 완충된 제품에 부착한 상태로 일정 높이로부터 낙하를 통해 얻은 정점 G값으로부터, 정점가속도의 이론식인 식(5.5)에 의해 정적변위(static deflection)을 예측한 후, 식(5.11)에 의해 f_n을 계산할 수 있다.

$$G_m = \sqrt{\frac{2h}{\delta_{st}}} \rightarrow f_n = \frac{0.5}{\sqrt{\delta_{st}}} \qquad (5.5)(5.11)$$

【3】 스프링/질량시스템의 진동전달률 (Vibration Transmissibility)

제품의 한 요소에 대한 공진점을 탐색할 때와 다음 장에서 기술할 완충재에 대한 진동전달 특성을 평가할 때는 전달률곡선(transmissibility plot)에 의한다. 스프링/질량시스템에서 감쇠 유무에 따른 진동전달률 곡선을 그림 5.11에 나타내었다.

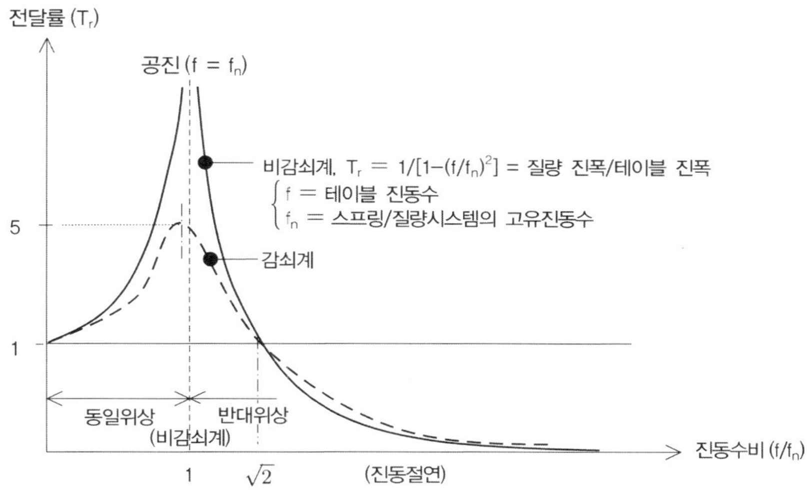

그림 5.11 전형적인 진동전달률 곡선 (typical transmissibility plot)

그림 5.12는 한 제품 내 요소 또는 제품/완충재시스템을 묘사한 것으로, 조화 강제진동 $y(t) = B\sin(\omega t)$의 작용시, 입력 변위진폭과 반응 진폭간의 비가 변위전달률(displacement transmissibility) T_r이 되며, 이 값은 힘과 가속도(진동) 전달률에서도 성립되는 무차원 양으로 다음과 같이 표현된다.

$$T_r = \sqrt{\frac{1+\{2\zeta(f/f_n)\}^2}{\{1-(f/f_n)^2\}^2+\{2\zeta(f/f_n)\}^2}} = \sqrt{\frac{1+(2\zeta r)^2}{(1-r^2)^2+(2\zeta r)^2}} \tag{5.16}$$

여기서, f는 강제진동수(Hz), f_n은 제품 내 요소(또는 제품/완충재시스템)의 비감쇠고유진동수 (Hz). ξ는 요소(또는 완충재)의 임계감쇠계수(critical damping coefficient) c_{cr}(Ns/m)에 대한 실제감쇠계수(actual damping coefficient) c의 비인 감쇠비(damping ratio)($= c/c_{cr} = c/2m\omega_n$), m은 요소 (또는 제품)의 질량 (kg), k는 요소(또는 완충재)의

강성계수(stiffness coefficient)(N/m), ω는 시스템의 가진 각진동수(rad/s), ω_n은 요소(또는 제품/완충재 시스템)의 고유원진동수(natural circular frequency)($= \sqrt{k/m}$)(Hz), r은 진동수비($= \omega/\omega_n = f/f_n$)를 각각 나타낸다.

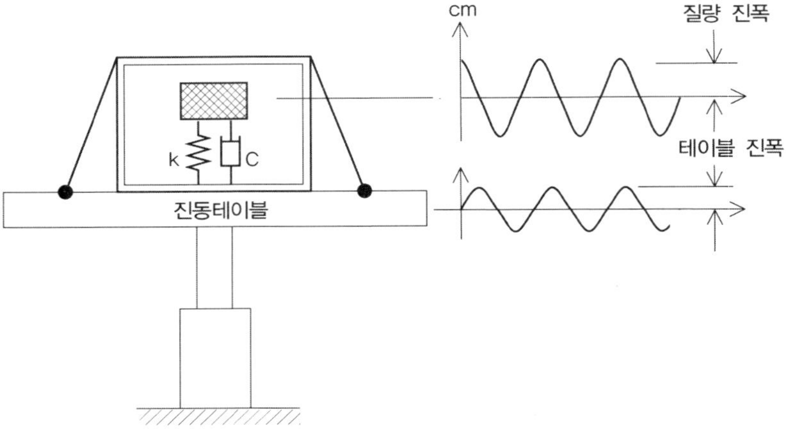

그림 5.12 진동테이블에서 점성감쇠 선형시스템의 반응

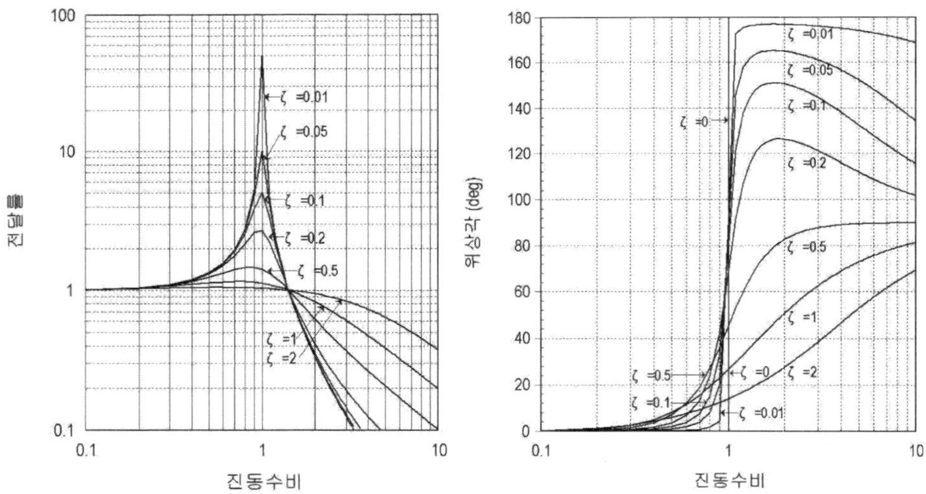

(a) 전달률(transmissibility) (b) 위상각(phase angle)

그림 5.13 점성감쇠 선형시스템(viscous-damped linear system)의 반응

전달률을 표현하는 식(5.16)로부터 감쇠비에 따른 전달률과 위상각(phase angle) 변화를 그림 5.13(a)와 (b)에 각각 나타내었다. 그림 5.13(a)에서와 같이 실제요소(또는 완충재)에는 감쇠가 작용하여 에너지의 흡수가 이루어지므로, 전달률이 무한대로 확대되는 경우는 없다.

감쇠효과가 있음에도 불구하고 공진권에서는 진동력 증가는 피할 수 없으며, 높은 감쇠재료 또는 시스템은 탄력이 작기 때문에 거친 하역(material handling) 중에 발생하는 충격을 증가시키는 경향이 있다. 따라서 완충재료나 완충시스템의 감쇠비는 0.15~0.25(골판지상자의 감쇠비는 보통 0.1~0.3 범위)를 사용하는 것이 바람직하고, 공진권에서의 명확한 고찰과 해석을 필요로 한다.

점성감쇠 선형시스템(viscous-damped linear system)에서 감쇠비와 진동수비가 전달률과 위상각에 미치는 영향을 요약하면 다음과 같다(그림 5.13).

- 만일 비감쇠계($\xi = 0$)라면, 전달률 식(5.16)은 다음과 같이 간단하게 표현되며, 진동수비 $r = 1$에서 전달률은 무한대가 된다.

$$T_r = \frac{1}{1-\left(\frac{f}{f_n}\right)^2} \tag{5.17}$$

- 감쇠비에 관계없이 진동수비 r이 작을 때와 $r = \sqrt{2}$ 에서 $T_r = 1$
- $r < \sqrt{2}$ 일 때 $T_r > 1$이고, 감쇠비가 작을수록 전달률은 커짐, 반면 $r > \sqrt{2}$ 일 때 $T_r < 1$가 되어 진동절연(vibration isolation)이 되고, 감쇠비가 작을수록 T_r는 작아짐
- 공진점은 감쇠비의 증가에 따라 $r = 1$을 기준으로 좌측으로 약간씩 이동하며, 그 위치는 진동수비 $r = \frac{1}{2\zeta}\left(\sqrt{1+8\zeta^2}-1\right)^{1/2}$가 된다.
- 비감쇠계에서의 위상각(phase angle)은 0° 또는 180°가 되는데, $r < 1$이면 동일 위상(in phase)이고, $r > 1$이면 반대 위상(out of phase)으로 진동한다. 감쇠계에서는 위상각이 다음 식과 같이 변한다.

$$\phi = \tan^{-1}\left\{\frac{2\zeta r^3}{1+(4\zeta^2-1)r^2}\right\} \tag{5.18}$$

• $\zeta < 0.1$인 점성감쇠계에서 공진에서의 전달률은 식(5.19)와 같이 감쇠비만의 함수로 간단히 표현되며, 이러한 관계는 완충재의 감쇠비를 추정하는 데 사용될 수 있다.

$$\zeta = \frac{1}{2}\sqrt{\frac{1}{T_r^2 - 1}} \quad \text{또는} \quad T_r = \frac{1}{2\zeta} \tag{5.19}$$

보충설명 5.2

감쇠(damping)는 진동하는 물체의 운동 반대방향으로 저항력을 발생시켜 진동계의 에너지(운동 또는 위치에너지 포함)를 소멸시키는 역할을 하는 것으로, 수송포장설계와 관련해서는 점성감쇠(viscous damping)와 히스테리 감쇠(hysteretic damping)가 중요하다.

- **점성감쇠** : 윤활유나 자동차의 충격흡수장치에 주입되는 유체에서 발생하는 에너지 감소현상. 유체의 점성으로인한 것으로(유체내의 마찰), 감쇠력이 속도에 선형적으로 비례할 때를 선형점성감쇠라 한다.

  $$F = -c\dot{x}$$

  여기서, F는 감쇠력(damping force) (N), c는 물체의 운동을 방해하려는 물체의 단위 속도당 힘인 점성감쇠계수(viscous damping coefficient) (Ns/m), $\dot{x}$는 물체의 속도 (m/s)를 각각 나타낸다.

- **히스테리 감쇠** : 물체의 변형과 회복과정의 반복에서 고체 내 결정격자가 운동에너지 흡수. 구조감쇠(structural damping) 또는 고체감쇠(solid damping)이라고도 함. 고체감쇠는 손실팩터(loss factor) η 또는 tan δ로 나타냄. 탄성중합체(elastomeric material)(예 : 탄성고무, 섬유) 외력이 작용하면 몇 배로 늘어나고, 외력을 제거하면 원래의 길이로 돌아가는 성질을 가지는 고분자화합물. 긴 선상 고분자 사이가 미끄러져서 전체적으로 길어지는 현상으로, 철 재료에서의 큰 힘에 대해 원자 사이의 거리가 억지로 늘어나는 것과는 전혀 다르다.

  대부분의 시뮬레이션에 있어 사용되는 감쇠는 아래와 같이 보통 점성감쇠가 적용된다. 대략적으로 점성감쇠는 손실팩터의 2배가 된다. ($\eta = 2\zeta$)

  $$m\ddot{x} + c\dot{x} + kx = 0 \quad \text{또는} \quad \ddot{x} + 2\zeta\omega_n\dot{x} + \omega_n^2 x = 0$$

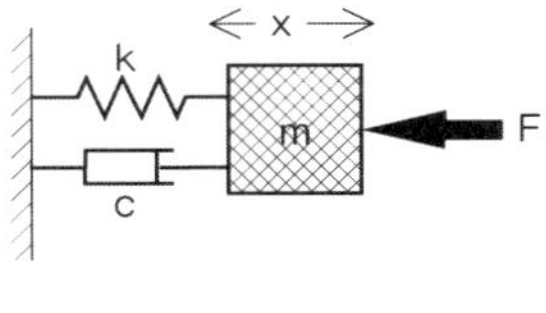

여기서, $\omega_n = \sqrt{k/m}$ (rad/s), $\zeta = c/2m\omega_n = c/2\sqrt{mk}$로 감쇠비를 나타내며, 감쇠자유진동(damped free vibration)에서 ζ값에 따라 다음과 같은 물체의 운동을 나타낸다.

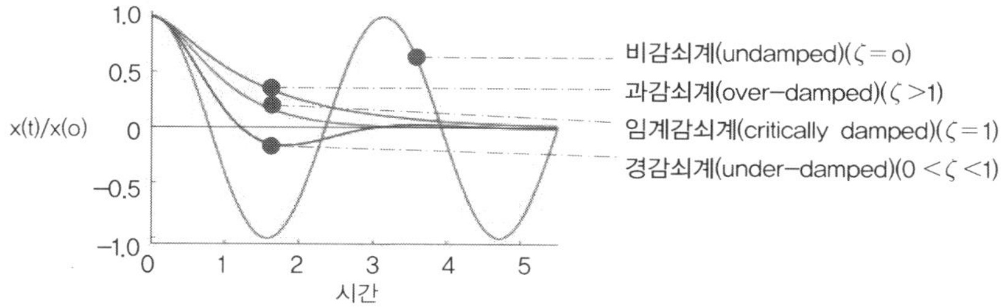

<감쇠비에 따른 물체의 반응>

【4】 스프링/질량시스템의 수송모드에 대한 반응

포장화물의 수송시 제품의 동적 거동을 묘사하기 위하여, 제품/포장시스템을 다음과 같이 간단한 진동모형으로 묘사할 수 있다.

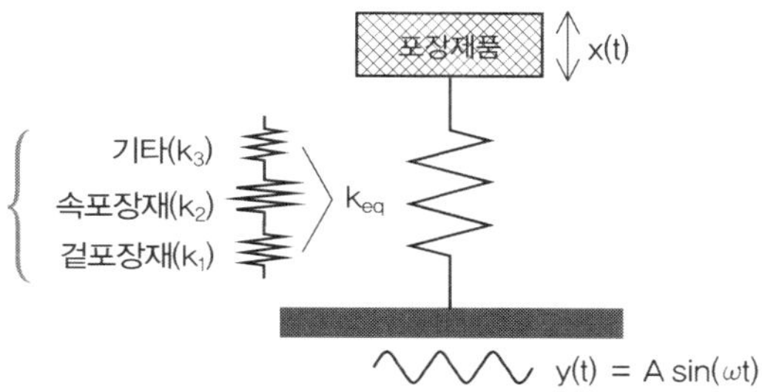

그림 5.14 포장화물의 수송진동모형

예를 들어, 트럭 적재함의 진동을 조화적인 강제진동 $y(t) = A\sin(\omega t)$로 표현한다면, 이 가진력에 대한 포장제품의 진동방정식은 다음과 같다.

$$\ddot{x} + \omega_n^2 x = \omega_n^2 y(t) \tag{5.20}$$

위의 미분방정식의 해는 다음과 같으며, 강제진동수 ω에 주로 지배된다.

$$x(t) = D\sin(\omega t), \qquad D = \frac{A}{1-(\omega/\omega_n)^2} \tag{5.21}$$

이 경우, 포장제품의 진동은 포장시스템의 고유진동수가 아닌 차량의 강제진동수에서 일어나며, 포장제품의 진폭과 최대가속도는 각각 강제진동의 진폭과 최대가속도에 증폭계수(magnification factor)를 곱한 크기가 된다.

$$\begin{cases} D\,(\text{output}) = A\,(\text{input}) \times M \\ a_o\,(\text{output}) = a_i\,(\text{input}) \times M \end{cases} \tag{5.22}$$

여기서, A와 D는 각각 트럭적재함의 강제진동진폭 (m)과 포장제품의 반응진 (m), a_i와 a_o는 각각 적재함의 강제진동 (m/s^2)과 포장제품의 최대반응가속도 (m/s^2), M은 증폭계수를 각각 나타낸다.

식(5.22)에서 증폭계수 M은 입력과 출력의 비로서 식(5.21)로부터 다음과 같이 유도되며, 시스템의 고유진동수를 기준으로 다음과 같이 3가지 유형으로 나타난다.

$$M = \frac{D}{A} = \frac{1}{1-(f/f_n)^2} \tag{5.23}$$

여기서, f_n은 포장시스템의 고유진동수 (Hz), f는 트럭 적재함의 (강제)진동수를 각각 나타낸다.

- $f \ll f_n$ 이면, $M \fallingdotseq 1$이 되며, 적재함과 포장제품이 동일 위상으로 진동(in-phase)
- $f \fallingdotseq f_n$ 이면, $M = \infty$ 되어, 포장제품의 진동이 공진상태(resonance)에 이름
- $f \gg f_n$ 이면, M은 음의 값을 가지며, 적재함과 포장제품이 반대위상으로 진동 (out - of - phase)

강제진동은 포장화물의 유통과정에서 모든 수송기관에서 발생한다. 따라서 포장제품과 포장화물이 커다란 증폭계수를 갖게 되는 것을 피하기 위하여, 고유진동수와 강제진동수가 유사한 값을 가지지 않도록 하여야 한다. 이러한 점을 수송포장설계 시 반드시 고려되어야 할 사항이다(공진설계).

실제 모든 시스템에서는 감쇠(damping)가 존재하므로 증폭계수의 실제값은 이 보다 더 작아진다. 따라서 고전적인 방법에 의존하게 되면, 포장제품의 사전실험을 거치지 않은 경우 과대포장(over-packaging)이 될 가능성이 크다.

예제 5-6

1 G의 일반적인 상태에서 완충재가 1 cm 변형되는 포장제품이 있다. 만약 이 포장화물이 2.5 Hz에서 강제진동되고, 적재함 진동이 0.5 G를 보이는 트럭으로 수송된다면, 완충재 상에서 제품에 발생되는 최대변위와 최대가속도가 얼마인지를 계산하여 보자.

[풀이] 이 문제를 정리하여 보면, δ_{st} = 1 cm, f = 2.5 Hz, 최대입력가속도 0.5 G이다. 우선 주어진 데이터로부터 식(5.11)에 의해 고유진동수를 계산하면 다음과 같다.

$$f_n = 0.50\sqrt{\frac{1}{\delta_{st}}} = 0.50\sqrt{\frac{1}{1\times10^{-2}}} = 5\ \text{Hz}$$

제품/포장시스템의 고유진동수가 차량적재함의 강제진동수보다 크므로, 포장시스템과 차량과는 같은 위상으로 진동하고, 이때 증폭계수의 크기는 식(5.23)으로부터 다음과 같이 계산된다.

$$M = \frac{1}{1-(f/f_n)^2} = \frac{1}{1-(2.5/5)^2} = 1.33$$

따라서, 제품의 최대가속도는 식(5.22)에 의해 $a_o = a_i \times M = 0.5 \times 1.33 = 0.67$ G이 되며, 제품의 최대변위는 식(5.14)에 의해 다음과 같이 계산된다.

$$G_m = \frac{A(2\pi f_n)^2}{g} \rightarrow A = \frac{a_o}{(2\pi f)^2} = \frac{(0.67)(9.81)}{(2\pi\times2.5)^2} = 0.0267\ \text{m}\ (27\ \text{mm})$$

즉, 강제진동 하에서 이 제품은 평형지점으로부터 ±0.0267 m를 차량적재함과 같은 위상으로 진동하며, 제품의 최대작동거리(working length)는 $0.0267\times2 = 0.0534$ m로 완충재의 두께가 이에 못 미치면 제품이 적재함 바닥(bottom out)을 타격하게 된다.

예제 5-7

고유진동수가 3 Hz인 한 제품(제품 내 민감요소의 고유진동수 3 Hz)이 0.6 cm의 변형을 보이는 완충재로 포장되어 있다. 이 포장화물이 4 Hz의 진동수와 0.5 G의 최대가속도(트럭의 전형적인 실 예)를 가지고 있는 트럭으로 수송될 경우 어떤 현상이 발생하는지 분석하여 보자.

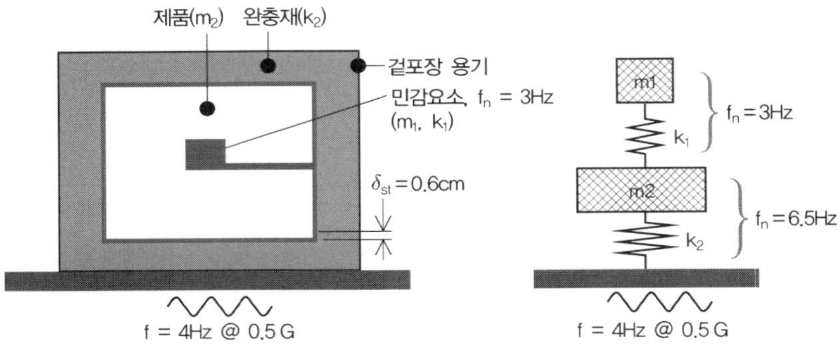

[풀이] 이 문제의 해결을 위해서는 시스템을 단순 진동모형을 나타내야 하며, 제품의 무게를 m_2라 하고, 완충재료를 선형스프링으로 가정하면, 완충재의 정적변위(static deflection)를 알고 있으므로, 제품/완충재시스템의 고유진동수는 다음과 같이 계산된다.

$$f_n = 0.50\sqrt{\frac{1}{\delta_{st}}} = 0.50\sqrt{\frac{1}{0.6 \times 10^{-2}}} = 6.5\ \mathrm{Hz}$$

선형스프링상의 무게 m_1은 3 Hz의 고유진동수를 갖는 민감요소를 나타내며, 제품무게에 비해 매우 작다고($m_1 \ll m_2$) 가정한다. 즉, 이러한 가정과 완충재를 선형스프링으로 간주할 때 문제가 쉽게 단순화된다.

트럭 적재함의 진폭은 식(5.14)에 의해 계산하면 다음과 같다.

$$a_{\max i} = A_i(2\pi f)^2 \rightarrow A_i = \frac{(0.5)(9.81)}{(2\pi \times 4)^2} = 0.0078\ \mathrm{m}\ (7.8\ \mathrm{mm})$$

따라서 이 문제의 강제진동은 강제진동수 4 Hz, 최대가속도 0.5 G, 최대 진폭변위 0.0078 m이다.

먼저, 트럭 바닥면(입진동)에 대한 제품반응(출진동)을 분석해야 하는데, 이를 연계시킨 증폭계수는 다음과 같이 계산된다.

$$M_{TP} = \frac{1}{1-\left(\frac{f}{f_n}\right)^2} = \frac{1}{1-\left(\frac{4}{6.5}\right)^2} = +1.61$$

M_{TP} (TP는 트럭으로부터 제품으로 운동이 전달됨을 의미)가 포지티브값을 가지므로, 트럭 바닥면과 완충제품의 운동이 동일 위상임을 알 수 있다. 제품(m_2)의 최대진폭변위와 최대가속도는 식(5.22)를 이용하여 각각 계산하면 다음과 같다.

$$\begin{cases} \dfrac{A_o}{A_i} = M_{TP} \rightarrow A_o = (0.0078)(1.61) = 0.0126\ \mathrm{m}\ (12.6\ \mathrm{mm}) \\ \dfrac{a_o}{a_i} = M_{TP} \rightarrow a_o = (0.5)(1.61) = 0.81\ \mathrm{G} \end{cases}$$

제품에 대한 출진동은 진동수 4 Hz, 최대가속도 0.81 G, 최대 진폭변위 0.0126 m, 트럭 바닥면과 동일 위상으로 진동한다.

다음 단계는 제품의 운동(입진동)에 대한 3 Hz 요소(출진동)의 반응을 추정하는 것인데, 이는 민감요소와 제품을 연계시킨 증폭계수로부터 계산된다.

$$M_{PC} = \frac{1}{1-\left(\dfrac{f}{f_n}\right)^2} = \frac{1}{1-\left(\dfrac{4}{3}\right)^2} = -1.3$$

M_{PC} (PC는 제품으로부터 내부 민감요소로 운동이 전달됨을 의미)가 네가티브 값을 가지므로, 이 요소의 운동은 완충제품의 운동과 반대위상이다. 앞에서와 같은 방법으로 이 요소의 최대 진폭변위와 최대가속도를 식(5.22)에 의해 각각 계산하면 다음과 같다.

$$\begin{cases} \dfrac{A_o}{A_i} = M_{PC} \rightarrow A_o = (0.0126)(-1.3) = -0.0164\ \mathrm{m}\ (16.4\ \mathrm{mm}) \\ \dfrac{a_o}{a_i} = M_{PC} \rightarrow a_o = (0.81)(-1.3) = -1.05\,\mathrm{G} \end{cases}$$

요소에 대한 출진동은 진동수 4 Hz, 최대가속도 1.05 G, 최대진폭변위 0.0164 m, 트럭 바닥면과 제품은 반대 위상으로 진동한다.

이상과 같이 예제 5.7의 분석결과를 놓고 보면, 트럭 바닥면에서 발생하는 입진동(input vibration)은 내부 민감요소의 진동에 가혹한 영향을 미친다는 것을 알 수 있다. 따라서 진동 측면에서 포장화물에 다음과 같은 상황에 대해 충분히 검토되어야 하며, 만약 어느 하나라도 부정적인 답이 나온다면 유통시키기 전에 재설계가 필요하다.

- 제품이 0.81 G에서 4 Hz의 진동에 얼마나 오랫동안 견딜 수 있는가?
- 내부요소가 1.05 G에서 4 Hz의 진동에 얼마나 오랫동안 견딜 수 있는가?
- 제품 내부에 요소의 진폭변위를 수용할 수 있을 만큼 충분한 공간의 확보 여부?

【5】 공진시험의 장점과 제품 재설계 문제

공진진동수들을 탐색하기 위해 진동수 2~100 Hz 사이를 상하 스위프(up & down sweep)하고, 분석된 공진진동수 각각에 대해 드웰시험(dwell test)하는 진동시험은 포장설계시나 또는 제품 자체의 진동 반응에 대한 문제점을 밝힐 수 있는 훌륭한 방법이다(제품 자체와 요소에 대해서는 ASTM D3580, 포장화물에 대해서는 ASTM D999).

포장화물 내 제품도 이 범위에서 공진(resonance)이 관찰될 수 있어, 필요시 완충이 재설계된다. 비포장제품도 커버를 벗긴 채 이 테이블 위에 고정되고, 동일한 스위프시험(sweep test)을 받게 되면, 내부 요소의 공진을 관찰할 수 있고, 필요시 제품 재설계와 개선을 수행할 수 있다.

경험상으로 만일 완충재 상의 제품 그 자체 또는 제품 내 민감요소가 이 진동수 범위 안에서 공진한다면(특히, 트레일러 현가장치의 진동수 범위 2~8 Hz), 그 때는 수송 중 진동 손상을 받을 잠재성이 있는 것이다.

만일 진동문제가 발생시 완충설계(cushioning design)를 수정하는 것은, 물론 제품 자체의 설계를 수정하는 것보다 쉽고, 저렴해야 한다. 그렇지만 완충은 낙하로부터의 충격과 수송 중의 진동 모두에 대해 보호하는 것이고, 이러한 두 위험은 설계시 매우 다른 요구사항이 있다는 것을 주목해야 한다.

충격으로부터의 보호를 위해서는 더 좋은 완충성을 가져야 하나, 진동 보호를 위해서는 대개 이와는 반대이다. 완충성이 양호할수록 고유진동수를 2~8 Hz의 한계범위로 낮게 하므로, 그 결과 공진이 문제가 된다. 그러므로 충격과 진동조건 사이에 균형이 필요하다. 흔히 있는 경우는 아니지만, 포장 그 자체를 통해 충격과 진동 모두로부터 취약한 제품의 보호가 불가능한 경우도 있는데, 그 경우는 제품 그 자체를 재설계할 필요성도 있다.

연 습 문 제

(1) 중량 150 N의 제품이 스프링상수 16 kN/m의 완충재에 포장된 채 60 cm로부터 낙하한다. 이때 정점 G값, 최대동적처짐 및 충격지속시간을 각각 구하여라.

(2) 만적재한 트럭 트레일러의 중량(트레일러 + 화물)은 230 kN이며, 현가장치의 고유진동수는 2 Hz이다. 공트레일러의 고유진동수를 8 Hz라 할 때, 공트레일러의 중량은 얼마이겠는가?

(3) 한 제품/완충재 시스템의 고유진동수는 10 Hz이다. 이 완충재의 두께를 절반으로 줄였을 경우, 고유진동수는 어떻게 변하겠는가?

(4) 중량이 250 N인 직육면체형 제품이 있다. 이 제품은 4 코너에서 완충재에 의해 지지되고 있고, 완충재의 스프링상수를 4 kN/m라 할 때, 각 완충재의 처짐량과 제품/완충재 시스템의 고유진동수를 구하여라?

(5) 스프링/질량시스템의 진폭은 4 cm이고, 스프링상수는 7.7 kN/m, 제품중량은 50 N이다. 질량의 최대속도와 최대가속도를 각각 구하여라.

(6) 완충재의 치수는 25 × 20 × 5 cm이고, 스프링상수는 17.5 kN/m이다. 이 완충재의 탄성계수(modulus of elasticity)를 얼마이겠는가? 만일 동일한 완충재를 세로로 하였을 때(25 cm측이 수직) 스프링상수값은 어떻게 바뀌겠는가? 또한 다른 또 하나의 동일한 완충재를 수직 또는 수평으로 나란히 놓았을 때(5 cm측이 수직), 각각에 대한 제품/완충재시스템의 고유진동수는 얼마가 되겠는가? 단, 제품의 중량은 60 N이다.

(7) 중량 45 N의 제품이 완충포장되어 있다. 완충재의 선형 스프링상수값은 90 kN/m 이다. 이 포장화물에 대해 진동시 수직축방향으로는 50 G, 수평방향으로는 25 G를 각각 초과해서는 안된다. 사용된 완충재의 작동거리(working length)는 총두께의 60 %이다. 다음을 결정하라.

- 만일 이 제품을 1 m 높이에서 수직 낙하시 보호될 수 있겠는가?
- 바텀아웃(bottoming out)을 방지할 만큼 잔존하는 완충재 두께는 충분하겠는가?
- 충돌속도 1.65 m/s로 측면 수평충돌에 대해 이 제품을 보호할 수 있겠는가?
- 수평충돌 과정에서 제품과 겉포장상자와의 접촉을 방지할 만큼 잔존하는 완충재의 두께가 충분하겠는가?

(8) 완충재 A는 선형완충재로 간주할 수 있고, 이 완충재 상에 200 N의 제품을 올려놓은 상태로 진동시험기로 가진시 진동수 10 Hz에서 공진을 보였다고 하였을 때 다음을 각각 구하여라.

- 완충재 A의 스프링상수값은 얼마인가?
- 완충재 B도 스프링상수값이 60 kN/m인 선형완충재라할 때, 완충재를 B + A(상)로 적층한 상태에서 그 위에 제품을 올려 놓고, 이를 높이 1 m에서 낙하시 제품에 발생하는 정점가속도 G_m과 충격지속시간을 각각 계산하라.

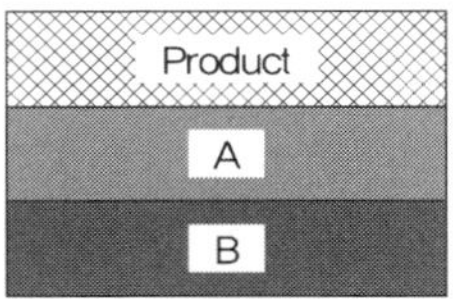

- 이 제품이 고유진동수가 38 Hz, 한계가속도가 35 G인 민감요소를 가진다면, 높이 1 m에서 낙하시 손상유무를 파악하라.

(9) 길이 × 폭 × 높이가 15 × 15 × 20 cm인 중량 110 N의 제품을 생각하자. 이 제품은 6면 모두에서 동일한 충격취약성 55 G를 갖는다. 높이 90 cm에서 낙하시 이 제품을 보호하기 위한 완충재의 선형 스프링상수값과 최대변위량을 각각 구하여라. 또한 작동거리가 총두께의 65 %라고 할 때, 이 제품과 완충재를 수용할 겉포장상자의 내부치수를 결정하라.

(10) 진동기가 정격부하 상태에서 진동수 2~500 Hz, 가진력 50 G, 최대스트로크(stroke) 50 mm (peak-to-peak)이다. 이 진동시험기의 제어범위를 아래의 도표에 도시한 바와 같이 변위 제한선, 진동수 제한선, 가속도 제한선을 모두 만족하는 범위가 된다. 가속도 수준을 2 G로 하였을 때, 이 진동시험기의 제어가능한 진동수와 진폭 범위를 노모그래프(nomography)와 계산식에 의해 각각 구해보고, 그 결과를 비교하여라. 단, 문제 속의 단위 mm를 in 단위로 전환하여 표를 이용한다.

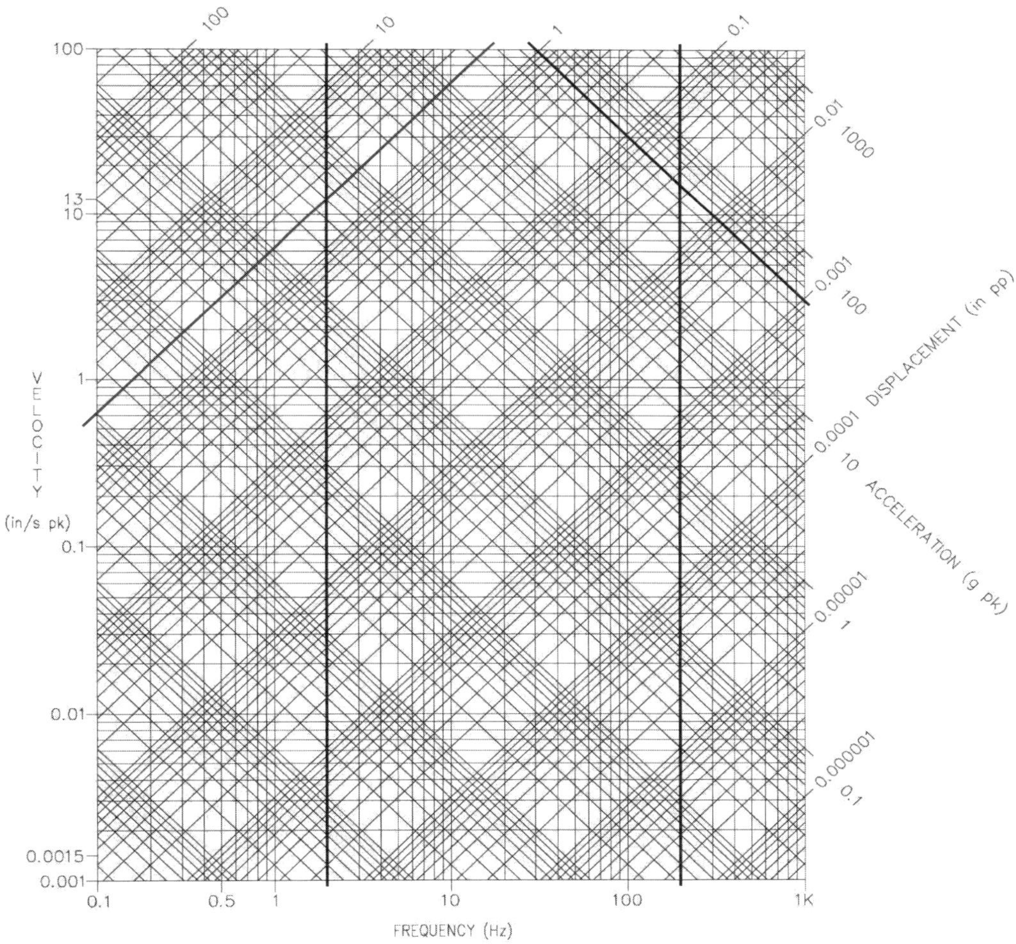

06 완충재 역학과 성능평가

Cushioning Material Dynamics & Performance Evaluation

- 완충재의 종류와 특성
- 완충성능분석
- 진동성능분석
- 단순화된 완충곡선

제품에 대한 적정완충포장설계(optimum cushioning packaging design)를 이루기 위해서는 완충재 성능에 대한 자료화, 즉 충격에 대한 완충곡선(cushion curves)과 진동에 대한 진동증폭/감쇠선도(amplification/attenuation plot) 등의 재료의 성능을 정량적으로 데이터화한 자료가 확보되어야 한다. 이번 장에서는 충격과 진동시험을 통한 완충재 성능분석방법(완충곡선, 진동전달곡선), 다양한 지류 포장재에 대한 역학, 그리고 단순화된 완충곡선 산출방법 등에 대하여 기술하기로 한다.

6.1 완충재의 종류와 특성

현재 완충재로 사용되는 여러 재료 중 가장 널리 사용되는 것은 발포 스티렌(EPS)이다. 이 재료는 저렴한 가격에 중량이 가벼우며, 중량에 비해 상대적으로 물리적 충격에 강한 특성을 지니고 있는 반면, 부피가 크고 재활용이 매우 떨어지는 약점을 가지고 있어, 이에 대한 환경친화적 대체 재료에 대한 관심이 매우 높다.

표 6.1 완충재의 용도별 분류

용 도	종 류	원 료
충전용 완충재 (피포장물이 용기 안에서 고정되도록 공간을 채워주는 것이 목적)	낱개완충재 (셜 치수 3 cm 전후의 발포체로 낱개형과 작은 파우치형이 있음)	• 플라스틱계 : EPS • 식물계 : 콘스타치
	종이완충재 (시트를 재단한 것과 주름 모양으로 한 형태가 있음)	• 종이계 : 골판지, 크래프트지
	에어완충재 (시트를 파우치로 성형하면서 공기를 파우치 안에 넣은 것으로 포장기계로 제조하는 것과 역지밸브를 부착하여 완성한 파우치 형태가 있음)	• 플라스틱계 : 래미네이트 필름(PET/PE) • 종이계 : 래미네이트 필름 (종이/수용성 PVA)
표면보호용 완충재 (피포장물 전체를 싸서 표면손상 방지에 중점)	기포시트 완충재 (진공으로 울퉁불퉁하게 한 필름에 또다른 1장의 필름을 당겨 맞춘 입자모양의 시트)	• 플라스틱계 : PE
	발포시트 완충재 (압출방법의 발포플라스틱으로 제조한 시트)	• 플라스틱계 : EPE, EPS
화물붕괴 방지용 완충재 (트럭 등의 화물 붕괴 방지에 중점)	에어 더니지 백 (대형의 래미네이트 제대에 주입밸브를 부착한 것으로 공기를 넣어 사용)	• 플라스틱계 : 래미네이트 필름(종이/PET/PE)
고정용 완충재 (피포장물의 형상과 강도에 맞추어 고정과 완충이 목적)	성형가공완충재 (금형에 원료를 넣어 발포체를 완충 블록으로 가공하여 완충설계를 위한것)	• 플라스틱계 : EPS, EPE, EPP, EPU 등 • 종이계 : 펄프몰드
	조립가공완충재 (재단한 커트 제품의 접착, 끼워넣기 등으로 완충블록으로 가공한 것으로 완충설계시 다품종 소량에 적합)	• 플라스틱계 : EPS, EPE • 종이계 : 골판지, 종이통

완충재는 원료에 따라 셀룰로오스 완충재(cellulose-based cushioning materials)와 화학중합체 완충재(polymeric-based cushioning materials)로 구분된다. 전자의 완충재에는 골판지 적층패드(corrugated pad), 펄프몰드(pulp mold) 및 기타 종이성형 완충재 등이 있고, 후자의 완충재에는 EPE(expanded polyethylene), EPP(expanded polypropylene), EPS(expanded polystyrene), EPU(expanded polyurethane), 폴리스티렌 분산형 완충재(polystyrene loose-fill), 에어버블시트(air bubble sheet), 현장발포 폴리우레탄(foam-in-place polyurethane) 등이 있다.

완충재는 또한 용도에 따라 표 6.1과 같이 분류된다. 완충재 중 제품의 충격과 진동에 대한 완충고정을 목적으로 하고 있는 고정용 완충재가 가장 중요하며, 전체 완충재의 대부분을 차지하고 있다. 따라서 여기서는 고정용 완충재를 중심으로 이들 완충재에 대한 종류와 특성에 대해 알아보기로 한다.

완충재의 사용 목적은 우선적으로 낙하충격에 대해 제품을 보호하고 진동을 완화하기 위한 것으로, 제품에 전달되는 충격과 진동을 완화하기 위한 에너지 흡수작용은 변형성 재료(deformable material)가 1차적으로 할 수 있다. 따라서 이상적인 완충조건을 요약하면 다음과 같다.

- 우선적으로 충격완화에 유리하며, 진동수 3~100 Hz 범위에서 진동절연 특성이 있는 레질리언트한 완충재(resilent material)
- 제품의 낙하충돌시 가능한 한 작은 G값 유지
- 전체 포장치수를 최대한 줄이기 위해 동일한 완충성을 가지면서 가능하면 두께가 얇은 것
- 다양한 제품 형상을 쉽게 수용할 수 있도록 작업성과 성형성이 양호한 것
- 극단적인 온·습도와 반복충격에 대한 내구성 양호하며 특히, 영구변형이 작은 재료

보호포장(protective packaging)을 통해 감소시켜야 하는 가혹한 물리적 입력 중에 대표적인 것이 하역과정 중의 포장화물 낙하와 잘못된 취급과정에서 발생하는 충격이다. 이 경우 포장시스템(package system)의 역할은 그림 6.1과 같이 큰 정점가속도(peak acceleration, G)의 짧은 시간입력(대부분 포장화물이 경질의 바닥과 충돌시 발생)을 제품의 충격취약성(shock fragility) 수준 이하의 낮은 정점가속도의 긴 시간 충격펄스(shock pulse) 형태로 변경해 주는 것이다.

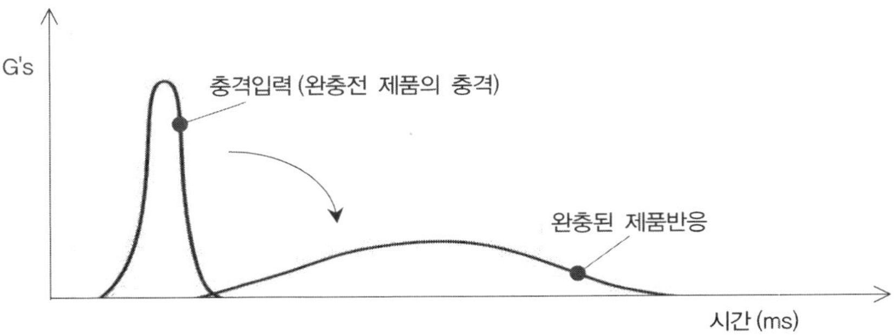

그림 6.1 보호포장(protective packaging)의 개념

변형성 완충시스템에 의해 보통 이것이 수행되며, 비록 포장설계에 압축모드가 적용되지만, 완충재는 전단, 비틀림 또는 그밖의 탄성모드에서 변형이 발생할 수 있다. 모든 완충시스템은 이러한 방법, 즉 완충재가 변형하는 과정에서 정점가속도를 낮추는 방식이다.

일반적으로 완충재는 분산형(loose-fill) 또는 솔리드(solid) 형태 중 하나이다. 분산형 완충재의 예로는 땅콩 형상의 폴리스티렌, 조각난 종이, 팝콘과 구겨진 종이 등이 있다. 반면, 솔리드 완충재에는 폴리스티렌, 폴리에틸렌, 폴리프로필렌 및 우레탄과 같은 여러 플라스틱을 원료로 하는 구조용 폼(발포)과 골판지(corrugated board) 및 하니콤 보드(honeycomb board)와 같은 종이-기반완충재(paper-based cushioning material)가 있다.

【1】 분산형(Loose-fill) 완충재

자유흐름 더니지(free flowing dunnage)라 부르기도 하는 분산형 완충재에는 여러 가지 형상, 크기 및 재료들이 사용된다. 솔리드완충재에 비해 이들 완충재의 주요 장점은 유동성이 있다는 것이며, 일반적으로 어떠한 용기에도 쉽게 분배되고, 다양한 제품의 형상에도 잘 순응한다.

분산형 완충재 중 많이 적용되는 형상은 그림 6.2에서 보는 바와 같다.

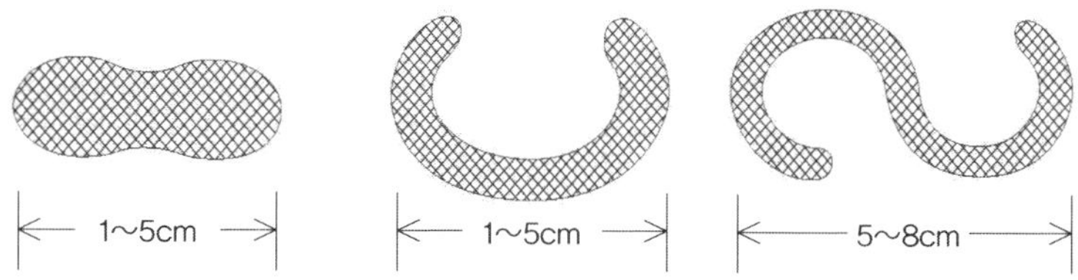

(a) EPS/전분 땅콩형상 (b) EPS 고리형상

그림 6.2 분산형 완충재(loose-fill cushioning materials)의 형태

실제에 있어서, 제품 주위를 분산되는 두께는 제품이 어느 면으로 낙하되어도 동일한 완충이 가능하도록 균일하여야 한다. 한 층의 재료를 먼저 포장용기의 바닥에 깔고, 4측면 모두에 공간을 가진채 제품을 그 위에 놓는다. 그 다음 용기의 약 5% 정도가 넘치게 하거나 또는 용기를 봉합(closure)할 때 상당한 압력이 작용할 때까지 더 많은 재료가 보충된다. 이것을 마지막 단계에서 실시하는 이유는 아무리 분산형 완충재를 제품 주위에 잘 분포시켰다 하더라도 항상 공간이 존재하기 때문이다. 수송 중 발생하는 진동에 의해 재료가 재분배할 때, 이러한 공간은 여분의 완충재에 의해 채워지게 된다.

분산형 완충재의 단점은 수송 중 제품의 아래로부터 완충재의 탈출구가 생겨, 시간이 경과함에 따라 바닥층은 엷게 되고, 상대적으로 상부층은 두꺼워지는 현상이다. 그림 6.2(b)의 고리형 분산형 완충재는 맞물림에 의해 이러한 이동이 감소되기 때문에, 변화나 침전되지 않는 부동의 밀착된 질량처럼 거동한다.

캔, 평판 및 컵과 같은 제품 주위를 채운 땅콩과 고리형 완충재에 대한 진동시험 결과는 이들 간의 차이를 보여주고 있으나, 그러나 보통의 수송에서는 문제가 되지 않는다. 또다른 단점은 분산형 완충재는 제품을 그 자리에 완고하게 유지하지 못한다는 것이다. 이것은 수송 중 과대한 운동과 포장화물의 낙하시 악영향을 유발할 수 있다.

【2】 구조용 폼(Structural Foam) 완충재

플라스틱폼(expanded plastic)은 분산형 완충재에 비해 여러 가지 장점을 가지고 있다. 이들 완충재는 솔리드 형태이므로, 포장 안에서 변화나 이동하는 경향이 없으며, 또한 더 큰 충돌에너지(impact energy)를 흡수할 수 있다. 반면, 이들 완충재의 단점은 작업하기가 용이하지 않고, 비교적 고가인 점, 그리고 보통 생물분해나 재순환하지 못한다는 것이다.

적용되는 세 가지의 중요한 폼에는 폴리스티렌폼(EPS, expanded polystyrene), 폴리에틸렌폼(EPE, expanded polyethylene) 및 폴리우레탄폼(EPU, expanded polyurethane)이 있다.

1) 폼 제작(foam manufacture)

플라스틱폼 제작에는 교란(churning), 화학약품에 의한 팽창(expansion) 및 기체주입법(gas infusion method) 등 보통 이 세 가지 방법이 사용된다. 교란에 의한 방법에서는 액상 플라스틱과 다른 안정 및 경화제(curing agent)를 빠르게 공기와 혼합하여, 마치 공기기포가 응고되는 것처럼 혼합물로 추출된다.

화학적 폼제작법(chemical foaming method)은 어떤 플라스틱에 부가된 열과 화학약품은 플라스틱을 분해하고 기체로 유리시킨다는 사실에 기초를 두고 있다. 기체 기포는 그것이 응고될 때 물질로 추출되며, 폴리우레탄폼이 이 방법으로 만들어진다.

기체주입법에서는 질소, 이산화탄소 및 펜테인 같은 기체가 압력하에서 액상 플라스틱으로 강제되어, 그때 이 혼합물을 금형에 넣고, 압력이 감소될 때 분해된 기체가 폼 거품으로 팽창하게 된다. 폴리스티렌폼이 이 방법으로 만들어진다.

2) 폼 밀도(foam density)

폼 형성과정에서 사용되는 재료의 양을 조절함으로써, 다양한 밀도의 폼이 만들어진다. 플라스틱 재료를 더 많이 사용하면 기포 크기(cell size)가 작아지고, 밀도는 높아진다. 폼 제조회사는 몇 종의 밀도를 갖는 규격화된 폼을 생산 공급한다. 예를 들어, 가장 널리 보급되는 폴리에틸렌폼 완충재의 밀도는 30 kg/m^3이고, 중량물 포장을 위해 60, 120, 160 kg/m^3 등 다양한 밀도의 제품이 생산되고 있다.

3) 기포구조(cell structure)

폼구조는 두 가지의 형태, 즉 독립기포(closed-cell)와 개방기포(open-cell)폼 중 하나이다. 독립기포폼은 얇고 깨지지 않은 플라스틱막 안에 갇혀진 개개의 공기 기포로 구성되며, 각 기포는 완충을 형성하기 위해 함께 융합하며, 각 기포의 내부에 공기가 갇혀지기 때문에 공기를 압축함으로써 충돌에너지(impact energy)를 흡수한다. 여기에는 폴리스티렌과 폴리에틸렌으로 만들어진 폼들이 있다.

개방기포폼은 서로 통하는 기포들의 망상조직으로 구성된다. 공기가 기포들 사이를 유동할 수 있고, 완충재 그 자체에서 밖으로도 유동할 수 있다. 개방기포폼은 기포 망상조직과 완충재로부터 밖으로의 공기운동에 의해 충돌에너지를 흡수하며, 점성항력(viscous drag)은 압축에 대한 저항을 제공한다. 우레탄폼이 그 좋은 예이다.

구조형태를 판단하는 방법은 시각적으로 폼 표면상의 기포들을 먼저 관찰하는 것이며, 여기서 만일 결론을 내지 못하면 표면에 물을 가지고 시험한다. 즉, 물이 스며들면, 그것은 개방기포폼이다. 개방기포와 독립기포폼 사이의 성능 차이는 완충재 내부의 공기를 다루는 방법에 의해 나타난다.

독립기포폼은 보다 더 강성과 내구성이 있어, 더 큰 중량의 제품을 완충할 수 있는 반면에 더 고가이다. 또한 독립기포폼은 더 훌륭한 단열재이지만, 개방기포폼이 방음효과는 더 양호하다. 개방기포폼은 압축될 때 완충재 밖으로 공기가 배출되어, 포장화물의 낙하시 리바운드가 더 작은 경향이 있으므로, 다중충돌(multiple impact)이 감소되기 때문에 더 유리하다. 반면, 독립기포폼에는 내부의 공기가 갇혀있으므로, 충돌에너지를 흡수하여 리바운드의 형태로 제품에 되돌려준다.

4) 가격과 물리적 특성

포장에 가장 보편적으로 사용되는 폼들에 대한 몇 가지 물리적 특성을 살펴보면 표 6.2와 같다.

완충재의 가격은 그것이 어떻게 생산되느냐에 의해 대부분 결정된다. 독립기포폼(closed-cell foam)인 폴리에틸렌과 개방기포폼(open-cell foam)인 폴리우레탄은 보통 사출성형되는데, 이것은 큰보드 형태로 생산되어, 이로부터 사용자가 원하는 형태의 완충재로 가공하게 된다.

발포 폴리스티렌도 또한 사출성형할 수 있으나, 대부분 폼을 한 주형에 주입하여 고체상태로 경화시키는 주조성형한다. 이와 같은 방식으로 전자제품의 코너패드(corner pad)와 모서리패드(edge pad) 등이 제작된다.

폴리스티렌은 또한 땅콩형상의 분산형 완충재의 재료로 사용된다. 우레탄도 또한 주형재료로 사용되며, 주조성형완충재를 사용하는 비용은 대략 재료 그 자체와 수송비용에서 각각 10 %, 제작과정에서 80 %를 차지한다.

표 6.2 각종 플라스틱폼의 성능 비교

항 목	폴리에틸렌폼 (EPE)	폴리프로필렌폼 (EPP)	폴리스티렌폼 (EPS)
밀도 (g/cm^3)	0.03~0.4	0.02~0.4	0.016~0.03
기포구조	독립	독립	독립
기계적 강도	강	강	약
최고사용온도 (℃)	85	100	80
내약품성	매우 양호	비교적 양호	약간 불량
흡수성	극소	극소	적음
내열성	가연	가연	가연
유연성	약간경질	약간단단	경질
내후성	양호	양호	떨어짐
충격흡수	양호	양호	떨어짐
최적변형률 (%)[1)]	50	—	40
가 격	(높음) ――――→ (낮음)		
신뢰성	(높음) ――――→ (낮음)		

주1) 두께에 대한 최적변형률로 폴리우레탄(PU)은 70 %

폴리우레탄은 중량물, 고가, 그리고 불규칙한 형상의 제품에 대한 현장발포 과정에 적용된다. 그림 6.3에 나타낸 현장발포 완충(foam-in-place cushioning)을 단계별로 살펴보면, 먼저 작은 양의 액체를 상자 바닥에 분배하고(단계 1), 액체의 팽창과 함께 그 위에 플라스틱 시트를 깔고, 제품을 중심에 위치시킨다(단계 2), 그 다음 제품 위에 다른 플라스틱 시트를 깔고 액체를 보충한 후(단계 3), 두 시트를 위로 신속하게 접고, 상자를 봉합하면(단계 4) 과정이 종료된다.

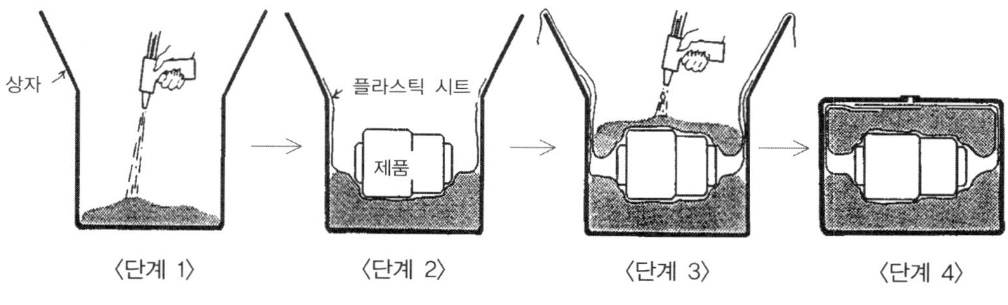

그림 6.3 현장발포완충 (foam-in-place cushioning)

【3】 다층 재료 (Layered Materials)

시트폼(sheet foam)은 물체 주위를 감싸기에 충분히 얇게 생산된다. 그림 6.4의 편면골판지(single-faced corrugated board)(corrugated cushion wrap)와 버블 랩(bubble wrap)이 이러한 목적으로 사용된다.

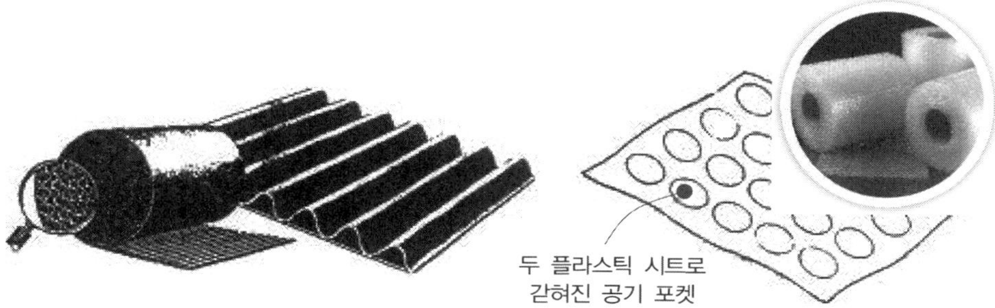

(a) 단면골판지 (b) 버블 랩

그림 6.4 다층 완충재(layered cushioning materials)

【4】 지류 완충재 (Paper-based Cushioning Materials)

최근 들어 산업폐기물에 의한 환경오염 방지에 대한 규제가 강화되면서 포장재부문에서도 고유 친화적이며 재활용이 가능한 종이와 펄프에 대한 활용범위가 확대되고 있다. 종이와 펄프는 단면골판지와 특정 분산형 재료 외에도 펄프몰드(pulp mold), 골판지(corrugated board) 및 허니컴 보드(honeycomb board)와 같은 다양한 완충재를 만드는 데 사용된다.

종이의 특성이 함수율과 사용연수에 따라 크게 영향을 받기 때문에 이들 완충재 역시 습도와 피로에 모두 민감하다. 그럼에도 불구하고 이들 재료들은 폼완충재에 비해 성능에 뒤지지 않고, 저가이면서 재순환성 면에서 유리하기 때문에 적용이 점차 확대되고 있다.

이들 지류완충재의 대표적인 몇 가지에 대해 살펴보면 다음과 같다.

1) 골판지 적층패드 (corrugated pad)

골판지는 샌드위치형 구조물(sandwich structure)로 플라스틱폼 완충재에 비해 단위중량당 강성과 강도가 우수하다.

최근에 골판지 자체가 지니고 있는 완충성과 비교적 강한 압축강도(FCT, ECT)를 이용한 완충고정재의 개발이 활발하게 이루어지고 있다. 그 대표적인 것이 골판지를 여러겹 적층한 골판지 적층패드[일명 코러패드(corrupad)]이다.

그림 6.5에서 보듯이 골판지 적층패드에는 평면압축(flat-crush)과 수직압축(edge-crush) 형식이 있다. 보통 편면골판지를 적층한 앵글(angle), 판(flat) 및 채널(channel)의 세 가지 형태를 기본으로 하며[그림 6.6(b)], 이들을 원형 그대로 사용하거나 또는 절단 및 부착하여 EPS와 같은 구조[그림 6.6(a)]로 형상화하여 사용한다.

이 완충재의 특징은 개발기간이 짧고 금형을 필요로 하지 않아 금형 제작비와 관리비용의 절감 및 부피 감소효과, 환경친화적인 성질로 자원의 재활용 측면에서 유리하다. 반면, 습도에 민감하며, 다중 충돌시 플라스틱폼 완충재의 탄성압축과는 달리 붕괴(영구변형)의 한 형태를 나타내므로 성능이 한정된다.

동일한 적층패드에 대하여, 수직압축형식은 평면압축형식보다 판지의 골(flute)이 수직으로 되어 있으므로 보다 더 중량물 제품을 지지할 수 있다. 동일한 정적응력(static stress)에 대해, 완충패드가 바텀아웃(bottom-out)되기 전까지 평면압축형식은 수직압축형식에 비해 더 작은 G값을 나타낸다.

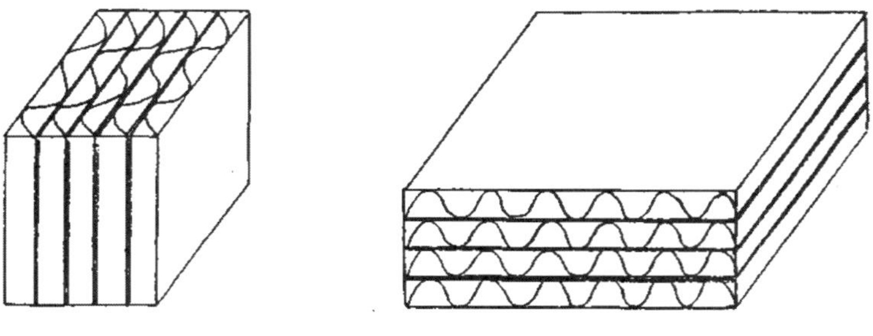

(a) 수직압축형식 (5겹) (b) 평면압축형식 (4겹)

그림 6.5 골판지 적층패드 (corrugated pad)

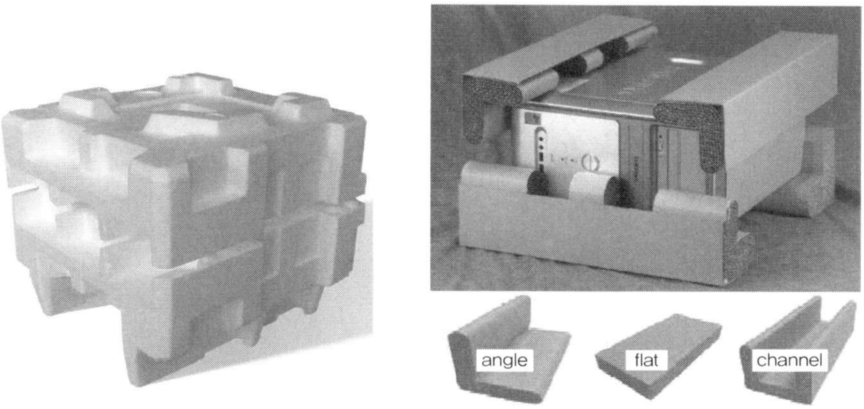

(a) EPS 완충지지구조 (b) 골판지 적층패드 구조

그림 6.6 EPS 완충지지구조와 골판지 적층패드

골판지완충재의 확대적용에 있어 가장 큰 걸림돌은 품질의 비균일성과 수분흡습으로 인한 성능의 심한 편차 때문에, 이 재료에 대해 완충곡선과 같은 설계자료를 충분히 확보할 수 없다는 것이다.

완충곡선 없이 대략적인 G값에 대한 추정이 가능한 데, 여기서 요구되는 유일한 특성이 압축에 대한 저항 정도이며, 이것은 골판지에 대한 수직압축강도(edge-crush test, ECT)와 평면압축강도(flat-crush test, FCT)를 통해 가능하다.

개념상으로, ECT값은 골을 수직으로 한 상태에서 골판지 샘플의 단위폭을 붕괴하는 데 소요되는 힘이다. 그 시험절차는 시험편 형상에 있어서는 차이는 있지만(neckdown 또는 waxed edge method) ISO 13821, TAPPI T838 및 KS M ISO 13821 등에 잘 나타나 있다. C골 양면골판지(C-flute single-wall corrugated board)에 대한 대표적인 ECT 값은 약 3.5~7.0 kN/m이며, 골판지 제작에 사용된 접착제와 원지의 등급에 의존한다.

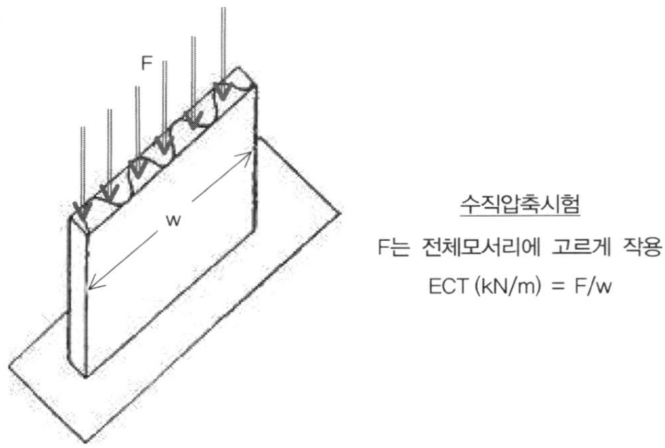

그림 6.7 수직압축시험 (edge-crush test)

FCT 값은 평편하게 눕힌 골판지 샘플을 붕괴하는 데 요구되는 압력이며, 이 시험절차는 Tappi T808 또는 KS M7063에 잘 나타나 있다. C골 양면골판지에 대한 대표적인 FCT 값은 약 100~140 kPa이며, 원지의 등급에 의존한다.

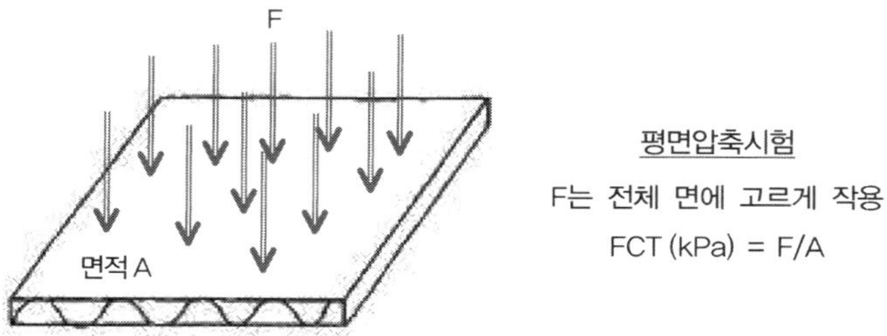

그림 6.8 평면압축시험 (flat-crush test)

C골 골판지에 대해 주어진 ECT와 FCT 값 모두 표준시험조건(23℃-RH 50 %)에서 측정한 것이다. 만일 골판지 적층패드가 상대습도 50 % 외의 다른 조건에서 사용된다면, 이 값은 습도팩터(humidity factor) H를 단순히 곱함으로써 수정된다.

즉, 상자압축강도(box compression strength)와 적층패드 압축은 같은 양상의 변형을 포함하므로, 제2장의 표 2.2에 나타낸 압축상태의 상자에 대해 사용되는 습도 팩터를 골판지 적층패드에도 적용 가능하다. 이 표에서는 상대습도 50 %를 기준으로 다른 상대습도에 대한 습도팩터 H를 나타내고 있다.

$$(\text{new ECT}) = (\text{std ECT}) \times \text{H} \tag{6.1}$$

$$(\text{new FCT}) = (\text{std FCT}) \times \text{H} \tag{6.2}$$

그림 6.5(a)의 수직압축 적층패드(edge-crush cushion pad)에 대한 동적특성인 동적변위(dynamic deflection), 충격지속시간(shock duration) 및 전달감가속도 G(정점가속도 G값)는 준정적 특성인 골판지의 ECT로부터 대략적인 예측이 가능하다.

즉, 골판지 적층패드의 동적압축저항력(compression resistance)은 낙하시 제품을 지지하는 골판지의 총모서리의 길이 L(양면골판지 기준의 총길이)과 골판지의 ECT를 서로 곱한 값에 비례하므로, 준정적 특성인 ECT 값으로부터 동적상태의 전달가속도 G는 Newton's 법칙 F = WG(W는 제품중량)에 의해 대략적으로 계산할 수 있다. 이에 상응하는 동적변위 d_m 및 충격지속시간 τ는 제5장의 식(5.4)와 (5.6)으로부터 다음과 같이 각각 유도된다.

$$\begin{cases} G = \dfrac{F}{W} \quad \rightarrow \quad G \fallingdotseq \dfrac{ECT \times L}{W} \\[2ex] d_m = \dfrac{2h}{G_m} \quad \rightarrow \quad d_m \fallingdotseq \dfrac{h}{G} \\[2ex] \tau = \pi\sqrt{\dfrac{W}{gk}} \quad \rightarrow \quad \tau \fallingdotseq \dfrac{1}{G}\sqrt{\dfrac{2h}{g}} \end{cases} \tag{6.3}$$

여기서, h는 낙하높이(m), L은 양면골판지 기준의 총모서리길이(m), W는 제품 중량(N)을 각각 나타낸다.

적층패드로부터 기대할 수 있는 유효낙하횟수도 또한 동적처짐으로부터 추정할 수 있다. 동적처짐은 낙하시 적층패드 두께의 영구 감소를 나타내고, 이어지는 낙하는 같은 양을 가진다고 하면, 누적된 감소가 적층패드의 바텀아웃(bottom-out)이 발생하는 순간의 최대작동거리를 초과하지 못하므로, 적층패드의 유효낙하횟수는 다음과 같이 표현된다.

$$(\text{유효낙하횟수}) = (\text{적층패드의 작동거리})/(\text{동적변위량}) \tag{6.4}$$

예제 6-1

그림과 같이 수직압축 골판지 적층패드에 60 cm의 높이에서 중량 200 N의 제품이 낙하한다고 하자. 이때 발생하는 정점가속도 G, 상응하는 동적변위와 충격지속시간을 각각 계산하여 보자.

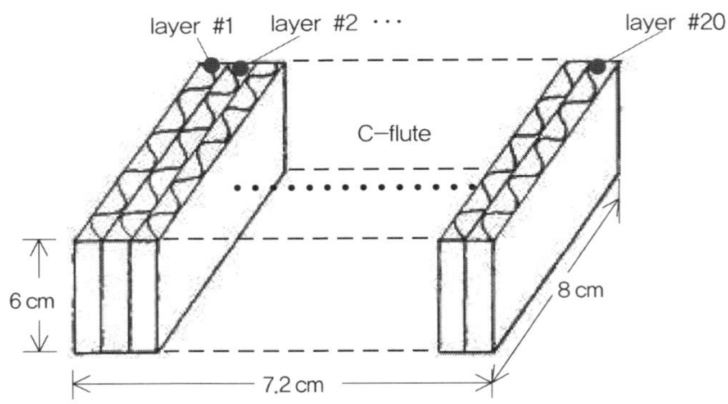

[풀이] C골 골판지는 두께가 약 3.6 mm 이므로, 20 겹은 폭이 72 mm가 된다. 따라서 총모서리 길이는 L = 8 × 20 = 160 cm이다.

C골 골판지는 표준시험조건에서 ECT = 5 kN/m, FCT = 138 kPa이라면, 위의 식 (6.3)으로부터 전달가속도, 동적변위 및 충격지속시간은 다음과 같이 각각 계산되고, 여기서 작동거리를 전체 두께의 약 60 %라 할 때, 유효낙하횟수는 6 × 0.6/1.46로 2회이다.

$$
\begin{cases}
G \fallingdotseq \dfrac{ECT \times L}{W} = \dfrac{5000 \times 1.6}{200} = 40\ G \\[2ex]
d_m \fallingdotseq \dfrac{h}{G} = \dfrac{0.6}{40} = 0.015\ m\ (145\ mm) \\[2ex]
\tau \fallingdotseq \dfrac{1}{G}\sqrt{\dfrac{2h}{g}} = \dfrac{1}{41}\sqrt{\dfrac{2 \times 0.6}{9.81}} = 0.0085\ s\ (8.5\ ms)
\end{cases}
$$

만일 같은 낙하가 상대습도 85 %에서 평형된 동일한 적층패드에 대해 이루어진다면, 그 때 습도팩터는 표 2.2로부터 H = 60 %이므로, 수정된 ECT 값은 5 × 0.6 = 3 kN/m 이다. 이 ECT 값을 사용해 동일한 충격 파라미터들을 다시 계산하면 G = 24, 동적변위 d_m = 2.5 cm이므로, 유효충격횟수는 1이 된다.

$$\begin{cases} G \fallingdotseq \dfrac{ECT \times L}{W} = \dfrac{3000 \times 1.6}{200} = 24\ G \\ d_m \fallingdotseq \dfrac{h}{G} = \dfrac{0.6}{24} = 0.025\ m\ (25\ mm) \\ \tau \fallingdotseq \dfrac{1}{G}\sqrt{\dfrac{2h}{g}} = \dfrac{1}{24}\sqrt{\dfrac{2 \times 0.6}{9.81}} = 0.0146\ s\ (14.6\ ms) \end{cases}$$

그림 6.5(b)의 평면압축 적층패드(flat-crush cushion pad)에 대해서도 같은 방법을 적용하여 분석이 가능하다. 즉, 동적압축저항력은 낙하시 제품의 지지면적 A와 골판지의 FCT를 곱한 값에 비례하며, 준정적 상태의 FCT 값으로부터 동적상태의 전달가속도(정점 G값)는 다음과 같이 대략적으로 계산할 수 있다.

$$G = \frac{F}{W} \quad \rightarrow \quad G = \frac{FCT \times A}{W} \tag{6.5}$$

예제 6-2

아래 그림과 같이 평면압축 골판지 적층패드에 대하여 예제 6.1의 조건을 적용하여 충격 파라미터들을 각각 계산하여 보자.

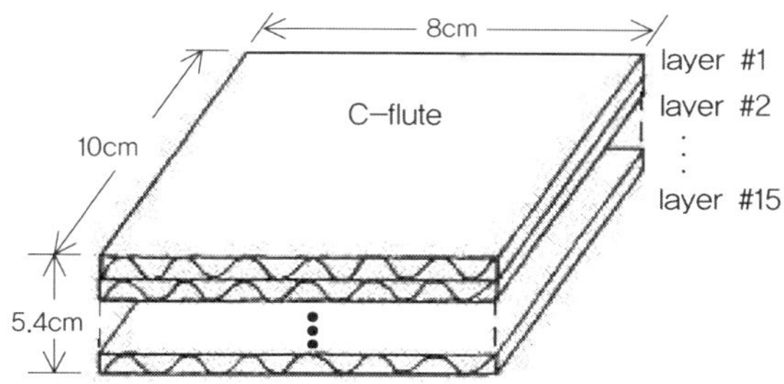

[풀이] 지지면적은 $A = 10 \times 8 = 80\ cm^2$이다. 만일, $FCT = 138\ kPa$이면, 그때 중량 50 N의 제품이 낙하에 대해 전달가속도, 동적변위 및 충격지속시간은 다음과 같이 각각 계산된다. 앞에서와 같이 작동거리를 전체 두께의 60 %라 할 때, 유효낙하횟수는 $5.4 \times 0.6/2.7$로 1회가 된다.

$$\begin{cases} G \fallingdotseq \dfrac{FCT \times A}{W} = \dfrac{138{,}000 \times 80 \times 10^{-4}}{50} = 22\ G \\ d_m \fallingdotseq \dfrac{h}{G} = \dfrac{0.6}{22} = 0.0273\ m\ (27.3\ mm) \\ \tau \fallingdotseq \dfrac{1}{G}\sqrt{\dfrac{2h}{g}} = \dfrac{1}{22}\sqrt{\dfrac{2 \times 0.6}{9.81}} = 0.016\ s\ (16\ ms) \end{cases}$$

2) 하니콤 보드(honeycomb board)

하니콤 보드는 구조상 골판지(corrugated board)와 매우 유사하며, 대개 완충고정재 또는 목재대용의 구조용으로 사용된다. 이것은 아래의 그림 6.9에서 보듯이 하니콤 형상의 중심지(medium paper)에 상하 2개의 라이너 보드(liner board)가 접착된 구조이다. 보통 두께가 15 cm까지 다양한 규격으로 생산된다.

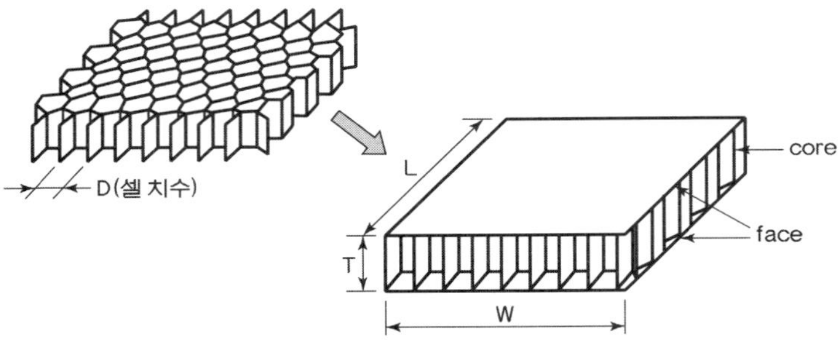

그림 6.9 허니콤 보드 (honeycomb board)

하니콤의 셀치수는 골판지의 골(flute)치수와 유사한 명칭으로 셀의 직경을 일컫고, 보드의 두께와는 아무런 관계가 없다. 1.3 cm 셀치수의 보드는 같은 두께의 2 cm 보드보다 더 밀도가 높고, 강성도 크다. 1.3 cm 셀치수에 대한 FCT는 사용원지의 등급에 따라 많은 차이가 있지만 보통 550 kPa이고, 2 cm는 약 270 kPa이다.

하니콤도 역시 지류완충재(paper-based material)이므로 표 2.2의 습도팩터가 습도에 대한 보정에 사용될 수 있다. 골판지 적층패드에 대한 평면압축식이 하니콤 보드에 대해서도 사용된다.

3) 펄프몰드(pulp mold)

포장 및 완충재로 주로 플라스틱폼이 사용되어 왔으나, 펄프몰드는 이들 재료들을 대체할 수 있고, 사용 후 리사이클, 소각 등 처리가 용이한 환경친화적인 포장재이다.

펄프몰드는 용도에 따라 금형(몰드)을 제작, 고지 및 폐지를 물에 대해 약 3~4 % 정도의 농도로 해리시킨 펄프용액을 진공탈수성형 또는 고열압착 건조시켜서 만든 성형제품으로 각종 포장재(주로 용기 및 완충고정재)로 사용된다.

펄프몰드는 다음에 나타낸 바와 같이 생산방식에 따라 소프트몰드, 하드몰드 및 텍스로 구분하며, 프레스 성형건조는 형태의 변화나 수축이 없어 정확한 치수가 유지된다.

- **소프트몰드**(soft mold) : 습식방법(열풍건조방식, hot-oven type)이며, 경량 전자제품 (TV, PC, 전화기 등)의 포장완충재로 사용
- **하드몰드**(hard mold) : 건식방법(가압열건조방식, hot-press type)이며, 중량물 (냉장고, 에어콘 등)의 포장완충재로 사용
- **텍스**(tex) : 프레스 탈수성형방식 또는 진공탈수 성형방식이며, 앞·뒷면이 모두 매끄러운 포장 완충재 및 트레이용(휴대폰, 반도체 트레이 등)으로 사용

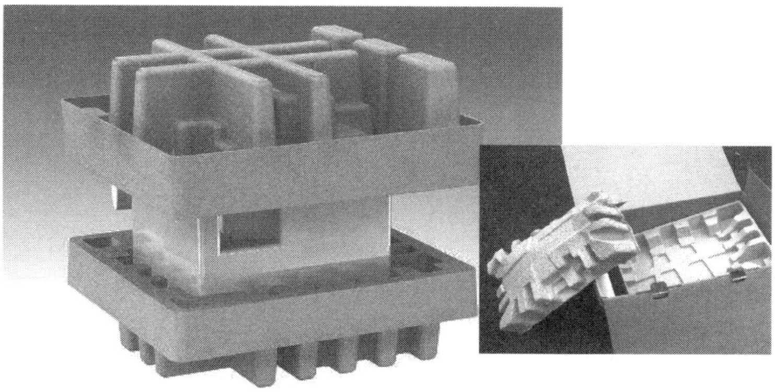

그림 6.10 펄프몰드 완충재의 적용 예

4) 기타 지류포장재

종이 역시 PE폼과 마찬가지로 그림 6.11과 같이 시트, 상자, 앵글(paper angle), 다이(die) 등의 여러 형태로 쉽게 가공할 수 있기 때문에 포장제품의 특성에 맞추어 선택하여 사용할 수 있다. 이처럼 종이는 가공성이 좋고, 재활용이 가능하다는 이점 때문에 단순한 상자형태의 용도를 넘어 다양한 용도로 사용범위가 계속 확대되고 있다.

제품 고정용으로 사용되는 경우는 세절기를 이용하여 종이소재를 세절한 뒤 깨지기 쉬운 제품 또는 충격에 특히 민감한 제품의 포장상자 내부에 충전하여, 완충고정용으로 사용되는 경우가 있으며, 또한 6.11 (b)처럼 앵글형태로 가공되어 상자의 다단적재시 상자 쓰러짐을 방지하는 보강재(보 또는 지주)로 사용되거나, 밴딩작업시 고정재, 또는 상자의 압축강도보강재로 사용되기도 한다.

아직 보편화되지는 않았지만 그림 6.11(c)처럼 시트를 여러 겹 포개어 접착한 뒤 제품의 접지면에 맞추어 종이시트의 바닥면을 다이형태로 가공하여 제품의 양산 고정재로 사용하는 경우가 있으며, 일부에서는 이러한 시트 다이에 지관(paper tube) [그림 6.11(a)], PE폼, 목재 등의 별도의 고정용 보강재와 결합하여 중량물 포장에 사용하기도 한다. 이처럼 종이는 가공성이 좋고, 재활용이 가능하다는 이점 때문에 단순한 상자 형태의 용도를 넘어 다양한 용도로 계속 증가하고 있다.

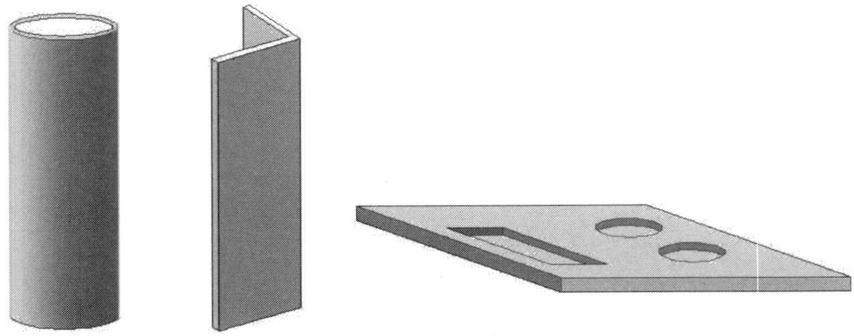

(a) 지관(paper tube) (b) 종이앵글(paper angle) (c) 시트다이(sheet die)

그림 6.11 종이 고정재의 다양한 형태

【5】 에어-백 (Air-bags)

현재 공급되고 있는 또 다른 형태의 완충재가 그림 6.12에 나타낸 에어-백이다. 이것은 가열 밀봉을 쉽게 하기 위하여 플라스틱 백 [대개 저밀도 폴리에틸렌(LDPE)]으로 구성되며, 낮은 압력에서 팽창시켜 즉시 밀봉한다. 이 완충재 중 가장 소형이 버블 랩(bubble wrap)이고, 가장 대형이 트럭, 철도 또는 컨테이너 수송시 단위적재화물 사이의 공간을 채워 화물의 안정성과 완충을 목적으로 하는 매트리스 크기의 백(더니지)이다[그림 6.12(b)].

포장목적으로 사용되는 백은 낙하시 완충과 상자 내부의 제품을 고정하기 위하여 제품 주위, 즉 각 면에 하나씩 최대 6개를 위치시킨다. 백의 파열이나 압력손실 요인이 없을 때 적용되는 상당히 저가의 완충형태이다.

백의 파열과 압력손실은 큰 충격과 포장 내·외부로부터의 물리적 요인에 의해 발생할 수 있다. 이러한 조건들이 모두 존재하지 않더라도, 백은 사용과정에서 수축하는 경향이 있는데, 이는 내부의 공기가 벽과 봉합부분을 통해 스며들거나 누출되기 때문이며, 또한 플라스틱은 신축하기 때문에 백을 약간 더 크게 제작하는 것도 한 이유가 된다.

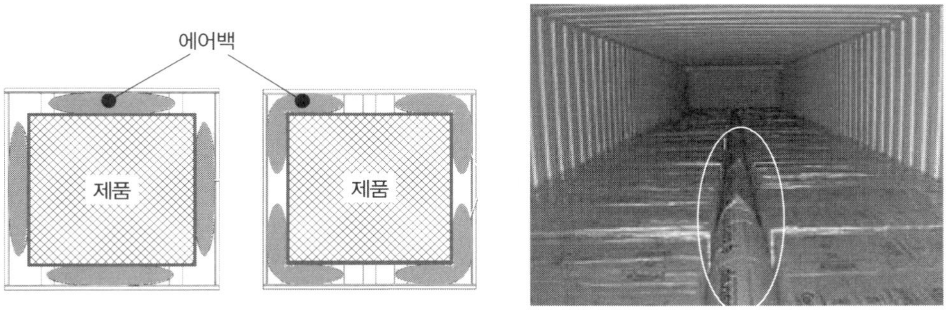

(a) 제품의 완충 (b) 더니지 백(dunnage bag)

그림 6.12 에어-백 완충(air-bag cushion)의 예

6.2 완충성능분석

【1】 완충시험기(Cushion Tester)와 시험방법

완충시험기는 프로그래머가 없는 충격시험기(shock machine)의 일종이다. 그림 6.13에서 보듯이 중추를 탑재한 테이블이 완충재 샘플 위에 낙하된다. 낙하체(테이블 + 중추 + 가속도센서)의 중량은 최소 5수준 이상 변경시킬 수 있어야 하며, 낙하체가 충돌하는 콘크리트 베이스는 예상되는 낙하체 최대중량의 50배 이상이 되어야 한다. 이 시험에서 낙하체는 제품을 모의하고, 테이블에 부착된 가속도센서가 완충재를 통해 전달되는 충격을 기록한다.

이 시험기의 목적은 완충재의 완충성능 평가를 위한 것으로 즉, 완충재 위에 낙하되는 낙하체의 중량, 낙하높이, 완충재 면적 및 두께 모두가 충돌시 낙하체에 의에 겪는 충격을 결정한다. 다양한 낙하변수에 대한 반복낙하를 통해 얻은 정보가 하나의 완충곡선(cushion curve) 세트로 집약된다.

적용 가능한 시험규격은 ASTM D1596의 포장재료의 충격완충특성(dynamic shock cushioning characteristics of packaging material)이며, 이 규격에서 시험편의 크기는 최소 102×102 mm가 되나, 재료의 공기영향과 좌굴특성(buckling)이 시험편 크기와 형태에 의해 영향을 받는 경우는, 그 크기를 203×203 mm로 권장하고 있다.

낙하체는 가이드 시스템의 마찰과 공기저항에 영향을 받으므로, 낙하체의 등가자유낙하충돌속도(equivalent free-fall impact velocity)(특정 시험낙하높이에 대해 진공상태로 간주시의 자유낙하로 인한 계산된 충돌속도)가 시험기 자유낙하높이에 등식화된다. 즉, 중추의 낙하높이는 등가자유낙하충돌속도를 얻기 위해 요구되는 중추의 실제 낙하높이(actual drop height)를 말한다.

등가자유낙하높이(equivalent free-fall drop height)는 측정되었거나 또는 특정 충돌속도를 얻기 위해 요구되는 진공상태에서의 계산된 자유낙하높이를 의미한다. 측정된 속도를 등가자유낙하높이로의 환산은 식(3.6)을 활용한다.

$$V_i = \sqrt{2gh} \rightarrow h = \frac{V_i^2}{2g} \tag{3.6}$$

여기서, V_i는 측정된 속도(m/s), h는 자유낙하높이(m)를 각각 의미한다.

한 완충재 샘플에 대해 계획된 정적응력과 충돌속도에서 5회 낙하가 이루어지며, 1회째 낙하와 2~5회 낙하평균을 취하여 각각 선도 작성에 사용된다.

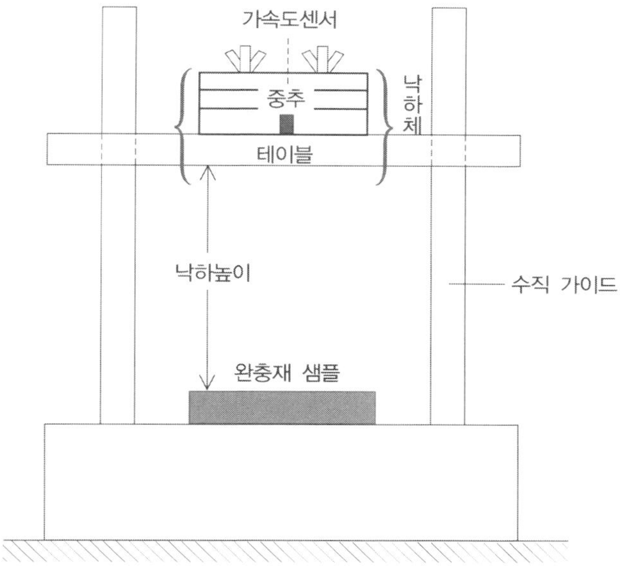

그림 6.13 완충시험기(cushion tester)의 구성

(a) 시험광경

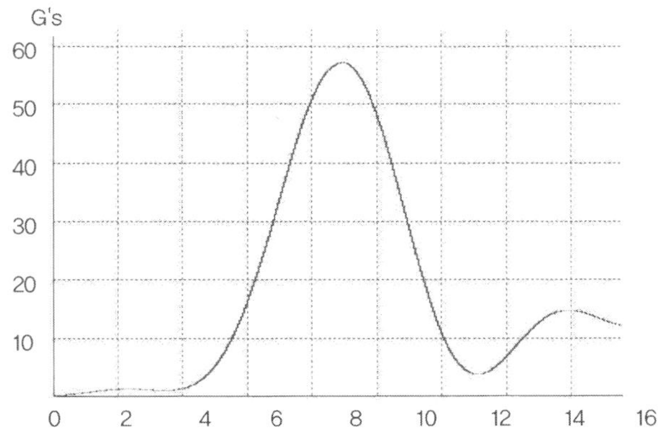

(b) 출력형태 (충격펄스)

그림 6.14 완충재에 대한 충격시험장치의 구성

【2】 완충곡선 (Cushion Curves)

완충설계를 위해 반드시 고려되어야 할 사항들이 산업계 내에서 경험적으로 적절히 취급되어져 왔다. 그러나 특정 G값에 대한 설계와 같은 몇몇 문제들은 비교적 간단히 해결될 수 있는 것으로, 이를 위한 절차는 완충재에 대한 충격전달특성(shock transmission characteristics) 평가의 표준시험절차(ASTM D1596)를 통해 획득한 성능데이터를 활용하는 것이다.

폴리스티렌과 우레탄폼 같은 완충재 생산회사는 이들 제품과 함께 성능데이터를 발표하는데, 이 데이터들은 표준시험절차를 통해 얻은 완충곡선(cushion curve)의 형태이다. 그 곡선의 형태에 따라 완충재의 유효범위와 완충능력을 판단할 수 있다.

그림 6.15는 낙하높이 90 cm에서 독립기포(closed-cell) 폴리에틸렌폼(밀도 32 kg/m^3)에 대한 완충곡선의 한 예이며, 다양한 밀도와 낙하높이에 대한 완충곡선은 부록의 그림 A.1에 나타내었다.

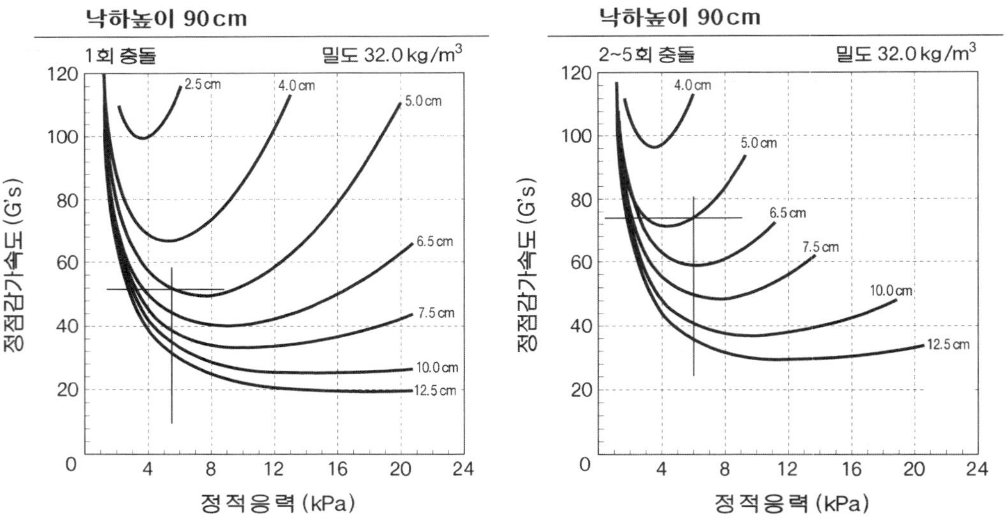

(a) 1회 충돌 (b) 2~5회 충돌 평균

그림 6.15 독립기포 폴리에틸렌폼의 완충곡선 (밀도 32 kg/m^3)

완충곡선은 그림 6.14의 완충시험기를 통해 다양한 낙하높이로부터 완충재 샘플 위에 블록형태의 낙하체를 여러 수준 평면낙하(flat drop)시켜, 낙하체에 부착된 가속도센서로부터 정점 감가속도 G의 측정을 통해 작성된다.

낙하높이는 대개 30~120 cm 범위에서 15 cm 간격으로 여러 수준의 완충곡선들이 다양한 완충재 두께에 대해 구해진다. 즉, 같은 샘플 및 시험변수 (낙하높이, 낙하체 중량)에 대해 1분 간격으로 5회의 낙하가 실시되며, 시험변수 각 조합의 1회 낙하로부터 그림 6.15 (a)처럼 1세트의 그래프가 작성되고, 나머지 2~5회 낙하를 평균하여 그림 6.15 (b)처럼 또 하나의 그래프 세트가 작성된다.

완충곡선상의 모든 데이터는 표준상태(23℃, RH 50 %)에서 측정되며, 이 데이터들은 확정된 제품의 취약성과 설계낙하높이(design drop height)에 대해, 가장 경제적인 완충을 설계하는데 적용된다.

완충곡선상에서 수직축은 충돌과정에서 낙하중추에 의해 겪는 정점감가속도 G값을 나타내며, 이 값은 사용된 완충재 종류, 낙하높이, 완충재 두께 및 정적응력(static stress)에 의존한다. 정적응력은 완충곡선상의 수평축에 나타낸다. 정적응력은 정적(static) 또는 정지상태에서 완충재에 작용되는 압력으로 완충재의 지지면적(bearing area)으로 제품중량을 나눔으로써 계산된다. 지지면적은 제품과 완충재 사이의 실제 접촉면적이다.

대부분의 완충곡선은 그림 6.16과 같은 형태를 하고 있다. 각 곡선상에서 좌측 부분은 완충재를 통해 전달되는 가속도가 상당히 높은 수준을 보여주고 있는데, 이 영역에서는 완충재상의 비교적 가벼운 중량 때문에 정적응력이 작다. 즉, 낙하체가 완충재를 변형시키기에 충분한 힘을 가지지 못하기 때문에 단단한 바닥 위에 물체의 낙하와 유사한 효과가 있다(완충재의 변형이 작아, 단위체적당 역학적 에너지 저장량도 작음).

각 곡선의 중간부분에서는 낙하체(제품)가 완충재를 변형시키기에 충분한 힘을 가지고 있어(단위체적당 역학적 에너지 저장량이 큼), 가속도가 긴 시간동안 퍼져가도록 하는 원인이 된다. 그 결과 낮은 수준의 감가속도를 낳기 때문에 완충재가 효과적으로 적용되는 부분이다.

각 곡선의 우측 부분은 완충재에 과부하가 작용하여 완충재를 통해 계속 전달되고, 완충재가 놓여 있는 표면에 충격을 주는 상황이다. 그러므로 그것은 완충재를 사용하지 않은 것과 같은 결과를 낳고(bottom-out), 가속도는 계속 높아진다. 이러한 완충재의 변형과 완충성능과의 관계는 그림 6.17로부터 보다 더 명확해진다. 즉, 완충재의 변형이 전체 두께의 50~60%가 될 때 완충재를 통한 G값이 가장 작게 측정되며(최적의 완충성능)(표 6.2), 이보다 완충재 변형이 작을 때는 완충재를 변형하기에 과소하중이 되고, 이보다 큰 작용하중은 완충재 변형에 과대하중이 된다.

완충재의 최적성능상태를 보이는 곡선의 낮은 배부분(belly)은 G값이 최저이고, 포장 제품이 손상될 가능성이 가장 작다는 것을 의미하므로, 완충재 사용의 최적점이 된다. 이 만곡되는 부분이 넓은 완충재가 넓은 하중범위에 대해 완충능력이 우수함을 의미하므로 양호한 완충재로 간주할 수 있다.

제품의 한계가속도(critical acceleration), 중량 및 설계낙하높이(design drop height) 등이 알려져 있을 때, 완충재 면적의 사용 가능한 응력범위가 주어진 재료와 두께에 대해 결정될 수 있다.

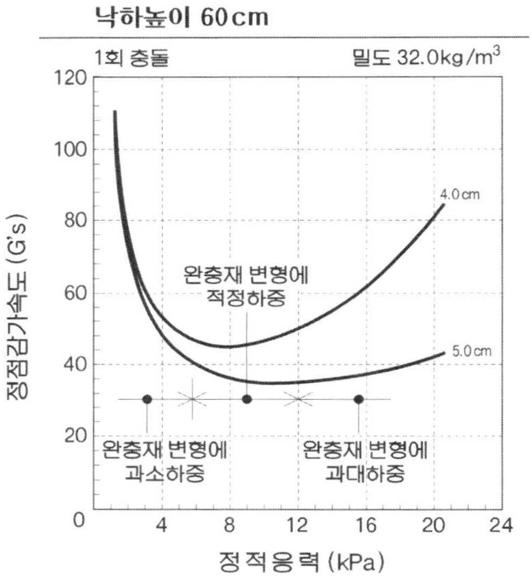

그림 6.16 전형적인 완충곡선 형태

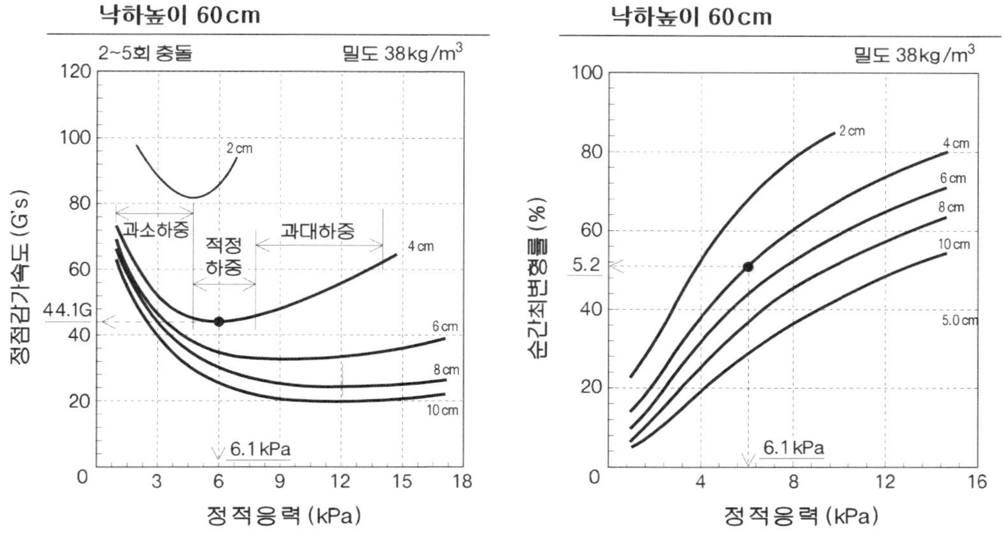

(a) 완충곡선　　(b) 순간최대변형 – 정적응력 선도

그림 6.17 폴리에틸렌폼 완충재의 특성선도 (밀도 38 kg/m³)

그림 6.17의 완충재에 대한 과소, 적정 및 과대하중 작용시 각각 발생되는 충격펄스(shock pulse)의 형태를 통해 완충재의 변형과 완충성능의 관계를 또한 잘 이해할 수 있다. 완충곡선 시험과정에서 완충재상의 작용하중의 증가에 따라 충격펄스 형태가 크게 변하는데, 즉 과소하중 작용시에는 그림 6.18(a)처럼 펄스의 상승시간이 하강시간보다 상대적으로 짧고, 고진동수의 스파이크(spike)가 여러 개 중첩되어 나타난다. 즉, 작용하중에 대해 완충재는 너무 강성(stiff)이다.

적정작용하중에 대해서는 그림 6.18(b)처럼 펄스의 상승과 하강시간이 비슷하며, 펄스는 평활한 형태를 나타낸다. 과대작용하중에 대해서는 그림 6.18(c)와 같이 상승시간이 하강시간에 비해 크다. 펄스형태는 끝지점 근처에서 스파이크를 나타내며, 작용하중수준에 비해 재료는 너무 유연(flexible)하다. 이러한 충격펄스를 통한 완충재와 제품중량에 대한 정보는 제12장에서 기술한 포장화물의 포장성능시험을 통한 포장설계의 적합성 평가에도 크게 도움이 된다.

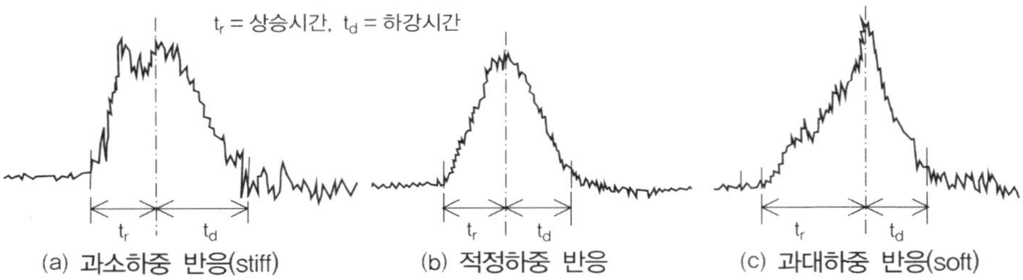

그림 6.18 작용하중 수준별 충격펄스의 형태

앞에서도 부분적으로 기술하였지만, 완충곡선과 관련된 다음의 특성을 이해하는 것은 완충포장설계시 많은 도움이 되므로 여기서 다시 정리하면 다음과 같다.

(1) 완충재 두께

완충곡선상에서 동일한 조건일 때, 두꺼운 완충재일수록 더 낮은 G값을 나타낸다. 즉, 같은 낙하높이일 때 완충재의 두께가 클수록 완충곡선상의 최저점도 낮아진다. 이것은 완충재가 긴 거리에 대해 천천히 물체가 완충되는 것을 허용하기 때문에 발생한다.

높이 h로부터 낙하된 제품이 속력을 낮출 수 있는 최대거리가 완충재 두께 t (실제는 바텀아웃 직전의 두께)이므로, 낮은 G값을 어떻게 이룰까 하는 실제상의 한계가 있다. 이것은 어느 재료에 대한 이론적인 하한계(G)는 식(5.4)와 (6.3)으로부터 다음 식으로 나타낼 수 있다.

$$G > \frac{h}{t} \tag{6.6}$$

한 예로, 높이 60 cm로부터 낙하시, 두께 5 cm의 완충재가 60/5 = 12 G보다 더 적은 정점가속도(peak acceleration)를 유지하는 것은 불가능하다.

(2) 정적응력 (static stress)

정적응력은 완충재 상부에 놓인 제품의 중량에 의해 발생되는 단지 완충재상의 응력에 지나지 않으며, 제품과 접촉상태에 있는 완충재의 면적은 정적응력을 계산하는데만 사용된다. 블록 형상의 제품에 대한 지지면적(bearing area)의 형태는 그림 6.19와 같이 두 가지의 극단적인 경우가 있다.

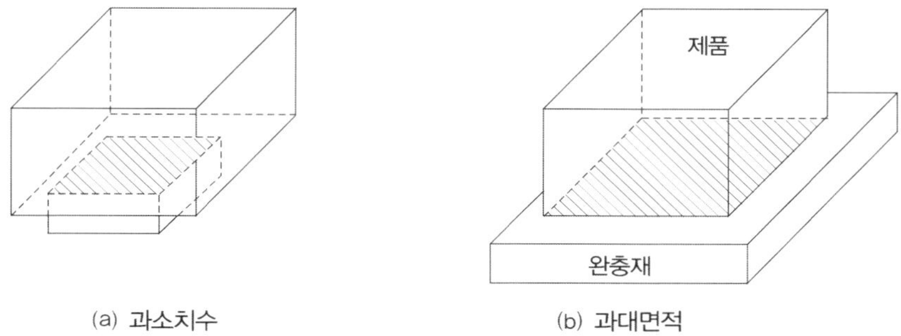

그림 6.19 지지면적의 개념

그림 6.19(a)의 과소치수 완충재 샘플의 경우는, 전체 완충재가 중량을 지지하므로, 지지면적이 완충재 면적이 된다. (b)의 과대치수의 완충재 샘플의 경우는, 실제 압축되는 완충재의 양이 제품 아래의 완충재 부분이므로, 지지면적이 제품의 밑면적이 된다. 실제 이 경우는 압축과정에서 제품의 모서리를 따라 부가적으로 완충재를 아래로 끌어들이기 때문에 이것보다 약간 더 넓게 압축되는데, 보통 이것은 중요하지 않다.

(3) 낙하높이(drop height)

완충곡선은 완충재상에 낙하체의 낙하로부터 얻어지므로, 완충곡선상의 낙하높이는 완충재 상부와 낙하 전의 낙하체 밑면 사이의 수직거리이다.

실제 상황에서는 제품과 완충재가 함께 낙하하는데, 완충재가 제품에 비해 대개 경량이므로 제품의 운동에 많은 영향을 주지 않는다. 따라서 완충재를 가진 제품의 낙하와 완충재상에 제품의 낙하 사이에는 큰 오차가 발생하지 않는다.

보통 같은 완충재에서 낙하높이가 증가할수록 완충곡선상의 최저점은 좌측·상방향으로 이동하므로, 낙하높이는 완충재의 완충성능에 중요한 팩터이며, 완충설계시 낙하높이와 완충곡선을 잘 일치시키는 것이 중요하다.

(4) 억제(containment)

완충곡선은 자유로이 놓여 있는 완충재 위에 낙하체를 낙하시킴으로써 얻어진다. 그러나 완충재와 상자 사이의 단단한 접합은 완충재 시험시보다 더 강성 있게 만든다. 완충재 치수, 형태 및 재료에 의존해 얼마나 더 강성이 상승하는지?, 접합을 어떻게 이룰 것인지? 등이 문제가 된다. 그 효과는 G값의 상승이며, 때때로 15%까지 상승시키게 된다.

(5) 정점 G값－정적응력(static stress)

완충재의 독특한 특성이 완충곡선상에 나타난다. 즉, 정적응력이 점차 증가함에 따라 G값은 높게 출발하여, 감소하다 다시 증가하게 된다. 만일 접촉면적을 줄임으로써 정적응력을 증가시킨다면, 완충재는 더욱 압축·변형되어 제품을 보다 더 긴 거리를 움직여 정지상태로 만들고, 그것은 더욱 낮은 G값을 나타낼 것이다. 이것은 완충곡선의 첫 부분에서 발생한다(곡선이 아래로 기울어진 곳). 어떤 순간을 지나면, 정적응력의 증가는 반대로 G값을 증가시켜 결국 바텀아웃(bottom-out)에 도달하는 효과를 가진다.

플라스틱폼이 바텀아웃에 도달하면, 기포는 거의 평편하게 되어 공기를 압축하는 것 대신 폼 재료 그 자체를 압축하게 된다. 그리고 폼 재료가 공기보다 훨씬 더 강성을 띄게 되므로 G값은 증가한다.

(6) 다중 충돌(multiple impact)

동일한 낙하높이에 대해 2개의 다른 완충곡선, 즉 1회 충돌 완충곡선과 2~5회 충돌 평균곡선이 있다. 후자의 완충곡선은 같은 완충재 위에 5회의 낙하를 통해 2~5회의 G값을 평균한 값으로, 이것은 매회 낙하시 G값이 모두 동일하다는 의미는 아니며, 사실상 G값은 낙하횟수에 따라 점차 증가하게 된다.

다중낙하데이터는 신속하게 반복충돌을 통하여 획득한 자료이고, 충격시간동안 완충재 안의 공기는 가열되고, 이는 완충재를 다소 강성있게 하므로, 보고된 G값에서는 다소 증가된 부분이 있으므로 설계시 어느 곡선의 사용을 권장하기란 어렵다. 아직, 안전 측면에서는 2~5회 평균충격데이터의 사용이 더 바람직한 것으로 알려져 왔다. 이는 다중낙하시 제품에 의해 겪는 G값은 항상 첫 번째 낙하시보다 크기 때문이다.

(7) 온·습도 및 고도가 완충곡선에 미치는 영향

완충곡선은 표준상태하에서만 작성된 것이다. 플라스틱폼(foamed plastic)은 낮은 온도에서 경화되고, 온도상승에 따라 연화되는 성질이 있다. 만일 극단적인 온도가 팩터로 작용할 것으로 고려된다면, 완충재 공급사는 이러한 조건하에서의 데이터에 대해 설명해야 한다.

지류완충재의 완충특성은 상대습도 변화에 큰 영향을 받는 데 비해, 플라스틱 포장재의 경우 온도에 민감하다. Marcondes 등(2003)은 온도 −17~43 ℃ 범위에서 온도 증가에 따라 EPE와 EPS의 완충곡선 최저점을 나타내는 정적응력은 작아졌으며, 특히 EPE의 경우는 최저점의 가속도수준은 높아지는 것으로 보고되고 있다.

예제 6-2

중량 350 N, 크기가 길이 × 폭 × 두께 = 25 × 25 × 25 cm인 제품이 50 × 50 × 5 cm의 독립기포 폴리에틸렌폼(밀도 32 kg/m^3)상에 90 cm 높이에서 낙하한다. 충돌 중 제품이 겪는 정점 G값은 얼마나 되는지 파악하여 보자.

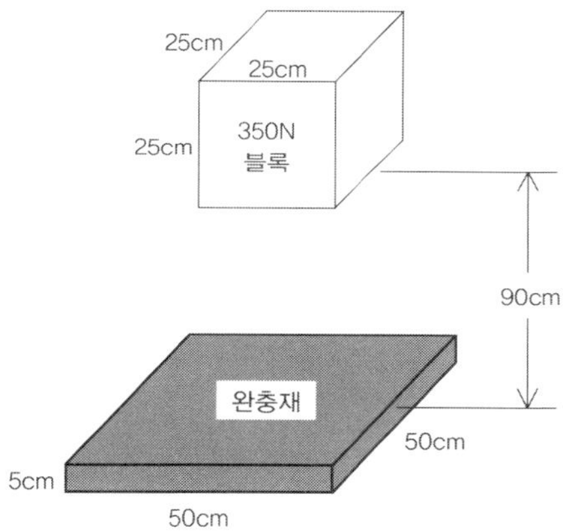

[풀이] 제품과 완충재 사이의 실제 접촉면적은 25 × 25 cm이므로, 정적응력은 σ_{st} = W/A = 350/(0.25 × 0.25) = 5600 Pa(5.6 kPa)이다. 그림 6.15(a)의 1회 낙하 완충곡선 상에서 정적응력 5.6 kPa, 완충재 두께 5 cm이면, 정점 G값은 약 52 G이다. 같은 완충재에 대하여, 그림 6.15(b)의 다중낙하(2~5회 낙하 평균) 곡선상에서는 75 G로 상승하여 성능면에서 저하된다.

6.3 진동성능분석

【1】 진동시험기 (Vibration Table)와 시험방법

완충재의 진동성능 분석에는 제4장과 제5장에서 기술한 진동테이블 또는 셰이커(shaker)가 사용된다. 현재 사용되는 진동시험기의 대부분은 전기유압식(electrohydraulic actuator)과 전자기식(electromagntic)이다.

완충재의 진동성능 특성은 관심 있는 진동수 영역의 진동입력에 대해 완충재를 통해 전달되는 진동을 분석함으로써 결정된다. 이 경우, 완충재상에 부과된 블록이 이전에 기술하였던 바와 같이 공진진동수(resonance frequency)를 갖는 스프링/질량시스템을 형성한다.

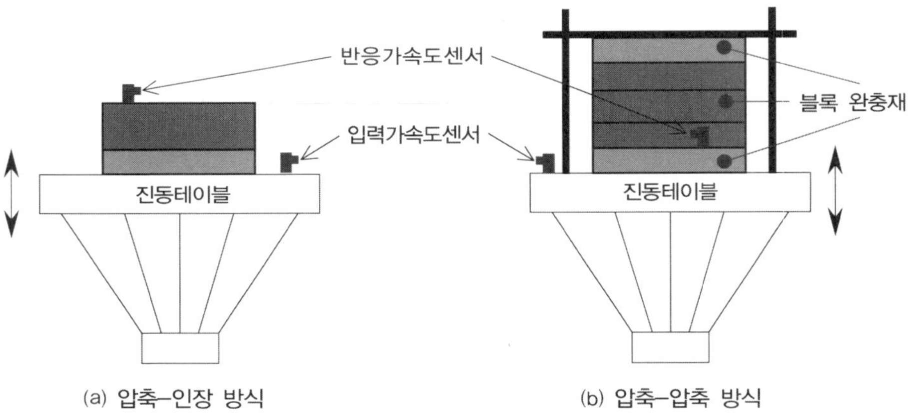

그림 6.20 완충재의 진동전달특성 시험방법

완충재에 대한 진동전달성 시험방법은 그림 6.20(a)의 압축-인장 방식(compression -tensile model)과 그림 6.20(b)의 압축-압축 방식(compression-compression model)이 있다. 전자의 시험법은 완충재가 압축과 인장상태가 되도록 별도의 고정장치 없이 테이블, 샘플 및 블록을 하나로 일체시키는 방법이고, 후자의 시험법은 완충재가 단지 압축상태에 놓이게 되도록 블록 상·하에 완충재 샘플을 장착한 상태로 진동테이블에 고정장치에 의해 가압되어 진동테이블과 일체가 된 상태에서 시험하는 방식이다.

이 두 방법 모두 블록을 누가적으로 증가시킬 수 있어야 하며, 후자의 방법이 여러 규정에서 표준시험방법으로 채택되고 있으나, 테스트 샘플의 가압 정도가 클수록 시스템의 고유진동수가 증가하는 현상이 있으므로, 표준화된 기준설정에 어려운 점이 있다.

그림 6.21은 압축-압축시험법으로 실제 골판지(corrugated board)에 대한 진동전달성 시험광경과 전달성 곡선의 출력 예를 나타낸 것이다. 블록의 질량은 완충재에 작용하는 하중을 변화시키기 위해 바뀌며, 시험은 계속 반복되고, 분석시에는 블록 중량을 완충재 면적으로 나눈 정적응력(static stress)으로 나타낸다.

가진시키는 방법에는 정현파 진동(sinusoidal vibration)과 랜덤진동(random vibration)이 있는 데, 두 방법간의 차이점에 대해서는 제3장에서 상세히 기술되었으므로, 여기서는 시험시의 특성에 대해서만 살펴보기로 한다.

- 랜덤진동 시험은 특히 높은 정적응력수준에서 안정적이다. 정현파 진동입력시험은 고진동수에서 저진동수로 스위프(sweep)할 때 스프링/질량시스템의 공진점에서 테스트 블록이 불안정하나, 랜덤진동입력 시험에서는 이러한 불안정이 존재하지 않는다.
- 정현파와 랜덤진동 시험사이의 시험시간은 랜덤진동 시험이 훨씬 짧다. 전형적인 정현파 진동시험이 스위프율(sweep rate) 0.5 oct/min로 5 → 200 → 5 Hz의 진동을 부과하는 데 소요되는 시간이 약 20분 이상인 데 반하여, 랜덤진동시험은 1분 이내이다.

랜덤진동시험은 진동수 3~100 Hz 범위, 스펙트럼의 전체 진폭값(overall level)은 최소 0.25 Grms가 되도록 하며, 보통 그림 4.9의 표준진동프로파일을 적용한다. 반면, 정현파 진동에 의한 진동전달률시험은 진동수 범위 3~100 Hz, 진동(가속도) 수준은 0.25~0.5 G(zero-to-peak), 스위프속도(logarithmic sweep rate)는 0.5~1 oct/min로 한다.

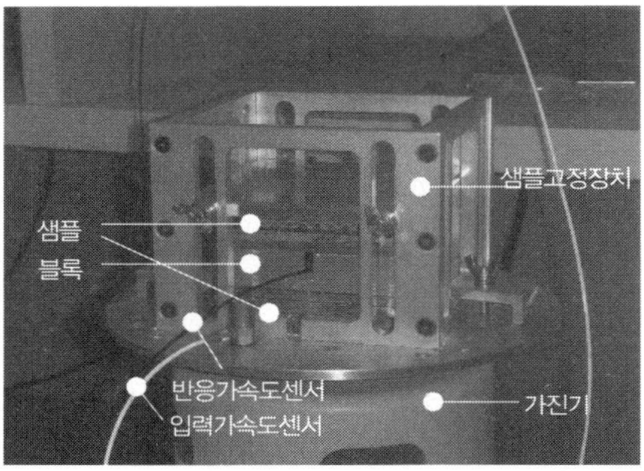

(a) 시험광경

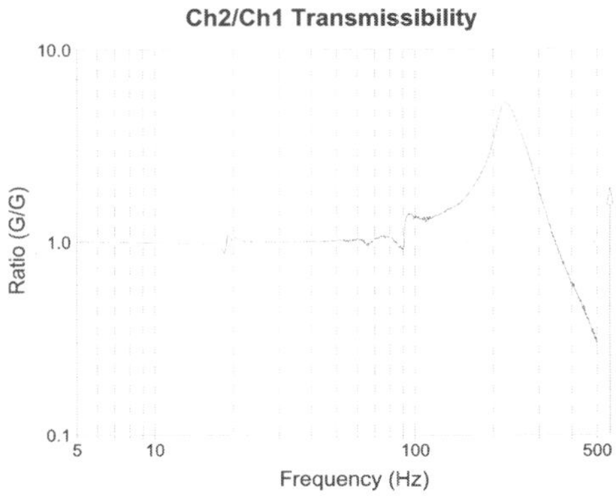

(b) 출력형태 (전달률 곡선)

그림 6.21 골판지의 진동전달 시험(ch#1은 입력, ch#2는 반응) 장치의 구성

【2】 전달률곡선

정적하중별 전달률곡선의 예를 그림 6.22(a)에 나타내었다. 최소한 5수준 이상의 정적하중에 대한 진동스위프(sweep)시험이 그림 6.22(b)의 증폭/감쇠 선도(amplification/attenuation plot) 작성을 위해 권장된다.

여기서 정적응력의 선정시 특히 고려해야 할 사항은 제품의 완충설계시 충격과 진동의 양 측면이 모두 고려되므로, 완충재의 완충곡선과 진동전달률상의 정적응력을 일치시켜야 실용성 있는 자료가 획득된다는 점이다. 그러므로 진동전달률 시험시의 정적응력 수준은 완충곡선상의 최저점을 나타내는 정적응력 범위를 모두 포함하여 결정되어야 한다.

여러 수준의 정적응력에 대해 실시된 진동전달률 시험결과도 하나의 진동증폭/감쇠선도에 귀착되며, 이 증폭/감쇠선도는 정적응력의 함수로서 재료의 진동특성을 나타내며, 진동절연을 위한 제품의 완충설계 자료가 된다. 그러나 이 선도에는 증폭 정도(전달률)를 나타내지 못하는 단점이 있어, 전달률곡선과 함께 적용된다.

증폭/감쇠선도는 수직축상에 진동수와 수평축상에 나타낸 정적응력(하중)에 의해 경계된 곡선상의 면적을 기술한다. 두 곡선의 중간부분은 진동입력을 증폭시키는 정적하중과 진동수 범위에 대한 조합을 나타낸다.

주어진 진동수에 대해 낮은 정적응력 수준은 입력과 제품에 전달된 가속도 수준이 동일한 1 : 1 영역에 귀착되고, 정적응력이 증가함으로써 완충재가 진동입력을 증폭시키는 증폭영역에 도달한다. 정적응력이 더 증가하게 되면 완충재는 진동입력을 감쇠시키며, 반응/입력비가 1보다 작아지는 감쇠영역에 도달하게 된다.

일반적으로 증폭/감쇠선도의 기울기는 정적응력의 증가와 함께 아래방향으로 향한다. 이것은 스프링/질량시스템에서 정적응력의 증가는 특정한 면적을 갖는 완충재가 담당해야 할 중량이 증가하게 되고, 공진(resonance)을 보이는 시스템의 고유진동수(natural frequency) 표현식인 $f_n = (1/2\pi)\sqrt{k/m}$ (m = 질량, k = 스프링 강성계수)에서 완충재(스프링)의 특성은 변함이 없으므로, 시스템의 고유진동수는 감소하게 된다. 이와 같은 특성은 재료의 탄성적 성질과 깊은 관계가 있다.

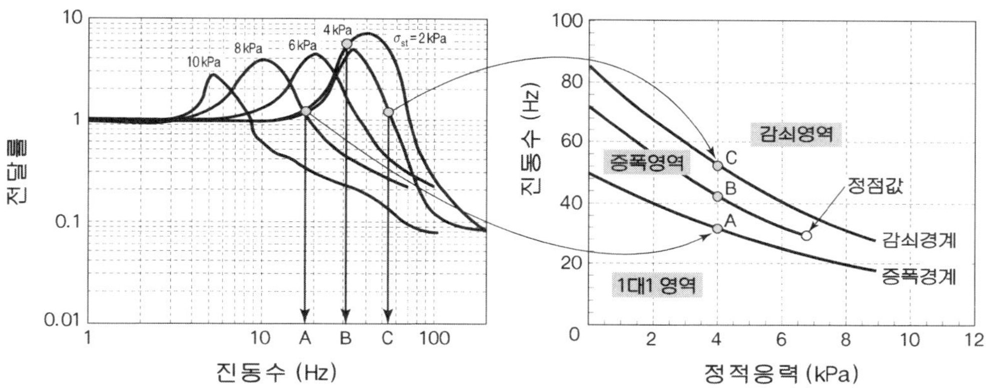

(a) 전달률 곡선　　　(b) 증폭/감쇠선도

그림 6.22 완충재의 진동전달 특성선도의 예

재료에 대한 충격전달 특성에서와 같이 진동전달 특성에서도 지류포장재의 경우도 상대습도에 크게 영향을 받고, 플라스틱 포장재의 경우는 온도에 양향을 받는다. Marcondes 등(2003)은 온도가 −17에서 43℃로 증가함에 따라 공진진동수(resonance frequency)는 감소하였는데, 이는 기포(cell) 안의 공기압 증가에도 불구하고, 폼의 연화(softer)에 원인이 있었다고 하였다. 이러한 현상은 EPE가 EPS에 비해 현상이 더 뚜렷한 것으로 보고하고 있다.

포장설계자는 완충설계시 완충재의 충격과 진동성능데이터를 모두 확보해야 하며, 그렇지 못할 경우는 포장성능의 최적화를 이룰 수 없다. 만일 완충재가 제품의 한계진동수에서 진동입력을 증폭시킨다면, 제품을 보호하기보다는 제품을 파괴하는 포장시스템의 설계가 될 가능성이 있다.

6.4 단순화된 완충곡선

완충재(cushioning material) 전문 생산회사들은 제품 출시와 함께 그 제품에 대한 완충곡선(cushion curve)도 함께 발표한다. 완충곡선은 낙하높이, 완충재 두께 및 완충재 지지면적에 대해 블록상의 낙하체를 완충재 위에 낙하시켜 완충재를 통해 전달되는 충격을 나타낸다.

특정한 완충재에 대한 한 세트의 완충곡선을 그림 6.23에 나타내었다. 이 세트는 단일 낙하높이에 대한 것이며, 다양한 두께에 대해 독립된 곡선을 가지게 된다. 완충면적(cushion area) 위로 부과되는 물체의 중량효과는 단일 매개변수, 즉 완충곡선의 수평축에 나타내는 정적응력(static stress)을 통해 표현된다.

물체에 의해 겪는 감가속도는 정점 G값으로 수직축에 도시하며, 물체에 부착된 가속도센서에 의해 발생되는 충격펄스로부터 직접 읽는다. 이 완충재에 대한 완전한 성능묘사를 위해서는 이와 같은 곡선세트가 다양한 낙하높이에 대해 완비되어야 한다.

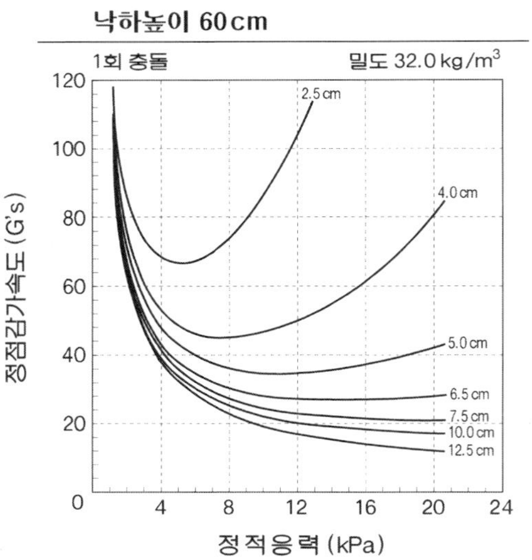

(e) 낙하높이 60 cm, 1회 충돌

그림 6.23 폴리에틸렌폼 완충재의 완충곡선 (밀도 32 kg/m³)

【1】 표준시험 절차와 특징

한 완충재의 완충성능에 대한 모든 정보를 획득하기 위해 요구되는 테스트시간은 이루어 말할 수 없을 만큼 크다. 폴리스티렌폼이나 독립기포(closed-cell) 폴리에틸렌폼과 같은 대표적인 완충재에 대하여 발표된 곡선들 대부분은 최소한 6수준의 두께, 7수준의 낙하높이 및 일정 범위의 정적응력을 가지고 있다. 실제 낙하시험에서는 최소한 6~10수준의 정적응력에 대해 시험한다. 이러한 모든 것에 보태어, 동일한 낙하시험(drop test)이 통계적인 의미를 갖기 위해서는 최소한 5회 반복이 실시되어야 하며, 그 결과로부터 1회 충돌과 2~5회 충돌 평균곡선이 각각 산출된다. 따라서 요구되는 총낙하시험 횟수는 줄잡아 6(두께)×7(낙하높이)×10(정적응력)×5(반복)×5(낙하)=10,500회이다.

ASTM D1596에서 권장하는 테스트 절차를 따르고, 낙하 사이의 대기시간을 1분으로 할 경우, 밀도 한 수준에 대해 실제 테스트에 소요되는 시간은 최소한 175시간 이상이 된다. 이 시간도 샘플 준비와 테스트 결과의 분석에 소요되는 시간에 비해서는 매우 작다.

여기에 한층 더 중요하게 고려되어야 할 사항은 기포(cell) 치수, 구조 또는 기포 벽(wall)을 형성하는 중합체(polymer)의 조성변화를 야기하는 생산공정의 변경은 완충곡선을 중대하게 변화시킬 수 있으므로, 이 경우에는 전체 테스트 절차를 몇 번이고 반복하여야 한다. 그러므로 완벽한 완충곡선세트를 작성한다는 것은 실제적으로 대단히 어려운 작업이다.

【2】 단순화된 완충곡선 산출방법

완충재에 대한 완벽한 완충곡선의 작성에 요구되는 테스트시간과 비용을 크게 절감하기 위해 연구된 방법이 그 재료에 대한 동적응력-에너지 밀도 테이블(dynamic stress-energy density table)을 작성하는 것으로, 이 테이블의 작성은 약 1/1,000의 소수 데이터만을 사용함으로써 실현될 수 있다(Burgess, 1994).

동적응력-에너지 테이블은 그 재료에 대한 모든 곡선을 대신하며, 이것은 기 발행된 완충곡선의 재산출뿐만 아니라 완충곡선상에 나타나지 않은 두께와 낙하높이에 대해서도 완충곡선의 산출에 적용할 수 있다. 그러므로 이것은 발행된 정보보다 한층 더 많은 것을 구체화한다.

이미 발행된 완충곡선을 갖는 재료에 대한 동적응력-에너지 테이블은 이들 곡선으로부터 추론할 수 있지만, 그렇지 못한 재료에 대해서는 단지 몇 번의 낙하시험을 통해 얻어진다. 이 방법을 비교적 균일한 구조를 갖고, 재료 자체가 탄성이 큰 플라스틱 완충재인 폴리스티렌폼, 독립기포(closed-cell) 폴리에틸렌과 폴리프로필렌폼뿐만 아니라 골판지 적층패드와 같이 복잡한 3차원 구조를 형성하고, 소성재료로써 쉽게 변형되는 골판지 소재 완충재에도 적용하였을 때(Shin, 2004; 최·신, 2006), 예측된 G값에 있어서의 오차가 ±5 % 수준으로 그 타당성이 검증된 바 있다.

새로운 재료에 대한 동적응력－에너지 테이블의 산출은 약 10회 정도의 낙하횟수로 이루어질 수 있다. 다양한 중량의 낙하체를 사용하여 다양한 크기로 절단된 테스트 샘플상에 여러 낙하높이로부터 일련의 낙하시험이 수행된다.

표 6.3은 독립기포 폴리에틸렌폼에 대한 한 시험결과이다. 이 테이블에서 첫 번째 낙하는 두께 5 cm, 크기 10 × 10 cm, 낙하높이 30 cm인 경우이다. 이 낙하에서 정점 G값은 40 G이며, 이들 자료로부터 2개의 중요한 물리량인 에너지 밀도(energy density)와 동적응력(dynamic stress)이 계산된다.

에너지밀도는 완충재에 의해 흡수되어야 하는 단위체적당 에너지이며, 이 에너지는 낙하체가 완충재에 접촉함으로써 발생되는 낙하체의 운동에너지(kinetic energy)이다. 그렇지만 그 운동에너지는 낙하체가 낙하 전 가지고 있는 위치에너지(potential energy)와 동일하며, 이는 중량 W에 낙하높이 h를 곱함으로써 다음과 같이 계산된다.

$$\text{흡수된 에너지} = \text{위치에너지} = Wh \tag{6.7}$$

에너지밀도는 낙하체가 면적 A, 두께 t인 블록형태의 완충재 샘플 위에 낙하하기 때문에 에너지 흡수에 관여한 완충재체적은 At이므로, 다음과 같이 계산된다.

$$\text{에너지 밀도} = \frac{\text{흡수된 에너지}}{\text{완충재 체적}} = \frac{Wh}{At} = \frac{\sigma_{st} \cdot h}{t} \tag{6.8}$$

여기서, δ_{st}는 W/A로 정적응력(Pa)을 나타낸다.

표 6.3 독립기포 폴리에틸렌폼에 대한 완충실험 결과와 동적응력-에너지 테이블

낙하 #	낙하높이 (cm)	중량 (N)	완충재 치수 L×W×t (mm)	정점 G값 (G's)	에너지 밀도 $\sigma_{st}\cdot h/t$ (kPa)	동적응력 $G\cdot\sigma_{st}$ (kPa)
1	30	49	10×10×5	40	29.4	196.2
2	45	844	20×20×12.5	10	75.9	210.9
3	120	137	18×18×5	70	101.7	296.7
4	90	69	13×13×2.5	100	146.3	406.3
5	110	667	20×20×10	30	183.4	500.3
6	60	226	13×13×4	55	200.3	734.3
7	110	392	15×15×7.5	50	255.8	872.0
8	75	294	18×18×2.5	125	272.5	1135.4
9	120	176	10×10×6.5	100	326.0	1765.8
실험결과 : 제한적인 정보					무제한의 정보	

이 테이블의 첫 번째 낙하에서, 정적응력은 W/A = 49/(0.1 × 0.1) = 4900 Pa이다. 따라서 에너지 밀도는 $\sigma_{st}\cdot h/t$ = 4900 × 0.3/0.05 = 29,400 Pa (29.4 kPa)이 된다. 에너지 밀도의 단위는 kPa로 일종의 응력처럼 보이지만 이는 단위 체적(m^3)당 에너지(Nm)의 축소된 형태로 $Nm/m^3 = N/m^2$ = Pa이다.

완충재상의 동적응력은 낙하하는 중추에 의해 완충재상에 작용되는 완충재의 단위 지지면적당 충돌력(impact force)이다. Newton's 법칙으로부터, 충돌력은 어떤 한 순간에 질량의 감가속도와 낙하하는 중추의 중량을 곱한 것과 동일하다. 따라서 완충재상의 동적응력은 다음과 같이 표현된다.

$$\text{동적응력} = \frac{WG}{A} = (\text{정점 G값}) \times (\text{정적응력}) = G \cdot \sigma_{st} \tag{6.9}$$

이 관계는 충돌과정의 모든 순간에 적용되며, 그렇지만 정점응력(peak stress)은 완충재가 낙하체의 위치에너지(potential energy) 모두를 흡수할 때이므로, 단지 정점동적응력(peak dynamic stress)이 주요 관심사항이다. 따라서 위에 주어진 식에 의해 계산된 동적응력과 에너지 밀도는 시간적으로 동시에 대응한다.

질량이 정지상태로 될 때, 완충재는 최대압축에 도달한다. 표 6.3의 첫 번째 낙하에서 정적응력은 4900 Pa이므로, 동적응력은 $G\cdot\sigma_{st}$ = 40 × 4900 = 196,000 Pa (196 kPa)이

된다. 에너지밀도와 동적응력의 중요성은 한 재료에 대해 잘 알려진 응력-변형률선도(stress-strain curve)에 관계된 양이라는 사실이다.

동일한 재료에 대한 두 가지의 응력-변형률선도의 예는 그림 6.24에서 보는 바와같다. 하나는 보통 정적응력-변형률 선도(static stress-strain curve)로, 여기서는 응력이 매우 천천히 작용하여, 상당하는 변형률은 측정될 수 있으며 반면, 동적응력-변형률선도(dynamic stress-strain curve)는 충돌하는 경우처럼, 응력이 빠르게 작용한다.

정적응력-변형률선도는 힘-변형(force-deflection)선도를 출력할 수 있는 장치를 갖춘 압축시험기(compression tester)에 의해 시험실에서 쉽게 얻어진다. 그렇지만 낙하상황처럼 빠르게 완충재를 압축할 수 있는 시험장비가 좀처럼 없기 때문에 동적응력-변형률선도를 쉽게 얻을 수 있는것은 아니다. 전형적인 낙하에서, 완충재가 5 cm 압축하면 충돌은 20 ms 지속된다. 그러므로 시험기는 약 0.05/0.020 = 2.5 m/s의 압축속도(compression rate)를 내야 한다.

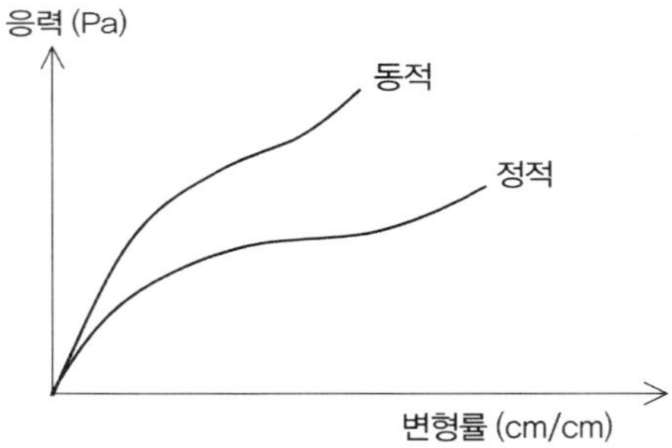

그림 6.24 완충재의 응력-변형률선도

동적응력-변형률선도의 외형은 압축속도에 따라 변하는데, 대부분의 재료에서 압축속도가 빠를수록 같은 양을 압축하는 데 요구되는 응력은 더 크다. 플라스틱의 점탄성(viscoelasticity), 폼 내부에 갇혀진 공기의 갑작스러운 가열, 그리고 플라스틱과 공기 모두의 관성(inertia)이 압축에 대한 폼의 저항성을 증가시킨다. 따라서 폼을 더 빠르게 압축하면, 더 큰 저항성을 갖는다. 그렇지만 포장에 있어 관심 있는 대부분의 낙하 상황에서 압축속도가 그렇게 많이 변하지 않기 때문에 상황이 그렇게 복잡하지 않다.

충돌속도(impact velocity)는 낙하높이의 제곱근에 따라 변하므로 [식(3.6)], 낙하높이에 있어 4배의 증가는 2배의 충돌속도를 증가시킨다. 그리고 궁극적으로는 충돌속도가 압축속도를 조정하기 때문에 동적응력-변형률선도는 낙하높이의 변화에 그렇게 민감하지 않다.

동적응력-변형률선도는 테이블에서 계산된 동적응력-에너지 밀도데이터로부터 추론할 수 있지만, 이것은 반드시 필요하지는 않다. 이러한 모든 양들이 동적응력-변형률선도에 관계되고, 응력-변형률선도는 재료의 특성이므로, 이들 양들이 서로 관련된다. 더욱 이 이 관계는 압축속도에 상당히 독립적임에 틀림없다. 이들 관계는 그림 6.25에서 보는 바와 같이 동적응력은 빗금친 영역의 높이이고, 에너지밀도는 곡선 아래의 면적이다.

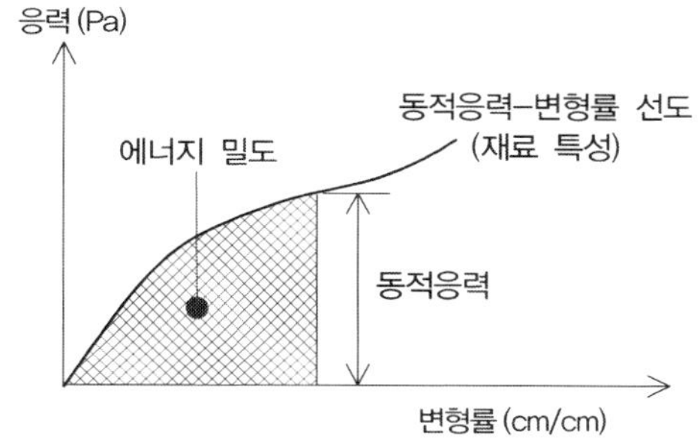

그림 6.25 완충재의 동적응력-변형률선도

따라서 특정한 형태의 완충재에 대한 동적응력-에너지 테이블이 그 재료에 포함되는 모든 낙하 상황에 적용된다.

예를 들어, 표 6.3에서 정적응력, 낙하높이 및 완충재 두께가 $\sigma_{st} \cdot h/t = 29.4$ kPa인 어떠한 상황에 대해서도 정적응력과 정점 G값의 곱은 자동적으로 196.2 kPa이 된다. 만일 두께 15 cm의 동일한 완충재 150 cm^2 위에 낙하높이 150 cm로부터 294 N의 낙하체가 낙하하면, 그때 정적응력은 $\sigma_{st} = W/A = 294/0.0150 = 16{,}600$ Pa (19.6 kPa)이 된다.

이 낙하높이, 두께 및 정적응력이 모두 너무 큰 예외적인 값들이라, 관행의 완충곡선을 적용할 수 없다. 그렇지만 동적응력-에너지 테이블은 적용 가능하다. 먼저 $\sigma_{st} \cdot h/t = 19600 \times 1.5/0.15 = 196{,}000$ Pa (196 kPa)을 얻고, 테이블로부터 대략적으로 $G \cdot \sigma_{st} \fallingdotseq 650$ kPa임을 유추하여, 이로부터 낙하시 기대되는 정점 G값을 식(6.9)를 이용하여 다음과 같이 계산할 수 있다.

$$\text{동적응력} = (\text{정점 G값}) \times (\text{정적응력}) \rightarrow \text{정점 G값} = 650/19.6 = 33\,G$$

【3】 개념에 대한 증명(Proof of Concept)

다음의 그림 6.26은 독립기포 폴리에틸렌폼에 대한 1회 충돌 완충곡선을 나타낸다. 에너지 밀도 $\sigma_{st} \cdot h/t$에 대해 동일한 값을 주는 모든 σ_{st}, h 및 t의 조합에 대한 채택이 가능하다.

한 예로, $\sigma_{st} \cdot h/t = 83$ kPa을 주는 모두 6개의 조합을 그림 6.26의 완충재 곡선들상에 각각 나타내었다. 만일 동적응력 $G \cdot \sigma_{st}$와 에너지 밀도 $\sigma_{st} \cdot h/t$ 사이에 명확한 관계가 존재하면, 그때는 $G \cdot \sigma_{st}$의 상당하는 값도 같아져야 한다. 결과적으로 표에서 보는 바와같이 이것은 모든 것이 거의 $G \cdot \sigma_{st} \fallingdotseq 250$ kPa을 주기 때문에 사실이다. 이것은 최소한 그림 속의 완충재에 대해서는 충분히 입증된다. 그리고 σ_{st}, h 및 t의 값이 $\sigma_{st}h/t = 83$ kPa을 주는 어떠한 경우도, 블록형태의 이 완충재 위에 낙하하는 경우 정점 G값은 $G \doteqdot 250/\sigma_{st}$을 준다.

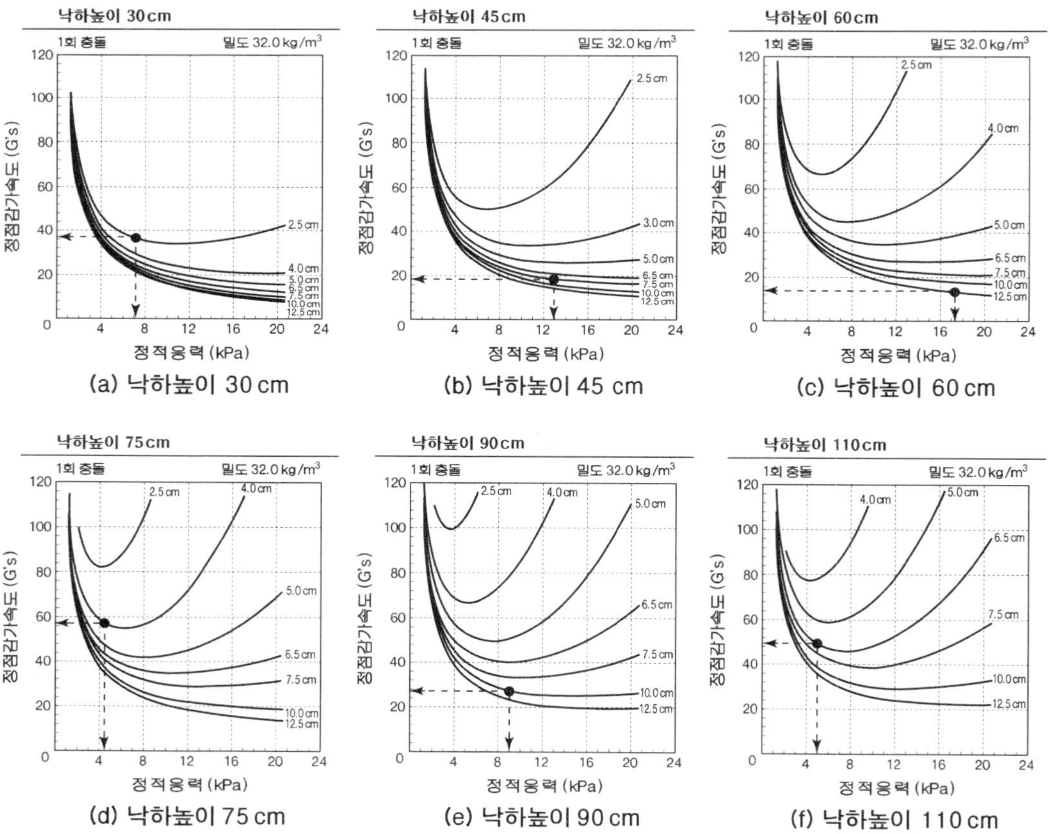

그림 6.26 독립기포 폴리에틸렌폼의 완충곡선(밀도 32 kg/m^3)

표 6.4 동적응력-에너지 밀도 개념에 대한 증명

낙하번호 #	낙하높이 h (cm)	정적응력 σ_{st} (kPa)	두께 t (cm)	정점 G값 G (G's)	에너지 밀도 $\sigma_{st}\cdot h/t$ (kPa)	동적응력 $G\cdot\sigma_{st}$ (kPa)
1	30	6.92	2.5	36.0	83	249
2	45	13.83	7.5	18.0	83	248
3	60	17.29	12.5	14.5	83	250
4	75	4.43	4.0	56.1	83	249
5	90	9.22	10.0	27.0	83	249
6	110	4.90	6.5	51.0	83	250

【4】 동적응력 – 에너지 테이블의 활용

동적응력 - 에너지 밀도의 개념을 사용하는 최대의 이점은 새로운 완충재를 특성짓는 데 요구되는 시험시간을 크게 단축하여 단시간 내에 해결할 수 있다는 사실이다. 결과로써 파생된 테이블은 그 다음 모든 통상의 완충곡선을 산출하는 데 사용된다. 또한 역으로 이미 발표된 완충곡선에 대해서도 적용 가능하다.

즉, 비록 한 재료에 대한 완충곡선들이 이미 유효하게 사용되고 있을 지라도, 이러한 정보들을 통합 정리함으로써 이점은 이 재료에 대한 전체적인 동적응력 - 에너지밀도 테이블로 테이터를 감소시켜, 그 결과 비표준낙하높이, 두께 및 정적응력 등이 조정될 수 있다.

동적응력 - 에너지밀도 데이터를 식(6.10)의 지수함수에 의해 고도의 상관관계로 나타낼 수 있다.

$$\text{동적응력} = a \times e^{b(\text{에너지밀도})} \qquad (6.10)$$

여기서, a와 b는 완충재 형태 또는 폼 형태와 밀도에 대한 상수이다.

동적응력 - 에너지밀도 테이블로부터 단지 2열(어느 2개)만의 데이터로 2개의 미지상수값 a, b를 결정할 수 있는데, 여기서 어느 한 쌍의 열을 택하느냐에 따라 다소의 오차를 나타낸다.

그렇지만 실험한 데이터 모두에 대해 회귀분석법(regression analysis)을 적용하면, 전체 열이 동등하게 적용되어, 그 데이터를 하나의 전체로써 가장 잘 맞는 상수값을 얻을 수 있다.

식(6.10)을 다음과 같이 변형시키면, 선형회귀법(linear regression)의 적용으로 상수 a와 b의 값을 계산할 수 있다.

$$\sigma = ae^{bE} \rightarrow \ln(\sigma) = \ln(a) + bE \rightarrow \sigma' = a' + bE \tag{6.11}$$

여기서, σ는 동적응력으로 $G \cdot \sigma_{st}$ (Pa), E는 에너지 밀도로 $\sigma_{st} \cdot h/t$ (Pa)를 각각 나타낸다.

N = 데이터 쌍 (E, σ)의 수
S_1 = 에너지 밀도값의 합 (= ΣE)
S_2 = 동적응력에 대한 고유로그값의 합 [= $\Sigma \ln(\sigma)$]
S_3 = 에너지 밀도 제곱에 대한 합 (= ΣE^2)
S_4 = 에너지 밀도와 동적응력 자연로그값의 곱에 대한 합 [= $\Sigma\{E \times \ln(\sigma)\}$]

$$a = e^{\left(\frac{S_2S_3 - S_1S_4}{NS_3 - S_1^2}\right)}, \qquad b = \frac{NS_4 - S_1S_2}{NS_3 - S_1^2} \tag{6.12}$$

예제 6-4

표 6.3의 동적응력-에너지밀도 테이블에서 데이터쌍의 수가 N=9이다. 이 자료를 활용해 그래프를 그려보고, 회귀분석법에 의해 동적응력-에너지밀도 방정식을 유도해 보자.

[풀이] 식(6.12)에 의해 상수값 계산에 필요한 값들을 계산하면 다음과 같다.

$$S_1 = \sum(E) = 29.4 + 75.9 ... + 326 = 1591.3$$

$$S_2 = \sum \ln(\sigma) = \ln(196.2) + \ln(210.9) ... + \ln(1765.8) = 56.43$$

$$S_3 = \sum(E^2) = 29.4^2 + 75.9^2 ... + 326^2 = 358093.29$$

$$S_4 = \sum(E \times \ln\sigma) = 29.4\ln(196.2) + 75.9\ln(210.9) ... + 326\ln(1765.8) = 10567.02$$

$$a = e^{\left(\frac{S_2S_3 - S_1S_4}{NS_3 - S_1^2}\right)} = e^{\left(\frac{56.43 \times 358093.29 - 1591.3 \times 10567.02}{9 \times 358093.29 - 1591.3^2}\right)} = e^{4.9115} = 135.84$$

$$b = \frac{NS_4 - S_1S_2}{NS_3 - S_1^2} = \frac{9 \times 10567.02 - 1591.3 \times 56.43}{9 \times 358093.29 - 1591.3^2} = 7.6833 \times 10^{-3}$$

이 완충재에 대한 모든 완충곡선은 다음과 같이 하나의 방정식으로 표현된다.

$$동적응력 = 135.84 \times e^{7.6833 \times 10^{-3} \times 에너지밀도} \rightarrow G\sigma_{st} = 135.84 \times e^{7.6833 \times 10^{-3}\sigma_{st}\left(\frac{h}{t}\right)}$$

$$\rightarrow G = \left(\frac{135.84}{\sigma_{st}}\right) e^{7.6833 \times 10^{-3}\sigma_{st}\left(\frac{h}{t}\right)}$$

동적응력-에너지밀도 관계는 다음 그림과 같다. 이 데이터를 전문 회귀분석 프로그램에 의해 비선형 회귀분석하였을 때, 결정계수(R^2)가 0.98 이상되는 회귀식은 위에서의 방정식 외에도 다음과 같은 방정식들이 있다.

$\sigma = e^{(5.0233 + 0.0061E + 4.2017 \times 10^{-6} E^2}$

$\sigma = 160.6724 \times E^{0.0013E}$

$\sigma = 122.94 \times (1.0008)^E$

$\sigma = 122.94 \times e^{0.0081E}$

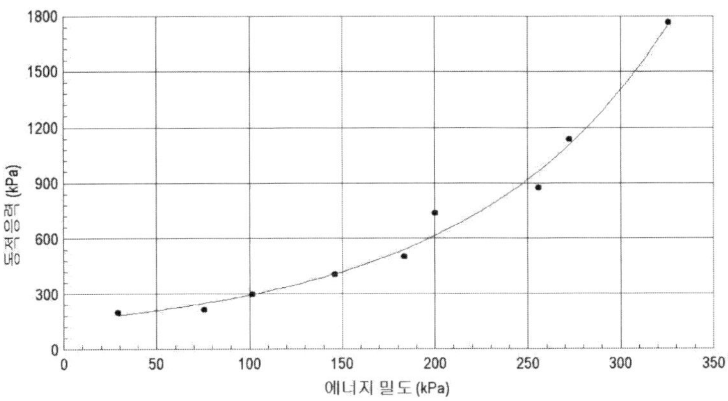

〈동적응력-에너지 밀도 관계〉

연 습 문 제

(1) 재료에 대한 완충과 진동전달률 시험시 각각 주요한 변수들을 설명하고, 특히 이들 시험시 정적응력 범위를 어떻게 결정하여야 실용성 있는 자료가 확보되겠는가?

(2) 재료의 감쇠(damping)가 충격 및 진동절연에 어떻게 영향을 미치는지를 공학적으로 설명하시오(진동전달성, 충격증폭 등).

(3) 샌드위치 구조(sandwich structure) 완충재의 종류와 용도에 대해 조사하여라.

(4) 낙하높이 90 cm, 정적응력 7 kPa에 대하여 완충재 두께 6.5 cm의 1회 충돌 완충곡선과 2~5회 충돌 평균완충곡선 상에서 정점가속도 G값을 서로 비교하여라. 단, 완충재는 독립기포 폴리에틸렌폼(밀도 32 kg/m^3)(그림 6.15)이다.

(5) 골판지에 대한 ECT와 FCT 값으로부터 골판지 적층패드의 정점가속도 G값, 이에 상응하는 동적변위와 충격지속시간을 유추하는 방법인 식(6.3)과 (6.5)의 한계점에 대하여 설명하고, 보다 더 정확한 값을 추정하기 위해서는 어떠한 방법을 적용해야 하겠는가?

(6) 중량 100 N의 제품이 아래에 나타낸 골판지 적층패드에 의해 보호되고 있다. 낙하높이를 60 cm라 할 때, 제품이 겪는 감가속도 G는 얼마인가? 또한 상대습도 50 %와 85 % 각각에 대하여 작동거리가 60 %라 할 때 유효낙하횟수를 구하여라. 단, C-flute의 두께는 약 3.6 mm이고, 표준상태에서의 ECT와 FCT 값은 각각 5 kN/m와 138 kPa이다.

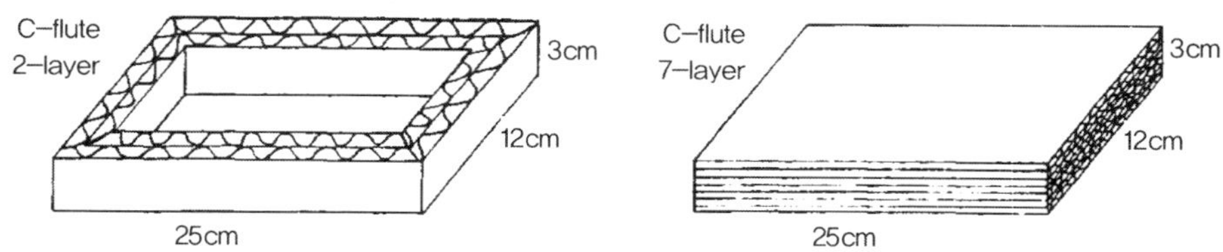

그림 p 6.6

(7) 표 6.3 독립기포 폴리에틸렌폼에 대한 동적응력-에너지밀도 테이블을 사용하여 문제 (8)의 완충곡선세트에 두께 1.25 cm와 3.2 cm 완충곡선을 보태어 그려 보자.

(8) 아래에 나타낸 완충곡선을 사용하여, 중량 300 N, 치수 25 × 25 × 25 cm인 제품이 25 × 25 × 15 cm의 완충재 위에 낙하할 경우 발생되는 감가속도 G를 추정하라. 단, 그림 속에 표시된 7점에 대한 데이터를 활용하여 동적응력-에너지 밀도 테이블을 작성한 후, 이들 관계를 식(6.10)의 지수함수로 나타낸 다음, 이 식에 의해 추정한다.

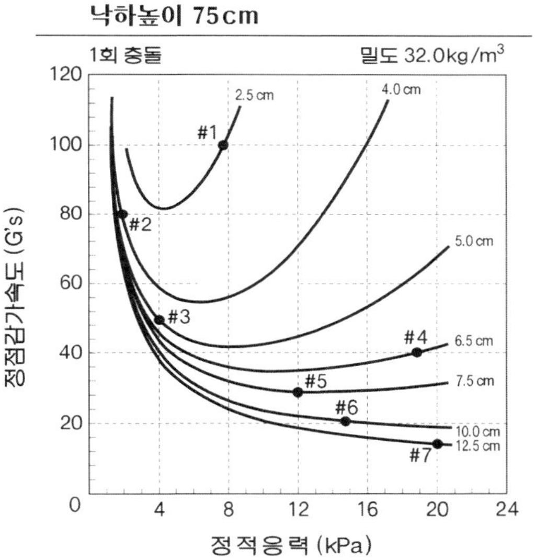

(9) 다음의 실험 데이터는 다양한 두께의 골판지 적층패드에 대하여, 낙하높이 46 cm로부터 다양한 중량의 중추를 낙하시켜 전달하는 최대감가속도를 측정한 결과이다. 이 자료를 활용하여 동적응력-에너지밀도 관계를 그래프로 그려보고, 비선형 회귀 분석법에 의해 식(6.10)의 모형을 비롯한 다양한 모형으로 나타내어 보아라.

<측정된 감가속도-낙하높이 46 cm>

두께 (mm)	정적응력 (kPa)		
	2.24	3.45	5.52
16.8	48.6	79.1	136.6
22.4	42.5	50.7	127.9
27.9	41.1	47.8	54.3
33.5	37.0	44.3	34.8
39.1	38.2	48.3	33.3

07 완충포장설계와 적용기법

Cushioning Packaging Design & Application Techniques

- 완충설계
- 완충포장설계-제품의 완충고정기법
- 다양한 완충고정재에 의한 포장기법과 기타
- 포장비용분석

충격과 진동은 포장의 손상 없이도 포장제품에 손상을 줄 수 있다. 적재가 주로 요구되는 제품의 경우는 겉포장의 강도가 포장설계의 중심이 되겠지만, 충격과 진동에 대한 효율적인 보호를 목적으로 할 때에는 완충설계에 초점이 맞추어진다.

완충포장설계의 초점은 충격과 진동 중 어디에다 둘 것인가를 판단하는 문제도 매우 중요하다. 이번 장에서는 앞에서 분석된 물적유통과정 중의 위험강도, 제품 자체에 대한 취약성(fragility) 및 완충재의 성능분석 결과를 바탕으로 실제 제품에 대한 완충포장설계(cushioning packaging design)와 적용기법에 대해 기술하고, 아울러 지류포장재인 골판지 적층패드, 펄프몰드 및 3중골판지 포장에 대해 적용사례를 중심으로 포장기법에 대해 살펴보기로 한다.

7.1 완충설계 (Cushioning Design)

제품에 대한 완충포장설계의 목적은 충격과 진동 등 환경입력의 완화, 제품에 발생하는 응력분산, 물품 표면의 보호, 물품의 상호 접촉방지, 물품의 돌기부분 및 방습·방청 재료의 기능을 보호하기 위함이다.

제품에 대한 완충포장설계시에는 수송, 하역조건(수송 및 환적 횟수, 하역의 가혹함 정도)과 물품의 취약성에 따라 완충포장 등급을 나누어 실시 설계하는 것 외에도(포장 시작기에 대한 포장성능도 포장설계시 적용된 등급에 따라 차별된 포장시험강도 적용) 다음과 같은 사항을 고려하여야 한다.

- 물품의 모양, 치수, 특성(특히, 돌기부를 비롯한 민감요소, 긁히기 쉬운 표면, 무게 중심, 지정지지 위치 등), 중량 및 부피 등의 제특성, 한계가속도, 공진 등의 강도적 특성, 수량
- 수송, 하역 및 보관 중의 환경조건(수송구간, 수송방법, 하역횟수, 등가낙하높이, 충격을 받는 방향, 기후조건, 보관장소와 기간 등)
- 적용할 재료는 제품의 요구 특성에 적합하면서, 그 사용에 있어서의 포장, 해체, 수송, 보관 등의 작업성
- 설계시에는 단순성(simplicity)을 항상 중요시하며, 특히 복잡한 설계에 대한 폼 제작용 금형은 매우 고가이므로, 대량생산 완충재(mass-produced cushion)에 대해서만 적용하고, 그렇지 못한 경우는 현장발포(foam-in-place) 등 용이한 방법을 채택
- 제품의 부분분해로 바람직하지 않은 응력 상황을 제거할 수 있다면, 제품의 분해성을 고려하여 분해한 후, 동일한 상자에 포장하여 수송한다. 특히, 제품 안팎에 매우 취약한 부품을 분리하여 수송하는 분해포장(separate packaging)을 고려한다. 이것은 전자제품의 회로기판에 대해 자주 적용된다.
- 겉포장용기의 형태, 재질 및 강도
- 완충재 응력, 특히 폼에 취성이 있다면, 폼 그 자체에서 응력집중 상황을 피해야 한다. 폴리스티렌 완충재를 압박하고 있는 단단한 제품의 코너는 완충재의 크랙 발생에 충분한 응력을 초래한다. 제품의 코너와 만나는 곳은 그림 7.1과 같이 완충재의 단순 도려내기(cutout)를 통해 직접적인 접촉을 피함으로써 자주 그 문제를 해결할 수 있다.

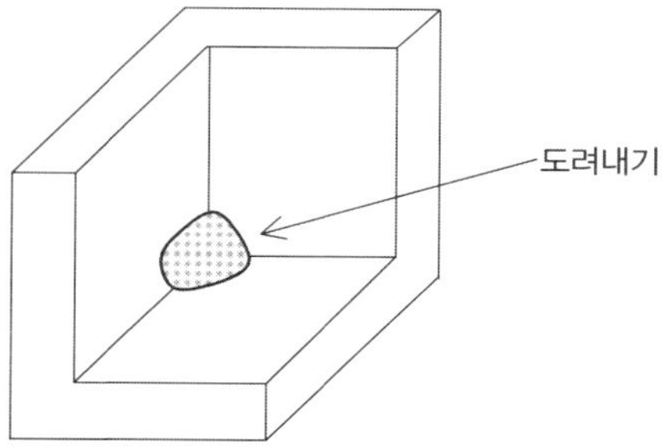

그림 7.1 응력집중 완화방법의 예

- 완충재의 성형가공성
- 다른 포장기법(방습, 방수 등)과의 관계
- 물품에 위해하지 않은 접착재의 선택
- 자원과 에너지 절약이 기본인 3R, 즉 포장재의 재사용(reusability), 재순환성(recyclability) 및 감량화(reducability)를 항상 고려하며, 환경충격(environment impact)을 감소시키고 포장폐기물 발생을 최소화하는 설계는 제품 보호설계만큼 중요하다.
- 단위부피당 가격이 저렴한 경제적인 재료와 수급이 용이한 것을 택함

완충재에 요구되는 이화학적 특성은 사용 장소와 목적에 따라 다르지만, 대체로 다음과 같이 요약된다.

- **충격흡수성** : 완충곡선(예를 들면, 최대가속도-정적응력 선도)에서 충격흡수능력이 양호하고, 최적하중조건에 부합되는것
- **영구변형과 압축 크리이프(creep)** : 완충재에 일정 시간 동안 응력을 가한 상태나 또는 그 응력의 제거시 두께 변화가 적어야 함
- **내구성(durability)** : 파손 마모도와 크러시성이 적고, 물품과 직접 접촉하여 수송 중 진동에 의해 제품 표면의 긁힘이 생기지 않는 것. 우레탄폼은 연수, 자외선 복사(ultraviolet light), 온도 및 반복압축으로 분해하기 쉬운 반면, 골판지 완충재는 상대습도의 증가에 따라 약해지나, 다만 적은 횟수의 충격에 대해서는 양호하다.
- **수소이온농도(pH)** : pH 6.0~8.0으로 습기가 있는 곳에서 물품과 직접 접촉하여도 부식이 생기지 않는것

- **사용온도 범위** : 충격흡수성, 크리이프 등 완충성능이 온도차에 따라 변화가 적고, 사용 가능 온·습도 범위가 넓은 것
- **밀도(density)** : 밀도가 적은 것
- **리바운드(rebound)** : 높은 반발계수(coefficient of restitution)의 완충재 선택을 지양한다. 반발계수가 작으면, 리바운드에 이어 반복충격으로부터의 여진(after shock)을 제한한다. 개방기포폼과 종이 완충재는 일반적으로 독립기포폼보다 더 낮은 반발계수를 가진다.
- **진동흡수성** : 감쇠성이 있어 외력에 따른 공진(resonance) 현상을 발생시키지 않거나 증폭이 적은 것
- **곰팡이 저항성** : 장기간 고습도에서 보관하여도 재료에 곰팡이가 생기지 않는 것
- **흡습성** : 수분흡습으로 완충특성이 변화되거나 물품의 발청, 부식의 원인이 되지 않는 것
- **내약품성** : 물품의 도장, 표면 처리재 등과 화학변화가 생기지 않는 것
- **내유성** : 방청유, 기타 유지류에 대하여 성질의 변화가 생기지 않는 것
- **대전성** : 진동에 의해 정전기를 발생시켜 유지하는 성질이 없는 것. 한 제품의 측면에 대해 마찰하는 플라스틱폼 완충재는 특히 건조한 조건(건조재 팩을 놓는 포장 내부와 같이)에서 정전하(static charge) 형성에 기여함. IC 칩과 메모리 칩과 같은 많은 소규모의 전자부품들이 정전하에 높은 민감성을 나타냄.

한 제품에 대한 완충포장설계는 제품의 독특한 특성과 물류환경에서 요구되는 항목과 수준에 따라 세부적인 설계 절차는 다를 수 있다. 따라서 그림 7.2에 나타낸 큰 틀에서의 일반적인 완충포장설계 단계를 살펴보면, 수송(shipping), 하역(material handling) 및 보관 환경의 규정, 제품 특성 및 물류포장요건 결정, 필요시 제품의 재설계, 다양한 완충재를 분석한 다음, 제품에 대한 완충시스템(cushioning system)을 설계한다. 설계한 포장시스템에 대해 시작기 제작 후 포장성능시험을 수행하는 6단계로 진행된다.

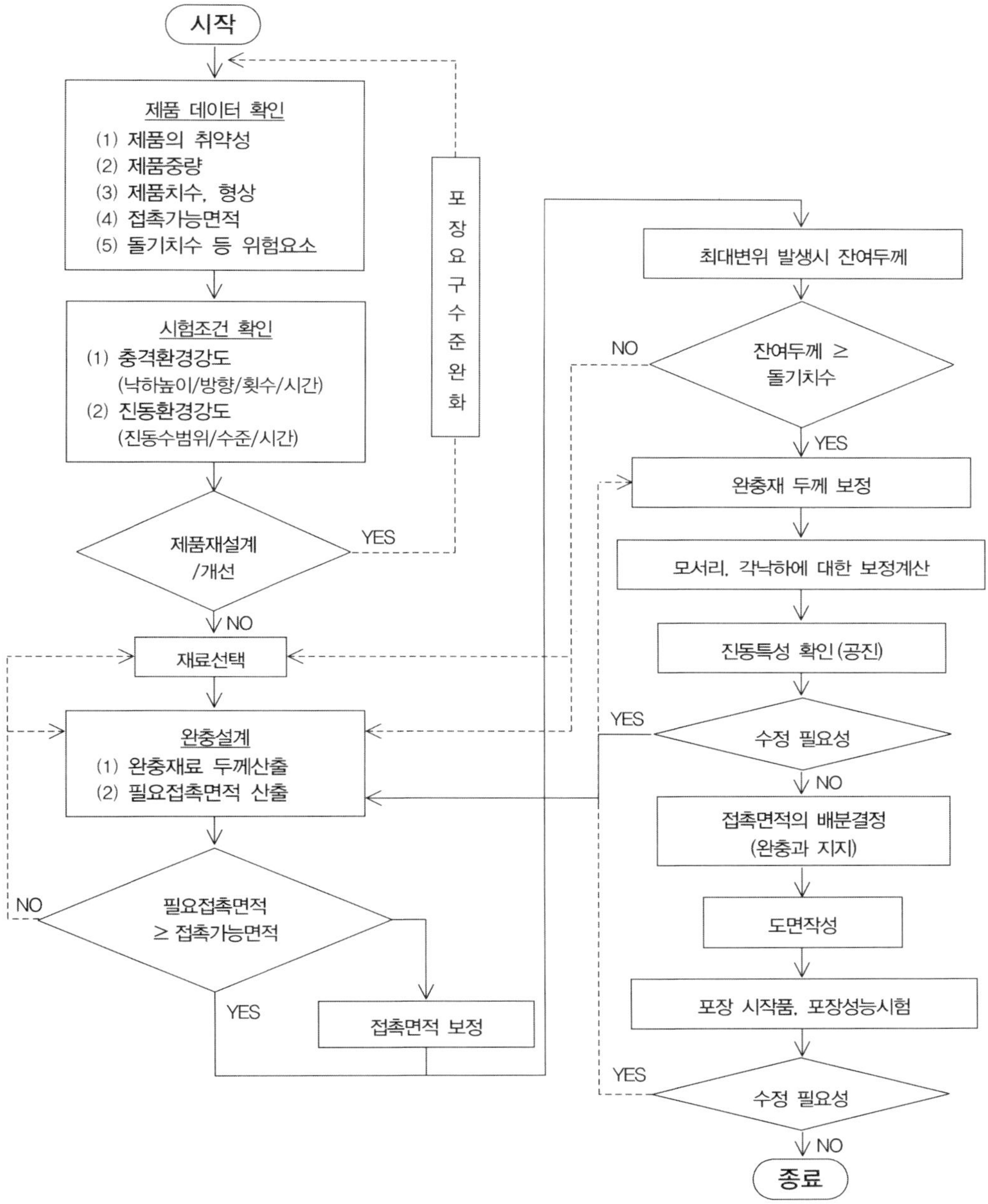

그림 7.2 완충포장설계 흐름도의 예

포장시스템이 제품을 효율적이고 충분한 보호를 확보하기 위해서는 충격과 진동의 계산이 요구된다. 충격과 진동은 이질적인 현상이기 때문에 유통경로, 제품의 특성으로부터 완충포장의 중심을 어딘가로 결정해서 설계한다.

충격과 진동 모두에 대한 보호가 필요하다면 각각의 절연이론을 토대로 설계와 절충을 해야 한다. 그러나 진동문제가 특별히 강조되지 않는 일반적인 제품에서는 충격에 대해 완충설계 후 수송 중의 공진을 체크하고 이를 보완하는 수준으로 설계가 진행된다.

【1】 충격에 대한 완충설계 절차

충격보호를 위한 완충설계는 우선 재료에 대한 정점가속도-정적응력선도(peak acceleration-static stress curve)와 같은 완충곡선(cushion curve)이 필수이다. 그렇지만 완충설계는 또한 위에서 살펴본 바와 같이 좌굴(buckling)과 적용기술(application technique)을 포함하는 다양한 보충적인 고려사항이 요구된다.

만일 제품이 육면체 형태라면, 대부분의 설계자는 제품의 6 측면 모두에 완전평면낙하(perfect flat drop) 상태에서 제품을 보호하려고 완충재를 선택한다. 모서리(edge drop)와 코너낙하(corner drop)는 대개 고려되지 않는데, 이는 만일 평면낙하에 대해 보호가 제공되면, 그때 코너와 모서리 보호는 자동적으로 보호된다고 판단하기 때문이다.

비완전평면낙하(non-perfect flat drop)에 대한 G값은 대개 완전평면낙하시보다 작기 때문에 이러한 판단이 이해되며, 이것은 수반된 충돌면적과 비완전평면낙하시(모서리와 코너낙하) 충돌에너지(impact energy)의 상당부분이 완충재를 압축하는 데 보다는 포장화물을 회전시키는 데 소비되기 때문이다.

제품에 대한 완충설계시 제품의 밑면 전체를 지지할 것인가의 여부를 정확히 하는 것이 중요하다. 만일 한 제품이 단지 어떤 점접촉(point contact)으로 지지된다면(4 코너패드 적용의 경우 처럼), 충돌시 아래방향으로 휨이 발생하는 경향이 있다. 즉, 만일 제품이 튼튼한 프레임을 가진다면, 그때는 문제가 되지 않지만, 제품이 길고 가늘거나 또는 휨에 특히 민감한 경우라면, 그때는 제품의 밑면 전체가 완충되어야 한다.

휨에 대한 민감성을 쉽게 알 수 있는 방법은 제품을 4 코너에서 나무 또는 다른 유사한 블록을 사용해 지지한 상태에서, 그것의 중심(외팔보와 같이) 부위를 위에서 아래로 압축하였을 때 쉽게 휨이 발생한다면, 그때는 밑면 전체를 지지할 필요가 있다.

지지면적의 결정에는 두 가지 방법이 적용된다. 하나는 제품의 형상을 고려해 정적응력(static stress)을 미리 설정하고, 이 정적응력과 제품의 취약성(한계가속도)을 가지고 여러 완충재의 완충곡선에 대응시켜 가장 적정한 완충재를 선정하는 방법이고, 다른 또 하나의 방법은 제품의 취약성을 여러 완충곡선에 대응시켜 정적응력의 결정 후 지지면적을 배분하는 방식이다.

보통 전자의 방법은 밑면 전체를 지지할 필요가 있는 제품의 경우에 적합한 반면, 후자의 방법은 밑면 전체를 지지할 필요가 없는 경우에 적용되는 방법이다. 이들 각각의 경우에 대한 완충포장설계를 각 단계별로 살펴보면 다음과 같다.

1) 밑면 전체를 지지할 필요가 없는 제품

(1) 제품에 대해 기대되는 설계낙하높이(design drop height)를 결정한다. 중량에 따라 하역방법이 결정되므로, 낙하높이는 이를 기준으로 결정하며, 여러 기업들은 자사제품에 대한 설계낙하높이를 사내규정으로 정하고 있다.

(2) 제품에 대한 충격시험을 통해 충격취약성(shock fragility)을 결정한다. 여기서는 제품에 대한 한계가속도(critical acceleration) G와 한계속도변화(critical velocity change)가 결정되었다고 가정한다.

(3) 완충재료(cushioning material)를 선택한다. 단계 (1)에서의 낙하높이에 대한 2~5회 낙하 평균완충곡선을 적용한다. 여러 완충재를 관찰하고, 궁극적으로 가장 경제적인 완충재를 선택한다.

(4) 단계 (2)에서 확인된 취약성 수준에서 G축(수직축)을 가로지르는 곡선 셋 상에 수평라인을 긋는다. 예를 들어, 30 G의 취약성을 갖는 제품이라면, 그림 7.3과 같이 나타낼 수 있다.

(5) 이 수평라인의 아래에 놓여 있는 곡선들만이 적용 가능하다. 이것은 실제 테스트에서 얻어진 G값이 제품에 손상을 주는 한계가속도 G값보다 작은 값으로 안전성을 보장해 준다.

(6) 해당되는 완충재 중 가능한 한 두께가 작은 완충재를 선택한다. 선택된 곡선들과 단계 (4)에서 취약성 라인의 교차점에 의해 형성되는 정적응력(static stress)의 범위를 조사한다. 그림 7.3의 경우는 두께가 5 cm인 것을 취하고, 정적응력 범위로는 3.5~14.0 kPa이다.

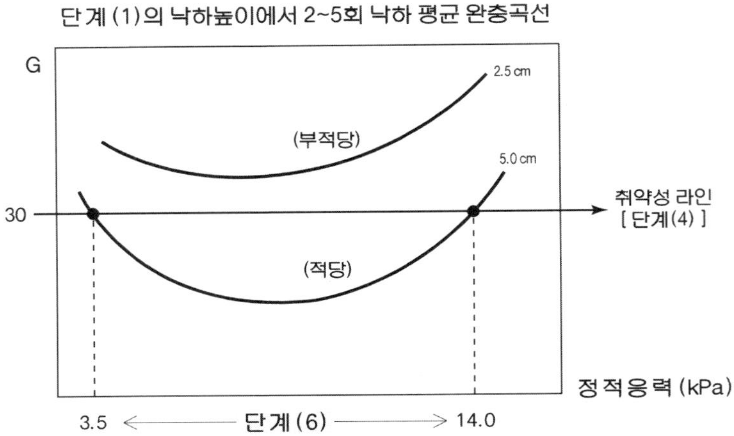

그림 7.3 취약성에 적합한 완충재와 정적응력범위

(7) 가능한 응력범위 내에서 큰 수준의 정적응력을 최대허용정적응력(largest allowable static stress)으로 택하는 게 보통인데, 이는 가장 적은 양의 완충재 사용으로 귀착되기 때문이다. 그렇지만 여러 연구자들은 전달가속도가 최소로 되는 완충곡선의 최저점 부분에서 재료에 하중을 부과하는 것이 바람직하다고 언급하고 있다.

한계가속도 G에서 바로 설계하더라도, 안전한 편이다. 왜냐하면 완전평면낙하 상황(충격력을 최대이고, 제품이 최저의 한계가속도를 나타내는 가장 가혹한 조건)에서 한계가속도가 측정되었기 때문에 설계에 이미 안전팩터(safety factor)가 고려되었다. 정적응력으로 제품 중량으로 나눔으로써 소요되는 지지면적(bearing area)을 계산하며, 이것이 필요로 하는 완충재 소요량이 된다.

(8) 좌굴(buckling)을 체크하고, 필요하다면 완충을 재설계한다.

2) 밑면 전체를 지지할 필요가 있는 제품

(1)~(4) 앞에서와 동일한 방법으로 실시된다.

(5) 지지면적이 제품의 밑면과 동일하기 때문에 정적응력이 이미 결정된다. 아래의 그림 7.4에서 처럼 정적응력을 통하는 수직라인을 긋는다.

(6) 이 정적응력에서 취약성 라인 아래에 위치하는 곡선들만이 적용 가능하다. 가능하면 가장 두께가 작은 재료를 선택한다.

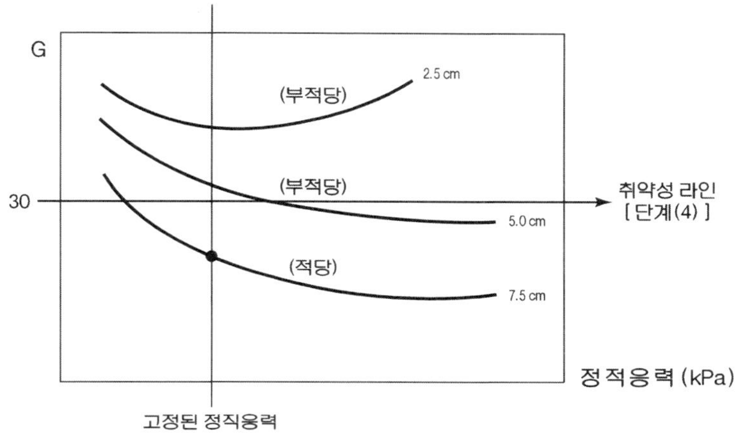

그림 7.4 취약성과 정적응력에 적합한 완충재

많은 설계 문제가 정적응력이 미리 결정되지 않은 경우로, 완충곡선을 통해 가장 적정한 완충재와 정적응력이 결정되었다 하더라도, 제품 아래의 완충재의 분포방법을 제시해 주지는 못한다. 즉, 적용되는 완충재의 양만 결정해 주며, 완충재의 분포와 형태 결정은 설계자의 몫이다.

만일 설계 결과, 400 cm^2의 완충재가 요구된다면, 20 × 20 cm 1개, 양쪽에 20 × 10 cm 각 1개씩, 각 코너 아래에 10 × 10 cm 조각 4개, 또는 무엇을 보충하여 총 400 cm^2이 되는가는 제품의 형상과 치수 등을 고려해 결정한다.

완충재를 너무 많은 수로 나누면 좌굴(buckling)이 발생할 수 있으므로, 이 경우는 G값이 설계된 값이 아닐 수 있다는 점에 주의해야 한다.

예제 7-1

중량 98 N, 취약성 80 G, 한 변의 길이가 44 cm인 정육면체형 강체 제품을 75 cm로 부터 평면낙하(flat drop)시, 이를 보호하기 위한 (a) 전면 완충, (b) 사이드패드(side pad) 완충, (c) 코너패드(corner pad) 완충의 각 경우에 대한 최적의 폴리에틸렌 패드를 설계하여 보자.

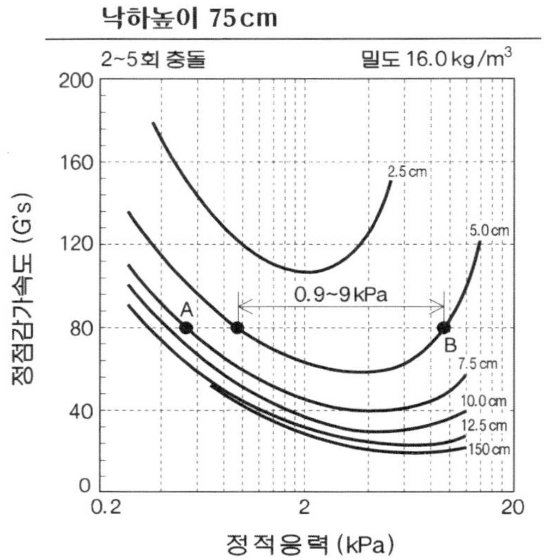

그림 7.5 폴리에틸렌폼의 완충곡선(밀도 16 kg/m^3)

[풀이] 제품의 한 측면의 정적응력은 98/(0.44 × 0.44) = 506.20 Pa (0.51 kPa)이다. 그림 7.5에서 점 A는 0.51 kPa과 80 G의 좌표지점이다. 다양한 두께의 완충곡선들로부터 두께 7.5 cm 두께의 완충재가 제품 보호에 요구된다는 것을 알 수 있다. 따라서, 만일 제품이 전면완충 된다면, 모든 면에서 재료의 두께가 7.5 cm가 요구되고, 길이 × 폭 × 두께가 44 × 44 × 7.5 cm의 면패드(face pad)가 제품보호에 사용된다.

하지만 설계자는 이것이 적절한 보호를 제공하는 데 최소한의 치수가 아니다라는 사실을 인지해야 한다.

더 적은 면패드의 사용 가능성을 체크하는 데, 취약성과 제품의 중량이 고정되고, 패드에 대한 제품의 지지면적은 변경될 수 있다. 두께 5 cm의 곡선은 약 0.9~9 kPa 범위의 정적응력에서 제품을 적당한 보호를 할 수 있다.

최저의 지지면적을 제공하는 최대허용정적응력으로 9 kPa을 택하면, 요구되는 지지면적은 다음과 같이 계산되고, 그 결과 사이드(면)패드 10.4 × 10.4 × 5 cm로 6개 1조면 된다.

$\sigma_s = W/A = 9\,kPa \rightarrow A = 98/9000 = 0.0109\,m^2\ (109\,cm^2) = (10.4\,cm)^2$

코너패드(corner pad)의 사용은 각 면에 직각으로 낙하하는 평면낙하에 대한 보호를 위한 것으로, 각 면당 4개의 작은 패드가 그 역할을 한다. 각 코너패드의 3개의 요소패드 부분의 지지면적은 109/4 = 27.25 cm^2이므로, 그 결과 코너패드의 치수는 $\sqrt{27.25}$ 이므로 약 5.2 cm가 된다.

코너패드의 치수는 아래의 좌측 그림에서 처럼 5.2×5.2×5 cm가 된다. 코너방향 충돌(corner-wise impact) 과정에서 바텀아웃(bottom-out)에 대한 부가적인 보호를 위해 모서리를 따라 우측 그림에서처럼 빈 공간을 빈틈없이 채운다.

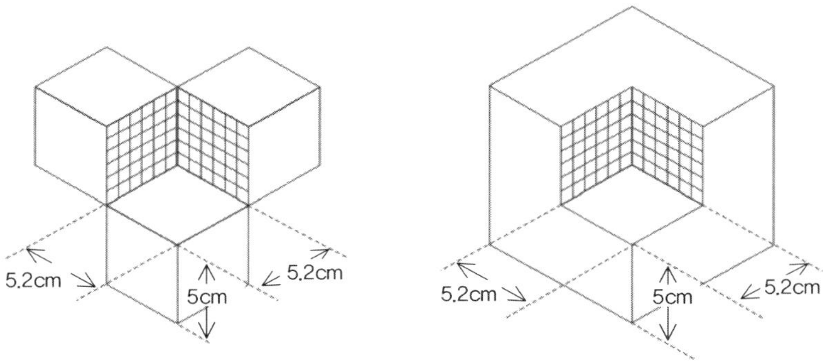

〈빈 공간을 가진 것〉 〈빈 공간을 가지지 않은 것〉

일단 설계자가 예제 7.1에서처럼 처음에 제품을 보호하기 위한 여러 종류의 완충재의 양을 추정하면, 다음 단계의 설계에서는 다양한 완충재와 적용방법에 관련되는 비용을 7.3절에 따라 계산하여야 한다. 설계자는 이러한 과정을 거쳐 가장 적정한 재료와 완충방법을 결정할 수 있다.

가장 보편적인 적용기술인 전면포장(complete encapsulation), 코너패드(corner pad) 및 면패드(face pad) 완충에 대해서는 다음의 7.2절에서 기술한다.

예제 7-2

충돌방향에 관계없이 취약성이 60 G로 알려진 제품이 있다. 블록형태인 이 제품의 중량은 196 N, 크기는 25 × 25 × 20 cm이다. ASTM D4169에서의 권장사항을 포함해 낙하높이-중량 관계에 대한 자료검토 후, 이 제품의 특정 물류루트에 대한 설계낙하높이(design drop height)를 110 cm로 결정하였다. 이 제품에 대한 폴리에틸렌폼 (밀도 32 kg/m^3) 완충설계하여 보자. 폴리에틸렌폼의 110 cm 낙하높이에 대한 완충곡선은 그림 7.6과 같다.

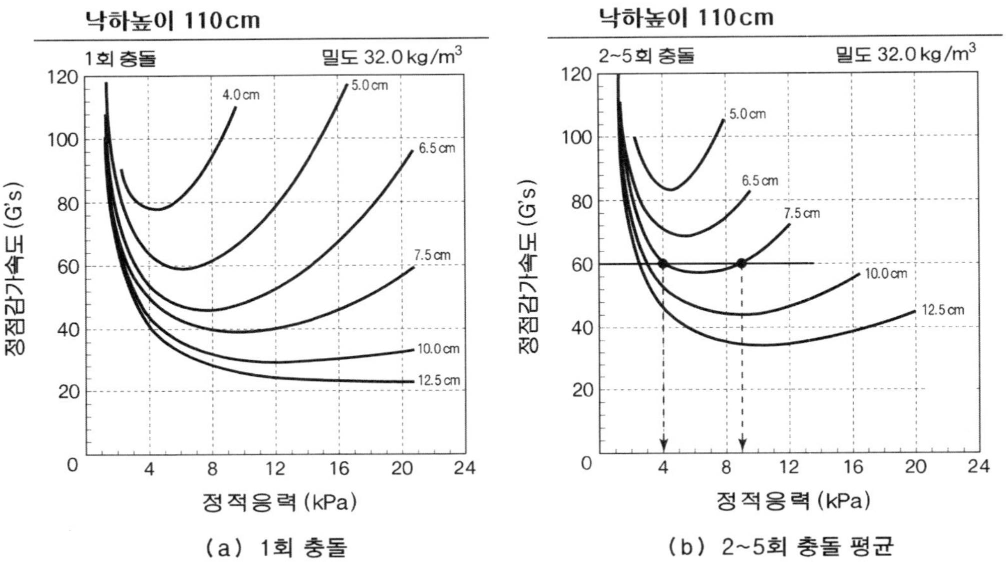

그림 7.6 폴리에틸렌폼의 완충곡선 (밀도 32 kg/m^3)

[풀이] 첫 번째 단계는 제품의 지지를 어떻게 이룰 것인가를 검토한다. 만일 제품이 휨에 민감하다면, 그때는 제품의 밑면 전체를 지지하여야 하고, 그렇지 않다면 다른 방법으로, 예를 들어 제품의 코너 또는 모서리 지지를 검토한다.

밑면 전체를 지지할 필요가 있다고 판단되면, 정적응력(static stress)은 제품의 중량과 치수에 의해 고정된 값이 되고, 또한 밑면 전체를 지지할 필요성이 없다고 판단되면, 취약성 이하의 곡선으로부터 완충재의 두께와 정적응력이 결정된다.

먼저, 밑면 전체를 지지할 필요가 없는 경우는, 먼저 60 G 라인을 곡선에 긋고, 허용 완충재의 두께를 확인한다. 이 제품에 대해서는 두께 7.5 cm 이하의 완충재는 양에 관계없이 조건에 맞추지 못하므로 사용되지 못한다. 7.5 cm의 완충재가 약 4~9 kPa 범위의 정적응력을 제공한다. 7.5 cm 두께의 완충에 대해, 최대허용정적응력 9 kPa이 완충재의 최소량을 요구하는 조건이므로, 이를 사용한다.

$$정적응력\ 4\,kPa,\ A = W/\sigma_{st} = 196/4000 = 0.0490\,m^2\ (490\,cm^2)$$

$$정적응력\ 9\,kPa,\ A = W/\sigma_{st} = 196/9000 = 0.0218\,m^2\ (218\,cm^2)$$

다음에는 이 218 cm^2의 지지면적을 어떻게 분포시키느냐를 결정해야 한다. 8개의 코너패드(corner pad)를 적용하는 것도 한 방법이다. 한 번에 4개의 코너패드가 면낙하시 관여되기 때문에 패드당 지지면적은 218/4 = 54.5 cm^2이다. 따라서 다음 그림에서와 같은 치수를 적용하면 된다.

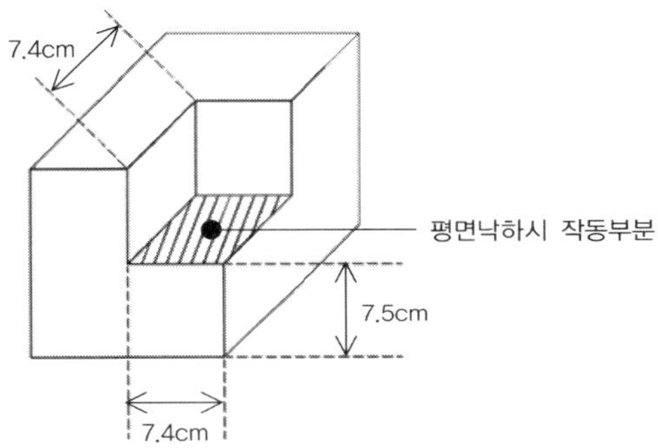

비록 7.4 cm 치수가 7.5 cm에 가깝다 하더라도 여기서는 좌굴이 문제가 되지 않는다. 또한, 선택된 정적응력을 제품의 취약성 (낙하시 60 G)에 정확히 놓는 경우라도, 발생하기가 어려운 완전평면낙하(perfect flat drop)를 기준으로 설계하였기 때문에 이미 안전팩터가 고려되었다.

마지막으로 완충곡선상에 나타난 두께를 사용하는 것이 반드시 필요한 것은 아니다. 즉, 그래프상의 두께는 단지 제작된 정상적인 두께이며, 여기에 없는 두께와 G값을 적용하고자 할 경우는 보간법(interpolation)을 통해 얻어진다.

제품의 밑면적 전체를 지지할 필요가 있는 경우는, 정적응력이 $\sigma_{st} = W/A = 196/(0.25 \times 0.25) = 3136\,Pa\ (3.14\,kPa)$로 고정된다. 이것과 60 G 이하의 충격이라는 요구조건은 7.5 cm 두께의 완충재가 더 이상 사용될 수 없다는 것을 의미한다.

약 57 G를 제공하는 10 cm 두께의 완충재가 적당하다. 보간법에 의해 9 cm 두께의 완충재는 약 60 G 정도로 작동할 것이다. 그러나 이 처럼 비규격의 두께를 적용하는 것은 완충재 생산과 수급 측면에서 비효율적일 수 있다.

예제 7-3

앞의 예제 7.2에서 제품에 대한 설계낙하높이는 모르고, 단지 제품이 매우 고가라는 정보만 알 때, 이 제품에 대한 폴리에틸렌폼(밀도 32 kg/m^3) 완충설계를 실시해 보자.

[풀이] 제품이 매우 고가이므로, 표 3.1에서 이 중량에 대해 보증수준 I 에 해당하는 낙하높이가 914 mm이므로, 공급된 완충설계 자료 중 낙하높이 90 cm에서의 자료를 활용하고, 또한 이 낙하높이에 대하여 다중낙하가 예상되므로 2~5회 낙하평균 완충곡선[그림 6.15(b)]를 적용한다. 이하의 설계방법은 예제 7.2와 같다.

예제 7-4

중량이 200 N, 한변의 길이가 30 cm인 정육면체형 제품을 생각하자. 이 제품은 6면이 모두 동일한 수준의 취약성을 가지고 있으며, 그 DBC는 다음과 같다. 유통 중 예상되는 최대낙하높이는 75 cm이며, 유통 중 적어도 한번 이상은 이 높이에서 낙하가 발생한다고 하자. 이 경우에 대해 다음을 각각 계산하여 보자. (1) PE 완충재(밀도 35 kg/m^3)를 적용한 완충설계와 포장밀도 분석, (2) 선형완충재라 가정시 최대동적변위, 스프링상수 및 충격지속시간, (3) 정적응력 선택과 포장비용 및 물류효율과의 관계

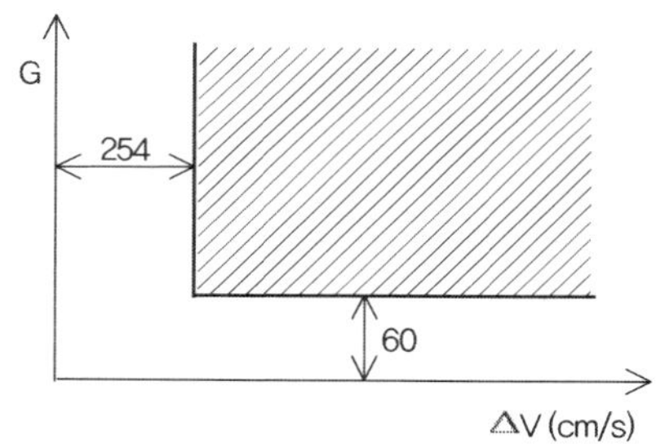

[풀이] 제품에 대한 한계가속도와 한계속도변화 모두를 알고 있는 경우이다. 첫 번째 단계는 과연 이 제품이 완충을 필요로 하는가를 판단해야 한다. 이를 위하여 낙하높이 76 cm에서의 가능한 최대속도변화를 산출하고, 이것(ΔV)을 ΔV_{cr}과 비교하여 본다. 즉, 속도변화는 반발계수에 따라 달라지며, 높이 75 cm에서 자유낙하시 예상되는 속도변화 범위는 식(3.10)에 의해 다음과 같이 계산된다.

$$\triangle V = (1+e)V_i = (1+e)\sqrt{2gh}$$

$$\sqrt{2gh} < \Delta V < 2\sqrt{2gh} \rightarrow 3.84 < \Delta V < 7.68 \text{ m/s}$$

75 cm 낙하시 속도변화가 한계속도변화보다 크기 때문에 ($\Delta V > \Delta V_{cr}$), 이 제품은 어떠한 충돌 상황이 되든 완충을 필요로 한다. 만약에 산출한 속도변화가 한계속도변화보다 작다면 완충할 필요가 없다.

다음 단계는 완충재의 적정 두께를 결정하는 일이다. 그림 7.7 (낙하높이 75 cm, 2~5회 낙하 평균)에 나타낸 완충곡선과 한계가속도 60 G를 사용하면, 만일, 8 kPa의 정적응력이 가해진 두께 5 cm의 PE는 낙하높이가 75 cm일 때 최대가속도는 60 G이다. 이것은 30 × 30 cm의 면적 하에서 정적응력이 8 kPa일 때 충분한 완충성능을 갖고 있음을 의미한다.

$$A = \frac{W}{\sigma_{st}} = \frac{200}{8 \times 10^3} = 0.025\ \mathrm{m}^2\ (250\ \mathrm{cm}^2)$$

따라서 제품의 각 면은 두께 5 cm의 패드로 면적 250 cm^2을 가진 완충포장이 적절하다. 즉, 패드의 치수는 길이 × 폭 × 두께 = 15.8 × 15.8 × 5 cm가 된다.

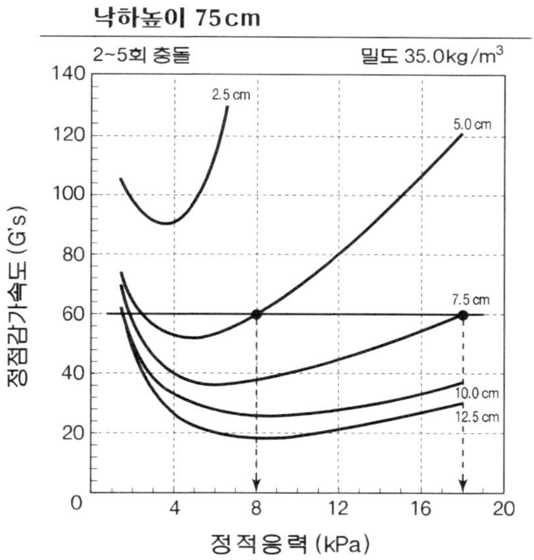

그림 7.7 폴리에틸렌폼의 완충곡선 (밀도 35 kg/m^3)

PE 완충재는 비선형성(non-linearity)을 나타내지만, 선형 완충재로 가정하고 최대동적변위와 충격지속시간을 식(5.4)와 (5.6)으로부터 다음과 같이 각각 산출할 수 있다.

$$\begin{cases} d_m = \dfrac{2h}{G_m} = \dfrac{2 \times 0.75}{60} = 0.025\ \mathrm{m} \\[2ex] k = \dfrac{WG_m^2}{2h} = \dfrac{(200)(60)^2}{2 \times 0.75} = 480{,}000\ \mathrm{N/m}\ (480\ \mathrm{kN/m}) \\[2ex] \tau = \pi\sqrt{\dfrac{W}{gk}} = \pi\sqrt{\dfrac{200}{9.81 \times 480{,}000}} = 0.0205\ \mathrm{s}\ (20.5\ \mathrm{ms}) \end{cases}$$

포장시스템에 대한 치수, 중량, 체적, 포장밀도 등은 포장비용과 물류효율에 중요한 인자이므로, 이에 대한 상세한 분석도 매우 중요하다. 여기서 6개의 완충재의 총중량은 밀도가 35 kg/m^3이므로 다음과 같다.

$$6\times(0.025\times0.05)\times(35\times9.81) = 2.58\ N$$

5 cm 두께의 완충재를 제품의 6면에 장착하였을 때, 필요한 겉포장상자의 내치수는 길이×폭×높이 = 40×40×40 cm가 된다. 따라서 각 면의 면적은 0.4×0.4 = 0.16 m^2, 최소 골판지 소요량은 6면×0.16 = 0.96 m^2이 된다. 또한 이 상자의 체적은 0.4×0.4×0.4 = 0.064 m^3이 된다.

골판지를 무시하면, 이 포장밀도는 다음과 같다.

$$\frac{(200+2.58)/9.81}{0.064} = 322.66\ kg/m^3$$

만일, 예제에서 두께 5 cm 대신 7.5 cm 폴리에틸렌폼이 사용되었다면, 정적응력은 17.7 kPa이 되고, 완충면적과 완충재의 총중량은 다음과 같다.

$$A = \frac{W}{\sigma_{st}} = \frac{200}{17{,}700} = 0.0113\ m^2\ (113\ cm^2)$$

$$6\times(0.0113\times0.075)\times(35\times9.81) = 1.75\ N$$

제품의 6면에 7.5 cm 두께의 완충재를 장착하였을 때, 겉포장상자의 최소체적과 골판지의 최소 소요량 및 포장밀도는 다음과 같이 각각 계산된다.

겉포장상자의 체적, $0.45\times0.45\times0.45 = 0.0911\ m^3$

골판지의 최소소요량, $6\times0.2025 = 1.215\ m^2$

포장밀도(package density), $\dfrac{(200+1.75)/9.81}{0.0911} = 225.75\ kg/m^3$

이상의 결과를 요약하면, 즉, 5 cm 대신 7.5 cm 완충재를 선택하였을 때의 효과는 다음과 같이 요약된다.

- 겉포장상자의 원단 소요량은 0.96 m^2에서 1.215 m^2으로 27 % 증가
- 상자의 체적은 0.064 m^3에서 0.0911 m^3으로 42 % 증가
- 포장시스템의 밀도는 322.66 kg/m^3에서 225.75 kg/m^3으로 30 % 감소
- 완충재 소요량은 $7.5\times10^{-3}\ m^3$에서 $5.085\times10^{-3}\ m^3$으로 32 % 감소

위의 모든 요소들은 포장비 및 수송비, 적재하역비와 밀접한 관계가 있는 만큼, 완충포장설계시 완충재의 두께와 정적응력(두 요소는 서로 상반되는 효과)의 선정이 포장원가에 미치는 영향이 상세히 분석되어야 한다. 위 문제에서 포장화물의 치수는 분명히 증가하였지만, 완충재 소요량은 감소하였다.

【2】 진동에 대한 완충설계 절차

수송되는 제품 중 과대한 압축이나 충격을 받는 경우는 확률적으로 적지만, 진동은 모든 제품에 평등하게 반드시 작용된다. 이 때문에 진동보호기능에 결함이 있는 포장 제품이 수송되면, 사고가 많이 발생할 수 있다. 예를 들면, 에어컨이나 냉장고 콤퓨레셔의 소음 발생의 주원인이 수송 중의 진동이 되기 쉬우므로, 완충용 고무를 끼워 본체에 고정시키고 있지만, 고무/콤퓨레셔 시스템의 고유진동수와 포장구조에 의하여 결정되는 진동수가 근사할 경우, 콤퓨레셔와 방열기 사이의 파이프가 파손되는 경우가 있다.

진동은 모든 수송모드에서 발생하며, 각각의 수송모드의 진동은 특징적인 진동수와 진폭을 갖는다. 전형적으로 진동수가 클수록 진폭은 작아지며, 100 Hz 이상의 진동수는 대부분의 포장상황에서 제품이 절연상태(isolation) (출진동 < 입력진동)에 놓이게 되므로, 포장 엔지니어에게는 큰 관심을 주지 못한다.

수송모드에서 가장 큰 문제가 되는 진동수 범위는 30 Hz 이하로, 이는 차량에서 가장 현저하게 발생되고, 제품을 절연시키기가 어렵다. 대부분의 완충재가 레질리언트(resilient)하기 때문에, 이는 충격을 감소시키는 반면, 진동입력에 대해서는 스프링처럼 거동하여 공진점을 가지게 되므로 충격과 진동 모두를 완화할 수 있는 완충재의 선택은 사실상 어렵다.

따라서 제품 내 한계 공진점을 제거하는 제품의 재설계와 개선이 진동으로부터 제품을 보호하는 가장 경제적인 방법으로 고려되어 왔으며, 그러한 노력 후에 진동절연을 위한 완충시스템의 설계이다.

일반적으로 진동절연에 사용되는 재료는 충격완화에 사용되는 재료가 대부분 사용되며, 이상적인 진동절연재료는 수송 중의 현저한 진동수 3~100 Hz 범위에서 절연을 제공하고, 포장할 제품의 공진진동수(resonance frequency)의 절반 이하의 진동수에서 공진을 나타내는 재료가 바람직하다.

예를 들면, 제품의 주공진진동수가 48 Hz라면, 진동절연재료는 24 Hz 이하에서 공진을 보여야 한다. 만일 제품의 공진진동수를 피하기 위해, 수송 중의 진동수 이상의 고유진동수를 갖도록 재료를 선택하게 되면, $f_n = (1/2\pi)\sqrt{k/m}$ 에서 재료의 강성계수 k가 너무 커지기 때문에, 이 경우에는 충격완화가 문제가 된다.

제품의 진동에 대한 포장설계 문제는 보통 그림 7.2의 완충포장설계 흐름도에서도 보듯이 충격에 대한 완충설계결과에 대해 진동에 대한 제품의 공진반응을 체크하는 수준으로 진행되나, 제품 중 진동에 특히 예민하거나 물류 특성상 진동이 문제가 될 것으로 판단되는 경우는 진동에 대한 완충설계를 실시한다.

충격에 대한 완충설계 후 진동문제를 고려할 때는 포장설계자가 충격에 대한 완충설계시 적용한 정적응력 수준이 진동설계와 모순되는가의 여부를 반드시 체크하여야 한다.

예를 들어, 한 제품의 한계가속도(critical acceleration)가 70 G이고, 제품의 가장 낮은 고유진동수(natural frequency)는 80 Hz이다. 설계낙하높이 75 cm에 대한 그림 7.8(a)의 완충재를 적용했을 때, 최대허용정적응력(largest allowable static stress)이 11 kPa이다. 이러한 충격에 대한 완충설계 결과를 진동에 대해 체크해 보면, 즉 동일한 완충재(동일한 두께, 밀도)에 대한 진동증폭/감쇠곡선(vibration amplification/attenuation curve)이 그림 7.8(b)와 같다고 하였을 때, 이 곡선에 고유진동수 80 Hz 선을 수평으로 그어 곡선들과 만나는 영역을 고찰해 보자.

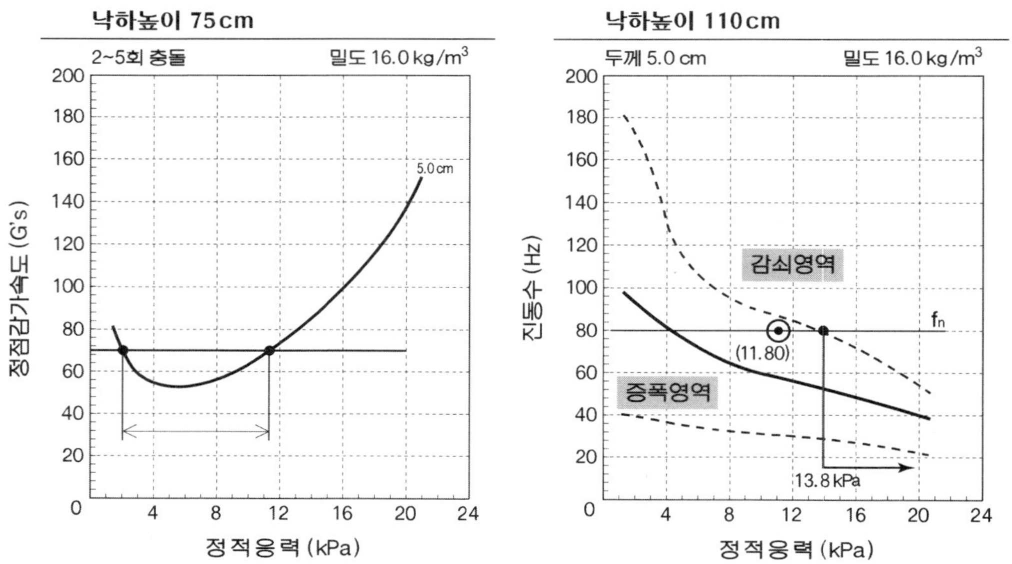

(a) 완충곡선 (b) 증폭/감쇠 선도

그림 7.8 충격완충설계 결과의 진동에 대한 체크

감쇠영역으로 확장된 라인과 감쇠경계의 교차점이 제품이 가장 민감해하는 진동수에서 진동을 감소시키는 최소정적응력이 되는데, 여기서는 13.8 kPa이다. 따라서 충격에 대한 설계시 적용한 정적응력 11 kPa은 이 범위에 들지 않으므로 이 설계는 충격에 대해서는 잘 보호할 수 있지만, 진동에 대해서는 보호되기 어렵다고 판단한다. 따라서 충격에 대한 재설계를 통해 진동완화의 요구조건을 만족시켜야 한다. 그러나 증폭/감쇠선도를 통해서는 증폭이 어느 정도 되는가는 알 수 없다.

다시 요약 정리하면, 최소정적응력은 감쇠경계(attenuation boundary)와 가장 낮은 제품의 한계진동수(고유진동수)의 교차점으로부터 결정된다. 최소정적응력보다 더 큰 정적응력은 감쇠를 낳을 것이며, 반면 이보다 작은 정적응력은 진동입력을 증폭시킬 것이다. 만일 충격에 대한 완충설계시의 정적응력이 이 최소정적응력과 비교하여 작고, 증폭범위(전달률 5 이상)에 속하면 완충설계를 다시 시도하여 다른 두께의 완충재를 선택하여야 한다.

일단 충격과 진동보호를 적절히 제공하는 것으로 나타난 정적응력이 확인되면, 재료와 두께의 선택이 이루어질 수 있다. 포장에 대해 선택되는 실제의 정적응력은 여러 인자에 의존하는데, 그렇지만 가능한 가장 큰 정적응력에서의 설계는 더 적은 재료의 사용을 의미한다.

결론적으로 충격과 진동 모두에 대해 좋은 결과를 주는 정적응력이어야 하므로, 이 목적을 위해 완충재 두께는 계속 조정된다(그림 7.2). 포장시스템에 있어서 충격과 진동요구조건 사이의 절충이 보통 진동 측면에서 이루어져야 한다고 주장하는 경우도 있는데, 그 이유를 살펴보면 다음과 같다.

- 수송된 제품이 진동환경에 노출될 가능성은 분명하다. 그렇지만 제품이 설계낙하높이(design drop height)로부터 충격을 받을 가능성은 확률함수이고, 가혹한 낙하를 겪을 확률은 매우 작다(그림 3.1).
- 사각파 충격펄스(square-wave shock pulse)의 DBC에 의해 확정된 충격취약성(shock fragility) 수준은 보수적이다. 제품이 취약성 수준 이상의 정점가속도를 주는 충격펄스에도 손상을 입지 않을 가능성이 크다.

예제 7-5

포장설계자가 두께 10 cm, 밀도 32 kg/m^{3}의 폴리우레탄 에테르(polyurethane ether)를 한 제품에 대한 완충재로 선택하였다. 충격완화를 위한 최선의 정적응력(최대허용정적응력)은 12 kPa이다. 예상되는 수송모드는 트럭과 항공기이다. 가속도 0.5 G 이상 발생이 기대되는 진동수는 20 Hz 이하와 100 Hz 이상이다. 이상의 충격에 대한 완충포장설계 결과를 진동에 대해 체크하여 보자.

[풀이] 두께 10 cm, 밀도 32 kg/m^{3}인 폴리우레탄 에테르의 정적응력 1.2 kPa에 대한 진동전달률곡선인 그림 7.9를 관찰해 보면, 가장 피해야할 진동수(고유진동수)는 약 24 Hz임을 알수 있다. 만일 포장시스템이 이 진동수를 보인다면, 전달률은 6이고, 또한 수송 중 진동입력이 3 G라면, 포장은 18 G가 반복적으로 나타낼 것이다. 이것은 포장 손상을 일으킬 가능성이 매우 높다.

포장설계자는 이 경우 다른 완충재 또는 다른 정적응력 수준 또는 완충재 두께를 변경하는 등의 포장 재설계를 실시해야 한다. 재설계 후 전달률을 다시 체크하여야 한다. 모든 경우에 있어, 포장 구성에 대한 실제의 진동시험을 수행하는 것이 매우 중요하다. 이론적인 계산은 단지 실제 성능을 추측할 수 있는 수단에 불과하다.

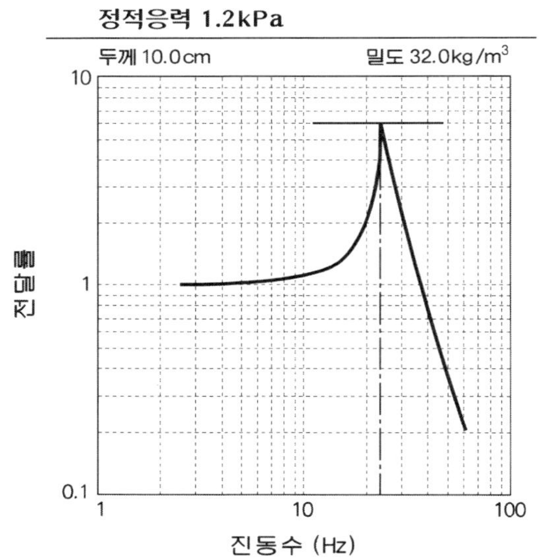

그림 7.9 폴리우레탄폼(에테르)의 진동전달률 곡선
(밀도 32 kg/m^3, 두께 10 cm, 정적응력 1.2 kPa)

예제 7-6

한 변의 길이가 13 cm이며, 중량이 100 N인 정육면체형 제품을 생각하자. 이 제품에 대한 취약성으로 한계속도변화는 5.08 m/s 이고, 한계가속도는 95 G이다. 이 제품은 유통 중 최대 낙하높이가 90 cm로 예상될 때, 충격과 진동에 대한 폴리에틸렌폼(밀도 16 kg/m^3) 완충설계를 실시하여 보자.

[풀이] 낙하높이 90 cm에서 낙하시 속도변화는 이론적으로 완충재의 반발계수에 따라 식 (3.10)과 같이 $\Delta V = (1+e)\sqrt{2gh}$ 로 표현된다. 제3장에서도 기술하였듯이 대부분의 포장상황에서 반발계수 e는 0.3~0.5이므로, 속도변화는 다음과 같은 범위로 예상되어, 제품의 한계가속도 5.08 m/s보다 크므로 완충이 필요하다.

$$1.3\sqrt{2\times 9.81\times 0.9} < \Delta V < 1.5\sqrt{2\times 9.81\times 0.9} \rightarrow 5.46 < \Delta V < 6.30 \ \ \mathrm{m/s}$$

그림 7.10 (a)의 완충곡선에서 95 G의 한계가속도에서는 최대허용정적응력 8.5 kPa을 갖는 5 cm 두께의 완충재가 충격으로부터의 보호를 위해 선정된다. 따라서 완충면적은 $A = W/\sigma_{st} = 100/8500 = 0.0118\ \mathrm{m}^2\ (118\ \mathrm{cm}^2)$이다.

제품의 각 면에 길이×폭×두께 = 13×9×5 cm의 완충재가 장착되면 되지만, 제품과 완충재의 진동 특성에 대한 체크가 사전에 이루어져야 한다.

그림 7.10 (b)는 정적응력 8.5 kPa에서 두께 5 cm 완충재의 전달성(transmissibility 또는 magnification)을 나타낸 것이다. 그림에서 보면 32 Hz에서 최대전달성을 보이며, 23~50 Hz 범위에서 2 이상의 증폭을 나타낸다. 따라서 완충포장설계시 제품/포장시스템의 고유진동수가 23~50 Hz 사이에 존재한다면, 손상방지를 위하여 진동시험을 반드시 거쳐야 하고, 이에 대한 대책을 강구해야 한다.

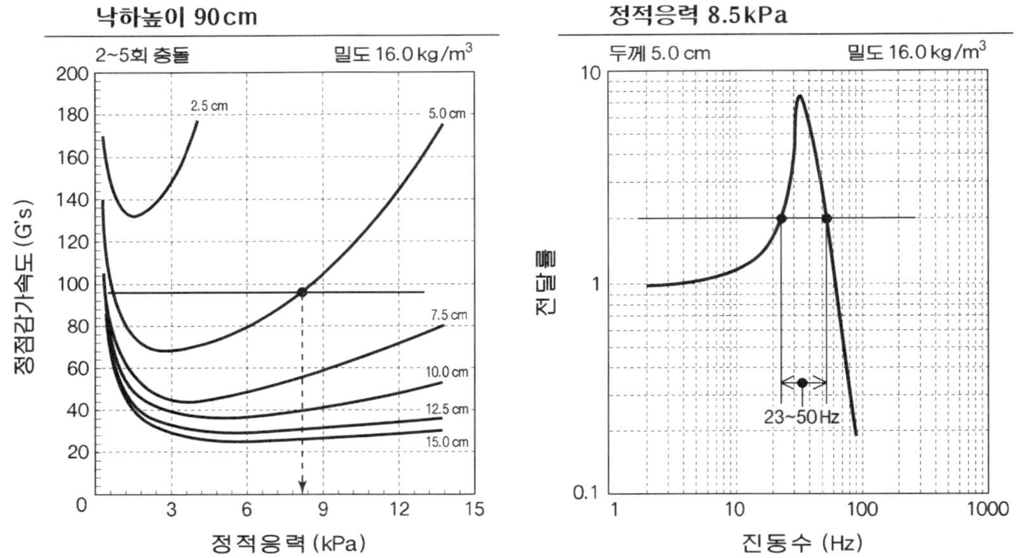

(a) 완충곡선 (b) 전달률 곡선

그림 7.10 PE의 충격 및 진동전달 특성(밀도 16 kg/m^3)

7.2 완충포장설계-제품의 완충고정기법

어느 특정한 문제에 대한 가장 적정한 완충고정기법의 선택은 여러 가지 인자들, 특히 제품의 성질과 각 기술에 관련된 비용을 고려해야 한다.

완충고정포장(cushioning and fixing packaging)(또는 완충포장)은 완충과 고정을 동시에 목적으로 한다. 물리적으로는 완충과 고정이 다르지만, 완충포장에 있어서는 고정과 완충의 기능을 겸하도록 하고, 나누어 설계하는 등의 방법이 사용되고 있다. 여기서 충격과 진동에 대한 제품의 완충고정기법을 합리적으로 적용시키기 위해서는 완충과 고정에 대한 목적을 명확히 이해하는 것이 필요하다.

완충은 하역(material handling)이나 수송시 발생되는 충격과 진동으로부터 제품에 가능한 한 전달되지 않도록 절연시켜주고, 또한 포장물품들 사이에 직접적인 접촉에 의한 손상방지, 제품의 일부에 집중적인 충격이 가해지지 않도록 처리하는 기술과 상태라고 정의할 수 있다. 반면, 고정은 외부의 힘에 의한 물품이 이동과 충돌방지, 완충재와 용기가 손상되기 쉬운 부분과 접촉하는 것을 방지하는 기술과 상태로, 즉 외력에 의해 제품이 이동하지 않게 하는 것을 전제로 하고 있다.

그러나 고정한 후 완충이냐, 완충한 후 고정이냐는 제품의 특성에 의존하므로 혼동하기 쉬우며, 어떤 부분에서 고정하고 어떤 부분에서 완충하는 것인지 구분하기가 어려운 경우도 있다. 그러므로 완충포장설계의 포인트는 완충과 고정을 어떻게 조합시키고 그 때의 지지면적과 두께를 어떻게 설정하는 가에 있다.

완충포장설계시의 기술적인 체크사항들을 표 7.1에 나타내었다.

최근에는 컴퓨터를 활용한 구조역학적 해석(FEA)에 의한 접근방법이 시도되어 완충포장설계에 있어 능률과 비용절감에 기여하고 있으나, 이 분야에서의 오랜 경험 및 축적된 기술과 어떻게 잘 조화시키느냐도 매우 중요한 문제이다.

표 7.1 완충포장설계시 기술적인 체크사항

항 목	체 크 내 용
충격횟수	완충재는 충격횟수에 의해 성능저하를 가져오므로 설계시 낙하횟수 고려
편중심	실제 제품에 있어 무게중심과 기하학적 중심이 서로 일치하지 않는 경우, 균일한 완충성능이 발휘되도록 완충재의 경도 등을 고려한 형상의 연구가 필요
압축크리프	작용응력이 크면 완충재 두께가 점차 감소하여 제품 손상이 발생하므로, 적정응력 수준으로 조정
지지면의 응력	충격시 제품과 완충재의 접촉면이 충격에 견디지 못하여 비틀림 등으로 그 부분이 파손되므로, 완충재 접촉면적은 넓게, 두께는 작게함
좌굴	완충재의 면적에 비해 두께가 크면, 완충재의 변형에 의해 제품의 요동과 탈락이 발생하므로, 지지면적과 두께의 균형을 고려
각 모서리 낙하배려	각 모서리의 완충재가 적으면 과대한 가속도가 발생하므로 완충재의 양을 조정
진동특성확인	재료의 피로파괴, 표면 긁힘에 의한 제품의 가치손실이 발생하므로, 진동 스트레스의 전달률을 1 이하로 확인
고정지지방법 검토	제품과 용기 사이의 배치를 작업성과 경제성을 포함하여 검토
용기검토	일반적으로 골판지가 사용되며, 재질 결정에는 적재단수, 보관기간, 제품과 포장 중량에 대한 저항성을 고려

【1】 일반 적용기법

일단 설계자가 제품 보호를 위해 여러 종류의 완충재에 대한 양을 추정하면(대개 정적 응력 형태), 그 다음 단계의 설계에서는 다양한 완충재와 적용기법에 관련되는 비용분석을 실시하여, 이를 바탕으로 가장 적정한 재료와 적용기법을 선택할 수 있다.

수송 중 받는 외부 힘의 방향이 특정한 면으로만 향한다고 예상되는 수송방법, 또는 용적 및 중량이 큰 제품의 포장은 전체 면을 동일하게 완충할 필요가 없고, 특정한 방향 이외는 간략하게 하는 것이 바람직하다. 또한 제품의 취약성이 방향에 따라 크게 다른 것이 판명되었거나 또는 예상될 때는 전체 면을 동일하게 완충할 필요가 없어 특정한 방향의 재료치수를 조정할 수도 있다.

가장 보편적인 적용기술(완충고정기법)에는 전면완충, 부분완충, 부상완충 및 이중완충 방법이 있다.

1) 전면완충포장(complete encapsulation)

전면포장에서는 설계자가 완충재를 가지고 제품의 전체 표면을 덮는 방법으로, 여기에는 두 가지의 주요한 방법으로 완충랩(cushion wrap) 적용(완충재로 제품을 감싸는 방법)과 그림 7.11 (a)의 완충패드(cushion pad) (미리 규격에 맞게 절단된 6개의 패드를 사용해 용기의 내부를 커버) 적용법이 있다. 패드를 사용할 때는 각 패드 사이에 약 3 mm의 간극을 남겨 상호간의 결합을 방지한다.

2) 부분완충포장

그림 7.11 (b)와 (c)에서 보듯이 제품에 완충재를 부분적으로 접촉시켜 보호하는 방법으로, 이를 위해 각각 코너패드(corner pad)와 사이드패드(side pad)가 적용되며, 완충재의 소요량이 적다. 또한 사용 면적은 완충재료의 특성과 제품의 중량에 따라 결정된다는 점에서 가장 많이 적용되는 방법이다.

특히, 제품의 코너부분 형상에 맞추어 설계된 코너패드는 직각코너를 가지는 제품뿐만 아니라 불규칙한 형상의 제품도 겉포장상자 안에서 효율적으로 보호할 수 있다.

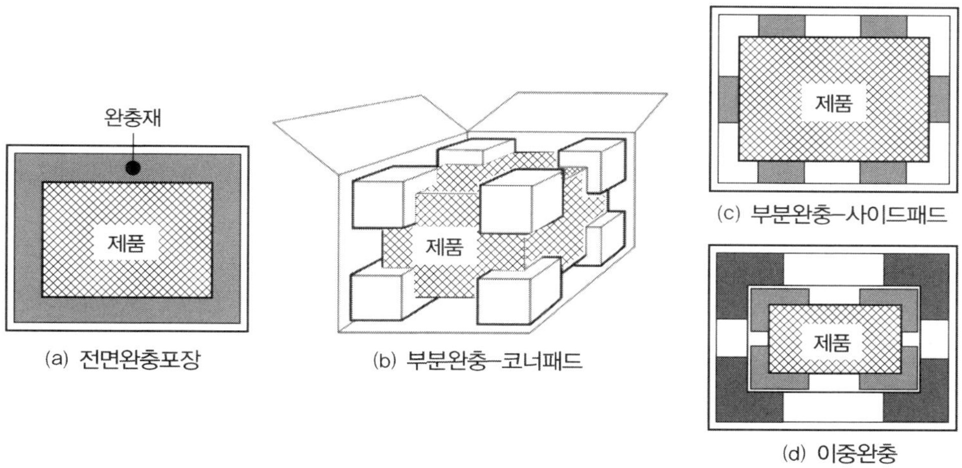

그림 7.11 일반적인 완충고정기법

부분완충을 패드의 조각수 및 지지위치에 따라 그림 7.12에서 보는 바와 같이 2피스 사이드패드, 2피스 상하패드, 4피스 상하패드 및 8피스 코너패드 완충 등으로 구분할 수 있다.

(1) 2피스 사이드패드 완충

제조공정 중 포장라인에서의 포장작업성과 포장작업의 자동화가 용이하고, 보관 중 압축하중을 겉포장상자 뿐만 아니라 완충재 자체에도 분담시킬 수 있다. 제품의 좌우, 전후 또는 상하 등 양단부에만 접촉면적이 있는 경우에 적용하면 유리하다. 높이가 낮은 소형제품에 적합하다.

(2) 2피스 상하패드 완충

2피스 사이드패드 완충의 장점인 포장작업성과 자동화 포장의 용이성 및 하중의 분배 외에도, 개봉시 제품을 꺼내기 쉬운 점을 중시하는 경우, 윗면에서의 국부하중(충격)으로부터 제품을 보호하고자 할 경우, 내용품으로 본체 외의 부속품이 많은 경우, 내용품이 고가이고 정밀품이어서 보관 중의 흡습이나 먼지 등에 기밀을 요구하는 경우에 적용하면 유리하다.

(3) 4피스 상하패드 완충(모서리 완충)

내용품의 부피가 너무 커서 2피스 사이드패드나 2피스 상하패드 완충으로는 소요 완충재의 양이 너무 많아 비경제적일 때, 또는 제품의 중량이 너무 커서 꺼내기 쉽도록 배려하는 경우에 적용하면 유리하다. 가장 많이 적용하고 있는 형태 중 하나이며, 포장 라인의 자동화에 적합하다.

(4) 8피스 코너패드 완충

완충재의 사용량을 최소한으로 억제하는 경우, 피포장물의 형상이 겉포장상자 자체인 경우, 생산로트는 커도 완충재용 금형을 만들지 않고 시판되는 코너패드를 적용하고자 할 경우(코너패드는 대량 생산으로 규격화가 용이함), 제품을 꺼내기 쉽도록 배려하는 경우 등에 적용하면 유리하다. 작업성이 불량하여 자동화가 어렵다.

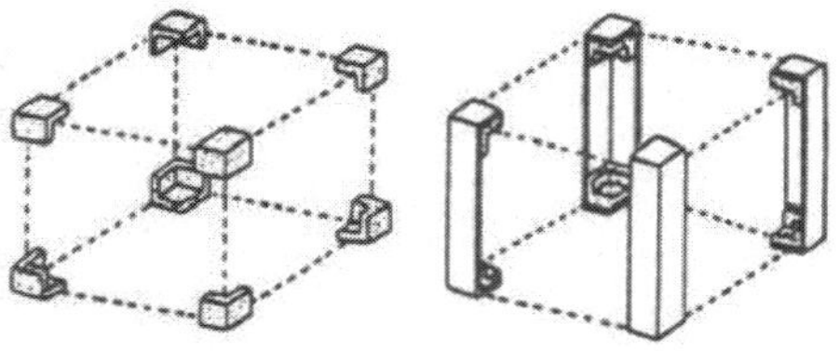

(a) 코너패드 (좌–8피스 코너패드)

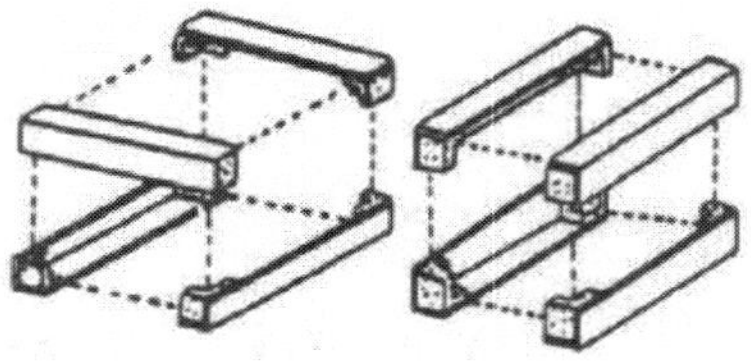

(b) 모서리패드 (우–4피스 상하패드)

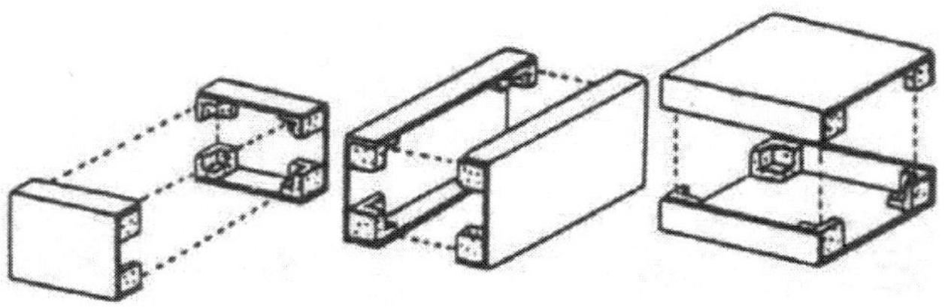

(c) 사이드패드 (좌, 중–2피스 사이드패드, 우–2피스 상하패드)

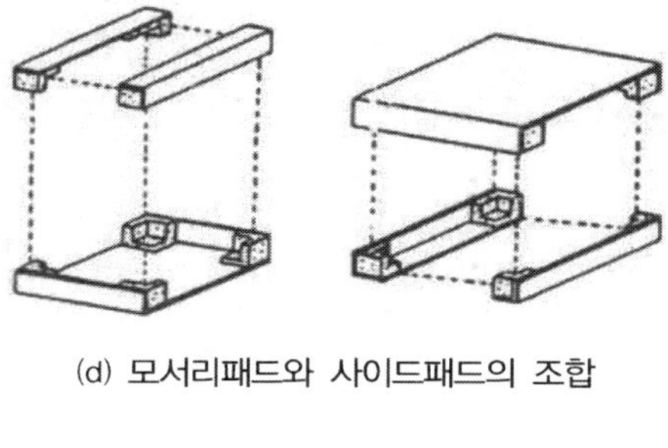

(d) 모서리패드와 사이드패드의 조합

그림 7.12 부분완충의 다양한 형태

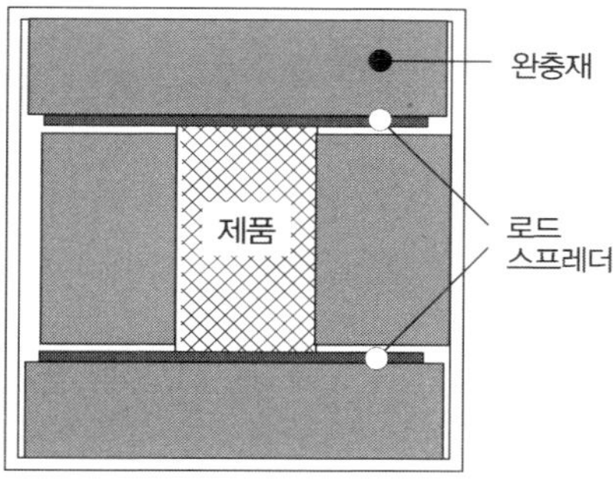

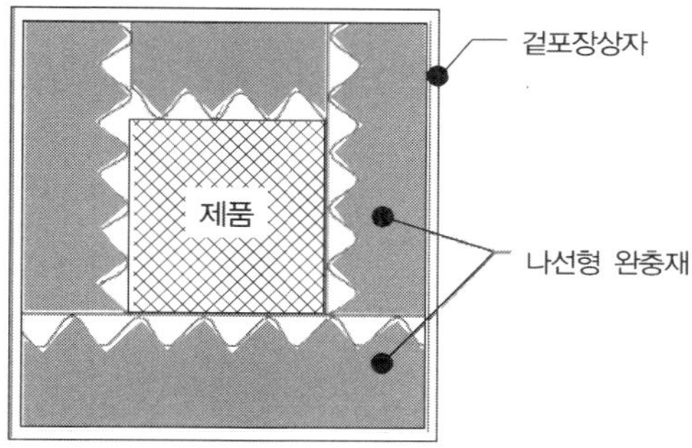

그림 7.13 압축면적의 조정 예

3) 이중완충

이중완충은 그림 7.11(d)에서 보는 바와 같이, 제품을 두 번 전면완충 또는 부분완충을 하는 방식으로, 완충재의 접촉면적과 지지부위가 제한된 경우에 많이 사용되며, 허용가속도가 낮은 제품과 예민한 제품에 보통 적용된다.

【2】 면적조정과 특이 제품에 대한 완충고정기법

완충재를 가장 효율적으로 사용하기 위해 하중지지면적을 조정할 필요성이 있을 때, 즉 제품의 적정하중지지 범위에서 제품에서 가능한 전체 지지면적과 다른 치수의 패드를 요구하는 경우가 종종 있다. 이러한 경우, 면적조정을 통한 정적응력재하는 완충재의 적정압축과 동시에 충돌시 과대압축(바텀아웃) 방지를 확보할 수 있다.

적정정적응력재하를 위한 일반적인 면적조정기법의 예를 들면 그림 7.13과 같다.

1) 하중 지지면적의 확대

완충재에 대한 제품의 지지면적을 증가시키는 주요 원리는 그림 7.13(a)와 같이 로드 스프레더(load spreader)를 적용하는 방법이다. 이 방법을 중량물 등의 제품에서 제품과 직접 접촉 가능한 곳의 면적(지지면적)이 대단히 적어서 충분한 지지가 어려울 때, 일단 다른 재료를 사용해 제품을 받아 이것을 통해 완충면적을 늘려준다. 로드 스프레더는 보통 골판지 또는 합판 같은 고체물질로 제작된다.

2) 하중 지지면적의 축소

가장 보편적인 지지면적의 축소기법은 패드치수를 단순히 감소시키는 방법이다. 그렇지만 이 방법은 원치 않는 포장제품의 회전을 초래할 수 있는데, 이러한 경우에는 그림 7.11 (b)와 같이 코너패드(corner pad) 적용, 접착성 면패드(glued face pad) 적용, 또는 그림 7.13 (b)와 같이 나선형 재료(convoluted material)로 전면포장방법 등이 해결방법이다.

나선형 완충재(대개 폴리우레탄폼)에서는 제품이 나선의 정점에 놓이기 때문에 지지면적을 줄이는 데 효과적이며, 정상으로부터 압축됨에 따라 더 많은 지지면적이 작용상태에 놓이게 된다.

그림 7.14의 리브드 완충재(ribbed cushioning material)도 이와 유사하게, 설계시 재료의 절감을 목적으로 하거나 또는 제품의 밑면 전체 지지를 필요로 하는데, 이에 유용한 완충재 두께가 없는 경우에 효과적으로 적용된다. 또한 리브드 완충재는 제품의 밑면 전체 지지를 제공하면서 동시에 재료의 일부를 제거하였기 때문에 낮은 G값을 얻을 수 있다.

그림 7.14에 나타낸 리브드 완충재를 보면, 지지면적이 25 × 25 cm에서(2.5 × 25 cm) × 3으로 감소한다. 각 단면이 동일한 중량(제품중량)을 지지하기 때문에 정적응력은 상부에서 하부로 갈수록 증가하게 된다. 완충재의 두께도 왼쪽에서 오른쪽으로 감에 따라 4~10 cm 사이에서 변한다는 것을 주목해야 한다. 따라서 두께에 따라 단면적이 변하기 때문에 이 형상에 대한 완충곡선의 적용방법(정적응력, 두께)은 명백하지 않으나, 경험적으로 다음과 같이 적용하고 있다.

- 총두께를 적용한다. 여기서는 10 cm
- 완충재의 최대 및 최소단면적을 확인한다. 이 문제에서는 625 cm^2와 187.5 cm^2
- 이 단면적에 상응하는 정적응력의 범위를 계산한다. 제품중량이 200 N이라면, 3.2(=200/0.0625) ~ 10.7(=200/0.0187) kPa
- 상응하는 G값의 상하 범위를 얻기 위해 완충곡선을 조사한다. 실제 G값은 이 범위에 존재하므로, 낙하높이 110 cm, PE폼 (밀도 32 kg/m^2)을 적용할 경우, 그림 7.6 (b)에서 두께 10 cm, 정적응력 3.2~10.7 kPa 범위에 대한 G값의 범위는 44~57 G이다.

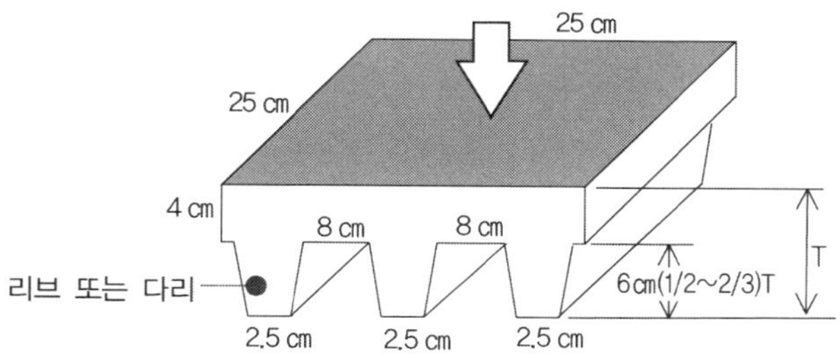

그림 7.14 리브드 완충재(ribbed cushioning material)의 예

리브의 기본형상은 그림 7.14와 같이 단면형태가 사다리꼴이며, 이 외에 반구(hemisphere)와 피라미드형이 있다. EPS 성형품은 강성이 뛰어나기 때문에 보통 설계면적은 포장제품의 크기에 비해 상당히 작다. 이 때문에 EPS 포장재는 리브형상의 채용에 따라 면적을 조정하는 일이 많다.

리브형상 특히, 리브 높이의 설정은 대단히 중요하며, 일반적으로 리브 설계시의 고려사항은 다음과 같다.

- 리브의 설계시 길이는 보통 완충재 총두께의 약 1/2~2/3로 한다(그림 7.14).
- 변형이 없을 때의 단면적은 그 재료, 두께 및 낙하높이에 대한 완충곡선으로부터 얻어진 최적정적응력의 2배 이상의 정적응력을 낳아야 한다. 예를 들면, 90 cm의 자유낙하로부터 50 G의 반응을 나타내는 재료를 가지고, 8 cm 두께의 완충재에 대한 최적정적응력이 5.0 kPa이라면, 리브 정상의 면적은 약 10 kPa 이상의 정적응력을 낳을 수 있어야 한다.
- 리브의 총변형이 25 % (0.25T)일 때 단면적은 대표적인 완충곡선로부터 그 재료에 대한 최적정적응력을 주는 단면적과 거의 같아야 한다. 위의 예에서 25 % 변형시 총단면적은 5.0 kPa의 정적응력을 낳아야 한다.
- 완충재가 50 % (0.5T) 압축되었을때 리브의 단면적은 적용 가능한 완충곡선에 의해 결정된 정적응력의 거의 2/3 수준은 되어야 한다.

리브드 완충재의 변형이 외력에 반응하여 계속 발생됨으로써, 정적응력은 완충재의 지지면적이 증가함에 따라 감소한다. 이러한 변형과 정적응력의 변화가 완충재의 충격성능(shock performance)이 최적인 속도에서 발생하는 것이 이상적이다.

보다 더 중요한 것은 완충재의 진동반응 특성을 리브의 적용을 통해 실질적으로 바꿀 수 있다는 것이다. 특히 리브 정점에서의 높은 정적응력은, 일반적으로 진동에 민감한 제품에 있어서 가장 바람직한 조건인 완충시스템에 대한 낮은 고유진동수에 귀착된다.

유통환경에서의 진동과 연관된 하중수준은 상당히 작으며, 상응하는 완충재 변형도 작다. 이러한 변형이 최대응력점에서 발생하고, 만일 이 곳이 리브의 정점이면, 그 면적은 전체 포장시스템의 진동 특성에 강한 영향을 줄 것이며, 제품으로부터의 고주파 진동을 효율적으로 줄이거나 필터링할 수 있다.

EPS는 유연성이 있는 재료이나 반복충격을 받으면 복원성이 다소 떨어지기 때문에 리브의 간격이 발생한다. 특히 그림 7.15와 같이 포장 안쪽에 리브 채용시는 제품과 포장재 사이에 간격이 발생할 수 있으므로, 제품이 안쪽 리브로부터 떨어지지 않도록 리브의 길이, 폭 및 위치 설정에 신중한 배려가 필요하다.

이 리브드 완충재의 사용목적과는 반대개념이 그림 7.13(a)의 로드 스프레더의 사용이다.

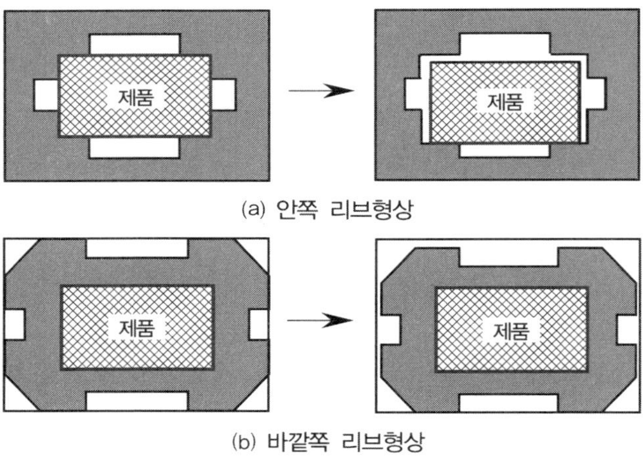

그림 7.15 리브의 적용 예

3) 불규칙 형상의 제품에 대한 완충

불규칙한 형상의 제품에 대한 완충은 특별한 문제이며, 특히 돌기부(projection)가 취약할 때는 더욱 신중해야 한다. 이 부분에 대한 해결방법으로는 직접 부양(direct flotation) 또는 캡슐화(encapsulation) 방법과 고정·완충방법이 있다.

설계자는 방법에 관계없이 적정한 완충재 두께를 확보해야 한다. 그렇지 않으면 완충재의 바텀아웃(bottom-out)으로 인해 돌기부의 손상 잠재성이 존재하게 된다. 따라서 그림 7.16에서 보는 바와 같이 돌기부분을 갖는 어떤 제품을 보호하기 위한 완충재 두께는 그 부분의 가장 바깥쪽 부분에서 겉포장 용기 사이로 한다. 특히, 주조성형 완충재(molded cushion)의 설계와 생산시 자주 이러한 점을 소홀히 함으로써 효율적인 보호를 하지 못할 뿐 아니라, 큰 경제적 손실로 이어질 수 있다.

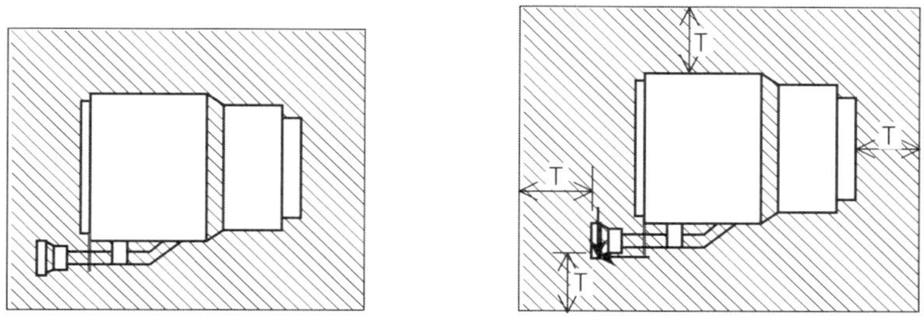

(a) 잘못된 완충 (b) 올바른 완충

그림 7.18 돌기부를 갖는 제품의 완충방법

돌기부를 가지는 제품의 완충설계를 해결하는 또 하나의 방법은 적용한 완충재에 대한 순간최대변형률-정적응력 선도를 활용하는 것이다. 예를 들면, 중량 150 N, 한계가속도(critical acceleration) 50 G의 제품을 높이 60 cm에서 낙하하는 경우를 생각하여 보자.

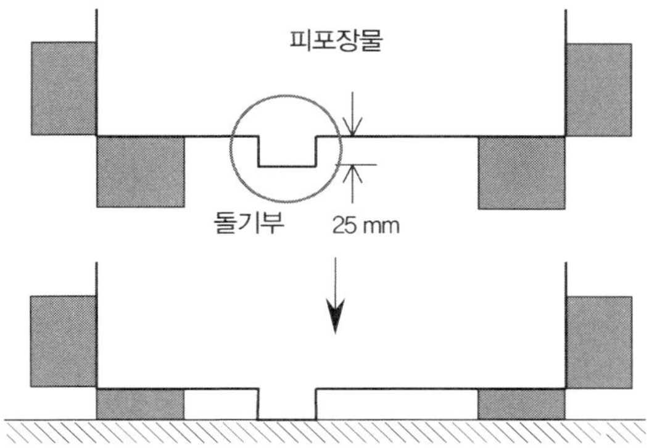

그림 7.17 돌기부를 갖는 제품의 완충설계

이 문제에 대한 적정한 완충재료를 선정하기 위해서는 그림 7.18의 완충곡선으로부터 제품의 한계가속도 50 G에 부합되는 재료로는 두께 4 cm에 정적응력으로는 a점과 b점을 생각해 볼 수 있다. 그림으로부터 a점은 3.3 kPa, b점은 9.8 kPa 시의 완충재의 최대변형은 a점에서 33 %, b점에서 66 %가 된다.

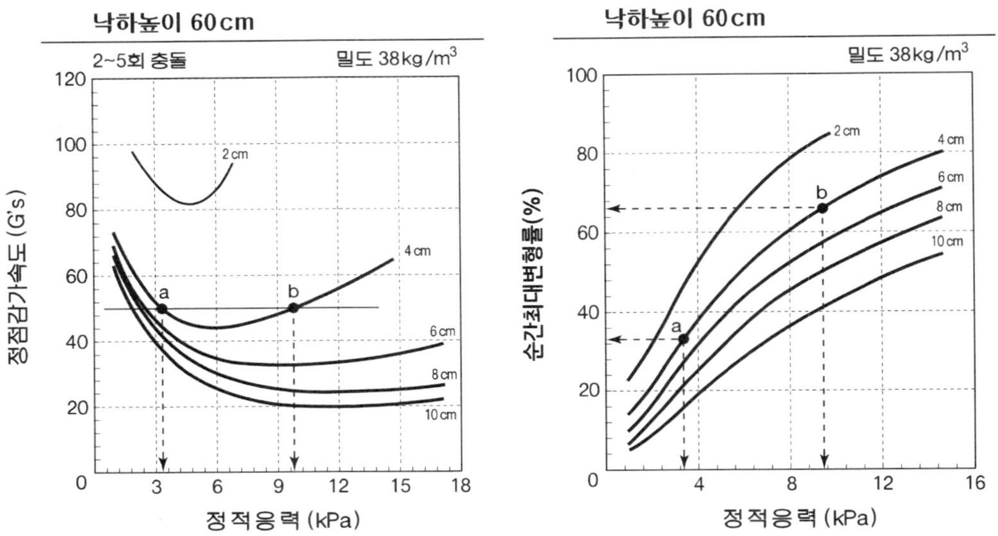

(a) 완충곡선

(b) 순간최대변형 – 정적응력 선도

그림 7.18 폴리에틸렌폼의 완충특성(밀도 38 kg/m³)

완충재의 두께가 4 cm이므로 완충재의 변화량은 a점이 1.32 cm, b점이 2.64 cm가 된다. 따라서 b점에서 설계시 최대변위 발생시의 간격은 4 – 2.64 = 1.36 cm < 2.5 cm (돌기부 높이)가 되어 돌기부분이 바닥에 직접 충돌하게 된다. 따라서 이러한 문제의 해결 방법으로는 정적응력을 작게 하거나 완충재의 두께를 변화시켜 최대변위 발생시의 간극 크기를 돌기부의 높이보다 크게 한다.

이 문제에서는 a점을 기준으로 설계하면 이 문제를 해결할 수 있다.

4) 무게중심이 편심된 제품의 완충

실제 제품에서는 무게중심(cg, center of gravity)과 기하학적 중심이 서로 다른 경우가 많으며, 또한 형태도 육면체가 아닌 경우도 많다. 이 경우 제품의 무게중심의 위치에 따라 완충재가 적절히 배분되어야 완충재의 중심과 제품의 무게중심의 균형을 맞출 수 있다.

그림 7.19와 같이 제품의 무게중심 위치에 따라 설계된 완충재의 지지면적과 위치조정이 다음과 같이 이루어지는 설계가 바람직하다. 즉, 그림 7.19(a)는 무게중심이 편중되는 방향으로 더 강성있는 완충재를 적용하는 방법, (b)는 무게중심이 편중되는 비율만큼 완충재의 지지면적 비율을 조정하는 방법, (c)는 완충재의 위치를 제품의 무게중

심에 따라 조정하는 방법 등이 있다. 이러한 문제는 중량물에 대한 포장설계에서 더욱 중요시될 사항이다.

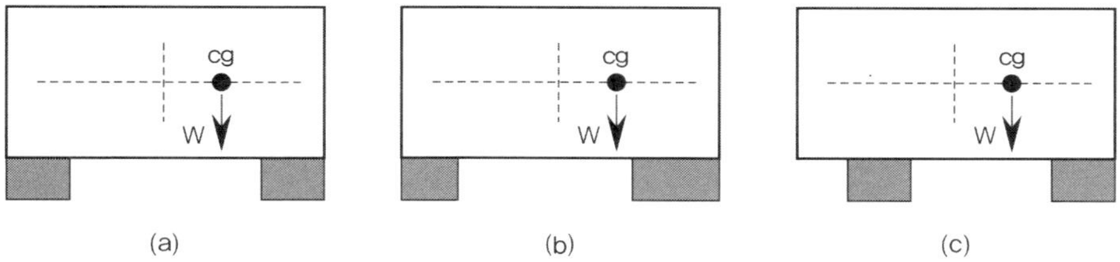

그림 7.19 무게중심을 고려한 패드의 조정방법

그림 7.20과 같이 제품을 지지하는 위치에 따라 이를 지지하기 위한 반력의 크기를 알아야 이를 기준으로 지지면적의 배분과 적정한 재료의 선택이 가능해진다.

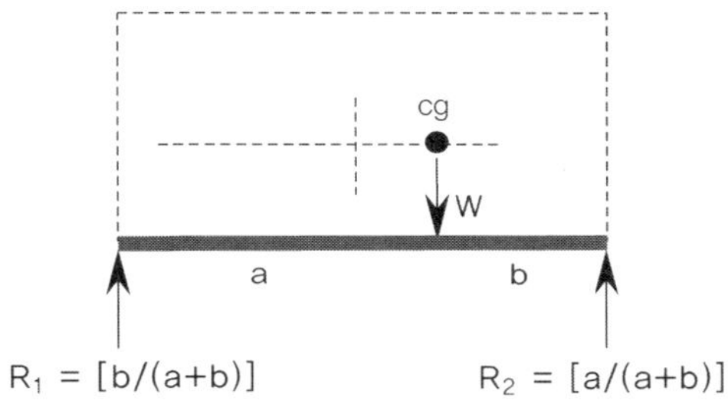

그림 7.20 제품의 무게중심 위치에 따른 패드가 지지해야 할 하중

예제 7-7

제품의 취약성은 모든 방향에서 60 G이고, 외형치수는 30 × 25 × 20 cm이다. 제품의 중량은 196 N이고, 무게중심 위치는 길이방향으로는 3 : 2, 폭 및 두께방향으로는 정확히 중심에 위치하고 있어, 그 위치는 왼쪽 밑 코너를 중심으로(L, W, H) = (3/5L, 1/2W, 1/2D)이다. 이 편심된 무게 중심을 고려하여, 설계낙하높이 110 cm에 대한 코너패드 완충(PE, 밀도 32 kg/m^3)을 설계하여 보자.

[풀이] 낙하높이 110 cm, PE(밀도 32 kg/m^3)에 대한 그림 7.6 (b)의 완충곡선상에서 60 G 라인을 그어 두께 7.5 cm와 최대허용정적응력으로 9 kPa을 선정한다. 이에 대한 완충지지 면적은 $A = W/\delta_{st} = 196/(9 \times 10^3) = 0.0218\ m^2\ (218\ cm^2)$이다.

먼저 제품의 좌우 측면에는 하중 편중이 없으므로, 패드의 지지면적 비율은 같다. 즉, $218/4 = 54.5\ cm^2$, 한 변의 길이는 $\sqrt{54.5} = 7.4$ cm이다.

제품의 상·하면과 접촉하는 패드의 지지면적은 좌·우측의 하중비율이 2 : 3이므로 지지면적 배분을 87.2 : 130 cm^2으로 한다. 또한 앞뒤 2개의 접촉면적을 가지므로 패드면적은 43.6 cm^2와 65.4 cm^2으로, 한 변의 길이는 6.6 cm와 8.1 cm가 된다.

이상의 설계결과를 바탕으로 다음과 같이 코너패드의 치수가 결정된다.

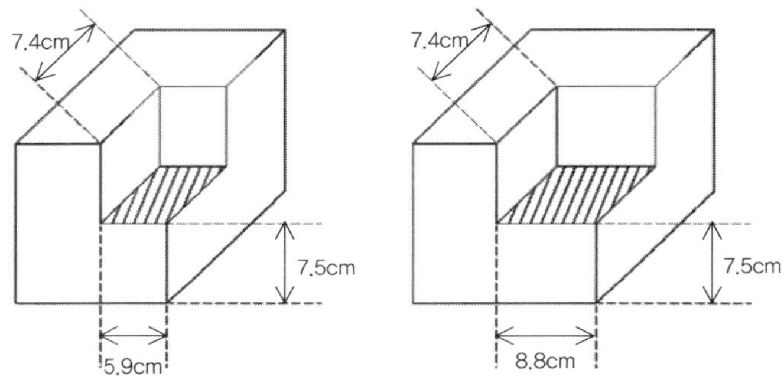

〈좌측 상·하 코너패드〉 〈우측 상·하 코너패드〉

【3】 기타 설계상의 고려사항

1) 좌굴(buckling)에 대한 체크

길고 가드다란 완충재는 길이방향으로 압축하중을 받을 때 균일하게 압축되는 대신 좌굴되는 경향이 있다. 일반적으로 이것으로 인해 제품이 기울어지고(그림 7.21), 용기와 제품의 충돌로 인해 제품이 손상을 입을 수 있기 때문에 바람직하지 못하다.

좌굴이 발생하는 충돌에서는 정점가속도-정적응력 선도인 완충곡선으로부터의 데이터는 더 이상 의미는 없고, 손상이 발생하기 쉽다. 보통 완충은 상당히 안정되어 있지만, 두께가 크고, 가드다란 완충을 적용할 경우는 좌굴 발생의 가능성을 다음 식에 의해 반드시 체크하고, 문제가 될 때에는 이에 대한 대책을 강구하여야 한다.

좌굴이 발생하지 않기 위한 완충재의 최소면적은 다음과 같다.

$$A_{min} > (1.33T)^2 \tag{7.1}$$

여기서, T는 완충재의 본래 두께 (m), A_{min}은 완충의 안정성을 확보하기 위한 최소지지 면적(m^2)을 각각 나타낸다.

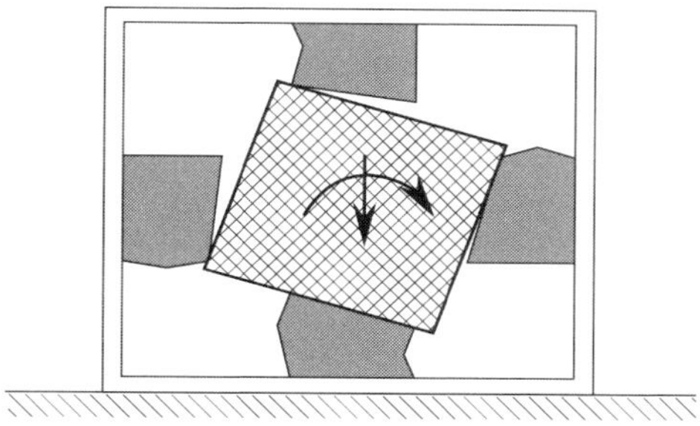

그림 7.21 완충재의 주상좌굴 (columnar buckling)

식(7.1)의 조건을 만족시켰다 하더라도 지지면적을 형성하는 길이와 폭의 비율에 따라 좌굴이 발생할 수 있다. 이러한 문제에 대해 좀더 구체적으로 살펴보면, 한 특정한 낙하높이와 완충재 두께에 대해, 완충곡선 상의 G값은 단지 정적응력에 의존한다.

즉, 0.04 m^2의 완충재 위에 낙하된 200 N 제품과 0.02 m^2 완충재 위에 낙하된 100 N의 제품은, 두 경우 모두 5 kPa의 정적응력에 상당하기 때문에 같은 정점 G값을 갖게 된다. 그렇지만 이들의 변형형태는 압축과 좌굴로 크게 다르게 나타날 수 있다. 그들의 폭에 비하여 두께가 너무 큰 완충재는 압축보다는 좌굴되는 경향을 가지며, 결과적으로 더 약해지게 된다. 만일 완충재의 길이 L과 폭 W 중 하나가 두께 T에 비하여 작다면, 그 때 완충재는 좌굴현상을 나타낼 수 있으므로, 완충곡선으로부터의 설계결과는 더 이상 신뢰할 수 없게 된다.

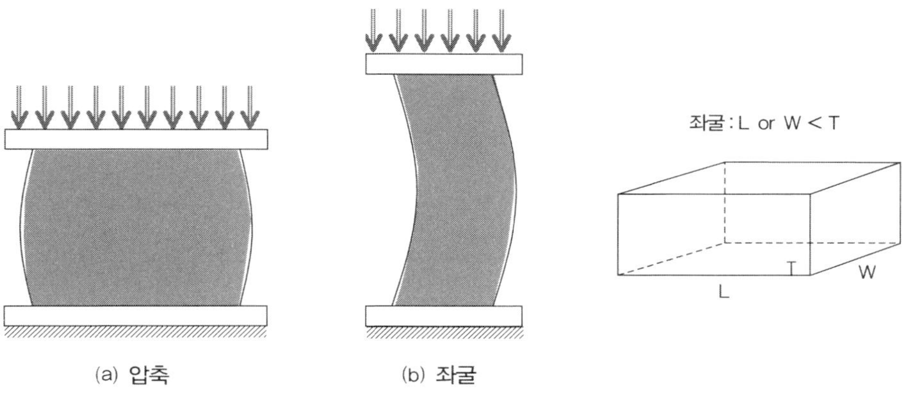

그림 7.22 압축과 좌굴(buckling) 현상

한 예로, 낙하높이 60 cm와 완충재 두께 5 cm를 사용해 0.04 m^2 완충재상에 200 N의 제품이 낙하하는 상황을 생각해 보자. 이 때 정적응력은 5 kPa이고, 완충곡선으로부터 정점가속도로 35 G를 얻었다고 하자. 이 G값은 완충재의 L과 W가, LW = 0.04 m^2을 제공하면서, 두께 5 cm보다 모두 커야 한다는 사실을 고려하지 않은 막연한 값이다. 다르게 표현하면, 만일 완충재가 20 × 20 cm, 40 × 10 cm, 50 × 8 cm 또는 25 × 16 cm이면, 35 G를 얻고, 80 × 5 cm, 100 × 4 cm 또는 200 × 2 cm는 이 값을 얻지 못한다.

좌굴법칙에 대한 예로써, 코너패드(corner pad)를 살펴보자. 다음의 그림 7.23에서 3면 중 단지 한면이 평면낙하로 압축된다. 단순히 치수로 보아서는, 좌굴법칙에 따라 압축되는 부분이 좌굴됨이 틀림없지만, 나머지 2 측면과 연결되어 있어, 이것으로부터 지지를 받기 때문에 좌굴되지 않는다. 그러므로 압축되는 상황에서 완충곡선은 여전히 유용하다.

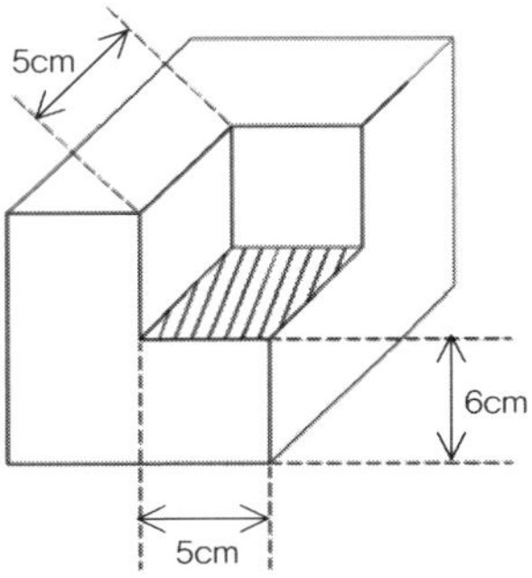

그림 7.23 코너패드(corner pad)의 예

2) 완충재의 압축영구변형(compression set)에 대한 보상

완충재는 반복 압축 및 회복에 대해 본래 두께로의 회복성(recoverability)이 변하게 되며, 그에 비례하여 영구변형이 발생한다. 다양한 형태의 하중이 압축영구변형을 야기시킬 수 있다.

보관하는 동안 완충재는 상당히 긴 시간 정하중(dead load)을 받게 되므로, 대부분의 완충재는 어느 정도의 압축영구변형이 발생하게 되며, 수송 중의 동적압축하중이 또한 압축영구변형을 유발할 수 있다.

포장에 있어 완충재의 압축영구변형은 다음의 두 가지의 주요한 이유에서 바람직하지 못하다.

- 제품 고정이 느슨해짐으로 인해 손상발생 가능성의 증가
- 일부 재료에서는 영구변형이 압축응력–변형률 거동을 변하게 하여 바텀아웃에 의한 손상발생 가능성의 증가

포장화물에서 느슨해짐의 효과에는 몇 가지가 있다. 즉, 완충된 제품이 평면 강체표면에 낙하시 본래의 위치로부터 정상적인 이동[그림 7.24(a)], 제품이 잘못 위치함으로써 충돌 중 비균등한 하중작용[그림 7.24(b)], 느슨해진 포장된 제품의 트럭이나 철도차량 운송시 겉포장상자 및 완충재와 반대방향으로 운동(out-of-phase)할 수 있으므로, 이 경우 진동은 큰 정점력(peak forces)과 가속도를 야기시킬 수 있어, 그만큼 제품의 손상발생 가능성을 높인다[그림 7.24(c)].

압축영구변형에 대한 보상은 대개 다음과 같이 이루어진다.

- 제품에 대한 실제적인 선작업(preworking) 정도를 포함하는 데이터에 따른 설계
- 미리 압축된 조건으로 하여 여분의 완충재를 더 적용하는 방법, 즉 재료의 압축크리프에 대한 보상

여기서 재료에 대한 선작업은 재료에 기계적인 압축을 반복적으로 주는 재료의 조건화 작업(material conditioning procedure)을 의미한다. 많은 고도의 압축변형성 재료의 압축특성은 어느 한계에 도달할 때까지 처음 몇 압축사이클 동안에 변하게 된다.

재료에 대한 선작업은 압축효과에 있어서 초기변화를 제거하여 재료의 압축특성 평가시 데이터의 오차범위를 줄여주기 위함이다. MIL-HDBK-304C에서는 250~500 mm/min 속도로 10회 사이클 하중을 가해주며, 이때 특별한 언급이 없으면 재료의 본래 두께의 65%까지 압축하는 것으로 규정하고 있다.

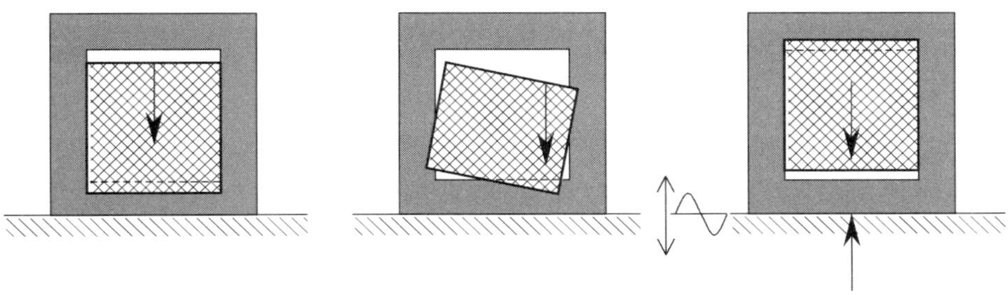

(a) 충돌 중 정상적인 이동 (b) 충돌 중 비균등한 하중작용 (c) 반대위상 진동

그림 7.24 한 포장화물에 있어서의 느슨함의 효과

3) 압축크리프 (compressive creep)

실질적으로 모든 완충재는 긴 시간동안 일정 사하중(dead load)이 작용할 때 두께가 손실되는 압축크리프 특성을 나타낸다. 즉, 압축크리프는 시간에 대한 예상되는 재료 두께의 손실백분율이다. 보통의 포장완충재의 크리프율(creep rate)은 그림 7.25에서 보는 바와 같이 초기 하중재하에서 가장 크고, 그 이후부터는 시간에 따라 지수함수적으로 감소한다.

하중제거 후에는 대부분이 본래의 두께를 다시 회복하지만, 약간의 영구변형(permanent set)이 발생한다. 그러므로 포장에 있어서의 느슨함을 방지하기 위하여 포장 안에 여분의 완충재 두께를 적용(선압축 상태)하는 것이 바람직하다. 그렇지만 선압축된 완충재를 삽입한 후 용기를 봉합하는 것이 어렵기 때문에 크리프에 대한 보상은 상당히 가벼운 선압축력에 대해서만 실행 가능하다. 실제적으로 포장설계에 있어 상하방향으로 패드의 선압축을 제한하는 것은 관례이다.

크리프를 보상하기 위해 요구되는 여분의 완충재 두께는 크리프－시간선도로부터 다음 식에 따라 보정 두께를 계산한다.

$$T_c = T + \left(\frac{C_r \times T}{100}\right) \tag{7.2}$$

여기서, T_c는 보정된 두께 (cm), T는 완충재의 본래 두께 (cm), C_r은 크리프를 각각 나타낸다.

결정방법에 관계없이 위 또는 아래의 완충재 중 하나에 여분의 두께를 더 주는 것이 관례이며, 만일 계산결과가 쉽게 획득할 수 없는 두께라면, 그 다음 단계의 정규적인 두께를 갖는 재료를 사용하는 것이 일반적이다.

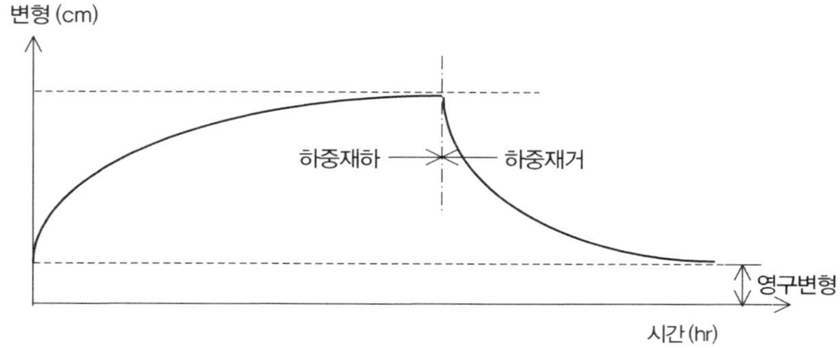

그림 7.25 완충재의 크리프 거동 (creep behavior)

7.3 다양한 완충고정재에 의한 포장기법과 기타

【1】 골판지 완충고정재에 의한 포장

제품의 각을 형성하는 모서리와 코너부분은 손상을 받기 쉬우므로, 이들 취약부분들을 경제적이고, 효율적으로 보호하는 데 보통 적용될 수 있는 방법이 골판지 완충고정재 또는 골판지 적층패드(corrugated pad)이다.

골판지 완충고정재에는 골판지 자체 또는 적층한 형태가 있는데, 이들은 제품보호의 요구정도에 따라 골판지의 종류와 적층 두께가 결정된다. 가장 기본적인 형태는 앵글(angle), 평판(flat) 및 채널(channel) 등이다[그림 6.6(b)].

완충고정재로서의 기본적인 사용법과 적용 예는 다음의 표 7.2와 같으며, 이들은 단독 또는 조합해서 적용된다.

표 7.2 골판지 완충고정재의 종류와 적용 예

명칭	형태	적용 예	명칭	형태	적용 예
코너패드 (corner pad)	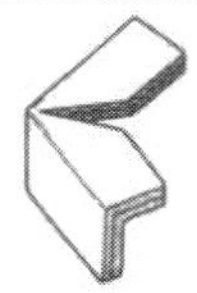	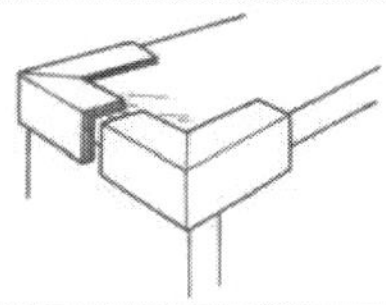	프레임팩유닛 (frame pack unit)	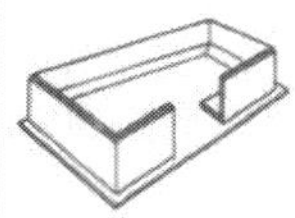	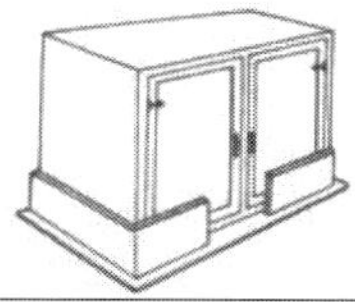
앵글패드 (angle pad)	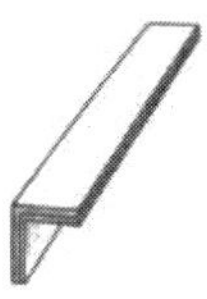	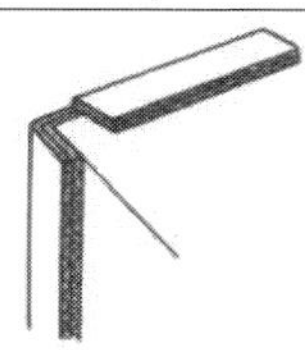	미러패드 (mirror pad)	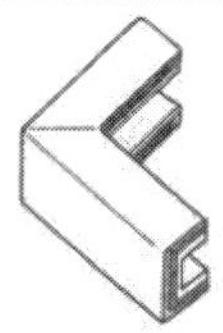	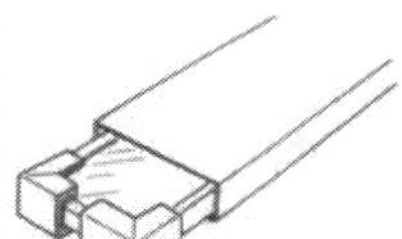
프레임팩 (frame pack)	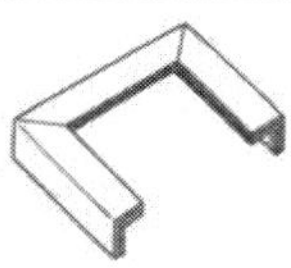	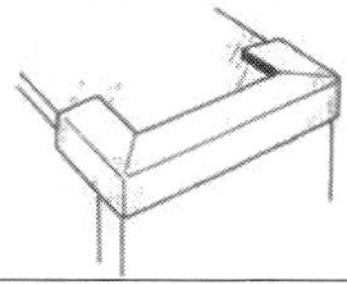	스키드 (skid)	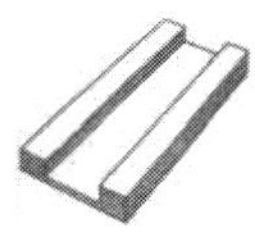	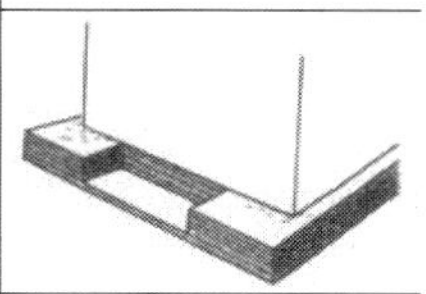
신축앵글 (flex angle)			빌트업 (built-up)	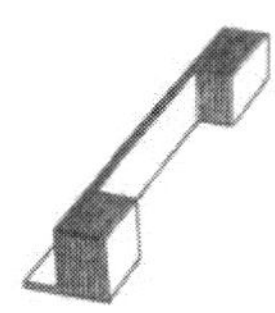	
채널패드 (channel pad)	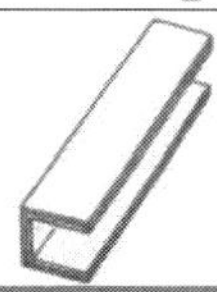				

표 7.2의 완충고정재를 조합해서 적용한 예를 살펴보면 다음과 같다.

1) 평판형태의 제품 포장에 대한 적용 예

책상의 상판, 벽 패널 및 거울처럼 평판형태의 제품은 상당히 손상되기 쉽고, 특히 코너가 손상되기 쉽다. 이러한 제품의 포장에는 확실한 보호기능을 가진 완충재의 적용이 필요하다.

그림 7.26에 나타내었듯이 프레임팩, 미러패드 및 채널패드를 조합하여 제품의 치수에 따라 완충고정한 후 겉포장상자에 타이트하게 적입하는 포장 방식이 적용된다.

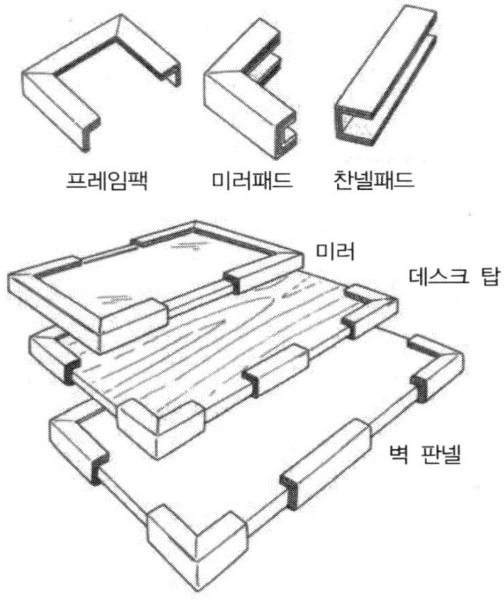

그림 7.26 평판형태의 제품 포장에 대한 적용 예

비교적 대형에서 두께가 얇은 제품의 코너 일부를 효과적으로 보호하는 데는 채널패드(channel pad)를 제품의 형상에 따라 부분적으로 변형시킨 패널프레임팩(panel frame pack)을 적용할 수 있다.

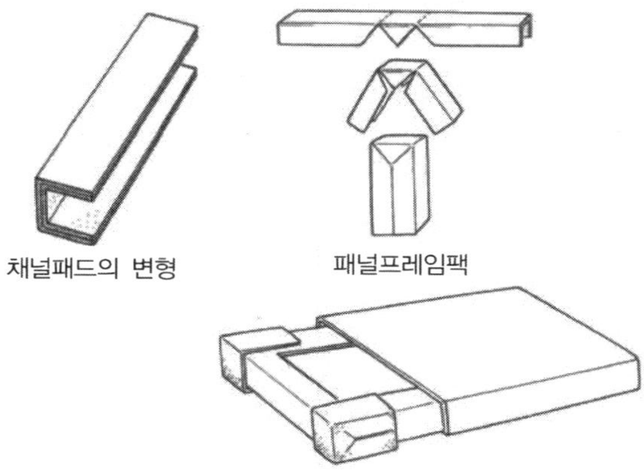

그림 7.27 평판형태의 대형제품 코너보호에 대한 적용 예

2) 대형제품에 골판지 적층 스키드를 적용한 포장 예

중량물 대형제품의 포장에 완충고정 기능을 하는 스키드(skid)의 적용 예를 그림 7.28에 나타내었다.

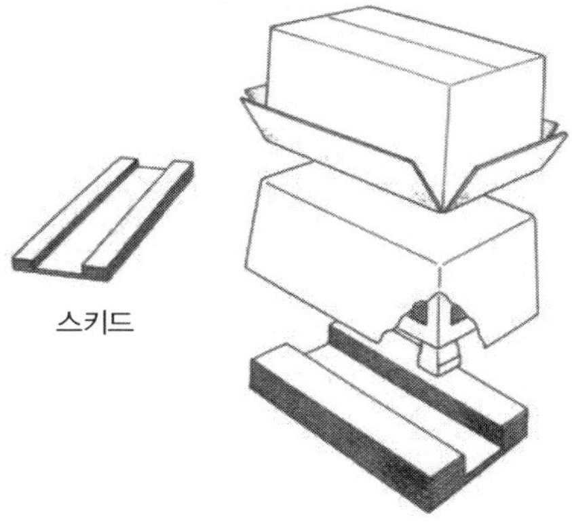

그림 7.28 대형제품에 골판지 스키드를 적용한 포장 예

3) 원형형태 제품의 보호포장에 대한 적용 예

제품의 형태가 다각형 또는 원형일 때는 표면의 선단부가 생명이고, 이 부분의 손상 정도가 제품가치를 결정하게 된다. 이들 제품들의 보호에는 신축앵글(flex angle)을 이용하면 효과적이고, 제품의 상하에서 고정하는 방법도 효과적이다.

신축앵글은 그림 7.29와 같이 비교적 대형제품의 완충고정에 효과적이다.

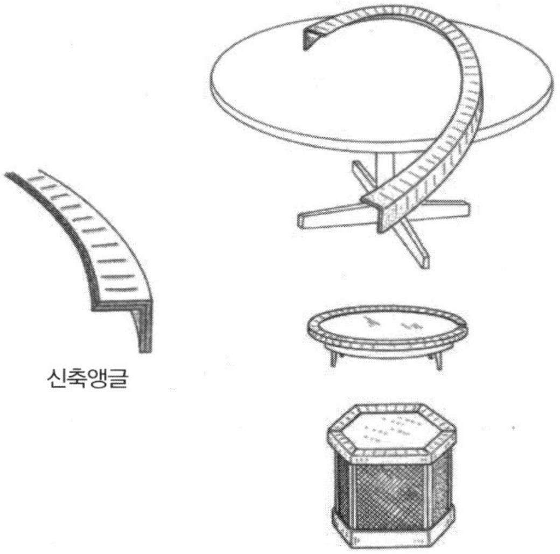

그림 7.29 원형형태의 제품에 신축앵글을 적용한 포장 예

4) 대형제품의 포장에 완충고정재의 적용 예

외형이 복잡하고 비교적 대형인 가구나 금속 제품은 완충고정을 하기 힘들고, 표면 손상이 치명적이기 때문에 확실한 포장기술이 요구된다. 이러한 제품은 평판형태의 골판지 위에 앵글패드(angle pad)를 붙인 프레임팩유닛(frame pack unit)을 제품의 상하를 견고하게 고정하고, 스키드와 조합시키면 효과적으로 포장할 수 있다.

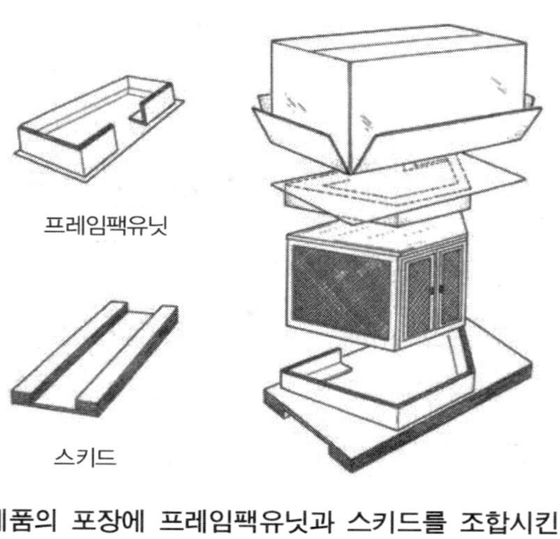

그림 7.30 대형제품의 포장에 프레임팩유닛과 스키드를 조합시킨 포장 예

【2】 펄프몰드 완충고정재에 의한 포장

펄프몰드(pulp mold)는 환경친화적인 포장재로서 완충재, 용기 및 기타 포장재로 다양하게 적용되며, 각 용도에 맞도록 금형에 의해 제작된다. 특히, 펄프몰드는 다부품 소형가전제품에 대한 트레이를 겸한 포장용기로서의 적용은 다른 포장재에 비해 유리한 점이 많다.

표 7.3은 펄프몰드의 여러 적용 사례를 나타낸 것이다.

표 7.3 펄프몰드의 적용 사례

용 도	적용 예	용 도	적용 예
사이드패드 (side pad)	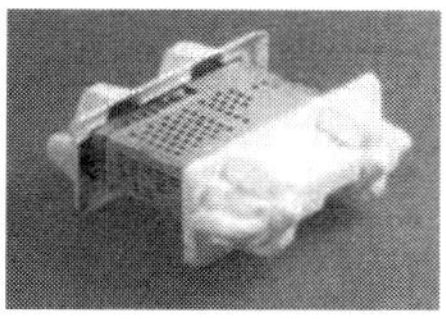	부품과 병 등의 상하 트레이(tray)	
코너패드 (corner pad)		중량물의 완충고정재	
트레이를 겸한 용기	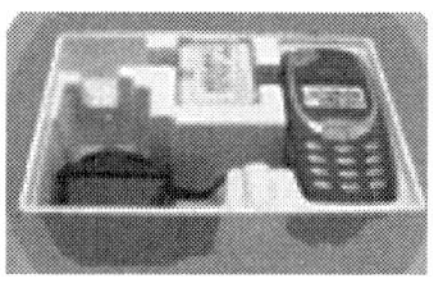	식품 난좌/덮개	

【3】 종이앵글과 지관에 의한 완충고정

종이앵글(paper angle)은 골판지 앵글패드(angle pad)에 비해 완충성은 못하지만 강도면에서 뛰어나기 때문에 주로 강도 보강재로 적용된다. 표 7.4에 나타낸 그 적용 예를 보면, 단위포장들의 팰릿 단위 적재화물 구성시 보호 프레임(protection frame), 각종 제품들의 모서리 보호대(edge protector) 및 밴딩작업시 보호대, 또는 단위 포장화물의 다단적재를 위한 겉포장상자의 압축강도 보강용 내포장재로 많이 적용된다.

한편, 지관(paper tube)은 일부 제품의 용기로 적용되지만, 주로 섬유, 식품, 절연용 자재 등 일반 산업용 자재의 권취용 자재로 적용된다.

종이앵글과 지관은 환경친화적인 재료로 보다 더 폭넓게 포장설계에 적용하기 위해서는 이들 재료들에 대한 강도표준화와 실무에 필요한 데이터의 확보가 중요하다.

표 7.4 종이앵글의 적용 예

용 도	보호 프레임 (protection frame)	모서리 보호대 (edge protection)	상자의 적재강도 보강 (stacking strength)
적용 예	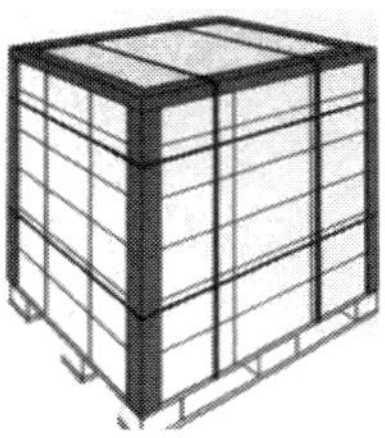	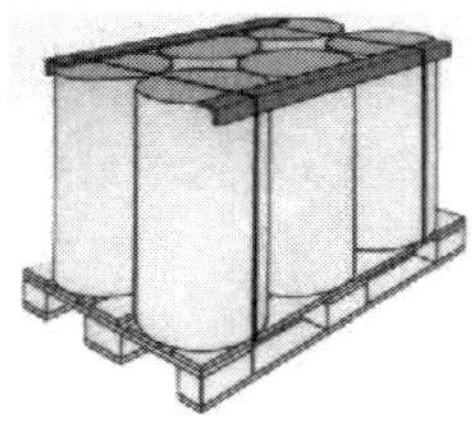	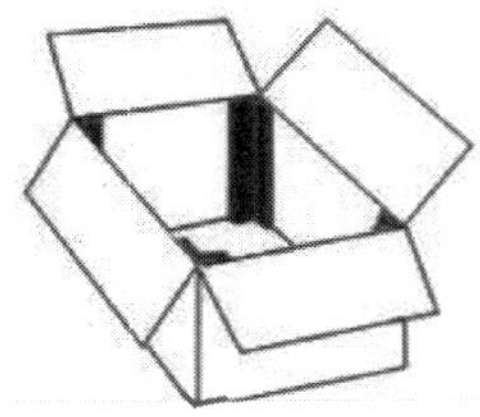

【4】 3중골판지에 의한 중량물 포장

3중골판지(TW, triple-wall corrugated board)는 일반 골판지의 강도를 크게 보강한 것으로, 중량물 포장에 적용되던 목재와 합판의 대체재(목상자 대체)로써 주목을 받고 있다. 목재와 비교하여 장·단점이 있으나, 무엇보다도 수출입 과정에서 검역시 유리하며, 완충효과가 있어 외부충격으로부터 제품보호와 포장제품 정보의 인쇄성, 중량면에서 가벼우면서 포장밀도가 높고, 작업성이 양호한 점, 그리고 사용 전후 보관과 수송시 용적을 크게 줄일 수 있어 물류효율 측면에서 다소 유리하다.

3중골판지상자에 의한 포장방법에는 표 7.5에 나타낸 것과 같이 여러 방법이 있으며, 이는 포장제품의 특성과 보호성의 요구 정도 및 물류형태에 따라 선택된다.

표 7.5 3중골판지의 적용 형식

명 칭	형 태	명 칭	형 태
RSC (regular slotted container)	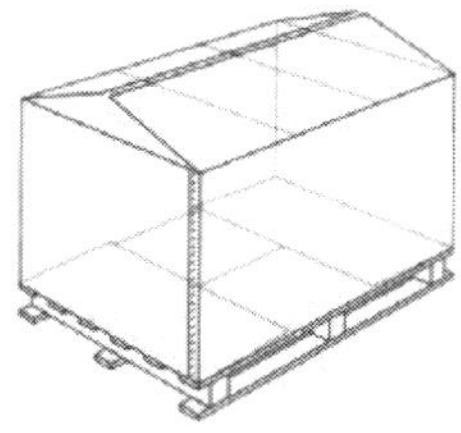	sleeve+double STC (slotted-tray cap)	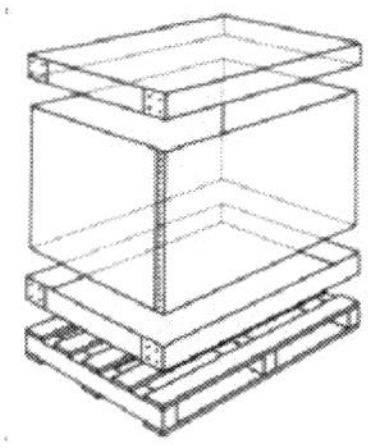
HSC (half slotted container)	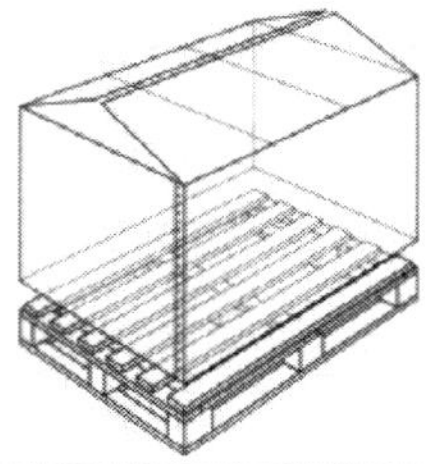	SF를 갖는 sleeve +STC	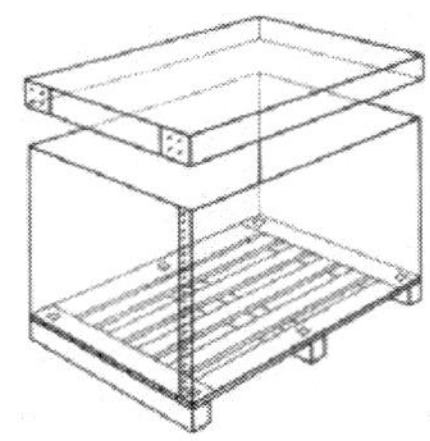
HSC+SF (short flap)	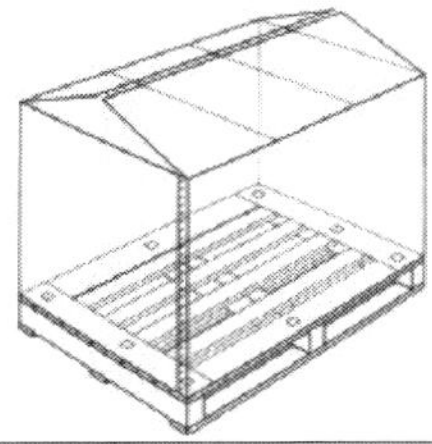	sleeve+cct (corner-cut cap)	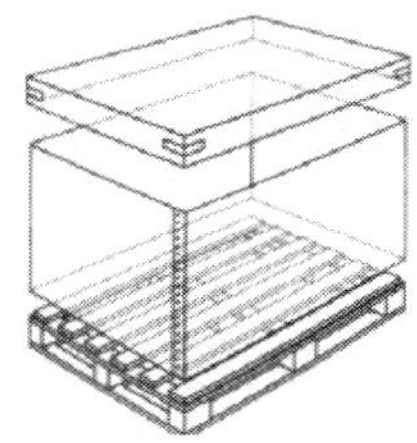
double SF를 갖는 sleeve	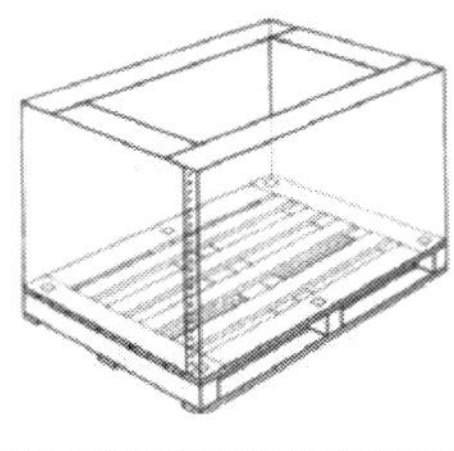	octagon	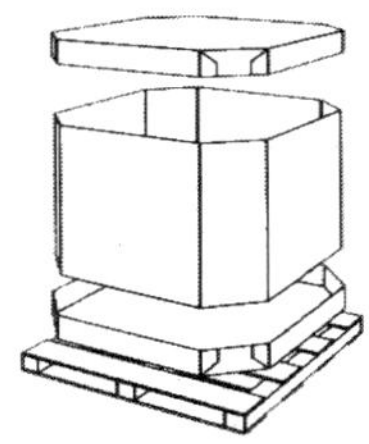

주1) 미연방규격(US Federal Standard) PPP-B-640d, ASTM D5168

3중골판지상자(triple-wall corrugated board box)에 대한 압축강도 추정은 제2장에서 기술한 SW와 DW 골판지상자에 대한 추정 방법인 McKee식, Kellicutt식, Wolf식 등은 적용할 수 없으므로, 관련업계에서는 포장실무에 다음과 같은 식이 관행적으로 적용되고 있다.

$$P\,[N] = A \times Z^{0.50} D^{-0.12} (0.96)^{n} \times 9.81 \qquad (7.3)$$

여기서, P는 상자압축강도 (N), Z는 상자 주변길이 (mm), D는 상자 높이 (mm), A는 골판지 타공강도(puncture strength)에 따른 등급계수[1500G (44.8J)-150, 1300G (38.9J)-135, 1100G (32.9J)-115, 900G (26.9J)-100, 850G (25.4J)-89, 700G (20.9J)-85], n은 상자 변형계수(RSC-2, HSC-1, SLV=0)를 각각 나타낸다.

예제 7-8

슬리브(sleeve) 형태의 3중골판지상자의 치수가 길이 × 폭 × 높이 = 1070 × 1070 × 980 mm 이고, 상하에 STC (slotted-tray cap)를 가지고 있다. 화물 총중량이 4 kN, 안전율 3을 적용할 때 적재 가능한 단수를 계산하여 보자. 단, 이 상자의 등급은 1,300이다.

[풀이] SLV이므로 n = 0, 등급계수는 A = 135, 주변길이는 Z = (1,070 + 1,070) × 2 = 4,280 mm이므로 식(7.3)에 의해 압축강도는 다음과 같이 계산된다.

$$P\,[N] = A \times Z^{0.50} D^{-0.12} (0.96)^n \times 9.81 = 135 \times 4280^{0.50} \times 980^{-0.12} (0.96)^0 \times 9.81$$

$$= 37{,}915\ N\ (38\ kN)$$

따라서, 화물의 적재단수는 (37915/3) × 1/4000 + 1 = 4.1로 4단 가능하다.

7.4 포장비용분석

발전적인 완충포장설계는 설계자로 하여금 가능한 한 포장비용을 최소화하기를 요구한다. 그렇지만 특정 적용에 대하여 순수 총포장비용은 대개 많은 인자들을 포함하며, 그 인자 중 몇 가지는 파악할 수 없는 무형의 것이어서 계산상의 어려움이 크다. 그럼에도 불구하고 특정한 적용에 대한 가장 경제적인 재료를 합리적 선택하는 방법은 비용의 주요 요소에 기초한 객관적인 분석을 통해 가능하다.

포장비용의 객관적 비교에 포장비용지표(cushioning cost index, C_x)가 사용되고 있으며, 여기서는 완충재의 보관비용은 파악하기 어렵고, 보통 경상비 부분으로 고려되기 때문에 제외된다.

완충재의 종류, 소요치수, 완충방법을 여러 가지로 변경하여 설계하며, 각각에 대한 소요비용이 식(7.4)에 의해 나타내진다.

$$C_x = \overbrace{[(VC_m/n + C_p + C_{ic} + C_{ec})]}^{\text{〈재료비용〉}} + \overbrace{[C_L \times P]}^{\text{〈노동비용〉}} + \overbrace{[C_s]}^{\text{〈수송비용〉}} \qquad (7.4)$$

여기서, C_x는 포장비용지표, V는 제품 보호에 요구되는 완충재의 총부피(m^3), C_m은 완충재의 단위 부피당 가격(재단 또는 성형한 재료)(₩/m^3), n은 전체포장에 대한 수송 횟수(재사용 횟수), C_p는 다이컷(die-cut) 트레이 또는 로드 스프레더(load spreader) 등의 재료비용(₩), C_{ic}와 C_{ec}는 각각 속포장과 겉포장용기 비용(₩), C_L = 1인의 시간당 인건비(₩), $P = P_p + P_{ic} + P_{ec}$로 제품의 단위포장(낱포장)(item packaging), 속포장(내포장)(intermediate packaging), 겉포장(외포장)(outer packaging)하여, 봉합(closing)할 때까지의 공수 (P_p = 다이컷 트레이 또는 로드 스프레더 제작에 소요되는 작업자 1인당 시간, P_{ic}, P_{ec} = 각각 속포장과 겉포장용기의 구성, 제품적입과 봉합에 소요되는 작업자 1인당 시간)(hr), C_s는 목적지까지의 수송비용(₩)을 각각 나타낸다.

식(7.4)에 의한 비용분석은 완충설계를 통한 요구되는 재료의 두께를 고려하며, 비용 비교를 단순화하기 위하여 예상되는 패드의 크리이프에 대한 여분의 두께는 고려하지 않는다.

특정 제품에 대한 가장 경제적인 완충재료를 결정하기 위하여, 먼저 어느 재료가 그 제품을 보호하는 데 유효한 재료인가를 결정한다. 일단 재료와 완충적용기법이 선택되면, 그에 따른 비용분석이 식(7.4)에 의해 이루어지며, 이를 통해 가장 경제적인 완충방법과 재료가 최종적으로 결정된다.

연 습 문 제

(1) 한 가전제품의 중량이 150 N, 치수는 15 × 25 × 30 cm이다. 이 제품의 취약성으로 한계속도변화(ΔV_{cr})와 한계가속도(A_{cr})는 각각 370 cm/s, 45 G이다. 설계낙하높이는 90 cm이며, 어느 면으로든 낙하할 수 있는 상황이고, 유통 중 다중낙하가 예상될 때, 이 제품에 대한 폴리에틸렌폼(밀도 32 kg/m^3) 완충설계를 실시하라.

(2) 문제 (1)에서 결정한 설계 결과에 대해, 자유낙하 충격식에 의해 스프링 상수(k), 충격지속시간(τ) 및 완충재 변형량(d_m)을 각각 계산하여라.

(3) 제4장의 연습문제 (9)번에서 구성된 DBC를 갖는 제품을 생각하자. 이 제품의 중량은 200 N, 치수를 23 × 20 × 23 cm이다. 설계낙하높이가 90 cm, 유통과정에서 다중낙하가 예상된다. 이 제품에 대한 폴리에틸렌폼(밀도 32 kg/m^3) 완충설계를 실시하고, 또한 포장화물의 밀도와 겉포장상자의 치수를 결정하라.

(4) 완충설계 문제로 60 G의 취약성을 갖는 한 제품을 생각하자. 고가의 블록형태의 이 제품의 중량은 200 N이고, 치수는 길이 × 폭 × 두께 = 25 × 25 × 20 cm이다. 이 제품에 대한 독립기포 폴리에틸렌폼(밀도 32 kg/m^3) 완충설계를 실시하라.

(5) 위의 문제 (4)에서 제품의 무게 중심 위치가 (L/3, W/3, D/2)일 때, 이 무게 중심을 고려한 코너패드 완충을 설계하여라.

(6) 진동절연을 위해서는 포장할 제품의 고유진동수(natural frequency)의 절반 이하에서 공진을 나타내는 재료가 바람직하다. 이 의미와 효율적인 진동완충설계를 위해서는 정적응력이 최소정적응력(진동증폭/감쇠 곡선의 감쇠경계와 한계진동수와의 교차점)과 비교하여 이 보다 커야 한다는 의미가 공학적으로 같은 지를 설명하여라.

(7) 1300 G SLV & 상하 700 G STC인 3중골판지상자에 의한 총화물중량은 4.5 kN이고, 치수는 1.07 × 1.07 × 1 m이다. 안전율을 3으로 주었을 때, 가능한 적재단수를 계산하라.

(8) 한 가전제품의 포장에 대한 사례를 들어, 포장기법을 분석하여 보고, 문제점과 개선방향에 대하여 보고서를 작성한 후 서로 토론하여 보자.

(9) 중량물 포장에 목상자와 3중골판지상자를 적용하였을 때, 제품 생산지에서 최종 소비지까지의 총소요비용면(포장비와 물류비)에서 분석하여 보자.

(10) 종이앵글과 지관 등을 적용한 포장사례를 분석하여 보자.

08 수송환경과 수송 중의 진동계측/분석

Transport Environment & Vibration Measurement/Analysis

- 수송 중의 진동계측과 정량화
- 수송 모의와 가속시험
- 수송환경과 포장화물 거동

제품 자체에 대한 진동취약성(vibration fragility)과 포장화물에 대한 진동성능평가를 위해서는 제품의 수송방법과 수송루트에 대한 진동을 정밀분석 및 자료화 한 후, 이를 통해 수송 중의 진동환경을 시험실에서 재연하는 방법이 시행되고 있다.

물류환경에서 마주치는 진동은 다양한 진동원으로부터 혼합된 진동수와 진폭으로 구성되어 있어, 성질상 매우 복잡하다. 이러한 형태의 진동은 어느 한 순간에 발생하는 것을 예측하는 것이 거의 불가능하기 때문에 자주 시간영역(time domain)에 관하여 랜덤한 것으로 간주된다. 그러나 특정 진동수영역(frequency domain)에 존재하는 진동수와 레벨은 통계적인 방법에 의해 분석이 가능하다.

이번 장에서는 수송 중의 진동계측과 정량화 방법, 수송데이터로부터 PSD 프로파일 생성과 시험실에서의 재연방법, 이를 통한 진동특성 해석법, 수송매체별 진동과 화물의 진동거동에 대해 기술하기로 한다.

8.1 수송 중의 진동계측과 정량화

【1】 수송 중의 진동 형태

수송 중의 진동은 그림 8.1에서와 같이 수송차량의 화물적재함과 적재화물에 가속도 센서를 직접 설치하여 측정하며, 측정된 진동신호는 데이터 수집장치(data acqusition system)를 통해 실시간 또는 저장된 후 사후 분석된다.

수송환경의 측정에 이용되는 가속도센서와 데이터 수집장치는 측정 진동수를 만족할 수 있는 충분한 분해능(resolution)이 있고, 다수의 센서와 인터페이스가 가능한 다채널, 그리고 대용량이어야 한다.

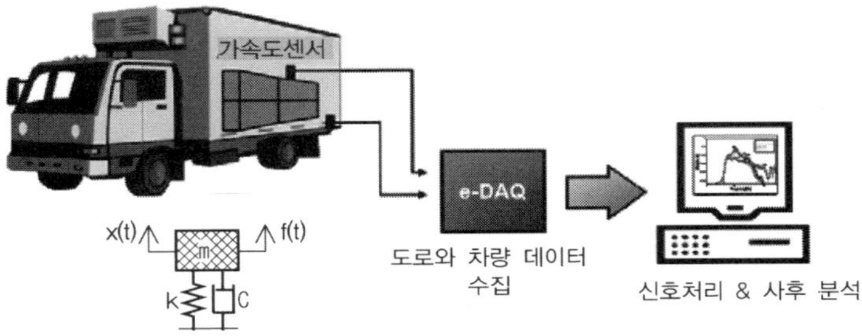

그림 8.1 수송환경평가시스템의 개략도 예

또한 수송환경 계측시험을 실시하기 전에 어떠한 도로를 시험목적과 부합되는 대표도로로 설정하느냐의 문제와 시험에 이용되는 차량의 특성 또한 정의되어야 한다. 이러한 수송차량의 특성으로는 가감속 특성, 핸들링 특성 및 브레이크 성능 등을 예로 들 수 있다. 이를 위해서는 실제 운행되는 차량들에 대한 지속적인 모니터링이 필요하며, GPS를 이용한 차량운행정보 및 가감속 구간에서의 가속도 정보도 필요하다.

실제 수송 중에 제품과 포장에 가해지는 진동력(vibrational force)은 단일진동수이거나 또는 정현파진동(sinusoidal vibration)만 있는 것은 아니다. 예를 들어, 그림 8.2처럼 트럭 바닥면의 진동은 다음과 같은 변수에 의해 영향을 받기 때문에 서로 다른 진동수와 진폭의 정현파 진동이 혼합된 랜덤진동(random vibration) 상태를 나타낸다.

- 노면의 상태
- 차종별 현가장치의 종류와 거동
- 실제 적재되는 화물 중량에 따른 차량의 거동
- 화물 적재방법에 따른 화물 거동의 영향
- 주변 온·습도의 영향

뒤에서 상세히 기술되겠지만, 이러한 랜덤진동은 진동수와 레벨이 일정한 경향을 갖고 있지 않으며, 규정된 진동수 대역 내의 모든 진동수에 대하여 동일한 파워를 갖고, 진폭이 시시각각 연속적으로 변화는 진동을 의미한다.

어느 한 시점을 놓고 볼 때 제품은 여러 개의 정현파 진폭에 의해 영향을 받게 되는데, 단일진동수에 의해 계속적으로 영향을 받는 상태와는 분명히 다른 결과를 나타내게 된다. 따라서 단일진동수에 의해 제품의 진동취약성과 포장화물의 진동성능을 평가하는 것은 실제와는 차이가 큰 결과를 낳을 수 있다.

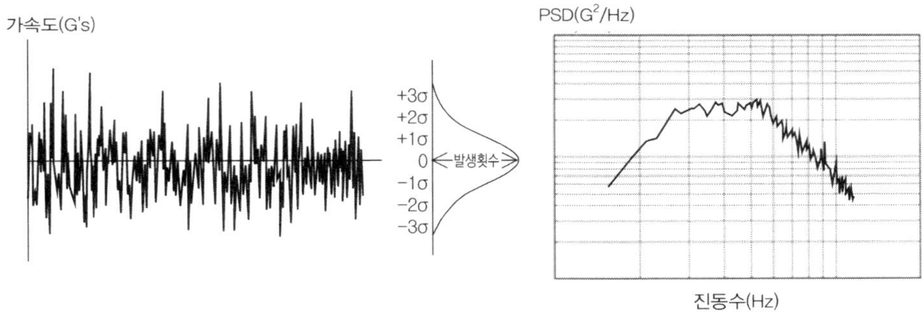

(a) 시간 영역 신호　　　(b) 진동수 영역 스팩트럼

그림 8.2 랜덤진동(random vibration)의 예

한 예로, 그림 4.8에서 처럼 주요 요소 A, B를 수용한 한 제품을 생각해 보자. A는 4 Hz, B는 15 Hz의 고유진동수(natural frequency)를 가지고 있다면, 진동수 4 Hz나 15 Hz에서 이들 요소들은 각각 공진을 나타내어, A, B 두 요소가 서로 멀리 떨어져 있을 때는 하나가 진동을 하더라도 다른 요소에 영향을 주지 못한다. 그러나 수송 중의 진동 같이 여러 진동수가 동시에 존재할 때는 4 Hz와 15 Hz 요소가 동시공진(simultaneous resonance)을 나타내어 서로 부딪혀 파손을 일으킬 수 있다.

이러한 상태의 파손은 앞에서 언급한 단순진동수 진동시험에 의해서는 원인 규명을 할 수 없다. 따라서 대부분의 포장제품은 랜덤진동시험에 의해 진동취약성을 분석하여야 한다.

【2】 진동 분석

그림 8.3(a)의 정현파진동을 놓고 볼 때, 진동수는 초단위로 측정한 주기(period)의 역수가 되며, 가속도의 크기는 다음과 같이 세 가지 방법으로 나타낸다. 특히, 진동신호의 제곱평균값에 대한 평방제곱근인 평균제곱근(rms)은 시간에 대한 변화량을 고려하여 진동의 파괴적 능력인 진동에너지의 크기에 직접 관련되는 진폭 즉, 유효한 파워 레벨을 나타내는 실효값으로, 이 표현법이 자주 사용된다.

- 정점가속도 진폭(peak acceleration amplitude) = 1G
- 정점간 가속도 진폭(peak-to-peak acceleration amplitude) = 2G
- 평균제곱근 가속도 진폭(root mean square acceleration amplitude) = 0.707G

G_{rms} = 0.707 × 정점진폭, 평균값 = 0.637(=2/π) × 정점진폭

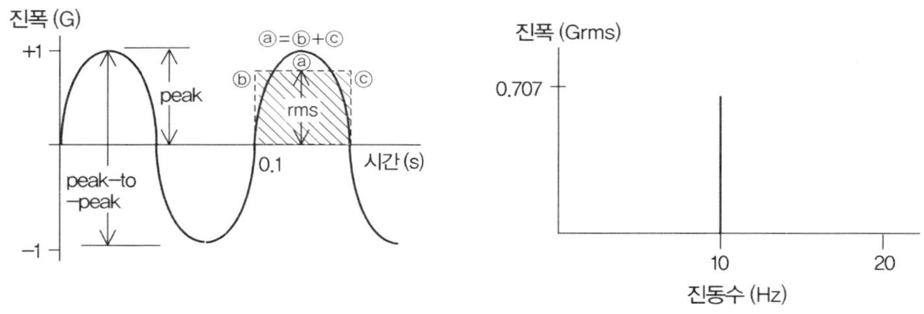

(a) 시간 영역 (time domain)   (b) 진동수 영역 (frequency domain)

그림 8.3 정현파진동(sinusoidal vibration)의 예

랜덤진동에 대한 실효값과 평균값은 다음과 같이 각각 표현된다.

$$G_{rms} = \sqrt{\frac{1}{T}\int_0^T x^2(t)\,dt} \tag{8.1}$$

$$G_{ave} = \frac{1}{T}\int_0^T |x(t)|\,dt \tag{8.2}$$

여기서, G_{rms}와 G_{ave}는 각각 가속도진폭의 실효값과 평균값을 나타낸다.

진동을 나타내는 또 다른 방법은 그림 8.4(b)와 같이 대표진동수영역(frequency domain)으로 표현하는 것으로, 진동수에 대한 평균제곱근(rms) 진폭을 좌표상에 나타낸다.

Fourier는 랜덤진동과 같은 복잡한 파형도 그림 8.4(a)와 같이 정현파에 적당한 진동수와 진폭을 더함으로써 표현할 수 있다고 하였다.

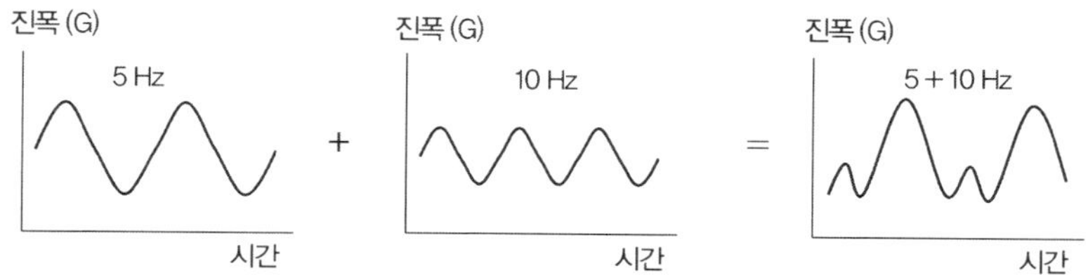

(a) 시간 영역(time domain) 신호

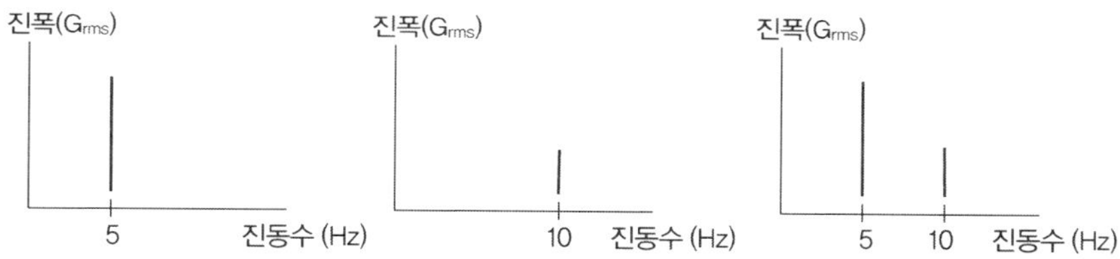

(b) 진동수 영역(frequency domain) 스펙드

그림 8.4 정현파함수의 합성

그림 8.4는 시간과 진동수영역에 대한 여러 가지 합의 경우를 예시하고 있다. 이것은 반대로 복잡한 파형의 랜덤진동도 여러 개의 단일 정현파진동으로 표현될 수 있다는 것을 의미하며, 식(8.3)과 같이 Fourier 급수로 나타내는 것을 Fourier 분석이라고 한다.

$$x(t) = \frac{a_o}{2} + \sum_{i=1}^{\infty}(a_n \cos n\omega t + b_n \sin n\omega t) \tag{8.3}$$

여기서, n은 양의 정수, a_n과 b_n은 무한급수의 계수, $a_o/2$는 x(t)의 평균값을 각각 나타낸다.

Fourier 분석 방법에는 여러 가지가 있는 데, 그 중 밴드패스 필터(band pass filter, BPF)를 이용하는 것이 가장 단순 명료한 방법이다. BPF란 여러 가지가 복합된 파형을 분해하여 대역별로 정현파로 바꿔주는 전자 하드웨어로서 Fourier 변환(Fourier transformation)과 관련된다.

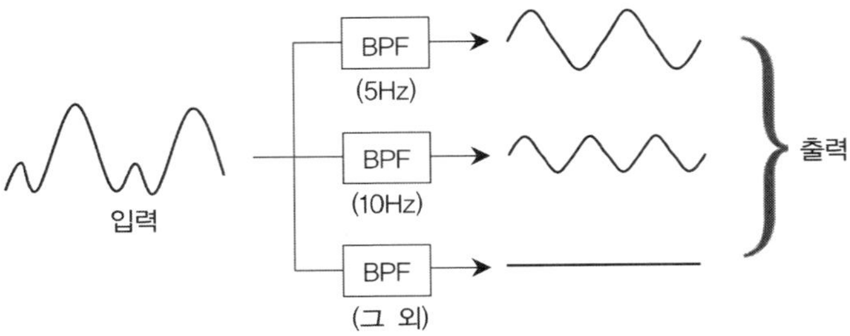

그림 8.5 BPF를 이용한 Fourier 분석의 개념

그림 8.5에서 보듯이 매우 작은 진동수 범위만을 통과시키고, 그 외의 진동수는 차단하는 것이 BPF의 특성이다. BPF의 밴드폭(bandwidth)은 필터를 통과하는 상·하한 필터링 진동수의 차이를 의미하며, 예를 들어, 그림 8.5에서 첫 번째 BPF는 상한 및 하한 진동수가 각각 5.5 Hz와 4.5 Hz이며, 밴드폭은 1 Hz가 된다.

만약, 광범위한 진동수대(예를 들면, 트럭진동의 경우는 200 Hz 정도)를 커버하기에 충분한 BPF를 사용한다면 외관상 아무리 복잡한 파형도 진동수 및 진폭을 알고 있는 정현파의 조합으로 변환할 수 있다.

예제 8-1

정지상태에 있는 트럭 적재함에서 측정된 진동이 정현함수적이고, 진폭은 2 mm, 진동수를 20 Hz라할 때, 이 진동의 크기를 최대값(zero-to-peak, peak-to-paek), 실효값(rms) 및 평균값으로 각각 나타내어 보자.

[풀이] zero-to-peak값은 진폭(A)과 같으므로 식(5.13)으로부터, $A(2\pi f)^2 = 2 \times 10^{-3}(2\pi \times 20)^2 = 31.6\ m/s^2$(3.2 G), peak-to-peak값은 $2 \times 3.2 = 6.4$ G, 평균값은 $0.637 \times 3.2 = 2.0$ G, 실효값은 $0.707 \times 3.2 = 2.3$ G가 된다.

【3】 파워 스펙드럼 밀도(Power Spectral Density, PSD)

BPF를 통한 Fourier 분석에 의해 랜덤진동을 단순한 정현파들로 분해하여 실제 파형과 매우 유사함을 보이나, 여기서는 한 가지 큰 결점을 지니고 있다. 즉, Fourier 식에서 어떤 정현파 진동수의 피크진폭은 일정한 반면, 나타내고자 하는 랜덤진동의 특성은 일정 진동수대에서 진폭이 끊임없이 변화한다는 사실이다. 이 자유변화를 복합운동으로 통합하려면 통계적 방법을 적용하여야 한다.

수송환경에서 계측되는 랜덤진동 데이터는 진동수영역에 대해 PSD 함수를 이용하여 설명될 수 있는데, 이 PSD 함수의 단위는 G^2/Hz이며, 여기서 G는 G_{rms}로 평균제곱근 가속도(G's)를 의미한다.

수송환경에서 계측되는 진동과 같은 데이터는 그림 8.2(a)에 나타낸 바와 같이 일반적으로 가우스 분포(Gaussian distribution)를 갖는 랜덤신호로서 이러한 데이터는 평균을 0으로 가정할 경우, 평균제곱근(rms)값은 표준편차(standard deviation)와 동일한 값이 된다. 표준편차는 일반적으로 시그마(σ)로 표시된다.

평균제곱근값은 가속도 변화량 제곱 평균의 평방근으로 진동의 순간시간값의 분포가 정규 분포 일때는 그 정규분포의 표준편차와도 같아진다.

특정 진동수 대의 진폭을 식(8.4)와 같이 파워밀도(power density)로 나타낼 수 있다. 즉, PSD는 어느 진동수의 대역폭에서 랜덤진동 진폭의 제곱평균값을 대역폭(bandwidth)으로 나눈 값(특정 진동수대역의 단위진동수당 제곱평균값)으로 랜덤진동의 에너지 강도(intensity)를 나타낸다.

$$\mathrm{PSD} = \frac{1}{\mathrm{BW}}\left\{\sum_{i=1}^{N}(G_{rms})_i^2/N\right\} \tag{8.4}$$

여기서, $(G_{rms})_i$는 정해진 진동수 구간 중 임의의 순간에 계측된 가속도 G값의 평균제곱근(rms), N은 계측실험 중 계측된 데이터의 수, BW는 신호의 대역폭(bandwidth)(Hz)을 각각 나타낸다.

그림 8.2(a)와 같은 정상상태(stationary)인 랜덤진동신호 x(t)가 연속신호와 이산신호일 때의 평균과 제곱평균값은 식(8.5)와 (8.6)으로 각각 나타낼 수 있다. 여기서 랜덤진동신호가 정상상태라고 함은 신호의 평균값이 시간에 대해서 변화하지 않는다는 것을 의미한다. 즉, 신호가 주기성이 있음을 나타낸다.

$$\bar{x} = \lim_{T \to \infty} \frac{1}{T} \int_0^T x(t)\,dt \quad \text{또는} \quad \bar{x} = \lim_{T \to \infty} \frac{1}{T} \sum_i^N x_i \tag{8.5}$$

$$\overline{x^2} = \lim_{T \to \infty} \frac{1}{T} \int_0^T x^2(t)\,dt \quad \text{또는} \quad \overline{x^2} = \lim_{T \to \infty} \frac{1}{T} \sum_i^N x_i^2 \tag{8.6}$$

PSD 프로파일 또는 PSD 커브의 아래쪽 면적은 계측된 본래 신호에 대한 제곱평균값과 동일하며, 이 면적에 대한 제곱근은 또한 신호에 대한 평균제곱근(rms)과 동일하며, 그 진동수 대역에서의 평균적인 가속도 수준을 나타낸다. 만일 전체 진동수 범위에 대하여 적분하고, 이것의 제곱근을 취하면 전체 진동수 범위에 대한 가속도 수준(overall level)이 된다.

$$G_{rms} = \sqrt{\overline{x^2}} \tag{8.7}$$

신호의 평균에 대한 편차는 분산 σ^2에 의해 설명될 수 있으며, 그 계산식은 연속신호일 때와 이산신호일 경우 각각에 대하여 식(8.8)로 나타낼 수 있다. 또한 표준편차인 σ는 분산값에 제곱근을 취하면 쉽게 구할 수 있다.

$$\sigma^2 = \lim_{T \to \infty} \frac{1}{T} \int_0^T [x(t) - \bar{x}]^2 dt \quad \text{또는} \quad \sigma^2 = \lim_{T \to \infty} \frac{1}{T} \sum_i^N (x_i - \bar{x})^2 \tag{8.8}$$

1) PSD 프로파일 생성

PSD 함수는 수송환경에서 계측되는 랜덤진동을 분석하고, 시험실에서 수송환경을 모의하는데 매우 효과적이다. 다음에는 비교적 간단한 밴드패스 필터링(bandpass filtering) 방법을 이용하여 PSD 생성 과정을 생각해 보기로 하자.

아래의 그림 8.6은 일정시간 동안 계측된 랜덤신호인 가속도데이터이며, 표 8.1은 동일한 가속도 데이터를 필터링하지 않은 경우와 밴드패스 필터링된 경우에서의 G_{rms}의 값을 나타낸다. 주어진 데이터를 이용하여 밴드패스 필터링된 신호의 전체 평균제곱근값(overall G_{rms})을 구하고, 밴드패스 필터링 방법을 이용하여 각각의 PSD를 계산한 후에 PSD 프로파일을 도식화하여 보자.

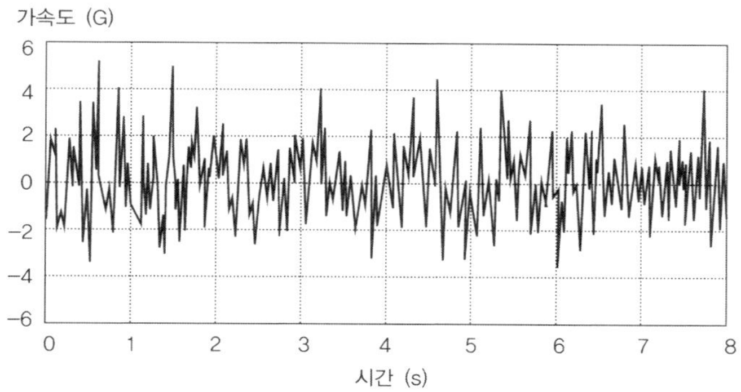

그림 8.6 필터링 전의 시간영역 가속도 (unfiltered sample accel. time history)

표 8.1 시간영역에 대한 G_{rms}와 필터링 파라미터

번호	밴드패스 필터링	전체 레벨 (G_{rms})
1	미필터링	1.49
2	10~20 Hz, 필터링	0.68
3	20~30 Hz, 필터링	1.08
4	30~40 Hz, 필터링	0.73

(1) 밴드패스 필터링된 전체 신호의 평균제곱근 가속도(G_{rms})의 값은 각 밴드패스 필터링된 평균제곱근 가속도의 제곱합에 대한 제곱근과 같은 것으로 다음과 같이 계산된다.

$$\sqrt{(0.68)^2 + (1.08)^2 + (0.73)^2} = 1.47\ G_{rms}$$

이 값은 밴드패스 필터링 되지 않은 가속도 데이터의 전체 평균제곱근 가속도(overall G_{rms})인 1.49와 근사한 값을 보이며, 이때 발생되는 차이는 필터링되는 과정에서 발생되는 오차이다.

(2) 각 진동수 구간에 대한 PSD는 아래의 표 8.2에서와 같이 계산할 수 있다.

표 8.2 PSD 계산 예

밴드패스 필터 (Hz)	밴드중심 진동수 (Hz)	전체레벨 (G_{rms})	(전체레벨)^2 (G_{rms}^2)	대역폭 (Hz)	PSD (G_{rms}^2/Hz)
10~20	15	0.68	0.46	10	0.046
20~30	25	1.08	1.17	10	0.117
30~40	35	0.73	0.53	10	0.053

대역폭은 상·하한 필터링 진동수의 차이로서 본 예제에서는 모두 동일한 값을 갖는다. 표 8.2에서 계산된 바와 같이, PSD는 간단히 각 대역폭의 평균제곱근 가속도의 제곱($G_{rms}{}^2$)를 대역폭으로 나누어 준 값이며, $G_{rms}{}^2$/Hz의 단위는 간단히 G^2/Hz로 표현된다. 이상에서 계산된 PSD 프로파일을 나타내면 그림 8.7과 같다.

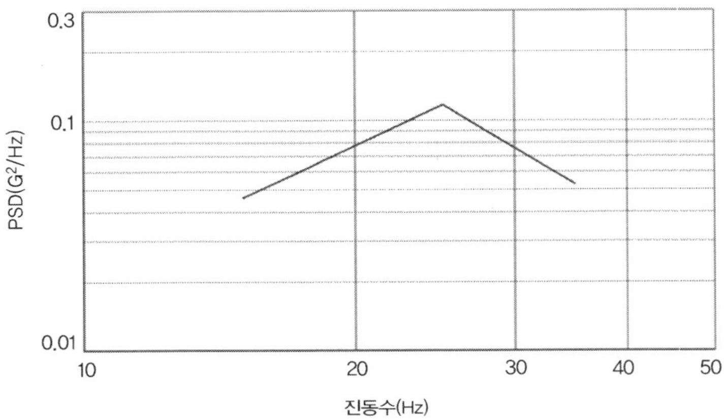

그림 8.7 PSD 프로파일

2) PSD 함수의 적분

랜덤진동은 PSD 함수에 의해 진동수 영역으로 나타내는데, 이 랜덤 스펙드럼은 한 세트의 진동수와 진폭 구획으로 구성된다. 보통 PSD는 그림 8.8에서와 같이 양대수 그래프(log-log plot)에 일련의 진동수와 가속도 진폭의 직선으로 나타낸다.

곡선 아래의 면적에 대한 평방근 값이 전체 평균제곱근 가속도(Grms)값이 된다. 그러나 곡선으로부터 면적 계산시 가속도 수준이 일정한 진동수대역에 대해서는 사각형 면적공식을 적용하면 되지만, 삼각형 부분의 기울기는 양대수 그래프상에서는 직선이지만 선형 그래프상에서는 직선이 아니므로, 이의 계산시에는 주의가 요구된다.

진동수 (Hz)	진폭 (G^2/Hz)
20	0.01005
80	0.04000
350	0.04000
2000	0.00704

(a) 진동수-진폭 세트

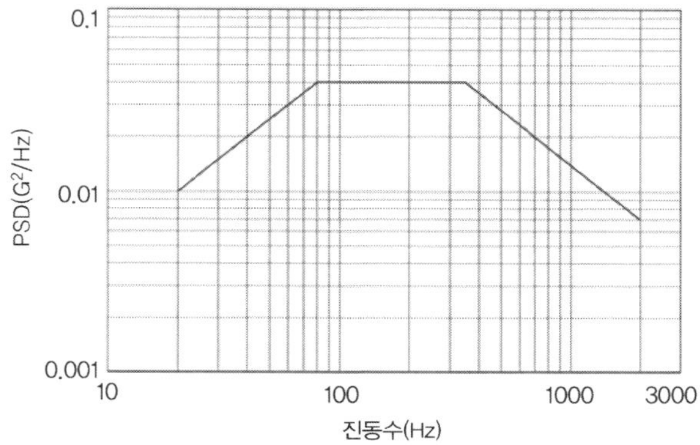

(b) PSD 함수

그림 8.8 PSD 프로파일의 예

양대수 그래프상에서 2개 구획점 (f_1, a_1)와 (f_2, a_2)를 잇는 직선은 식(8.9)와 같이 거듭제곱의 함수로 표현된다.

$$a = offset \times f^n \tag{8.9}$$

여기서, n은 양대수 그래프 상에서의 직선의 기울기, offset는 배수팩터를 나타내며, 다음과 같이 각각 표현된다.

$$n = \frac{\log\left(\frac{a_2}{a_1}\right)}{\log\left(\frac{f_2}{f_1}\right)}, \quad offset = \frac{a_1}{f_1^n} \tag{8.10}$$

진동수 f_1~f_2 사이의 면적은 식(8.9)에 대한 적분을 통해 다음과 같이 계산된다. 이 면적은 제곱평균 가속도가 되며, 이에 대한 합의 제곱근이 평균제곱근 가속도가 된다.

$$\begin{cases} Area(G^2) = \int_{f_1}^{f_2} a\ df = \frac{offset}{n+1}\left(f_2^{n+1} - f_1^{n+1}\right), & n \neq -1 \\ Area(G^2) = \int_{f_1}^{f_2} a\ df = offset \times \ln\left(\frac{f_2}{f_1}\right), & n = -1 \end{cases} \tag{8.11}$$

예제 8-2

그림 8.8의 PSD 프로파일에 대한 전체 평균제곱근 가속도를 산출해 보자.

[풀이] 그림 8.8의 PSD에 대한 각 구획별 면적(제곱평균 가속도)을 계산하고, 이로부터 전체 평균제곱근 가속도(overall G_{rms})를 계산하면 다음과 같다.

$$\text{overall } G_{rms} = \sqrt{36.77\,G^2} = 6.064\ G$$

<PSD에 대한 전체 평균제곱근 가속도 G_{rms} 계산 과정>

진동수 (Hz)	진폭 (G^2/Hz)	기울기, n	offset	면적 (G^2)
20	0.01005			
80	0.04000	0.9964	0.000508	1.50
350	0.04000	0	0.04000	10.80
2000	0.00704	-0.9967	13.73	24.47
				총 36.77

직선의 기울기가 dB/octave로 주어질 경우에 대한 문제를 생각해 보자. PSD 진폭(파워) a_1과 a_2 사이의 차이는 다음과 같이 데시벨(decibel, dB)로 표현된다.

$$dB = 10 \times \log\left(\frac{a_2}{a_1}\right) \rightarrow a_2 = a_1 \times 10^{dB/10} \tag{8.12}$$

또한, 식(8.10)으로부터 또 하나의 a_2에 대한 식을 유도할 수 있다.

$$a_2 = a_1\left(\frac{f_2}{f_1}\right)^n \tag{8.13}$$

1 octave를 갖는 진동수 경계, 즉 $f_2 = 2f_1$에 대하여, 직선의 기울기를 식(8.13)으로부터 다음과 같이 정리하여, 이를 식(8.12)와 연결지어 정리하면 다음과 같다.

$$n = \frac{dB/10}{\log(2)} \tag{8.14}$$

식(8.14)를 식(8.13)에 대입하여 정리하면, 1 옥타브의 진동수 경계에 대해 최종적으로 다음과 같은 식을 유도해 낼 수 있다.

$$a_2 = a_1\left(\frac{f_2}{f_1}\right)^{\frac{dB/10}{\log(2)}} \tag{8.15}$$

예제 8-3

다음에 나타낸 PSD에 대해 2000 Hz에서의 가속도 진폭을 계산하여 보자.

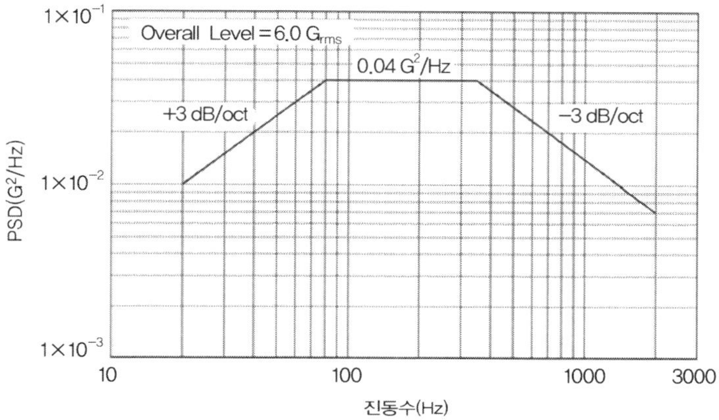

[풀이] $f_1 = 350$ Hz, $f_2 = 2000$ Hz, $a_1 = 0.04\ G^2$/Hz이므로, 이를 식(8.15)에 대입하여 계산하면 다음과 같다.

$$a_2 = a_1\left(\frac{f_2}{f_1}\right)^{\frac{dB/10}{\log(2)}} = 0.04\left(\frac{2000}{350}\right)^{\frac{-3/10}{\log(2)}} = 0.007\ \ G^2/Hz$$

PSD로부터 평균제곱근 가속도(G_{rms})를 산출하는 방법을 적용하여 평균제곱근(rms) 속도와 변위도 산출해 낼 수 있다. 이를 위해서는 정현파진동에서의 가속도, 속도 및 변위진폭간의 관계인 식(5.13)을 활용한다. 즉, 속도와 변위를 가속도항으로 표현한 식을 진동수 f_1~ f_2 범위에 대한 적분을 통해 각 곡선 아래의 면적인 제곱평균속도(mean-square velocity)와 제곱평균변위(mean-square displacement)를 각각 식(8.16)과 (8.17)을 통해 계산해 낼 수 있다. 그 다음 이들 면적의 각각의 합에 대한 제곱근을 취하면 평균제곱근 속도와 변위가 된다.

- 제곱평균 속도

$$\begin{cases} A\ [(G\cdot s)^2] = \dfrac{1}{(2\pi)^2}\left(\dfrac{offset}{n-1}\right)\left(f_2^{n-1} - f_1^{n-1}\right), & n \neq 1 \\ A\ [(G\cdot s)^2] = \left\{\dfrac{offset}{(2\pi)^2}\right\}\ln\left(\dfrac{f_2}{f_1}\right), & n = 1 \end{cases} \quad (8.16)$$

• 제곱평균 변위

$$\begin{cases} A\,[(G\cdot s^2)^2] = \dfrac{1}{(2\pi)^4}\left(\dfrac{offset}{n-3}\right)\left(f_2^{n-3} - f_1^{n-3}\right), & n \neq 3 \\ A\,[(G\cdot s^2)^2] = \left\{\dfrac{offset}{(2\pi)^4}\right\}\ln\left(\dfrac{f_2}{f_1}\right), & n = 3 \end{cases} \tag{8.17}$$

예제 8-4

그림 8.8의 PSD 대한 평균제곱근(rms) 속도와 변위를 각각 산출하여 보자.

[풀이] 그림 8.8(b)의 랜덤 스펙드럼에 대한 제곱평균속도와 변위를 계산한 다음, 이로부터 평균제곱근 속도와 변위를 각각 계산하면 다음과 같다.

$$\text{rms 속도} = \sqrt{2.878\times10^{-5}} = 0.005364\,G\cdot s = 0.005364\times9.81 = 0.0526\ m/s$$

$$\text{rms 변위} = \sqrt{3.994\times10^{-10}} = 1.985\times10^{-5}\,G\cdot s^2 = 1.985\times10^{-5}\times9.81$$
$$= 1.9473\times10^{-4}\ m\ (0.1947\ mm)$$

<PSD에 대한 평균제곱근속도와 변위계산 과정>

진동수 (Hz)	진폭 (G^2/Hz)	기울기, n	offset	면적 $(G\cdot s)^2$	면적 $[(G\cdot s^2)^2]$
20	0.01005				
80	0.04000	0.9964	0.000508	1.760×10^{-5}	3.773×10^{-10}
350	0.04000	0	0.04000	0.977×10^{-5}	0.165×10^{-10}
2000	0.00704	-0.9967	13.73	0.141×10^{-5}	0.001×10^{-10}
				총 : 2.878×10^{-5}	3.994×10^{-10}

8.2 수송 시뮬레이션과 가속시험

【1】 수송모의시험 (Transport Simulation)

실제 규모의 수송시험이 안고 있는 문제점으로는 시간과 노력이 요구되는 것이어서 비교적 리스크를 가지고 있기 때문에 반복시험이 어렵고, 재현성 있는 데이터의 획득이 어려워 사례적 시험이 되는 경향이 있다.

이러한 실제 규모의 수송시험이 안고 있는 문제점을 해결하기 위한 것이 수송 시뮬레이션이며, 수송 시뮬레이션은 현장에서 발생하는 진동, 충격, 온도, 습도 등의 수송환경 요인을 시험실에서 재현하여, 수송기술의 효율적 개선, 수송 중 제품 파손과 손상의 원인이 되는 설계 및 구조상의 결함을 사전에 파악하여 이를 미연에 방지하기 위함이 목적이다.

실제 규모의 수송시험에 있어서 문제점을 개선하기 위한 시뮬레이션에서는 대체로 다음의 세 가지 조건을 고려해야 한다.

- 수송 시뮬레이션이 완충포장 성능의 효율적 실증법으로 확립되기 위해 가장 간단한 조화진동에 의한 시험방법을 적용
- 공시하는 포장물의 양을 최소로 하기 위해 최소 포장단위에 의한 시험방법을 확립
- 단위시간 내에 있어서의 시험횟수를 늘려 데이터의 재현성을 높이기 위해 시뮬레이션에 소요되는 시간을 실제 규모의 수송에 1/5~1/10 정도로 단축하기 위한 시험법을 확립

수송모의시험의 규격은 수송 중의 진동데이터의 측정을 통해 이루어진다. 진동시험 규격 작성에 있어 최대 문제가 되는 것은 진동의 등가성인데, 이는 진동시험에 의한 제품에의 영향이 실제 수송상황에서의 제품에 대한 영향과 같은 수준이어야 한다.

다음 절에서 상세히 기술하겠지만, 진동에 의해 포장 및 제품에 발생되는 이상은 다음의 세 가지가 대표적이다.

- 진동에 의한 반복응력의 작용으로 제품 각 부위의 피로파괴
- 제품과 포장재 또는 포장재간의 마찰
- 진동에 의해 나사풀림으로 조립부의 이완 발생

따라서 이러한 세 가지의 기초조건을 기준으로 시험규격화가 이루어지는 것이 바람직한 데, 이 중에서 마찰과 느슨함에 대해서는 같은 조건을 결정하기 위한 방법과 동일성의 증명방법이 확립되기 어렵다. 그러므로 시험규격화는 대부분 반복 응력에 의한 피로파괴항목으로 시험규격화(S-N 곡선에 의한 파손한계)가 이루어진다.

시험규격의 도출은 수송시험을 통해 획득한 데이터의 PSD 곡선을 기반으로, 수송환경과 같은 크기로 생각하는 시험조건을 확립하는 작업이므로, 확립해야할 시험조건의 항목은 표 8.3에서와 같이 스위프시험과 랜덤시험의 경우 서로 다르다.

표 8.3 진동시험의 필요항목

시험종류	항 목	내 용
스위프 진동시험 (가속도 수준이 일정한 정현파 진동)	진동수 범위	PSD 곡선에서 최대레벨을 나타내는 진동수범위를 포함하며, 보통 5 Hz 이하의 진동수는 제외
	진동레벨	수송시험 결과인 정점가속도의 빈도분포에서 전체 주행시간 중에 발생된 가속도와 발생횟수를 기초로 한 피로누적값과 전체 시험진동수 범위에 가속도를 일정하게 치환했을 경우의 가속도와 발생횟수에 대한 피로누적값이 같아지는 조건에 대한 진동가속도 레벨을 결정
	진동지속시간	가속시험을 통해 시험시간을 단축함. 최저 15분 이상으로 설정
	스위프 시간	상·하한 진동수를 1회 왕복하는 시간으로, 보통 다음과 같이 계산함(K는 정수로 300을 적용). $T_s \geq \left(\frac{1}{f_{min}} - \frac{1}{f_{max}}\right) \cdot K$
랜덤 진동시험	진동수 범위	정현파 스위프 진동시험시와 동일
	PSD 특성	PSD 형태는 실제 주행 데이터의 PSD 선도의 특징을 살려 가능한 한 제동행위수가 적게 될 때를 선정하고, 진동가속도 레벨(G_{rms})은 PSD 선도로부터 계산함
	진동계속시간	정현파 스위프 진동시험시와 동일

표 8.3의 시험 필요항목들에 대한 결정 외에도 다음의 항목에 대해서도 결정되어야 한다.

- 진동 방향 : 상하 방향이 기본이며, 여기에 수평진동 수행 여부 판단
- 동시 진동 : 2방향 이상의 경우 동시진동 수행여부
- 시험시료의 고정방법 : 시험시료를 진동대에 고정 여부와 방법
- 적재시험 : 적재시험 여부, 실시할 경우 적정한 적재단수

실제 수송환경에서 계측되는 랜덤진동 데이터를 이용한 진동시험의 국제표준규격으로는 MIL-STD-810F의 환경의 공학적 고려와 시험실테스트가 있으며, 이 규정과 함께 ASTM D3580의 제품에 대한 진동시험방법[vibration(vertical linear motion) test of products], ASTM D4728의 수송용기에 대한 랜덤진동 시험방법(random vibration testing of shipping containers), ASTM D4169의 수송용기 및 시스템에 대한 성능시험(standard practice for performance testing of shipping containers and systems)이 주요 표준규격으로 이용되고 있다.

특히, 이 MIL-STD-810F 시험규격은 실제 수송환경에서 계측된 데이터를 기초로 하는 것으로 고온과 저온, 고습도, 충격과 진동환경에서 안정과 성능을 측정하는 미군의 신뢰성 시험규정이다.

진동모의시험의 초창기에는 정현파진동 모의시험이 널리 이용되었다. 이러한 정현파 시험은 우선 진동현상의 구현이 상대적으로 쉬우며, 시험대상을 손쉽게 가진할 수 있고, 상대적인 평가가 용이하여 피로시험과 공진점 탐색시험에 많이 이용되었으나, 실제 수송환경에서 발생하는 랜덤진동과는 많은 차이가 있다.

그렇지만 이러한 정현파 시험은 현재도 피로와 드웰 시험(dwell test)뿐만 아니라 정현파 스위프시험(sine swept test)에서 많이 이용되고 있는 방법이며, 다음과 같은 설정을 예로 들 수 있다.

〈정현파 스위프시험(sine swept test)〉

- 5 G의 가속도를 유지하여 5에서 200 Hz로 진동수를 증가시킨다. 이때 스위프율(sweep rate)은 1 oct/min를 유지하며, 총실험은 2시간 동안 수행한다.
- 시험을 수행하는 동안 제품의 파손을 시각적으로 확인할 수 있으며, 제품에 설치된 가속도센서를 이용하여 제품의 고유진동수와 가속도분포를 계측할 수 있다. 제품의 파손 여부는 계측되는 가속도 또는 최대변위값을 통하여 확인할 수 있다.

〈고정 정현파 드웰시험(sine fixed frequency dwell test)〉

- 가진진동수와 입력가속도를 각각 80 Hz에서 10 G로 고정하고 1시간 동안 지속적으로 진동을 가한다. 시험이 수행되는 동안 진동수의 업셋을 관찰하여 제품의 파손여부를 확인할 수 있다.

앞에서의 ASTM이나 ISO 등, 외국의 표준규격에서도 진동시험에 랜덤진동을 채용하는 경우가 일반화되었으며, 기업의 독자적인 진동시험규격도 같은 경향이다. 한국산업규격 KS T ISO 4180의 수송포장화물(transport package)의 평가시험방법 통칙에서도 랜덤진동시험법을 도입하고 있다.

랜덤진동시험은 실제 수송환경에서 발생할 수 있는 가우시안 랜덤진동(gaussian random vibration) 특성을 갖는 것으로서, 수송환경에서 실측한 PSD를 적용하는 것이 바람직하지만, 여위치 못할시는 국제규격에서 제시하고 있는 표준스펙트럼(그림 4.9, 표 12.12, 보충설명 12.11)을 적용한다.

표준규격상의 PSD는 수송매체별 일반적인 특성을 잘 포함하고 있지만, 특정한 수송루트에 대한 특성을 대표하지는 못하므로, 특정 수송매체와 루트에 대해 계측된 PSD를 기업에서는 적용하려고 한다. 그러나 PSD 스펙트럼의 설계 또한 쉬운 작업이 아니므로 정확한 랜덤진동시험을 실시하기 위해서는 많은 준비가 필요하다.

일반적으로 랜덤진동시험의 어려운 점에는 다음과 같은 사항들이 있다.

- PSD 스펙트럼과 실제 수송환경과의 정확한 상관성
- PSD 스펙트럼을 이용한 시험수행시간
- PSD로 인한 과도충격(transient shock)의 에버리징 효과발생

일반적인 랜덤진동신호는 그림 8.2 (a)와 같으며, 이러한 진동신호의 PSD는 그림 8.2 (b)와 같은 형태로 설계된다. 이러한 PSD를 이용한 랜덤진동시험은 정현파시험에서 가질 수 없는 다음과 같은 몇 가지 장점을 가진다.

- 실제 수송환경에서는 임의의 시점에서 계측된 진동신호가 다수의 진동수성분을 포함하고 있으며, PSD 스펙트럼분포는 이러한 특성을 잘 나타낼 수 있다.
- 동시에 발생되는 진동수는 광역대의 진동수일 수도 있으며, PSD는 광역대의 진동수 특성을 보여준다.
- 동시다발적으로 다수의 진동수를 발생할 수 있으므로, 실제 수송환경에 노출된 제품에 동일한 효과를 부과할 수 있을 뿐만 아니라, 이로 인한 제품의 파손모드 가속화 시험에 효과적으로 적용될 수 있다.

【2】 가속시험 (Accelerated Test)

포장화물의 수송 중 진동을 효율적으로 시험하기 위하여 수송환경을 가속하여 시험시간을 단축하는 경우가 많으며, 공적인 시험규격, 업계나 기업의 시험규격에서도 가속시험조건을 정하고 있다.

수송환경의 가속(시험조건의 도출) 방법으로 S-N 곡선을 이용하는 방법이 있다. 이 방법은 피로파괴를 응력의 크기만으로 결정하고, 각각의 응력레벨에서의 피로는 선형으로 누적하여, 그 총합계가 일정 값을 넘으면 피로파괴가 된다는 이론이다. 이 곡선은 세로축이 응력 S, 가로축이 피로파괴할 때까지의 반복횟수 N이 양대수그래프상에 그려지며, 이들의 관계는 식(8.18)로 나타낸다.

$$NS^{\alpha} = \beta \tag{8.18}$$

여기서, α와 β는 제품의 고유 특성값을 나타낸다.

시험조건의 도출에서는 진동에 의한 제품의 파손 등을 피로파괴로 간주하여, 이 개념이 응용되고 있는데, S-N 곡선의 세로축의 응력진폭 S를 진동테이블의 가진가속도 A, 가로축의 반복횟수 N을 가진시간 T로 치환하고, 이 곡선을 이용하여 시험조건을 산출하고 있다.

즉, 그림 8.9에 나타낸 바와 같이, 수송환경과 같은 값인 시험환경으로 가정하여, 시험시간 T_{test}를 대입하여 시험시의 가속도 A_{test}를 다음과 같이 구할 수 있다.

$$TA^{\alpha} = \beta \tag{8.19}$$

$$\mathrm{TA}^{\alpha} = \beta \rightarrow \mathrm{T}_{\mathrm{trans}}\,\mathrm{A}_{\mathrm{trans}}{}^{\alpha} = \mathrm{T}_{\mathrm{test}}\,\mathrm{A}_{\mathrm{test}}{}^{\alpha} \qquad (8.20)$$
$$\rightarrow \mathrm{A}_{\mathrm{test}} = \mathrm{A}_{\mathrm{trans}}\left(\frac{\mathrm{T}_{\mathrm{trans}}}{\mathrm{T}_{\mathrm{test}}}\right)^{\frac{1}{\alpha}}$$

여기서, 첨자 trans는 수송환경, test는 시험환경을 각각 나타내고, α와 β는 식(8.18)에서와 같이 제품의 고유 특성값으로 α가 클 수록 물품의 손상은 진동가속도의 크기에 영향을 받기 쉽고, 동시에 β가 클 수록 동일한 가속도 하에서 진동에 대한 내성이 크다고 판단할 수 있다.

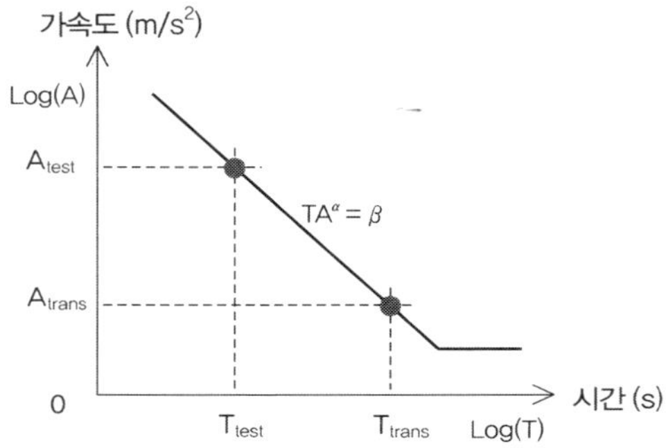

그림 8.9 S-N 곡선

식(8.19)에서 양변에 대수를 취하면 식(8.21)과 같이 곡선의 기울기는 $-1/\alpha$이 된다. 여기서, α를 가속계수(acceleration factor)라고 하며, 가속에 대한 제품의 진동강도를 나타낸다. 올바른 시험조건을 도입하기 위해서는 이 값이 매우 중요하다(표 8.4).

$$\log(\mathrm{A}) = -\frac{1}{\alpha}\log(\mathrm{T}) + \frac{1}{\alpha}\log(\beta) \rightarrow \mathrm{A}' = -\frac{1}{\alpha}\mathrm{T}' + \beta' \qquad (8.21)$$

다만 실제에 있어 제품의 응력과 진동테이블의 가진가속도가 비례관계가 아닌 경우가 많고, 반복횟수가 같아도 진동수에 따라 가진시간이 변하기 때문에(제품에 미치는 영향도 다르다) 이와 같은 치환으로 시험조건을 도출하는 데는 무리가 있다. 따라서 시험조건 도출 대안으로 누적피로 진동시험시스템이 제안되고 있다.

표 8.4 가속계수(α)의 예

제 품	가속계수
항공전자기기	8
철도차량 전기·전자기기	4
승용차 전기·전자기기	6.6
농산물(딸기)	9.3
농산물(배)	3

8.3 수송환경과 포장화물 거동

【1】 진동손상 (Vibration Damage) 형태

수송 중의 진동으로 인해 발생하는 이상에는 크게 제품과 포장으로 구분할 수 있고, 가장 대표적인 세 가지의 진동 이상에 대해서는 앞 절에서 소개하였는데, 이들 손상의 대부분은 공진(resonance)에 관련되어 있다. 여기서는 보다 더 구체적으로 진동손상의 형태와 그 대책에 대하여 살펴보기로 한다.

(1) 제품의 내부손상 (internal product damage)

수송 중 비록 제품이 외관상으로는 전체적으로 평온해 보이지만, 제품 내부의 각 요소들은 격렬하게 진동할 수 있다. 그 좋은 예가, 냉장고 내부의 콤퓨레셔와 컴퓨터 내부의 회로기판이다. 콤퓨레셔는 그들의 마운트에서 느슨하게 풀려지고, 회로기판은 불충분한 전기 연결로 흠집이나 크랙이 발생하는 현상을 보일 수 있다.

만일, 무거운 요소를 수용한 제품이 다른 포장화물의 중량이나 또는 블로킹(blocking)과 브레이싱(bracing)에 의해 단단히 구속되지 않으면, 이 요소에 의해 제품 전체를 수송차량의 하대로부터 들어올릴 수도 있다.

(2) 제품의 외부손상(external product damage)

진동의 결과로써 제품의 외부 표면이 할퀴고 움푹 들어가게 하는 형태의 외부손상이 자동차산업에서는 중대한 문제가 되고 있다. 랙(rack) 안에서 수송되는 금속박판 부품은 서로 타격하고, 랙에 대해 문지르기도 한다. 제품의 외부손상은 블로킹과 브레이싱을 통해 상당히 감소시킬 수 있다.

(3) 표면마찰(surface scuffing)

진동은 포장된 제품을 그것의 완충재, 상자 또는 다른 요소와의 마찰을 야기할 수 있다. 약 5 Hz (화물을 중간 정도 적재한 트레일러의 현가장치진동)의 진동으로 한 시간 이동시 완충재는 약 18,000회(매초당 5회) 제품과 앞·뒤로 마찰한다.

완충재는 도색된 제품 표면을 쉽게 할퀴고, 표면의 인쇄글자를 지우며, 특히 제품과 완충재 사이에 오물이나 다른 연마제가 있으면, 유리의 표면조차도 손상을 줄 수 있다. 이러한 문제에 대한 대책방법은 다음과 같다.

- 제품, 완충재 및 상자 사이를 빈틈없이 설계
- 완충재와 제품 사이에 간지(플라스틱 또는 종이)의 삽입
- 민감한 위치에서 완충재와 제품 전체가 직접 접촉하는 것을 방지

(4) 마개의 이완(lids unscrewing)

병과 항아리 같은 용기의 마개는 수송과정에서 자주 이완되는데, 이것은 유리와 금속보다는 더 유연성 있는 플라스틱 재질의 용기에서 더 문제시된다.

진동은 주기적으로 이들 용기의 나선부분의 형태를 원형에서 타원형으로 변경시키며, 이로 인해 용기의 나선부분과 마개 사이의 접촉이 깨지면, 마개는 약간 이완된다. 극단적인 경우는 마개가 완전히 이완되어 용기에서 분리되기도 한다. 이러한 문제의 해결을 위해 수축밴드와 브레이크 탭(break-tab)이 보통 사용된다.

(5) 포장 이동(package migration)

트레일러가 지나친 거치른 도로를 주행할 때는 항상 포장화물과 바닥 사이의 접촉이 주기적으로 깨어지고, 포장화물은 바운드한다. 포장화물이 이륙하게 되면, 포장과 바닥 사이에 마찰이 없기 때문에 주위를 돌거나 이동하게 되며, 심지어 적재된 상자를 전복

시키기조차 한다. 이것은 혼적화물수송(LTL, less-than- truckload)과 같이 비구속 적재화물의 상단에서 특별히 중요한 문제가 된다. 이러한 문제에 대한 대책으로는 다음과 같은 방법들이 있다.

- 다른 포장 또는 고정 용구와 함께 낙하물을 블로킹과 브레이싱
- 비구속 적재화물의 안정성을 위해 팰릿타이징(palletizing)과 수축랩핑(stretch-wrapping)화
- 가능하면 독차운송(TL, Truckload)
- 진동에 움직이지 않도록 완충 또는 제품의 재설계

(6) 포장 내용물의 침전(settling of contents)

특정 식품에 대한 진동효과는 그것을 압축하는 것으로, 즉 내용물 사이의 계속적인 부딪힘으로 인해 재료간의 틈을 없애 밀집된 배열상태로 만든다. 일반적으로 제품이 전체로서는 그것의 무게중심을 가장 낮은 상태로 하려고 하는데, 이 원리는 또한 비구속 적재화물(loose-loaded boxes) 상태의 전체 트럭화물 시스템에도 적용된다.

다짐이 손상을 유발하지 않는다면 특별하게 문제시 되지는 않는다. 예를 들어, 곡물을 담은 용기는 가득채움 상태를 항상 보이지 않는다. 진동은 또한 케첩과 같은 고체/액체 부유물에 대해 독특한 효과를 주는데, 즉 특정 진동수에서 이들 혼합물질이 서로 풀려져 바닥에 고형화 물질이 만들어질 수 있다. 이것은 케첩병을 흔들면 그것을 분리하는것보다 오히려 혼합된다는 예상과는 반대현상이다. 유연성 용기는 재료의 특성상 운동을 증폭시켜 문제를 확대시킨다.

(7) 포장의 굴절균열(flex-cracking of packages)

플라스틱 필름과 금속박은 반복적인 구부림으로 인한 피로파괴(fatigue failure)에 민감하다. 가혹한 진동은 필름에 크랙을 발생시킬 수 있어 내부 포장물을 노출시킨다. 비록 재료에는 크랙이 발생하지 않더라도 넥다운(neckdown)이 발생할 수 있어, 이로인해 재료가 더 가늘어짐으로써 구조적으로 더 약하게 되어 공기의 유입과 방출에 대한 저항성능을 약화시킨다.

특히 플라스틱은 온도가 감소함에 따라 더 취성을 가지므로, 굴절박육화(flex-thinning)와 굴절균열(flex-cracking)은 더 현저해진다.

(8) 상자의 압축(compression of boxes)

적재된 상층부 상자는 상·하 바운드하기 쉽기 때문에 일반적으로 최대의 G-하중을 받게 되는 반면, 적재된 최하층 상자는 적재된 화물중량으로 인해 최대의 압축력을 받게 된다. 그러므로 적재된 상층부 제품들은 손상되기가 쉬운 반면, 적재된 하층부는 포장이 손상되기 쉽다.

(9) 과실의 멍(bruising of fruits)

과실과 야채의 산물수송(bulk shipment)에 대한 손상은 대개 응력이 높게 작용하는 접촉점에서 멍(bruising)의 형태로 나타난다. 예를 들어, 트레이(tray)에 의해 상자에 포장된 사과는 두 가지의 형태의 멍, 즉 점과 롤러형태가 뚜렷하다.

점형태의 멍(point bruise)은 과실 사이, 과실과 상자, 또는 과실과 트레이가 접촉하는 점에서 주로 발생하는데 특히, 상자의 바닥층에 있는 과실에서 현저하다. 반면, 롤러형 멍(roller bruise)은 과실들이 자유로운 구름이 가능한 경우에 주로 발생하는 것으로 상층부에 있는 과실에서 주로 발생한다.

대개 멍은 과실 주위에 연속적인 띠를 형성하며, 멍에 의한 손상을 최소화하기 위해서는 높은 접촉응력을 피하는 것이 중요하기 때문에 가능하면 과실 표면의 많은 부분을 지지할 수 있는 구조를 갖춘 너무 타이트하지 않은 트레이(tray) 형태가 바람직하다. 그리고 상자의 바닥층에 있는 과실에 부과되는 중량을 제한하기 위해서는 소포장화가 중요하다.

【2】 수송환경과 진동 특성

어떤 형태로든 진동 없이 수송매체를 이동하는 것은 사실상 불가능하다. 엔진과 바퀴의 회전이 차축의 진동을 야기시킨다. 수송매체 내 이동매개(travel medium)의 불일치는 현가장치(suspension system)가 반응하도록 하고, 차축에 휨을 발생시킨다. 이러한 불일치는 열차 선로의 레일 연결부나 도로의 확장 연결부로 인해 성질상 반주기적(semi-periodic)이거나 또는 열차 선로 갈림길이나 도로의 패인 웅덩이에 의해 불규칙하게 발생한다. 이러한 모든 형태의 진동이 함께 혼합되어 포장에 복합적인 입력으로 작용하여 진동의 진동수와 진폭이 매우 크게 변하는 복잡한 양상을 보인다.

많은 연구자들은 육로 수송인 트럭(트레일러) 수송에 대해 많은 연구를 하였다. 이러한 육로 수송매체에서 발생하는 진동현상을 요약하면 다음과 같다.

- 동시에 그리고 연속적으로 발생하는 진동은 상하, 좌우 및 전후 진동 등 세 가지 형태이며, 각각의 진동은 변위와 회전을 포함한다.
- 이 세 가지 형태의 진동 중 상하방향의 가속도수준이 가장 높다[그림 8.10 (a)].
- 상하방향의 가속도 수준은 도로조건에 의존하며, 시골도로와 같은 거치른 표면의 도로는 고속도로보다 더 큰 G값을 발생한다.
- 트레일러의 바닥은 트럭이 철도레일이나 도로의 웅덩이를 지날 때, 순간충격이 20 G까지 발생한다. 그렇지만 긴 시간 동안에 대해 취해진 상하방향의 평균가속도 수준은 약 0.5 G 수준이다.
- G값에 견주어 볼 때 트레일러에서 가장 가혹한 위치는 트레일러의 후미이다. 이것은 뒤 차축 넘어로 매달려 있는 트레일러 후미부분의 도약판(springboard)효과에 기인한다.
- 그림 8.11에 나타낸 에어라이드(air-ride) 현가장치가 장착된 트럭 트레일러는 대개 관행의 겹판스프링(leaf-spring) 현가장치의 트럭보다 더 낮은 G값을 나타낸다.
- 기록된 신호가 불규칙하더라도, 같은 특성의 진동수가 신호의 모든 부분에 존재한다. 즉, 단위 시간당 신호 속에 존재하는 특정한 여러 진동수와 진폭은 동일하게 유지된다. 이것은 진동테이블로 수송을 모의할 때 매우 중요한 특성이다.

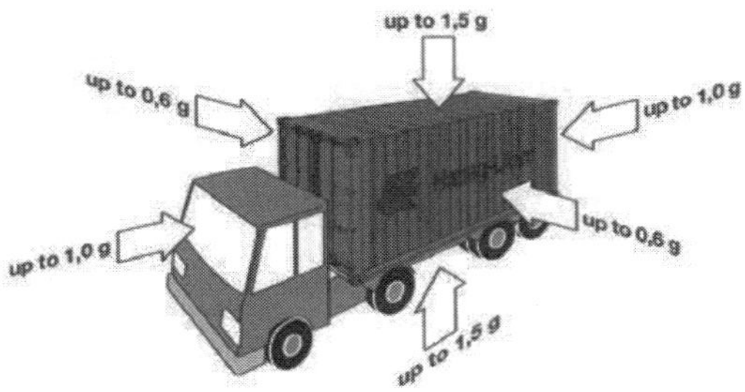

(a) 도로수송 (road transport)

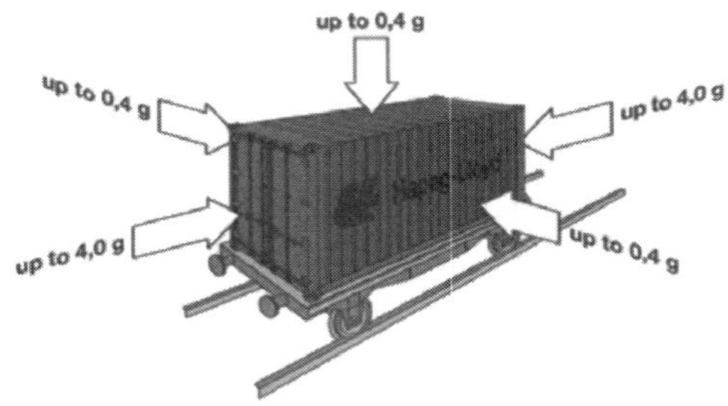

(b) 철도수송 (rail transport)

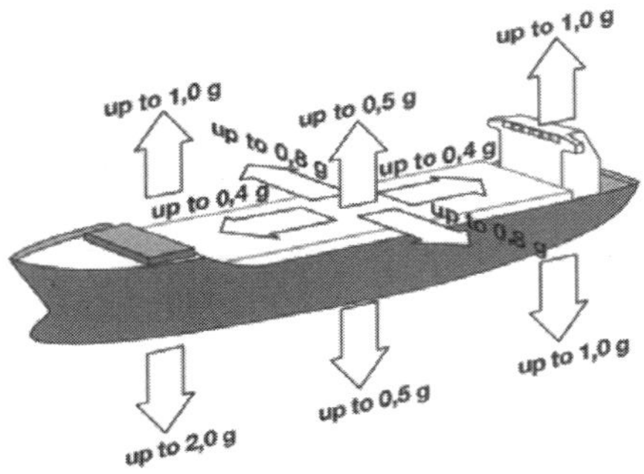

(c) 해운수송 (sea transport)

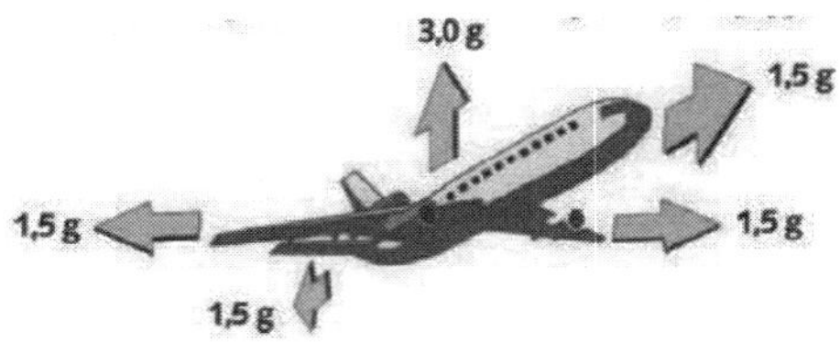

(b) 항공수송 (air transport)

그림 8.10 수송형태별 잠재적 위험 (Hapag-Lioyd)

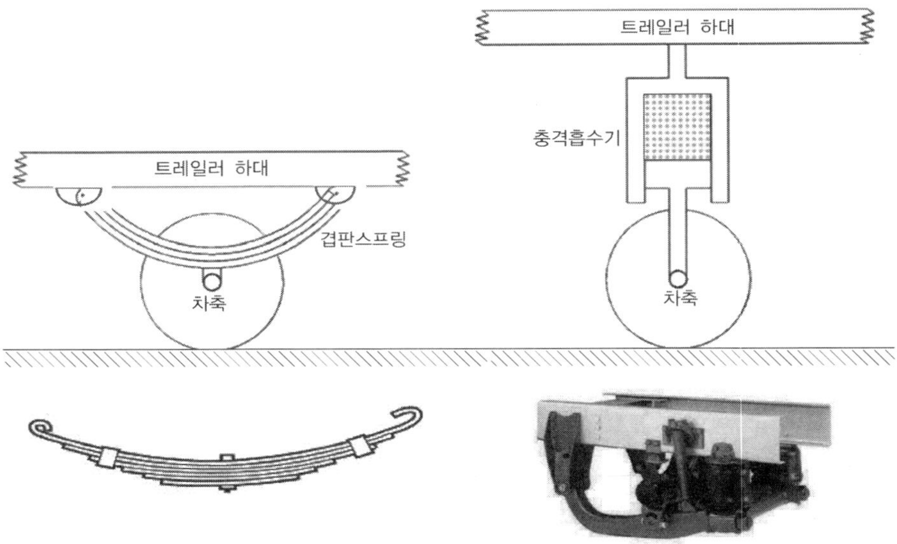

(a) 겹판스프링 현가장치 (b) 에어라이드 현가장치

그림 8.11 현가장치의 종류

트레일러에서 가속도센서의 위치에 관계없이, 그림 8.12와 같은 연속적인 신호를 기록할 것이다. 그 신호는 서로의 정상부분을 겹쳐 볼 때, 연속파형의 어느 부분도 일치되지 않는다는 점에서 랜덤하다. 그렇지만, 비록 기록된 신호가 랜덤하더라도 동일한 특성의 진동수와 진폭이 신호의 모든 부분에서 존재한다.

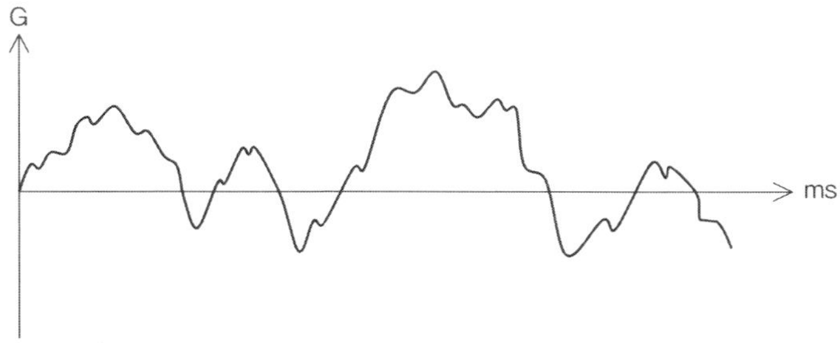

그림 8.12 랜덤진동에 대한 출력신호의 예

그림 8.13의 파형은 3개의 분리된 진동수가 함께 혼합되어 구성되어 있다. 즉, 첫 번째로 큰 진폭 요소인 주기 250 ms인 단일 사이클의 정현파는 진동수는 1/0.250 = 4 Hz가 된다. 그리고 두 번째의 큰 요소는 250 ms 동안 4사이클을 완성하는 16 Hz이고, 세 번째는 250 ms동안에 16사이클을 완성하는 64 Hz의 요소로 돌출부의 모든 작은 웨이브로 여기면 된다. 이와 같은 관찰을 통해 분석하기가 매우 어렵기 때문에 전문적인 하드웨어와 소프트웨어가 적용된다.

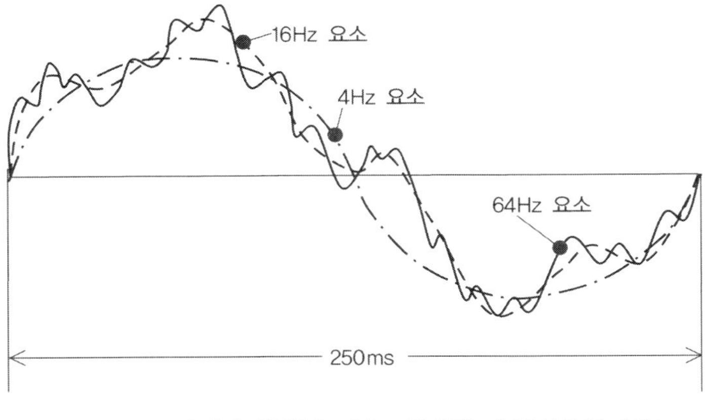

그림 8.13 바닥에 부착된 가속도센서의 출력신호의 성분

이와 같은 진동수 요소들은 랜덤진동 테스트시 중요한 정보를 제공하는 것 외에도 진동을 야기시키는 원인이 무엇인지를 알려준다. 예를 들면, 트럭 트레일러는 전체가 하나로서 중량이 얼마이고, 현가장치가 얼마의 강성(stiff)을 가지느냐에 의존해 한 진동수(고유진동수)에서 상하 진동을 한다.

무거운 화물을 적재한 트레일러는 무적재 트레일러보다는 더 느리게 진동한다. 에어라이드(air-ride)와 전통적인 겹판스프링(leaf-spring) 현가장치 모두에 대해, 그 현가장치 위의 트레일러의 진동수 범위는 대개 2 (만적재)~8 Hz (무적재)이다.

그림 8.13에서 신호 분해시, 첫 번째 요소는 진동수가 4 Hz이므로, 이 요소는 현가장치 위에서 상하진동을 하는 트레일러로 인한 것임에 틀림없다. 또한 만적재시의 진동수가 2 Hz에 근접하기 때문에 상당히 무거운 화물을 적재하였을 것으로 판단된다.

두 번째 성분은 타이어로 인한 것일 가능성이 높다. 타이어는 내부의 공기가 압축성이 있기 때문에 다른 또 하나의 스프링처럼 동작한다. 타이어의 진동수는 적재량, 타이어의 수 및 타이어의 공기압 등에 의존하며, 대개 15 (낮은 공기압)~20 Hz (높은 공기압) 범위이다.

세 번째 성분은 아마 트레일러 하대의 휨으로 인한 것으로, 바닥은 사실상 지지점(축) 사이에서 앞·뒤로 휨이 발생한다. 이것으로 인한 구조적인 진동수는 보통 50~100 Hz 범위이다. 그 밖에 엔진으로 인한 진동수는 엔진회전수에 따라 다르지만 100 Hz 미만의 고진동수 이고, 휠 불균형(wheel imbalance)에 의해 10 Hz 이상의 진동수를 발생한다.

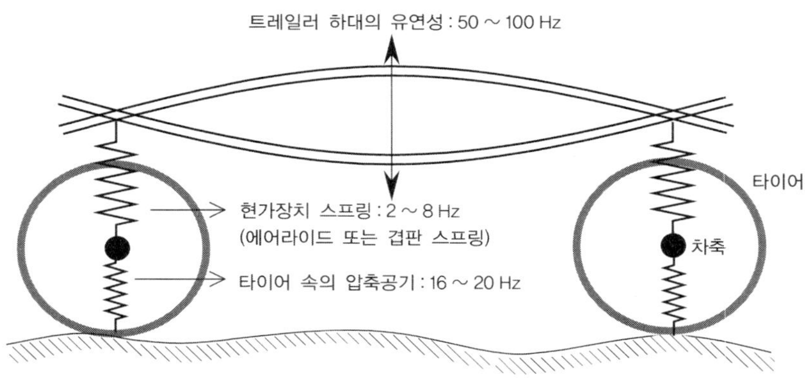

(a) 트레일러 진동발생요인

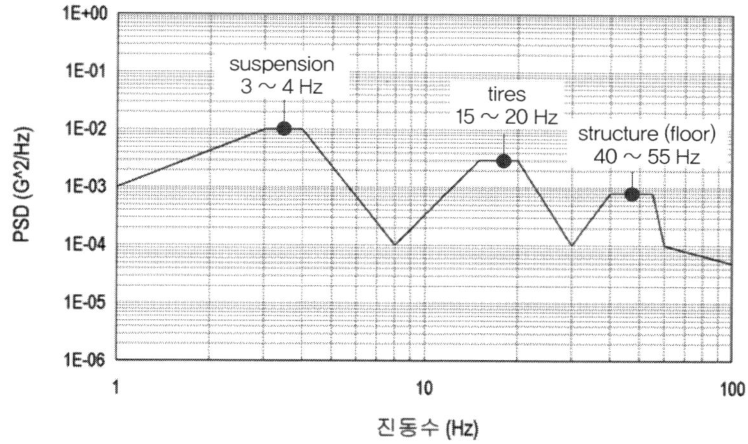

(b) 트럭수송시의 전형적인 PSD (Singh 등, 2006)

그림 8.14 트레일러의 진동발생요인과 PSD

이상에서 보는 바와 같이 트럭 진동은 현가시스템에 관한 화물의 고유진동수(natural frequency), 현가장치에 대한 타이어의 고유진동수, 그리고 트레일러와 차체(body structure)의 고유진동수에서 현저하게 발생한다. 이와 같은 특성은 그림 8.14(b)의 적재함 진동의 파워 스펙트럼 분석에서 파워레벨이 높은 진동수영역이 여러 곳에서 나타나는 원인분석을 통해서 더 잘 확인할 수 있다.

【3】 수송 중의 포장화물 거동과 배치

1) 적재된 포장화물의 거동

적재된 전체 포장화물이 적재공진조건에 놓이게 되면, 전체 적재화물에 엄청난 파괴적인 현상을 야기하는 전체 적재가 바운드될 때까지, 각 이어지는 상·하의 포장화물이 하단의 포장화물과 함께 공진(resonance)에 들어간다.

예를 들면, 만일 트럭 적재함이 5 mm 진폭으로 움직이고, 최하단의 화물이 공진을 한다면, 그것의 진폭은 10 mm가 된다. 이제 적재상태의 두 번째 화물에 입력이 10 mm이므로, 그것이 공진에 이를 때면 그것은 20 mm로 운동할 것이다. 상층부 화물들이 바운드하여 다른 곳으로 이동할 때까지 적재 상층부로 갈수록 진폭은 배가 된다.

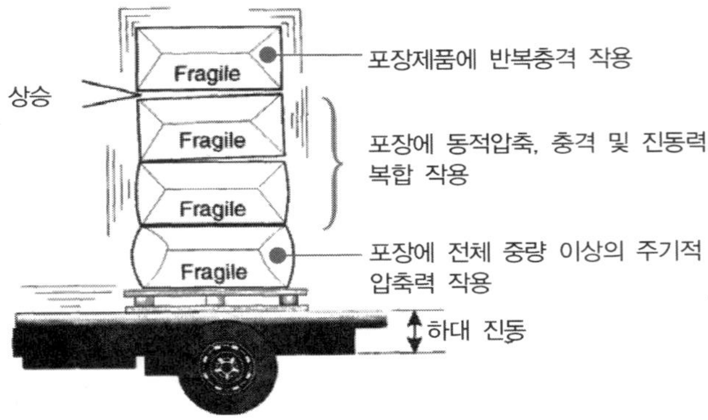

그림 8.15 적재공진 (stack resonance)

개별포장화물에 대한 공진시험 결과에 기초를 두고 적재된 화물의 거동에 관한 어떠한 결론을 내려고 해서는 안된다. 적재화물은 개별포장화물 어느 하나보다도 더 작은 고유진동수(natural frequency)를 가진다.

개별포장화물 모두가 8 Hz 이상의 고유진동수를 가지고 있더라도, 이들 포장화물들이 비구속된 적재상태에 놓이면, 적재된 포장화물의 고유진동수는 8 Hz보다 작아진다. 그리고, 만일 적재화물이 공진을 겪는다면, 적재된 각각의 포장화물도 공진상태이다.

동일한 포장화물 N개가 비구속 적재에 대해, 각각의 포장화물이 고유진동수를 f_n을 가지며, 이상적인 스프링/질량시스템으로 간주할 때, 이들 화물의 적재상태에 대한 고유진동수 f_n'은 다음과 같이 표현된다.

$$f_n' = f_n \sqrt{\frac{2}{N(N+1)}} \tag{8.22}$$

한 예로, 만일 개별포장화물이 20 Hz의 고유진동수를 가지고 있고, 각 포장화물이 이상적인 스프링/질량시스템으로 취급된다면, 이들 포장 5개가 적재된 화물의 고유진동수는 $f_n' = 20\sqrt{2/5(5+1)} = 5.2\ \text{Hz}$가 된다.

그림 8.16 개별포장화물의 이동으로 인한 인접한 팰릿타이저 화물과의 인터록

적재상태의 최하층 포장화물에 작용하는 동적하중은 정지상태에서의 총적재하중보다 몇 배 더 큰 수준이다. 상층부 포장화물은 극도의 반복충격(repetitive shock)과 큰 진폭의 진동을 겪게 된다(그림 8.15).

따라서 팰릿타이저 화물에서 상층부 화물은 짧은 시간동안 무부하상태가 되므로, 측면에 있는 포장과의 측면 충돌로 인해 표류상태로 운동하게 된다. 신축-랩포장된 팰릿타이저 화물에서 상층단에서의 이러한 거동으로 인터록되기도 하는데, 이럴 경우 포크리프트에 의한 기계하역작업은 불가능하게 된다(그림 8.16).

2) 수송매체에서의 화물의 배치

트레일러 내의 화물배치 또한 중요하다. 후미는 도약판 효과가 있기 때문에 가능하면 중량물의 화물은 선단, 즉 앞쪽으로 배치하는 것이 중요하다. 이것은 트럭을 보다 더 쉽게 운전할 수 있도록 하고, 그 결과 더 좋은 승차감을 낳는다.

독차화물(TL, truckload)은 혼적화물수송(LTL, less-than-truckload)에 비해 화물의 이동과 쓰러지는 포장과 벽 사이의 공간이 더 적기 때문에 더 안정적이다. LTL 수송을 피할 수 없을 때에는 더니지(dunnage), 스페이서(spacer), 그리고 구속하는 방법으로 블로킹(blocking)과 브레이싱(bracing) 등을 고려한다.

철도차량은 보통 코일스프링 현가시스템이 장착된다. 그것들은 상하진동에 대해 2~8 Hz 범위에서 고유진동수를 가지며, 그렇지만 드래프트 기어(draft gear)로 알려진 길이 방향의 현가장치를 가지는 점에서 트럭 트레일러와는 다르다. 드래프트 기어는 그림 8.17에서와 같이 스프링에 의해 차량 몸체에 커플러(연결장치)를 연결하는 충격 흡수 완제품이다.

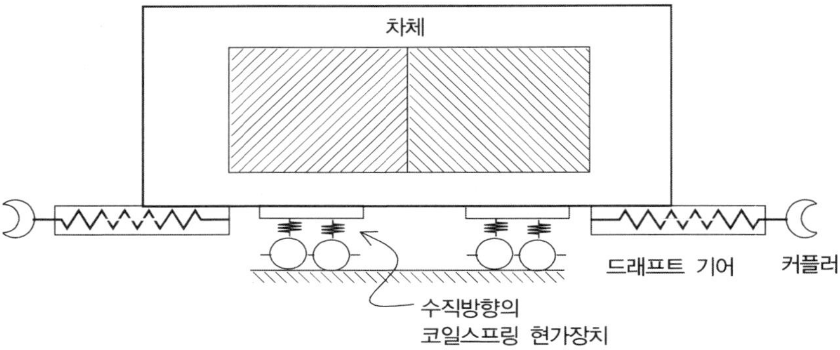

그림 8.17 철도차량의 견인기어 (draft gear)

철도차량이 연결되는 동안 두 대의 연결 차량의 커플러(coupler)는 잠금되고, 충돌로 인해 발생하는 충격은 두 차량의 스프링에 의해 흡수된다. 유압 및 마찰식 드래프트 기어가 또한 사용되는데, 이러한 시스템을 가진 것조차도 길이방향 충격이 1 G 이상이 된다[그림 8.10 (b)]. 이것은 내부의 화물을 이동시키고 전도시키기에 충분하다. 철도차량은 또한 방향궤도가 구성되어 있기 때문에 길이방향축(좌우 흔들림)에 관하여 롤링 운동을 나타낸다.

미국에서 각 레일 요소의 길이는 약 12.2 m이고, 좌측 레일의 연결부가 우측 레일에 관하여 엇갈리는 방식으로 놓여 있다. 이것은 철도차량의 좌우측의 바퀴가 번갈아 가며 충격을 받는다는 것을 의미한다. 이로 인해 철도차량이 좌우로 흔들리게 하여 화물을 쓰러지게 한다. 또한 레일의 연결부가 나란히 정렬되어 있는 경우는 좌·우측의 바퀴 모두가 동시에 충격을 받는다. 이것은 트럭에서와 같이 수직충격을 더 가혹하게 한다.

연 습 문 제

(1) 랜덤진동을 표현하는 방법 중 푸리에 변환과 PSD 방법간의 가장 큰 차이점은 무엇인가?

(2) 표준규격에서 권장하는 PSD와 실제 수송루트에 대해 실측한 PSD를 사용할 때의 장·단점에 대하여 논하시오.

(3) ASTM, ISO 및 KS 규격에서 권장하는 정현파 스위프진동시험과 랜덤진동시험방법에서의 시험조건(진동수 범위, 진동레벨, 스위프시간, 진동계속시간)을 서로 비교하여라.

(4) 포장 엔지니어에게 가장 관심 있는 진동수영역을 수송매체별로 조사하여라.

(5) 다음 PSD 커브의 평균제곱근(G_{rms})를 구하여라.

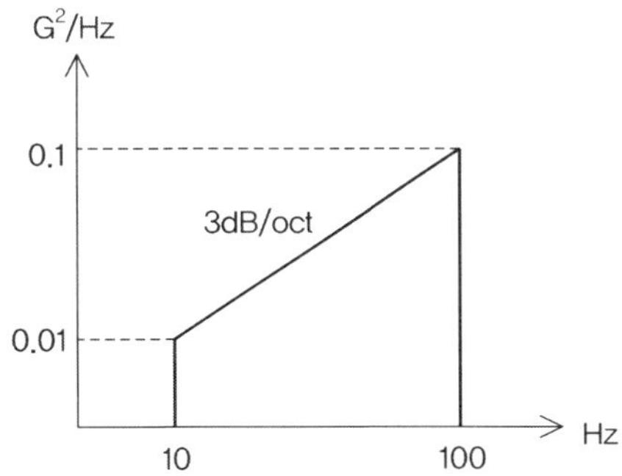

(6) 다음 랜덤진동 시험규격의 평균제곱근 가속도(G_{rms})를 구하여라?

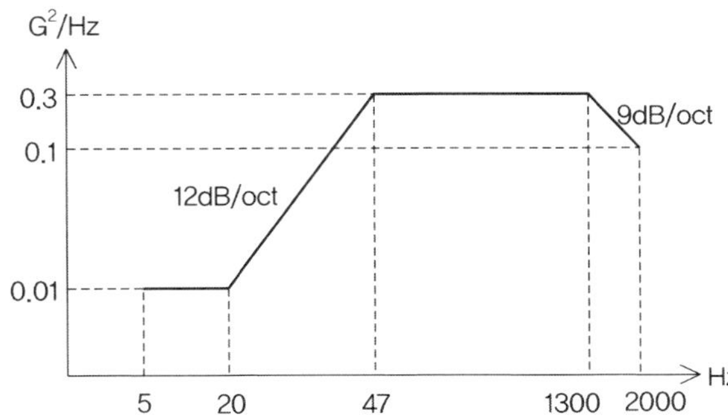

(7) 다음에 나타낸 것은 시험강도수준 II에 대한 여러 규격상의 PSD이다. 각각에 대한 전체 평균제곱근 가속도(overall G_{rms})를 구하여 서로 비교하여 보고, 그 의미하는 바가 무엇이겠는가?

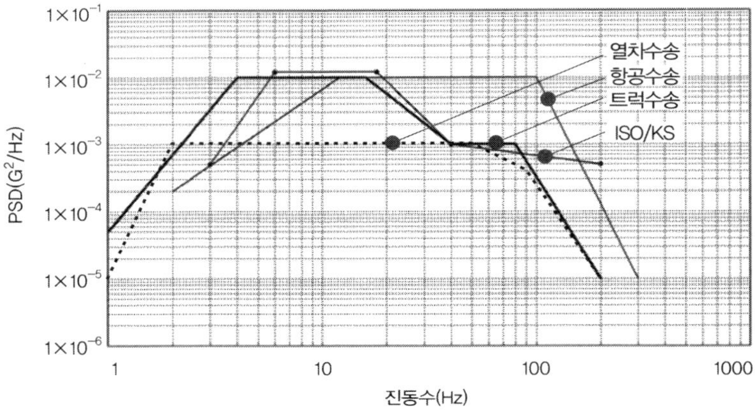

09 낙하표준실행 -완충설계 및 개선

Drops Standard Practice-Cushioning Design & Improvement

- 낙하표준실행과 적용의 한계성

- 낙하표준실행의 개선을 위한 이론전개

- 완충필요수준의 적정화와 재설계

낙하표준실행을 통한 DBC로부터 제품의 취약성(fragility) 평가 후, 이 자료에 의한 완충포장설계(cushioning packaging design)는 과대포장에 귀착될 위험성이 높다. 이는 DBC 측정시 가장 가혹한 충격조건인 실제 발생하기 어려운 완전평면낙하(perfect flat drop)와 사각파 충격펄스(suqare-wave shock pulse) 적용, 제품의 반복충격에 대한 피로특성을 고려하지 않은 것이 원인이다.

따라서 이번 장에서는 우선 적정포장을 위한 완충요구수준의 완화를 목적으로 낙하표준실행의 개선에 대해 기술하고자 한다. 이를 위해 제품에 대한 모형화를 통해 요소의 취약성을 나타내는 변수와 DBC의 매개변수(한계속도변화, 한계가속도)를 서로 관련시키고, 충격증폭팩터(shock amplification factor)의 적용을 통해 완충수준의 완화와 완충재설계 절차에 대해 다루기로 한다.

좀더 구체적으로 표현하면, 낙하표준실행의 DBC를 통한 적정완충설계에 영향을 주는 세 가지 인자 중, 우선 사각파충격을 보완하는 내용에 대해 이번 장에서 다루고, 나머지 피로누적손상(fatigue cumulative damage)과 비평면낙하(non-flat drop) 문제를 설계에 반영하는 문제에 대해서는 이어지는 제10장과 11장에서 각각 기술한다.

9.1 낙하표준실행과 적용의 한계성

【1】 낙하표준실행(Drop Standard Practice) 요약

낙하충격으로부터 제품보호를 위한 완충설계의 표준절차와 방법에 큰 변화없이 현재까지 이어지고 있으며, 이에 대해서는 제4장을 중심으로 상세히 기술되었다. 여기서는 우선 그것을 단계별로 다시 요약해 보고, 그 적용의 한계성에 대해 살펴 보기로 한다.

(1) 충격시험기를 활용하여 제품에 대한 충격취약성(shock fragility) 평가가 이루어지며, 이에 대한 절차와 방법은 ASTM D3332를 비롯해 여러 규격에서 규정하고 있다. 제품에 대한 한계가속도(critical acceleration) G_{cr}과 한계속도변화(critical velocity change) ΔV_{cr}을 평가하기 위해 요구되는 테스트 샘플수는 계단법(staircase method) 적용시 최소한 2개이다.

테스트 결과값을 활용해 그림 9.1의 손상경계곡선(DBC, damage boundary curve)의 경계를 한정짓고, 그 곡선상에서 G_{cr}과 ΔV_{cr} 수준을 모두 만족시키지 못하는 어떠한 충격도 제품을 손상시키지 못한다.

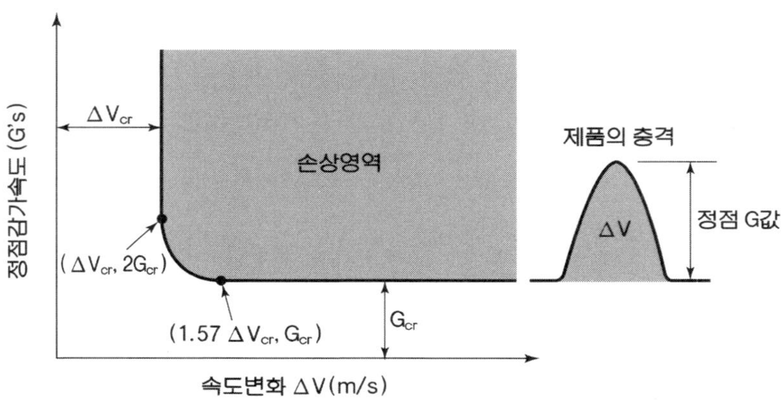

그림 9.1 손상경계곡선의 구성

(2) 제품이 완충을 필요로 하는지 여부를 결정한다. 설계낙하높이(design drop height)를 기초로 하는데, 이는 규정 ASTM D4169와 ISO 4180 등에서 발견할 수 있다. 이들 규정에서는 포장화물의 중량을 기초로 낙하높이를 규정하고 있다.

먼저, 설계낙하높이로부터 자유낙하에 의한 충돌속도(impact velocity)는 식(3.6), 리바운드 속도(rebound velocity)는 식(3.8)로부터 각각 계산할 수 있다.

$$V_i = \sqrt{2gh} \tag{3.6}$$

$$V_r = e\,V_i \tag{3.8}$$

여기서, V_i는 충돌속도 (m/s), V_r은 리바운드 속도 (m/s), h는 낙하높이 (m), e는 반발계수(coefficient of restitution)를 각각 나타낸다.

반발계수는 접촉하게되는 두 물체의 성질에 의존한다. 재료에 관계없이, 이 값은 항상 0~1 사이로 제한되나, 포장된 제품이 접촉하게 되는 재료가 대개 골판지와 콘크리트 또는 이와 동등한 단단한 표면이므로, 이 값의 범위는 0.3~0.5로 많이 축소된다.

제품의 충돌시 속도변화(velocity change)는 식(3.10)으로 계산한다.

$$\Delta V = V_i + V_r = (1+e)V_i = (1+e)\sqrt{2gh} \tag{3.10}$$

DBC에 따르면, 낙하시 실제속도변화가 제품에 대한 한계속도변화보다 작으면, 그때 낙하는 완충 유무에 관계없이 제품에 손상을 주지 못한다. 그러나 여기서도 높은 G값(G_{cr}보다 몇 배 더 큰)을 발생하는 완충재를 사용하지 않아야 하는 조건이 붙게 된다.

(3) 만약 실제속도변화가 한계속도변화보다 큰 것으로($\Delta V > \Delta V_{cr}$)로 판명되면, 발생되는 감가속도를 한계가속도 이하로 낮추기 ($G < G_{cr}$) 위한 완충이 필요하다. 충격수준을 G_{cr}로 한정하는 것은 대개 완충곡선(cushion curve)을 통해 수행된다. EPS, 우레탄 또는 폴리에틸렌과 같은 대중적인 완충재에 대해서는 낙하높이는 15 cm 단계, 두께는 약 2.5~12.5 cm 범위에서 여러 수준의 완충곡선들을 이들 완충재 제작회사로부터 입수가능하다.

완충곡선상에는 그 낙하높이에서 제품에 전달되는 정점 G값 (수직축), 완충두께 및 정적응력(static stress) (수평축) 등이 나타나 있다. 정적응력은 제품의 중량을 완충재의 하중 지지면적으로 나눈 값이다.

설계는 설계낙하높이(design drop height)로부터 낙하시 전달되는 G값을 G_{cr} 이하로 한정하도록 이루어지는데, 이것은 대개 완충재의 최소두께와 최대허용정적응력(largest allowable static stress)을 선택함으로써 달성된다.

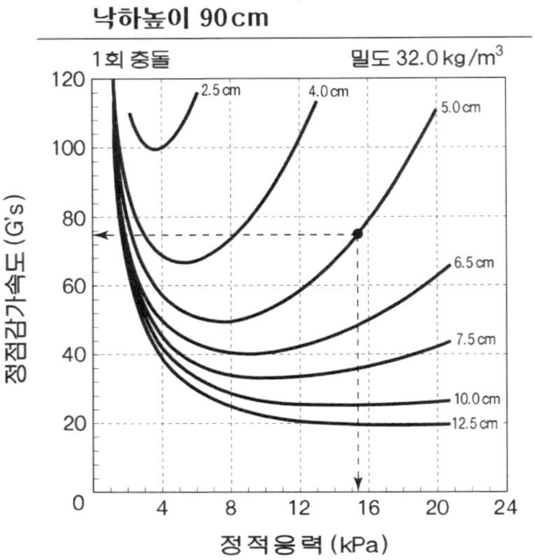

그림 9.2 폴리에틸렌폼의 완충곡선 (밀도 32 kg/m^3)

(4) 포장 시작기(prototype package)에 대한 성능시험(performance test)을 실시한다. 하역환경의 재연에 목적을 둔 규정에는 ASTM D4169, ISTA의 사전수송시험(pre-shipment test), ISO 4180 등이 있다. 완충은 특별한 성능규정에서 권장되는 낙하높이를 포함하도록 설계되어야 한다.

예제 9-1

중량 100 N의 취약성 있는 측정기 제품에 대한 충격시험 결과 ΔV_{cr} = 254 cm/s, G_{cr} = 80 G이었다. 이 제품에 대한 완충설계 과정을 정리해 보자.

[풀이] 낙하높이-포장화물 중량 관계에 대한 발표된 자료로부터 설계낙하높이는 90 cm이다(표 3.1). 그러므로 충돌속도는 $V_i = \sqrt{2gh} = \sqrt{2 \times 9.81 \times 0.9} = 4.2$ m/s로, 이것은 이미 반발속도를 고려하지 않더라도 ΔV_{cr}보다 더 큰 속도변화를 이루기 때문에 G값을 G_{cr}이하로 유지하기 위한 완충이 필요하다.

그림 9.2에서 5 cm 두께의 EPS 완충재 64 cm^2가 전체 중량을 지지하도록 완충설계되었다면, 완충곡선에서 정적응력은 $100/64 \times 10^{-4}) = 15{,}625$ Pa (15.6 kPa), 전달된 G값은 75 G이므로, 한계가속도 G_{cr}은 80 G보다 작기 때문에 설계는 바람직하다.

마지막단계는 실제 제품을 대상으로 포장시작기 제작 후 성능시험을 수행하는 것이다.

【2】 포장설계 적용의 한계성

위에서 기술한 각 단계는 여러 가정에 기초를 두고 있다. 예를 들면, 취약성 테스트로부터의 DBC는 제품이 상당히 제한적인 모형에 맞추어져 있으며, 대부분의 전자제품은 이러한 가정된 모형에 잘 맞는 반면, 그렇지 않은 소비자 제품들도 않다. 이 모형에 대해서는 뒤에서 상세히 기술된다.

DBC는 다른 충격펄스(shock pulse)에 비해 가혹한 사각파 충격펄스(square-wave shock pulse)와 완전평면낙하(perfect flat drop) 상황이 적용되고, 반복충돌로 인한 피로문제도 고려하지 않는다. 이러한 조건들은 실제 상황에서 발생하기 어렵다.

따라서 DBC를 기준으로 한 제품의 보호포장(protective packaging)은 일반적으로 과대포장(over-package)을 낳을 가능성이 높다. 이것은 우선적으로 DBC의 사각파 성질과 완전평면충돌로의 가정에 기인한다.

결과적으로 현재까지 많이 적용해오던 낙하표준실행은 개선의 여지가 상당히 있다. 따라서 다음 절부터는 설계과정의 모든 견지에서 제품의 취약성(fragility)을 더 잘 특징짓고, 가장 개연성 있는 낙하형태에 대한 설계, 신뢰성 있는 완충데이터의 획득 및 포장 성능시험(performance test)과 설계시 가능하면 적은 수의 테스트 샘플이 소요되도록, 이러한 목적을 가지고 고찰될 것이다.

9.2 낙하표준실행의 개선을 위한 이론전개

【1】 제품의 모형화와 DBC와의 관계

1) 손상에 대한 모형과 DBC

TV, VCR 또는 DVD 플레이어와 같은 복잡한 제품에 대한 손상경계곡선(damage boundary curve)을 산출하는 데 표준시험방법(ASTM D3332)을 따를 경우, 그 절차는 낙하시험 중 제품의 어느 부분이 파괴되고, 왜 그렇게 되는지에 대한 원인을 파악하지 않아도 된다. 시험은 제품을 하나의 전체로서 손상을 야기시키는 데 얼마나 큰 충격인 것인가에만(ΔV_{cr}과 G_{cr}) 관계된다.

손상은 크랙이 형성된 회로기판, 연결의 이완, 또는 프레임의 휨 등 다양할 수 있다. 하지만 이것은 문제가 되지 않고, 낙하 후 제품이 양호한 형상을 하고 있고, 기능상 문제가 없으면 그때는 손상을 입지 않았다고 판단한다. 이것은 손상의 정확한 원인에 대해 찾을 필요가 없기 때문에 시험을 수월하게 한다.

손상된 부분이 어디인지를 확인하는 것은 매우 힘든 일이지만, 대부분 전자 하드웨어를 갖고 있으므로, 이를 통해 어느 정도 파악할 수 있는 것은 다행이다. DBC가 실제 제품의 상당히 제한적인 모형의 이론적 결과이므로, 만일 제품이 그 모형에 맞지 않다면, 그때 DBC는 올바르지 못한 것이되므로, 손상경계곡선의 정당성을 인정하기 위해서도 손상부위와 원인구명을 정확히 하는 것이 필요하다.

2) 제품의 모형화와 고유진동수 및 여러 충격에 대한 반응

DBC에 기초로된 모형은 그림 9.3에서 보는 바와 같이 스프링/질량 모형(spring/mass model)이다. 즉, 제품은 이상적 스프링/질량시스템같이 거동하는 1개 또는 그 이상의 취약요소를 수용하는 강체 프레임(rigid frame)으로 간주된다.

질량과 유연성(flexibility)을 가지는 어떠한 물체도 스프링/질량시스템으로 고려되며, 그 모형에서 질량과 스프링은 분리된 존재, 즉 질량은 요소의 중량을, 스프링은 그 요소에 힘의 작용시 변형 또는 휨, 그리고 힘 제거시 반동하는 요소의 특성을 나타낸다.

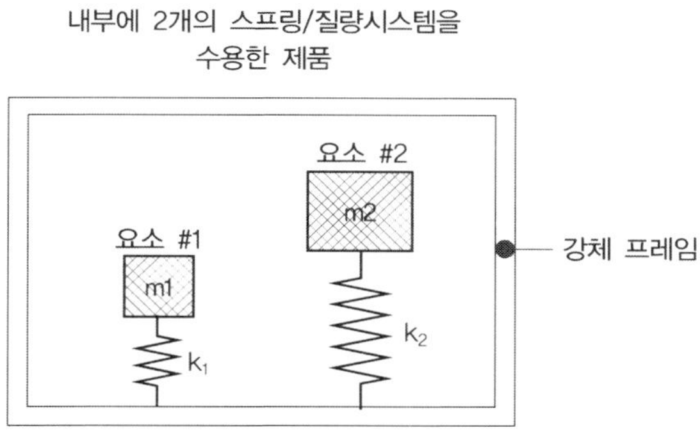

그림 9.3 제품에 대한 이상적 모형화

실제의 요소들은 고립된 스프링과 질량보다 오히려 분포된 스프링/질량시스템들이다. 예를 들면, 금속박판패널은 한 그물조직 안에 얽혀 있는 지극히 작은 스프링/질량시스템의 무한집합이다. 질량은 분자이고, 스프링은 원자간의 힘이다. 분포된 스프링/질량시스템들은 대부분의 충격과 진동상황에서 고립된 스프링/질량시스템 처럼 거동하므로, 한층 단순화된 모형으로 충분히 정당화된다.

분리된 스프링과 질량은 변형과 가속도 같은 측정 가능한 물리량을 통해 명백한 의미로 이끌기 때문에 분석하기가 한층 더 단순하다. 변형은 명백하게 스프링의 압축 또는 신장량이고, 가속도는 질량의 운동에 관계된다. 금속박판패널같이 분포된 스프링/질량시스템에 대해서는, 물체상에 이러한 물리량들이 측정될 필요가 있는 곳이 어디인지 명백하지 않다.

충격시험기상의 낙하시, 모형의 거동을 생각해 보자. 그림 9.4의 모형은 하나의 취약요소를 갖는 한 제품을 표현한다.

테이블이 가스 또는 플라스틱 프로그래머(gas or plastic programmer)상에 일정 높이에서 정지상태로부터 놓아질 때, 테이블, 프레임 및 요소(스프링/질량시스템으로 표현) 모두 일정한 중력가속도하에서 자유낙하한다. 자유낙하하는 동안 스프링의 변형은 없다. 프로그래머와 충돌시, 테이블은 곧 정지상태로 감속되고, 방향이 바뀌어 위로 리바운드한다. 이때 제품의 프레임은 테이블에 견고하게 부착되어 일체가 되어 있으므로 테이블과 함께 보조를 맞추어 운동한다.

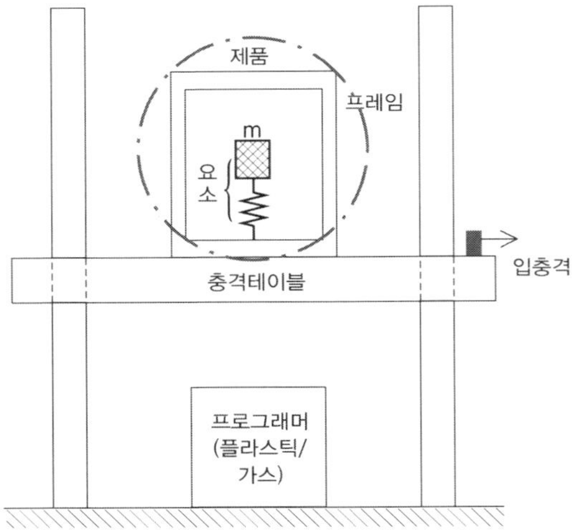

그림 9.4 충격시험기(shock machine)의 제품 낙하에 대한 단순 모형화

그렇지만 스프링/질량시스템의 질량은 프레임에 견고하게 연결되어 있지 않으므로 프레임과는 다르게 움직인다. 그것의 운동은 스프링에 의해 컨트롤되며, 스프링이 질량에 감가속력을 발휘하기 위해서는 스프링이 압축될 필요가 있다. 그렇지만 중대한 압축은 프레임이 감속하는 시간을 가진 후에나 발생한다. 따라서 질량의 운동은 프레임 충격에 지연된 반응으로 나타나므로 이것이 분석을 어렵게 만든다.

질량이 반응을 보이는 동안에 스프링의 최대변위(압축 또는 신장)는 요소의 내부 변형률 정도이므로 관심이 모아진다. 만일 변형률이 너무 크다면, 요소는 파괴에 이를 것이다. 그러므로 최대변형은 또한 프레임에 대한 입충격(input shock)의 유해 잠재성의 정도이다. 입충격에 의해 야기되는 변형이 클수록 그 입충격에 대한 손상 잠재성은 더 커진다. 큰 입충격이 스프링 변위를 크게 야기시키는 데 반드시 필요하지는 않다.

예를 들면, 플라스틱 프로그래머상에 500 G 타격은 작은 변위를 야기시키는 반면, 가스 프로그래머상의 60 G 타격은 요소를 파괴시키기에 충분한 변위를 발생시킨다. 이와 같은 차이는 충격지속시간(shock duration)에 기인한다. 그것의 반응을 결정하는 요소의 유일한 특성이 고유진동수(natural frequency)이다(Newton's 법칙). 그것의 치수, 중량 및 형상 등은 고유진동수를 결정하는 팩터가 되며, 요소가 제품의 받침대에 부착되는 방법도 고유진동수에 영향을 준다. 이러한 팩터들에 대한 정보는 비파괴테스트를 통해 쉽게 얻을 수 있으므로, 문제는 상당히 단순화된다.

한 요소에 대한 고유진동수를 측정하는 방법은 제5장 2절에서 상세히 기술한 바와 같이, 요소에 가속도센서를 직접부착 후 공진탐색시험을 하거나 또는 요소 타격 후 진동수를 카운트하는 방법이 있고, 가속도센서를 요소에 직접 부착이 어려운 경우는 요소 가까운 프레임에 부착하여 진동수를 카운트하는 방법이 있다.

(1) 플라스틱 프로그래머 낙하에 대한 모형반응

충격시험기의 플라스틱 프로그래머(plastic programmer)는 매우 짧은 충격지속시간(대부분의 시험기 약 2 ms)의 입충격(input shock)을 발생하는 매우 경질의 충돌표면이다. 만일 입충격지속시간(input shock duration)이 요소반응시간에 비교해 짧다면, 그때는 요소가 입충격을 스파이크(spike)로 인정한다.

요소반응시간은 고유진동수로 진동할 때 1 사이클의 운동을 이루는 데 소요되는 시간(주기)에 한정하며, 스파이크는 충격이 너무 빠르게 발생하여, 그 충격시간 동안에 요소가 반응할 시간적 여유를 가지지 못할 때 발생하는 충격의 한 형태이다.

실제적으로 요소반응시간의 25 % 이하로 지속하는 입충격은 그 요소에 대한 스파이크 입력으로 고려된다. 따라서 고유진동수의 역수가 요소반응시간이므로, 요소에 의해 스파이크 발생으로 고려되는 입충격의 필요조건은 다음과 같다.

$$\text{입충격지속시간} < \frac{1}{4f_n} \tag{9.1}$$

모형의 프레임에 한 스파이크 입충격이 가해질 때, 스프링은 프레임이 스파이크가 종료된 후 최대압축에 도달하는 것으로 나타낼 수 있고(Newton's 법칙), 그 최대압축량은 다음과 같이 표현된다.

$$D = \frac{\Delta V}{2\pi f_n} \tag{9.2}$$

여기서, D는 스파이크 입충격에 반응하는 스프링의 최대변위(m), ΔV는 프레임의 속도변화 (m/s), f_n은 요소를 표현하는 스프링/질량시스템의 고유진동수 (Hz)를 각각 나타낸다.

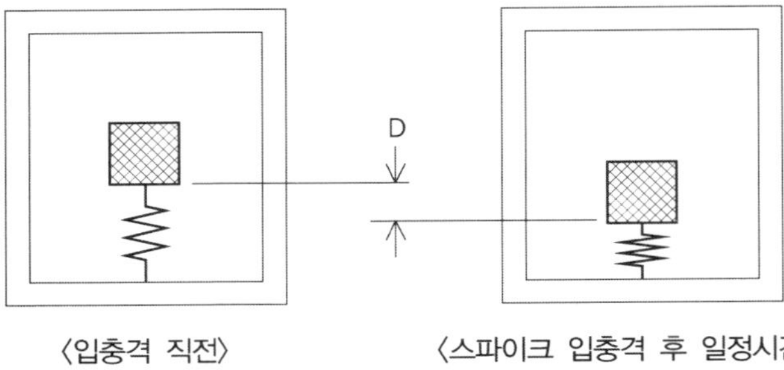

그림 9.5 스파이크 입충격에 대한 요소(스프링/질량시스템)의 변위

예제 9-2

스프링/질량시스템과 같이 거동하는 한 요소를 수용한 제품을 생각하자. 진동테이블(vibration table)상에서 제품에 대한 스위프(sweep)진동시험을 통해 테이블이 20 Hz에 도달하였을 때 요소가 공진(resonance)을 보여, 요소의 고유진동수가 20 Hz임을 알았다. 이 제품을 고유진동수 20 Hz의 스프링/질량시스템(요소)을 수용하는 강체프레임으로서 모형화한다. 그 다음 이 제품을 충격시험기의 테이블 위에 단단히 고정한 채, 높이 15 cm로부터 플라스틱 프로그래머상에 낙하시킬 경우, 요소의 최대변위는 어떻게 되겠는지 판단해 보자.

[풀이] 입충격 지속시간을 2 ms로 이 시간은 요소가 스파이크를 나타내기에 충분히 짧다. 즉, 식(9.1)로부터 $0.002 < 1/(4 \times 20)$이 된다.

표 4.1의 충격시험기에 대한 성능차트로부터 낙하높이 15 cm에 대한 테이블의 속도변화는 251 cm/s이다. 이것은 또한 제품의 프레임이 테이블에 단단히 고정되어 일체가 되어 있으므로, 프레임의 속도변화와도 같다. 식(9.2)에 따라 요소를 표현하는 스프링/질량시스템에서 스프링의 최대변위는 다음과 같이 계산된다.

$$D = \frac{\Delta V}{2\pi f_n} = \frac{251}{2\pi(20)} = 2\ \text{cm}$$

예제 9.2를 통해 살펴본 바와 같이, 입충격에 관한 유일한 변수는 속도변화(velocity change)이며, 정점 G값(표 4.1로부터 332 G), 충격지속시간 및 입충격 펄스의 형태는 단지 속도변화를 결정하는 데만 관여한다. 그렇지만 이것은 스파이크 충격에 대해서만 사실이고, 입충격지속시간이 스파이크로 고려되기에 충분히 짧지 않을 때의 스프링변위는 입충격의 모든 양상, 즉 정점 G값, 충격지속시간 및 형태에 민감하다. 이 예제에서 1/(4 × 20) = 0.0125 s (12.5 ms) 이상의 충격지속시간을 갖는 충격은 스파이크로 고려되지 못한다.

다음의 3개의 입충격은 모두 충격지속시간이 12.5 s보다 작으므로 스파이크이며, 플라스틱 프로그래머 낙하로 251 cm/s의 동일한 속도변화를 가지고 있다. 그러므로 3개 모두는 위의 경우와 동일한 스프링 변위 2 cm를 발생할 것이다.

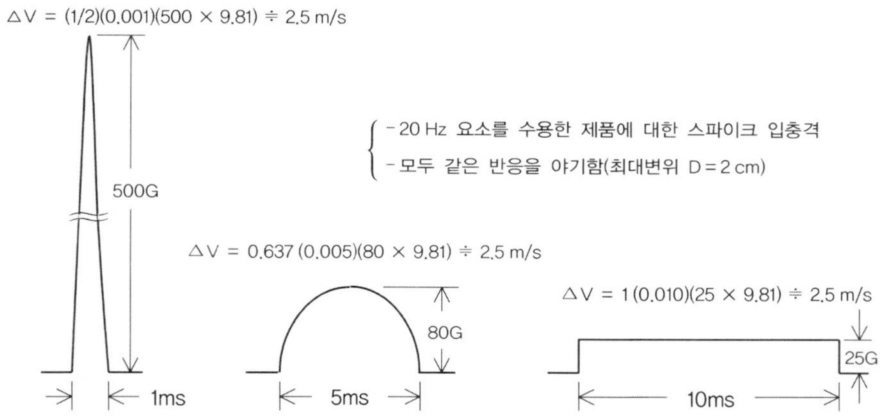

〈삼각파〉 〈반정현파〉 〈사각파〉

(2) 가스 프로그래머 낙하에 대한 모형반응

충격시험기의 가스 프로그래머는 긴 충격시간의 사각파충격(square-wave shock)을 발생하며, 이 사각파충격은 테이블의 감가속도가 전체 충격지속시간 동안 일정하게 유지됨을 의미한다. 만일 입충격지속시간이 요소반응시간(고유진동수의 역수)에 비교해 길다면, 그 때는 그 요소가 입충격이 발생하는 동안 정점반응에 도달할 시간적 여유를 갖게 된다.

실제에 있어, 요소반응시간의 50 % 이상되는 어떠한 입충격도 이것을 발생시키기에 충분하다. 따라서 이를 요소의 고유진동수로 표현하면, 충격이 작용되는 동안 요소가 정점반응에 도달을 허용하기 위한 사각파 입충격의 조건은 다음과 같다.

$$\text{입충격지속시간} > \frac{1}{2f_n} \tag{9.3}$$

모형의 프레임이 충분히 긴 충격지속시간을 갖는 사각파 충격으로 타격될 때, 요소의 변위를 나타내는 스프링의 최대변위는 다음과 같이 표현된다.

$$D = \frac{2gG_i}{(2\pi f_n)^2} \tag{9.4}$$

여기서, D는 사각파 입충격에 반응하는 스프링의 최대변위 (m), G_i는 프레임의 일정 감가속도 (G's), f_n은 요소의 고유진동수 (Hz)를 각각 나타낸다.

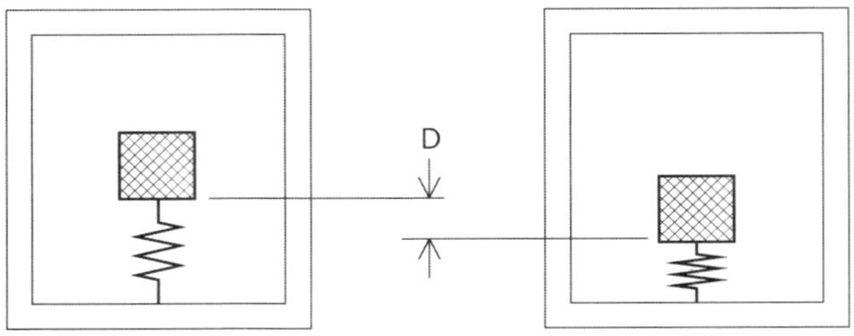

그림 9.6 사각파 입충격에 대한 요소 (스프링/질량시스템)의 변위

예제 9-3

예제 9.2에서 요소가 고유진동수로 20 Hz를 갖는 제품을 충격시험기의 테이블 위에 고정한 체, 높이 70 cm로부터 가스압력 700 kPa로 설정된 가스 프로그래머상에 낙하한다고 하자. 이 경우 요소의 최대변위는 얼마가 되겠는지 계산하여 보자.

[풀이] 표 4.1의 충격시험기 성능차트로부터 테이블(프레임)의 감가속도는 충격지속시간 31 ms 동안 18 G로 일정하다. 충격지속시간 31 ms는 다음과 같이 계산된 값이다.

속도변화 = (형상계수) × (감가속도) × (충격지속시간)

→ 충격지속시간 = 5.55/(1 × 18 × 9.81) = 0.031 s (31 ms)

이 충격지속시간은 식(9.3)으로부터 0.031 > 1/(2 × 20)이므로, 입충격시간 동안 요소가 정점반응에 도달을 허용하는 데 충분히 긴 시간이다.

따라서 위의 식(9.4)로부터 스프링/질량시스템에서 스프링의 최대변위를 계산하면 다음과 같다.

$$D = \frac{2gG_i}{(2\pi f_n)^2} = \frac{2(9.81)(18)}{(2\pi \times 20)^2} = 0.0224\ \text{m}\ (2.24\ \text{cm})$$

여기서, 플라스틱 프로그래머에서는 332 G로 가스 프로그래머의 18 G에 비하여 한층 더 큰 사실임에도 불구하고, 플라스틱 프로그래머상에 제품 낙하시의 변위보다 이 문제에서의 변위가 더 크다는 사실을 주목해야 하는데, 이는 충격지속시간이 원인이 된다. 즉, 플라스틱 프로그래머는 2 ms이고, 가스 프로그래머는 31 ms 동안 충격이 지속되었다. 플라스틱 프로그래머의 타격은 단순하지만, 요소가 실질적인 반응을 나타내기에 충분한 충격지속시간은 아니다. 그렇지만, 이 경우가 항상 존재하는 것은 아니며, 다른 문제에서는 상황이 반전될 수도 있다.

(3) 임의의 입충격에 대한 모형반응

임의의 입충격에 반응하는 스프링의 변위를 계산하는 데는 수치적분과 같은 상당한 고등수학이 요구되므로, 여기에서는 깊게 기술하지 않고, 그 결과만 가지고 설명하기로 한다.

임의 충격에 대한 스프링/질량시스템의 스프링변위는 식(9.5)로 표현된다.

$$D = \frac{g}{2\pi f_n} \int_o^t G_i(s) \sin[2\pi f_n (t-s)]\, ds \tag{9.5}$$

여기서, D는 입충격에 반응하는 스프링의 변위 (m), G_i (s)는 시간의 함수로서의 입충격 (G's), s는 적분의 더미변수(dummy variable) (s), f_n은 요소의 고유진동수 (Hz)를 각각 나타낸다.

입충격 G_i – 시간 t 관계를 이 식에 대치하면, 임의의 시간 t에서 스프링의 변위 D를 알 수 있고, 그 다음 전체 시간에 대한 D의 최대값을 구할 수 있다. 식(9.2)와 (9.4)는 각각 플라스틱과 가스 프로그래머 낙하의 스파이크와 사각파 충격에 대해 이 방정식을 푼 결과이다.

시간에 대한 수학적 함수로써 나타낼 수 있는 입충격에 대해서는 해석적으로 적분이 가능하지만, 복잡한 입충격에 대해서는 수치해법을 통한 적분방식을 적용하여야 한다. 스프링의 최대변위를 결정하는 데 요구되는 두 가지 정보는 완전한 입충격과 요소의 고유진동수이다.

3) 손상경계곡선과의 관계

제품의 모형과 DBC 매개변수 사이의 연계가 파괴한계(failure criterion)를 통해 이제 확립될 수 있다. 모형에서는 스프링의 변위가 어느 한계량 D_{cr}을 초과했을 때 요소가 파괴되는 것으로 고려할 수 있으며, 실제 제품의 경우도 이와 같은 경향을 나타낸다.

예를 들면, 회로기판을 너무 휘게 하면 크랙이 발생한다. 이러한 한계변위는 앞에서 취급하였듯이 플라스틱 프로그래머와 가스 프로그래머상에서 테이블의 속도변화가 각각 어느 한계량 이상이 될 때, 한계변위에 도달하는 것으로 다음의 식(9.6)과 (9.7)로 각각 나타낼 수 있다.

$$D = \frac{\Delta V}{2\pi f_n} \rightarrow \Delta V_{cr} = (2\pi f_n) D_{cr} \tag{9.6}$$

$$D = \frac{2gG_i}{(2\pi f_n)^2} \rightarrow G_{cr} = \frac{(2\pi f_n)^2 D_{cr}}{2g} \tag{9.7}$$

여기서, ΔV_{cr}과 G_{cr}은 각각 제품의 한계속도변화 (m/s)와 한계가속도 (G's), D_{cr}은 요소의 한계변위 (m)를 각각 나타낸다.

이러한 두 관계식은 요소 특성 f_n과 D_{cr} 그리고 전체 제품의 DBC 매개변수인 ΔV_{cr}과 G_{cr} 사이의 관계를 상호 관련시켜 준다. 만일 실제의 제품이 모형에 합리적으로 잘 맞고, 더 나아가 요소의 특성을 알면, DBC 변수는 이러한 식들로부터 직접 계산되므로, DBC를 얻기 위해 충격시험기(shock machine)상에서 제품을 낙하하는 등 낙하시험(drop test)의 필요성이 없어진다.

예제 9-4

다음에 나타낸 가상의 제품이 이상적인 스프링/질량시스템으로 모델링되는 단일 요소를 수용하고 있다. 진동테이블을 이용하여 이 제품에 대한 스위프 진동시험(sweep vibration test)을 수행하여, 고유진동수가 25 Hz임을 알았다. 또한, 만일 요소가 1.2 cm 이상 변위가 발생하면, 요소가 제품의 프레임을 타격하여 손상을 입게 된다고 하자. 이 제품의 DBC를 얻기 위해 충격시험기상에서 제품에 대한 낙하시험을 수행할 때, 한계속도변화와 한계가속도는 얼마가 되겠는지를 판단해 보자.

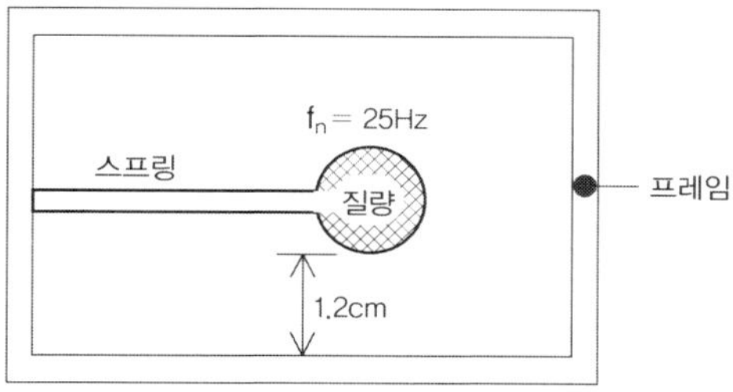

[풀이] 앞에서의 식(9.6)과 (9.7)로부터 한계속도변화와 한계가속도를 각각 계산하면 다음과 같다.

$$\begin{cases} \Delta V_{cr} = (2\pi f_n) D_{cr} = (2\pi \times 25)(0.012) = 1.88\ \text{m/s} \\ G_{cr} = \dfrac{(2\pi f_n)^2 D_{cr}}{2g} = \dfrac{(2\pi \times 25)^2 (0.012)}{2(9.81)} = 15\ \text{G} \end{cases}$$

만일 ASTM D3332에 따라 이 제품에 대한 DBC 테스트를 실제 수행한다면, 이러한 값이 테스트 결과로부터 얻어질 것이다. 요소 특성인 f_n과 D_{cr}을 모두 사전에 알고 있다면, 유리한 점이 있다.

즉, ASTM 테스트, 충격시험기 또는 어떤 종류의 시험실 장비도 필요가 없다. 그렇지만 이것은 비현실적이다. 단지 하나의 특성인 요소의 고유진동수는 어떤 신뢰성을 가지고 얻어질 수 있으나, 그렇지만 한계변위 D_{cr}의 측정은 그리 쉬운 일이 아니다.

한 예로, VCR 내부의 트랜스를 어떤 방법이든 손상을 입을 때까지 밀고, 그때 변위량을 측정한다고 할 때, 바로 D_{cr}의 정의에 대한 문제에 봉착하게 된다. 즉, 그것을 미는 방법, 방향, 변위량 측정방법 등이 문제시된다. 이러한 문제들로부터 한정된 수의 실제 낙하 테스트의 필요성을 인식하게 된다. 그렇지만 반드시 전체 시험을 실시하는 것을 요구하지는 않는다.

많은 경우에 있어, ASTM D3332에서 요구하는 많은 수의 제품(만일 계단법을 선택할 경우, 최소한 2개 또는 그 이상)에 대한 낙하시험 없이도 한정된 시험을 통한 결과와 모형에 기초를 둔 이론적 예측값을 서로 결합함으로써 바람직한 정보를 얻을 수 있다.

예제 9-5

스프링/질량시스템의 정의에 잘 부합하는 취약요소를 수용한 한 제품을 생각하자. 가속도센서를 요소 또는 요소 가까이에 부착하고, 그것을 타격한 후, 오실로스코프를 이용하여 가속도센서의 출력을 관찰한 결과 고유진동수가 30 Hz로 판명되었다. 이 방법은 비파괴 테스트(nondestructive test)이므로, 낙하시험의 샘플로 사용할 수 있다. 한계속도변화를 ASTM D3332의 플라스틱 프로그래머 시험을 적용해 $\Delta V_{cr} = 250$ cm/s을 얻었다고 가정하자. 한계가속도를 구하기 위해 가스 프로그래머 시험을 계속할 필요성이 있는지의 여부를 판단하여 보자.

[풀이] 식(9.6)으로부터 한계변위를 계산하고, 한계가속도를 식(9.7)에 의해 계산할 수 있으므로 시험을 종료할 수 있다.

$$\begin{cases} \Delta V_{cr} = (2\pi f_n) D_{cr} \rightarrow D_{cr} = \dfrac{250}{2\pi(30)} = 1.33 \text{ cm} \\ \\ G_{cr} = \dfrac{(2\pi f_n)^2 D_{cr}}{2g} = \dfrac{(2\pi \times 30)^2 (0.0133)}{2 \times 9.81} = 24 \text{ G} \end{cases}$$

역으로 같은 방법에 의해 먼저 f_n을 구하고, 그 다음 G_{cr}을 얻기 위해 ASTM D3332의 가스 프로그래머 부분에 대해서만 테스트한다. 위의 식을 활용해, 시험 결과를 바탕으로 ΔV_{cr}을 계산할 수 있으므로, 아마 이것은 최선의 방법이 될 것이다. 왜냐하면, 이 방법을 통해 G_{cr}에 대한 실제(실험적)의 값을 알 수 있는데, 이 값은 완충설계에 기본이 되는 2개의 DBC 매개변수 중 더 중요하기 때문이다.

낙하시험을 줄이는 것을 목적에 둔 모든 변화는 미지의 변수 4개를 연결하는 위의 2개의 식에 기초를 두고 있다. 미지의 변수 4개 중 2개는 DBC 매개변수이고, 2개는 요소의 특성이다. 이러한 미지의 변수 가운데 2개를 알면 자동적으로 다른 2개도 알 수 있다. 그렇지만 이러한 방법을 통해 믿을 수 있는 결과를 산출하기 위해서는 요소가 스프링/질량시스템처럼 거동해야 한다.

4) ASTM D3332의 손상경계곡선의 확인

ASTM D3332에 기술된 각 단계는 시험실 내에서 모든 것이 이루어지며, 플라스틱과 가스 프로그래머 부분 모두에서 제품은 손상을 입는다. 그렇지만, 만일 테스트되는 제품이 모형에 잘 맞지 않다면, 시험결과인 ΔV_{cr}와 G_{cr}이 의미하는 바는 무엇이겠는가? 그리고 그것이 모형에 맞은지의 여부를 어떻게 판단할 수 있겠는가?

DBC 테스트 결과를 사용해 제품이 모형에 적합한지의 여부를 확인할 수 있는 방법은 이 방법의 전제조건이 동일한 한 요소가 플라스틱과 가스 프로그래머 부분 모두에서 손상을 입어야 한다는 것이다.

만일 플라스틱과 가스 프로그래머 부분에서 파괴된 요소가 서로 다르다면, 그때 모형에 대한 체크가 이루어지지 못한다. 이러한 체크는 반드시 동일한 요소가 두 부분 모두에서 파괴되었다는 사실, 즉 그 모형에 따라 동일한 한계변위에 도달하였으므로 파괴되었다는 사실에 기초를 두고 있다. 그러므로 이 경우는 식(9.6)과 (9.7)로부터 유도된 다음의 식(9.8)을 만족시켜야 한다.

$$D_{cr} = \frac{\Delta V_{cr}}{2\pi f_n} = \frac{2gG_{cr}}{(2\pi f_n)^2} \rightarrow f_n = \frac{gG_{cr}}{\pi \Delta V_{cr}} \tag{9.8}$$

이 식은 만일 제품이 모형에 적합하다면, 가스와 플라스틱 프로그래머 두 부분 모두에서 파괴될 것으로 추측되는 요소가 DBC 매개변수에 관련된 고유진동수(natural frequency)를 가져야 한다는 것을 말해주고 있다.

예제 9-6

한 제품에 대한 ASTM의 DBC 테스트를 통해 ΔV_{cr} = 250 cm/s, G_{cr} = 25를 얻었다. 테스트 후 제품을 개봉해 보니, 작은 트랜스가 두 테스트 부분 모두에서 이완되어 불안정하다는 것을 발견하였다. 이 경우의 제품에 대한 DBC의 정확성을 판단하여 보자.

[풀이] 예측에 따라 그것의 고유진동수는 식(9.8)로부터 다음과 같다.

$$f_n = \frac{gG_{cr}}{\pi \Delta V_{cr}} = \frac{(9.81)(25)}{\pi(2.5)} = 31 \text{ Hz}$$

그 다음에 우리는 새로운 제품을 택하여, 경량의 가속도센서를 트랜스(또는 트랜스에 가까운 프레임상에)에 부착하고, 그것을 타격한 후, 출력신호 속에서 1초당 사이클수를 확인하여 30 Hz가 되는지 확인한다. 예측값과 실측값이 일치하면, 시계는 분명하게 그 모형에 맞고, DBC는 정확하다고 판단한다.

실측과 예측한 고유진동수 사이에는 비록 제품이 그 모형에 완전히 맞는다 하더라도 ΔV_{cr}와 G_{cr} 측정시 실험오차 때문에 완전한 일치는 결코 얻을 수 없다.

DBC 테스트를 실시할 때, 이러한 값들 사이에 항상 불확실성이 존재한다는 것을 기억해야 한다. 즉, 제품에 실제 손상을 주는 마지막 낙하는 너무 가혹하고, 바로 직전의 낙하는 관대한 편이므로, 그 한계값은 이 두 값 사이에 어디엔가 존재한다.
대부분의 DBC 테스트에서 이들 매개변수 사이의 불확실성은 약 ±10 %이며, 이것들로부터 예측되는 고유진동수의 불확실성은 약 ±20 %가 된다. 따라서 경험적으로 예측과 실측한 고유진동수의 값이 ±20 % 이내에서 일치하면, 그때 제품은 모형에 맞다라고 판단하며, 그것은 DBC에서 제공된 정보가 맞다는 의미이다.
만일 2개가 불일치하다면, 그 때는 거기에는 두 가지의 가능성이 있다. 즉, 모형에 전혀 맞지 않았거나, 또는 제품은 모형에 맞지만, 서로 다른 요소들이 가스와 플라스틱 프로그래머(gas & plastic programmer) 부분에서 파괴된 경우이다.

예제 9-7

모형에 잘 부합하는 한 제품을 생각하자. 그 제품은 2개의 취약요소를 수용하고 있으며, 각 요소에 대한 f_n과 D_{cr}은 요소 #1은 $f_1 = 30$ Hz와 $D_1 = 1.2$ cm, 요소 #2는 $f_2 = 50$ Hz와 $D_2 = 0.6$ cm이다. 고유진동수의 체크를 통해 모형의 적합성을 판단하여 보자.

[풀이] 이론상으로 각 요소에 대한 한계속도변화와 한계가속도는 식(9.6)과 (9.7)로부터 다음과 같아야 한다.

요소 #1에 대하여, $\Delta V_1 = 2.26$ m/s, $G_1 = 22$ G

요소 #2에 대하여, $\Delta V_2 = 1.88$ m/s, $G_2 = 30$ G

만일, 충격시험기상에서 이 제품에 대한 낙하 테스트를 실시한다면, 테스트의 플라스틱 프로그래머 부분에서는 요소 #2, 가스 프로그래머 부분에서는 요소 #1이 각각 먼저 파괴되는 것을 확인할 것이다. 그러므로 제품의 한계속도변화는 1.88 m/s, 한계가속도는 22 G라고 판단한다. 그렇지만 다음과 같이 식(9.8)을 이용하여 체크해보면, 그 결과는 오해하기 쉽다.

$$f_n = \frac{gG_{cr}}{\pi \Delta V_{cr}} = \frac{(9.81)(22)}{\pi(1.88)} = 36 \text{ Hz}$$

즉, 식(9.8)에서 ΔV_{cr}과 G_{cr}은 같은 요소에 대한 값이어야 하므로, 위에서 계산한 고유진동수는 두 요소 중 어느 하나의 요소에도 해당되지 않는다. 이 예제는 제품이 모형에 정확히 일치할 때 조차도 고유진동수의 계산에 의해 모형 체크를 수행할 수 없다는 것을 설명해 주고 있다.

5) 손상경계곡선의 한계와 특징

제4장 1절에서 손상경계곡선의 한계점으로 충돌시 제품방향, 손상의 증명, 다중낙하에 대한 효과 측면에서 기술하였다. 여기서는 DBC의 매개변수와 요소의 고유진동수 관계를 중심으로 다시 살펴보기로 한다.

충격시험기상에 1개의 사과에 대해 낙하시험하는 경우를 생각해 보자. 여기서 손상은 일정한 크기의 멍(bruise)으로 정의된다. 플라스틱 프로그래머 부분에서 시험할 때, 물론 최후로 테이블 낙하높이와 이 치수의 멍 발생에 상응하는 속도변화를 확인할 수 있고, 그리고 가스 프로그래머 부분에서는 가스압력에 상응하는 정점 G값을 최후로 확인할 수 있다. ASTM D3332에 따라 이것을 각각 사과의 한계속도변화(critical velocity change)와 한계가속도(critical acceleration)라 부르며, 이로부터 손상경계곡선이 작성된다.

모든 것이 문제점이 없는 것처럼 보인다. 그렇지만 식(9.8)의 고유진동수 예측, 즉 $f_n = gG_{cr}/\pi\Delta V_{cr}$의 체크를 시도할 때, 즉시 개념상의 문제가 대두된다. 분명히 f_n에 대해 수치를 얻을 것이며, 그렇지만 이 수치가 의미하는 바는 무엇이겠는가? 사과에는 스프링/질량시스템으로 표현할 요소가 없다. 결과는 f_n은 아무 것도 의미하지 않지만, ΔV_{cr}와 G_{cr}도 또한 아무 것도 의미하지 않겠는가? 만일 이것이 모형에 적합성 부족을 갖는 값비싼 제품이라면, 그럼에도 불구하고, 아무 것도 아닌 것을 위해 많은 제품을 파괴하고, 시간을 소비하게 된다. 그리고 의미없는 DBC를 찾기 위해 장비와 시간을 소비하겠는가?

이것은 ASTM D3332의 남용에 대한 좋은 예이다. 사과에 이 시험법을 적용하여 의미있는 결과를 낳기 위해서는, 제품이 모형처럼 거동해야 한다. 구체적으로 스프링/질량시스템처럼 거동하는(그들은 최소한 하나의 완전한 사이클 동안의 진동) 1개 또는 그 이상의 요소를 수용하고 있어야 하며, 이러한 요소들은 플라스틱과 가스 프로그래머 부분의 테스트에서 모두 파괴되는 것이어야 한다. 게다가 이들 요소들은 어느 한계량을 초과하는 변위를 겪기 때문에 파괴되어야 하며, 그밖의 다른 것 때문에 파괴되어서는 안된다.

대부분의 많은 소비자 제품들은 이와 같은 모형에 합리적으로 잘 맞기 때문에 이 모형이 보이는 것처럼 그렇게 제한적이지 않다. 이 예에는 대부분의 전자 하드웨어와 기구가 포함되지만, 그렇지 않은 제품들도 많이 있다.

앞에서의 한 사과에 대한 문제가 그 좋은 예이며, 수프 한 캔, 밀가루 한 자루, 유리 한 장, 그리고 명확하게 동일함을 입증할 수 있는 스프링/질량시스템을 가지고 있지 않은 대부분의 제품들이 여기에 속한다. 이들 제품들에 대해서는, 그들의 취약성 상황이 무엇인지를 알지 못한다.

ASTM 테스트로부터 얻어진 DBC는 정확할 수 있으나 그렇지 못한 경우도 있다. 위의 예에서 처럼, 사과는 DBC를 가질 수 있으나, 그러나 이것은 모형에 적합하지 않는 전형적인 제품이다.

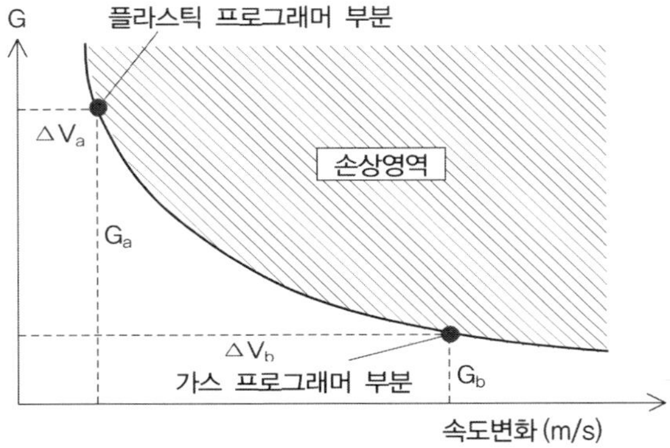

그림 9.7 손상영역의 경계설명

모형에 맞지 않는 제품의 경우는 그림 9.7에 나타낸 것처럼, 손상영역의 경계가 사각형(모형에 맞는 제품이 가지는 형태)이 아닐 수 있다. 이 경우에는 많은 점들에 의해 묘사될 필요성이 있는 데, ASTM 테스트에서 얻어진 단지 2점밖에는 없다.

테스트의 플라스틱 프로그래머 부분에서, 분명히 발견할 수 있는 모든 것은 제품에 손상이 발생하는 1개의 속도변화 $\triangle V_a$와 정점가속도 G_a를 갖는 하나의 특정 충격이다. 그리고 가스 프로그래머 부분에서도 또한 그것을 손상시키는 속도변화 $\triangle V_b$와 정점가속도 G_b를 갖는 다른 또하나의 특정 충격이다. 이들 두 점만을 기초로하여, 두 점을 잇는 곡선 형상에 관한 것 외에는 어떤 결론을 내릴 수 없다. 더 많은 제품을 테스트하여, 그것을 손상시키기에 충분한 다른 충격(다른 충격지속시간을 갖는)이 있어야 이들 점들을 통해 한 곡선을 완성할 수 있으며, 그 때가 되어야만 손상영역의 형태를 알 수 있다.

단지 제품이 그 모형에 잘 맞는 경우에만, 두 대의 제품 손상을 가지고 잘 완성할 수 있다. 이 경우 모형에 많은 다양한 충격을(각각은 손상을 발생시키기에 충분한) 가한 후, 점(ΔV, G)을 나타내면, 그 결과 보통 2개의 매개변수 ΔV_{cr}와 G_{cr}에 의해 정의되는 사각형영역이 된다는 것을 알 수 있을 것이다.

구체적으로, 제품에 작용된 많은 짧은 시간의 충격이 그들의 속도변화가 정점 G값과 충격지속시간에 관계없이 모두 유사(ΔV_{cr}에 동등)하기 때문에 제품에 손상을 줄 수 있다는 것을 알 수 있게 된다. 또한 많은 긴시간 충격은 그들의 정점 G값이 속도변화와 충격지속시간에 관계없이 모두 유사하기(G_{cr}) 때문에 손상을 줄 수 있다는 것을 알 수 있게 된다. 이러한 점들은 DBC 도표상에 수직과 수평라인으로 나타내며, 이들 2개가 함께 사각형의 손상영역을 형성하게 된다.

【2】 제품의 입충격에 대한 반응충격

앞에서는 제품의 모형과 손상경계곡선(damage boundary curve)의 매개변수간의 관계를 중점적으로 살펴보았다. 그 모형에서 요소를 나타내는 스프링/질량시스템(spring/mass system)의 파괴에 대한 한계는 어떤 한계량 이상으로 변위된 스프링으로, 즉 이것은 변형률(strain)이 너무 클 때 요소가 파괴된다는 의미이다.

파괴 한계를 또한 응력(stress)의 항으로 표현하는 것이 가능하다. 모형에서 이상적 스프링(질량이 없고, 선형적임)으로 가정하면, 응력과 변형률 사이의 관계는 Hook's 법칙에 따라 $\sigma = E \times \varepsilon$($\sigma$ =응력, E=탄성계수, ε =변형률)이다. 마치 변형률이 변위에 관련된 것처럼, 응력도 힘에 관련된다. 여기서의 힘은 특정 양만큼 변위된 결과로서 요소가 겪게 되는 G-하중(force)이다. 따라서 변위와 G값 사이에 직접적인 관계가 성립된다.

1) G값 항으로의 요소 파괴한계 (failure criterion)

다음의 그림 9.8은 제품에 어떤 충격 작용시 반응하는 스프링/질량시스템의 반응을 나타낸 것으로, 나타낸 순간에는 스프링이 변위량 D를 가지고 있다. 만일 질량에 가속도센서가 부착되었다면, 같은 순간에 감가속도 G를 겪게 된다.

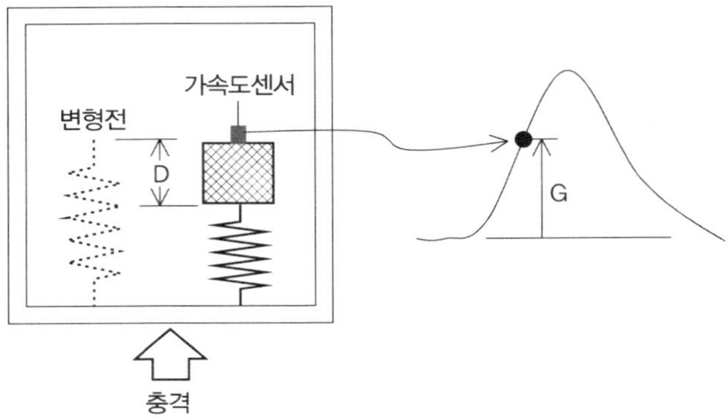

그림 9.8 스프링/질량시스템의 충격에 대한 반응

임의의 충격에 대한 질량의 변위와 감가속도 사이의 관계는 Newton's 법칙에 의해 다음과 같이 식(9.9)로 나타낼 수 있다[식(5.14)].

$$G = \frac{(2\pi f_n)^2 D}{g} \tag{9.9}$$

여기서, G는 질량의 감가속도 (G's), D는 (요소)스프링의 변위 (m), f_n은 스프링/질량시스템의 고유진동수 (Hz)를 각각 나타낸다.

식(9.9)는 반응하는 동안 모든 순간에 적용할 수 있으며, 스프링 변위가 0이면, 질량의 감가속도도 0이고, 변위가 정점에 도달하면, 감가속도도 정점에 도달한다. 이 식은 변위 파괴한계(deflection failure criterion)로부터 감가속도 파괴한계(deceleration failure criterion)로 전환에 대한 수단을 제공하며, 만일 필요시 그 역에 대한 전환도 제공한다. 그러나 실제의 시스템(요소)에는 감쇠(damping)가 존재하므로 정점 G값은 최대변위 시점보다 약간 앞서 발생하지만, 속도가 0이 되는 시점은 충격의 시작과 끝의 정확히 중간지점이 된다.

예제 9-8

한 제품 내 수용된 요소의 고유진동수가 20 Hz이고, 만일 1.2 cm 이상 변위되면, 무언가에 충돌하여 파괴된다고 할 때, 이 제품에 대한 모형에서 한계변위(critical deflection)는 1.2 cm가 된다. G값 항으로 표현되는 파괴한계는 얼마가 되는지 계산해 보자.

[풀이] 위의 식(9.9)로부터 파괴한계는 다음과 같이 계산된다. 즉,

$$G = \frac{(2\pi f_n)^2 D}{g} = \frac{(2\pi \times 20)^2(0.012)}{9.81} = 19$$

제품이 아닌 요소가 19 G의 감가속도를 겪게 될 때, 1.2 cm 변위되고, 그 역으로 1.2 cm 변위될 때 그 요소는 19 G의 감가속도가 작용하게 된다. 이것은 요소가 어떤 것에 타격됨으로서 야기되어 파괴되기 때문에 요소가(제품이 아닌) 19 G를 보이면 항상 파괴된다고 말하는 것은 마찬가지로 옳다. 그러므로 요소의 취약성은 19 G이다.

2) 입충격과 반응충격

한계가속도(critical acceleration) G_{cr}은 제품 내부의 요소가 파괴에 이르도록 전체 제품에 부과되는 일정 가속도이며, 이 감가속도가 물론 요소의 취약성은 아니다. 따라서 우리가 두 가지의 충격, 즉 전체로써의 제품에 주는 입충격(input shock)과 요소에 의해 겪는 반응충격(response shock)으로 나누어 다루어야 하는 것이 명백하다.

제품에 대한 모형에서 그 둘 사이의 차이에 대한 원인은 스프링 요소이다. 스프링은 프레임과 질량 사이에 단지 느슨한 연결을 제공하기 때문에 질량과 프레임의 운동이 같지 않다. 때때로 질량의 운동은 증폭되거나 또는 감쇠된다. 이 모든 것이 프레임에 대한 충격의 성질과 스프링의 강성(stiffness)에 의존한다. 이것을 설명한 그림 9.9를 보면, 프레임의 충격이 60/40 = 1.5배 증폭되었다.

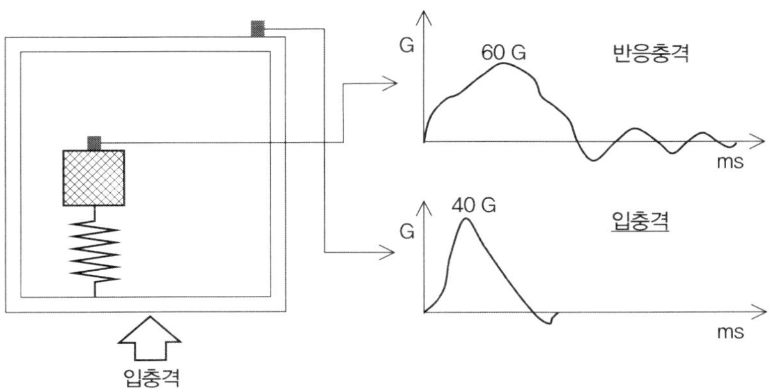

그림 9.9 제품의 입충격(input shock)과 반응충격(response shock)

앞에서 스프링/질량시스템의 고유진동수(natural frequency)와 프레임에 대한 완전한

입충격을 알면, 어느 한 순간에 대한 스프링 변위를 계산할 수 있었다. 스프링 변위와 질량의 감가속도 사이의 직접적인 관련성 때문에 한 순간에 있어서의 질량의 감가속도 계산이 가능하다. 따라서 식(9.5)와 (9.9)로부터 다음과 같이 표현된다.

$$G_r(t) = 2\pi f_n \int_o^t G_i(s)\sin[2\pi f_n(t-s)]\,ds \quad (9.10)$$

여기서, G_r은 질량의 반응감가속도 (G's), G_i는 프레임의 입감가속도(입충격) (G's), f_n은 요소에 대한 스프링/질량시스템의 고유진동수 (Hz), s는 적분의 더미변수 (s)를 각각 나타낸다.

식(9.10)은 앞에서의 식(9.5)처럼 매우 단순한 형태의 입충격을 제외하고는 직접 적분하는 것은 불가능하므로, SRS(shock response spectrum) 소프트웨어 같은 컴퓨터에 의한 수치적분방식이 적용된다. 즉, 가속도센서로부터 입충격을 받아, 이 아날로그 신호를 디지털신호 형식으로 변환하며, 사다리꼴 공식(trapezoid rule)을 사용하여 수치적분을 행한다. 스프링/질량시스템의 고유진동수는 사용자에 의해 제공된다.

제품이 충격시험기상에 낙하할 때, 제품 내부에 수용된 한 요소에 대한(고유진동수를 20 Hz라 가정) 반응을 예측하려고 하면, 다음과 같은 절차에 따라야 한다. 즉, 특정 낙하를 위해 충격시험기를 세팅하고, 가속도센서를 충격테이블(입충격)에 부착한 후, 테이블을 낙하시켜, 가속도센서의 신호를 SRS 소프트웨어로 전송한다.

낙하가 실시될 때, 입충격은 테이블에 제품 유무에 상관없이 같기 때문에 반드시 제품을 가질 필요는 없다. 일단 소프트웨어가 입충격펄스(input shock pulse)를 획득하면, 분석하고자 하는 요소에 대한 스프링/질량시스템의 고유진동수를 입력해야 하며(여기서는 고유진동수로 20 Hz를 입력), 시간에 대한 요소의 감가속도를 계산하고, 이전의 그림에 나타낸 것과 유사하게 스크린상에 입력과 반응충격 모두 디스플레이된다.

3) 스프링/질량 모형의 확인

SRS 소프트웨어를 활용하면 실제 제품의 DBC와 같은 이론적 결과를 도출하는데 폭넓게 적용되어온 스프링/질량 모형이 제품의 특성을 얼마나 잘 표현할 수 있는지에 대한 평가도 가능하다. 실제 제품에 특정 입충격을 주고, 내부 한 요소에 직접 부착된 가속도센서에 의한 반응과 SRS 소프트웨어에 의한 예측된 반응을 서로 비교해 보면, 여기서 예측된 반응은 알려진 입충격과 요소의 고유진동수를 소프트웨어에 입력함으로써 얻어진다.

한 예로, 그림 9.10에 나타낸 바와 같이, 자유단에 강철 질량을 가지는 켄틸레버식의 플라스틱 빔을 수용한 튼튼한 나무상자로 구성된 모의 제품에 대한 테스트를 생각해 보자. 나무상자는 충격시험기의 테이블에 단단히 고정되어 낙하되며, 테이블상에 고정된 가속도센서로부터 입충격을, 그리고 강철 질량에 부착된 다른 가속도센서로부터 반응충격을 각각 획득한다.

이 모의 제품은 다양한 낙하높이와 가스압력을 사용해 플라스틱과 가스 프로그래머 상에 계획된 낙하를 한다. 그 결과를 나타낸 그림 9.11을 보면, 모든 경우에 있어, 실측과 예측된 반응 사이에 잘 일치하고 있다. 정점 G값의 오차범위는 15 % 이내이며, 실측과 예측값 사이의 일치도는 대개 시간과 함께 저하되어, 입충격을 기준으로 약 3사이클 후부터는 두 값 사이에 거의 불일치하고 있다.

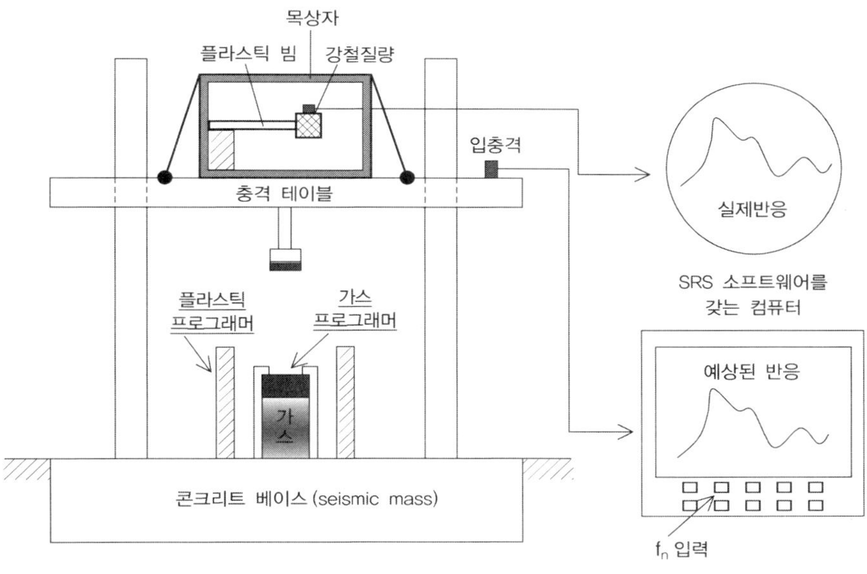

그림 9.10 모의제품에 대한 충격시험

시간에 따라 이러한 불일치는 출발시 한정된 정보에 기초해서 앞의 거동을 예측하는 것은 항상 어렵기 때문으로 판단된다. 그렇지만 관심있는 큰 G값은 항상 앞에서 발생되므로, 예측성에 있어서는 문제가 되지 않는다.

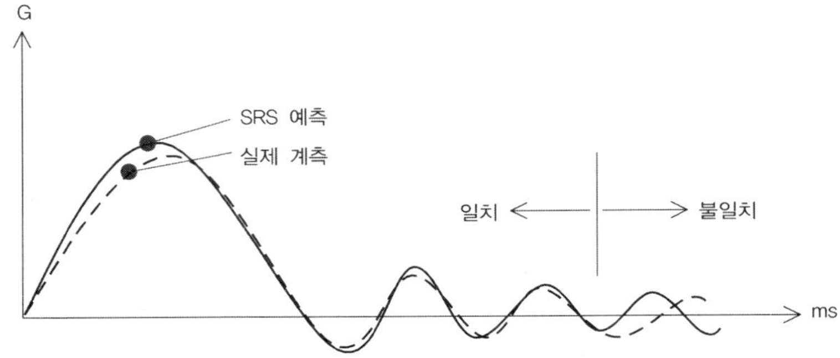

그림 9.11 충격시험 결과의 예

실제 제품에 대한 테스트시 대두되는 어려운 점 가운데 하나는 요소에 가속도센서를 어디에 어떻게 부착하는가이다. 예를 들어, 회로기판 상에서 가속도센서의 위치에 따라 매우 다른 반응이 획득된다.

이론상 가속도센서의 올바른 위치는 요소의 질량중심에 입충격의 방향을 향하게 설치하는 것으로, 이 경우의 일치도가 매우 양호하다. 이러한 결과들은 모형을 통한 시험결과가 실제 물체를 상당히 잘 표현하는 것으로 판단되며, 요소의 예측된 반응은 정확하다, 그러나 단지 앞쪽에서, 그리고 반응이 요소상의 특정한 위치(질량 중심)에서 측정된 경우로 한정된다. 그렇지만 질량중심은 보통 요소의 내부에 존재하므로, 그 위치를 안다고 하더라도 그 곳에서 어떤 종류의 변위를 측정하기가 어렵다. 이러한 복잡성에도 불구하고, 이들 예측의 어느 것도 변위를 직접 포함하지 않는 한, 아직 모형을 통한예측방법을 유리하게 사용할 수 있다.

예를 들어, 앞에서 식(9.6)~(9.8)의 3개의 DBC 예측에서, 처음 2개의 식은 변위를 직접 포함하지만, 세 번째 식은 포함하지 않는다. 변위에 있어 불확실성 때문에 처음 2개의 식은 실무에서 적용하기가 어려울 것이나, 반면에 세 번째 식은 이러한 문제가 없으므로 아직 모형의 타당성 체크에 많이 적용되고 있다.

$$\text{플라스틱 프로그래머 낙하,}\ \Delta V_{cr} = (2\pi f_n) D_{cr} \tag{9.6}$$

$$\text{가스 프로그래머 낙하,}\ G_{cr} = \frac{(2\pi f_n)^2 D_{cr}}{2g} \tag{9.7}$$

$$\text{모형의 체크,}\ f_n = \frac{g\,G_{cr}}{\pi \Delta V_{cr}} \tag{9.8}$$

4) 요소의 특징과 DBC와의 관계

요소 특성으로 f_n과 D_{cr}(고유진동수와 한계변위), 전체 제품의 DBC 매개변수인 ΔV_{cr}과 G_{cr} (한계속도변화와 한계가속도) 사이의 관계는 위의 식(9.6)과 (9.7)로 잘 표현되었다. 한 요소 내에서 요소의 변위취약성 D_{cr}과 요소취약성 G_{comp}(전체 제품의 취약성 G_{cr}과 구분) 사이에 직접적인 관계는 식(9.9)로부터 다음과 같이 표현된다.

$$G = \frac{(2\pi f_n)^2 D}{g} \quad \rightarrow \quad D_{cr} = \frac{g G_{comp}}{(2\pi f_n)^2} \tag{9.11}$$

이 식을 위의 식(9.6)과 (9.7)에 각각 대입하여 정리하면, 새로운 요소 특성 f_n 및 G_{comp}와 DBC 매개변수 사이의 관계식, 즉 요소의 변위취약성 D_{cr}을 요소취약성 G_{comp}로 대치시킨 식을 다음과 같이 유도할 수 있다. 즉,

$$\Delta V_{cr} = \frac{g G_{comp}}{2\pi f_n} \tag{9.12}$$

$$G_{cr} = \frac{G_{comp}}{2} \tag{9.13}$$

여기서, ΔV_{cr}과 G_{cr}은 각각 DBC상의 전체 제품에 대한 한계속도변화 (m/s)와 한계가속도 (G's), f_n과 G_{comp}는 각각 요소 자체의 고유진동수 (Hz)와 취약성 (G's)을 나타낸다.

이 2개의 연결식 중 첫 번째 식(9.12)는 전체 제품의 스파이크(spike) 입충격에 대해 요소가 손상에 이르기 위한 유일한 조건은 스파이크 충격으로 인해 전체 제품에 ΔV_{cr} 이상의 속도변화(velocity change)가 발생해야 한다는 것을 의미하고 있으며, 제품의 감가속도가 얼마이고, 또한 스파이크가 얼마나 길게 지속되어야 하는가는 문제가 되지 않는다. 즉, 속도변화가 그 문제의 전부이다. ASTM D3332에서 DBC 테스트 절차의 플라스틱 프로그래머(plastic programmer)를 실행할 때, 입충격에 관해 기록하는 유일한 정보부분이 속도변화이다.

두 번째 식(9.13)은 전체 제품에 특정 감가속도를 상당히 긴 시간 동안 작용시킴으로써, 같은 요소가 손상에 이르게 하기 위한 감가속도 수준은 최소한 요소 취약성의 절반 정도는 되어야한다는 것을 의미한다. ASTM D3332의 가스 프로그래머(gas programmer) 부분을 실행할 때, 유일한 정보 부분이 제품의 감가속도이다.

예제 9-9

한 제품에 대한 DBC를 얻는 과정을 생각하여 보자. 한계속도변화와 한계가속도는 각각 250 cm/s와 50 G이다. 제품 내 같은 요소가 플라스틱과 가스 프로그래머 부분 충돌 모두에서 파괴되었다고 하자. 이 요소는 스프링/질량시스템 처럼 거동하므로, 모형과 DBC는 타당하다고 판단한다. 이러한 결과가 요소의 특성에 관해 무엇을 의미하는지 설명해 보자.

[풀이] 한계가속도와 한계속도변화 결과로부터 요소의 취약성과 고유진동수(natural frequency)를 식(9.13)과 (9.12)로부터 각각 계산하면 다음과 같으며, 식(9.8)의 고유진동수 체크를 통해 DBC를 검증할 수 있다. 즉,

$$\begin{cases} G_{cr} = \dfrac{G_{comp}}{2} \rightarrow G_{comp} = 2 \times 50 = 100\ \mathrm{G} \\ \\ \Delta V_{cr} = \dfrac{gG_{comp}}{2\pi f_n} \rightarrow f_n = \dfrac{9.81 \times 100}{2\pi \times 2.5} = 62\ \mathrm{Hz} \end{cases}$$

DBC의 한계가속도와 요소 취약성 사이의 관계는 충격증폭(shock amplification) 현상을 설명한다. 요소는 제품이 받침대 위에 편안하게 놓여 있는 것처럼 제품과 동일한 감가속도를 겪지는 못한다.

만일 제품의 받침대에 특정 감가속도가 작용되면, 제품 내 요소는 제품이 반응하는 양의 2배를 겪게 된다. 다르게 표현하면, 전체로써 제품에의 충격이 팩터 2에 의해 증폭되는 것으로, 이것은 모든 입충격에 대해 맞는 것은 아니다.

여제 9.9에서도 살펴본 바와 같이, 대부분의 경우처럼 입충격 작용시간 동안 제품이 겪는 감가속도가 변하는 경우는 증폭팩터(amplification factor)가 2보다는 다소 적을 것이다. 이것은 이어지는 절에서의 주제가 된다. 그렇지만 한 가지 분명한 사실은 요소가 손상에 이르게 하려면, 그것에 정점가속도 G_{comp}을 주어야 하고, 이것을 발생하도록 하기 위해 전체 제품에 작용시켜야 하는 충격에 대해서 우리가 궁극적으로 관심 있는 것이다.

【3】 충격증폭팩터 (Shock Amplification Factors)

제품에 대한 포장시스템에서 겉포장상자의 질량은 무시하고, 완충재는 비감쇠 선형 완충재(undamped linear cushioning material)로, 제품 내 수용된 취약요소는 선형감쇠(linear damping) 거동으로 각각 간주했을 때, 이 포장시스템이 낙하 또는 충격시험기

를 통해 충격을 받을 때, 제품에 발생된 충격력이 제품 내 취약요소에 어떻게 전달되는가에 대하여 알아보자.

여기서 편의상 문제를 단순화하기 위해 겉포장상자의 질량(m_3)은 무시하고, 다른 질량요소와의 상대운동이 없다고 가정하며, 취약요소의 질량 m_1이 본체의 질량 m_2에 비하여 매우 작아 이에 미치는 영향은 무시한다. 제품에 충격이 가해지는 방법으로 그림 9.12(b)와 같이 포장시스템이 일정높이에서 낙하하여 선형완충재를 통해 제품이 충격을 받는 경우와 그림 9.12(c)와 같이 충격시험기를 이용해 제품에 직접 충격을 전달하는 각각의 경우에 대하여 취약요소의 반응을 분석하여 보자.

그림 9.12(b)의 경우, 선형완충재를 통한 제품 m_2의 정점가속도(peak acceleration), 충격지속시간(shock duration) 및 완충재의 최대변위는 제5장 1절의 식(5.4)~(5.6)으로 표현되며, 여기서 다시 나타내면 다음과 같다.

$$\begin{cases} G_m = \sqrt{\dfrac{2k_2h}{W_2}} = \sqrt{\dfrac{2h}{\delta_{st}}} = \dfrac{d_m}{\delta_{st}} \\[2ex] \tau = \pi\sqrt{\dfrac{W_2}{gk_2}} \\[2ex] d_m = \sqrt{\dfrac{2W_2h}{k_2}} = \sqrt{2h\delta_{st}} = \dfrac{2h}{G_m} \end{cases} \qquad (5.4)\sim(5.6)$$

여기서, δ_{st}는 완충재의 정적변위($=W_2/k_2$)(m)를 나타낸다.

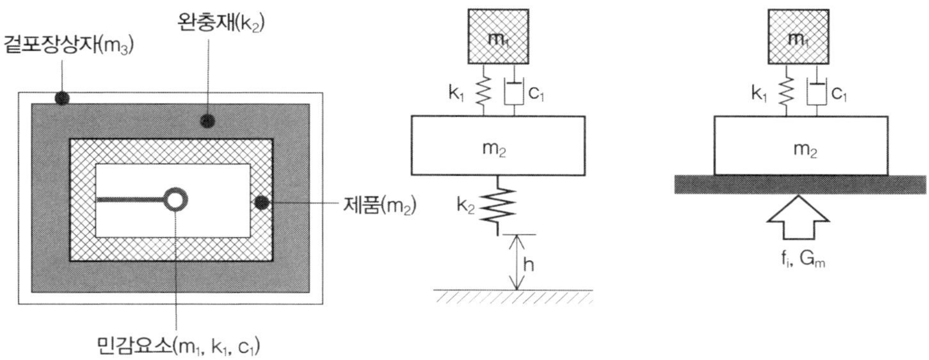

(a) 포장시스템 (b) 스프링/질량 모형(낙하) (b) 스프링/질량 모형(충격)

그림 9.12 포장시스템에 대한 스프링/질량 모형

먼저 취약요소를 감쇠가 없는, 즉 비감쇠 선형탄성체로 간주할 때, 취약요소의 정점 가속도 G_e는 단순히 제품의 점점가속도 G_p에 충격증폭팩터(shock amplification factor)를 곱합으로써 다음과 같이 표현된다.

$$G_e = A G_p \tag{9.14}$$

일반적으로 포장화물은 반정현파(half-sine wave)를 나타내므로, 반정현파 충격에 대한 취약요소의 반응을 살펴보자. 그림 9.12(b)와 (c) 모두 반정현파에 대한 비감쇠계의 충돌 중과 충돌 후의 충격증폭팩터는 다음과 같이 각각 표현된다.

$$A(0 \leq t \leq \tau) = \frac{(f_n/f_i)}{(f_n/f_i)-1} \sin\left\{\frac{2n\pi}{(f_n/f_i)+1}\right\} \tag{9.15}$$

$$A(t > \tau) = \frac{2(f_n/f_i)\cos(f_n/2f_i)}{1-(f_n/f_i)^2} \tag{9.16}$$

여기서, n은 정수, τ는 입충격지속시간(s), f_i는 등가입충격펄스진동수(equivalent impact shock frequency), f_n은 취약요소의 고유진동수(natural frequency)를 각각 나타낸다.

식(9.15)와 (9.16)에서 얻어진 A의 최대값이 식(9.14)에 적용되며, 충격증폭팩터는 진동수비(frequency ratio) f_n/f_i 만의 함수로, 진동수비에 따라 다음과 같은 특징을 나타낸다.

- $f_n/f_i < 1$, $f_n < f_i$ 또는 $(1/2)\,T_n > (1/2)\,T_i = \tau$ 인 경우 즉, 충격지속시간이 민감요소의 고유진동주기(natural period)의 절반보다 작을 경우의 최대증폭은 충격이 끝난 후 발생하게 되며, 그 크기는 $A = A(t > \tau)$가 된다.
- $f_n/f_i > 1$, $f_n > f_i$ 또는 $(1/2)\,T_n < (1/2)T_i = \tau$ 인 경우, 즉 입충격지속시간이 민감요소의 고유진동주기의 절반보다 클 경우의 최대증폭은 충격지속시간 동안 발생하게 되며, 그 크기는 $A = A(0 \leq t \leq \tau)$이 된다.

진동수비는 요소가 입충격에 얼마나 빨리 반응하느냐를 결정하기 때문에 중요한 요소이다. 매우 짧은 입충격지속시간(스파이크)은 매우 큰 입충격진동수 f_i에 귀착되고, 그것은 매우 작은 진동수비에 상응한다. 그리고, 매우 작은 진동수비는 요소가 한 스파이크 형태의 입충격을 만난다는 것을 의미한다.

스파이크 발생을 위한 진동수비의 한계는 식(9.1)과 입충격 진동수 $f_i = 1/(2\tau)$로부터 다음과 같다.

$$\text{입충격 지속시간}(\tau) < \frac{1}{4f_n} \rightarrow \frac{f_n}{f_i} < \frac{1}{2} \tag{9.17}$$

매우 큰 진동수비는 요소가 입충격에 민첩하게 반응하는 긴시간 입충격에 대한 경우이다.

충격증폭팩터는 그림 9.13(a)에서 보듯이 진동수비가 커질수록(stiffer element) 1에 접근하는데, 이는 충격이 민감요소에 직접적으로 전달됨을 의미한다. 작은 진동수비 즉, $f_n/f_i \leq 0.2$일 경우에는 진동수비의 약 2배값이 충격증폭팩터[$A = 2(f_n/f_i)$]가 된다.

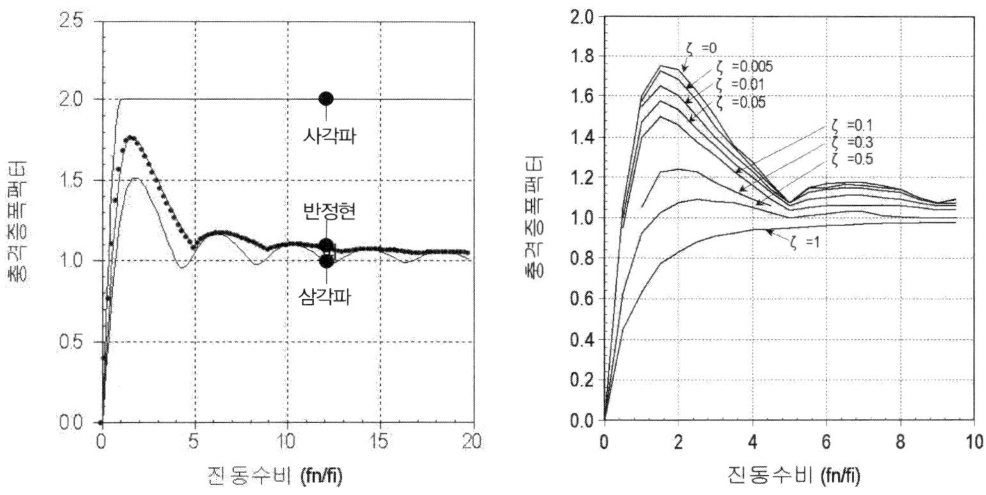

(a) 비감쇠계 (b) 감쇠계 (반정현파)

그림 9.13 여러 충격펄스에 대한 충격증폭팩터

그림 9.13에서도 보듯이, 이론상 충격증폭팩터는 O~2범위의 값을 가진다. 이것은 제품에의 충격이 증폭되거나(1<A<2) 또는 감쇠(0<A<1)될 수 있다는 것을 의미한다. 이상적으로 A가 0되는 상황은 요소가 제품에 발생했던 어떠한 충격도 경험하지 못하는 경우로 우리가 기대는 하지만, 좀처럼 없는 경우이다.

충격증폭팩터는 단지 2개의 인자, 즉 제품에의 완전한 입충격(충격펄스지속시간)과 요소의 고유진동수에 의존하므로, 제품의 파손은 가해지는 최대충격과 충격지속시간에 가장 큰 영향을 받는다. 고유진동수가 요소와 제품 사이의 연결이 얼마나 강성(stiff)이 있는지의 정도를 나타내므로 매우 중요하다.

다음의 그림 9.14에 나타낸 삼각파(triangle wave), 반정현파(half-sine wave) 및 사각파(square-wave)와 같은 단순한 입충격에 대해서는 요소의 반응을 나타내는 식의 적분이 가능하다. 계산된 반응으로부터, 요소의 정점 G값이 확인될 수 있고, 증폭팩터가 계산된다.

그림 9.14의 3개의 기본파형에 대한 이들의 계산결과를 부록의 표 A.1에 나타내었다.

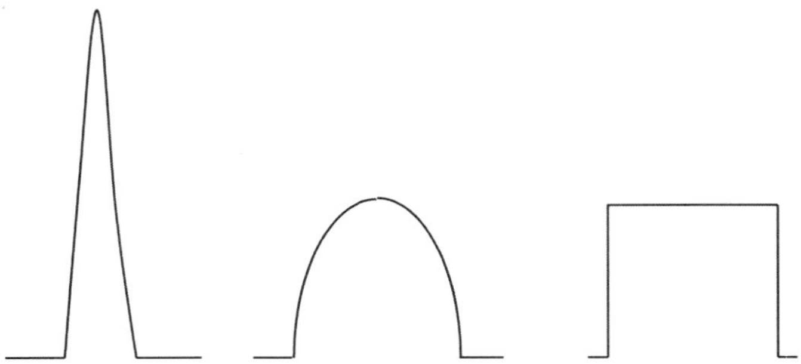

(a) 삼각파 (b) 반정현파 (c) 사각파

그림 9.14 기본적인 입충격 펄스파형

그림 9.14의 충격펄스파형은 보통의 형태이면서 입충격의 충실함과 연계된 몇 가지의 중요한 사항을 설명해 주기 때문에 선택된다. 사각파는 다른 형태에 비하여 동일한 높이와 밑변에 대한 더 큰 면적을 가진다는 의미에서 충실하다. 반정현파는 충실도면에서 사각파와 삼각파 사이에 존재한다. 일반적으로 형태가 충실할수록 증폭팩터는 더 크다.

사각파, 반정현파 및 삼각파에 대한 최대증폭팩터는 표 A.1과 그림 9.13(a)에서 보면, 각각 2, 1.77 및 1.52이다. 대부분의 실제 충격이 충실도면에서 이들 3개의 충격파형 사이에 존재하므로, 특정한 경우에 대한 충격증폭팩터는 입충격의 기본적 형태를 고찰하여, 그것에 가장 근접하는 형태에 대한 값을 이들 표 또는 그림으로부터 찾으면 된다.

최악의 경우에 대한 충격시험 과정을 거치도록 하여야 하는데, 기계적으로 이러한 충격파형을 만들어 내기가 어렵기 때문에 사각파와 유사한 사다리꼴 형태의 파형이 적용된다. 실제의 민감요소에는 감쇠(damping)가 존재하므로, 민감요소의 감쇠비(damping ratio)를 고려한다면 위와 같은 비감쇠에 대한 충격증폭팩터보다는 작다.

그림 9.13(b)는 반정현파 충격에 대한 민감요소의 감쇠비(damping ratio)에 따른 증폭팩터를 나타내어 주고 있다.

예제 9-10

다음에 나타낸 입충격은 정점 G값이 25, 충격지속시간 10 ms를 갖는 반정현파에 가장 근접한다. 입충격펄스 진동수는 50 Hz이다. 전체 제품에 이 입충격을 가할 때, 제품 내부에 수용된 100 Hz 요소의 정점반응은 얼마를 나타내는지 판단하여 보자.

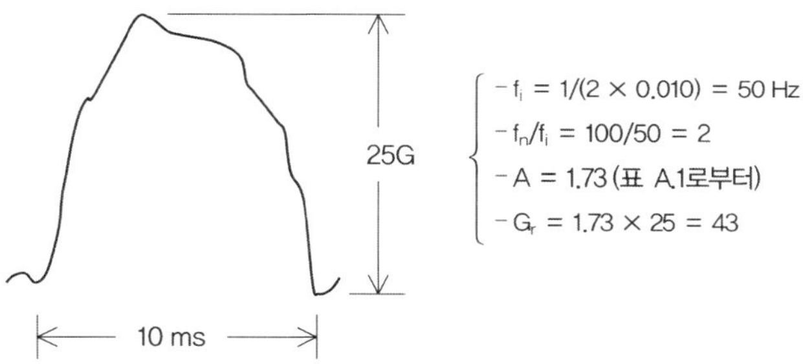

[풀이] 진동수비(frequency ratio)는 $f_n/f_i = 100/50 = 2$이므로, 증폭팩터는 그림 9.13(a) 또는 표 A.1로부터 A = 1.732이다. 그러므로 요소의 정점반응은 식(9.14)로부터 $G_e = AG_p = 1.732 \times 25 = 43$ G가 된다. 반응의 더 바람직한 추정은 이 입충격을 SRS 소프트웨어에 공급함으로써 구할 수 있다.

요소의 취약성이 43 G 이하 또는 이상이냐에 따라 파괴 유무가 결정된다.

예제 9-11

20 ms의 반정현파를 발생할 수 있도록 프로그램된 충격시험기(shock machine)를 사용하여 시험하였을 때, 제품이 100 G (취약성)를 견딜 수 있는 것을 알았다. 이 보다 높은 가속도에서는 취약요소에 손상을 가져왔다. 취약요소의 고유진동수가 80 Hz, 제품 중량이 20 N이면, 이 재품이 스프링상수 k = 150 kN/m인 완충재에 완충포장되어 1.5 m 높이에서 낙하할 경우, 이 포장제품은 안전하겠는가를 판정해 보자.

[풀이] 충격시험기의 등가충격진동수는 충격지속시간이 τ = 20 ms = 0.020 s이므로, f_i = 1/(2 × 0.02) = 25 Hz이다. 또한 진동수비는 f_n/f_i = 80/25 = 3.2이므로, 충격증폭팩터는 그림 9.13(a) 또는 표 A.1로부터 A = 1.451이다. 따라서 100 G의 충격가속도가 제품에 가해질 때 취약요소에 전달되는 가속도는 식(9.14)로부터 $G_e = AG_p = 1.451 \times 100 =$ 145.1 G이다.

1.5 m 높이에서 낙하시 발생하는 충격과 완충재에 대한 충격지속시간은 앞에서의 식(5.5)와 (5.6)으로부터 다음과 같이 각각 계산된다.

$$\begin{cases} G_m = \sqrt{\dfrac{2k_2h}{W_2}} = \sqrt{\dfrac{2 \times 150{,}000 \times 1.5}{20}} = 150\ \text{G} \\ \tau = \pi\sqrt{\dfrac{W_2}{gk_2}} = \pi\sqrt{\dfrac{20}{150{,}000 \times 9.81}} = 0.0116\ \text{s}\ (11.6\ \text{ms}) \end{cases}$$

이로부터 입충격펄스진동수는 $f_i = 1/2\tau$ = 1/(2×0.0116) = 43.1 Hz이다. 따라서 진동수비는 f_n/f_i = 80/43.10 = 1.86이므로, 충격증폭팩터는 A = 1.752가 된다. 따라서 유통 중 취약요소에 가해지는 충격치는 식(9.14)로부터 $G_e = A \times G_p =$ 1.752 × 150 = 262.8 G가 된다.

이 값은 취약요소가 견딜 수 있는 최대한계가속도 145.1 G를 초과하고 있으므로, 이 제품은 파손될 것이며, 1.5 m 높이의 낙하를 견디기 위해서는 완충설계를 다시 시도해야 한다.

예제 9-12

중량 50 N의 거대한 진공튜브(vacuum tube)에 대해 제안된 포장의 적합성을 판단하여 보자. 충격지속시간 25 ms의 반정현파 충격펄스를 발생하는 충격시험기로 강도시험을 실시하였다. 튜브의 가장 취약한 요소는 음극선 구조(cathod structure)로 밝혀졌으며, 안전한 최대가속도는 200 G였으며, 음극선 구조는 고유진동수가 120 Hz이고, 감쇠비는 0.01이었다. 제안된 포장은 강성계수 580 N/m를 갖는 비감쇠 선형완충재로 변형 가능한 두께는 2 cm이었다. 겉포장상자는 튜브에 비해 많이 작으므로 포장은 리바운드 될 것으로 예상되며, 설계낙하높이(design drop height)는 1.5 m이다.

[풀이] 먼저 포장된 튜브가 1.5 m 낙하시 발생하는 최대가속도와 이에 수반되는 최대변위는 식(5.4)와 (5.5)로부터 다음과 같이 각각 계산된다. 즉,

$$\begin{cases} G_m = \sqrt{\dfrac{2k_2h}{W_2}} = \sqrt{\dfrac{2\times 580000 \times 1.5}{50}} = 187\ G \\ d_m = \dfrac{2h}{G_m} = \dfrac{2\times 1.5}{187} = 0.0160\ m\ (1.6\ cm) \end{cases}$$

따라서, 변형 가능한 두께 2 cm는 충분하고, 최대가속도 187 G도 충격시험기에 의한 안전한 최대가속도 200 G보다 약간 작다. 그러므로, 완충이 승인되기 전에 제품 내 요소들의 충격진동수 효과를 검증할 필요성이 있다. 충격시험기와 포장 속 둘 다에서의 충격지속시간이 고려되어야 한다.

충격시험기에서 테스트되는 요소에 대한 충격증폭팩터는 25 ms에 상응하는 진동수는 $f_i = 1/2\tau = 1/(2\times 0.025) = 20$ Hz, 충격시험기와 요소간의 진동수비는 $f_n/f_i = 120/20 = 6$이므로, 그림 9.13 (b)로부터 요소의 감쇠비 $\zeta = 0.01$에서 충격증폭팩터는 A = 1.14이다. 따라서 충격시험기에서 200 G는 요소에는 식(9.14)로부터 $G_s = 200\times 1.14 = 228$ G의 충격 값을 전달한다.

포장화물 낙하에 대한 상당하는 양을 구하면, 먼저 제품/완충재시스템의(고유)진동수는 $f_2 = 1/2\pi\sqrt{k_2/m_2} = 1/2\pi\sqrt{580{,}000/(50/9.81)} = 54$ Hz이므로, 포장진동수에 대한 요소진동수의 비는 $f_1/f_2 = 120/54 = 2.2$이므로, 그림 9.13 (b)에서 요소 감쇠비 $\zeta = 0.01$에 대한 충격증폭팩터는 A = 1.59이다.

포장화물 낙하시 187 G는 식(9.14)로부터 요소에 전달되는 가속도는 $G_s = 187\times 1.59 = 297$ G가 된다. 이것은 충격시험기 데이터로부터 안전하다고 발견된 값 228 G를 거의 30 % 초과하는 값이다. 그러므로 완충은 부적절하다고 판단된다.

9.3 완충필요수준의 적정화와 재설계

【1】 완충필요수준의 완화 (Reducing Cushion Requirements)

제품에 대한 완충설계시 DBC로부터 한계가속도(critical acceleration) G_{cr}을 완충하려는 제품의 한계충격으로 적용하는 것이 표준실행이다. 그러나, G_{cr}은 DBC 테스트에서 제품을 손상하는 것으로 확인된 긴 시간의 사각파(square-wave)에 대한 G값인데 반해, 실제 적용되는 완충재는 좀처럼 사각파 충격을 발생하지 않는다.

완충재는 반정현파(half-sine wave) 충격을 발생하며, 그것은 항상 동일한 G값을 발생하는 사각파 충격보다 손상발생이 적다. 그러므로 제품은 우리가 보통 사용하는 G_{cr}보다 더 큰 G값의 작용을 허용할 수 있다. 적정한 G값이 DBC 테스트로부터 긴 시간의 사각파 충격과 완충으로부터의 반정현파 충격 모두가 동일한 요소반응을 발생한다는 조건에 의해 결정된다.

DBC 테스트에서 요소가 손상에 이르는 감가속도 수준은 한계가속도 G_{cr}이며(사각파 적용), 식(9.13)을 통해 보면, 그것은 요소 취약성(component fragility)의 절반수준이다.

$$G_{cr} = \frac{G_{comp}}{2} \tag{9.13}$$

일반적으로 요소가 손상에 이르는 입감가속도는 식(9.14)로부터 다음과 같이 표현된다.

$$G_p = \frac{G_e}{A} \rightarrow G_i = \frac{G_{comp}}{A} \tag{9.18}$$

여기서, G_p와 G_e는 각각 제품과 요소에 의해 겪는 정점 G값(G's), G_i는 요소가 손상에 이르는 입충격 정점 G값(G's)(사각파 충격에 의한 한계가속도 G_{cr}과는 구분), G_{comp}는 요소의 취약성(G's), A는 충격증폭팩터(shock amplification factor)를 각각 나타낸다.

만약 입충격이 긴 시간의 사각파로 작용한다면, 입진동수 f_i는 작아지므로, 진동수비 f_n/f_i는 증가하기 때문에 충격증폭팩터는 A = 2가 되고, G_i는 DBC 테스트를 통해 발견되는 대개 한계가속도 G_{cr}이 된다. 다른 충격에 대해서는 충격증폭팩터 A가 2보다 작으므로, 손상을 위해 요구되는 입충격은 G_{cr}보다 크며, 그 크기는 식(9.13)과 (9.18)로부터 요소 취약성 G_{comp}를 제거함으로써 다음과 같이 표현할 수 있다.

$$G_i = \left(\frac{2}{A}\right) G_{cr} \tag{9.19}$$

이 식에서 사용된 충격증폭팩터 A는 특정한 상황에 의존한다. 완충재상의 낙하로부터 발생하는 제품에 대한 입충격이 요소를 손상에 이르게하는 입충격 형태는 본질적으로 반정현파이다. 이 경우 증폭팩터 A의 범위는 표 A.1에서 0~1.768로 한정된다. 이것은 완충재가 사용되는 어떠한 상황에서도 설계 G값이 최소한 G_{cr}의 2/1.768 = 1.13배 되게 완충곡선(cushion curve)으로부터 선정되어야 적정한 완충재가 선정된다는 것을 의미한다. 많은 경우에 있어, 이것보다 한층 더 높은 G값에 대해서도 설계될 수 있다.

완충필요수준의 완화에 대하여 다음의 문제를 고찰하여 보자. 예를 들어, 중량 150 N의 제품에 대한 취약성 테스트 결과, 한계속도변화 ΔV_{cr} = 825 cm/s와 한계가속도 G_{cr} = 40 G를 얻었다고 하자. 이 정보로부터 파괴된 요소의 특성으로 요소의 취약성(G's)과 고유진동수를 식(9.8)과 (9.13)으로부터 다음과 같이 각각 계산할 수 있다.

$$\begin{cases} G_{comp} = 2G_{cr} = 2 \times 40 = 80\ \text{G} \\ f_n = \dfrac{gC_{cr}}{\pi \Delta V_{cr}} = \dfrac{gG_{comp}}{2\pi \Delta V_{cr}} = \dfrac{9.81 \times 80}{2\pi \times 8.25} = 15\ \text{Hz} \end{cases}$$

110 cm 높이에서 평면낙하(flat drop)에 대해 이 제품을 보호하기 위해 그림 9.15에 나타낸 독립기포 폴리에틸렌폼 완충곡선을 이용한 완충설계를 생각해 보자. 만일 표준실행에 따르고, 설계한계로 G_{cr} = 40을 사용하면, 최소한 7.5 cm 두께의 완충재 사용을 피할 수 없으며, 이 경우 최대허용정적응력(lagest allowable static stress)으로 11.7 kPa이 최소지지면적을 위해 사용된다. 그러므로 지지면적은 150/11,700 = 0.0128 m^2 (128 cm^2)이고, 제품 보호에 요구되는 완충재 부피는 128 × 7.5 = 960 cm^3이 된다.

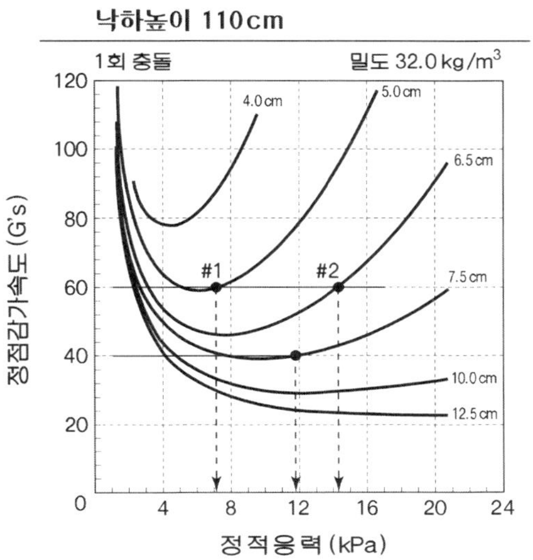

그림 9.15 독립기포 폴리에틸렌폼의 완충곡선 (밀도 32.0 kg/m^3)

아래의 계산 결과에서도 보듯이 제품은 40 G 대신 60 G를 전달되도록 실제적으로 완충을 허용할 수 있고, 완충재로부터의 반정현파 충격은 사각파 만큼 요소의 반응을 증폭시키지 않기 때문에 요소는 아직 손상되지 않는다. 이것을 증명하기 위하여, 우리가 선택한 특정 설계에 대하여 반정현파 충격증폭팩터를 필요로 한다. 그렇지만 충격증폭팩터는 진동수비 f_n/f_i에 의존하며, 여기서 f_n는(계산된) 요소의 고유진동수 이고, f_i는 입충격펄스 진동수이다. 증폭팩터 A를 결정하기 위해서는 이 두 개를 다 알아야 한다.

입충격은 완충재에 의해 발생되는 반정현파 충격이다. 따라서 지속시간의 추정은 f_i를 제공해 주면, 이 지속시간을 추정하기 위하여, 설계낙하높이(design drop height)에 대한 예상충돌속도(expected impact velocity)를 구하고, 이 값과 펄스의 출발부터 정점까지의 아래면적을 단순히 관련시킨다. 즉,

$$V_i = \sqrt{2gh} = 0.636 \times \left(\frac{\text{지속시간}}{2}\right) G_{cr} \rightarrow$$

$$\sqrt{2 \times 9.81 \times 1.1} = 0.636 \times \left(\frac{\text{지속시간}}{2}\right)(60 \times 9.81)$$

위의 관계식으로부터, 지속시간은 0.0248 s (24.8 ms)이므로, 입충격펄스 진동수는 다음과 같다.

$$f_i = \frac{1}{2 \times \text{입충격지속시간}} = \frac{1}{2 \times 0.0248} = 20.2\ \text{Hz}$$

진동수비가 15/20.2 = 0.74이므로, 반정현파 증폭팩터는 표 A.1로부터 A = 1.3이다. 그러므로 60 G(#1)의 완충충격은 요소 반응을 1.3 × 60 = 78 G로 증폭시킨다. 그것은 G_{comp} = 80 G보다 작기 때문에 요소는 파괴되지 않는다.

제품에 반정현파 충격 60 G의 전달은 DBC 테스트에서 40 G의 사각파 충격에 의해 야기되는 손상과 동일하다는 것을 알 수 있다. 이 두 경우는 요소가 80 G의 취약성 한계에 근접해 있다. 이것은 완충설계에서 큰 차이이다. 60 G에서 완충곡선은 두 가지의 분명한 설계를 허용한다.

즉, 그림 9.15에서 7 kPa를 나르는 5 cm 두께의 완충재와 정적응력 14 kPa을 나르는 6.5 cm 두께의 완충재이다. 표준 실행과 이 두 가지의 선택에 따른 설계결과를 완충재 면적과 부피의 관점에서 비교하여 보면 다음의 표와 같다.

구 분	표준실행	선택 #1	선택 #2
설계 G값 (G's)	40	60	60
완충재 두께 (cm)	7.5	5	6.5
완충 면적 (cm^2)	126	210	105
완충재 부피 (cm^3)	945	1050	683

두 가지의 선택 설계 모두에서 더 얇은 완충재가 적용되나, 선택 #2의 경우는 더 적은 부피가 사용되므로, 이는 겉포장상자 치수의 축소와 함께 궁극적으로 포장비용(packaging cost)의 절감으로 이어질 수 있다.

완충재 충격과 충격증폭의 성질에 보다 더 접근하려면 보다 더 노력과 시간이 소요됨은 명백하다. 그렇지만, 최선의 설계에 도달하기 위한 절차는 그렇게 명백하지는 않다.

실제 지금까지 시도하였던 것은 설계기준으로 G_{cr} = 40 G대신에 60 G를 전달하도록 허용했을 때 발생하는 결과를 비교함으로써 더 나은 설계조건을 제안할 수 있었다. 60 G의 선택은 임의적이었으며, 70 G 또는 80 G로 취약성 필요조건을 한층 완화시킨다면, 아마 더 훌륭한 설계가 가능하겠는가? 그렇지만 우리가 어디서 멈추어야하며, 최선의 설계는 무엇이겠는가? 이에 대한 유일한 방법은 시행착오법(trial-and-error method)의 적용이며, 이 문제에 대해 좀더 구체적으로 살펴보기로 한다.

【2】 시행착오법(Trial-and-Error method)에 의한 적정완충 재설계절차

(1) 완충곡선에 대응시키는 설계기준인 G값으로 DBC의 한계가속도 G_{cr}을 적용하는 표준실행을 따른다. 선택 설계와의 비교를 위해 기준조건(두께, 면적, 부피 등)을 설정한다.

(2) DBC 정보인 ΔV_{cr}과 G_{cr}로부터 파괴되는 요소의 특성인 고유진동수 f_n과 요소 취약성 G_{comp}를 식(9.13)과 (9.8)을 사용하여 각각 계산한다.

$$G_{comp} = 2G_{cr} \tag{9.13}$$

$$f_n = \frac{G_{cr}g}{\pi \Delta V_{cr}} \tag{9.8}$$

(3) 최소한 1.13G_{cr}의 설계 G값을 완충곡선에 적용할 수 있기 때문에 단계 (1)에서의 설계 결과를 향상시킬 수 있다. 향상 정도는 특정 상황에 의존하며, 이것보다 덜 보수적인 것으로 G_{cr}에 25%를 더한 값도 시도되는데, 이것이 완충재에 의해 발생되는 반정현파 충격(half-sine shock)의 허용 정점 G값으로 사용된다. 이것을 G_{cush}라 한다.

(4) 완충재로부터 반정현파 충격의 가정에 부합되는 충격지속시간, 단계 (3)에서 선택한 허용 G값 및 단계 (1)에서 사용된 동일한 설계낙하높이를 기준으로한 충돌속도(impact velocity)의 관계를 이용하여 충격지속시간을 구한다. 식(9.20)은 본문 속의 예에서와 같이 설계낙하높이 h에서의 낙하시 충돌속도인 $\sqrt{2gh}$ 와 발생하는 반정현파 충격펄스의 출발부터 정점까지의 곡선 아래의 면적과 동일하다는 개념으로부터 유도된 입충격펄스 진동수 예측식이다.

$$f_i = \frac{G_{cush}\, g}{2\pi\sqrt{2gh}} \tag{9.20}$$

여기서, f_i는 입충격펄스 진동수(input shock pulse frequency) (Hz), G_{cush}는 완충재를 통한 허용 G값 (G's), h는 설계낙하높이 (cm)를 각각 나타낸다.

(5) 단계 (2)로부터의 요소 고유진동수와 단계 (4)에서의 입충격펄스 진동수 f_i를 사용하여 진동수비 f_n/f_i를 계산한다. 이 진동수비에 대한 반정현파 충격증폭팩터 A를 표 A.1 또는 그림 9.13으로부터 구한다.

(6) 다음의 관계를 이용하여 요소의 반응 정점가속도를 계산한다.

$$\text{요소반응} = A\, G_{cush} \tag{9.21}$$

만일 요소가 단계 (2)로부터 계산된 요소의 취약성 G_{comp}보다 작게 반응하면, 새로운 G값이 설정되어 실행되고, 그렇지않으면, 실행되지 않는데, 이는 단계 (3)에서 설정한 G값이 너무 높다는 것을 의미한다.
요소 반응이 그것의 취약성인 G_{comp}에 얼마나 근접할 수 있느냐는 단계 (3)에서 허용완충 G값을 얼마나 많이 증감할 수 있느냐를 결정한다. 따라서 단계 (3)에서 단계 (6) 사이를 최적해로 판단될 때까지 계속 반복한다.

(7) 일단, 허용완충 G값에 도달하면, 단계 (1)에서 사용된 동일한 완충곡선을 이용하여 새로운 최선의 설계조건을 제공한다. 새로운 설계선택을 표준실행에 따른 설계와 비교하고, 그것들 가운데 최적조건을 결정한다.

【3】 최적해와 한계성

앞에서의 단계 (2)~(6)의 모든 식들을 결합함으로써 즉, 식(9.21)의 요소에 허용되는 최대 G값이 식(9.13)의 요소의 취약성과 같아지는 조건에 식(9.8)과 (9.20)으로부터 각각 G_{cr}와 G_{cush}에 대해 정리한 후, 여기에 대입하면 식(9.22)의 적정설계 조건식을 유도할 수 있다. 즉, 식(9.22)로부터 완충재를 통해 허용할 수 있는 최대 G값은 다음의 식을 만족하는 진동수비와 단계 (5)에서의 반정현파 충격증폭팩터에 상당하는 것을 알 수 있다.

$$\frac{A}{(f_n/f_i)} = \frac{\Delta V_{cr}}{\sqrt{2gh}} \tag{9.22}$$

여기서, f_n/f_i는 입충격과 요소반응의 진동수비, A는 상당하는 반정현파 충격증폭팩터(half-sine wave amplification factor), ΔV_{cr}는 DBC의 한계속도변화 (m/s), h는 설계 낙하높이(design drop height)(m)를 각각 나타낸다.

다르게 표현하면, 만일 설계충돌속도(design impact velocity)에 대한 한계속도변화의 비를 구하고($\Delta V_{cr} / \sqrt{2gh}$), 이 값과 반정현파 충격증폭팩터 표 A.1을 통해 f_n/f_i에 대한 A의 비인 $A/(f_n/f_i)$의 값을 나타낸 곳을 찾아, 이로부터 가장 작은 충격증폭팩터와 그 후 완충곡선(cushion curve)상에서 사용할 수 있는 최대 G_{cush}을 찾을 수 있다. 이와 같이 찾는 과정이 다양한 $\Delta V_{cr} / \sqrt{2gh}$ 비에 대해 컴퓨터 프로그램에 의해 실시되며, 그 결과를 표 9.1에 나타내었다.

이 표를 사용하여 충돌속도와 한계속도변화의 비를 산정하고, 그 값과 일치하는 곳의 비를 찾아 그에 해당하는 한계가속도에 대한 허용완충 G값의 비를 얻을 수 있다. 여기서 $\Delta V_{cr} / \sqrt{2gh}$ 비는 2에서 0 사이의 범위에 있다는 것을 주목해야 한다. 그 비율이 2 이상 되는 너무 낮은 낙하높이에 대해서는, 최대속도변화가 한계속도변화 보다 작으므로, 완충의 필요성이 없어, 설계 G값을 고려할 필요조차도 없다.

반면, 그 비율이 거의 0에 가까운 낙하높이가 너무 큰 경우에 대해서는, 설계수준 G_{cush}값이 G_{cr}의 거의 2배가 되어, 요소의 취약성 G_{comp} 그 자체가 되며, 이 경우의 증폭팩터는 거의 1에 가깝기 때문에 요소충격에 바로 해당하는 정점 G값을 전달되도록 완충 설계할 수 있다.

최소한의 향상은 비율 1.09 즉, $G_{cush} = 1.131G_{cr}$에서 이루어진다는 것을 주목해야 한다.

예제 9-13

한 제품에 대한 DBC 매개변수로 $\Delta V_{cr} = 825$ cm/s와 $G_{cr} = 40$ G이다. 설계낙하높이는 110 cm이다. 완충조건에 대한 최적해를 구하여 보자.

[풀이] 식(9.22)로부터, $\Delta V_{cr} / \sqrt{2gh} = 8.25/\sqrt{2 \times 9.81 \times 1.1} = 1.78$이고, 반정현파 충격이므로, 표 9.1에서 $G_{cush}/G_{cr} = 1.604$임을 알 수 있다. 따라서 최대설계수준으로 $G_{cush} = 1.604 \times 40 = 64.2$ G를 가지고 완충곡선에 적용할 수 있다. 이것은 앞의 예에서 2개의 대체 완충설계시 사용된 설계 G값인 60 G보다 크므로, 앞의 문제에서는 아직 개선의 여지가 있었다.

여기서 기술된 재설계 절차의 전제조건은 완충된 상태에서의 충돌이 제품에 완전 반정현파 충격(perfect half-sine wave shock)을 준다는 것이며, 실제적으로 이러한 가정에 많이 근접하지만 약간의 차이는 있다.

불완전한 반정현파 충격을 취급하기 위해서는, 실제의 완충충격 펄스를 SRS 소프트웨어로 공급할 필요가 있고, 알려진 고유진동수(natural frequency) f_n을 가지는 스프링/질량시스템의 반응예측 프로그램을 가질 필요가 있다. 만일 반응이 G_{comp}보다 더 높게 예측되면, 여기서의 절차에 기초한 재설계는 정확하지 않은 것이다. 그렇지만 그 절차와 SRS 예측은 근접하게 조화할 것이다.

재설계절차에 있어 오차의 가장 큰 원인은 사용되는 완충곡선에 있을 것으로 판단되며, 앞에서도 언급하였듯이 이들 곡선들을 도출하는 데 시간과 비용이 크게 소요되므로, 완충곡선 데이터의 산출에 있어 신뢰성이 있고, 쉽고, 빠른 방법이 크게 요구되었다.

따라서 몇 개의 자유 샘플로부터 짧은 시간에 테스트하고, 완충곡선을 개발할 수 있는 방법이 제6장의 4절에서 설명되었다.

표 9.1 설계충돌속도와 한계속도변화비($\Delta V_{cr} / \sqrt{2gh}$)에 따른 DBC 한계가속도에 대한 최대설계수준의 비 (G_{cush}/G_{cr})

$\frac{\Delta V_{cr}}{\sqrt{2gh}}$	$\frac{G_{cush}}{G_{cr}}$	$\frac{\Delta V_{cr}}{\sqrt{2gh}}$	$\frac{G_{cush}}{G_{cr}}$	$\frac{\Delta V_{cr}}{\sqrt{2gh}}$	$\frac{G_{cush}}{G_{cr}}$	$\frac{\Delta V_{cr}}{\sqrt{2gh}}$	$\frac{G_{cush}}{G_{cr}}$	$\frac{\Delta V_{cr}}{\sqrt{2gh}}$	$\frac{G_{cush}}{G_{cr}}$
2.00	∞	1.60	1.299	1.20	1.136	0.80	1.171	0.40	1.442
1.99	6.860	1.59	1.290	1.19	1.135	0.79	1.174	0.39	1.456
1.98	4.873	1.58	1.281	1.18	1.135	0.78	1.178	0.38	1.470
1.97	3.995	1.57	1.273	1.17	1.134	0.77	1.181	0.37	1.485
1.96	3.474	1.56	1.264	1.16	1.133	0.76	1.184	0.36	1.501
1.95	3.121	1.55	1.257	1.15	1.132	0.75	1.188	0.35	1.517
1.94	2.861	1.54	1.250	1.14	1.132	0.74	1.191	0.34	1.534
1.93	2.660	1.53	1.243	1.13	1.132	0.73	1.195	0.33	1.552
1.92	2.499	1.52	1.237	1.12	1.131	0.72	1.199	0.32	1.571
1.91	2.366	1.51	1.231	1.11	1.131	0.71	1.203	0.31	1.591
1.90	2.255	1.50	1.225	1.10	1.131	0.70	1.207	0.30	1.612
1.89	2.159	1.49	1.220	1.09	1.131	0.69	1.212	0.29	1.635
1.88	2.076	1.48	1.214	1.08	1.131	0.68	1.216	0.28	1.658
1.87	2.003	1.47	1.209	1.07	1.131	0.67	1.221	0.27	1.683
1.86	1.939	1.46	1.205	1.06	1.131	0.66	1.226	0.26	1.710
1.85	1.882	1.45	1.200	1.05	1.132	0.65	1.231	0.25	1.738
1.84	1.830	1.44	1.196	1.04	1.132	0.64	1.236	0.24	1.768
1.83	1.783	1.43	1.191	1.03	1.133	0.63	1.242	0.23	1.800
1.82	1.741	1.42	1.187	1.02	1.133	0.62	1.247	0.22	1.835
1.81	1.702	1.41	1.184	1.01	1.134	0.61	1.253	0.21	1.764
1.80	1.667	1.40	1.180	1.00	1.135	0.60	1.259	0.20	1.720
1.79	1.634	1.39	1.177	0.99	1.136	0.59	1.265	0.19	1.704
1.78	1.604	1.38	1.173	0.98	1.137	0.58	1.272	0.18	1.702
1.77	1.576	1.37	1.170	0.97	1.138	0.57	1.279	0.17	1.710
1.76	1.550	1.36	1.167	0.96	1.139	0.56	1.286	0.16	1.726
1.75	1.526	1.35	1.164	0.95	1.140	0.55	1.293	0.15	1.749
1.74	1.503	1.34	1.162	0.94	1.142	0.54	1.300	0.14	1.779
1.73	1.482	1.33	1.159	0.93	1.143	0.53	1.308	0.13	1.817
1.72	1.462	1.32	1.157	0.92	1.145	0.52	1.316	0.12	1.864
1.71	1.444	1.31	1.154	0.91	1.146	0.51	1.325	0.11	1.819
1.70	1.426	1.30	1.152	0.90	1.148	0.50	1.333	0.10	1.818
1.69	1.410	1.29	1.150	0.89	1.150	0.49	1.342	0.09	1.848
1.68	1.395	1.28	1.148	0.88	1.152	0.48	1.352	0.08	1.883
1.67	1.380	1.27	1.146	0.87	1.154	0.47	1.362	0.07	1.870
1.66	1.366	1.26	1.144	0.86	1.156	0.46	1.372	0.06	1.901
1.65	1.354	1.25	1.143	0.85	1.158	0.45	1.382	0.05	1.921
1.64	1.341	1.24	1.141	0.84	1.161	0.44	1.393	0.04	1.927
1.63	1.330	1.23	1.140	0.83	1.163	0.43	1.405	0.03	1.943
1.62	1.319	1.22	1.139	0.82	1.166	0.42	1.417	0.02	1.961
1.61	1.309	1.21	1.137	0.81	1.169	0.41	1.429	0.01	1.981

주1) ΔV_{cr}와 G_{cr}는 DBC 매개변수

2) G_{cush}는 완충곡선 상에서 사용되는 최대 설계 G값

3) h는 설계낙하높이(design drop height)

연 습 문 제

(1) 진동에 있어서의 증폭팩터와 충격에 있어서의 충격증폭팩터에 미치는 팩터와 이들 값의 이론적 범위에 대하여 설명하시오.

(2) 중량 50 N의 제품이 2개의 취약요소(critical element)를 가지고 있다. 취약요소 A와 B의 고유진동수는 각각 22 Hz와 38 Hz이다. 이 제품이 k = 90 kN/m의 비감쇠선형 완충재 상에 90 cm의 높이에서 낙하할 때, 취약요소 A와 B의 각각에 대한 충격 크기(G)는 얼마인가?

(3) 중량 50 N의 제품이 완충포장되어 있다. 정적처짐량은 0.2 cm로 관찰되고, 이 제품은 고유진동수 4.4 Hz인 취약요소를 한 개 수용하고 있다. 25 G 이상의 충격에서 이 취약요소가 파괴된다고 할 때, 만일 이 제품이 90 cm에서 낙하할 경우 손상이 발생하겠는가?

(4) 제품의 밑면에 충격작용시간 20 ms, 100 G의 사각파(square-wave), 반정현파(half-sine wave) 및 삼각파(triangular wave) 충격이 각각 작용할 때, 제품 내부의 20 Hz 요소에 발생하는 정점 G를 각각 추정하고, 어느 경우에 제품 손상이 가장 쉽게 발생하겠는가?

(5) 한 제품의 프레임과 내부 요소에 가속도센서를 각각 부착하여 다음과 같은 충격신호를 획득하였다. 이 정보로부터 요소의 고유진동수를 추정하라.

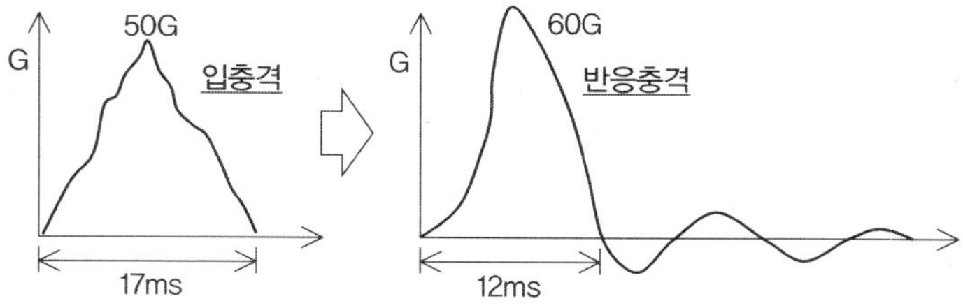

(6) 아래와 같은 취약요소를 수용한 제품을 생각하자. 이 취약요소에 대한 고유진동수는 38 Hz이며, 충격이 가해졌을 때, 정점가속도가 100 G, 충격지속시간이 25 ms인 반정현파를 보인다면, 이 취약요소에 전달되는 충격은 얼마인가?

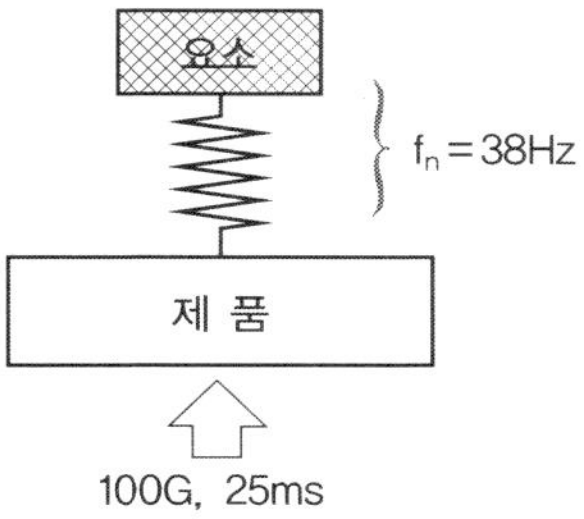

(7) 한 제품의 프레임에 수용된 3개의 취약요소에 대한 특성이 다음과 같을 때, 이 3개의 요소가 동일한 반정현파 충격(정점 G값이 50 G, 충격지속시간은 20 ms)을 받을 때, 어느 요소가 가장 쉽게 손상을 입겠는가?

- 요소 #1 : 고유진동수 f_n = 10 Hz, 취약성 40 G
- 요소 #2 : 고유진동수 f_n = 50 Hz, 취약성 80 G
- 요소 #3 : 고유진동수 f_n = 100 Hz, 취약성 60 G

(8) 완충설계시 낙하표준실행에 의해 측정된 한계가속도를 기준으로 완충설계시 실제의 포장상황보다 최소 1.3배 과대 완충된다. 그 이유를 설명하고, 적정화 할 수 있는 방법을 설명하여라.

(9) 완충재에 전달을 허용하는 최대 G값에 대한 최적해 조건인 다음 식을 유도해 보자.

$$\frac{A}{(f_n/f_i)} = \frac{\Delta V_{cr}}{\sqrt{2gh}}$$

(10) 중량 260 N의 한 제품의 한계가속도는 50 G이고, 한계속도변화는 254 cm/s이다. 완화된 완충필요수준을 적용하여 폴리에틸렌폼 완충설계를 실시하여라. 단, 이 제품의 설계낙하높이는 110 cm이다.

10 제품의 피로성능시험과 완충설계

Fatigue Performance Test & Cushioning Design

- 피로현상과 모형화

- 피로성능시험 절차와 관행의 낙하표준실행과의 관계

- 완충설계에의 적용

앞장에서도 기술하였듯이, 낙하표준실행(drop standard practice)은 실제 수송포장 상황에서 발생하기 어려운 조건하에서 실시되기 때문에, 완충설계를 낙하표준실행 결과에 의존할 경우 과대포장(over-packaging)에 귀착할 가능성이 높았다. 따라서 앞장에서는 충격증폭팩터(shock amplification factor)를 고려함으로써 완충수준의 완화를 통해 완충의 적정화를 위한 재설계 문제를 다루웠다.

이번 장에서는 이와는 반대의 개념으로 제품에 대한 피로누적효과를 제품의 완충수준 결정에 반영하므로써, 완충설계기준을 강화하는 측면을 다룰 것이며, 종합적으로 낙하표준실행을 기준으로 충격증폭팩터와 피로누적효과를 모두 고려하는 완충설계의 적정화 문제를 기술하기로 한다.

10.1 피로현상(Fatigue)과 모형화

낙하표준실행에 의한 한 제품의 한계속도변화(critical velocity change)와 한계가속도(critical acceleration) 테스트에서 동일한 제품이 파괴되기 전까지 누가적으로 계속 낙하하며, 이것은 플라스틱과 가스 프로그래머(plastic & gas programmer) 부문 모두에서 마찬가지이다.

시험에 적용된 대부분의 제품은 각각의 낙하와 함께 점점 더 약화되고, 누적된 피로로 인해 조숙한 파괴에 이르게 된다. 따라서 피로누적이 없는 새로운 제품은 다중낙하에 의해 이미 약해진 제품보다 더 가혹한 충격에도 파괴되지 않을 가능성이 높다는 것은 분명한 사실이다.

ASTM D3332에서는 이러한 문제점을 해결하기 위해 계단법(staircase method)을 권장하고 있다. 이 방법에서는 관행의 방법처럼 동일한 제품이 파괴될 때까지 점차 증가된 충격강도를 작용시키지만, 그 다음의 테스트 결과에 따라 함께 버려지고, 새로운 제품으로 대치된다. 새로운 제품에 대한 테스트는 직전 제품이 파괴된 수준에서부터 시작하며, 이 과정이 새로운 제품이 단 1회의 낙하로 파괴될 때까지 반복된다. 여기서, 단 2개의 제품을 플라스틱과 가스 프로그래머 부문에서 각 1개씩 손상시킴으로써 결과를 얻을 수도 있지만, 이것은 가능성이 거의 없고, 이 보다는 보통 2~3배 정도의 제품이 시험에 소요된다.

계단법에서는 한 특정한 제품이 파괴될 때까지 가능했던 낙하횟수 등 피로에 관련된 모든 정보들이 버려지므로, 피로에 대한 어떠한 가치 있는 정보를 얻을 수 없었다. 대신에 제품이 받을 수 있는 최대의 단일충격(single shock)이 기록되며, 이 보다 더 작은 충격은 손상을 주지 않는다는 것을 의미하였다. 그렇지만 제품이 여러 번 낙하되면, 단일 낙하(single drop)의 DBC 매개변수 ΔV_{cr}와 G_{cr}보다 더 작은 속도변화와 정점가속도(peak deceleration)에서도 제품의 손상이 발생할 수 있다.

【1】 피로모형 (Fatigue Model)

피로에 대한 이해는 그림 10.1의 스프링/질량 모형의 단순 신장시험을 통해 스프링에 발생하는 현상을 관찰함으로써 가능하다.

만일 스프링의 한 끝에 무게를 매달고, 다른 끝을 천정에 고정한다면, 스프링은 일정량 신장하게 되고, 그 상태에서 무게를 2배로 늘리면, 신장량도 2배로되는 선형(이상) 스프링(linear spring) 거동을 쉽게 발견할 수 있다. 이와 같은 특성이 한 제품의 모형에서 항상 발생하는 것으로 가정하면, 이것이 탄성변형(elastic deformation)이다.

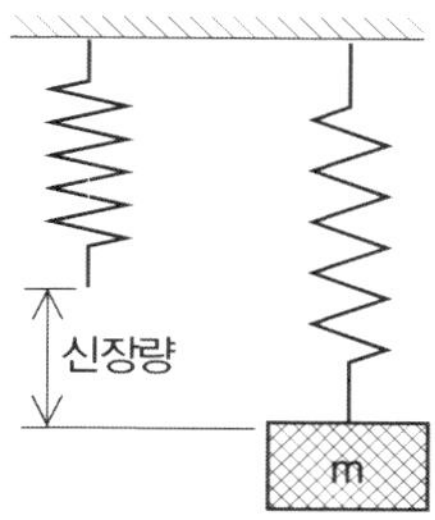

그림 10.1 제품의 피로모형(fatigue model)

무게를 점점 더 추가하게 되면, 무게에 비례하여 스프링은 점점 더 신장하게 된다. 그러나 이들 관계는 재료의 탄성한계(elastic limit)(EL)까지만 비례하고, EL에서의 무게가 한계량 W_{cr}이며, 이에 대응하는 신장량은 D_{EL}이다(그림 10.2).

일단 탄성한계에 도달하면 스프링은 더 이상의 무게 부가없이도 신장이 계속되며, 이 신장은 완전소성변형(perfectly plastic deformation) 형태로 재료의 파괴점(break point)(BP)에 도달할 때까지 계속된다.

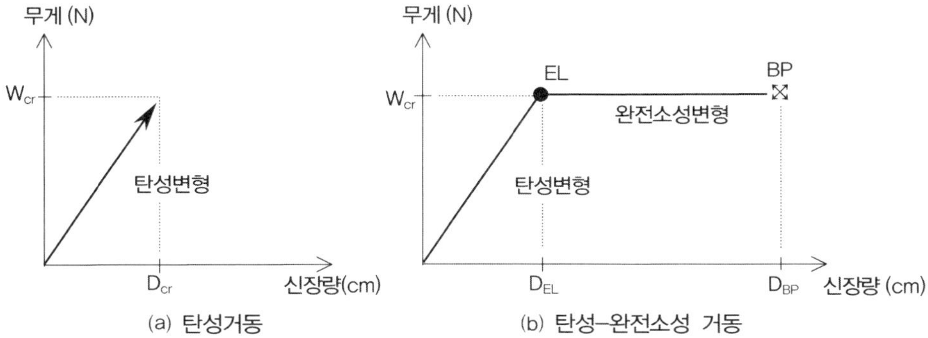

그림 10.2 재료의 이상적 거동 형태

그림 10.2(b)에서 무게와 신장량 사이의 관계는 스프링에 대한 인장시험을 통한 힘-신장량선도와 완전히 동일하다. 이러한 형태의 거동을 탄성-완전소성(elastic-perfectly plastic)이라 한다.

실제 재료의 경우는 그림 10.2(b)와 같은 이상적 거동을 나타내지는 않는다. 탄성변형 부문은 완전한 직선이 아닌 비선형성을 나타내며, 그것의 끝점인 탄성한계도 명확하지 않다. 또한 소성변형 부분도 직선도 수평도 아니다. 재료에 따라서 위로 향하기도

하고(가공경화, strain hardening), 아래로 향하기도 한다(변형연화, strain softening). 또한 이 두 가지 특성을 모두 나타내는 재료들도 있다.

그럼에도 불구하고 이러한 이상화된 모형을 통해 한 제품 내 취약요소의 분석이 이루어져 왔고, 이론적인 예측결과와 실제의 거동 차이가 그렇게 크지 않다는 사실이 밝혀져 왔다.

스프링을 가지고 반복시험하는 것을 한번 생각해 보자. 그렇지만 파괴점까지 무게를 점차로 증가시키는 대신, 자유단에 일정 크기의 무게를 매달았다가 그 다음 제거하면, 스프링에는 어떠한 현상이 발생하겠는가? 만일 무게가 탄성한계(elastic limit)에 상응하는 한계량 W_{cr}보다 작으면, 그 무게를 제거할 때 스프링은 본래의 길이로 단순히 되돌아 오며, 거기에는 영구변형(permanent deformation)이 발생하지 않는다.

그렇지만 만일, W_{cr} 이상의 대등한 무게를 부과하였을 때는 특이한 현상이 발생하는데, 즉 스프링이 그 무게 하에서 천천히 신장을 계속하므로, 그것이 멈출 때를 결정해야 한다. 탄성한계와 파괴점 사이의 어느 지점에서 신장을 멈추게 하고 무게를 제거하면, 스프링은 본래의 길이로 되돌아오지 않고, 일정량만큼 수축된다.

탄성－완전소성 재료(elastic-perfectly plastic material)에 대한 수축량은 D_{EL}로, 다른 말로 표현하면, 탄성한계와 파괴점 사이 어느 위치에서 멈추든지 무게의 제거와 동시에 D_{EL}, 즉 탄성신장량은 모두 회복된다. 이 단계에서 무게－신장량 관계인 무게 제거 라인은 무게－신장량 선도의 탄성변형 부분에 평행하다. 탄성한계를 초과한 무게 부과에 대해서는 항상 영구변형이 존재한다(그림 10.4).

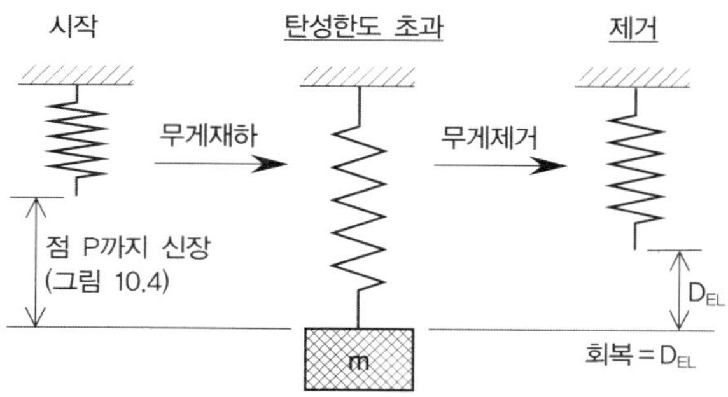

그림 10.3 탄성 - 완전소성 거동

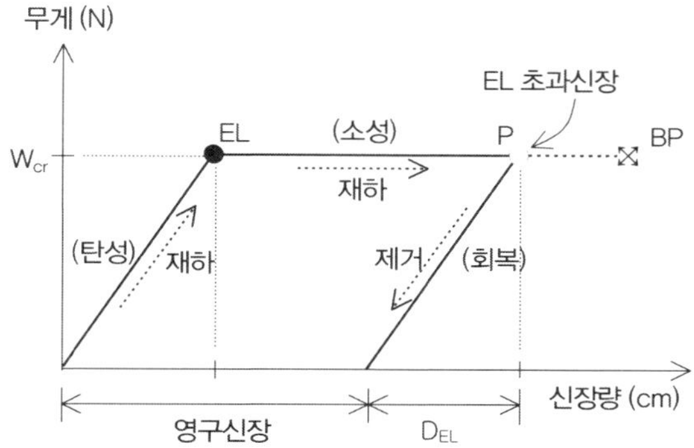

그림 10.4 재료에 대한 무게 재하-제거 과정

무게재하－제거(loading-unloading) 과정에서 재료에 어떠한 현상을 발생시키는가를 이해하는 것은 반복충돌시 취약요소에 발생하는 현상을 이해하는 데 매우 중요하다.

만일 충돌이 하중부과단계(최대변형에 도달할 때 까지)에서 요소가 탄성한계 이상으로 신장되기에 충분하지 않다면, 요소는 하중제거 후(리바운드) 처음위치로 되돌아오며, 거기에는 영구변형(permanent deformation)이 발생하지 않는다. 그렇지만 충돌이 요소가 탄성한계를 지나 신장하기에 충분한 수준이라면, 그때는 영구변형이 발생한다. 충돌이 반복되면 영구변형이 누적되어, 결국에는 손상이 파괴점까지 누적될 것이다.

실제적으로 재료들은 취성(brittle) 또는 연성(ductile)적 특성에 관계없이 피로에 의해 파괴될 수 있다. 즉, 금속과 플라스틱과 같은 연성재료는 각각의 충돌과 함께 점차적으로 변형하여 결국 파괴될 정도로 신장되는 것에 반해, 유리와 벽돌 같은 취성재료는 많은 변형이 발생하지는 않고, 대신에 각각의 충돌과 함께 크랙(crack)이 점점 더 크게 형성되어 결국에는 하나 또는 그 이상의 조각으로 파괴된다.

만일 한 제품이 관행의 모형(강체 프레임 내부에 스프링/질량 요소)을 유지한 채, 스프링의 거동을 완전탄성(선형)(perfectly elastic)으로부터 탄성－완전소성(elastic-perfectly plastic)으로 변형시키면, 그 때는 충돌강도(입충격 속도변화와 정점 감가속도)와 파괴까지의 낙하횟수 사이에 관계 정립이 가능해 진다.

예를 들어, 제품이 동일 수준의 충격을 반복적으로 받아, 내부의 요소가 파괴에 이르는데 총 3회의 충격이 요구되었다면, 이들 충격의 각 과정에서 요소에 어떠한 현상이 발생하는 가를 그림 10.5를 통해 살펴보면, 첫 번째 충격은 변형이 경로 0−1−2−3을 따르고, 하중재하 부분은 경로 0−1−2, 하중제거 부분은 경로 2−3이다. 하중제거 과정에서의 경로는 0−1에 평행하므로, 요소는 탄성신장은 회복되나 처음상태로 되돌아오지는 않는다. 즉, 점 3까지로 표기된 양만큼 영구변형이 충격 후에도 남게 된다.

연이은 두 번째 하중재하−제거 과정에서는 변형이 경로 3−4−5−6을 따르며, 부분적으로 손상을 입은 점 3을 출발하여 파괴점(break point)에 그것의 처음 위치보다 더 가까워진다. 마지막 3번째 사이클 과정에서는 경로 6−7−8이며, 점 8에 하중제거 전에 도달하므로 요소는 파괴에 이르게 된다. 충돌이 같은 수준이라고 가정하였으므로, 각 하중재하−제거 사이클이 크기면에서(밀폐된 면적) 동일하다.

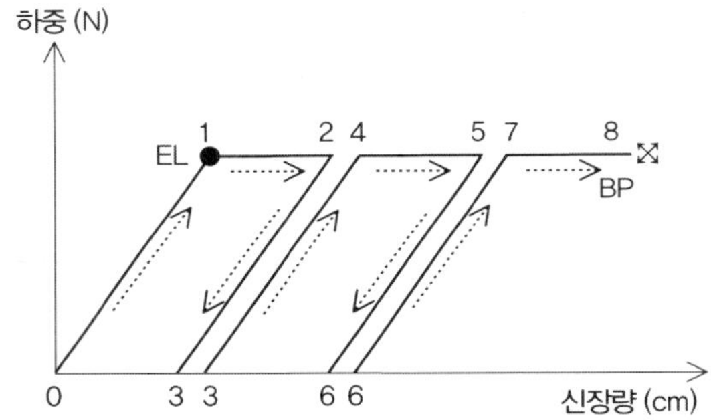

그림 10.5 3회 충격과정

이것은 실제 제품이 반복적으로 낙하될 때 발생하는 종류의 거동이다. 첫 번째 낙하에서는 그림에서처럼 점 3까지 영구변형이 발생한다. 이것으로 백열전구 필라멘트가 약간 신장하거나 또는 회로기판이 약간 휘거나 할 수 있다. 두 번째 낙하에서는 심지어 점 6까지 영구변형되고, 3번째 낙하에서는 파괴에 이르는 점 8까지 변형된다.

이제 새로운 제품을 선택하여 낙하 높이를 증가시키는 경우를 생각하여 보자. 요소는 각각의 낙하와 함께 더 많이 변형되고, 따라서 첫 번째 낙하에서 경로 0−1−5−6, 2번째 낙하에서 6−7−8을 따를 수 있어, 그 결과 더 높은 곳에서의 낙하는 단지 2번의 낙하로 그것을 손상에 이르게 할 수 있다.

만일 낙하높이를 충분히 크게 하면, 요소는 경로 0−1−8을 따라 1번의 낙하로 파괴가 가능하다. 그러므로 테스트 제품에 반복충돌을 작용시켜 파괴에 이르는 충돌 횟수를 측정함으로써 피로민감도(fatigue sensitivity)의 분석이 가능하다. 이것은 ASTM D3332에서 한번 충돌로 파괴수준을 찾고, 다중낙하에 관련된 정보를 버리는 시험(계단법)과는 아주 다르다.

10.2 피로성능시험 절차와 관행의 낙하표준실행과의 관계

제품의 피로민감도(fatigue sensitivity) 평가부분을 포함시킨, 낙하표준실행의 절차를 제4.1절에서 기술한 기존의 절차와 비교하여 정리하면 다음과 같다.

(1) 새로운 제품을 충격테이블(shock table) 위에 장착하고, 플라스틱 프로그래머(plastic programmer)(높은 G값, 짧은 충격시간의 반정현파 충격)상에 낙하를 위해 충격시험기(shock machine)를 세팅한다.

(2) 매우 낮은 높이로부터 테이블 낙하를 시작하는데, 그 높이에서 제품이 손상될 때까지 낙하를 반복하며, 그 낙하횟수를 카운트한다. 여기서 얻고자 하는 데이터는 제품이 손상에 이르는 낙하높이별 낙하횟수이다. 하지만 낙하높이를 너무 낮게 설정하여 손상에 이르지 못하는 경우는 낙하높이를 약간 상승시켜 같은 제품에 대해 다시 테스트를 시작할 수 있다.

(3) 제품이 손상에 이르는데 소요된 낙하횟수와 함께 낙하높이에 상당하는 충격테이블의 속도변화를 기록한다. 여기서 각 낙하높이별 파괴에 이르는 낙하횟수를 카운트하는 데는 항상 불명확성이 존재하는데 즉, 예를 들면, 10번째 낙하에서는 손상을 입지않고, 11번째 낙하에서는 손상을 입었다면, 이 경우는 평균하여 낙하횟수를 10.5로 하는 것이 최선의 방법으로, 이와같이 표기하는 방법은 새로운 절차에서는 어떠한 문제점도 존재하지 않는다.

(4) 손상입은 제품을 새로운 제품으로 대치하고, 테이블 낙하높이를 상승시켜 플라스틱 프로그래머 상에 다시 낙하를 시작한다. 여기서 선택하는 낙하높이는 단계(3)의 결과에 따라 결정되는데 즉, 첫 번째 낙하에서 제품이 파괴될 정도의 높이

는 피하고, 전단계보다 낙하를 더 가혹하게하여 손상에 이르는 낙하횟수를 줄여 줄 수 있는 수준이면 된다. 보통 단계 (2)에서 낙하높이의 약 50 %를 증가시켜 시도하며, 이 낙하 조건에 대해서도 제품이 손상에 이르는 낙하횟수와 함께 테이블의 속도를 기록한다.

(5) 새로운 제품이 1~2회 낙하에서 파괴에 이르는 낙하높이까지 점점 더 증가시키면서 단계 (4)를 반복한다. 이때 선택되는 낙하높이 수준의 수는 테스트에 제공될 수 있는 샘플 수에 의존한다. 이론상으로 제품의 피로민감도에 관한 필요 정보를 획득하는데 단지 2개의 제품이 파괴되어도 가능하다. 따라서 이러한 새로운 절차는 ASTM D3332보다 더 많은 제품을 손상 시키는 것을 요구하지 않는다. 그렇지만 실제적으로 최소한 4개 이상의 제품을 테스트하는 것은 바람직하다.

(6) 이상의 시험결과를 토대로 다음의 표와 같은 속도변화−낙하횟수 테이블을 작성한다. 단계 (3)에서 기술한 것처럼, 낙하횟수 N을 상세히 한다는 것을 주목해야 한다. 기호 $\triangle V_N$은 플라스틱 프로그래머상에 N회 동등한 낙하에서 제품이 손상에 이르는 속도변화를 의미한다.

$\triangle V_N$ (cm/s)	N (회)
160	20.5
170	10.5
211	5.5
340	1.5

(7) 스파이크(spike) 입충격(input shock)에 대해 속도변화 $\triangle V_N$과 낙하횟수 N 사이의 이론적 관계는 다음과 같이 표현된다.

$$\triangle V_N = \sqrt{2g\left(A + \frac{B}{N}\right)} \tag{10.1}$$

식(10.1)에서 A와 B는 제품에 대한 고유특성값으로, A와 B 모두 길이의 차원을 가지며, 스프링에 대한 탄성－완전소성력(elastic-perfectly plastic force)－신장 모형에서의 D_{EL}과 D_{BP} 신장값에 다음과 같이 관련된다.

$$A = \frac{(2\pi f_n)^2 D_{EL}^2}{2g} \tag{10.2}$$

$$B = \frac{(2\pi f_n)^2 D_{EL}^2}{g}\left(\frac{D_{BP}}{D_{EL}} - 1\right) = 2A\left(\frac{D_{BP}}{D_{EL}} - 1\right) \tag{10.3}$$

여기서, f_n은 파괴되는 요소의 스프링/질량 모형의 고유진동수(natural frequency), D_{EL}은 탄성변형(신장량) (m), D_{BP}는 파괴에 이르는 변형을 각각 나타낸다.

입충격을 한 스파이크로서 간주하기 위해서는 식(9.17)에 나타내었듯이 요소의 고유진동수(natural frequency)가 입충격펄스 진동수의 1/2보다 작아야 한다. 식(10.1)을 보면, 낙하횟수 N이 증가할수록 손상에 이르는 속도변화는 작아지고, 또한 제품이 손상에 이르지 않기 위해서는 속도변화가 얼마나 작아야 하는지에 대한 한계예측이 가능한데, 이 한계는 $N \rightarrow \infty$라 놓음으로써 그림 10.6에서 처럼 얻어진다.

속도변화－낙하횟수의 관계를 그래프로 나타내면 그림 10.6과 같다.

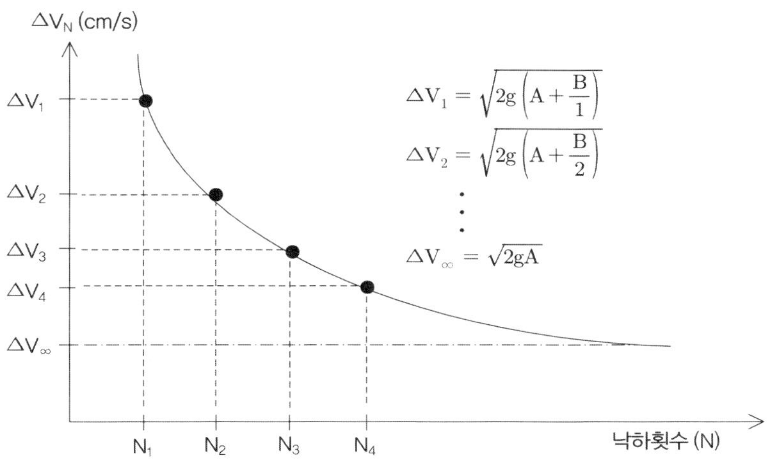

그림 10.6 속도변화 – 낙하횟수의 관계

다음에는 단계 (6)의 시험 데이터를 식(10.1)의 $\Delta V_N - N$ 방정식으로 표현하는 것이다. 단계 (6)의 테이블로부터 단지 2개 열의 데이터가 A와 B를 결정하는데 필요하다. 그렇지만 어느 2개를 선택하느냐에 따라 약간의 차이가 발생하므로, 이런 경우는 모든 데이터에 대해 회귀분석법(regression analysis)을 적용하면 모든 열의 데이터가 동등하게 고려되기 때문에 오차를 많이 줄일 수 있다.

N에 대한 상세값의 사용(예를 들면, 10 또는 11 대신에 10.5의 사용)은 또한 데이터의 평활화(smoothing)에 도움을 준다. 회귀분석방법은 제6장에서 동적응력–에너지 밀도(dynamic stress-energy density) 모형에 대한 회귀분석에 적용된 기법과 동일하다. 즉, 식(10.1)을 다음과 같이 변형시키면 선형회귀법의 적용으로 상수 A와 B를 쉽게 결정할 수 있다.

$$\Delta V_N = \sqrt{2g\left(A + \frac{B}{N}\right)} \rightarrow \frac{\Delta V_N^2}{2g} = A + \frac{B}{N} \tag{10.4}$$

$$\rightarrow \Delta V_N{}' = A + B N'$$

n = 단계 (6)의 테이블에서 열의 수(데이터의 조합수)

$S_1 = 1/N$ 값의 합$[=\Sigma(1/N)]$

$S_2 = \Delta V_N^2/2g$ 값의 합$[=\Sigma(\Delta V_N^2/2g)]$

$S3 = 1/N^2$ 값의 합$[=\Sigma(1/N^2)]$

$S4 = 1/N$과 $\Delta V_N^2/2g$의 곱에 대한 합$[=\Sigma(\Delta V_N^2/2gN)]$

$$A = \frac{S_2 S_3 - S_1 S_4}{nS_3 - S_1^2}, \qquad B = \frac{nS_4 - S_1 S_2}{nS_3 - S_1^2} \tag{10.5}$$

예제 10-1

단계 (6)의 테이블 속의 데이터를 활용해 식(10.1)의 $\Delta V_N - N$ 방정식의 각 계수들을 구하여 보자.

[풀이] 식(10.5)로부터 계수 A와 B를 계산하면 다음과 같다.

$n = 4$

$$S_1 = \sum\left(\frac{1}{N}\right) = \frac{1}{20.5} + \frac{1}{10.5} + \frac{1}{5.5} + \frac{1}{1.5} = 0.9925$$

$$S_2 = \sum\left(\frac{\Delta V_N^2}{2g}\right) = \frac{1.6^2 + 1.7^2 + 2.11^2 + 3.4^2}{2 \times 9.81} = 1.0939$$

$$S_3 = \sum\left(\frac{1}{N^2}\right) = \frac{1}{20.5^2} + \frac{1}{10.5^2} + \frac{1}{5.5^2} + \frac{1}{1.5^2} = 0.4890$$

$$S_4 = \sum\left(\frac{\Delta V_N^2}{2gN}\right) = \left(\frac{1.6^2}{20.5} + \frac{1.7^2}{10.5} + \frac{2.11^2}{5.5} + \frac{3.4^2}{1.5}\right) \times \frac{1}{2 \times 9.81} = 0.4544$$

$$A = \frac{S_2S_3 - S_1S_4}{nS_3 - S_1^2} = \frac{(1.0939)(0.4890) - (0.9925)(0.4544)}{(4)(0.4890) - 0.9925^2} = 0.0864$$

$$B = \frac{nS_4 - S_1S_2}{nS_3 - S_1^2} = \frac{(4)(0.4544) - (0.9925)(1.0939)}{(4)(0.4890) - 0.9925^2} = 0.7538$$

단계 (6)에서 테스트 결과를 갖는 제품에 대하여, 만일 이들 입충격이 스파이크(spike) 입력으로 적합하다면, N회 동등한 충격으로 제품을 손상에 이르는데 요구되는 속도변화는 다음과 같다.

$$\Delta V_N = \sqrt{2g\left(A + \frac{B}{N}\right)} = \sqrt{2g\left(0.0864 + \frac{0.7538}{N}\right)} = 1.3020\sqrt{1 + \frac{8.7245}{N}}$$

이 식이 단계 (6)에서의 실제 테스트 결과를 얼마나 잘 표현할 수 있는지를 알아보기 위해, N = 20.5, 10.5, 5.5, 1.5를 각각 식에 대입하여 예측한 값은 155, 176, 209, 340 cm/s으로, 이는 실제값에 매우 근접한다.

예제 10.1의 결과로부터 이 제품이 손상에 이르는데 요구되는 최소속도변화는 $\sqrt{2gA} = \sqrt{2 \times 9.81 \times 0.0864} = 130\ \text{cm/s}$이며, 그러나 무한정의 충격횟수를 가져야 한다. 1회의 낙하로 손상에 이르는데는 속도변화가 406 cm/s이다. 이것이 계단법(staircase method)에 의존하였다면, ASTM D3332에서 구한 한계속도변화(critical velocity change)가 될 것이다.

일단 A와 B가 결정되면 테스트는 종료된다. 이들 제품의 매개변수들은 알고자 하는 피로민감도에 대한 모든 정보를 포함하고 있다. 단지 플라스틱 프로그래머 낙하가 이러한 정보를 얻기 위해 사용되었으며, 따라서 여기까지의 모든 단계가 ASTM D3332의 플라스틱 프로그래머 부분에 해당되므로 이것으로 대치할 수 있다.

(8) 다음에는 테스트 제품이 일정한 정점 G값으로 반복충격을 받는 일련의 가스 프로그래머(gas programmer) 낙하가 또한 수행될 수 있다. 단계 (6)에서와 유사하게 G_N-N의 테이블이 작성되며, 이론에 기초하여 아래의 식(10.6)의 방정식으로 그 데이터들이 회귀분석된다.

이 식은 동일한 제품이 N회 동일한 가스 프로그래머 충격을 받게 될 때, 일정 감가속도 G값과 파괴에 이르는 낙하횟수 사이의 이론적 관계를 표현한다.

$$G_N = 2\pi f_n \sqrt{\frac{2A}{g}} \left(\frac{A + B/N}{2A + B/N} \right) \tag{10.6}$$

식(10.6)에서 f_n은 파괴되는 요소의 고유진동수(natural frequency)로 유일하게 식에 포함된 제품의 매개변수이다.
충격테이블 위에 새로운 제품을 놓고 원하는 정점 G값을 발생하도록 가스압력을 설정한 후, 제품을 반복적으로 낙하시키고, 파괴에 이르는 낙하횟수를 카운트한다. 이 값과 선택한 한 수준의 G_N 및 단계 (7)로부터 결정한 A, B값이 식(10.6)으로부터 f_n을 계산해 내는 데 사용된다. 또는 이전의 제5장 제2절에서 기술한 바 있는 비파괴시험법(nondestructive test) 중 하나로부터 f_n을 구할 수도 있다.

(9) 단계 (7)에서 속도변화 ΔV_N과 단계 (8)에서 감가속도 G_N은 관행의 DBC상에서 한계속도변화(critical velocity change) ΔV_{cr} 및 한계가속도(critical deceleration) A_{cr}과 같은 의미를 갖는다. 단지 낙하횟수 N에 대하여 다른 쌍을 가진다.
취약요소의 고유진동수를 알고, 일단 단계 (7)로부터 A와 B를 구하면, 일련의 DBC를 구성할 수 있다. 특정한 낙하횟수 N에 대한 한계속도변화와 한계가속도는 단계 (7)로부터 결정된 A, B와 고유진동수를 단순히 사용하여 ΔV_N과 G_N에 대한 식(10.1)과 (10.6)으로부터 산출할 수 있다.
다양한 낙하횟수 N에 대해 이러한 계산을 되풀이하면, 한 도표에 일련의 DBC를 구성할 수 있다. 아래에 나타낸 표와 그림 10.7은 단계 (6)에서의 예에 대해 실행된 결과이다. 여기서 고유진동수는 50 Hz로 가정되었다.

$$\begin{cases} \triangle V_N = \sqrt{2g\left(A + \dfrac{B}{N}\right)} = 1.3020\sqrt{1 + \dfrac{8.7245}{N}} \\ G_N = 2\pi f_n \sqrt{\dfrac{2A}{g}}\left(\dfrac{A + B/N}{2A + B/N}\right) = \dfrac{3.6007 + 31.4140/N}{0.1728 + 0.7538/N} \end{cases}$$

N	$\triangle V_N$ (cm/s)	G_N (G's)
1	406	37.8
2	301	35.1
3	257	33.2
4	232	31.7
5	216	30.5
10	178	27.2
100	136	21.7
1000	131	20.9
∞	130	20.8

(a) 실행결과

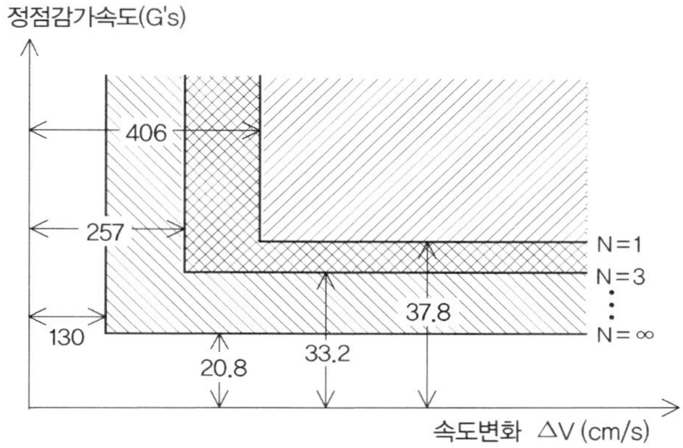

(b) DBC

그림 10.7 피로민감도를 고려한 낙하횟수에 따른 DBC

ASTM D3332의 계단법(staircase method)으로부터 결정된 한계속도변화와 한계가속도는 이 테이블의 첫 번째 줄에 있는 값이며(계단법을 적용하지 않았을 때는 이 보다 작음), 그렇지만 이 제품은 이것보다 한층 더 작은 충격으로도 손상에 이를 수 있다.

즉, 이 속도변화의 약 1/3과 가속도의 약 1/2 수준의 충격으로도 여러 번 낙하된다면 제품을 손상에 이르게 할 수 있다. 이렇게 작은 충격이더라도 요소의 탄성한계 이상으로 내몰기에 충분히 크다면 영구변형을 야기시킨다.

【1】 관행의 낙하표준실행과의 관계

순수 탄성거동(선형 스프링을 갖는 과거의 모형)은 탄성-완전소성 거동(elastic-perfectly plastic behavior)의 한 특별한 경우(소성영역 완전제거)에 해당되므로, 여기서의 모든 결과는 관행의 DBC를 포함한다.

속도변화 $\triangle V_N$과 가속도 G_N에 대한 두 방정식인 식(10.1)과 (10.6)을 보면, 낙하횟수 N은 항상 항 B와 관련되어 있음을 알 수 있고, 만일 B가 0이라면, 그때 두 식은 모두 N에 독립이 된다. 그렇지만 순수탄성재료의 파괴는 낙하횟수에 또한 독립이므로, 따라서 B는 소성변형(plastic deformation)과 A는 탄성변형(elastic deformation)과 각각 관련된다. 이것은 또한 전체 제품의 매개변수 A와 B가 단계 (7)에서 주어진 요소의 특성인 D_{EL}과 D_{BP}에 연결시키는 식으로부터 증명된다.

만일 순수탄성거동이라면, 그때 재료에 대한 파괴점(break point)은 탄성한계(elastic limit)와 동일하며, 이 경우 힘-변형선도상에 소성영역은 없다. 즉, D_{BP} = DEL이므로, B = 0이 된다. 따라서 식(10.2)와 (10.3)으로부터 $B = 0$, $A = (2\pi f_n)^2 D_{EL}^2 / 2g$이므로, ΔV_N과 G_N은 다음과 같이 각각 표현된다.

$$\Delta V_N = \sqrt{2g\left(A + \frac{B}{N}\right)} \quad \rightarrow \quad \Delta V_N = (2\pi f_n) D_{EL} \tag{10.7}$$

$$G_N = 2\pi f_n \sqrt{\frac{2A}{g}} \left(\frac{A + B/N}{2A + B/N}\right) \quad \rightarrow \quad G_N = \frac{(2\pi f_n)^2 D_{EL}^2}{2g} \tag{10.8}$$

이 두 식은 모두 낙하횟수 N에 독립이고, 이전의 제 9장에서 DBC 연결방정식인 식 (9.6) 및 (9.7) ($D_{EL} = D_{cr}$)과 각각 동일하다($\Delta V_N = \Delta V_{cr}$, $G_N = G_{cr}$).

앞의 예제에서 A = 0.0864와 B = 0.7538이므로, B는 A에 비하여 명백하게 크므로, 이것은 재료가 탄성영역에 비해 큰 소성영역을 가지고 있다는 것을 의미한다. 이 A와 B 그리고 단계 (7)의 연결방정식에서 가정된 f_n = 50 Hz를 적용하면, D_{EL}과 D_{BP}는 다음과 같이 각각 계산되어, 이로부터 한층 더 명확해졌다.

$$A = \frac{(2\pi f_n)^2 D_{EL}^2}{2g} \rightarrow D_{EL} = \frac{\sqrt{2 \times 9.81 \times 0.0864}}{2\pi \times 50} = 0.0041\ \text{m}\ (4.1\ \text{mm})$$

$$B = \frac{(2\pi f_n)^2 D_{EL}^2}{g}\left(\frac{D_{BP}}{D_{EL}} - 1\right) = 2A\left(\frac{D_{BP}}{D_{EL}} - 1\right) \rightarrow$$

$$D_{BP} = D_{EL}\left(\frac{B}{2A} + 1\right) = 0.0041\left(\frac{0.7538}{2 \times 0.0864} + 1\right) = 0.0222\ \text{m}\ (22.2\ \text{mm})$$

만일 제품이 완전 탄성거동(소성영역 전무)을 한다면, 새로운 낙하시험 절차는 항상 ASTM D3332와 동일한 결과를 낳을 것이다.

【2】 동일하지 않은 충격으로부터의 누적손상 (Cumulative Damage)

한 제품을 동일한 높이로부터 반복 낙하시켜 파괴에 이르는 낙하횟수를 카운트하는 것 대신에 매번 다른 낙하높이로부터 제품을 반복 낙하하는 경우로, 즉 동일하지 않은 반복낙하에 대한 누적손상을 생각하여 보자.

이는 한계속도변화(critical velocity change)와 한계가속도(critical deceleration)를 찾는데 있어, ASTM D3332에서 엄밀히 취하는 방법이다. 손상에 대한 이러한 일련의 동일하지 않은 낙하의 영향이 무엇인가? 이에 대한 대답은 상당히 간단하다.

먼저 ASTM D3332의 플라스틱 프로그래머 부분을 고려해 보자. 만일 N에 대해 $\Delta V_N - N$ 방정식을 풀면, 테이블(제품) 속도변화가 각 낙하에 대해 ΔV_N일 때, 제품이 손상에 이르는 동일 낙하횟수로 표현되는 식이 된다.

$$\Delta V_N = \sqrt{2g\left(A + \frac{B}{N}\right)} \quad \rightarrow \quad N = \frac{B}{\dfrac{\Delta V_N^2}{2g} - A} \tag{10.9}$$

이들 낙하들은 동일하고, 그 거동이 완전소성(perfectly plastic)이므로, 각각의 충돌은 동일한 양의 손상을 야기하므로, 따라서 이들 낙하의 어느 하나에 의한 제품의 미소손상량(fractional damage)은 다음과 같이 표현된다.

$$\text{미소손상량} = \frac{1}{N} \tag{10.10}$$

따라서 각각의 낙하에 대해 미소 손상의 자취를 누적시키면 연속되는 낙하의 결과에 대한 손상상태를 추정할 수 있다.

예제 10-2

피로시험(fatigue test) 절차 중 단계 (6)에서의 예에 대해, 시험적으로 결정된 제품의 매개변수는 A = 0.0864와 B = 0.7538이다. 한 새로운 제품이 다른 낙하높이 즉, 7.5, 15 및 25 cm로부터 충격시험기(shock machine)의 플라스틱 프로그래머(plastic programmer) 상에 연속 낙하한다고 하자. 이들 낙하높이에 대한 테이블의 속도변화는 표 4.1의 충격시험기 성능차트로부터 얻어진다. 제품이 파괴에 얼마나 근접하는지 판단하여 보자.

[풀이] 아래의 테이블에서, 각 낙하높이에서 손상에 이르는 낙하횟수는 식(10.9)의 $\Delta V_N - N$ 방정식을 사용하여 먼저 계산되며, 상당하는 미소손상량(fractional damage)과 누적손상량(cumulative damage)은 아래의 표에서와 같다. 예를 들어, 낙하높이 15 cm에 대한 이들 값은, 속도변화 251 cm/s에 대한 손상에 이르는 낙하횟수는 식(10.9)로부터 다음과 같이 계산되므로, 미소손상량은 0.312, 그 때까지의 누적손상량은 0.409가 된다.

$$N = \frac{B}{\frac{\Delta V_N^2}{2g} - A} = \frac{0.7538}{\frac{2.51^2}{2 \times 9.81} - 0.0864} = 3.21$$

미소손상량(fractional damage), $\frac{1}{N} = \frac{1}{3.21} = 0.312$

누적손상량(cumulative damage), $0.097 + 0.312 = 0.409$

즉, 첫 번째 낙하 후(7.5 cm 낙하) 제품은 9.7 % 손상을 입는다. 두 번째 낙하 후(7.5 → 15 cm)에는 약 41 %, 그리고 3번째 낙하 후(7.5 → 15 → 25 cm)는 99 % 손상을 입게 된다.

낙하높이 (cm)	테이블, △V (cm/s)	낙하횟수 (N)	미소손상량, 1/N	누적손상량
7.5	177	10.29	0.097	0.097
15	251	3.21	0.312	0.409
25	320	1.73	0.578	0.987

만일 ASTM D3332에 따라 계단법을 적용하지 않은 한계속도변화를 파악하기 위한 테스트였다면, 제품이 마지막 낙하에서 손상을 입었으므로, 한계속도변화를 ΔV_{cr} = 320 cm/s(계단법 적용시는 406 cm/s)라고 결론을 내릴 것이다. 보수적인 추정치는 안전팩터(safety factor)를 제공하며, 그렇지만 더 많은 완충요구조건에 귀착된다.

같은 종류의 분석이 가스 프로그래머(gas programmer) 낙하에 대해서도 실시될 수 있다. 만일 한 새로운 제품이 한계가속도(critical acceleration)를 파악하는 일련의 다른 가스압력을 받게 된다면, 그때 손상은 누적되고, 제품은 조속하게 파괴에 이르게 될 것이다.

충격시험기 성능차트로부터 일련의 낙하에 사용된 각 가스압력에 대해 G값을 얻을 수 있고, 이것을 $G_N - N$ 방정식에서 G_N으로써 사용하고, N에 대해 풀면, 미소손상량(fractional damage) (1/N)과 누적손상량(cumulative damage)을 각각 계산하여 위에서와 같은 방법으로 분석할 수 있다.

10.3 완충설계에의 적용

완충설계(cushioning design)에 대한 낙하표준실행의 적용문제는 제7장에서 기술하였다. 첫 번째 단계는 제품의 대한 설계낙하높이(design drop height)를 확립하는 것이다. 이것의 결정에 도움을 주는 ASTM과 ISTA 규격에는 유용한 낙하높이－포장중량(package weight) 차트가 여러 개 있다. 다음 단계는 적합한 완충재를 선택하여야 하며, 사용되는 완충재의 양을 결정하기 위하여 그 재료에 대한 완충곡선(cushion curve)과 관행의 DBC가 사용된다.

한계속도변화(critical velocity change)는 선택된 설계낙하높이에 대해 완충의 필요성 여부를 판단하기 위해 사용된다. 즉, 예상속도변화(expected velocity change) $(1+e)\sqrt{2gh_N}$를 한계속도변화에 비교함으로써 실행된다. 여기서 h_N은 N회 동등한 낙하에서 손상에 이르는 등가자유낙하높이(equivalent free-fall drop height)이다.

만일 예상속도변화가 한계속도변화보다 작다면, 충격보호를 위한 완충의 필요성은 없으나, 그렇지 않은 면 완충을 실시해야 한다. 만일 완충이 필요하다면, 한계가속도(critical acceleration)가 완충곡선상에서 제품이 받을 수 있는 G값을 한정하는 기준으로 사용된다. 설계낙하높이로부터 완충재상에 낙하시 G값이 한계가속도 이하로 확보된 상태에서 완충재 두께, 지지면적(bearing area) 및 형상 등이 결정된다.

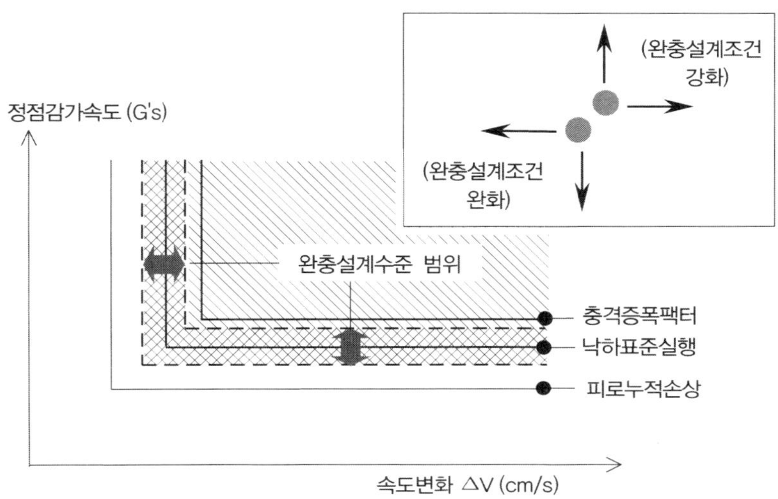

그림 10.8 설계한계변동의 개념

피로(fatigue) 문제가 관행의 낙하표준실행에서는 고려되지 않았다. 그렇지만, 현 상태의 절차에서 어떤 변화없이 설계낙하높이(design drop height)에 설계변수 N(기대하는 낙하횟수)을 보태어 확립되는데, 이는 예상되는 하역작업의 수에 기초하여야 한다.

ISTA와 ASTM 규격에서는 작은 소화물의 하역/선별 환경을 모의하는 것이 목적이라면 15회를 권장한다. 취약성(fragility)을 결정하기 위해 제품에 대해 피로시험을 미리 실행하여, 그 제품에 대한 매개변수 A, B값을 알고 단계 (9)에서 기술된 일련의 DBC를 가지고 있다고 가정한다.

따라서 적절한 ΔV_N과 G_N을 결정하기 위해 설계변수 N을 사용한다. 이들 값들을 한계속도변화와 한계가속도로 사용하여, 이 시점부터 낙하표준실행을 따른다. N = 1을 제외하고는 피로로 인해 보강된 완충요구조건을 확인할 수 있다.

만일 제품이 매개변수 A에 비하여 B의 값이 더 큰 값을 가진다면, 그때는 큰 소성영역(plastic region)을 가지므로, 낮은 충격 수준에서 조차도 피로파괴(fatigue failure)에 민감해 진다. 이들 제품에 대해서는 대개 두꺼운 완충이 요구된다.

그림 10.8에서 보는 바와 같이 낙하표준실행은 완충을 설계하는 G값으로써 DBC 상의 한계가속도를 사용한다. 그렇지만 한계가속도는 사각파 입충격(square-wave input shock)에 대한 것이고, 대개 실제의 완충재는 반정현파 충격(half-sine shock)을 보인다.

반정현파-사각파 충격효과 때문에 G_{cr} 이상의 설계한계를 허용하는 완충 재설계 과정을 선택한다면(제9장), 그때는 이것은 완충요구수준이 완화될 것이다. 따라서 두 경쟁적인 효과 즉, 제10장에서의 피로누적손상(fatigue cumulative damage)으로 인한 완충요구수준의 강화와 제9장의 충격증폭팩터(shock amplification factor)(반정현파-사각파)로인한 완충요구수준 완화가 있다.

어느 효과가 더 우세한지는 특정한 경우에 의존한다. 충격증폭팩터를 고려해 얻는 절감 효과가 피로를 고려함으로써 완전히 손실될 수도 있다. 낙하표준실행에 따른 설계가 실제적으로 순수일치에 의한 가장 경제적인 설계로 판명될 수도 있다.

예제 10-3

예제 10.2의 제품에 대한 DBC를 도출하는데, 피로누적효과를 고려한 새로운 테스트 절차를 9단계에 걸쳐 기술하였다. 이 제품에 대한 완충설계를 생각해 보자. 설계낙하높이는 60 cm에 대하여 낙하표준실행에 따르는 경우와 기대되는 낙하횟수를 5라 할 때, 충격증폭팩터와 피로누적손상을 모두 고려했을 때 완충설계를 위한 한계가속도는 어떻게 되겠는지 판단하여 보자.

[풀이] 만일 낙하표준실행에 따를 경우, 사용하고자 하는 G값은 DBC를 얻기 위해 사용되는 ASTM D3332에 의존한다. 계단법(staircase method)을 적용할 경우 단계 (9)의 표로부터 $G_{cr} = 37.8$이다. 계단법을 적용하지 않는다면, G_{cr}는 이것보다 작은 값일 것이다. 얼마나 더 작은가는 제품이 파괴되기 전까지의 충격횟수가 얼마냐에 의존한다. 이것은 알려지지 않았으므로, 여기서는 계단법을 적용했다고 가정한다. 그 다음 표준실행에 따라, 37.8 G의 충격이 전달되도록 완충을 설계한다.

만일 피로누적효과를 고려한다면, N = 5에 대하여, 한계속도변화(critical velocity change)와 한계가속도(critical acceleration)는 그림 10.7로부터 각각 216 cm/s와 30.5 G이다. 여기서 충격증폭팩터를 고려하지 않을 경우는 이 30.5 G의 충격이 전달되도록 완충설계하면 된다.

선택되는 완충재에 의존하여 완충두께와 지지면적이 결정된다. 만일 피로를 고려한 상태에서 다시 충격증폭팩터를 고려할 경우는, 그 때는 완충요구수준의 감소에 관한 제9장의 재설계 절차를 적용하여야 한다.

최적의 재설계는 가능하면 가장 큰 G값을 전달하도록 허용한다. 표 9.1로부터 다음과 같이 계산하면, $G_{cush} = 38$ G가 되므로, 이것은 거의 낙하표준실행에 따른 설계한계와 동일하다. 따라서 거기에는 두 접근방법 사이에는 실제적으로 차이가 없다.

$$\frac{\Delta V_{cr}}{\sqrt{2gh}} = \frac{2.16}{\sqrt{2(9.81)(0.6)}} = 0.630, \quad \frac{G_{cush}}{G_{cr}} = \frac{G_{cush}}{30.5} = 1.242 \rightarrow G_{cush} = 38\text{ G}$$

충격증폭팩터를 고려함으로써 얻어지는 유리한 점이 무엇이든간에 피로누적손상을 고려함으로써 손실된다. 그렇지만 이것은 우연의 일치일 뿐이고, 많은 경우에 있어서는 그림 10.8에서 처럼 피로누적손상과 충격증폭팩터 모두 고려시 낙하표준실행을 사용한 한계가속도보다 작거나 또는 큰 G값에 귀착될 것이다.

연 습 문 제

(1) 다음 사항에 대하여 완충설계조건이 강화인지 완화인지를 공학적 근거를 기준으로 설명하여라.

- 낙하표준실행에서 계단법의 적용
- 낙하표준실행에서 계단법의 미적용
- 충격증폭팩터의 적용
- 피로누적손상의 적용
- 비완전평면낙하 적용

(2) 80 Hz의 취약요소를 수용한 한 제품을 생각하자. 충격시험기의 플라스틱 프로그래머상에서 새로운 두 제품에 대해 시험하려 한다. 한 제품은 테이블 속도변화 102 cm/s에서 8회 낙하시 손상을 입었고, 다른 한 제품은 속도변화 152 cm/s에서 2회 낙하시 손상을 입었다. 이 제품에 대한 5회 낙하 DBC를 작도하라.

(3) 고유진동수 30 Hz의 취약요소를 수용한 한 제품이 피로로 인해 파괴된다고 하자. 1회 낙하에서 요소가 손상을 입는 데 요구되는 한계속도변화와 한계가속도는 각각 224 cm/s와 16 G이다. 제품의 특성인 A와 B의 값과 이 제품에 대해 10회와 100회의 동등한 낙하에서 요소가 손상을 입을 경우, 감소된 한계속도변화와 한계가속도를 각각 구하라.

(4) 관행의 모형에서 요소의 고유진동수는 식 $f_n = G_{cr}g/\pi \ \Delta V_{cr}$을 통해 관행의 DBC 파라미터에 관련된다. 피로에 의해 파괴되는 제품(ΔV_N과 G_N은 피로 DBC 파라미터)에 대해서도 이러한 관계가 성립되겠는가?

(5) 다음의 표에 나타낸 실험데이터를 활용하여 다음을 각각 구하여라.

ΔV_N (cm/s)	ΔV_N (cm/s)	G_N (G's)	N회
150	26.5	30	5.5
165	14.5		
222	4.5		
350	1.5		

- 제품의 고유특성 값인 A와 B
- 요소의 고유진동수, 탄성변형한계 및 파괴변형한계
- 낙하횟수별 한계속도변화와 한계가속도 모형
- 낙하횟수 N = 1, 2, 3, 4, 5, 10, 100, 1000, ∞에 대하여 한계속도변화(ΔV_{cr})와 한계가속도(G_N)을 각각 추정하고, DBC를 작도

11 제품의 비평면낙하와 완충설계

Non-flat Drop of Products & Cushioning Design

- 비평면 낙하이론

- 실제 제품과의 관계

낙하표준실행을 통한 DBC는 제품이 완전평면낙하(perfect flat drop)를 전제로하며, 다른 방향의 충돌에 비해 가장 가혹한 조건의 시험이다. 그러나 제품의 실제 유통과정에서 평면낙하할 가능성은 거의 없고, 대부분 코너낙하(corner drop)가 발생한다.

따라서 이번 장에서는 비평면낙하에 대한 이론적 고찰을 통해 포장화물의 낙하시 제품 내 요소의 위치에 따른 충격정도를 분석하여, 이를 통한 완충수준의 적정화와 제품 내 민감요소의 적정 수용위치 등 제품의 재설계 문제에 대하여 기술하고져 한다.

11.1 비평면낙하(Non-flat Drop) 이론

앞의 제9장과 10장에서는 적정완충설계를 위한 낙하표준실행의 개선에 대해 기술하였는데, 그 주요 내용은 DBC의 사각파(square-wave) 성질과 연계된 문제점, 그리고 피로누적손상을 겪는 실제 제품에 대한 경향 및 완충 데이터의 신뢰성에 관한 것들이었다. 그렇지만 이 모든 것이 완전평면낙하(perfect flat drop)를 전제로 한 문제들 이었다.

실제 취급과정에서 완전평면낙하는 좀처럼 발생하지 않는다. 포장 속에 제품과 함께 포장되어 낙하하는 센서를 통해 분석된 한 결과를 보면, 전체 낙하 중 모서리 낙하

(edge drop)가 거의 절반이고, 이어 코너(corner drop)와 면낙하(face drop) 순이었다. 이것은 기본적인 확률, 즉 상자에는 모서리 12개, 코너 8 및 면 6개에서, 모서리 낙하 확률은 12/(12 + 8 + 6) = 46 %, 면 낙하 23 %, 코너 낙하 31 %인 점과 일치한다.

그렇지만 여기서 평면과 모서리낙하의 개념이 다소 모호하다. 진정한 평면낙하(flat drop)는 상자의 4코너가 동시에 바닥을 타격하는 경우로 거의 확률은 0이고, 마찬가지로, 진정한 모서리 낙하도 한 모서리를 끼고 있는 모든 점들이 동시에 바닥을 타격하는 경우이므로 확률은 0이다. 따라서 대부분의 낙하는 코너 낙하로 간주되며, 그 확률은 100 %에 근접한다.

코너 낙하는 대부분 포장화물(package)이 그것의 무게중심(cg, center of gravity)이 바닥을 타격하는 코너에 대한 수직선 상을 벗어난 상태로 바닥을 타격하기 때문에 분석하기가 어렵다. 이것은 그림 11.1에서 보는 바와 같이 중력 중심 주위로 모멘트를 발생시키는 마찰력(friction force) F와 충돌력(impact force) 또는 법선력(normal force) N을 발생시킨다.

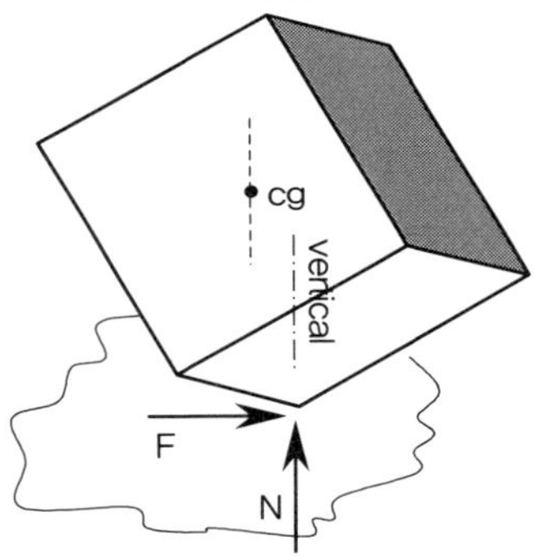

그림 11.1 포장화물의 코너낙하 (corner drop)

포장화물은 이 충돌점에 관하여 보통 텀블링하고, 다른 코너 또는 모서리에 의해 2차, 3차 바닥을 타격하며, 회전 반응을 나타낸다. 상당히 짧은 시간 안에 포장화물은 다양한 부위에서 여러번 충돌이 발생할 수 있다. 제품 내 취약요소가 이러한 모든 것에 저항할 수 있는 가능성은 충돌 지점에 관한 그 요소의 상대적 위치에 의존한다.

요소가 어떤 모서리상에서는 첫 번째 충돌에서 파괴될 수 있고, 또는 다른 모서리가 먼저 부딪히면 많은 부차적인 타격 후에도 전혀 손상되지 않을 수 있다. 이런 이유 때문에 무엇이 발생할 것인가를 예측하는 것은 거의 불가능하므로, 여기서 우리가 할 수 있는 최선은 요소에 대한 충격의 상한을 설정하는 것이다.

비평면낙하에 대한 이론적 전개를 위해 그림 11.2와 같이 간단한 문제를 생각해 보자. 테이블 위에 한 연필이 낙하할 때 어떠한 현상이 발생하는가를 분석해 보면, 모서리와 코너 낙하 상황에서의 포장화물 거동에 관한 많은 정보를 얻을 수 있다.

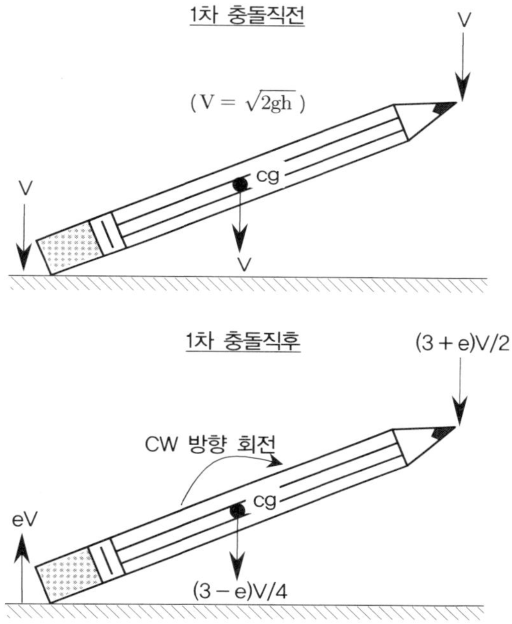

그림 11.2 연필의 비평면낙하에 대한 1차 충돌 전후의 속도

그림 11.2에서와 같이 일정 낙하높이로부터 연필의 고무 끝단을 아래로 향하게 하고, 약 45°를 이루면서 낙하시켜 보자. 이러한 조건은 앞에서 언급된 다중충돌(multiple impact)을 분명히 보여주는 것으로써, 이들 충돌 중 어느 것이 최대충격을 야기시키는지는 분명하지 않다.

1차 충돌시 연필은 처음 낙하높이의 단지 미소량을 리바운드하여 이어지는 충돌은 한층 작은 낙하에너지를 다루기 때문에 1차 충돌이 가장 가혹한 것으로 보여질 수도 있다. 그렇지만 1차 충돌은 또한 연필을 시계방향으로 회전하게 하여, 오른쪽 끝단이 왼쪽 끝단에 비해 더 빠른 속도로 바닥에 부딪히게 한다. 왼쪽 끝단으로 테이블을 충돌하였으므로, 이때 리바운드 속도(rebound velocity)는 식(3.8)에 의해 (리바운드 속도) = (반발계수) × (충돌속도)로 표현된다.

한편 오른쪽 끝단의 리바운드 속도는 충격량－운동량 방정식(impulse-momentum equation)의 응용을 통해 그림 11.2에 나타낸 것처럼, 왼쪽 끝단이 충돌하기 바로 직전까지 오른쪽 끝단은 속도 V로 운동하다가, 왼쪽 끝단의 충돌 후 아래방향으로 향하는 리바운드 속도 (3 + e)V/2을 가진다. 따라서 반발계수 e는 0~1 사이의 값을 가지므로, 오른쪽 끝단은 1.5~2 V 사이의 속도로 테이블에 충돌하게 된다.

속도변화(velocity change) ΔV는 에너지로써 손상에 관련되기 때문에 가장 중요하다. 어떤 한 점의 속도변화는 그것의 충돌속도와 리바운드 속도 사이의 차이이며, 방향이 서로 반대이므로 부호가 고려되어야 한다. 따라서 1차 충돌의 결과로써 연필의 양 끝단에서의 속도변화는 다음과 같이 각각 계산된다.

왼쪽 끝단, $\Delta V = eV - (-V) = (1 + e)V$

오른쪽 끝단, $\Delta V = -(3 + e)V/2 - (-V) = -(1 + e)V/2$

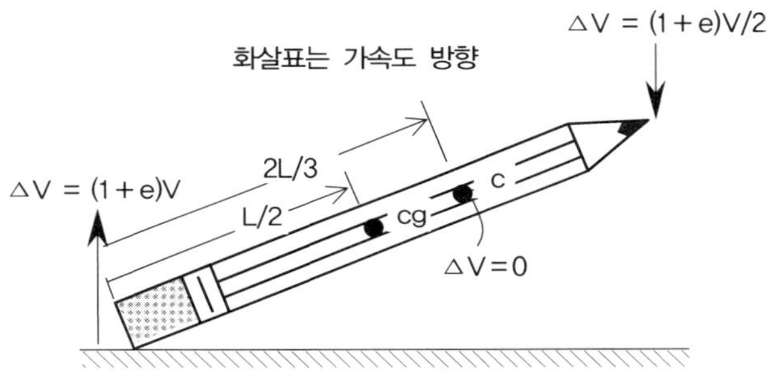

그림 11.3 연필의 비평면낙하시 1차 충돌 중의 속도변화

속도변화는 연필을 따라 선형적으로 변한다. 즉, cg(무게중심)가 중간부분에 있으므로, 그곳의 속도변화는 좌·우측 끝단의 평균값인 (1 + e)V/4가 된다. cg의 오른쪽으로 연필 길이의 2/3 지점에 속도변화가 0인 충돌중심(cp, center of percussion) (그림속에 cp로 표시)으로 알려진 한 점이 있다.

충돌중심(격심)은 무게중심과는 구분되며, 이에 대한 물리적 의미는 물체가 외부로부터 힘을 받아 움직일 경우, 어떤 점을 중심으로 회전을 하게 되면 그 물체의 회전축에서 회전 반작용의 영향을 거의 받지 않는 작용점(sweet zone)이다.

제품에 있어 격심의 중요성은 그 곳의 속도변화가 0이므로, 충돌의 결과로써 감속이나 가속 어느 것도 발생하지 않는, 즉 충돌 직전에 가지고 있던 속도 V와 동일하게 아래방향으로의 운동을 유지한다. 만일 가속도센서(연필 무게에 영향을 주지 않을 만큼 작은 것)를 이 격심위치에 부착하였다면 어떠한 충격도 기록하지 못하므로, 실제 제품의 격심에 위치한 취약요소는 아무런 충격을 경험하지 못한다.

왼쪽 끝단의 충돌 후, 연필의 오른쪽 끝단이 테이블을 미소시간 타격하는 2차 충돌도 같은 방법으로 분석된다. 즉, 1차 충돌로부터의(오른쪽 끝단의) 리바운드 속도가 2차 충돌시 충돌속도(impact velocity)가 되므로, 리바운드 속도는 충격량-운동량 방정식에 의해 그림 11.4에 나타낸 바와 같이 e(3 + e)V/2가 된다.

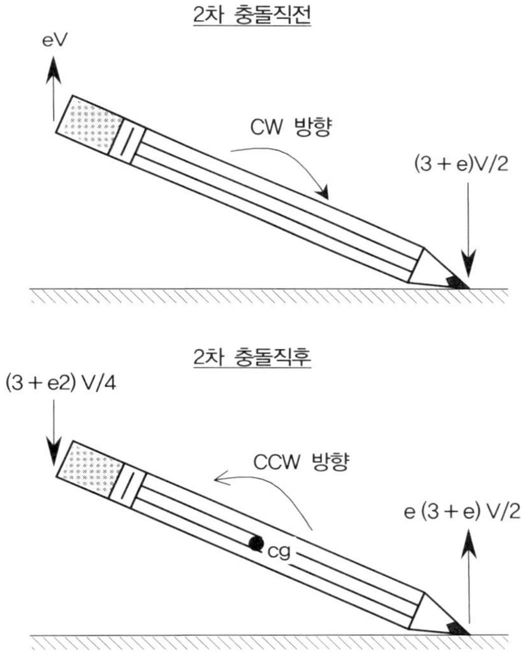

그림 11.4 연필의 비평면 낙하에 대한 2차 충돌 전후의 속도

2차 충돌시 속도변화도 그림 11.5와 같이 1차 충돌시와 동일하게 계산되며, 격심의 위치는 오른쪽 끝단으로부터 연필 길이의 2/3 지점으로 이동된다. 일반적으로 한 연필에 대해 타격하는 끝단으로부터 2/3 떨어진 곳이 격심의 위치이다.

이러한 접근방법을 계속 적용하면, 연이은 모든 충돌에 대한 속도변화를 분석할 수 있으나, 그렇지만 두 번째 끝단의 충돌시의 속도변화보다 더 큰 경우는 없다. 따라서 최대속도변화는 식(11.1)과 같이 표현된다.

$$\Delta V_{max} = \frac{e(3+e)V}{2} - \left\{-\frac{(3+e)V}{2}\right\} = \left(\frac{3+e}{2}\right)\Delta V_{flat} \tag{11.1}$$

여기서, e는 반발계수(coefficient of restitution), h는 처음 낙하높이(m), V_{flat}는 식(3.10)으로부터 $(1+e)\sqrt{2gh}$로 표현되는 낙하높이에 대한 완전평면낙하시의 속도변화를 각각 나타낸다.

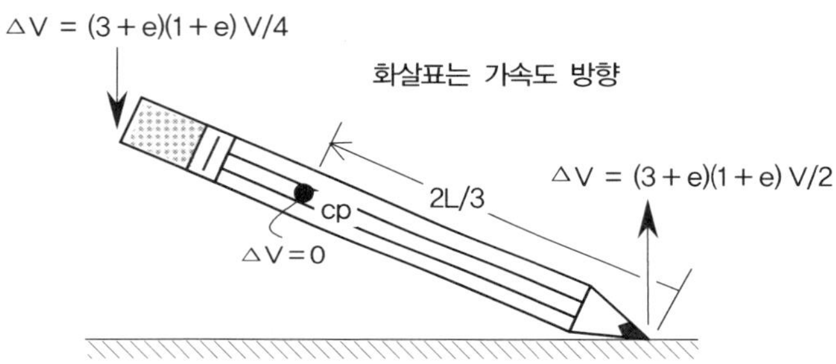

그림 11.5 연필의 비평면낙하시 2차 충돌 중의 속도변화

그 끝점에서의 속도변화는 1차 충돌시와는 반대방향이라는 데 주목해야 한다. 이것은 모든 충돌에 있어 발생하는 현상으로 타격되는 끝점은 감가속되나, 반대편 끝점은 가속된다. 따라서, 속도변화가 0이 되는 중간적인 한 점이 항상 존재하게 되는데, 이 점이 충돌중심(center of percussion)이고, 어느 끝점에서 충돌하든 그것의 충돌속도와 반발계수의 크기에 관계없이, 지면을 타격하는 끝단으로부터 연필 길이의 2/3 지점에 항상 위치한다.

바닥을 치는 끝단과 cp 사이의 모든 점들은 충돌 중 감속되고, cp와 다른 끝단 사이의 모든 점들은 가속된다. cp 그 자체는 충돌 동안에 같은 속도로 아래방향으로 운동을 계속하므로 충격을 겪지 않는다.

11.2 실제 제품과의 관계

비평면낙하(non-flat drop)시 포장 내부의 실제 제품의 거동은 연필의 거동과 매우 유사하다. 즉, 항상 발생하는 최대속도변화는 타격하는 두 번째 모서리 또는 코너에서 발생하며, 충격이 없는 격심 위치는 제품의 모서리 또는 코너로부터 밑면 폭의 약 2/3 지점에 위치한다.

포장화물의 밑면을 연필의 거동으로, 그리고 제품 내 수용된 요소들은 연필의 길이 방향으로 각각 부착된 스프링/질량시스템(spring/mass system)으로 생각해 볼 수 있다. 각 요소는 위치에 따라 충돌로 인한 충격정도가 다르며, 또한 이에 따라 다르게 반응하게 된다.

각 위치에서의 속도변화는 연필의 길이에 따라 선형적으로 변한다는 사실을 이용해 계산할 수 있다. 이것을 계산하는 가장 쉬운 방법은 속도변화가 알려진 어느 두 지점을 찾고, 그 다음 모든 중간지점을 비교하는 것이다. 그 지점의 한 곳은 격심($\Delta V = 0$)이고, 다른 한 지점은 끝단이 된다.

이러한 분석의 목표는 모서리 또는 코너낙하에 대한 손상잠재성을 평가하는 것이기 때문에, 최악의 경우가 상정된다. 즉, 끝단의 속도변화가 최대값을 나타내는 식(11.1)의 값이 설계에 적용된다.

예제 11-1

아래에서와 같이 길다란 막대 형태의 제품을 생각해 보자. 위치 A와 B에서의 속도변화(최악의 경우를 상정)를 계산해 보자. 낙하높이는 60 cm, 반발계수는 0.5, 그리고 제품의 한쪽 끝단이 먼저 낙하하는 것으로 간주한다.

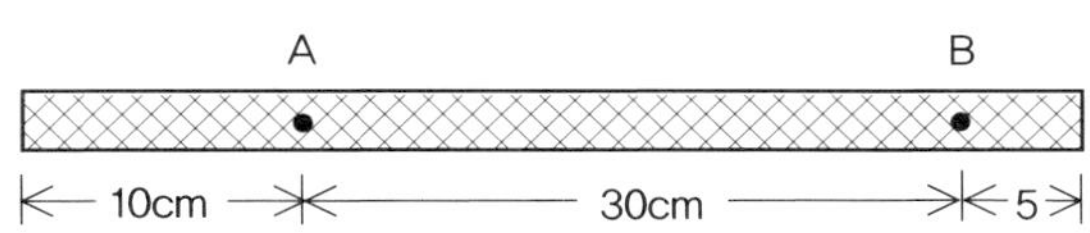

[풀이] 최대속도변화는 1차 충돌한 지점의 반대 끝단에서 발생하며, 식(11.1)로부터 다음과 같이 계산된다.

$$\Delta V_{flat} = (1+e)\sqrt{2gh} = (1+0.5)\sqrt{2\times 9.81\times 0.6} = 5.15\ \text{m/s}$$

$$\Delta V_{max} = \left(\frac{3+e}{2}\right)\Delta V_{flat} = \left(\frac{3+0.5}{2}\right)\times 5.15 = 9\ \text{m/s}$$

만일 제품의 왼쪽 끝단이 먼저 충돌한다면, 오른 쪽 끝단은 잠시뒤 충돌하게 되고, 그때 속도변화는 위의 계산한 값을 가지게 된다. 그 경우에 있어, 속도변화를 알 수 있는 두 지점은 충돌중심(cp)과 오른쪽 끝단이다. 즉, cp는 45 cm의 2/3 지점인 오른쪽 끝단으로부터 30 cm에 위치하며, A와 B점에서의 속도변화는 단순한 비례관계로부터 다음과 같이 각각 계산된다.

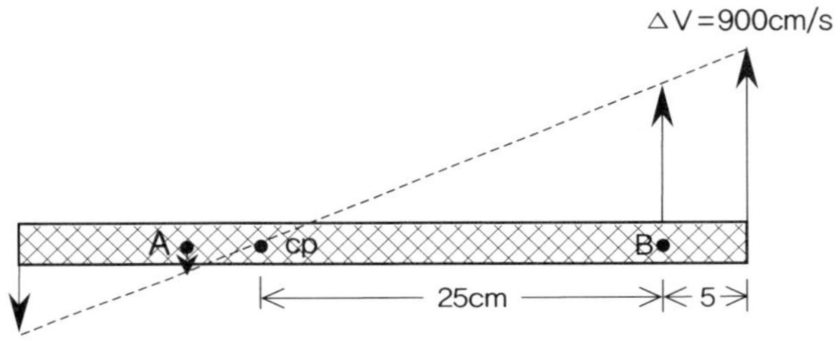

$$\frac{\Delta V_A}{5} = \frac{900}{30} \rightarrow \Delta V_A = 150\ \text{cm/s}$$

$$\frac{\Delta V_B}{25} = \frac{900}{30} \rightarrow \Delta V_B = 750\ \text{cm/s}$$

반대로, 만일 막대의 오른쪽 끝단이 먼저 낙하한다면, 그때는 왼쪽 끝단이 최대속도변화를 겪게 되고, cp의 위치는 왼쪽 끝단으로부터 30 cm에 위치이다. A와 B점의 속도변화는 위에서와 같은 방법으로 다음과 같이 각각 계산된다.

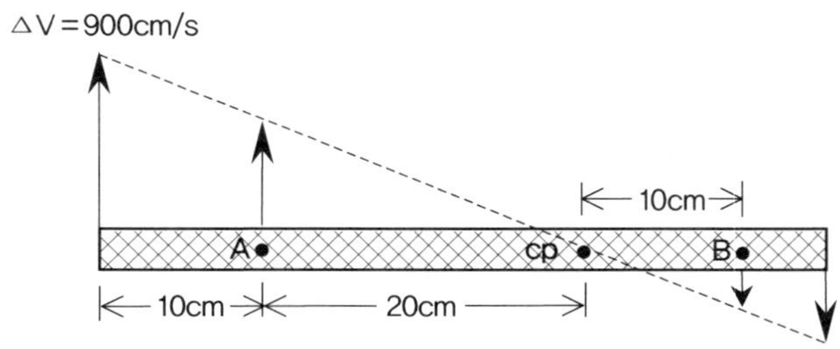

$$\frac{\Delta V_A}{20} = \frac{900}{30} \rightarrow \Delta V_A = 600\ \text{cm/s}$$

$$\frac{\Delta V_B}{10} = \frac{900}{30} \rightarrow \Delta V_B = 300\ \text{cm/s}$$

두 가능성 모두를 고려하여, A지점에서의 최대속도변화는 600 cm/s이고, 이는 제품의 오른쪽 끝단이 먼저 낙하될 때 발생한다. 반면, B지점에서의 최대속도변화는 750 cm/s이고, 이는 제품의 왼쪽 끝단이 먼저 낙하될 때 발생한다. 이들 속도변화 모두 1차 충돌에서 발생하는 것이 아니고 짧은 시간 뒤 서로다른 반대편의 2차 충돌에서 발생한다. 이제 특정 위치에서의 최대속도변화를 계산할 수 있으므로, 그 곳에 위치한 요소에 미치는 영향을 비교적 쉽게 결정할 수 있다. 이것은 모서리 또는 코너낙하시, 입충격(input shock)은 거의 항상 스파이크(spike)로 고려될 수 있기 때문에 가능하다. 그 이유는 충격지속시간(shock duration)으로 모서리낙하시 충격지속시간은 평면낙하(flat drop)시보다 한층 더 작은데, 이는 충돌력(impact force)이 제품의 전체 질량을 정지상태로 감가속시켰다가, 그 다음 공중으로 되돌릴(리바운드) 만큼 가속시키지 못하기 때문이다.

스파이크 입력에 대한 스프링/질량요소의 반응은 단지 스파이크에 의해 발생되는 속도변화에 의존한다. 즉, 제 9장에서 기술하였듯이 한 제품 내 수용된 요소는 속도변화에 의존하는 정점 감가속도(peak deceleration)를 가지면서 반응한다. 즉, 식(5.13)으로부터 다음과 같이 표현된다.

$$\text{요소가 획득한 가속도, } G = \frac{2\pi f_n \triangle V}{g} \tag{11.2}$$

여기서, $\triangle V$는 요소 부착위치에서의 속도변화(m/s), f_n은 요소의 고유진동수(natural frequency) (Hz)를 각각 나타낸다.

이 방정식은 요소를 나타내는 스프링/질량시스템이 완전탄성거동(perfectly elastic behavior)을 한다는 관행의 모형을 나타내므로, 이것은 새로운 피로모형(fatigue model)인 탄성-완전소성 거동(elastic-perfectly plastic behavior)에는 적용할 수 없다. 관행의 모형에 따라, 만일 요소가 요소의 취약성인 G_{comp}보다 더 큰 감가속도를 겪는다면, 그때 요소는 파괴된다. 요소의 위치에서 파괴에 이르는 속도변화는 위의 식(11.2)로부터 다음과 같이 표현된다.

$$\triangle V_{IOC} = \frac{G_{comp}\, g}{2\pi f_n} \tag{11.3}$$

여기서, $\triangle V_{loc}$는 요소 부착위치에서의 한계속도변화(critical velocity change) (m/s), G_{comp}는 요소 취약성(shock fragility), f_n은 요소의 고유진동수 (Hz)를 각각 나타낸다.

요소의 취약성은 한계변위(critical deflection) 항으로도 표현될 수 있다. 즉, 요소의 취약성을 나타내는 식(9.11)의 $G_{comp} = (2\pi f_n)^2 D_{cr}/g$를 식(11.3)에 대입하면, 손상에 이르는 요구조건을 다음과 같이 표현할 수 있다. 즉,

$$\Delta V_{IOC} = (2\pi f_n) D_{cr} \tag{11.4}$$

여기서, D_{cr}은 요소의 한계변위 (m)를 나타낸다.

따라서 식(11.4)는 식(9.6)과 같은 형태가 되며, 다만 식(9.6)에서의 ΔV_{cr}은 평면낙하에 대한 제품의 한계속도변화를 나타내는 반면, 식(11.4)에서의 ΔV_{loc}는 요소 부착위치에서의 한계속도변화를 나타낸다.

만일 요소의 취약성이 G값 항(가속도 취약성)으로 주어졌다면 식(11.3), 변형의 항(변위 취약성)으로 주어졌다면 식(11.4)를 각각 적용한다.

예제 11-2

한 제품 내부의 위치별 위험도를 파악하기 위해 다음에 나타낸 제품의 왼쪽 끝단을 먼저 충돌하고, 그 다음 오른쪽 끝단이 충돌하도록 낙하시킨다. 관행의 모형(순수탄성거동으로 피로는 고려안함)이 문제의 단순화를 위해 적용된다. 제품은 3개의 취약요소(fragile component)를 수용하고 있고, 9 cm 두께의 코너패드(corner pad)에 의해 완충되어 있다고 하자. 이 포장화물은 45 cm 높이에서 낙하되기 쉽고, 충돌에 대한 반발계수는 0.4이다. 파괴하기 쉬운 요소가 어느 것이 될 것인가를 판단해 보자.

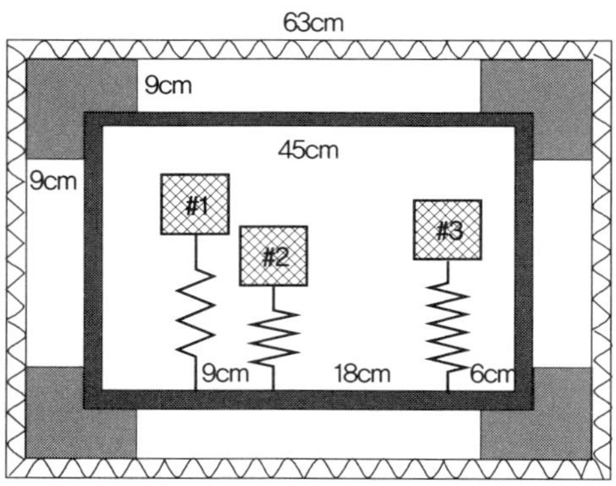

요소#1, $f_n = 20Hz$, $G_{comp} = 50$
요소#2, $f_n = 35Hz$, $G_{comp} = 80$
요소#3, $f_n = 15Hz$, $G_{comp} = 40$

[풀이] 각 요소의 부착위치별 손상에 이르는 속도변화가 얼마인가를 알아야 하는데, 그림 속에 각 요소의 특성이 주어졌기 때문에 식(11.3)으로부터 다음과 같이 각각 계산할 수 있다.

$$요소\ \#1,\quad \Delta V_{IOC} = \frac{G_{comp}g}{2\pi f_n} = \frac{50 \times 9.81}{2\pi(20)} = 3.91\ m/s$$

$$요소\ \#2,\quad \Delta V_{IOC} = \frac{G_{comp}g}{2\pi f_n} = \frac{80 \times 9.81}{2\pi(35)} = 3.57\ m/s$$

$$요소\ \#3,\quad \Delta V_{IOC} = \frac{G_{comp}g}{2\pi f_n} = \frac{40 \times 9.81}{2\pi(15)} = 4.16\ m/s$$

45 cm 낙하높이와 반발계수 e = 0.4에 대하여, 평면낙하(flat drop)시 예상되는 속도변화는 다음과 같다.

$$\Delta V_{flat} = (1+e)\sqrt{2gh} = (1+0.4)\sqrt{2 \times 9.81 \times 0.45} = 4.16\ m/s$$

모서리(edge drop)와 코너낙하(corner drop)시 최대속도변화는 2차 충돌하는 끝단에서 발생하므로. 식(11.1)로부터 다음과 같이 계산된다.

$$\Delta V_{max} = \left(\frac{3+e}{2}\right)\Delta V_{flat} = \left(\frac{3+0.4}{2}\right)4.16 = 7.07\ m/s$$

그렇지만, 이것은 바로 모서리에서의 속도변화이며, 그밖에 다른 지점에서의 속도변화는 이것보다는 작고, 속도변화와 위치 사이의 비례 관계로부터 계산해 낼 수 있다. $\Delta V = 0$인 충돌중심(center of percussion) 위치와 그 사이의 크기를 계산하는데, 어느 모서리가 먼저 충돌하느냐에 따라 cp의 위치가 변하므로, 그 결과는 달라진다. 따라서 제품의 양 끝단 각각에 충돌하는 경우에 대한 계산결과는 다음과 같다.

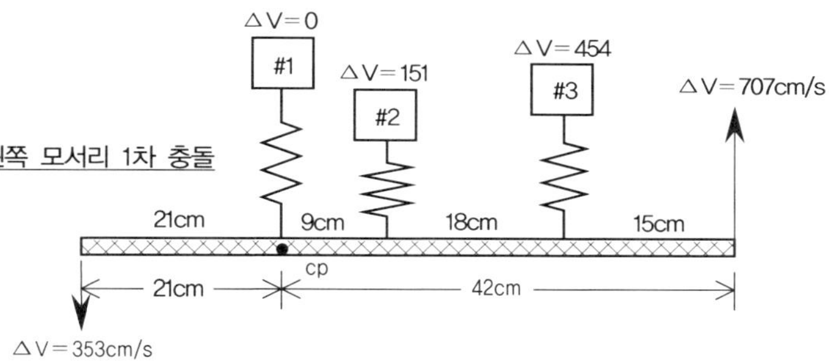

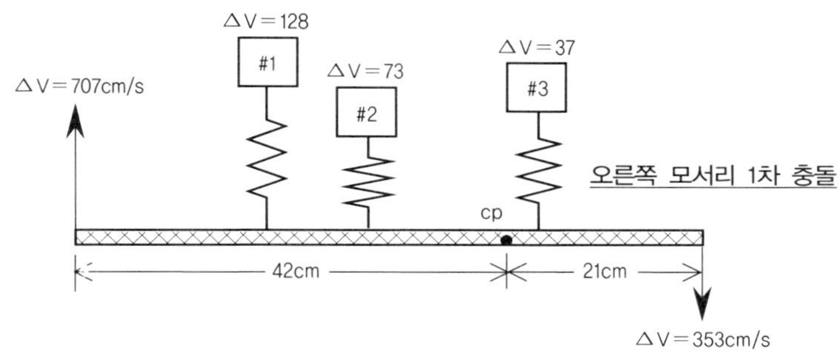

만일 왼쪽 끝단이 먼저 충돌하게 되면, 그 다음의 오른쪽 모서리 충돌과정(최대속도변화 발생)에서 요소 #1은 충격이 없고, 요소 #2는 그 요소를 손상에 이르는데 요구되는 속도변화에 비해 작은 미소량의 충격(151 < 357 cm/s)을 받는다. 요소 #3은 손상에 이르는 충격(416 cm/s)보다 약간 큰 454 cm/s를 받는다. 그러므로 요소 #1과 #2는 명확하게 파괴되지 않고, 요소 #3은 파괴된다. 또한 오른쪽 끝단이 먼저 충돌한다면, 모든 속도변화가 각 요소의 한계속도변화보다 너무 작아 손상을 결코 야기시키지 못한다.

문제를 더 복잡하게 하는 것으로, 모서리 낙하 대신에 45 cm 높이로부터 제품이 평면낙하(flat drop)하는 경우를 모서리 낙하시와 비교하여 어떠한 현상이 발생하는가를 생각해 보자.

각 요소에 대한 $\triangle V_{loc}$ 값은 상관없이 모서리 낙하시와 같고, $\triangle V_{flat}$ = 416 cm/s로 모두 동일하다. 이제 요소 #2는 가장 파괴되기 쉽다(416 > 357 cm/s). 이와는 다르게 평면낙하시 먼저 파괴되는 요소가 이들 모서리 낙하시에는 가장 손상되지 않을 수 있다. 이는 그것의 위치로 인한 것으로, 평면낙하시 가장 파괴되지 않는 요소가(요소 #3) 이들 모서리 낙하시에는 가장 쉽게 파괴될 수도 있다.

위의 예제 11.2는 비평면낙하(non-flat drop)가 얼마나 복잡할 수 있는지를 보여준다. 각 요소에 대한 정보를 전혀 알지못하는 문제를 한번 생각해 보자. 그 대신에 우리가 알고 있는 모든 정보는 그 제품에 대한 DBC 테스트 결과 제품의 한계속도변화가 $\triangle V_{cr}$ = 357 cm/s이라는 사실이다. 즉, 여기서 한가지 분명한 것은 속도변화가 356 cm/s 이하로 예상되는 위치는 안전하다는 사실이다.

속도변화가 충돌중심에서 0이고, 끝단에서 최대라는 사실을 이용하여, 속도변화가 $\triangle V_{cr}$ 이하인 위치를 찾을 수 있다. 그리고 임의 모서리 또는 코너 상의 낙하에 대한 포장화물 중심으로부터 안전영역(safe zone) 반경 R은 다음과 같이 표현된다.

$$R = \left\{ \frac{4}{3(3+e)} \left(\frac{\triangle V_{cr}}{\triangle V_{flat}} \right) - \frac{1}{6} \right\} S \tag{11.5}$$

여기서, R은 모서리 또는 코너 낙하시 포장화물 중심으로부터 안전영역의 반경 (m), $\triangle V_{cr}$는 DBC로부터 관행의 모형 또는 피로를 고려한 한계속도변화(critical velocity change) (m/s), $\triangle V_{flat}$는 평면낙하시 예상속도변화 (m/s), h는 설계낙하높이(design drop height) (m), e는 반발계수, S는 완성된 포장화물의 최소치수 (m)를 각각 나타낸다.

이 식은 관행의 모형(순수 탄성거동)으로부터 유도되었으나, 그렇지만 예상되는 낙하횟수에 대한 일련의 피로 DBC로부터의 한계속도변화(critical velocity change)를 단순히 사용함으로써, 새로운 피로 모형에 대해서도 잘 적용할 수 있다. 이 경우 낙하횟수가 클수록, ΔV_{cr}은 더 작아지고, 궁극적으로 안전영역도 더 작아진다.

예제 11-3

예제 11.2에서 코너와 모서리 낙하에 대한 안전영역 반경 R을 계산하여, 각 요소의 손상여부를 판정해 보자.

[풀이] 문제에서 $e = 0.4$, $\Delta V_{flat} = 416$ cm/s, $\Delta V_{cr} = 357$ cm/s, 그리고 $S = 63$ cm이므로, 식(11.5)로부터 안전영역(safe zone)의 반경은 다음과 같이 계산된다.

$$R = \left\{ \frac{4}{3(3+e)} \left(\frac{\Delta V_{cr}}{\Delta V_{flat}} \right) - \frac{1}{6} \right\} S = \left\{ \frac{4}{3(3+0.4)} \left(\frac{3.57}{4.16} \right) - \frac{1}{6} \right\} 0.63$$

$$= 0.1064 \text{ m } (10.6 \text{ cm})$$

요소 #1은 중심으로부터 10.5 cm, 요소 #2는 4.16 cm, 그리고 요소 #3 16.5 cm 떨어져 있으므로, 요소 #1과 #2는 분명히 파괴되지 않으나, #3은 파괴된다. 그렇지만 #3으로부터 가장 먼 모서리에 낙하시, 반대편 모서리상에서 2차 충돌로인해 그 곳의 속도변화가 ΔV_{cr}을 초과한다.

이와 같은 결과는 우리가 각 요소에 관해 더 많은 것을 알고 있을 때와 같은 결론이다. 따라서 각 요소에 관한 상세한 정보의 부족이 제한적인 것처럼 보이지 않는다.

안전영역 반경 R에 대한 방정식은 안전위치에 관해 많은 정보를 나타내어 주고 있으며, 대체로 다음과 같은 일반적인 결론을 도출해 낼 수 있다.

- 탄성충돌(elastic impact)은 반발계수의 증가에 따라 R은 감소하기 때문에 소성충돌(plastic impact)에 비해 더 불리하다.
- 제품에 대한 한계속도변화가 클수록, 안전영역은 증가한다.
- 낙하높이가 클수록, 안전영역은 작다.
- 포장화물 치수가 클수록, 안전영역은 크다. 상자 치수의 증가는 S와 그로인한 안전영역 반경 R을 증가시킨다.

- 만일 R이 마이너스로 계산되면, 제품 내에 안전영역이 없다는 것을 의미한다.
- 안전영역 반경식에 의한 값보다 더 클 수도 있다. 그렇지만 이것을 구하기 위해서는 한계속도변화보다는 예에서처럼 각 요소에 대한 정보가 필요하다.

연 습 문 제

(1) 안전영역(safe zone)의 크기와 사용되는 완충재의 양과는 어떠한 관계가 있는지 설명하여라.

(2) "제품의 취약한 요소가 위치하기에 가장 안전한 위치가 제품의 중심 위치이고, 가장 불리한 위치가 코너이다" 라는 논리를 공학적 근거를 가지고 사실 유무를 판단하여라.

(3) ASTM D3332에 따른 한 제품의 한계속도변화가 254 cm/s이다. 취약성 테스트 과정 중 제품의 중심에 위치한 한 요소가 파괴되었다. 반발계수는 0.4로 가정하고, 다음을 계산해 보자.
- 비포장 제품의 평면낙하시 요소가 손상되지 않을 한계낙하높이
- 비포장 제품의 모서리낙하시 요소가 손상되지 않을 한계낙하높이
- 이 요소가 제품의 측면 끝 부분에 위치했을 경우, 비포장 제품의 낙하시 요소가 손상 입지 않을 가능한 낙하높이

12 수송포장화물 성능평가

Performance Evaluation of Transport Package

- ASTM의 수송포장화물 성능평가 시험방법

- ISO의 수송포장화물 성능평가 시험방법

각 나라별 또는 지역별로 요구되는 수송포장(화물)(transport package)에 대한 시험규격이 다르므로, 우리나라의 주요 무역 대상국들을 중심으로, 그들 나라에서 채택하고 있는 포장시험 관련 규격을 이해하는 것은 매우 중요하다.

수송환경에 저항하는 포장성능평가(package performance evaluation) 방법에는 세계의 여러 단체에 의해 제정된 다양한 규격들이 있다. 예를 들면, ISTA의 프르젝트와 절차, ASTM D4169, ISO 4180, EN(European Standards) 15552 등이 있고, 이에 대응하는 국내규격은 KS A ISO 4180-1과 2인데, 이 중 KS 규격과 EN 규격은 ISO의 수송포장 관련 규격의 기술적인 내용과 서식을 변경 없이 채택하고 있으므로, ASTM과 ISO의 두 규격이 대표적이라 하겠다.

이들 규격간에는 방법과 절차상에 차이는 있지만, 제품별 다양하고 매우 복잡한 유통시스템(distribution system)을 몇 가지의 단순요소(예를 들면, 수송, 하역, 보관 등)의 조합으로 나타낸 후, 일련의 성능시험을 거처, 포장과 제품에 대한 평가가 이루어지는 것이 공통점이다.

따라서 이번 장에서는 ASTM과 ISO의 두 규격을 중심으로 수송포장화물의 성능평가 시험방법에 대하여 기술하기로 한다.

표 12.1 ASTM의 수송포장 시험항목과 규격번호

시험항목	규격번호	규 격 명
(1) 평가시험방법 통칙		
일반화물	D4169-09	Performance testing of shipping containers and systems
소량화물	D7386-08	Performance testing of package for single parcel delivery systems
(2) 전처리		
	D4332-01 (2006)	Conditioning containers, packages, or packaging components for testing
(3) 낙하시험		
자유낙하	D5276-98 (2009)	Drop test of loaded containers by free-fall
충격시험기의 등가낙하	D5487-98 (2008)	Simulated drop of loaded containers by shock machines
브리지 충돌	D5265-09	Bridge impact testing
집중충돌	D6344-04 (2009)	Concentrated impacts to transport packages
(4) 전도시험		
굴림(롤링) 및 전도	D6179-07	Rough handling of unitized loads and large shipping cases and crates
(5) 수평(면) 충격시험		
수평충격	D880-92 (2008)	Impact testing for shipping containers and systems
프로그램 수평충격	D4003-98 (2009)	Programmable horizontal impact test for shipping container and systems
경사충격	D5277-92 (2008)	Performing programmed horizontal impacts using an inclined impact tester
(6) 진동시험		
도약·공진·적재	D999-08	Vibration testing of shipping containers
랜덤진동	D4728-06	Random vibration testing of shipping containers
(7) 압축(적재)시험		
화물·유닛로드	D642-00 (2005)	Determining compressive resistance of shipping containers, components, and unit loads
정하중 적재	D4577-05	Compression resistance of a constant load
골판지상자 크리이프	D7030-04 (2009)	Short term creep performance of corrugated fiberboard containers under constant load using a compression test machine
(8) 유닛로드 운반 관리 시험		
유닛로드·대형 화물	D6055-96 (2007)	Mechanical handling of unitized loads and large shipping cases and crates
스트레치필름 사용	D5331-03 (2009)	Evaluation of mechanical of unitized loads secured with stretch wrap films
(9) 살수시험		
스프레이 방법	D951-99 (2004)	Water resistance of shipping containers by spray method
(10) 저압시험		
진공방법	D6653-01 (2006)	Determining the effects of high altitude on packaging systems by vacuum method

표 12.2 ISO와 EN의 수송포장 시험항목과 규격번호

시험항목	ISO규격번호	EN규격번호	규 격 명
(1) 평가시험방법 통칙			
	ISO 4180 (2009)	-	Packaging-complete, filled transport packages - General rules for the compilation of performance test schedules
	-	EN 15552 (2008)	〃 and unit loads - Performance testing schedules for common distribution chains
(2) 전처리			
	ISO 2233 (2000)	EN ISO 2233(2001)	〃 and unit loads - Conditioning for testing
(3) 낙하시험			
수직자유낙하	ISO 2248 (1985)	EN 22248 (1992)	〃 - Vertical impact test by dropping
(편지지) 회전 낙하	-	EN 14149 (2003)	〃 and unit loads - Impact test by rotational drop
(4) 전도시험			
포장화물 굴림 (롤링)	ISO 2876 (1986)	EN 22876 (1992)	〃 - Rolling test
화물전도	ISO 8768 (1987)	EN 28768 (1992)	〃 - Toppling test
(5) 수평충격시험			
	ISO 2244 (2000)	EN ISO 2244(2002)	〃 and unit loads - Horizontal impact tests
(6) 진동시험			
정현파 고정 저진동수	ISO 2247 (2000)	EN ISO 2247(2002)	〃 and unit loads - Vibration tests at fixed low frequency
정현파 가변진동수	ISO 8318 (2000)	EN ISO 8318(2002)	〃 unit loads - Sinusoidal vibration tests using a variable frequency
랜덤진동	ISO 13355 (2001)	EN ISO 13355(2003)	〃 and unit loads - Vertical random vibration test
(7) 압축(적재)시험			
정하중 적재	ISO 2234 (2000)	EN ISO 2234(2002)	〃 and unit loads - Stacking tests using a static load
시험기에 의한 적재·압축	ISO 12048 (1994)	EN ISO 12048(2000)	〃 - Compression and stacking tests using a compression tester
(8) 유닛로드 안정성 시험			
	ISO 10531 (1992)	-	〃 - Stability testing of unit loads
(9) 살수시험			
스프레이 방법	ISO 2875 (2000)	EN ISO 2875(2002)	〃 and unit loads - Water-spray test
(10) 저압시험			
	ISO 2873 (2000)	EN ISO 2873(2002)	〃 and unit loads - Low pressure test

표 12.3 ISTA의 시험항목과 규격번호

시험항목	규격번호	규 격 명
(1) 시리즈 : 내구성능 시험		
	1A	Packaged-products weighing 68 kgf or less
	1B	Packaged-products weighing over 68 kgf
	1C	Extended testing for individual packaged-products weighing 68 kgf or less
	1D	Extended testing for individual packaged-products weighing over 68 kgf
	1E	Unitized loads
	1G	Packaged-products weighing 68 kgf or less (random vibration)
	1H	Packaged-products weighing over 68 kgf (random vibration)
(2) 시리즈 : 부분적인 수송환경 시뮬레이션 성능시험		
	2A	Packaged-products weighing 68 kgf or less
	2B	Packaged-products weighing over 68 kgf
	2C	Furniture packages
	2D	Packaged-products considered flat
	2E	Packaged-products considered elongated
	2F	LTL shipments (NMFC item 180)
(3) 시리즈 : 일반적인 수송환경 시뮬레이션 시험		
	3A	Packaged-products for parcel delivery system shipments 70 kgf or less (standard, small, flat or elongated)
	3B	Packaged-products for less-than-truckload (LTL) shipment
	3E	Unitized loads of same product
	3F	Packaged-products for distribution center to retail outlet shipment 45 kgf
	3H	Performance test for products or packaged-products in mechanically handled bulk transport containers
	3J	Packaged-products for club store distribution system shipment
(4) 시리즈 : 특정 수송 조건을 중심으로 한 수송환경 시뮬레이션 시험		
	4AB	Enhanced simulation performance test
(5) 시리즈 : 수송환경 시뮬레이션 시험 구축 가이드		
	5B	Focused simulation guide for thermal performance testing of temperature controlled transport packaging
(6) 시리즈 : 회원에 따라 구축된 시험		
	6-FEDEX-A	Fedex procedures for testing packaged products weighing up to 68 kgf
	6-FEDEX-B	Fedex procedures for testing packaged products weighing over 68 kgf
(7) 시리즈 : 재이용 가능한 수송 용기 평가용 시험 등의 개발시험		
	7A	Open reusable transport containers for loads of 27 kgf or less and unitized for shipment on a pallet
	7B	Closed reusable transport containers for loads of 68 kgf or less
	7C	Reusable intermediate bulk containers
	7D	Thermal controlled transport packaging for parcel delivery system shipment

12.1 ASTM의 수송포장화물 성능평가 시험방법

ASTM D4169의 수송용기와 시스템에 대한 성능시험(performance testing of shipping containers and systems)은 유통환경에 저항하기 위한 수송단위(shipping unit)의 성능을 시험실에서 평가하기 위한 기준을 제공한다.

다양한 유통사이클(distribution cycle, DC)에서 겪게 되는 일련의 예상되는 위험요소(hazard element)로 구성되는 시험계획(test plan)을 수송단위에 작용시킴으로써 성능평가가 이루어진다. 여기서 일컫는 수송단위는 유통환경을 받게 되는 가장 작은 완전한 단위로 예를 들면, 수송용기(shipping container)와 그 내용물을 의미하며, 다음과 같이 구분한다.

- **소형 수송단위(small shipping unit)** : 표 12.4의 표준유통사이클 18가지에 대해, 총중량이 441 N 이하이고, 치수가 1.52 m 이상의 모서리 또는 직경을 가지지 않는 경우
- **대형 수송단위(large shipping unit)** : 표 12.4의 표준유통사이클 18가지에 대해, 총중량이 441 N을 초과하거나 또는 최소 한 모서리나 직경이 1.52 m 이상되는 경우

여기서 수송용기란 수송(shipment), 보관(storage) 및 하역(handling)에 저항할 수 있는 적당한 강도를 가지며, 협동일관수송(intermodel transportation)을 위한 거대한 재사용 스틸상자(steel box)로부터 1회용성의 골판지상자(corrugated board box)에 이르기까지 다양하다.

【1】 성능시험 절차

수송단위에 대한 성능시험 절차를 각 단계별로 살펴보면 다음과 같다.

(1) 수송단위의 결정

수송단위를 치수, 중량 및 구조형태로 기술하고, 포장용기를 인력 또는 기계하역 중 어느 것으로 할 것인가를 결정한다.

(2) 시험강도수준 설정

시험강도수준(assurance level 또는 test intensity level)을 지정하여야 하는데, 이는 보통 미리 설정된 3개의 시험강도수준 중 하나를 택한다. 그 판단기준은 제품 가치, 허용될 수 있는 손상정도, 수송되는 제품의 수, 수송환경에 대한 정보 등이다.

즉, 시험강도수준 Ⅰ은 높은 수준의 시험강도로 실제 현상에서 발생확률이 낮다. 반면, 시험강도수준 Ⅲ는 낮은 수준의 시험강도이지만, 상응하여 발생확률이 높다. 시험강도수준 Ⅱ는 시험강도수준 Ⅰ과 Ⅱ의 중간수준의 시험강도를 제공하며, 특별한 지시사항이 없으면 이 수준이 적용된다. ASTM의 시험강도기준은 다음 절에서 기술할 ISO 규정만큼 구체적이지 못하다.

(3) 수용기준의 결정

수용기준(acceptance criteria)은 유통사이클(distribution cycle)의 마지막 부분에서 포장과 제품의 상태가 희망하는 조건에 대한 부합정도를 나타낸다. 즉, 수용기준은 수송단위가 일련의 시험계획을 받고난 후 수용될 수 있는 품질수준으로 시험 전에 설정되어야 하며, 제품 인도시의 필요조건이 고려되어야 한다.

수용기준 설정시에는 테스트 제품에서 발생하는 손상 정도와 형태가 실제 수송과 하역 중에 발생하는 것과 또는 유통경로를 아는 유사한 포장에 대한 테스트 결과를 비교하여 결정하는 것이 바람직하다.

많은 경우에 있어 수용기준은 다음과 같다.

- 기준 1 : 제품 손상 없음
- 기준 2 : 포장 상태 완전함
- 기준 3 : 기준 1과 2 모두 만족

자주 이것은 수송용기와 내용물이 시험 사이클 종료시 정상적인 판매와 사용이 적당한 상태를 의미하기도 한다. 상세한 수용기준은 제품 또는 포장에 대한 특정 손상의 허용을 참작하는 것이며, 수용기준의 형태와 내용은 개개의 상황에 따라 매우 다양하다.

(4) 유통사이클의 선택

제품의 생산부터 소비까지 수송단위가 특정 루트를 겪는 동안 발생할 것으로 예상되는 위험요소(hazard element)들을 모의하기 위해 도입된 시험항목들의 일련의 목록을 유통사이클(distribution cycle, DC)이라 하며, 위험요소는 수송단위에 위험으로 부과되는 한 유통사이클 내에서 발생하는 특정 사건으로, 각각의 위험요소들은 단일 시험항목으로 대개 모의된다.

유통시스템은 매우 다양하고 복잡하다. 그렇지만 그 복잡성에도 불구하고, 몇 가지의 단순요소(예를 들면, 수송, 하역, 보관 등)의 조합으로 나타낼 수 있다. 일반적으로 가능한 표준유통사이클 18가지를 표 12.4에 나타내었으며, 이 18가지 중 예상되는 물적유통(physical distribution)과 가장 근접한 것을 택한다.

유통이 잘 규정되지 않았을 때는, 일반적인 유통사이클 DC-1을 선택하고, 예상되는 유통이 잘 이해되면서, 기 기술된 DC와 크게 상이할 때는 유통사이클 DC-2를 택하여 사용자가 상세히 작성한다.

(5) 시험계획서 작성

시험계획(test plan)은 수송단위가 유통사이클을 겪는 동안 예상되는 위험을 모의하기 위한 시험순서의 구체적 목록으로, 시험강도수준(test intensity level)과 수행되는 일련된 시험수가 포함된다.

선택된 DC에 대해 표 12.4에 나타낸 순서에 따라 테스트 계획이 수립되며, 시험계획의 상세항목은 선택된 시험강도수준뿐만 아니라 수송단위의 물리적 명세를 고려해야 한다. 각 요소와 관련된 시험항목들은 시험수행시 사용되는 기법과 장비의 명시에 대한 현존하는 ASTM의 시험방법을 참조한다.

(6) 테스트 샘플의 선택

테스트 샘플은 실제의 제품을 포장한 수송단위 중에서 대표적인 것으로 구성한다. 만일 제품의 특정 결함이 시험을 통한 분석 대상이 되지 않고, 그 결점을 보고사항에 기록한다면, 그러한 흠이나 사소한 결점을 가진 제품도 사용될 수 있다.

실제 제품에 대한 테스트가 위험하다면 더미 테스트 로드(dummy test load)의 적용도 가능하다. 더미로드가 사용되면, 실제 제품의 취약성 수준을 초과하는지의 여부를 측정하여야 한다.

반복시험은 시험 결과의 신뢰성 향상을 위해 필요하며, 그 횟수는 시험의 궁극적인 목적과 조달할 수 있는 테스트 샘플수 및 수송용기(shipping container)의 유용성에 의존한다.

(7) 테스트 샘플의 전처리

만일 유통사이클이 제품, 수송용기 또는 완충재와 같은 포장구성품의 성능에 미치는 기후조건을 포함하고 있다면, 다음의 절차 중 하나를 선택하여야 한다.

- 표준상태(23 ± 1℃, RH 50 ± 2 %)에서 테스트를 실시하고, 어떤 대기조건 효과를 보상한다. 골판지상자는 ASTM D4332에 따라 전처리 한다. 동일한 시험조건이 시험강도수준에도 적용된다. 포장의 모든 구성품과 제품이 평형에 도달할 때까지 충분한 시간(72 hr 이상) 동안 평형시켜야 하며, 시험실 조건은 가능한 한 전처리조건과 동일하게 유지하고, 그렇지못한 부득이한 경우는 전처리 후 즉시 시험을 실시한다. 필요하다면 시험계획 동안 다시 표준상태에서 전처리를 재차 실시한다.
- ASTM D4332, D951 또는 기타 규격에서 기술하는 특정 대기조건(염, 분무, 물침지, 온·습도 등)에서의 시험실시. 동일한 시험조건이 시험강도수준에도 적용된다. ASTM D4332에서는 특별한 표준대기조건을 극저온(−55 ± 3℃), 냉동식품저장(−18 ± 2℃), 냉장저장(5 ± 2℃, 85 ± 5 %), 고습도의 온도조건(20 ± 2℃, 90 ± 5 %), 열대지방(40 ± 2℃, 90 ± 5 %), 사막(60 ± 2℃, 15 ± 2 %) 등으로 구분한다.

(8) 테스트 수행

관련된 ASTM 규정에 따라 계획된 시험을 순차적으로 실시한다.

(9) 테스트 결과의 평가

테스트 결과로부터 수송단위의 수용기준 초과 여부를 판단한다.

(10) 테스트 결과의 문서화

테스트 결과의 기록사항에는 최소한 적용한 시험규정, 수송단위 내 제품방향을 포함한 제품과 수송단위 특징, 유통사이클과 시험항목, 시험강도수준과 이유, 샘플의 수, 전처리조건, 각종 시험 옵션, 적용한 시험장비 및 시설 등이 포함된다.

표 12.4 유용한 표준유통사이클(available standard distribution cycles)

DC	유통사이클 (distribution cycle)	성능시험항목 순서 (performance test schedule sequence)						
		1	2	3	4	5	6	7
1	일반적인 사이클 - 정립되지 않은 유통시스템	항목 A (하역)	항목 D (적재진동)	항목 F (비구속 화물진동)	항목 G (레일스위칭)	항목 J (집중충돌)	항목 A (하역)	
2	상세히 정립된 유통시스템, 사용자 기술	시험항목 A~I 중 선택						
3	팰릿 또는 스키드 없는 개별포장화물, LTL 자동차 화물[3)]	항목 A (하역-인력)	항목 D (적재진동) 또는 항목 C (차량 적재) + 항목 E (차량진동)	항목 F (비구속 화물진동)	항목 J (집중충돌)	항목 A (하역-인력)		
4	팰릿 또는 스키드를 갖는 개별포장화물, LTL 자동차 화물	항목 A (하역-기계)	항목 D (적재진동) 또는 항목 C (차량 적재) + 항목 E (차량진동)	항목 F (비구속 화물진동)	항목 J (집중충돌)	항목 A (하역-기계)		
5	자동차 화물, TL, 비유닛로드	항목 A (하역)	항목 D (적재진동)	항목 E (차량진동)	항목 J (집중충돌)	항목 A (하역)		
6	자동차 화물, TL 또는 LTL-유닛로드	항목 A (하역)	항목 D (적재진동) 또는 항목 C (차량 적재) + 항목 E (차량진동)	항목 J (집중충돌)	항목 A (하역)	항목 B (창고적재)		
7	레일 단독, 산물적재	항목 A (하역)	항목 D (적재진동)	항목 G (레일스위칭)	항목 A (하역)			
8	레일 단독, 유닛로드	항목 A (하역)	항목 D (적재진동)	항목 G (레일스위칭)	항목 A (하역)	항목 B (창고적재)		
9	레일 및 자동차 화물, 비유닛로드	항목 A (하역)	항목 C (차량적재)	항목 E (차량진동)	항목 G (레일 스위칭)	항목 F (비구속 화물진동)	항목 J (집중충돌)	항목 A (하역)
10	레일 및 자동차 화물, 유닛로드	항목 A (하역)	항목 D (적재진동)	항목 G (레일스위칭)	항목 J (집중충돌)	항목 A (하역)	항목 B (창고적재)	
11	레일, TOFC 및 COFC[3)]	항목 A (하역)	항목 G (레일스위칭)	항목 D (적재진동)	항목 F (비구속 화물진동)	항목 A (하역)		
12	항공(도시간) 및 자동차 화물(지역), 667 N 이상 또는 유닛로드	항목 A (하역)	항목 D (적재진동)	항목 I (저압)	항목 E (차량진동)	항목 J (집중충돌)	항목 A (하역)	
13	항공(도시간)과 자동차 화물(지역), 667 N 까지의 개별포장화물	항목 A (하역)	항목 C (차량적재)	항목 F (비구속 화물진동)	항목 I (저압)	항목 E (차량진동)	항목 J (집중충돌)	항목 A (하역)
14	창고[1)]	항목 A (하역)	항목 B (창고적재)					
15	복합모드 컨테이너 또는 RORO[4)] 트레일러에 대한 수출·입 선적[1)]	항목 A (하역)	항목 C (차량적재)	항목 A (하역)				

(계속)

(계속)

16	팰릿 화물의 수·출입 선적[1]	항목 A (하역)	항목 C (차량적재)	항목 A (하역)				
17	일반화물선화물의[5] 수출입 선적[1]	항목 A (하역)	항목 C (차량적재)	항목 A (하역)				
18	MIL-STD-2073-1에 의한 비상업적 정부주도의 수송	DC-18 적용 시험항목은 별도 규정 참조						

주 1) 타 사이클에 포함되는 일부 사이클

2) **내륙운송에 있어서 화물운송 방법** : 혼적화물수송(LTL, less-than-truckload) - 운송 목적지(노선)를 기준으로 한대의 운송차량을 채우지 못하는 여러 화주의 소량화물을 모아서 한대의 운송차량으로 운행하는 방법, 독차화물수송(TL, truckload; FTL, full truckload) - 1개 화주의 화물을 차당으로 운송하는 방법. LTL 가격이 저렴하지만, 여러 화주의 화물이 혼적되어 여러 곳을 경유하여 운행되므로, TL에 비해 화물의 손상이 크다. 긴급화물일 경우 대처하기가 곤란함. **해운운송에 있어서 화물운송방법** : CL (container load) 화물 - 단일 로트로서 컨테이너에 양이 충만된 화물, LCL (less than container loads) 화물-여러 롯트의 화물을 합하지 않으면 컨테이너가 가득차지 않는 화물

3) 컨테이너 화물수송에서의 (도로) + (철도) 복합방식 : COFC (container on flat car) - 컨테이너를 트레일러에서 분리하여 직접 평판화차(flat car) 상에 탑재하는 방식, TOFC (trailer on flat car) - 컨테이너를 트레일러 또는 샤시(chassis)에 탑재한 채로 평판화차에 탑재하여 운송하는 방식(일명 piggyback).

4) 컨테이너 하역방식 : LOLO (lift on lift off) - 부두의 하역설비인 컨테이너 크레인에 의해 하역하는 방식으로 본선에는 하역설비를 가지고 있지 않음, RORO (roll on roll off) - 선미에 거대한 개구가 있어 포크리프트 트럭 또는 트레일러에 의해 컨테이너를 선내로 운반하여 선적하는 방식

5) Break Bulk Cargo(nonunitized-general cargo) : 컨테이너화물에 대응되는 개념으로 일반화물선(general cargo ship)에 의해 운송되는 화물(palletized)

【2】 위험요소별 시험항목과 방법

유통 중 위험요소별 시험항목(모의 대응시험)을 요약하면 아래의 표 12.5와 같다.

표 12.5 위험요소와 시험항목

항목	위험요소 (hazard element)	대응시험	적용규격
A	하역 (handling) - 인력 및 기계	낙하, 충돌, 안정성	표 12.1 참조
B	창고적재 (warehouse stacking)	압축	
C	차량적재 (vehicle stacking)	압축	
D	적재진동 (stacked vibration)	진동 (적재 또는 더미웨이트 사용)	
E	차량진동 (vehicle vibration)	진동	
F	비구속화물 진동 (loose load vibration)	반복충격 (도약진동)	
G	레일스위칭(rail switching)	수평 또는 경사충돌	
H	(기후) 환경위험	온·습도 사이클, 살수	
I	항공기 등 저압 위험	저압 (고도)	
J	집중충돌 (concentrated impact)	충돌	

1) 하역(handling) – 인력 및 기계

하역 위험요소의 형태는 인력과 기계로 구분된다. 890 N까지 인력에 의해 처리할 수 있는 소형화물 및 개별포장화물에 대해서는 주로 인력하역(manual handling) 시험이, 그리고 유닛로드(unit-load), 큰 상자(case)와 크레이트(crate) 및 기계적 수단에 의해 취급되는 수송용기 또는 시스템에 대해서는 기계하역(mechanical handling) 시험이 적용된다.

(1) 인력하역(manual handling)

유통사이클 중 이 항목에 대한 시험방법과 수준은 인력에 의한 상·하차(loading·unloading), 적재(stacking), 선별(sorting) 또는 팰릿타이징(palletizing) 과정에서 발생하는 위험에 대해 수송단위의 저항능력을 평가하는 것이다.

이들 동작과정에서의 주요 위험은 포장화물의 낙하와 던짐에 의해 발생하는 충돌이다. 수송단위의 치수, 중량 및 형태가 이 위험강도에 영향을 주며, 충격시험기(shock machine)를 사용한 모의 낙하시험(simulated drop test)과 자유낙하시험(free-fall drop test)이 적용된다. 이들 시험법은 유사한 결과를 낳지만, 충격시험기에 의한 방법이 포장화물을 계획된 방향으로의 충돌을 더 잘 조정할 수 있는 장점이 있다.

여기에 적용되는 시험관련 규격으로는 ASTM D5276의 자유낙하에 의한 포장화물의 낙하시험(drop test of loaded containers by free-fall)(보충설명 12.1)과 ASTM D5487의 충격시험기에 의한 포장화물의 모의낙하시험(simulated drop of loaded containers by shock machines)(보충설명 12.2)이 있다.

자유낙하와 충격시험기에 의한 시험시 권장하는 낙하높이, 충돌횟수, 낙하순서 및 수송단위의 충돌방향 등은 표 12.6과 12.7에서 보는 바와같다.

보충설명 12.1

ASTM D5276은 육면체형 용기, 원통형 용기 및 포대 또는 백 등에 대해 자유낙하로 인해 갑작스러운 충격에 저항하는 용기와 내포장재료들의 성능을 시험한다. 이 시험법은 인력으로 취급되는 포장화물에 대한 유통시스템에 대한 포장의 저항능력을 평가하는 일련의 시험가운데 인력하역에 대한 부분을 모의시험으로 적합하다.

자유낙하시험장치(free-fall drop test equipment)는 시험샘플을 낙하시키기 전에 충돌시킬 방향으로 정확히 샘플을 유지하고, 자유낙하시킬 수 있어야 하며, 충돌표면은 테스트되는 최대포장화물 중량의 최소 50배 이상의 질량과 강성을 가져야 한다.

포장용기에 대한 부분명칭은 다음과 같다.

육면체형 용기(rectangular container) : 상자의 접합부(manufacture's joint)를 관찰자의 오른쪽에 위치한 상태에서 윗면을 ①, 오른쪽 측면을 ②, 밑면을 ③, 왼쪽 측면을 ④, 앞면(near end)을 ⑤, 뒷면(far end)을 ⑥. 윗면과 오른쪽 측면이 만나는 모서리(edge)를 ①-②, 윗면, 오른쪽 측면 및 뒷면이 만나는 코너(corner)를 ①-②-⑥이라 명칭함. **원통형 용기(cylindrical container)** : 원통형 용기의 윗면을 90° 간격으로 4등분하여 cw방향으로 ①, ③, ⑤, ⑦을 붙이고, 실린더 축과 나란하게 반대편에 각각 ②, ④, ⑥, ⑧을 부여함. 이때 용기에 시임 조인트(seam joint)가 한 개 이상 존재한다면, 그 중 하나는 반드시 ⑤-⑥과 일치시킴. 위치 ①과 ③ 중간의 차임(chime)을 ①-③, ③과 ④로 이루어지는 측벽(sidewall)을 ③-④, ①-③-②-④는 두 점 사이의 측벽, ①-③-⑤-⑦과 ②-④-⑥-⑧은 각각 윗면과 밑면을 명칭함. **포대(sack)와 가방(bag)** : 봉합선이 세로(세로방향 시임)로 나있는 ③번 면을 아래로 놓고, 주입구가 있는 ⑥번 면을 관팔자의 반대쪽에 위치시킨 상태에서 가장 윗면을 ①, 오른쪽 측면을 ②, 뒷면(봉합선)을 ③, 왼쪽 측면을 ④, 밑면(관찰자측의 면)을 ⑤, 윗면(주입구)을 ⑥으로 함.

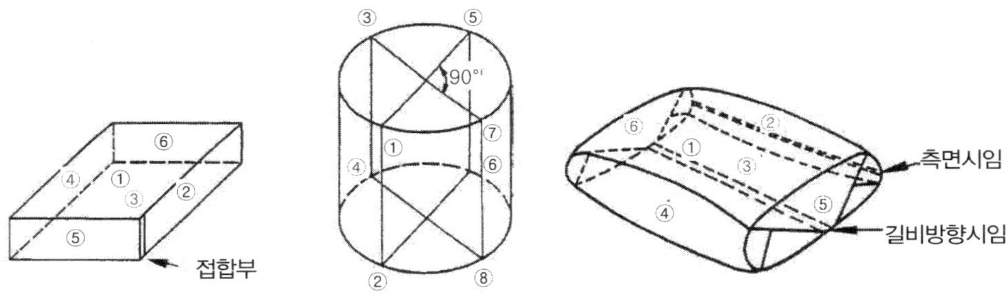

〈육면체형 용기〉 〈원통형 용기〉 〈포대와 백〉

표 12.6 인력하역 모의 낙하시험시 수송단위의 낙하높이

수송단위의 중량 (N)	시험강도수준별 낙하높이 (mm)		
	I	II	III
0~89	610	381	229
89~177	533	330	203
177~267	457	305	178
267~356	381	254	152
356~445	305	229	127
445~890	254	178	102

표 12.7 인력하역 모의 낙하시험시 충돌횟수, 낙하순서 및 충돌방향

특정높이에서의 충돌횟수	충돌방향 (impact orientation)[1] - DC의 1차 하역		
	상자	포대와 백	원통형 용기
1	윗면	면	윗면
2	인접한 밑면 모서리	두 측면	90° 간격의 두 측면
2	대각선 마주보는 밑면 코너	양 끝면	90° 간격의 밑면 모서리
1	밑면	반대면	밑면
특정높이에서의 충돌횟수	**충돌방향 (impact orientation)[1] - DC의 2차 하역**		
	상자	**포대와 백**	**원통형 용기**
1	수직 모서리	면	윗면
2	인접한 측면	두 측면	90° 간격의 두 측면
2	한 윗면 코너와 한 인접한 윗면 모서리	양 끝면	90° 간격의 밑면 모서리
1	주2)	주2)	주2)

주1) 일련의 마지막 충돌은 정해진 특정높이 또는 등가속도변화(equivalent velocity change)의 두 배로 하며, 충돌방향은 확률적으로 가장 발생빈도가 높은 곳(대개 가장 큰 면 또는 밑면)으로 함. 어느 방향으로든 낙하가 가능한 유통사이클의 경우는 가장 취약성이 높은 곳, 즉 손상 발생이 가장 쉬운 곳으로 정함.

포장화물의 길이가 최소 915 mm 이상되고, 다른 두 치수인 폭과 높이가 이 치수의 20 % 이하가 되는 엘론게이티드 포장화물(elongated package)의 경우는 브리지 충돌시험(bridge impact test)이 일련의 시험 계획 가운데 한번 포함되어야 한다. 이 시험은 ASTM D5265의 브리지 충돌시험(bridge impact test)에 따라 포장화물의 양단을 지지한 상태에서 화물 중간부분에 충격체를 낙하시켜 일정량의 운동에너지를 부과한 후 포장화물의 상태를 확인하는 시험이다.

보충설명 12.2

충격시험기(shock machine)에 의한 제어된 입충격은 수송용기, 내포장재료 및 포장물의 충격에 대한 저항능력을 더 잘 평가할 수 있는 방법이다. 위험요소(critical element)를 갖는 포장시스템에 대한 모의 자유낙하시험(simulated free-fall drop testing)에서는 충격펄스진동수가 포장시스템의 고유진동수(natural frequency)의 최소한 3배 이상이 될 때 좋은 결과를 낳는다.

한 예를 들면, 83 Hz 이상의 고유진동수를 갖는 강성포장시스템(rigid package system)은 2 ms (대부분 충격시험기의 유용한 범위)보다 더 짧은 충격지속시간이 요구된다. 즉,

입충격 진동수, $f = 1/(2\tau) = 1/(2 \times 0.002) = 250$ Hz, $f_n = 250/3 = 83$ Hz

여기서, τ는 입충격펄스지속시간(s), f는 입충격펄스진동수(Hz), f_n은 포장시스템의 고유진동수(Hz)를 각각 나타낸다.

유사하게 3 ms의 입충격펄스지속시간을 사용하는 충격시험기는 포장시스템의 고유진동수는 56 Hz 이하인 경우에 효과적이다.

등가속도변화(equivalent velocity change) : 충격시험기 방법에서 사용되는 특정 낙하높이에 상응하는 등가속도변화(ASTM D5487)로 충격시험기가 충격지속시간 3 ms 이하의 반정현파 펄스발생으로 셋업되면, 충격시험기의 테이블 상에서 측정된 속도변화(충돌속도+리바운드속도)는 선택한 자유낙하높이에 상당한다.

즉, $\Delta V_T = V_i$. 여기서, 계산된 자유낙하충돌속도 $V_i = \sqrt{2gh}$, ΔV_T = 측정된 테이블의 속도변화(m/s), h = 등가자유낙하높이(equivalent free-fall drop height) (m)를 각각 나타낸다.

---

(2) 기계하역 (mechanical handling)

유통사이클 중 이 항목에 대한 시험방법과 수준은 상·하차(loading & unloading), 선별 또는 적재 과정에서의 기계하역 위험에 대한 팰릿 또는 스키드(skid)를 갖는 개별포장화물(single package)과 유닛로드(unit-load)의 저항성 평가를 위한 것이다.

대형 개별포장화물[대형 수송상자와 크레이트(crate) 포함]과 유닛로드로 구분하여 다음과 같은 기계하역에 대한 일련의 시험 절차를 각각 적용한다.

● 팰릿 또는 스키드를 갖는 개별포장화물의 경우

① **포크리프트 트럭 하역** (fork lift truck handling)

ASTM D6179의 유닛로드와 대형화물의 거치른 하역에 대한 시험방법(rough handling of unitized loads and large shipping cases and crates)의 방법 C에 따라 각 마주보는 밑면 모서리에 대해 회전평면낙하시험(rotational flat drop test) 1회 및 방법 B에 따라 두 대각선 방향의 마주보는 밑면 코너 각각에 대해 회전코너낙하시험(rotational corner drop test) 1회를 실시하며, 이때 낙하높이는 표 12.8과 같다.

회전평면낙하시험은 화물의 한 밑모서리를 다른 편모서리를 축으로 계획된 높이로 올렸다가 자유낙하시키는 시험이다. 회전코너낙하시험도 이와 유사한데, 여기서는 화물의 코너부분이 시험 대상이다(보충설명 12.20).

표 12.8 기계하역 모의회전평면낙하 및 회전코너낙하시험시 낙하높이

총중량 (N)	시험강도 수준별 낙하높이 (mm)		
	I	II	III
0~2225	305	229	152
2225~	229	152	76

② **크레인 하역** (crain handling) (유통과정 중 크레인이 사용된 경우에 한 함)

ASTM D6179의 방법 D에 따라 미지지 자유낙하시험(unsupported free-fall drop test)을 밑모서리 1회 및 밑면에 평면낙하 1회 실시하며, 이때 수송단위의 중량별 낙하높이는 표 12.8과 같다.

③ **측면충돌시험** (side impact test)

ASTM D880의 수송용기 및 시스템에 대한 충돌시험 (impact testing for shipping containers and syatems)의 절차 B인 경사충돌시험기(inclined impact tester) 또는 수평충격시험기(horizontal impact tester)를 활용해 미리 계획된 충돌속도에서 계획된 횟수만큼의 충격을 가하는 시험을 수송단위의 4측면 모두에 대해 실시한다.

이 시험은 반발계수가 0이고, 총속도변화가 특정 충돌속도에 등가라고 가정하는 짧은 충격시간 프로그래머를 사용하는 ASTM D4003의 수송용기 및 시스템에 대한 프로그램 수평충돌시험 (programmable horizontal impact test for shipping containers and systems)의 방법 B 수평충돌시험(horizontal impact test)에 의한 마셜링 충돌시험(marshalling impact test) (유닛로드가 기계적인 장비로 하역될 때 충돌에 대한 저항성 평가 - 마셜링 작업)으로 대체될 수 있다(보충설명 12.4).

표 12.9 기계하역 모의 측면충돌시험시 충돌속도

시험강도수준	충돌속도 (m/s)
I	1.75
II	1.22
III	0.91

④ **팁 테스트** (tip test)

ASTM D6179의 방법 F에 따라 수송단위를 수직상태로부터 가장 위급한 방향으로 계획된 각도 만큼 기울인 상태에서 화물의 거동을 파악하는 팁 테스트를 실시한다. 다른 특별한 조건이 없는 한 22°를 기준으로 하며, 이 팁 테스트는 키가 크거나 또는 위가 무거운 화물을 미리 결정된 각도로 기울일 때 전도 여부를 평가하는 시험이다.

⑤ **팁오버 테스트** (tipover test)

수송단위가 위의 팁 테스트를 통과하지 못했다면, ASTM D6179의 방법 G에 따라 팁오버 테스트를 실시한다. 이 팁오버 테스트는 대형 수송상자 또는 크레이트가 전도위험(tipover hazard)과 관련된 충격에 대한 저항성 평가시험이다.

● 유닛로드(unit-load)의 경우

① **트럭 하역의 모든 방법**

리프트 트럭의 부착 작업기에 따라, 즉 포크리프트에 대해서는 ASTM D6055 방법 A의 포크리프트 시험(fork lift test) (포크를 부착하여 화물을 든 상태로 표준코스를 주행), 스페이드 리프트에 대해서는 방법 B의 스페이드 리프트시험(spade lift test) (스페이드 리프트를 부착하여 화물을 든 상태로 표준코스를 이동), 클램프에 대해서는 방법 C인 클램프 하역시험(clamp handling test) (클램프로 화물을 양측면에서 잡고 표준코스를 주행하여, 수송단위의 측면 압축에 대한 저항성 평가), 풀 팩(pull pack)에 대해서는 방법 D인 푸시-풀 하역시험(push-pull handling) (시트 팰릿에 적재한 화물을 표준코스를 따라 주행)에 따라 각각 픽킹업(포크로 화물을 들어올리는 작업)(pick-up), 테스트 코스 주행 및 내려놓기를 실시한다.

표 12.10 기계하역 모의주행시험시 사이클수

시험강도수준	사이클 (왕복)
I	8
II	5
III	3

주1) 표준코스는 (보충설명 12.18)

② **트럭 하역의 모든 방법**

앞에서의 팰릿(pallet) 또는 스키드(skid)를 갖는 개별포장화물에 대한 측면충돌시험 시와 동일한 시험법을 적용한다.

③ **포크리프트 트럭 하역** (fork lift truck handling)

ASTM D6179의 방법 C에 따라 화물의 각 마주보는 밑면 모서리에 대해 회전평면낙하시험(rotational flat drop test)을 1회 실시하며, 이때 중량별 낙하높이는 표 12.8과 같다.

2) 창고적재와 차량적재

유통사이클 중 이 항목에 대한 시험방법과 강도는 창고보관 또는 차량 수송시 수송단위의 적재성능을 평가하기 위한 것으로, 필요하중은 보관기간, 용기의 적재패턴 또는 배열, 용기 강도의 변이성, 함수율, 온도, 과거의 하역과 수송 이력, 하중지지방법 및 진동 등을 고려하여 결정한다.

이들 팩터들의 종합적인 효과가 고려된 표 12.11의 F 팩터를 창고적재(warehouse stacking)와 차량적재(vehicle stacking)에 대한 수송단위의 최소필요하중(minimum required load) 결정에 권장하고 있다. 만일 풀팰릿로드(full pallet load)가 시험에 적용된다면 F 팩터는 약 30% 감소된다.

표 12.11 수송단위의 적재시험시 최소필요압축하중 계산을 위한 F 팩터

수송단위의 구조 (shipping unit construction)	시험강도수준 (보증수준) 별 F 팩터					
	창고적재			차량적재		
	I	II	III	I	II	III
제품이 자립성이 전혀 없으며, 응력지지 내부포장을 가지거나 또는 가지지 않은 골판지, 판지 또는 플라스틱 용기	8.0	4.5	3.0	10.0	7.0	5.0
나무와 같은 강성 삽입물로 응력지지 내부포장을 가진 골판지, 판지 또는 플라스틱 용기	4.5	3.0	2.0	6.0	4.5	3.0
*제품이 압축포장(compression package)과 같이 자립성이 있거나, 내열, 내습성 있는 골판지, 판지 또는 플라스틱 외의 재료로 만들어진 용기	3.0	2.0	1.5	4.0	3.0	2.0
만일 제품이 하중의 일부분을 지탱한다면, 우측의 식에 의해 계산한다. [F_p = 형태 *의 압축포장에 부여한 계수, P = 제품에 의해 지지되는 하중 비율, F_c = 적당한 용기 구조에 주어진 팩터, C = 용기에 의해 지지되는 하중 비율]	$F = P(F_P) + C(F_C)$					

창고적재와 차량적재가 동일한 수송단위로 구성될 때, 수송단위에는 식(2.1)에 의해 계산된 하중값을 작용시킨 후 3 s 이내에 하중을 제거한다.

수송단위에 대한 압축시험은 표준상태(23 ± 1℃, RH 50 ± 2 %)에서 평형시킨 후, ASTM D642의 수송용기 및 유닛로드의 압축저항성 시험(보충설명 12.3)에 따라 실시한다.

$$L = W\left(\frac{H-h}{h}\right) \times F \tag{2.1}$$

여기서, L은 계산된 하중 (N), W는 수송단위 또는 개별포장화물의 중량 (N), H는 보관 또는 차량수송 중 적재높이 (차량적재높이가 분명하지 않을 경우는 2.7 m 적용) (m), h는 수송단위 또는 개별포장화물의 높이 (m), F는 위에서 기술된 개개 팩터의 복합적인 효과가 고려된 안전팩터(safety factor)를 각각 나타낸다.

혼합화물과 혼적화물수송(LTL) 또는 소포장 배달환경에서의 차량적재에 대해서는 수송단위에 다음과 같이 계산된 하중을 작용시키며, 만일 특정한 유통시스템에 대해 평균수송밀도팩터(average shipping density factor) M_f를 모르는 경우는 보통 160 kg/m^{3}을 적용한다.

$$L = M_f(\iota \times w \times h)g \times \left(\frac{H-h}{h}\right) \times F \tag{12.1}$$

여기서, L은 계산된 하중 (N), M_f는 평균수송밀도팩터 (kg/m^3), H는 차량수송 중 최고 적재높이 (명확하지 않을 경우는 2.7 m 적용, 단, LTL 수송시 포장중량 133 N과 체적 0.056 m^3 이하일 때는 1.4 m 적용) (m), l과 w는 각각 수송단위 또는 개별포장화물의 길이와 폭 (m)을 나타낸다.

보충설명 12.3

ASTM D642의 수송용기 및 유닛로드의 압축저항성시험(compressive resistance of shipping containers, components, and unit load)시에는 하중재하속도(loading rate) 12.7 ± 2.5 mm/min, 선하중(pre-load)은 SW 골판지상자는 222 N, DW 골판지상자는 445 N, TW 골판지상자는 2220 N을 작용시킨 후 하중-변형 측정, 고정평판시험기(fixed-platen testing machine)는 두 평판 모두 수평을 유지한채 평행하게 고정되어 모서리간(edge-to-edge) 압축시험과 코너간(corner-to-corner) 압축시험

을 실시하며 반면, 회전고리평판 시험기(swiveled-platen testing machine)는 평판 1개는 수평으로 고정되고, 나머지 하나는 회전고리에 연결되어 회전이 자유로워 상하압축시험(top-to-bottom)에 적용한다.

---

3) 적재진동과 차량진동

유통사이클 중 이 항목에 대한 시험방법과 강도는 수송 중 수직진동환경(vertical vibration environment)과 차량적재로부터 야기되는 동적압축력(dynamic compression force)에 대한 수송단위의 저항성 평가를 위한 것이다.

시험강도수준과 방법은 진동 크기, 진동수 범위, 작용시간 및 진동방향을 포함한다. 유통사이클에 의해 규정된 것으로써, 적재진동(stacked vibration)(항목 D) 또는 차량진동(vehicle vibration)(무적재)(항목 E)을 택한다.

정현파 진동(sinusoidal vibration)과 랜덤진동(random vibration) 시험법이 모두 적용되지만, 두 방법간에는 동일성이 없으며, 반드시 같은 결과를 낳는것은 아니다. 랜덤진동은 정현파 진동에 비해 덜 가혹하며, 실제 수송환경에 더 근접하게 모의하므로 자격 필요조건에 대해서는 더 바람직한 시험방법이다. 정현파 시험방법은 시스템의 공진(resonance)을 관찰하고 결정하는 수단으로써 랜덤진동법과 연계하여 자주 사용된다.

두 시험 방법간의 구체적인 특징에 대해서는 제4장 2절에서 기술하였다.

(1) 적재진동

수송단위의 정상적인 수송방향 또는 미리 계획된 수직축 방향으로 로드를 가진채 테스트를 실시한다. 상부의 유닛로드를 모의하기 위해 집중사하중(concentrated dead load)의 적용이 허용되며, 집중사하중의 크기는 식(2.1)과 (12.1)의 창고적재하중 계산식에서 F 팩터를 1로 하여 계산한 값을 적용한다.

① 랜덤진동시험

ASTM D4728의 수송용기의 랜덤진동시험(random vibration testing of shipping containers)에 따라 실시하며, 시험시 권장하는 수송형태별 PSD(power spectral density), 진동수와 진폭, 작용시간은 표 12.12와 같다.

유통사이클 1과 3~6에 대해서는 트럭수송, 유통사이클 7, 8 및 11에는 철도수송, 유통사이클 9와 10에 대해서는 60분의 트럭수송에 이어 120분의 철도수송시험을 실시한다. 유통사이클 12와 13에 대해서는 60분의 트럭수송에 이어 120분의 항공수송시험이 실시된다.

표 12.12 수송형태별 랜덤진동시험 변수

차량형태	구획점 (break point)	진동수 (Hz)	시험강도수준별 PSD (G^2/Hz)		
			I	II	III
트럭	1	1	0.0001	0.00005	0.000025
	2	4	0.02	0.01	0.005
	3	16	0.02	0.01	0.005
	4	40	0.002	0.001	0.0005
	5	80	0.002	0.001	0.0005
	6	200	0.00002	0.00001	0.000005
		Overall, G_{rms}	0.73	0.52	0.37
		작용시간 (min)	180	180	180
철도	1	1	0.00002	0.00001	0.000005
	2	2	0.002	0.001	0.0005
	3	50	0.002	0.001	0.0005
	4	90	0.0008	0.0004	0.0002
	5	200	0.00002	0.00001	0.000005
		Overall, G_{rms}	0.41	0.29	0.20
		작용시간 (min)	180	180	180
항공	1	1	0.0004	0.0002	0.0001
	2	12	0.02	0.01	0.005
	3	100	0.02	0.01	0.005
	4	300	0.00002	0.00001	0.000005
		Overall, G_{rms}	1.49	1.05	0.74
		작용시간 (min)	180	180	180

② 정현파 진동시험

ASTM D999의 수송용기에 대한 진동시험 (vibration testing of shipping containers)의 방법 B인 개별용기 공진시험 (single container resonance test) 또는 방법 C인 팰릿 로드 또는 수직적재화물에 대한 공진시험 (palletized load, unitized load or vertical stack resonance test)을 실시하는데, 전자의 시험은 개별포장화물에 대해 공진에서의

드웰시험(dwell test)을 통해 포장용기의 저항성 평가를 위한 것이고, 후자의 시험은 적재상태의 화물에 대한 공진효과와 동적적재하중에 대한 포장용기의 저항성 평가를 목적으로 한다.

드웰시간(dwell time)은 큰 수준의 공진점 4개 (보통 적용하는 수송형태에서 겪게되는 진동수 범위내)까지 각 공진점에서의 작용시간을 의미하며. 수송형태별 진동수 범위, 진폭 및 드웰시간은 표 12.13과 같다.

표 12.13 수송형태별 정현파 진동시험 변수

시험강도수준	진동수 범위 (Hz)	진폭 (zero-to-peak) (G)		드웰시간 (min)
		철도	트럭	
I	3~100	0.25	0.5	15
II	3~100	0.25	0.5	10
III	3~100	0.25	0.5	5

(2) 차량진동

가능한 각 수송방향에 대해 무적재 시험이며, 랜덤과 정현파 진동시험시 권장하는 시험강도수준과 작용시간은 각각 표 12.12 및 12.13과 같다.

4) 비구속화물 진동 (loose load vibration)

유통사이클 중 이 항목에 대한 시험방법과 강도는 비구속화물 또는 산물상태 화물의 수송 중에 발생하는 반복충격(repetitive shock)에 대한 수송단위의 저항성 평가를 위한 것으로, 시험강도수준과 방법에는 반복충격의 작용시간, 방향 및 진폭 등이 포함된다.

ASTM D999의 방법 A1인 수직운동의 반복충격시험 (repetitive shock test-vertical motion) 또는 A2인 회전운동의 반복충격시험(repetitive shock test-rotary motion)을 적용한다. 수직운동의 반복충격시험은 차량의 베드에 구속되지 않은 채 수송되는 개별 포장에 대한 저항성 평가시험으로, 진동시험기에 화물을 구속하지 않은 채 놓고, 진동수 2 Hz로부터 점차 높여가며 포장과 시험기의 테이블이 일정 간격으로 분리될 때의 진동수에서 계획된 시간만큼 드웰시켜 포장과 제품의 상태를 파악한다.

드웰시간은 50 %는 정상적인 수송 수직축방향(normal vertical shipping axis)이고, 나머지 50 %는 다른 가능한 모든 수송 방향으로 균일하게 배분한다.

표 12.14 비구속화물의 진동모의를 위한 반복충돌시험시 드웰시간

시험강도수준	드웰시간 (min)
I	60
II	40
III	30

5) 모의 레일스위칭 (simulated rail switching)

유통사이클 중 이 항목에 대한 시험방법과 강도는 레일스위칭 동작에서 발생하는 압축력과 진동수준에 대한 수송단위의 저항성 평가를 위한 것이다. 이를 모의시험하기 위해서는 ASTM D4003의 방법 A인 레일카 스위칭 충돌시험(rail car switching impact) (보충설명 12.4) 또는 ASTM D5277의 경사충돌시험기를 사용한 화물의 프로그램 수평충돌시험법 (programmed horizontal impacts using an inclined impact tester)을 적용한다.

표준 드래프트 기어(draft gear)를 갖는 철도차량의 경우, 충격지속시간은 화차 바닥에서의 측정값을 기준으로 40±10 ms가 적용되고, 롱트레블 드래프트 기어(long-travel draft gear)를 갖는 철도차량은 300±50 ms가 적용된다.

표준 드래프트 기어에 대해서만 ASTM D5277이 적용되며, 이 시험의 목적을 위해서는 반발계수가 0이 적용되고, 총속도변화는 특정 충돌속도에 상당한다. 용기의 충돌표면은 실제 수송과정에서 발생하는 것과 동일해야 하며, 1방향 이상이 가능하다면, 손상에 가장 민감한 면으로 충돌한다.

테스트시 시험강도수준별 충돌횟수와 충돌속도는 다음과 같다.

표 12.15 모의 레일스위칭 시험시 충돌횟수와 충돌속도

시험강도수준	충돌횟수	충돌속도 (m/s)
I	2	3.58
	1	2.68
II	2	2.68
	1	1.79
III	1	2.68
	2	1.79

보충설명 12.4

ASTM D4003의 수송용기 및 시스템에 대한 프로그램 수평충돌시험 (programmable horizontal impact test for shipping containers and systems)은 레일카 스위칭 충돌(rail car switching impact)과 리프트 트럭 마셜링 충돌(lift truck marshalling impact)시 발생하는 수평충격력의 모의시험이다. 방법 A의 레일카 스위칭 충돌시험은 레일카 스위칭 동안 적재로드(lading load)에 의한 압축력을 모의하고 (용기간의 상호작용), 방법 B의 마셜링 충돌시험(marshalling impact test)은 마셜링 동안 겪게 되는 힘에 대한 유닛로드의 저항성 평가시험이다.

수평충돌시험시 등짐(backload) 중량은 다음과 같이 등짐압력(backload pressure)을 계산하여 이로부터 결정한다.

$$P = d \times F$$

여기서, P는 등짐압력 (N/m^2), d는 밀도(density) (kg/m^3), F는 상호작용팩터(interaction factor)로 표준드래프트 기어에 대해 0.889 m를 적용하며, 이 상호작용팩터는 철도차량들이 연결 과정에서 길이방향 충돌에 대한 인접한 포장에 미치는 로드 깊이 정도를 효과적으로 나타내며, 이 팩터는 철도차량 드래프트 기어, 충돌지속시간 및 철도차량 바닥과 화물 간의 마찰계수에 의존한다.

등짐 중량은 등짐압력에 면적을 곱한 것과 같으며, 최종적으로 다음과 같은 식으로 표현된다.

$$B_i = P \times A = (M/L) \times F$$

여기서, B_i는 등짐중량 (N), A는 시험포장화물의 단면적($= W \times H$) (m^2), M은 포장중량 (N), L은 충돌방향에 평행한 포장화물 길이 (m)를 각각 나타낸다.

6) 환경위험 (environmental hazard)

이 항목은 수분, 온도충격 또는 주기적 노출의 대기효과에 대한 포장의 민감성을 평가하기 위한 것으로, 전처리 후 포장 안의 물 또는 습기의 측정과 관찰, 포장제품의 부식 흔적, 봉합의 구조적 완전성 등이 평가된다.

시험은 ASTM D951의 분사방법(spray method)에 의한 수송용기의 내수성(water resistence) 시험 (보충설명 12.5)에 따라 실시되며, 시험강도수준 I 에 대해서는 분사강도(spray intensity) 100 ± 10 mm/hr, II 에는 50 ± 10 mm/hr가 적용된다.

표 12.16 환경위험 모의를 위한 내수성 시험시 시험변수

시험강도수준	온도(℃)	물분무	시간(h)	온도(℃)	물분무	시간(h)
I	71±2		16	13±2	×	2
	13±2	×	2	-54±2		2
	-23±2		2	71±2		16
	71±2	×	2	13±2	×	2
	13±2	×	2	-54±2		2
	0±2		16	4±2		3
	71±2		4	71±2		16
II	71±2		14	0±2		2
	13±2	×	2	13±2	×	2
	71±2		4	71±2		16
III	적용하지 않음					

보충설명 12.5

ASTM D951의 분사방법에 의한 수송용기의 내수성(water resistance of shipping containers by spray method) 시험은 수분에 의한 용기의 열화 저항능력 이나 또는 수분으로부터 포장물을 보호하는 용기의 저항성 평가로, 보통 분사시험 전후에 있어서의 낙하시험, 경사충격시험, 진동시험 또는 압축시험 등과 연계되어 실시한다.

시험시 분사압력이 중요하며, (아)열대 조건은 100±25 mm/hr, 온대지역 또는 보호된 보관조건은 50±12 mm/hr, 그리고 차폐된 수송에서 보관으로의 로딩과 하역시 우연한 노출이 발생하는 보호된 보관조건을 모의하는데는 25±10 mm/hr가 각각 적용된다.

7) 저압(고공)위험 [low pressure (high altitude) hazard]

이 시험항목은 비행기 또는 고지대에서의 화물수송시 압력강하에 대한 포장제품의 저항성을 평가하는 것으로, ASTM D6653의 진공법에 의한 포장시스템의 고공효과 시험 (보충설명 12.6)에 따른다.

이 시험은 낮은 압력에 민감한 밀봉(sealing)된 유연성 비다공성 포장(sealed flexible non-porous package), 액상 용기(liquid container) 또는 다공성 포장(porous package)에 적용한다.

수송 중에 예상되는 고도에 대해 포장시험을 수행하지만, 명확하게 예상되지 않을 경우는 ASTM D6653에서 권장하는 60분 동안 4267 m에 상당하는 압력에서 시험한다.

이 고도에서의 압력이 59.5 kPa이고, 표준대기압이 101.3 kPa이므로, 요구되는 진공도는 101.3 − 59.5 = 41.8 kPa이다.

보충설명 12.6

ASTM D6653의 진공법에 의한 포장시스템의 고도 효과 결정(determining the effects of high altitude on packaging systems by vacuum method) 시험은 피더 에어크레프트(feeder aircraft) 또는 고산지역에 대한 화물수송시 압력 차이로인해 포장성능에 미치는 영향을 결정하기 위한 것이다.

시험샘플은 5.6 ± 2 ℃에서 최소 24시간 이상 전처리하여 그 온도에서 시험하는것을 원칙으로 하되, 이 온도에서의 전처리 또는 시험이 불가능할 때는 표준대기조건인 23 ± 2 ℃에서 실시한다.

시험압력은 명확한 조건에서 시험할 때는 고도 4877 m ± 5 %에 상당하는 압력에서, 그 밖의 명확하지 않은 조건에서 시험할 때는 고도 4267 m ± 5 %에 상당하는 압력에서 시험한다. 60분 동안 진공상태가 유지되며, 수송환경에 대한 정보, 제품의 가치, 손상허용기준 등을 참조하여 시험시간은 조정된다.

<온도와 압력관계>

고도 (m)	대기압 (kPa)[1]	압력 (kPa)						
		-1.1℃	4.4℃	10.0℃	15.6℃	21.1℃	26.7℃	32.2℃
0	101.3	95.6	97.6	99.5	101.5	103.4	105.4	107.4
305	97.7	92.9	94.8	96.7	98.6	100.5	102.4	104.3
1,524	84.3	82.4	84.1	85.8	87.5	89.1	90.8	92.5
2,438	75.3	75.2	76.8	78.3	79.8	81.4	82.9	84.4
3,048	69.7	70.7	72.1	73.5	75.0	76.4	77.9	79.3
3,658	64.5	66.4	67.7	69.1	70.4	71.8	73.1	74.5
4,267	59.5	62.2	63.4	64.7	66.0	67.2	68.5	69.8
4,877	54.9	58.2	59.4	60.6	61.8	63.0	64.2	65.4
5,486	50.6	54.5	55.6	56.7	57.8	59.0	60.1	61.2
6,096	46.6	51.0	52.0	53.1	54.1	55.2	56.2	57.3
7,925	36.0	41.4	42.2	43.1	43.9	44.8	45.6	46.4
9,144	30.1	35.8	36.5	37.2	38.0	38.7	39.4	40.2
12,192	18.8	23.6	24.1	24.6	25.1	25.6	26.0	26.5
15,240	11.7	14.6	14.9	15.2	15.5	15.8	16.1	16.4

주1) 외기조건 (ISO 2873)

고도 (m)	압력 (kPa)[1]	온도 (℃)	고도 (m)	압력 (kPa)[1]	온도 (℃)
4,000	61.5	−11	12,000	19.0	−56.5
6,000	47.0	−24	15,000	12.0	−56.5
8,000	35.5	−37	18,000	7.5	−56.5
10,000	26.5	−50	20,000	5.5	−56.5

8) 집중충돌(concentrated impact)

이 항목은 수송 중이거나 또는 선별동작 과정에서 예상되는 포장화물이 받는 낮은 수준의 집중충돌을 모의하는 시험으로, 낮은 등급의 양면골판지상자[파열강도 1897 kPa 또는 수직압축강도(ECT) 7.71 kN/m 이하]와 플라스틱필름 랩 포장화물과 유닛로드에만 적용한다.

ASTM D6344의 수송포장에 대한 집중충돌시험(concentrated impact to transport package)에 따르는데, 여기서 포장에 집중하중을 가하는 방법으로는 직경 32 mm, 길이 115 mm, 질량 680 g의 충돌부분이 라운딩 처리된 강철 막대를 원통 가이드를 따라 자유낙하 시키는 방법, 가이드 없이 자유낙하 시키는 방법, 또는 최소 2 m 이상의 두 줄에 수평으로 매달은 진자가 회전하여 지면과 수평이 되었을 때 샘플과 충돌하게 하는 진자식이 있다.

소규모 포장 또는 테스트 면이 수평으로 되어 있을 때는 강철막대를 자유낙하하는 앞의 두 방법이 적용되나, 낙하높이를 증가시켜 큰 수준의 집중충돌은 가하고자할 때는 가이드식 자유낙하 방식이 바람직하다. 강철막대가 0.8 m의 수직거리를 자유낙하하여 포장에 부과하는 충돌에너지는 $E = mgh = 0.68 \times 9.81 \times 0.8 = 5.34$ J이다.

【3】 테스트 계획수립 연습

1) 팰릿타이저 화물에 대한 성능시험계획

팰릿타이저 화물(palletized unit-load)에 대한 성능시험계획 연습으로 다음과 같은 문제를 생각하여 보자. 제품의 가치와 수송량은 보통 수준이고, 일련의 테스트 후 제품에는 어떠한 손상도 허용되지 않고, 포장 상태도 또한 양호하여야 한다. 골판지포장 제품의 중량은 720 N이고, 치수는 길이×폭×높이가 $1.2 \times 0.5 \times 0.6$ m이다. 보관을 위해 2열 2단으로 팰릿타이저 화물을 구성하며, 독차화물수송을 한다. 골판지상자의 파열강도(bursting strength)는 1900 kPa이다.

소비지에서는 바닥에 팰릿타이저 화물을 2단 적재한다. 제품은 강도적 자립성은 없다고 가정할 경우, 이 포장화물에 대한 성능시험을 앞에서 기술한 성능시험절차에 따라 다음과 같은 단계로 수립한다.

(1) 수송단위의 설정 : 테스트되는 수송단위는 팰릿타이저 화물

(2) 시험강도수준의 설정 : 제품의 가치와 수송되는 양을 참고하여 시험강도수준 II를 적용

(3) 시험강도수준 II에서의 수용기준을 결정

- 기준 1 : 제품 손상 없음
- 기준 2 : 포장 상태가 판매할 수 있는 조건

(4) 유통사이클의 선택과 시험항목 설정 : 독차화물수송과 팰릿 단위적재에 대해 표 12.4의 표준유통사이클 중에서 DC-6을 선정

(5) 시험계획서 작성

표 12.17 팰릿타이저 화물에 대한 시험계획수립 예시

일련번호	시험항목	시험방법	시험 상세내용과 수준[1]
1	A (하역-기계)	ASTM D6055 방법 A	픽킹업 → 테스트코스 주행 → 내려놓기 등 5사이클
		ASTM D880 절차 B	4 측면 모두에 수평충돌, 충돌속도 1.22 m/s
		ASTM D6179 방법 C	회전평면낙하, 0.152 m로부터 두 마주보는 밑면 모서리에 1회 충돌
2	D (적재진동)	ASTM D4728	트럭 PSD 프로파일, 0.52 G_{rms}, 작용시간 180분, 상부에 집중사하중 적재[2]
3	A (하역-기계)	ASTM D6055 방법 A	픽킹업 → 테스트코스 주행 → 내려놓기 등 5사이클
		ASTM D880 절차 B	4 측면 모두에 수평충돌, 충돌속도 1.22 m/s
		ASTM D6179 방법 C	회전평면낙하, 0.152 m로부터 두 마주보는 밑면 모서리에 1회 충돌
4	B (창고적재)	ASTM D642	F = 4.5로 팰릿타이저 로드에 12,960 N으로 압축[3]

주1) 모든 시험에 대해 시험강도수준 II 적용

2) 대체진동시험 형태(alternative vibration test configurations) : ① 팰릿타이저 화물 2단 적재높이 또는 상단의 팰릿타이저 화물을 모의하기 위한 정하중을 적용하는 시험, $L = W\{(H-h)/h\} \times F = (720 \times 4)\{(2.4-1.2)/1.2\} \times 1 = 2880$ N, ② 밑면 개별용기의 상단 적재된 하중을 모의하기 위한 2160 N (= 720 × 3)의 정하중을 갖는 개별용기에 대한 시험. 사하 중의 크기는 창고적재시 사하중 계산 방법인 식(2.1)에서 F = 1을 적용하여 계산

3) 식(2.1)로부터, $L = W\left(\frac{H-h}{h}\right) \times F = (720 \times 4)\left(\frac{2.4-1.2}{1.2}\right) \times 4.5 = 12960$ N

(6) 테스트를 위한 샘플 선택 : 대표적인 샘플의 선택

(7) 샘플 전처리 : ASTM D4332에 따라 표준상태 (23 ± 1 °C, RH 50 ± 2 %)에서 72 hr 이상 평형

(8) 테스트 실시 : 각 테스트 항목에 참고된 ASTM 규정 등에서 지시하는데로, 단계 (5)에서의 테스트 계획에 따라 실시

(9) 결과 평가 – 단계 : 에서의 수용기준과 마주치는 지의 여부를 결정짓기 위해 포장과 제품을 조사

(10) 테스트 결과의 문서화

2) 개별포장화물에 대한 성능시험계획

개별포장화물(single package)에 대한 성능시험계획 연습으로 다음과 같은 문제를 생각하여 보자.

혼적화물수송 유통시스템을 통해 개별포장화물 상태로 수송되고, 용기 하나의 높이로만 보관되는것을 제외하고는 앞의 예에서와 동일하다고 하자. 부가적인 정보로써 포장은 4 측면 모두에 3 cm 이상의 지지되지 않는 내부 공간을 가지고 있고, 팰릿 또는 스키드(skid)는 없는 상태이다. 이 포장화물에 대한 포장성능시험은 앞에서 기술한 성능시험절차에 따라 다음과 같은 단계로 수립한다.

(1) 수송단위의 설정 : 테스트되는 수송단위는 개별포장화물

(2) 시험강도수준의 설정 : 제품의 가치와 수송되는 양을 참고하여 시험강도수준 II를 적용

(3) 시험강도 수준 II에서의 수용기준을 결정

- 기준 1 : 제품 손상 없음
- 기준 2 : 포장 상태가 판매할 수 있는 조건

(4) 유통사이클의 선택과 시험항목 결정 : 혼적화물수송과 개별포장화물 수송에 대해 표 12.4의 표준유통사이클 중에서 DC-3을 선정

(5) 시험계획서 작성

표 12.18 개별포장화물에 대한 시험계획 수립 예시

일련번호	시험항목	시험방법	시험 상세내용과 수준[1]
1	A (하역-인력)	ASTM D5276	윗면 1회 낙하, 인접한 밑면 모서리 2회 낙하, 대각선 마주보는 밑면 코너 2회 낙하, 밑면 1회 낙하, 낙하높이 178 mm
2	D (적재진동)	ASTM D4728	트럭 PSD 프로파일, 0.52 G_{rms}, 개별포장화물 포장 상부에 집중사하중2)을 작용한 채 두 인접한 측면과 밑면에 각 60분 작용
3	F (비구속화물 진동)	ASTM D999의 방법 A1 또는 A2	밑면 20분, 두 인접한 측면에 각 10분
4	A (하역-인력)	ASTM D5276	수직모서리 1회 낙하, 인접한 측면 2회 낙하, 한 윗면 코너와 한 인접한 위면 모서리에 각 1회 낙하, 밑면 1회 낙하(낙하높이 355 mm), 낙하높이 178 mm

주1) 모든 시험에 대해 시험강도수준 II 적용

2) 집중사하중은 창고적재 사하중 계산방법인 식(12.1)에서 F = 1 적용. 즉,

$$L = M_f(\iota \times w \times h)g \times \left(\frac{H-h}{h}\right) \times F = 160(1.2 \times 0.5 \times 0.6)9.81 \times \left(\frac{2.7-0.6}{0.6}\right) \times 1$$

$$= 1978\ \mathrm{N}\ (2.0\ \mathrm{kN})$$

(6) 테스트를 위한 샘플 선택 : 대표적인 샘플의 선택

(7) 샘플 전처리 : ASTM D4332에 따라 표준상태 (23 ± 1℃, RH 50 ± 2 %)에서 실시

(8) 테스트 실시 : 각 테스트 항목에 참고된 ASTM 규정 등에서 지시하는데로, 단계 (5)에서의 테스트 계획에 따라 실시

(9) 결과 평가 : 단계 (3)에서의 수용기준과 마주치는 지의 여부를 결정짓기 위해 포장과 제품을 조사

(10) 테스트 결과의 문서화

3) 사용자 임의 성능시험계획

유통사이클 DC-2는 제품의 유통방법이 명확하게 이해되고, 표 12.4의 표준유통사이클에 의해서는 기술하기가 적당하지 않을 때 적용된다. 유통에 대한 이해는 여러 가지 방법, 즉 적절한 장비에 의한 측정, 유통시 다양한 위험요소의 신중한 관찰, 발표된 신뢰성 있는 정보의 활용 및 제품의 손상에 대한 정보 등을 통해 가능하다.

DC-2의 적용은 예상되는 유통을 명확하게 반영하는 테스트 계획을 수립하는데 있어, 완전한 유연성이 허용된다. 여기에는 각 위험요소(hazard element)에 대한 테스트 항목 사이에 서로 다른 시험강도수준의 적용을 포함한다. 실제 경험에 보다 더 정확히 관련시키고자 할 때는 DC-2에서 한 테스트 항목 내에서의 다른 세목 또는 테스트 수준의 변경도 가능하다.

한 예로, 생산지에서 소비지까지 트레일러에 팰릿타이저 화물을 2단 적재하여 독차 화물수송(TL)하는 경우를 생각해 보자. 수송 사이클의 시작과 종료부분(생산지와 소비지)에서의 철저한 조사를 통해, 화물 측면에서의 중대한 충돌은 없으나, 단지 끝(end) 부분에서의 충돌과 밑면 모서리에 한 번 이상의 회전낙하가 발생하는 것을 발견하였으며, 리프트 트럭하역은 생산지에서 소수 행하여지나, 소비지에서는 적절히 이루어진다. 또한 생산 또는 소비지에서 보관에 따른 창고적재는 없는 것으로 분석되었다.

유통사이클의 시작과 종료부분에서 수정된 실행 A의 기계하역(mechanical handling)을 포함하지만, 압축시험을 포함하지 않는 테스트 계획을 표 12.19와 같이 수립한다.

표 12.19 사용자 임의 시험계획 수립 예시(1)

<table>
<tr><th>일련번호</th><th>시험항목</th><th>시험방법</th><th>시험상세 내용과 수준</th></tr>
<tr><td rowspan="3">1</td><td rowspan="3">수정된 A
(하역-생산지)</td><td>ASTM D6055의 방법 A</td><td>픽킹업 → 테스트코스 주행 → 내려놓기 등 3사이클 (시험강도수준 III)</td></tr>
<tr><td>ASTM D880의 절차 B</td><td>팰릿타이저 화물 각 측면에 경사충돌, 충돌속도 1.22 m/s (시험강도수준 II)</td></tr>
<tr><td>ASTM D6179의 방법 C</td><td>회전평면낙하, 0.152 m (시험강도수준 II)로 부터 두 마주보는 밑면 모서리에 1회 충돌</td></tr>
<tr><td>2</td><td>D
(적재진동)</td><td>ASTM D4728</td><td>트럭 PSD 프로파일, 0.52 G_{rms}, 작용시간 180분 (시험강도수준 II), 상부에 사하중 2단 적재높이</td></tr>
<tr><td rowspan="3">3</td><td rowspan="3">수정된 A
(하역-소비지)</td><td>ASTM D6055의 방법 A</td><td>픽킹업 → 테스트코스 주행 → 내려놓기 등 5사이클 (시험강도수준 II)</td></tr>
<tr><td>ASTM D880의 절차 B</td><td>팰릿타이저 화물 각 측면에 경사충돌, 충돌속도 1.22 m/s (시험강도수준 II)</td></tr>
<tr><td>ASTM D6179의 방법 C</td><td>회전평면낙하, 0.152 m (시험강도수준 II)로부터 두 마주보는 밑면 모서리에 1회 충돌</td></tr>
</table>

앞에서의 팰릿타이저 화물에 대한 성능시험시 적용한 DC-6과 비교하면, 테스트 횟수와 시험강도 수준이 다소 완화되었다.

또 다른 예로, 소포 배달부를 통해 생산지로부터 소비지까지 소비자 제품의 수송과정에서 코너에 허용될 수 없는 손상이 보고되었다. 일련의 코너낙하(corner drop) 시험에 의해 보고된 손상형태를 발생시키기 위해서는 1.067 m의 낙하높이가 요구된다.

포장된 제품의 중량은 196 N, 용기의 외치수는 길이×폭×높이가 60×25×106 cm이다. 상자의 ECT는 5.6 kN/m이다. 용기와 내부 골판지 완충재가 압축시 하중을 지지한다. 용기에는 'This Way Up'이란 문구가 새겨져 있다. 관찰을 통해 수송시 포장은 거의 항상 정상적인 방향(106 cm 부분이 수직)을 유지하는 것으로 나타났다. 과도한 압축하중으로 인한 골판지상자의 손상은 보고되지 않았다.

이에 대한 예상된 유통을 모의하는 테스트 계획 DC-2를 다음과 같이 수립할 수 있다.

표 12.20 사용자 임의 시험계획 수립 예시(2)

일련번호	시험항목	시험방법	상세 또는 테스트 및 수준
1	수정된 A (하역-선적자와 운수업자)	ASTM D5276	인력하역 부분의 표(DC 중 첫 번째)에서와 같이 6방향에서 낙하, 낙하높이 533 mm (시험강도수준 I)
2	C (트럭적재)	ASTM D642	2.7 kN 압축시험1) (M = 160 kg/m^3, H = 2.7 m, F = 7.0) (시험강도수준 II)
3	F (비구속화물진동)	ASTM D999의 방법 A2	밑면 40분 (시험강도수준 II)
4	E (트럭진동)	ASTM D4728	밑면 180분, 0.52 G_{rms} (시험강도 수준II)
5	수정된 A (하역-선적자와 운수업자)	ASTM D5276	인력하역 부분의 표(DC 중 두 번째)에서와 같이 5방향에 대해 낙하 (낙하높이 533 mm), 가장 손상 입기 쉬운 코너에 낙하 (낙하높이 1066 mm)

주1) $L = M_f(\iota \times w \times h)g \times \left(\frac{H-h}{h}\right) \times F = 160(0.6 \times 0.25 \times 1.06)9.81 \times \left(\frac{2.7-1.06}{1.06}\right) \times 7$
$= 2702\ N\ (2.7\ kN)$

앞에서의 개별포장화물에 대한 성능시험시 적용한 DC-3과 비교하면, 일련의 테스트 항목 사이에 시험강도수준이 바뀌었고, 중량에 따른 시험강도수준별 낙하높이를 나타낸 표 12.6에서, 제품 중량에 비해 낙하높이를 한 단계 높아졌고, 압축강도는 만재트레일러높이(full trailer height) 2.7 m가 적용되었고(높이 1.35 m보다 훨씬 큰), 진동시험은 3방향보다는 단지 1방향에 대해서 집중 계획되었다.

12.2 ISO의 수송포장화물 성능평가 시험방법

ISO 4180은 2개 부분으로 나뉘어 적절한 성능시험 계획(performance test schedule)을 수립하는데 따른 지침을 제공하고 있다. 즉, 유용한 시험 데이터를 확보하고, 자사의 수송환경을 잘 파악하고 있는 사용자를 위해 각각의 시험방법과 조건을 다른 ISO 규격으로부터 선택 및 인용하는데 따른 지침과 또한, 이와는 반대로 자사의 수송환경을 잘 파악하지 못하는 사용자를 위해 시험방법이나 조건을 포장화물의 중량과 수송거리에 따라 지침으로 제공하고 있다.

수송포장화물(transport package)에 대한 시험실 테스트로부터 유통 중의 위험요인을 예측 또는 재연하기 위한 적절한 시험적용을 위해서는 유통 중의 위험으로부터 발생되는 스트레스에 대한 지식과 함께 특정시험을 통해 이들 스트레스를 재연하거나 또는 실제 상황에서 관찰되는 것과 동일한 손상을 만들어낼 수 있는 능력이 요구된다.

한편, 시험강도수준(test intensity level)은 다음과 같은 인자를 고려하여 결정한다.

- 포장화물의 중량
- 목적지의 지리적 위치와 거리
- 포장화물의 보증정도
- 제품의 성질, 탁송 빈도 및 비용 등

수송포장화물의 수용기준은 포장 또는 내용물에 나타나는 질의 저하, 포장된 내용물의 손실정도 및 포장과 내용물의 악화 정도 등으로 나타낼 수 있으며, 손상된 포장이 보관을 포함한 그 이후의 유통 과정에서 위험 요인 또는 잠재적 위험 요인으로 작용할지의 여부에 의해서도 정해질 수 있다. 가능하다면 이러한 인자는 정량적으로 표현하는 것이 바람직하다.

수용 가능한 손상정도를 결정할 때는 다음과 같은 인자들을 고려한다.

- 내용물의 단위가격
- 포장내 제품의 단위 개수
- 탁송시 포장화물의 수
- 유통비용
- 내용물의 특징으로 위험물 여부, 사람과 다른 상품에 위험 가해 여부

포장 또는 그 내용물의 손상정도를 정량화하는 방법은 다음과 같다.

- 유실된 내용물의 수, 부피 또는 중량 (누출에 의한 유실은 시간과도 관계가 있음)
- 적절한 방법으로 측정 가능한 내용물의 손상. 예를 들면, 비스킷의 함수율, 계측기의 측도설정의 손실
- 기타 측정 및 산정이 가능한 손상. 예를 들면, 치수의 변화, 손상된 치수 (분열길이, 부식면적), 복구시간 또는 정비 비용 등

【1】 성능시험계획 수립

1) 수송환경이 명확히 정립된 경우

성능시험 항목은 ISO 4178의 유통시험기록 (distribution trials-information to be recorded)(보충설명 12.7)에 따라 획득한 시험 데이터를 사용해 작성한다. 적용 가능한 시험들은 유통시스템에 의존해 선택되고, 적절한 시험 순서와 시험강도수준(test intensity level)이 결정된다.

이 경우에 대한 단계적 성능시험계획 수립절차를 요약하면 다음과 같다.

(1) 유통시스템을 구성하는 단순요소(예, 수송, 하역, 보관 등)를 파악
(2) 이들 요소에 포함되어 있는 위험(예, 압축, 적재, 충격, 진동 등)을 결정
(3) 이들 위험들을 모의하기 위한 시험이 무엇인지를 결정(적절한 전처리와 관련된 결정, 포장의 상태, 개입된 위험, 진동시간과 충격횟수 등을 포함)
(4) 테스트 순서의 결정
(5) 특정 포장과 유통시스템에 관련된 시험강도수준을 결정

보충설명 12.7

유통시스템(distribution system)에 있어 포장화물이 겪는 위험들과 포장 및 포장제품에 야기되는 손상과의 관계는 새로운 시험법의 개발, 기존시험의 개선 및 적절한 시험계획을 수립하는데 매우 중요하다.

ISO 4178은 수송포장화물의 유통시험기록에 대한 것으로, 시험결과에는 포장화물의 품질저하 및 손상정도, 내용물의 손실정도를 기록한다. 각 위험별 정보기록사항은 다음과 같다.

〈유통시험시 위험별 정보기록사항〉

위 험	정보기록사항[1]
적재 (stacking)	① 적재된 포장화물의 수 ② 하중이 부과되지 않는 포장화물의 수 ③ 적재높이와 다양한 포장화물일 경우 평균적재밀도 ④ 위쪽과 아래쪽 적재 표면상태 ⑤ 누적빈포곡선(cumulative frequency curve) 형태의 적재기간 ⑥ 동일한 포장화물일 경우 적재형태
수직충돌 (vertical impact)	① 낙하충돌을 견디지 못한 포장화물의 수 ② 낙하높이를 누적빈도분포 형태로 기록하고, 불가능할 경우는 5, 50, 95 % 점을 기록 ③ 낙하횟수 ④ 충돌면의 상태 ⑤ 포장화물당 1회 이상 낙하시 시간 간격
수평충돌 (horizontal impact)	① 수평충돌을 견디지 못한 포장화물의 수 ② 충돌속도를 누적빈도분포 형태로 기록하고, 불가능할 경우는 각 포장화물별 1~n회까지의 충격횟수 가운데 5, 50, 95 %에 해당하는 지점을 기록 ③ 충돌횟수 ④ 충돌면의 상태 ⑤ 수평충돌이 다수 포함되면, 충돌사이의 시간 간격
진동 (vibration)	① 1회 이상 진동수나 진폭 존재할 경우, 진동수와 진폭에 대한 분포곡선 ② 진동시간 ③ 부과하중

주1) [모든 위험에서의 공통 기록사항] ① 포장화물의 상태, ② 측정방법, [동적위험 (수직충돌, 수평충돌, 진동)에서의 공통 기록사항] ① 관찰되는 포장화물 수, ② 사용차량 또는 선박, ③ 차량의 적재정도, ④ 차량 내 측정위치, ⑤ 지형 형태 (또는 해양 및 항공 조건)와 경로

2) 수송환경이 미정립된 경우

포장 설계자가 유통시스템에 대한 명확한 정보를 가지지 못하고, 위험강도가 알려지지 않은 경우가 매우 빈번하다. 이 경우에 대해서는 포장화물의 중량과 목적지에 따라 표준화된 성능시험계획을 권장한다.

【2】 성능시험절차와 방법

1) 수송환경이 명확히 정립된 경우

권장하는 전형적인 시험 순서는 다음과 같으며, 이 외의 필요한 시험항목은 적절히 삽입한다. 상황에 따라 다른 순서가 요구될 때는 이를 보고사항에 기록하여야 한다.

(1) 시험 전처리(conditioning for testing)
(2) 기후 내성처리(climatic treatment)
(3) 진동(vibration)
(4) 적재(stacking)
(5) 충돌(impact)

반복성과 재연성을 고려하기 위해 테스트 수준과 파라미터는 시험항목 별로 각각 제안된 것들 가운데서 한 수준을 선택한다.

(1) 전처리

수송포장화물과 단위적재화물에 대한 전처리는 ISO 2233에 따라 다음 표에서의 대기조건 중 하나를 선택하여 그 조건에서 미리계획된 시간(4, 8, 16, 24, 48, 72시간, 1, 2, 3, 4주) 만큼 평형시킨다.

표 12.21 전처리시 권장 테스트 조건

구 분	온 도(℃)										
	-55	-35	-18	+5	+20	+23	+27	+30	+35	+40	+55
상대습도(%)	—	—	—	85	65,90	50	65	65,90	65,90	65,90	30

(2) 저압(low pressure)

수송포장화물과 단위적재화물에 대한 저압시험을 ISO 2873(보충설명 12.8)에 따라 수행하며, 이때 권장압력은 다음과 같다.

표 12.22 저압모의시험시 권장 테스트 압력[1)]

압력 (kPa)	상응하는 고도 (m)	비 고
80	2,000	알프스 통과
65	3,500	항공기
55	5,000	볼리비아 라파스
36	8,000	여압되지 않은 비행기
19	12,000	〃

주 1) 보충설명 12.6과 12.8

보충설명 12.8

ISO 2873의 수송포장화물과 단위적재화물의 저압시험 (low pressure test)은 3,500 m 이하에서 여압되지 않은 비행기에서 발생하는 압력저하 또는 특정 고도로 비행하는 여압된 항공기로 수송되는 화물의 변화를 시험한다.

이 규격의 기본원칙은 압력용기에 샘플을 넣고, 일정 고도 이상으로 비행하는 항공기의 대체적인 압력인 65 kPa (고도 3,500 m에 해당하는 압력)로 감압률 15 kPa/min로 낮추고, 그 고도에 해당하는 온도를 유지한 채 일정시간 유지하다 본래의 압력으로 되돌리는 과정을 반복하며 포장상태를 관찰하는 시험이다.

<고도에 따른 외기조건>

고도 (m)	압력 (kPa)	온도 (℃)
4,000	61.5	-11
6,000	47.0	-24
8,000	35.5	-37
10,000	26.5	-50
12,000	19.0	-56.5
15,000	12.0	-56.5
18,000	7.5	-56.5
20,000	5.5	-56.5

주 1) 미국 항공운수협회 (Air Transport Association, ATA)

(3) 수평충돌(horizontal impact)

포장화물에 대한 수평충돌시험은 ISO 2244(보충설명 12.9)에 따라 수행하며, 시험시 충돌속도(impact velocity)는 다음 중 하나를 택한다.

표 12.23 수평충돌 모의시험시 권장 충돌속도

속도(m/s)
1.0, 1.3, 1.5, 1.8, 2.2, 2.7, 3.3, 4.0, 5.0, 7.0

이들 충격은 파형형태(wavefoam), 정점가속도(peak acceleration) 및 충격지속시간(shock duration)에 의해 기술된다. 충격을 기술하는 이 방법은 정교한 데이터 획득시스템과 적합한 가속도센서를 가지고 있을 때만 가능하다. 이와 같이 데이터의 기록을 통해 테스트의 질적 향상, 시험강도수준의 합리적 결정 및 재연성이 확보된다.

이 경우에 있어 권장테스트 파라미터는 표 12.24와 같으며, 수평충돌시험은 충돌속도와 원하는 파형형태에 대한 표 상의 지속시간과 정점가속도를 선택함으로써 기술된다.

표 12.24 수평충돌 모의 시험시 권장파형, 지속시간 및 정점가속도

파형 형태	충격지속시간(ms)	정점가속도(m/s^2)
정현파(half-sine), 톱니파(sawtooth), 사다리꼴(trapezium)	6, 11, 20, 30, 40, 50, 100	50, 100, 150, 200, 300, 400, 500, 600, 800, 1000

보충설명 12.9

ISO 2244는 포장화물의 수평충돌시험방법에 대한 규정이며, 이 시험은 수평충돌의 영향을 조사하는 단독시험이지만, 이 위험을 포함한 계획된 일련의 시험의 일부로서 실시될 수 있다.

수평충돌시험에는 수평면 또는 경사면시험과 진자시험(horizontal or inclined plane test and pendulum test)이 있다. 경사면시험기(inclined plane tester)와 수평면시험기(horizontal plane tester)는 활주로, 활주차, 충격판으로 구성되고, 진자시험기(pendulum apparatus)는 공시품을 탑재한 직사각형 지지대와 이것을 매는 로프 및 충격판으로 구성된다. 충돌속도 및 충돌횟수는 시험목적에 의해 정해진다.

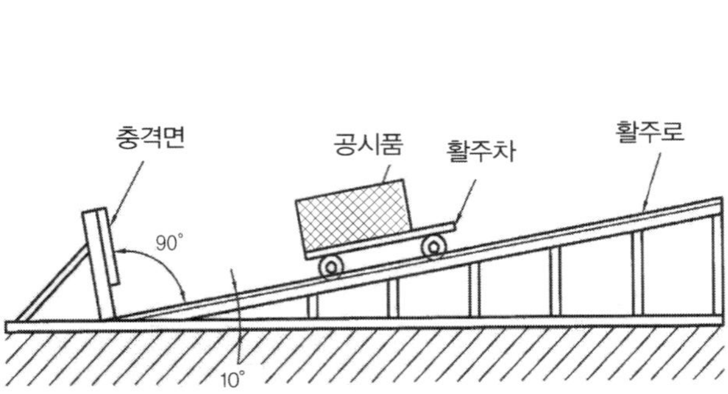

〈경사충돌시험〉

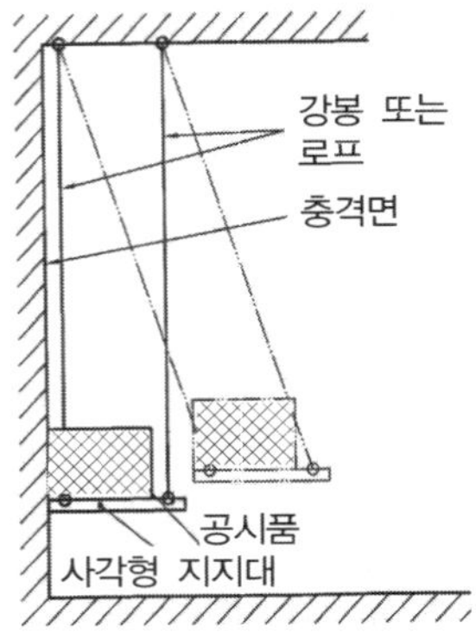

〈진자식 충격시험〉

(4) 수직충돌 (vertical impact)

포장화물에 대한 수직충돌시험은 ISO 2248 (보충설명 12.10)에 따라 수행하며, 시험시 낙하높이는 다음의 표에서 한 수준을 택한다.

표 12.25 수직충돌 모의시험시 권장 낙하높이

낙하높이 (cm)
5. 10. 15, 20, 30, 40, 50, 80. 100, 120, 150, 180, 210

수평출돌시와 같이 이들 충격은 파형형태, 정점가속도 및 충격지속시간에 의해 기술되며, 권장테스트 파라미터는 낙하높이(즉, 충돌속도)와 표 12.26에 나타낸 것 중 원하는 파형형태에 대한 표상의 지속시간과 정점가속도를 선택함으로써 기술된다.

표 12.26 수직충돌 모의시험시 권장 파형, 지속시간 및 정점가속도

파형형태	충격지속시간 (ms)	정점가속도 (m/s^2)
정현파(half-sine), 톱니파 (sawtooth), 사다리꼴 (trapezium)	6, 11, 20, 30, 40, 50, 100	50, 100, 150, 200, 300, 400, 500, 600, 800, 1000, 1200, 1500

보충설명 12.10

ISO 2248은 자유낙하에 의한 수직충돌시험(vertical impact test)을 규정하며, 이 시험은 수직충돌의 영향을 조사하는 단독시험 또는 이 위험을 포함한 계획된 일련의 시험의 일부로서 실시될 수 있다.

시험장치는 포장화물 승강장치, 고정장치, 낙하장치 및 충격면으로 구성되며, 충격면은 예상되는 최대화물중량의 50배 이상이어야 한다. 대기조건(전처리조건과 같은 조건에서 시험), 낙하높이 및 화물의 고정방법(낙하자세)을 미리 결정해야 하며, 낙하화물에 대한 시험부분의 명시는 ISO 2206에 따른다(보충설명 12.1).

---

(5) 랜덤진동(random vibration)

수송포장화물과 단위적재화물에 대한 진동시험은 ISO 13355(보충설명 12.11)에 따라 수행한다. 포장화물이 수송차량에 고정하는 방법이 알려졌다면, 그 방법이 모의되고, 고정하는 방법이 다양할 경우는 동적거동(dynamic behavior)에 대한 공학적 지식에 의거 가장 불리한 방법을 선택하여 결점이 쉽게 노출되도록 한다. 또한, 비구속상태로 수송되는 경우에 대해서도 진동테이블상에 화물을 고정하지 않는 방법으로 모의된다.

랜덤진동시험을 실시할 때 적용되는 파워 스팩트럼 밀도(power spectral density, PSD)는 ISO 13355(보충설명 12.11)를 기준으로 하는데, 만일 다른 스팩트럼을 적용하고자 할 경우의 PSD 결정을 위한 기준은, 유통시스템 관련 기록이 유용할 때는 기록으로부터 유도된 스팩트럼의 브레이크 포인트가 15를 초과하지 않도록 하며, 이때 권장 테스트 파라미터는 표 12.27과 같다.

표 12.27 랜덤진동 모의시험시 권장 진동수 범위, 평균제곱근(rms) 가속도, 작용시간 및 부과하중(적재높이)

테스트 진동수 범위(Hz)	rms 가속도(m/s^2)	작용시간(min)	적재높이(m)
3~200, 5~300, 5~500	3, 5, 7.5, 10, 12.5, 15	10, 20, 30, 40, 60, 90, 120	1.5, 1.8, 2.5, 3.5

보충설명 12.11

ISO 13355는 수송포장화물과 단위적재화물의 수직랜덤진동시험(vertical random vibration test) 방법에 대해 규정하며, 이 시험은 수직랜덤진동의 영향을 조사하는 단독시험 또는 이 위험을 포함하는 계획된 일련의 시험의 일부로서 실시될 수 있다.

진동수 범위 3~200 Hz 내에서 랜덤진동을 가하고, 대기조건, 시험시간, PSD 및 시료상태 등은 미리 결정되어야 한다.

실제 유통 수송차량을 대상으로 한 실측값을 적용하는 것이 원칙이지만, 별도의 실측데이터가 없는 일반적인 운송상태(주로 도로수송)에서 시험하고자 할 때 적용되는 진동프로파일(vibration profile)과 파워 스펙트럼 밀도는 다음의 표와 같다.

〈스펙트럼 밀도〉[1)]

진동수 (Hz)	레벨 (G^2/Hz)	기울기 (dB/oct)
3	0.0005	—
3~6	—	+13.75
6~18	0.012	—
18~40	—	-9.34
40	0.001	—
40~200	—	-1.29
200	0.0005	—

주 1) 진동수 범위 내에서 전체 평균제곱근(overall root mean square) 가속도 G_{rms}는 0.59

보충설명 12.12

ISO 8318의 가변진동수(variable frequency)를 이용한 수송포장화물 및 단위적재화물의 정현파 진동시험(sinusoidal vibration test)은 수직진동하에서 수송포장화물과 단위적재화물의 강도와 내용물 보호성능을 평가하기 위한 것이다.

수직진동의 영향을 조사하는 단독시험 또는 이 위험을 포함하는 일련의 시험 중의 한 부분으로 사용될 수 있다. 대기조건, 시험시간, 최대가속도, 시료의 상태와 고정방법 등은 미리 정해진다.

- **방법 1** : 스윕률(sweep rate) 0.5 oct/min로 진동수 범위 3~100 Hz를 일정한 대수함수적 연속 진동(constant logarithmic sweep rate)을 가한다. 계획된 시간동안 상하 스위프 시켜 공진점을 파악한다.
- **방법 2** : 0.2~0.5 G의 낮은 진동가속도 수준을 적용하여 가장 가혹한 공진진동수(resonance frequency) 3개 정도를 결정한다. 각 공진진동수의 ±10 % 범위 내에서 스위프한 진동을 가해 시료의 내구성을 시험한다.

(6) 적재 (stacking)

수송포장화물 또는 단위적재화물에 대한 적재시험은 ISO 2234의 정적하중(static load)을 이용한 적재시험(보충설명 12.13)과 ISO 12048의 압축시험기(compression tester)를 이용한 적재시험법(보충설명 12.14)이 적용된다.

정적하중을 이용한 적재시험시 권장 적재높이와 하중작용시간은 다음과 같다

표 12.28 정적하중에 의한 적재 모의 시험시 권장 적재높이와 하중작용시간

적재높이 (m)	하중작용시간
1.5, 2.0, 2.5, 3.5, 5.0, 7.0	1일, 2일, 3일, 1주, 2주, 3주, 4주

보충설명 12.13

ISO 2234는 수송포장화물과 단위적재화물의 정적하중을 이용한 적재시험(stacking test)의 3가지 방법(하중부하 방법에 따라)에 대하여 규정하며, 이 시험은 적재하중의 영향(변형, 갈라짐, 붕괴, 파손)을 조사하는 단독시험 또는 이 위험을 포함한 일련의 시험 중의 한 부분으로 수행된다. 또한 이 시험은 포장이 밑판없이 틀만있는 팰릿(open-decked pallet)상의 적재와 같은 특정한 조건에 대한 포장성능을 평가하는 적재시험에도 적용할 수 있다.

하중부하방법에는 다음과 같이 세 가지가 있다. 즉, ① 적정하중을 형성하는 총중량만큼 시료를 적재, ② 하중재하단(loading platform)이 테스트 시료 위에서 자유로운 상태, 즉 자유하중(free load)을 가하는 방법, ③ 하중재하단의 하부가 수평을 유지하면서, 즉 가이드 하중(guided load)을 가하는 방법 등이 있다.

압축시험기를 이용한 적재시험에서의 권장 하중수준은 다음과 같다.

표 12.29 압축시험기에 의한 적재 모의시험시 권장 하중수준

하중 (N)
255. 500. 750, 1000, 1500, 2000, 2500, 3000. 1000의 배수

〈 보충설명 12.14 〉

ISO 12048은 수송포장화물의 압축저항성 측정과 적재시험(stacking test)을 규정하는 것으로, 압축하중 하에서의 포장강도 평가와 내용물의 보호성능을 평가하는 데 적용한다. 압축하중 또는 적재하중에 의한 영향(변형, 붕괴, 파손)을 조사하는 단독시험(single test) 또는 이 위험을 포함하는 일련의 시험가운데 한 부분으로 수행된다. 그리고, 이 시험은 오픈-덱크 팰릿(open-decked pallet)상에 적재와 같은 특정한 조건에 대한 포장성능을 평가하는 적재시험에도 적용한다.

시험의 원칙은 시료를 압축시험기의 두 압축평판 사이에 위치시킨 후, 평판압축시험(compression test)의 경우는 파손이 발생하거나 예정된 하중값까지 또는 압축판이 예정된 이동거리를 움직일 때까지 하중을 가하여, 그 때의 포장상태를 평가하는 것이며, 적재시험(stacking test)은 예정된 하중값을 예정된 시간동안(예정된 하중을 유지하기 위해서는 상판과 하판이 적당한 상호 연동기능을 가져야 하고, 하중부하방법은 ISO 2233의 세 가지 정적하중 재하방법 중 하나를 택함), 또는 파손이 발생할 때까지 가하는 시험이다.

하중재하속도는 상하 두 평판의 상대속도가 10 ± 3 mm/min 되게 하며, 두 시험 모두에서 시료의 변형을 측정하는 경우는 예정된 하중의 대략 10 %가 초기하중으로 작용된 시점부터로 한다.

〈초기하중〉

구 분	예상되는 평균압축 하중 (kN)						
	0.1~0.2	0.2~1	1~2	2~10	10~20	20~100	···
초기하중 (kN)	0.01	0.025	0.1	0.25	1	2.5	···

(7) 기타 위험에 대한 모의시험

경우에 따라서는 유통시스템이 관련된 국제규격에서 기술하는 다른 위험들 예를 들면, ISO 2247의 반복충격시험(repetitive shock test)(보충설명 12.15), ISO 8768의 전도시험(toppling test)(보충설명 12.16), ISO 2876의 롤링시험(rolling test)(보충설명 12.17), ISO 10531의 안전성시험(stability test)(보충설명 12.18) 및 ISO 2875의 살수시험(water spray test)(보충설명 12.19)을 포함할 수도 있다.

이 경우에는, 그러한 조건들을 표현하는 시험이 환경조건을 충분히 재연할 수 있도록 시험 계획에 부가하여야 한다.

보충설명 12.15

ISO 2247은 고정 저진동수에서 수송포장화물과 단위적재화물에 대한 진동시험(vibration test at fixed low frequency)으로 저진동수 상태에서 이들의 강도 또는 내용물 보호성능을 평가하기 위한 것이다. 이 시험법은 저진동수의 영향을 조사하기 위한 단독시험 또는 저진동수 진동위험 또는 반복적인 충격을 포함하는 일련의 시험 가운데 한 부분으로 수행된다.

- **방법 A** : 시료가 진동대에서 분리되지 않도록 하면서, 0.5~1.0 G의 가속도를 발생시키는 하나의 고정진동수를 선택 [정점간(peak-to-peak) 진폭은 10, 15, 20, 25 mm 중 택함]하여 시험을 수행
- **방법 B** : 적당한 최대진폭을 선택하고, 2 Hz부터 진동수를 상승시켜 시료가 진동대에서 분리됨으로써 반복충격(repetitive shock)을 받게 되는 진동수를 찾아, 그 조건에서 시험 수행 [진동대에서 시료의 분리는 스페이서(spacer)의 삽입을 통해 확인]

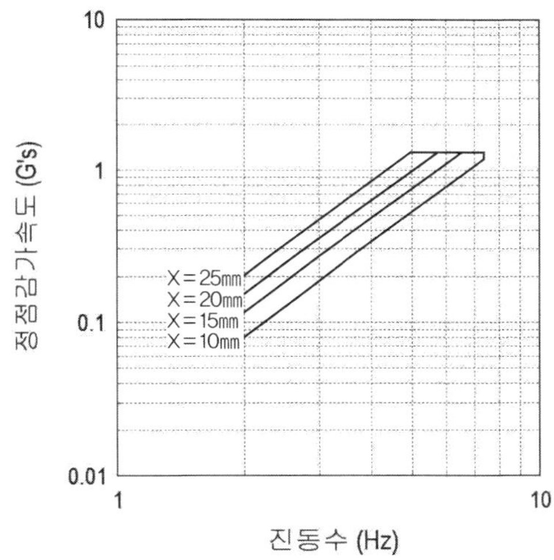

<정현파 진동에서 진동수-최대진폭-정점가속도 관계 : $a_{max} = X(2\pi f)^2$>

〈 보충설명 12.16 〉

ISO 8768은 수송포장화물에 대한 전도시험(toppling test)으로 보관, 수송, 하역시 화물의 전도에 대한 내용물에 미치는 영향과 포장성능을 평가하는 시험이다. 이 시험은 전도 영향을 측정하는 단독 시험 또는 이 위험을 포함하는 일련의 시험 중 한 부분으로 수행된다.

화물높이가 밑면에 비하여 상대적으로 높은 경우에 적용하나(가장 긴 면과 가장 짧은 면의 길이 비가 3 : 1 이상인 포장화물에 주로 적용), 그 반대의 경우에도 화물을 옆으로 눕혀서 보관이나 수송을 하는 경우에도 적용한다. 충격표면은 예상되는 최대 화물중량의 50배 이상의 중량에 견딜 수 있어야 한다(이 요구조건에 부합되는 콘크리트 바닥의 최소두께는 150 mm 이상).

포장화물이 수평면 위에 서있는 상태에서 미끄러짐 없이 전도되도록 무게중심 이상의 높이에서 수평력을 가하며, 아래의 표에서와 같은 순서로 반복한다.

<키가 큰 포장화물(높이가 밑면 치수에 비하여 큰 경우)에 대한 시험순서>

면으로 세움	모서리로 기울임	면으로 넘어짐
③	③-⑥	⑥
③	③-⑤	⑤
③	③-②	②
③	③-④	④
①*	①-⑥*	⑥*
①*	①-⑤*	⑤*
①*	①-②*	②*
①*	①-④*	④*

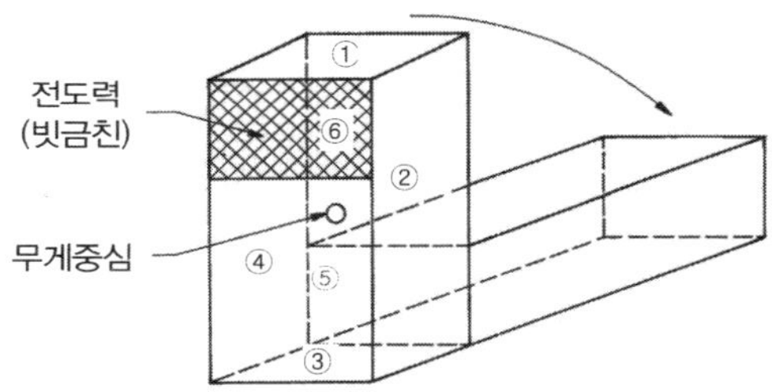

주1) *는 밑면이 규정되지 않은 경우만 적용
2) 시험 부분의 명시는 ISO 2206에 준함(보충설명 12.1)

<납작한 포장화물(밑면 치수에 비해 높이가 낮고, 포장화물이 옆면으로 눕혀진 채 운송되거나 또는 보관되는 경우)에 대한 시험순서>

면으로 세움	모서리로 기울임	면으로 넘어짐
①	①-⑤	⑤
②	②-⑤	⑤
③	③-⑤	⑤
④	④-⑤	⑤
①	①-⑥	⑥
②	②-⑥	⑥
③	③-⑥	⑥
④	④-⑥	⑥

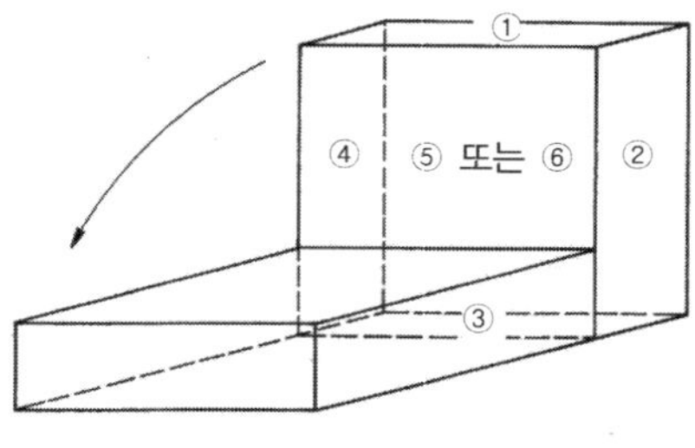

주1) 시험 부분의 명시는 ISO 2206에 준함(보충설명 12.1)

보충설명 12.17

ISO 2876은 수송포장화물에 대한 롤링시험(rolling test)으로, 이 시험은 롤링에 의한 영향을 규명하는 단독시험 또는 이 위험을 포함한 일련의 시험 중의 한 부분으로 수행한다.

롤링시험은 포장화물의 옆 굴림 시험으로 단순한 전도시험(toppling test)과는 다르다. 시험할 포장의 면과 모서리에 대한 정의는 ISO 2206에 따르며, 면 ①이 가장 위가 되도록 포장화물을 놓고, 모서리 ③-④를 축으로 기울여서 표면 ④에 충격이 가도록 넘어지게 한 후, 그 이후의 반복과정은 아래의 표에서 보는 바와 같다.

〈롤링시험 순서〉

모서리 균형	표면 충격
③-④	④
④-①	①
①-②	②
②-③	③
③-⑥	⑥
⑥-①	①
①-⑤	⑤
⑤-③	③

보충설명 12.18

ISO 10531은 유닛로드(unit-load)의 안정성시험(stability test)에 관한 것으로, 보관, 하역 및 수송 등의 위험 환경에 대한 유닛로드의 성능을 평가하기 위한 규정이며, 일련의 시험가운데 일부분으로 시행되어도 된다.

다음의 표에서와 같이 하역방법의 종류에 따라 실제 유통환경과 유사한 상황의 일부에 대해 하역시험을 실시한다. 시험 중에 어떤 파손(적재화물의 불안정, 즉 포장물의 변경, 휨, 붕괴, 위치 이동 등이 포함)이 발생시에는, 그 이후의 시험을 중지하고 유닛로드를 재설계한 후 일련의 시험을 처음부터 다시 시작한다.

〈유닛로드 시험〉

시험 번호	단순 요소	유닛로드 하역방법			
		팰릿		클램프(clamp)	푸시/풀(push/pull)
		구속된 화물	비구속된 화물		
1	보관	정적압축 ISO 2234 또는 ISO 12048	정적압축 ISO 2234 또는 ISO 12048	정적압축 ISO 2234 또는 ISO 12048	정적압축 ISO 2234 또는 ISO 12048
2	하역	회전평면낙하[1]와 회전모서리낙하[2] 또는 테스트 코스 주행[4] 선택시험 : 블록에 대한 수평충돌[3]	테스트 코스 주행[4]	테스트 코스 주행[4]	테스트 코스 주행[4]
3	운반	진동 ISO 8318 또는 ISO 2247	진동 ISO 8318 또는 ISO 2247	진동 ISO 8318 또는 ISO 2247	진동 ISO 8318 또는 ISO 2247

주1) 한 모서리를 축으로한 밑면의 평면낙하시험은 강하고 견고한 표면 위에 유닛로드의 한쪽을 축으로 반대편을 20 cm 상승시킨 후 자유낙하시켜 평면을 충격함.

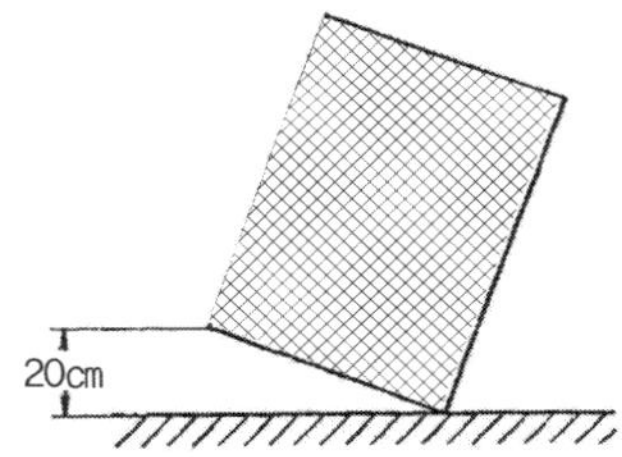

주2) 한 모서리를 축으로 한 밑면 모서리 낙하시험(bottom edge impact)은 강하고 견고한 표면 위에 유닛로드를 설치하고, 한쪽을 상승시켜 5 cm 높이의 지지대 위에 올리고, 반대편을 20 cm 상승시킨 후 자유낙하시켜 모서리를 충격함.

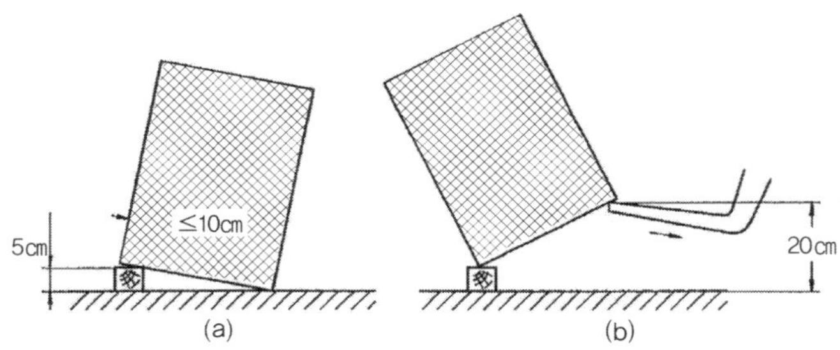

주3) 블록에 대한 수평충돌시험(horizontal impact test)은 유닛로드의 밑면 모서리의 반복 수평충돌에 저항하는 유닛로드의 안전성시험으로 ISO 2244에서 기술한 경사면시험(inclined plane test), 진자식시험(pendulum impact test), 수평면시험(horizontal plane test) 중 하나를 택하여 응용한다.

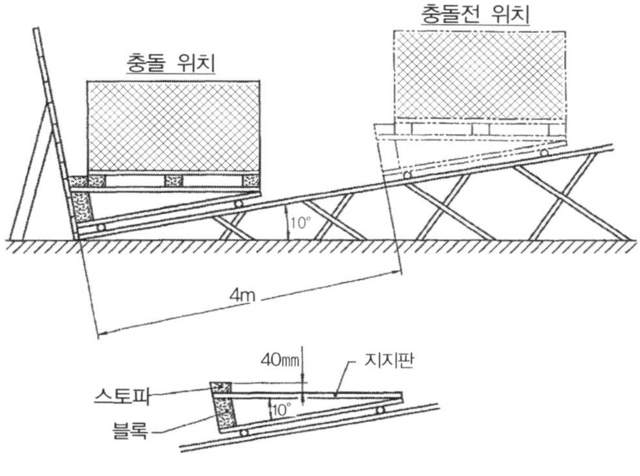

<유닛로드의 밑면 모서리에 수평충돌을 위한 수정된 경사충돌시험>

주4) 표준테스트 코스

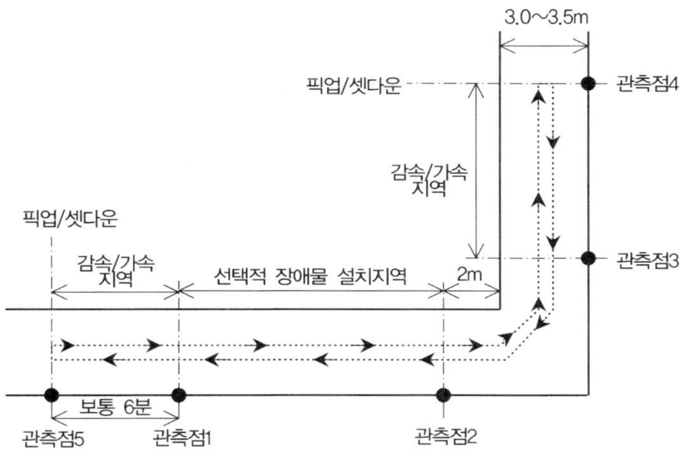

주5) 클램프 하역(clamp handling) 시험은 유닛로드가 반복 측면압축에 대한 성능을 평가하고, 푸시-풀 하역(push-pull handling) 시험은 장치가 부착된 트럭을 사용해 유닛로드가 반복된 처리에 견딜 수 있는 능력을 평가함

보충설명 12.19

ISO 2875의 포장화물과 단위적재화물에 대한 살수시험(water-spray test)은 화물의 살수에 대한 저항성 또는 포장이 살수에 대해 내용물의 보호 정도를 평가하는 규정이다.

이 시험은 또한 화물이 수분에 노출되었을 때 그 강도저하를 조사하기 위한 시험의 전처리 방법과 일련의 시험 가운데 일부분의 시험방법으로도 적용될 수 있다.

- **방법 A**: 시료의 최상위 표면에 지정된 시간과 속도로 일정 온도의 물을 연속 살수하는 방법
- **방법 B**: 단속 살수하는 방법

2) 수송환경이 미정립된 경우

유통시스템이 규정되지 않고, 위험강도수준이 결정되지 않은 경우에 대해 권장하는 성능시험계획으로, 테스트계획은 변경될 수 있으며, 이 경우에는 변경사항과 그 이유를 테스트 레포트 작성시 기록해야 한다.

테스트 계획의 선택기준은 포장화물의 중량과 목적지까지의 수송거리이며, 다음과 같이 3개의 그룹으로 구분한다.

- 총중량 ≤ 294 N (표 12.30)
- 294 N < 총중량 ≤ 981 N (표 12.31)
- 총중량 > 981 N (표 12.32)

시험강도수준은 포장화물의 목적지에 의존해 다음과 같이 3개 그룹으로 나누어 적용한다.

- 수준 1 : 매우 장거리의 수송(2500 km 이상) 또는 수송기반이 열악한 경우
- 수준 2 : 국내·외의 장거리 수송, 일반 수송환경(적절한 도로와 레일, 온화한 기후)
- 수준 3 : 단거리의 수송(200 km 이만), 특정한 위험이 없는 경우

표 12.30 294 N 이하의 포장화물에 대한 테스트 목록과 강도

기본 순서	테스트 형태	참조규격	시험강도수준			비 고
			3 (최하)	2	1 (최상)	
전처리	대기	ISO 2233	23℃- RH 50 %			다른조건 적용이 바람직할 경우 표 12.21로부터 조건 선택
충격	낙하 시험	ISO 2248	주1)			포장화물 중량을 기준으로 낙하높이 선택. ISO 2206에 따라 3면(③, ②, ⑤)에 낙하, 밑면 4코너와 모서리 주변에 낙하
압축	정적 하중	ISO 12048	최대하중	최대하중 ×2	최대하중 ×3	최대하중[포장화물 중량×(적재단수−1)], 하중재하와 제거
수송 진동	진동	랜덤 PSD ISO 13355	공칭 PSD ISO 13355 15분	공칭 PSD ISO 13355 90분	공칭 PSD ISO 13355 180분	권장 테스트 수직 축에 따라 시험 수행. 만일 수직 축이 명확하지 않고 수송 중 포장화물의 방향을 예측할 수 없을 때는 3축(각 축에 5, 30 또는 60분)에 대해 수행
		ISO 8318 정현파	7 m/s^2 15분	7 m/s^2 90분	7 m/s^2 180분	가변진동수 시험 권장
수송 진동	반복 충격	랜덤 PSD ISO 13355	공칭 PSD ISO 13355 10분	공칭 PSD ISO 13355 20분	공칭 PSD ISO 13355 30분	테이블면에 제품을 클램프하지 않은 상태로 랜덤 PSD 적용
압축	정적 하중	ISO 12048	24시간 최대하중 적용			예상최대하중 [포장화물 중량×(적재단수−1)] 부과
충격	낙하 시험	ISO 2248	주1)			포장화물 중량을 기준으로 낙하높이 선택. ISO 2206에 따라 3면(③, ②, ⑤)에 낙하, 밑면 4코너와 모서리 주변에 낙하

주1) 낙하높이

중량 (N)	시험강도수준 (cm)		
	3 (최하)	2	1 (최상)
0~98	60	80	100
99~196	45	60	80
197~294	30	45	60

표 12.31 294 N 이상, 981 N 미만의 포장화물에 대한 테스트 계획과 강도

기본 순서	테스트 형태	참조규격	시험강도수준			비 고
			3 (최하)	2	1 (최상)	
전처리	대기	ISO 2233	23℃- RH 50 %			다른조건 적용이 바람직할 경우 표 12.21로부터 조건 선택
충격	수평충돌 시험	ISO 2244	1 m/s	1.5 m/s	2 m/s	각 측면에 1회 충돌
압축	정적 하중	ISO 12048	최대하중	최대하중 ×2	최대하중 ×3	최대하중 [포장화물 중량 × (적재단수 - 1)], 하중재하와 제거
수송 진동	진동	랜덤 PSD ISO 13355	공칭 PSD ISO 13355 15분	공칭 PSD ISO 13355 90분	공칭 PSD ISO 13355 180분	권장 테스트 수직 축에 따라 시험 수행. 만일 수직축이 명확하지 않고 수송 중 포장화물의 방향을 예측할 수 없을 때는 3축(각 축에 5, 30 또는 60분)에 대해 수행
		ISO 8318 정현파	7 m/s^2 15분	7 m/s^2 90분	7 m/s^2 180분	가변진동수 시험 권장
수송 진동	반복 충격	랜덤 PSD ISO 13355	공칭 PSD ISO 13355 10분	공칭 PSD ISO 13355 20분	공칭 PSD ISO 13355 30분	테이블 면에 제품을 클램프하지 않은 상태로 랜덤 PSD 적용
압축	정적 하중	ISO 12048	24시간 최대하중 적용			예상최대하중 [포장화물 중량 × (적재단수 - 1)] 부과
충격	화물중량 687 N 이하	ISO 2248 수직충돌	15 cm	30 cm	40 cm	밑면에 1회, 밑면 각 모서리 1회, 밑면 각 코너에 1회 낙하
충격	화물중량 687 N 이상	EN 14149[1] 회전낙하	10 cm	20 cm	30 cm	계획된 높이로부터 포장화물 밑면의 두 인접한 모서리에 낙하

주1) EN 14149 (보충설명 12.20)

보충설명 12.20

EN 14149의 수송포장화물과 단위적재화물의 회전낙하 충돌시험(impact test by rotational drop)은 회전충돌의 영향을 조사하는 단독시험 또는 이 위험성을 포함한 일련의 시험 중 한 부분으로 수행된다.

- **방법 A** : 화물 밑면의 한 모서리를 계획된 높이(h_c)로 상승시켰다가 자유낙하시키는 면충돌시험(face impact test)
- **방법 B** : 평행한 모서리의 한 쪽을 특정 높이(h_1)의 블록에 의해 지지하게 하고, 다른 모서리를 계획된 높이(h_c)로 상승시켰다가 자유낙하시키는 모서리 충돌시험(edge impact test)
- **방법 C1** : 화물의 인접한 두 밑면 코너를 특정높이(h_1, h_2)의 두 블록에 각각 올리고, 더 높은 블록의 대각선상의 코너를 계획된 높이(h_c)로 상승시켰다가 자유낙하시키는 코너 충돌시험(corner impact test)
- **방법 C2** : 방법 C1이 불가능할 경우는 화물의 한 코너를 특정높이(h_1)의 블록에 올리고, 그 대각선 방향의 코너를 계획된 높이(h_c)로 상승시켰다가 자유낙하시키는 다른 형태의 코너 충돌시험(corner impact test)

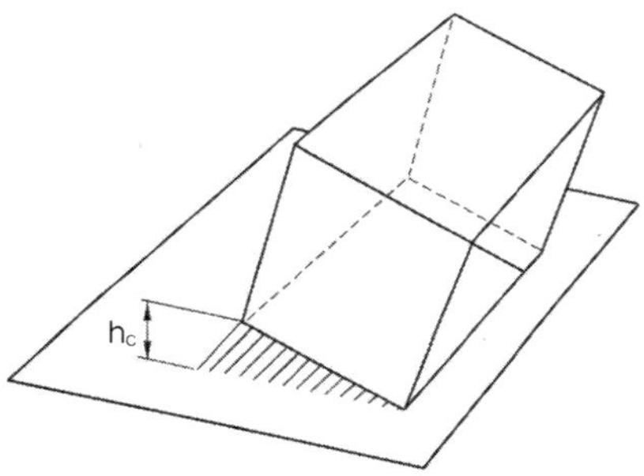

〈방법 A : 면 충돌시험〉

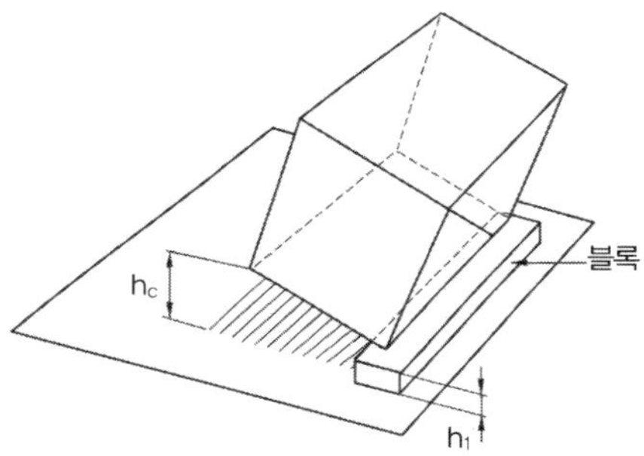

〈방법 B : 모서리 충돌시험〉

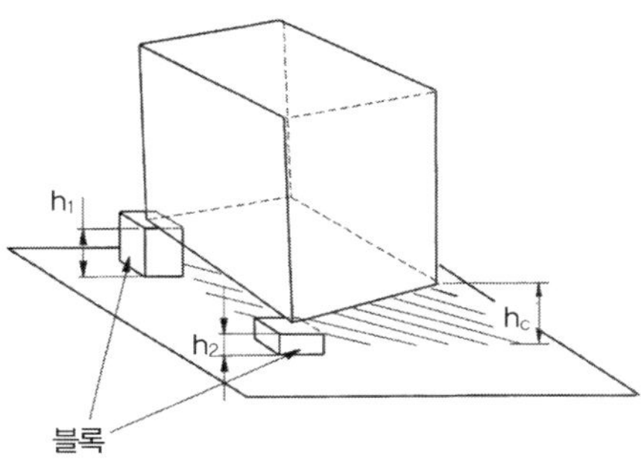

〈방법 C1 : 코너 충돌시험〉

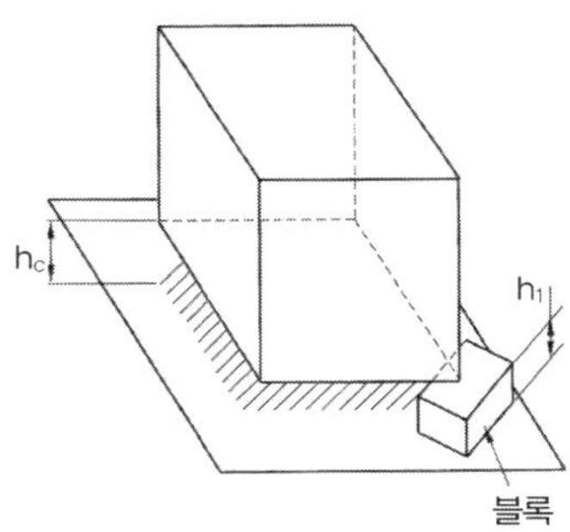

〈방법 C2 : 코너 충돌시험〉

표 12.32 981 N 이상의 포장화물에 대한 테스트 계획과 강도

기본 순서	테스트 형태	참조규격	시험강도수준 3 (최하)	2	1 (최상)	비 고
전처리	대기	ISO 2233	23℃ - RH 50 %			다른조건 적용이 바람직할 경우 표 12.21로부터 조건 선택
충격	수평충돌 시험	ISO 2244	1 m/s	1.5 m/s	2 m/s	각 측면에 1회 충돌
압축	정적하중	ISO 12048	최대하중	최대하중 ×2	최대하중 ×3	최대하중 [포장화물 중량 × (적재단수 -1)], 하중재하와 제거
수송 진동	진동	랜덤 PSD ISO 13355	공칭 PSD ISO 13355 15분	공칭 PSD ISO 13355 90분	공칭 PSD ISO 13355 180분	<u>권장 테스트</u> 수직 축에 대해서만 실시
		ISO 8318 정현파	7 m/s^2 15분	7 m/s^2 90분	7 m/s^2 180분	가변진동수 시험 권장
수송 진동	반복충격	랜덤 PSD ISO 13355	공칭 PSD ISO 13355 10분	공칭 PSD ISO 13355 20분	공칭 PSD ISO 13355 30분	테이블 면에 제품을 클램프하지 않은 상태로 랜덤 PSD 적용
압축	정적하중	ISO 12048	24시간 최대하중 적용			예상최대하중 [포장화물 중량 × (적재단수 - 1)] 부과. 측면에 대한 압축이 가능한 경우는(클램프될 수 있는 포장화물), 클램프에 의해 영향을 받는 측면에 압축시험이 필요함
충격	낙하시험	EN 14149[1)] 회전낙하	10 cm	20 cm	30 cm	계획된 높이로부터 포장화물 밑면의 두 인접한 모서리에 낙하

주1) EN 14149 (보충설명 12.20)

연 습 문 제

(1) 포장화물성능시험시 ASTM과 ISO 규격 상의 낙하높이와 낙하방법 (낙하방향과 횟수)의 차이점에 대하여 설명하여라.

(2) 포장화물성능시험시 ASTM과 ISO 규격 상에 포장화물 중량과 하역방법에 따라 수직낙하와 수평충돌을 어떻게 모의시험 하는지 설명하여라.

(3) 수송포장화물에 대한 성능시험을 압축(적재), 충격, 진동으로 분류할 때, ASTM, ISO 및 KS 규격간의 상호간 대응관계를 설명하여라.

(4) ASTM과 ISO 규격에 있어 시험강도수준을 어떻게 구분하고 적용시키는가? 같은 시험에 대해 어느 규격이 더 구체적인지 몇 가지의 예를 들어 설명하여라.

(5) 다음과 같은 수송포장화물의 상황에 대하여 성능시험 계획을 ASTM과 ISO를 기준으로 수립하고, 서로 비교하여라.

> 소포장 단위의 마가린을 담은 판지 상자로, 중량은 250 N, 치수는 600 × 400 × 300 mm이다. 생산지로부터 소비지까지 냉장상태로 육상운송되며, 그 최대거리는 500 km이다. 포장은 생산자에 의해 팰릿에 적재되어 단위화물화되어 있으며, 소매점으로 운송하기 위해 차량에 적재하는 시점에서 개별포장으로 분리된다. 모든 저장은 냉장상태로 이루어진다.

(6) 다음과 같은 수송포장화물의 상황에 대하여 성능시험 계획을 ASTM과 ISO를 기준으로 수립하고, 서로 비교하여라.

> 시험 대상 포장은 기계장비이며, 목포장으로 기계적 내성과 기후 내성처리가 되어 있다. 총중량은 19.6 kN이며, 치수는 3.0 × 2.5 × 2.0 m이다. 유럽에서 서아프리카까지 도로(300 km), 해상(7,000 km), 철도(200 km) 등의 유통경로로 수송된다.

(7) 각자 특정 회사의 제품을 지정하여, 그 제품의 특성과 국내·외의 유통경로를 조사한 후, 그에 대한 포장화물 성능시험계획을 수립하여 서로 토론하여 보자.

참고문헌

1. 김청. 포장개론. 도서출판 (주)포장산업. 2003
2. 박종민. 1995. 크리이프에 의한 과실포장용 골판지상자의 충적내구성 분석. 한국학술진흥재단연구 보고서
3. 박종민 외 1. 2002. 통기성 상자 구조물에 대한 유한요소해석. 한국농업기계학회지 27(6) : 557~564
4. 박종민. 농산물 유통 및 수확후 관리기술의 혁신방향과 과제 - 농산물포장 및 운송기술의 혁신과제. 한국농업기계학회 2005 심포지엄
5. 최승진·신중민. 2006. 골판지를 이용한 완충 포장재의 물리적 특성에 관한 연구. 한국포장학회지 12(1) : 35~40
6. 한국포장기술편람. (사)한국포장학회. 2003
7. 월간포장. 2010년 7월 호
8. KS M 7063. 골판지의 평면압축강도 시험방법
9. KS M 7063-1. 골판지의 수직압축강도 시험방법
10. KS M ISO 472. 플라스틱 - 용어
11. KS M ISO 2206. 포장-완전히 채워진 수송용 포장 - 시험시 부분의 명시
12. KS M ISO 12192. 종이 및 판지-압축강도 시험 (링크러시법)
13. KS M ISO 13821. 골판지 - 수직압축강도의 측정 - 양단 왁스법
14. KS R 9111. 철도차량 용어 (일반)
15. KS T 0001. 물류용어
16. KS T 0003. 유닛로드치수
17. KS T 0005. 물류모듈의 체계
18. KS T 0006. 유닛로드시스템 통칙
19. KS T 1001. 포장용어
20. KS T 1002. 수송포장계열치수
21. KS T 1004. 골판지 용어
22. KS T 1006. 골판지상자 형식
23. KS T 1009. 완충포장설계방법 통칙
24. KS T 1020. 골판지상자 압축하중의 최적화를 위한 공기구명 설계기준
25. KS T 1034. 외부포장용 골판지
26. KS T 1061. 외부 포장용 골판지상자
27. KS T 1304. 포장화물의 낙하시험방법
28. KS T 1309. 포장화물 및 용기의 회전 6각 드럼 시험방법
29. KS T 1310. 포장화물 및 용기의 경사충격 시험방법
30. KS T 1311. 포장화물 및 용기의 살수시험방법
31. KS T 1323. 원통형 수송용기의 낙하시험 방법

32. KS T 1332. 포장설계를 위한 제품의 충격강도 시험방법
33. KS T 1333. 포장화물 - 포장의 무게 중심 측정을 위한 시험방법
34. KS T 2001. 팰릿 용어
35. KS T 2014. 팰릿 적재화물의 적재기준
36. KS T 2025. 목제 평 팰릿
37. KS T ISO 2233. 수송포장화물과 단위 적재화물의 시험 전처리
38. KS T ISO 2234. 수송포장화물의 단위 화물의 정적하중을 이용한 적재시험
39. KS T ISO 2244. 포장화물 - 수평충격 시험방법
40. KS T ISO 2247. 고정 저주파수에서 수송포장화물 및 단위 적재화물의 진동시험 방법
41. KS T ISO 2248. 수송포장 화물의 수직 낙하시험
42. KS T ISO 2873. 수송포장화물과 단위 화물의 저압시험
43. KS T ISO 2875. 수송포장화물 및 단위화물의 살수시험
44. KS T ISO 2876. 수송포장화물의 롤링시험
45. KS T ISO 4178. 수송포장화물의 유통시험 기록
46. KS T ISO 4180-1. 수송포장화물의 평가 시험방법 통칙 - 일반원칙
47. KS T ISO 4180-2. 수송포장화물의 평가 시험방법 통칙 - 정량적 데이터
48. KS T ISO 8318. 가변주파수를 이용한 수송포장화물 및 단위적재화물의 정현파 진동시험방법
49. KS T ISO 8474. 수송포장화물의 침지 시험방법
50. KS T ISO 8768. 수송포장화물의 전도시험
51. KS T ISO 10531. 유닛로드의 안정성 시험방법
52. KS T ISO 12048. 압축시험기를 이용한 수송포장화물의 압축시험과 적재시험방법
53. KS T ISO 13355. 수송포장화물과 단위화물의 수직랜덤진동 시험방법
54. 五十嵐清一. 段ボール包裝技術. 1996. 日報
55. 日本包裝學會誌 16(1). 2007
56. 日本包裝學會誌 12(6). 2003
57. 包裝技術便覽. (社)日本包裝技術協會. 1983
58. 齋藤 勝彦. 輸送包裝の科學. 日本包裝學會
59. 前澤 英一. 家電品包装の最近の動向についてII(6). 電機. 2004.4
60. ASTM D642. Test method for determining compressive resistance of shipping containers, components, and unit loads
61. ASTM D880. Test method for impact testing for shipping containers and systems
62. ASTM D951. Test method for water resistance of shipping containers by spray method
63. ASTM D996. Terminology of packaging and distribution environments
64. ASTM D999. Test methods for vibration testing of shipping containers
65. ASTM D1596. Standard test method for dynamic shock cushioning characteristics of packaging materials
66. ASTM D1974. Practice for methods of closing, sealing, and reinforcing fiberboard boxes
67. ASTM D2221. Standard test method for creep properties of package cushioning materials

68. ASTM D3332. Standard test methods for mechanical-shock fragility of products, using shock machines
69. ASTM D3580. Standard test method for vibration (vertical linear motion) test of products
70. ASTM D4003. Test methods for programmable horizontal impact test for shipping containers and systems
71. ASTM D4168. Standard test methods for transmitted shock characteristics of foam-in-place cushioning materials
72. ASTM D4169. Standard practice for performance testing of shipping containers and systems
73. ASTM D4332. Practice for conditioning containers, packages, or packaging components for testing
74. ASTM D4577. Standard test method for compression resistance of a container under constant load
75. ASTM D4728. Test method for random vibration testing of shipping containers
76. ASTM D5168. Standard practice for fabrication and closure of triple-wall corrugated fiberboard containers
77. ASTM D5265. Test method for bridge impact testing
78. ASTM D5276. Test method for drop test of loaded containers by free-fall
79. ASTM D5277. Test method for performing programmed horizontal impacts using an inclined impact tester
80. ASTM D5331. Evaluation of mechanical of unitized loads secured with stretch wrap films
81. ASTM D5487. Test method for simulated drop of loaded containers by shock machines
82. ASTM D6055. Test methods for mechanical handling of unitized loads and large shipping cases and crates
83. ASTM D6179. Test methods for rough handling of unitized loads and large shipping cases and crates
84. ASTM D6198. Standard guide for transport packaging design
85. ASTM D6344. Test method for concentrated impacts to transport packages
86. ASTM D6653. Test methods for determining the effects of high altitude on packaging systems by vacuum method
87. ASTM D7030. Short term creep performance of corrugated fiberboard containers under constant load using a compression test machine
88. ASTM D7386. Practice for performance testing of packages for single parcel delivery systems
89. Brandenburg, R. K. and Julian-Ling Lee. Fundamentals of packaging dynamics. 4th Edition, L.A.B., Skaneateles, NY, 1991
90. Brown, K. Package design engineering. John Wiley and Sons, Inc., New York, 1959
91. Burgess, G. and E, Wenger. 1992. Performance of corrugated board as a cushioning material. Proceedings of the Consortium of Distribution Packaging. Michigan State University, East Lansing, MI, USA.

92. Burgess, G. 1994. Generation of cushion curves from one shock pulse. Packaging Technology and Science, 7(4) : 169~174

93. Burgess, G. 1996. Effects of fatigue on fragility testing and the damage boundary curve. Journal of Testing and Evaluation 24(6) : 419~426

94. EN 14149. Packaging-complete, filled transport packages and unit loads - impact test by rotational drop

95. Catlin, A. H. 1995. Estimating the effects of interiors on corrugated box stacking strength. Inland Container Corp., 8501 Moller Road, Indianapolis, IN46268

96. EN 15552. Packaging-complete, filled transport packages and unit loads-Performance testing schedules for common distribution chains

97. EN 22248. Packaging-complete, filled transport packages - vertical impact test by dropping

98. EN 28768. Packaging-complete, filled transport packages - toppling test

99. EN 22876. Packaging-complete, filled transport packages - rolling test

100. EN ISO 2233. Packaging-complete, filled transport packages and unit loads - conditioning for testing

101. EN ISO 2234. Packaging-complete, filled transport packages and unit loads - stacking tests using a static load

102. EN ISO 2244. Packaging-complete, filled transport packages and unit loads - horizontal impact tests

103. EN ISO 2247. Packaging-complete, filled transport packages and unit loads - vibration tests at fixed low frequency

104. EN ISO 8318. Packaging-complete, filled transport packages unit loads - si- nusoidal vibration tests using a variable frequency

105. EN ISO 12048. Packaging-complete, filled transport packages - compression and stacking tests using a compression tester

106. EN ISO 13355. Packaging-complete, filled transport packages and unit loads - vertical random vibration test

107. Guo, Y. F. and J. H. Zhang. 2004. Shock absorbing characteristics and vibration transmissibility of honeycomb paperboard. Shock and Vibration 11(5,6) : 521~531

108. Guo, Y. F. et al. 2010. Comparison studies on dynamic packaging properties of corrugated paperboard pads. Engineering 2 : 378~386

109. Hapag-Lloyd. http://www.hapag-lloyd.com

110. Harris C. M. and A. G. Piersol. Harris' shock and vibration handbook. 5th edition. McGraw-Hill Professional Publishing. 2001

111. Hillenius, C. Factors which influence the stacking resistance of corrugated containers. Paper presented at the european packaging federation congress in paris. 1970.

112. Irvine, T. An introduction to spectral functions, Vibrationdata.com Publications, 1998

113. Irvine, T. An Introduction to the filtering of digital signals, Vibrationdata. com Publications, 2000

114. Irvine, T. Integration of the power spectral density function, Vibrationdata. com Publications, 2000.
115. ISO 2206. Packaging-complete, filled transport packages - identification of parts when testing
116. ISO 2233. Packaging-complete, filled transport packages and unit loads - conditioning for testing
117. ISO 2234. Packaging-complete, filled transport packages and unit loads - stacking tests using a static load
118. ISO 2244. Packaging-complete, filled transport packages and unit loads - horizontal impact tests
119. ISO 2247. Packaging-complete, filled transport packages and unit loads - vibration tests at fixed low frequency
120. ISO 2248. Packaging-complete, filled transport packages - vertical impact test by dropping
121. ISO 2873. Packaging-complete, filled transport packages and unit loads - Low pressure test
122. ISO 2875. Packaging-complete, filled transport packages and unit loads - water-spray test
123. ISO 2876. Packaging-complete, filled transport packages - rolling test
124. ISO 4178. Packaging-complete, filled transport packages - distribution trials - information to be recorded
125. ISO 4180. Packaging-complete, filled transport packages - general rules for the compilation of performance test schedules
126. ISO 6780. Flat pallets for intercontinental materials handling - principal dimensions and tolerances
127. ISO 8318. Packaging-complete, filled transport packages and unit loads - sinusoidal vibration tests using a variable frequency
128. ISO 8768. Packaging-complete, filled transport packages - toppling test
129. ISO 10531. Packaging-complete, filled transport packages - stability testing of unit loads
130. ISO 12048. Packaging-complete, filled transport packages - compression and stacking tests using a compression tester
131. ISO 13355. Packaging-complete, filled transport packages and unit loads - vertical random vibration test
132. ISO 13821. Corrugated fibreboard - determination of edgewise crush resistance - waxed edge method
133. ISO 21067. Packaging - vocaulary
134. Kellicutt, K. Q. 1963. Effect of contents and load bearing surface on compressive strength and stacking life of corrugated containers. Tappi 46(1) : 151A~154A
135. Kellicutt, K. Q. and E. F. Landt. 1951. Basic design data for use of fiberboard in shipping containers. Fibre Containers 36(12) : 67~68, 70
136. Kirkpatrick, J. and M. Sek. 1997. Replacement of polymeric cushioning with corrugated fiberboard - case study. Proceedings of the 10th IAPRI World Conference on Packaging-

Packaging Beyond 2000. Center for Packaging, Transportation and Storage, Melbourne, Australia

137. Lee, M. H. and J. M. Park. 2004. Flexural stiffness of selected corrugated structures. Packaging Technology and Science 17(5) : 275~286

138. Levans, U. I. 1975. The effect of warehouse mishandling and stacking patterns on the compression strength of corrugated boxes. Tappi 58(8) : 108~111

139. Levans, U. I. 1977. The effect of ambient relative humidity on the moisture content of palletized corrugated boxes. Tappi 60(4) : 79~82

140. Lye, S. W., M. Y. Teo, and S. C. Lew. 1995. A study of shock characterization for protective packaging design. Journal of Materials Engineering and Performance 4 : 308-313

141. Maltenfort, G. G. 1988. Corrugated shipping containers : An engineering approach. Jelmar Publishing Co., Plainview, NY, USA

142. Maltenfort, G. G. 1989. Performance and evaluation of shipping container. Jelmar Publishing Co., Plainview, NY, USA

143. McKee, R. C., J. W. Gander and J. R. Wachuta. 1963. Compression strength formula for corrugated boxes. Paperboard Packag. Aug. : 144~159

144. McKinlay, A. H. Transport packaging. 2nd edition. Institute of Packaging Professionals (IoPP). 2004

145. MIL-HDBK-304C. Military standardization handbook, package cushioning design, AFALD/PTP, Wright-Patterson AFB, 1997

146. MIL-STD-810F. Environmental engineering considerations and laboratory tests

147. MIL-STD-2073-1. DOD Standard practice for military packaging

148. Mindlin, R. D. 1945. Dynamics of package cushioning. Bell System Technical Journal 24(7-10) : 353~461

149. Mustin, S. Theory and practice of cushion design. Shock and Vibration Information Center, U. S. Department of Defense, Washington DC, 1968

150. Newton, R. E. Fragility assessment theory and test procedure. Monterey Research Laboratory, Inc., Monterey, CA, 1968

151. Newton, R. E. Damage boundary theory revisited. American Society of Mechanical Engineers paper, 89-WA/EEP-24, ASME, New York, NY, 1989

152. Ostrem, F. E. and W. D. Godshall. An assessment of the common carrier shipping environment. U.S. Forest Products Laboratory for U.S. Department of Agriculture, Madison, WI, 1979

153. Ostrem, F. E. and B. A. Libovica. A survey of environmental conditions incident to the transportation of materials. Report PB-204 442, General American Transportation Corp., Niles, IL, 1971

154. Peleg, K. 1985. Produce handling, packaging and distribution. AVI Publishing Company, Inc.

155. Root, Dale, 6-step product/package development method. Lansmont Corporation, Monterey, CA, 1992

156. Schueneman, H. H. Package engineering, design and testing. Westpak, Inc., San Jose, CA, 1993

157. Schueneman, H. H. Cushion engineering, design and testing. Westpak, Inc., San Jose, CA, 1993

158. Schueneman, H. H. Cushion material evaluation. Westpak, Inc., San Jose, CA, 1993

159. Schueneman, H. H. Package engineering, design and testing. Westpak, Inc., San Jose, CA, 1996

160 Schueneman, H. H. Vibration testing of products and package systems. Westpak, Inc., San Jose, CA, 1995

161. Sek, M. 1997. Prediction of the cushioning properties of corrugated fibreboard from static and quasi-dynamic compression data. Packaging Technology and Science 10(2) : 87~94

162. Shin, J. 2004. Corrugated cushion vs EPS: A comparison of cushion properties. Masters Thesis. Michigan State University, East Lansing, MI, USA.

163. Singh J, Singh SP, and Joneson E. 2006. Measurement and analysis of US truck vibration for leaf spring and air ride suspensions, and development of tests to simulate these conditions. Packaging Technology and Science 19(6) : 309~323

164. Soroka, W. Fundamentals of packaging technology. Herndon, VA : Institute of Packaging Professionals. 1996. 3rd edition

165. Steinberg, D. Vibration analysis for electronic equipment, Wiley-Interscience, New York, 1988

166. TAPPI T808. Flat crush test of corrugated board (flexible beam method)

167. TAPPI T838. Edge crush test using neckdown

168. Timoshenko, S. and J. Goodier. Theory of elasticity. 3rd edition. McGrew- Hill : New York, 1994

169. US, Federal Standard PPP-B-640d

170. Wolf, M. 1974. Here's a quick way to calculate box compression strength. Packaging Engineering(Feb) : 44~45

171. Wyskida, R. M. and Don M. McDANIEL. Modeling of cushioning systems. Gordon and Breach, Science Publishers, Inc. 1980

부 록

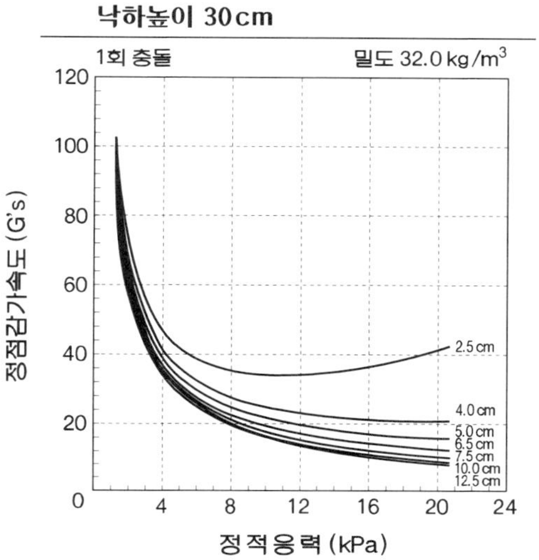

(a) 낙하높이 30cm, 1회 충돌

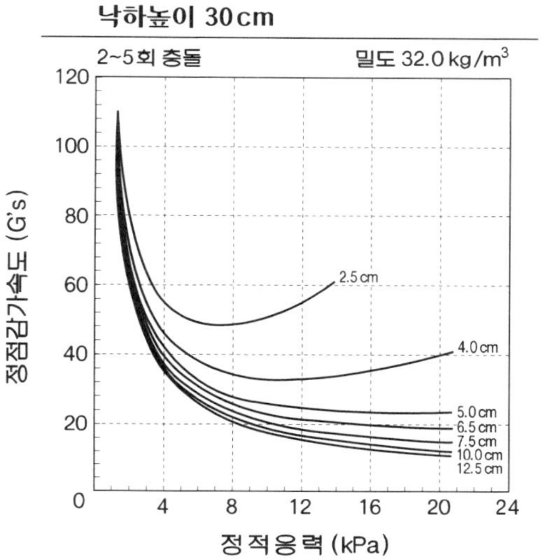

(b) 낙하높이 30cm, 2~5회 충돌 평균

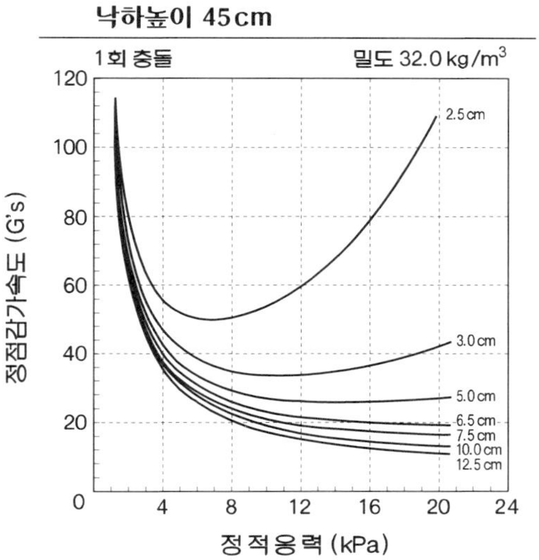

(c) 낙하높이 45cm, 1회 충돌

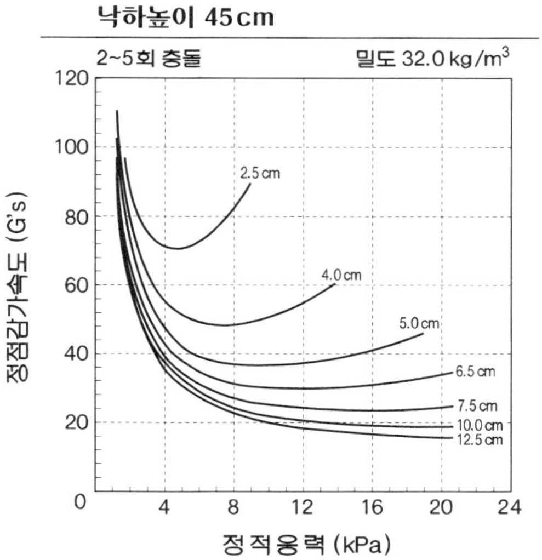

(d) 낙하높이 45cm, 2~5회 충돌 평균

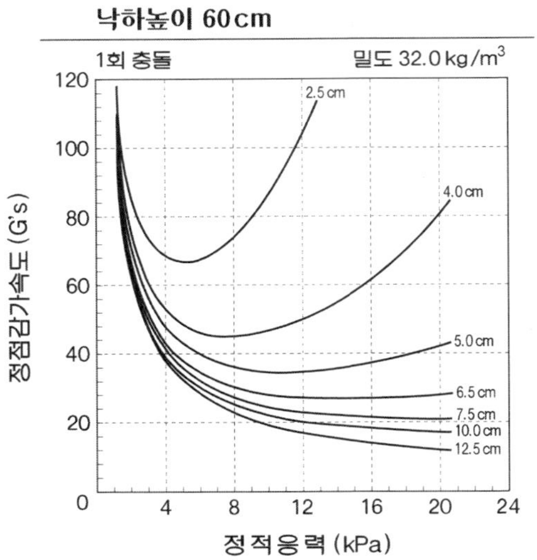

(e) 낙하높이 60 cm, 1회 충돌

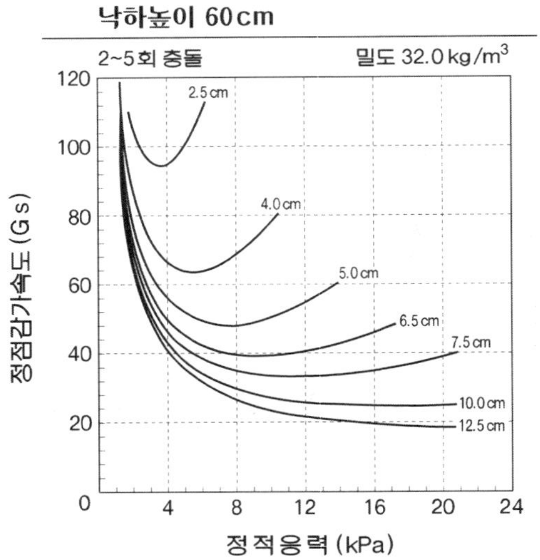

(f) 낙하높이 60 cm, 2~5회 충돌 평균

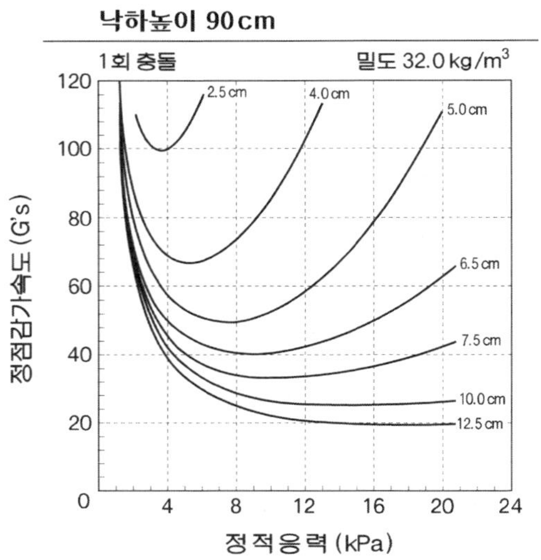

(g) 낙하높이 90 cm, 1회 충돌

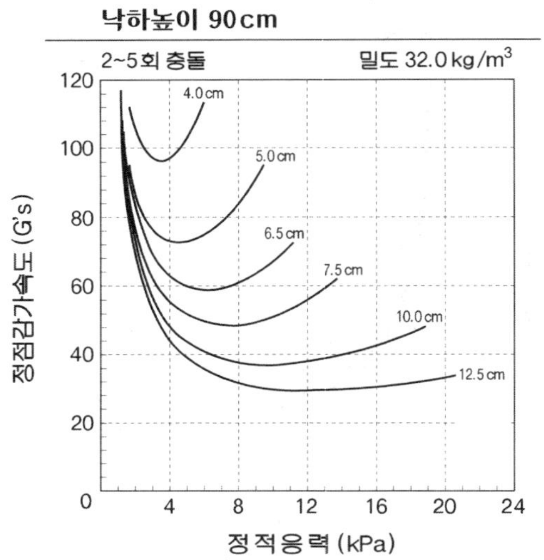

(h) 낙하높이 90 cm, 2~5회 충돌 평균

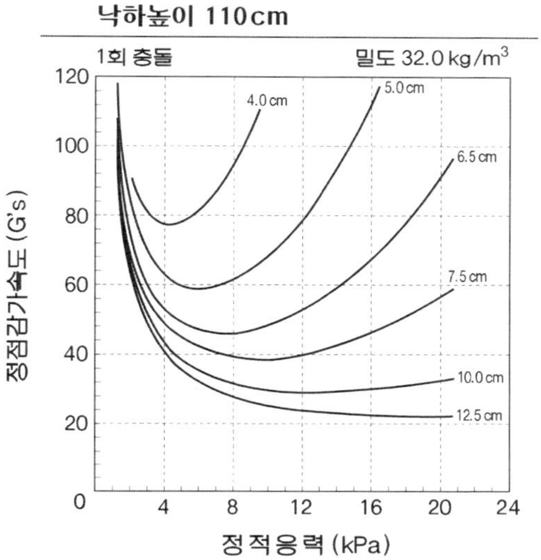

(i) 낙하높이 110 cm, 1회 충돌

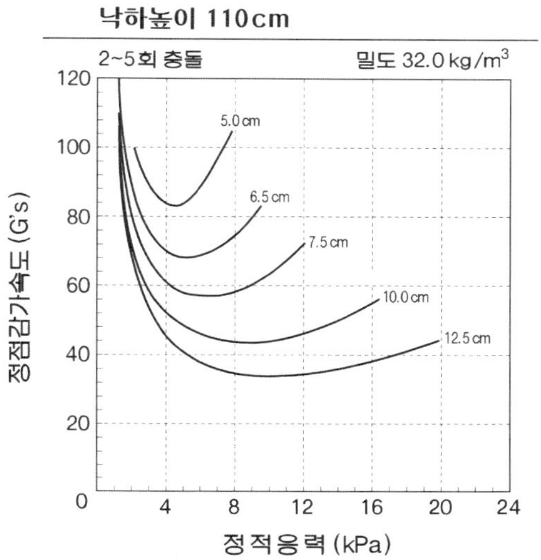

(j) 낙하높이 110 cm, 2~5회 충돌 평균

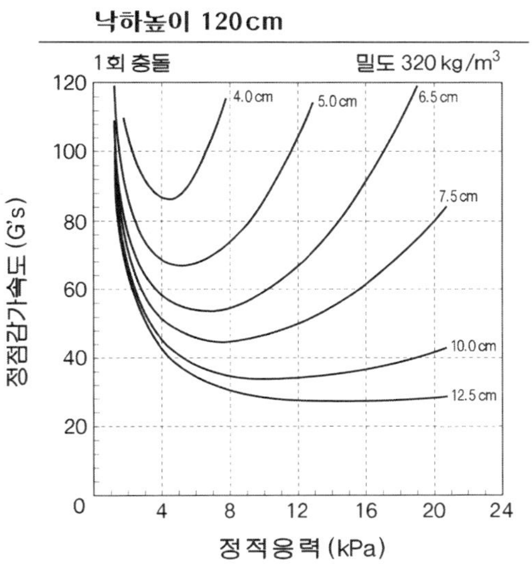

(k) 낙하높이 120 cm, 1회 충돌

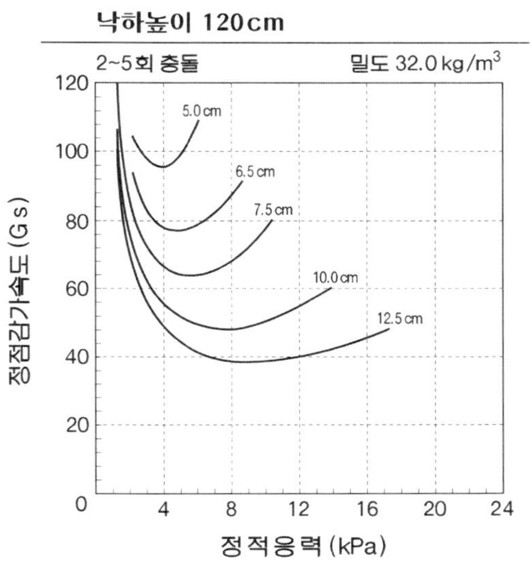

(l) 낙하높이 120 cm, 2~5회 충돌 평균

그림 A.1 폴리에틸렌폼 완충재의 완충곡선 (밀도 32 kg/m^3)

표 A.1 입충격의 형태별 진동수비에 대한 충격증폭팩터

f_n/f_i	Square	Halfsine	Triangle	f_n/f_i	Square	Halfsine	Triangle	f_n/f_i	Square	Halfsine	Triangle	f_n/f_i	Square	Halfsine	Triangle
0.00	0.000	0.000	0.000	2.40	2.000	1.649	1.446	4.80	2.000	1.116	1.016	7.20	2.000	1.160	1.101
0.05	0.157	0.100	0.078	2.45	2.000	1.637	1.435	4.85	2.000	1.107	1.026	7.25	2.000	1.159	1.095
0.10	0.313	0.200	0.157	2.50	2.000	1.625	1.424	4.90	2.000	1.099	1.035	7.30	2.000	1.157	1.089
0.15	0.467	0.298	0.235	2.55	2.000	1.613	1.412	4.95	2.000	1.091	1.045	7.35	2.000	1.155	1.083
0.20	0.618	0.396	0.312	2.60	2.000	1.600	1.399	5.00	2.000	1.083	1.055	7.40	2.000	1.153	1.077
0.25	0.765	0.493	0.388	2.65	2.000	1.588	1.386	5.05	2.000	1.090	1.064	7.45	2.000	1.151	1.071
0.30	0.908	0.587	0.463	2.70	2.000	1.575	1.373	5.10	2.000	1.098	1.073	7.50	2.000	1.149	1.064
0.35	1.045	0.680	0.536	2.75	2.000	1.563	1.359	5.15	2.000	1.105	1.082	7.55	2.000	1.147	1.058
0.40	1.176	0.770	0.608	2.80	2.000	1.550	1.346	5.20	2.000	1.112	1.090	7.60	2.000	1.145	1.051
0.45	1.299	0.858	0.678	2.85	2.000	1.538	1.332	5.25	2.000	1.118	1.099	7.65	2.000	1.142	1.045
0.50	1.414	0.943	0.746	2.90	2.000	1.525	1.317	5.30	2.000	1.123	1.106	7.70	2.000	1.140	1.038
0.55	1.521	1.024	0.812	2.95	2.000	1.513	1.303	5.35	2.000	1.129	1.114	7.75	2.000	1.138	1.032
0.60	1.618	1.102	0.875	3.00	2.000	1.500	1.288	5.40	2.000	1.134	1.121	7.80	2.000	1.135	1.025
0.65	1.705	1.176	0.935	3.05	2.000	1.488	1.273	5.45	2.000	1.138	1.127	7.85	2.000	1.133	1.019
0.70	1.782	1.246	0.993	3.10	2.000	1.475	1.258	5.50	2.000	1.143	1.133	7.90	2.000	1.131	1.013
0.75	1.848	1.312	1.048	3.15	2.000	1.463	1.243	5.55	2.000	1.147	1.139	7.95	2.000	1.128	1.006
0.80	1.902	1.373	1.100	3.20	2.000	1.450	1.228	5.60	2.000	1.150	1.144	8.00	2.000	1.125	1.000
0.85	1.945	1.430	1.148	3.25	2.000	1.438	1.213	5.65	2.000	1.154	1.149	8.05	2.000	1.123	0.994
0.90	1.975	1.482	1.193	3.30	2.000	1.426	1.198	5.70	2.000	1.157	1.153	8.10	2.000	1.120	0.988
0.95	1.994	1.529	1.235	3.35	2.000	1.414	1.183	5.75	2.000	1.160	1.157	8.15	2.000	1.118	0.983
1.00	2.000	1.571	1.273	3.40	2.000	1.402	1.168	5.80	2.000	1.162	1.160	8.20	2.000	1.115	0.980
1.05	2.000	1.608	1.308	3.45	2.000	1.390	1.153	5.85	2.000	1.164	1.163	8.25	2.000	1.112	0.977
1.10	2.000	1.639	1.339	3.50	2.000	1.379	1.138	5.90	2.000	1.167	1.166	8.30	2.000	1.110	0.976
1.15	2.000	1.667	1.367	3.55	2.000	1.367	1.123	5.95	2.000	1.168	1.168	8.35	2.000	1.107	0.976
1.20	2.000	1.690	1.392	3.60	2.000	1.356	1.109	6.00	2.000	1.170	1.169	8.40	2.000	1.104	0.977
1.25	2.000	1.710	1.414	3.65	2.000	1.344	1.094	6.05	2.000	1.171	1.171	8.45	2.000	1.101	0.979
1.30	2.000	1.726	1.434	3.70	2.000	1.333	1.080	6.10	2.000	1.172	1.171	8.50	2.000	1.099	0.982
1.35	2.000	1.740	1.451	3.75	2.000	1.322	1.066	6.15	2.000	1.173	1.172	8.55	2.000	1.096	0.985
1.40	2.000	1.750	1.466	3.80	2.000	1.311	1.052	6.20	2.000	1.174	1.172	8.60	2.000	1.093	0.989
1.45	2.000	1.758	1.478	3.85	2.000	1.300	1.039	6.25	2.000	1.175	1.171	8.65	2.000	1.090	0.994
1.50	2.000	1.763	1.489	3.90	2.000	1.289	1.026	6.30	2.000	1.175	1.170	8.70	2.000	1.087	0.998
1.55	2.000	1.767	1.498	3.95	2.000	1.279	1.013	6.35	2.000	1.175	1.169	8.75	2.000	1.084	1.004
1.60	2.000	1.768	1.505	4.00	2.000	1.268	1.000	6.40	2.000	1.176	1.167	8.80	2.000	1.082	1.009
1.65	2.000	1.768	1.510	4.05	2.000	1.258	0.988	6.45	2.000	1.176	1.165	8.85	2.000	1.079	1.014
1.70	2.000	1.766	1.514	4.10	2.000	1.247	0.977	6.50	2.000	1.175	1.163	8.90	2.000	1.076	1.020
1.75	2.000	1.763	1.516	4.15	2.000	1.237	0.967	6.55	2.000	1.175	1.160	8.95	2.000	1.073	1.025
1.80	2.000	1.759	1.517	4.20	2.000	1.227	0.960	6.60	2.000	1.175	1.157	9.00	2.000	1.070	1.030
1.85	2.000	1.754	1.517	4.25	2.000	1.217	0.956	6.65	2.000	1.174	1.154	9.05	2.000	1.072	1.036
1.90	2.000	1.747	1.515	4.30	2.000	1.208	0.954	6.70	2.000	1.173	1.150	9.10	2.000	1.075	1.041
1.95	2.000	1.740	1.512	4.35	2.000	1.198	0.954	6.75	2.000	1.172	1.146	9.15	2.000	1.077	1.046
2.00	2.000	1.732	1.508	4.40	2.000	1.188	0.956	6.80	2.000	1.171	1.142	9.20	2.000	1.079	1.051
2.05	2.000	1.723	1.504	4.45	2.000	1.179	0.960	6.85	2.000	1.170	1.138	9.25	2.000	1.081	1.056
2.10	2.000	1.714	1.498	4.50	2.000	1.170	0.966	6.90	2.000	1.169	1.133	9.30	2.000	1.083	1.061
2.15	2.000	1.704	1.491	4.55	2.000	1.160	0.972	6.95	2.000	1.168	1.128	9.35	2.000	1.085	1.065
2.20	2.000	1.694	1.484	4.60	2.000	1.151	0.980	7.00	2.000	1.167	1.123	9.40	2.000	1.087	1.069
2.25	2.000	1.683	1.475	4.65	2.000	1.142	0.988	7.05	2.000	1.165	1.118	9.45	2.000	1.088	1.073
2.30	2.000	1.672	1.466	4.70	2.000	1.133	0.997	7.10	2.000	1.164	1.113	9.50	2.000	1.090	1.077
2.35	2.000	1.661	1.456	4.75	2.000	1.125	1.006	7.15	2.000	1.162	1.107	9.55	2.000	1.091	1.081

표 A.1 (계속됨)

f_n/f_i	Square	Halfsine	Triangle
9.60	2.000	1.092	1.084
9.65	2.000	1.094	1.087
9.70	2.000	1.095	1.090
9.75	2.000	1.096	1.093
9.80	2.000	1.097	1.095
9.85	2.000	1.098	1.097
9.90	2.000	1.098	1.099
9.95	2.000	1.099	1.100
10.00	2.000	1.100	1.102
10.05	2.000	1.100	1.103
10.10	2.000	1.101	1.103
10.15	2.000	1.101	1.104
10.20	2.000	1.102	1.104
10.25	2.000	1.102	1.104
10.30	2.000	1.102	1.104
10.35	2.000	1.102	1.104
10.40	2.000	1.103	1.103
10.45	2.000	1.103	1.102
10.50	2.000	1.103	1.101
10.55	2.000	1.103	1.099
10.60	2.000	1.103	1.098
10.65	2.000	1.102	1.096
10.70	2.000	1.102	1.094
10.75	2.000	1.102	1.092
10.80	2.000	1.102	1.090
10.85	2.000	1.101	1.087
10.90	2.000	1.101	1.084
10.95	2.000	1.100	1.082
11.00	2.000	1.100	1.079
11.05	2.000	1.099	1.075
11.10	2.000	1.099	1.072
11.15	2.000	1.098	1.069
11.20	2.000	1.098	1.065
11.25	2.000	1.097	1.061
11.30	2.000	1.096	1.058
11.35	2.000	1.096	1.054
11.40	2.000	1.095	1.050
11.45	2.000	1.094	1.046
11.50	2.000	1.093	1.042
11.55	2.000	1.092	1.038
11.60	2.000	1.091	1.034
11.65	2.000	1.090	1.030
11.70	2.000	1.089	1.025
11.75	2.000	1.088	1.021
11.80	2.000	1.087	1.017
11.85	2.000	1.086	1.013
11.90	2.000	1.085	1.008
11.95	2.000	1.084	1.004
12.00	2.000	1.083	1.000
12.05	2.000	1.082	.996
12.10	2.000	1.081	0.992
12.15	2.000	1.079	0.989

f_n/f_i	Square	Halfsine	Triangle
12.20	2.000	1.078	0.986
12.25	2.000	1.077	0.985
12.30	2.000	1.076	0.984
12.35	2.000	1.074	0.984
12.40	2.000	1.073	0.984
12.45	2.000	1.072	0.986
12.50	2.000	1.070	0.988
12.55	2.000	1.069	0.990
12.60	2.000	1.068	0.993
12.65	2.000	1.066	0.996
12.70	2.000	1.065	0.999
12.75	2.000	1.063	1.002
12.80	2.000	1.062	1.006
12.85	2.000	1.061	1.010
12.90	2.000	1.059	1.013
12.95	2.000	1.058	1.017
13.00	2.000	1.056	1.021
13.05	2.000	1.057	1.025
13.10	2.000	1.058	1.028
13.15	2.000	1.060	1.032
13.20	2.000	1.061	1.036
13.25	2.000	1.062	1.039
13.30	2.000	1.063	1.042
13.35	2.000	1.063	1.046
13.40	2.000	1.064	1.049
13.45	2.000	1.065	1.052
13.50	2.000	1.066	1.054
13.55	2.000	1.066	1.057
13.60	2.000	1.067	1.059
13.65	2.000	1.068	1.062
13.70	2.000	1.068	1.064
13.75	2.000	1.069	1.066
13.80	2.000	1.069	1.067
13.85	2.000	1.070	1.069
13.90	2.000	1.070	1.070
13.95	2.000	1.071	1.072
14.00	2.000	1.071	1.073
14.05	2.000	1.071	1.073
14.10	2.000	1.072	1.074
14.15	2.000	1.072	1.075
14.20	2.000	1.072	1.075
14.25	2.000	1.072	1.075
14.30	2.000	1.072	1.075
14.35	2.000	1.073	1.075
14.40	2.000	1.073	1.074
14.45	2.000	1.073	1.074
14.50	2.000	1.073	1.073
14.55	2.000	1.073	1.072
14.60	2.000	1.073	1.071
14.65	2.000	1.073	1.070
14.70	2.000	1.073	1.069
14.75	2.000	1.072	1.067

f_n/f_i	Square	Halfsine	Triangle
14.80	2.000	1.072	1.065
14.85	2.000	1.072	1.064
14.90	2.000	1.072	1.062
14.95	2.000	1.072	1.060
15.00	2.000	1.071	1.058
15.05	2.000	1.071	1.055
15.10	2.000	1.071	1.053
15.15	2.000	1.071	1.051
15.20	2.000	1.070	1.048
15.25	2.000	1.070	1.045
15.30	2.000	1.069	1.043
15.35	2.000	1.069	1.040
15.40	2.000	1.069	1.037
15.45	2.000	1.068	1.034
15.50	2.000	1.068	1.031
15.55	2.000	1.067	1.028
15.60	2.000	1.067	1.025
15.65	2.000	1.066	1.022
15.70	2.000	1.066	1.019
15.75	2.000	1.065	1.016
15.80	2.000	1.065	1.013
15.85	2.000	1.064	1.009
15.90	2.000	1.063	1.006
15.95	2.000	1.063	1.003
16.00	2.000	1.062	1.000
16.05	2.000	1.061	0.997
16.10	2.000	1.061	0.994
16.15	2.000	1.060	0.992
16.20	2.000	1.059	0.990
16.25	2.000	1.059	0.988
16.30	2.000	1.058	0.988
16.35	2.000	1.057	0.988
16.40	2.000	1.056	0.988
16.45	2.000	1.056	0.989
16.50	2.000	1.055	0.991
16.55	2.000	1.054	0.992
16.60	2.000	1.053	0.994
16.65	2.000	1.052	0.997
16.70	2.000	1.052	0.999
16.75	2.000	1.051	1.002
16.80	2.000	1.050	1.005
16.85	2.000	1.049	1.007
16.90	2.000	1.048	1.010
16.95	2.000	1.047	1.013
17.00	2.000	1.046	1.016
17.05	2.000	1.047	1.019
17.10	2.000	1.048	1.022
17.15	2.000	1.048	1.025
17.20	2.000	1.049	1.027
17.25	2.000	1.050	1.030
17.30	2.000	1.050	1.033
17.35	2.000	1.051	1.035

f_n/f_i	Square	Halfsine	Triangle
17.40	2.000	1.051	1.037
17.45	2.000	1.052	1.040
17.50	2.000	1.052	1.042
17.55	2.000	1.052	1.044
17.60	2.000	1.053	1.046
17.65	2.000	1.053	1.048
17.70	2.000	1.054	1.049
17.75	2.000	1.054	1.051
17.80	2.000	1.054	1.052
17.85	2.000	1.054	1.054
17.90	2.000	1.055	1.055
17.95	2.000	1.055	1.056
18.00	2.000	1.055	1.056
18.05	2.000	1.055	1.057
18.10	2.000	1.056	1.058
18.15	2.000	1.056	1.058
18.20	2.000	1.056	1.058
18.25	2.000	1.056	1.059
18.30	2.000	1.056	1.059
18.35	2.000	1.056	1.058
18.40	2.000	1.056	1.058
18.45	2.000	1.056	1.058
18.50	2.000	1.056	1.057
18.55	2.000	1.056	1.057
18.60	2.000	1.056	1.056
18.65	2.000	1.056	1.055
18.70	2.000	1.056	1.054
18.75	2.000	1.056	1.053
18.80	2.000	1.056	1.051
18.85	2.000	1.056	1.050
18.90	2.000	1.056	1.049
18.95	2.000	1.056	1.047
19.00	2.000	1.056	1.045
19.05	2.000	1.055	1.044
19.10	2.000	1.055	1.042
19.15	2.000	1.055	1.040
19.20	2.000	1.055	1.038
19.25	2.000	1.055	1.036
19.30	2.000	1.054	1.034
19.35	2.000	1.054	1.032
19.40	2.000	1.054	1.029
19.45	2.000	1.054	1.027
19.50	2.000	1.053	1.025
19.55	2.000	1.053	1.022
19.60	2.000	1.053	1.020
19.65	2.000	1.052	1.018
19.70	2.000	1.052	1.015
19.75	2.000	1.052	1.013
19.80	2.000	1.051	1.010
19.85	2.000	1.051	1.008
19.90	2.000	1.051	1.005
19.95	2.000	1.050	1.003

찾아보기

(D)

(E)

(F)

(G)

(H)

(I)

(K)

(L)

(M)

(N)

(O)

(P)

(R)

(S)

(ㄴ)

(ㄷ)

(ㄹ)

(ㅇ)

(ㅎ)

저/자/소/개

박 종 민

부산대학교 바이오산업기계공학과 교수, 공학박사

한 종 구

전 (미)버지니아 공대 임산가공학과 교수, 포장학박사

수송포장설계공학

초 판 발 행 | 2011년 8월 16일
초판3쇄발행 | 2020년 9월 4일

지 은 이 | 박종민 · 한종구
발 행 인 | 이성범
발 행 처 | 문운당
주 소 | 서울시 종로구 혜화로5길 16 (명륜1가 45-3)
전 화 | (02)762-6010
팩 스 | 영업 (02)745-0265 / 편집 (02)762-8758
홈페이지 | http://munundang.co.kr
이 메 일 | munun2@chol.com

ISBN 978-89-7393-770-7 93550

정가 33,000원